Sebastian Braun-Lüdicke

Der Konzerndatenschutzbeauftragte

GABLER EDITION WISSENSCHAFT

DuD-Fachbeiträge

Herausgegeben von Andreas Pfitzmann, Helmut Reimer, Karl Rihaczek
und Alexander Roßnagel

Die Buchreihe ergänzt die Zeitschrift *DuD – Datenschutz und Daten-sicherheit* in einem aktuellen und zukunftsträchtigen Gebiet, das für Wirtschaft, öffentliche Verwaltung und Hochschulen gleichermaßen wichtig ist. Die Thematik verbindet Informatik, Rechts-, Kommunika-tions- und Wirtschaftswissenschaften.

Den Lesern werden nicht nur fachlich ausgewiesene Beiträge der eigenen Disziplin geboten, sondern sie erhalten auch immer wieder Gelegenheit, Blicke über den fachlichen Zaun zu werfen. So steht die Buchreihe im Dienst eines interdisziplinären Dialogs, der die Kompe-tenz hinsichtlich eines sicheren und verantwortungsvollen Umgangs mit der Informationstechnik fördern möge.

Sebastian Braun-Lüdicke

Der Konzerndatenschutz-
beauftragte

Eine Analyse der rechtlichen
und praktischen Bedeutung

Mit einem Geleitwort von Prof. Dr. Alexander Roßnagel

GABLER EDITION WISSENSCHAFT

Bibliografische Information der Deutschen Nationalbibliothek
Die Deutsche Nationalbibliothek verzeichnet diese Publikation in der
Deutschen Nationalbibliografie; detaillierte bibliografische Daten sind im Internet über
<http://dnb.d-nb.de> abrufbar.

Dissertation Universität Kassel, 2008
Fachbereich 7 / Wirtschaftsrecht
Tag der Disputation: 20.02.2008

1. Auflage 2008

Alle Rechte vorbehalten
© Gabler | GWV Fachverlage GmbH, Wiesbaden 2008

Lektorat: Frauke Schindler / Britta Göhrisch-Radmacher

Gabler ist Teil der Fachverlagsgruppe Springer Science+Business Media.
www.gabler.de

Umschlaggestaltung: Regine Zimmer, Dipl.-Designerin, Frankfurt/Main
Gedruckt auf säurefreiem und chlorfrei gebleichtem Papier
Printed in Germany

ISBN 978-3-8349-1430-9

Geleitwort

Gegenstand der Arbeit ist die in der Praxis sich vollziehende Entwicklung zur Institutionalisierung von Konzerndatenschutzbeauftragten, die im deutschen und europäischen Recht aber – noch – keine gesetzliche Anerkennung gefunden hat.

Nach der europäischen Datenschutzrichtlinie können die Mitgliedstaaten regeln, dass die verantwortlichen Stellen Datenschutzbeauftragte bestellen, die auf die Umsetzung des Datenschutzrechts hinwirken. In diesem Fall kann auf die Vorlage eines Verfahrensverzeichnisses gegenüber den Aufsichtsbehörden verzichtet werden. Von dieser Möglichkeit haben neben der Bundesrepublik Deutschland Frankreich, Luxemburg, Schweden und die Niederlande Gebrauch gemacht. In der Bundesrepublik ist sogar in § 4f BDSG geregelt, dass jede nicht-öffentliche Stelle, in der zehn Beschäftigte mit der automatisierten Verarbeitung personenbezogener Daten beschäftigt sind, einen Datenschutzbeauftragten bestellen muss.

Die Kontrolle des Datenschutzes in der verantwortlichen Stelle durch einen selbst ernannten Datenschutzbeauftragten ist eine moderne Form der Selbstkontrolle. Sie entlastet den Staat und weist der verantwortlichen Stelle ein hohes Maß an Eigenverantwortung zu. Die Funktion des Datenschutzbeauftragten ist es, diese Verantwortung gepaart mit den erforderlichen Kenntnissen und Fähigkeiten an einer Stelle im Unternehmen zu bündeln, ohne damit die Gesamtverantwortung der Unternehmensführung für den Datenschutz zu nehmen. Aufgaben des Datenschutzbeauftragten sind, auf die Umsetzung des Datenschutzes hinzuwirken und sie zu kontrollieren, die Beschäftigten zu schulen, über Datenschutzfragen im Unternehmen zu kommunizieren und an der datenschutzgerechten Gestaltung von Informationstechniksystemen mitzuwirken.

Ist die verantwortliche Stelle in einen Konzern eingebunden, werden die wesentlichen Entscheidungen oft nicht von ihrer Leitung, sondern an der Konzernspitze getroffen. Der Umgang mit Informationen und die Nutzung von Informations- und Kommunikationstechniken werden für den wirtschaftlichen Erfolg immer wichtiger. Daher ist es nicht verwunderlich, dass auch große Konzerne Entscheidungen über die Informationsverarbeitung konzernweit treffen. Wenn die Ziele, die mit der Bestellung eines Datenschutzbeauftragten verfolgt werden, in einem Konzern erreicht werden sollen, muss er dort tätig sein, wo die Entscheidungen fallen, also an der Konzernspitze.

In großen Unternehmen nimmt die Bedeutung, die Vertrauen bei Kunden und Mitarbeitern zukommt, immer mehr zu. Diese wird auch durch die Art und Weise des Umgangs mit personenbezogenen Daten bestimmt. Nicht nur die Gestaltung der Informationsverarbeitung, sondern auch die mit ihr verbundene Vertrauensgenerierung ist daher eine zentrale Aufgabe der Konzernleitung. Aus Sicht des Konzerns ist es deshalb sinnvoll, eine einheitliche „Datenschutzphilosophie" für den gesamten Konzern zu verfolgen und aus dieser eine Datenschutzstrategie abzuleiten. Sie zu realisieren, erfordert eine konzernweite Umsetzung des Datenschutzes und eine konzernweite Organisation der Datenschutzgewährleistung und -kontrolle.

Diese ist in vielen Konzernen Teil des Managements von Unternehmensrisiken und der Durchsetzung von „Compliance".

Aus diesen Gründen haben heute viele Konzerne eine Datenschutzorganisation entwickelt, an deren Spitze ein Konzerndatenschutzbeauftragter steht. Ohne gesetzliches Vorbild für diese Datenschutzorganisation hat die Praxis viele unterschiedliche Formen herausgebildet, die von sehr dezentralen Organisationseinheiten bis hin zu sehr zentralisierten Strukturen reichen. Sie alle sind dadurch gekennzeichnet, dass die Praxis in Konzernen nicht bei der gesetzlich vorgesehenen Struktur eines Datenschutzbeauftragten pro Unternehmen als verantwortlicher Stelle stehen bleibt, sondern sich über diese Stellen hinweg konzerneinheitliche weitere Strukturen zur Umsetzung des Datenschutzes geschaffen hat, die in einem Konzerndatenschutzbeauftragten ihre organisatorische Spitze haben.

Weder das europäische noch das deutsche Datenschutzrecht kennen den Konzern. Auf diese Form der Organisation wirtschaftlicher Tätigkeit sind beide Rechtsordnungen nicht eingestellt. Sie beziehen sich in allen ihren Regelungen nur auf die einzelne verantwortliche Stelle als Adressaten für die interne Datenschutzumsetzung und -kontrolle. Dies verhindert die Bestellung von Konzerndatenschutzbeauftragten nicht, zwingt aber zu vielfachen Hilfskonstruktionen und führt zu Problemen und Friktionen.

Daher ist es sehr verdienstvoll, dass Herr Braun-Lüdicke in der vorliegenden Arbeit die Rechtsfragen untersucht, die durch die Bestellung und das Wirken von Konzerndatenschutzbeauftragten hervorgerufen werden. Indem er die gegenwärtige Rechtssituation von Konzerndatenschutzbeauftragten systematisch überprüft, die Aufgaben und Formen der Ausgestaltung dieser Institution empirisch erhebt und der Frage nachgeht, ob eine gesetzliche Regelung des Konzerndatenschutzbeauftragten notwendig oder hilfreich wäre und wie diese aussehen könnte, füllt er eine Lücke des Datenschutzrechts, die eine große praktische Relevanz hat. Die empirische Befragung repräsentativer Konzerndatenschutzbeauftragter liefert einen wichtigen Beitrag zum besseren Verständnis zur Funktion, zu den Aufgaben, zur organisatorischen Unterstützung und zur Tätigkeit von Konzerndatenschutzbeauftragten. Die systematische Analyse der rechtlichen Fragen, die mit der Rechtsfigur des Konzerndatenschutzbeauftragten verbunden sind, liefert die Grundlage für eine Dogmatik des Konzerndatenschutzbeauftragten. Indem er sowohl die rechtlichen Probleme, Friktionen und Ungereimtheiten durch die derzeit fehlende rechtliche Regelung der Rechtsfigur des Konzerndatenschutzbeauftragten zusammenträgt als auch einen Vorschlag entwickelt und analysiert, diese Regelungslücke zu schließen, untersucht er relevante Fragen der Rechtspolitik und bietet Vorschläge für die Rechtsfortbildung.

Kassel, September 2008   *Prof. Dr. Alexander Roßnagel*

Vorwort

Diese Arbeit wurde im Sommersemester 2007 vom Fachbereich Wirtschaftswissenschaften der Universität Kassel als Dissertation angenommen. Die Untersuchung wurde im Juni 2007 abgeschlossen, gleichwohl konnten Literaturangaben vielfach bis Juni 2008 berücksichtigt werden.

Der Konzerndatenschutz stellt einen sehr flexiblen und sich rasant wandelnden Themenbereich dar. Seine Brisanz und zunehmende wirtschaftliche Bedeutung werden durch ein gesteigertes Medieninteresse an Vorfällen in diesem Bereich in jüngster Vergangenheit sowie die Entscheidung des *Bundesverfassungsgerichts* vom 27.2.2008, in der es aus dem allgemeinen Persönlichkeitsrecht gemäß Art. 2 Abs. 1 i.V.m. Art. 1 Abs. 1 GG ein Grundrecht auf Gewährleistung der Vertraulichkeit und Integrität informationstechnischer Systeme abgeleitet hat, unterstrichen. Neben rein technischen Aspekten spielen auch Anforderungen durch Corporate Compliance zunehmend eine Rolle. Dem Konzerndatenschutzbeauftragten kommt vor diesem Hintergrund die zentrale Aufgabe zu, verschiedenartige Interessenlagen im Konzern miteinander zu verbinden, um sach- und interessengerechte datenschutzrechtliche Lösungen zu unterbreiten und Verstöße möglichst von vornherein zu unterbinden. Bereits an dieser Stelle ist darauf hinzuweisen, dass die in die Arbeit eingeflossenen Ergebnisse der empirischen Erhebung nur als Momentaufnahme datenschutzrechtlicher Fragestellungen in den befragten Unternehmen verstanden werden dürfen. Gleichwohl ist zu hoffen, dass die vorliegende Arbeit über den Kreis der angesprochenen Konzerne hinaus eine nachhaltige Diskussion über die Bedeutung des Konzerndatenschutzbeauftragten anregen kann.

Dank sagen möchte ich an erster Stelle meinem Doktorvater Herrn Professor *Dr. Alexander Roßnagel* für das mir als externem Doktoranden entgegengebrachte Vertrauen und die stets effektive und wohlwollende Zusammenarbeit im Rahmen der Betreuung meiner Arbeit sowie für die Aufnahme der Dissertation in diese Schriftenreihe. Bedanken möchte ich mich außerdem bei Herrn Professor *Dr. Bernhard Nagel* für die wertvollen Hinweise und die Erstellung des Zweitgutachtens, bei Herrn Professor *Dr. Friedhelm Jobs* für die Hilfe bei der Themenfindung und den Beistand in der Anfangsphase des Promotionsvorhabens sowie bei Herrn *Dr. Oliver Draf*, Konzerndatenschutzbeauftragter der Allianz AG, für die Unterstützung bei der Kontaktierung mehrerer Interviewpartner. Ein besonderer Dank gilt Herrn *Werner Dippel*, ehemaliger Datenschutzbeauftragter der B. Braun Melsungen AG, für die informativen Gespräche über die unternehmerische Praxis eines Datenschutzbeauftragten, die mir ein besseres Verständnis meines Forschungsgegenstandes ermöglichten, sowie allen im Anhang aufgezählten Datenschutzexperten für ihre Bereitschaft zur Teilnahme an der Befragung zum Konzerndatenschutzbeauftragten. Schließlich bin ich Frau *Michaela Sixt,* Herrn *Dr. Marcus Denzler* sowie insbesondere Frau *Natalie Köllner* für die Unterstützung bei der Einarbeitung in die Methodik der empirischen Sozialforschung zu Dank verpflichtet.

Sowohl fachlich als auch freundschaftlich, teilweise in Leidensgenossenschaft, gaben mir den notwendigen Rückhalt für die Erstellung dieser Arbeit Herr *Dr. Tobias Polloczek*, Herr *Philipp Staab*, Herr *Dr. Simon Hahn*, Frau *Dr. Hülya Bandak*, Herr *Dr. Alexander Weinbeer*, Herr *Jan Steinbach*, Herr *Dr. Martin Majohr* sowie, insbesondere durch das Korrekturlesen, Frau *Julia Riedl* und Herr *Jens Sobisch* – ihnen allen sei herzlich gedankt.

Zu guter Letzt ist festzustellen, dass ich ohne die vielfältige Unterstützung meiner gesamten Familie diese Dissertation nicht hätte anfertigen können. Besonders ermuntert hat mich die intensive Betreuung durch meine Tochter *Clara*, die es stets schafft, mich an die wirklich wichtigen Dinge im Leben zu erinnern. Zutiefst dankbar bin ich *Natalie* für ihre Geduld und zahllose Stunden, in denen sie mir die nötigen Freiräume zum Schreiben überließ. Ihr ist diese Arbeit gewidmet.

Würzburg/Melsungen, Juli 2008   *Sebastian Braun-Lüdicke*

Inhaltsverzeichnis

Abkürzungsverzeichnis

a.A.	andere Ansicht
Abb.	Abbildung
AbfBetrbV	Abfallbetriebsbeauftragtenverordnung
AbfG	Abfallbeseitigungsgesetz
ABl. EG	Amtsblatt der Europäischen Gemeinschaften
abgedr.	abgedruckt
Abs.	Absatz
a.F.	alte Fassung
AG	Die Aktiengesellschaft (Zeitschrift)
AGG	Allgemeines Gleichbehandlungsgesetz
AiB	Arbeitsrecht im Betrieb (Zeitschrift)
AktG	Aktiengesetz
Alt.	Alternative
amtl.	amtlich
Anh	Anhang
AöR	Archiv des öffentlichen Rechts (Zeitschrift)
APuZ	Aus Politik und Zeitgeschichte (Zeitschrift)
ArbG	Arbeitsgericht
ARSP	Archiv für Rechts- und Sozialphilosophie (Zeitschrift)
Art.	Artikel
Aufl.	Auflage
BAG	Bundesarbeitsgericht
BB	Betriebsberater (Zeitschrift)
BDSG	Bundesdatenschutzgesetz
BeckBilKomm	Beck´scher Bilanzkommentar
BeckHdb AG	Beck´sches Handbuch der AG
BeckHdb GmbH	Beck´sches Handbuch der GmbH
BeckOK UmwR	Beck´scher Onlinekommentar Umweltrecht
Begr.	Begründung
Beil.	Beilage
ber.	berichtigt
Beschl.	Beschluss
BFuP	Betriebswirtschaftliche Forschung und Praxis (Zeitschrift)
BGB	Bürgerliches Gesetzbuch
BGBl.	Bundesgesetzblatt
BImSchG	Bundesimmissionsschutzgesetz
BImSchV	Bundesimmissionsschutzverordnung
BReg.	Bundesregierung
BR-Drs.	Drucksache des Bundesrates
BT-Drs.	Drucksache des Bundestages

BT-InnA	Innenausschuss des Bundestages
BVerfGE	Bundesverfassungsgericht, Entscheidungssammlung
bzw.	beziehungsweise
CR	Computer und Recht (Zeitschrift)
CRi	Computer Law Review International (Zeitschrift)
DB	Der Betrieb (Zeitschrift)
ders.	derselbe
dies.	dieselbe; dieselben
digma	Zeitschrift für Datenrecht und Informationssicherheit
Diss.	Dissertation
DÖV	Die öffentliche Verwaltung (Zeitschrift)
DR-L	Deutsches Rechts-Lexikon
DSB	Datenschutz-Berater (Zeitschrift)
DuD	Datenschutz und Datensicherheit (Zeitschrift)
EDV	Elektronische Datenverarbeitung
EG	Europäische Gemeinschaft
EG-DSchRL	EG-Datenschutzrichtlinie
Einl.	Einleitung
EP	Europäisches Parlament
ErfKomm ArbR	Erfurter Kommentar zum Arbeitsrecht
EU	Europäische Union
EvStL	Evangelisches Staatslexikon
EWR	Europäischer Wirtschaftsraum
f.	folgende
FAZ	Frankfurter Allgemeine Zeitung
ff.	fortfolgende
Fn.	Fußnote
GDD	Gesellschaft für Datenschutz und Datensicherung
geänd.	geändert
GenTG	Gentechnikgesetz
GenTSV	Gentechniksicherheitsverordnung
GewArch	Zeitschrift für Gewerbe- und Wirtschaftsverwaltungsrecht
GG	Grundgesetz
ggf.	gegebenenfalls
GK-BetrVG	Gemeinschaftskommentar Betriebsverfassungsgesetz
GwG	Geldwäschegesetz
h.M.	herrschende Meinung
HGB	Handelsgesetzbuch
HR	Human Resources
Hrsg.	Herausgeber

hrsg.	herausgegeben
insb.	insbesondere
i.V.m.	in Verbindung mit
it	Information Technology (Zeitschrift)
IT	Informationstechnologie
IT-SD	IT-Sicherheit & Datenschutz (Zeitschrift)
J.O.	Journaux Officiels
JuS	Juristische Schulung (Zeitschrift)
JZ	Juristenzeitung (Zeitschrift)
Kap.	Kapitel
KassHdb ArbR	Kasseler Handbuch zum Arbeitsrecht
KölnKomm AktG	Kölner Kommentar zum Aktiengesetz
KonTraG	Kontroll- und Transparenzgesetz
K&R	Kommunikation & Recht (Zeitschrift)
LAG	Landesarbeitsgericht
LDSG SH	Landesdatenschutzgesetz Schleswig-Holstein
LG	Landgericht
m.	mit
MDR	Magazin des Rechts (Zeitschrift)
MMR	Multimedia und Recht (Zeitschrift)
MünchHdb ArbR	Münchener Handbuch zum Arbeitsrecht
MünchHdb GesR	Münchener Handbuch des Gesellschaftsrecht
MünchKomm AktG	Münchener Kommentar zum Aktiengesetz
MünchKomm BGB	Münchener Kommentar zum Bürgerlichen Gesetzbuch
m.w.N.	mit weiteren Nachweisen
NJW	Neue Juristische Wochenschrift (Zeitschrift)
NJW-CoR	Computerreport der Neuen Juristischen Wochenschrift (Zeitschrift)
Nr.	Nummer
NuR	Natur und Recht (Zeitschrift)
NVwZ	Neue Zeitschrift für Verwaltungsrecht
NZA	Neue Zeitschrift für Arbeit
NZG	Neue Zeitschrift für Gesellschaftsrecht
PublG	Publizitätsgesetz
RDV	Recht der Datenverarbeitung (Zeitschrift)
RegE	Regierungsentwurf
RGBl.	Reichsgesetzblatt
Rn.	Randnummer

RVO	Reichsversicherungsordnung
S.	Seite
s.	siehe
SGB	Sozialgesetzbuch
SigG	Signaturgesetz
sog.	sogenannt
SOX	Sarbanes-Oxley Act
StGB	Strafgesetzbuch
TKG	Telekommunikationsgesetz
unveränd.	unverändert
UPR	Umwelt- und Planungsrecht (Zeitschrift)
Urt.	Urteil
v.	vom; von
versch.	verschiedene
vgl.	vergleiche
Vorbem.	Vorbemerkung
VVDStRL	Veröffentlichungen der Vereinigung der Deutschen Staatsrechtslehrer
Wbp	Wet bescherming persoonsgegevens
WHG	Wasserhaushaltsgesetz
WP	Working Paper
ZfRSoz	Zeitschrift für Rechtssoziologie
ZfW	Zeitschrift für Wasserrecht
ZGR	Zeitschrift für Unternehmens- und Gesellschaftsrecht
ZIP	Zeitschrift für die gesamte Insolvenzpraxis
zit.	zitiert
ZKA	Zentraler Kreditausschuss
ZLR	Zeitschrift für Lebensmittelrecht
ZRP	Zeitschrift für Rechtspolitik
zul.	zuletzt

1 Einleitung

Der Konzerndatenschutzbeauftragte ist ein bisher nicht normiertes Rechtsinstitut[1] des Datenschutzrechts, welchem sowohl durch die Legislative als auch durch die Wissenschaft aufgrund veränderter wirtschaftlicher Rahmenbedingungen mehr Aufmerksamkeit entgegen gebracht werden müsste. Mit der folgenden Untersuchung wird die Forderung[2] nach einer gesetzlichen Regelung des Konzerndatenschutzbeauftragten aufgegriffen und ihre Umsetzbarkeit beurteilt. Dazu wird das spezifische interne Kontrollorgan eingehend einer rechtlichen und praktischen Untersuchung unterzogen, um den Konzerndatenschutzbeauftragten einer breiteren gesetzgeberischen und wissenschaftlichen Diskussion zuzuführen.

1.1 Problemaufriss

In immer stärkerem Maße bestimmt der Begriff der Informationsgesellschaft das tägliche Leben. Es gibt kaum einen Bereich, in dem der Bürger nicht mit ihm konfrontiert wird. Der Information wird ein stetig größer werdender Stellenwert beigemessen und sie ist bereits zu einem zentralen Wirtschaftsfaktor geworden.[3]

Grundlage der Information sind Daten.[4] Um die Information als Wirtschaftsfaktor nutzen zu können, haben insbesondere Unternehmen in hohem Maße ein Interesse an der Ansammlung möglichst vieler Daten unterschiedlichster Ausgestaltung für die Gewinnung von Informationen.[5] Dieser Gewinnungsprozess hat sich in den letzten vier Jahrzehnten seit Einführung der computerunterstützten Datenverarbeitung einem rasanten Wandel unterzogen.[6] War die automatisierte Datenverarbeitung zunächst meist auf zentralisierte Personalinformationssysteme, die der Erleichterung der Buchführung dienten, beschränkt, so findet sie heute dezentralisiert in beinahe jedem Unternehmensbereich statt. Ein bedeutender Schritt hierzu war in den 1980er Jahren die flächendeckende Einführung des PC, der die Datenverarbeitung dezentralisiert und von beinahe jedem Ort im Unternehmen ermöglicht hat. Eine weitere grundlegende Veränderung brachte in den 1990er Jahren der Siegeszug des Internets mit seinen verschiedenen Diensten. Auf einmal war es jedermann möglich, gesammelte Daten nicht mehr nur lokal zu verwenden, sondern auf einfache Art und Weise auch global versenden zu können. Hinzu kommt die Möglichkeit des Zugriffs auf eine vorher nicht gekannte Fülle von Informationen.

---

[1] Der Begriff wird vorliegend in einem weiten Sinn verstanden und meint den rechtlichen Tatbestand einschließlich der auf das Rechtsinstitut bezüglichen Vorschriften, vgl. *Creifelds* 2007, S. 943; DR-L III – *Beulke* 2001, S. 3478.

[2] *Roßnagel*, RDV 2002, S. 70; s. auch schon *Roßnagel/Pfitzmann/Garstka* 2001, S. 202; vgl. außerdem Simitis – *Simitis* 2006, § 4f, Rn. 36; *Ulmer* 2006, S. 141; zul. *Jaspers*, DuD 2007, S. 269.

[3] *Roßnagel/Pfitzmann/Garstka* 2001, S. 21; vgl. ebenfalls Roßnagel – *Scholz* 2003, Kap. 9.2, Rn. 4; *Roßnagel* 2002, S. 131 m.w.N.; *Vieregge*, RDV 2002, S. 275; umfassend auch *Bullinger* 2006, S. 69 ff.

[4] *Kloepfer* 2002, § 1, Rn. 58; vgl. auch *Münch* 2007, S. 11.

[5] Vgl. *Schaar*, RDV 2005, S. 3.

[6] Vgl. *Gola/Jaspers* 2006, S. 5; ausführlich auch *Büllesbach* 1998, S. 15 ff.; sehr instruktiv zur Einführung der computerunterstützten Datenverarbeitung *Kilian* 1982, S. 2 ff.

Als aktuelle technische Entwicklung zu Beginn des dritten Jahrtausends sind Biometrische Identifikationssysteme, Radio Frequency Identification oder auch Ubiquitous beziehungsweise Pervasive Computing[7] zu nennen.[8] Alltagsgegenstände werden mit Sensor-, Kommunikations- und Rechnertechnik ausgestattet, die unmerklich und allgegenwärtig Datenverarbeitung als Hilfe für den Menschen anbietet. Die Möglichkeiten dieser Techniken lassen sich bisher nur erahnen, bergen aber auf jeden Fall ein enormes Handlungspotenzial in Bezug auf den Umgang mit Daten für Unternehmen in sich. Gleichzeitig besteht damit aber auch eine schleichende Gefahr der Aushöhlung der Privatsphäre.[9]

Durch die modernen Informations- und Kommunikationstechniken (IuK-Techniken) stehen den Unternehmen immer neue Möglichkeiten der Datenverarbeitung und damit der Informationsgewinnung und -nutzung zur Verfügung, was zu nachhaltigen Konsequenzen für den Fluss personenbezogener Daten innerhalb und zwischen wirtschaftenden Einheiten führt.[10] Erstens haben die IuK-Techniken dadurch heute für jedes Unternehmen auch eine wichtige strategische Bedeutung, sodass grundlegende Entscheidungen hierzu regelmäßig auf oberster Managementebene ergehen. So werden beispielsweise Vorhaben im Bereich der elektronischen Datenverarbeitung (EDV) immer häufiger gesamtunternehmensweit durchgeführt und konzernweite einheitliche Systeme eingeführt.[11] Zweitens besteht an einmal erhobenen Daten aufgrund der gestiegenen Bedeutung der Information als Wirtschaftsgut ein großes „Wieder- und Weiterverwertungsinteresse", das oftmals über den eigentlichen Verwendungszweck der ursprünglichen Erhebung hinausgeht.

Mit dieser Entwicklung einher geht damit auch ein größer werdendes Risiko unzulässiger Datenverarbeitung.[12] Dabei liegen die Gefahren zum einen bei der stetig steigenden Anzahl der Möglichkeiten der Informationsgewinnung und dem damit verbundenen Anstieg an vorhandenen Daten. Hierdurch wird das Prinzip der Erforderlichkeit der Erhebung, Verarbeitung und Nutzung personenbezogener Daten immer häufiger unterlaufen, weil behördliche Kontrolle an physische Grenzen stößt und unternehmensintern Kontrollinstrumente oftmals nicht der modernen Struktur der Informationstechnologien (IT) angepasst sind.

Zum anderen bedeuten die stetig komplexer werdenden Verknüpfungsmöglichkeiten von verschiedenen Daten zu einem einheitlichen Profil eine große Herausforderung für den Datenschutz, weil die Verknüpfung von für sich genommen uninteressanten personenbezogenen Daten zu einem umfassenden Datenprofil regelmäßig dem Zweckbindungsgrundsatz des geltenden Datenschutzrechts zuwider läuft und damit das Recht des Betroffenen auf seine infor-

---

[7]   Ausführlich *Roßnagel/Müller*, CR 2004, S. 625 ff.
[8]   Vgl. dazu *Roßnagel*, APuZ 2006, S. 9f.
[9]   Vgl. *Hassemer*, FAZ v. 5.7.2007, S. 6; *Rudin* 2004, S. 425f.; zur „Überwachung von Arbeitnehmern" *Höld* 2006, S. 55 ff.
[10]   *Walz* 2000, S. 457; vgl. außerdem *Tampe* 2006, S. 191.
[11]   Vgl. *Hahn* 2006, S. 11; so aber auch schon *Breker*, DSB 1978, S. 57.
[12]   Beispielhaft *Ehmann*, RDV 1998, S. 239f.

mationelle Selbstbestimmung beeinträchtigt.[13] Die Anwendung moderner IuK-Techniken, insbesondere durch Großunternehmen und Konzerne, stellt daher eine besondere Herausforderung für den Schutz der beiden verfassungsrechtlich vorgegebenen Regelungsprinzipien der Zweckbindung und der Erforderlichkeit als Ableitungen des Grundsatzes der Verhältnismäßigkeit dar.[14]

Darüber hinaus bergen die an vielen Stellen eines Unternehmens anfallenden, personenbezogenen Daten technisch gesehen ein großes Missbrauchpotenzial in sich, da sie auch verzerrt dargestellt oder missbräuchlicherweise verfälscht werden können.[15] Wirtschaftlich gesehen sind solche Missbrauchsszenarien jedoch eher von untergeordneter Bedeutung, weil sie für Unternehmen zumeist keinen nennenswerten wettbewerblichen Vorteil bringen und damit in keinem Verhältnis zu den möglichen Folgen bußgeldbewehrter oder gar strafrechtlicher Sanktionen stehen. Die Grenzen zwischen technisch machbarer und wirtschaftlich auch interessanter missbräuchlicher Verwendung personenbezogener Daten sind allerdings fließend, sodass an dieser Stelle eine latente Gefahr für die Rechte des Einzelnen besteht.

Zunächst richtete sich der Schutz der informationellen Selbstbestimmung als Abwehrrecht gegenüber einer übermäßigen Informationsmacht vor allem gegen den Staat.[16] Mittlerweile ist jedoch gleichermaßen anerkannt, dass der professionelle Datenschutz insbesondere auch private Wirtschaftssubjekte betrifft und zukünftig eine gleichberechtigte Einbeziehung privater Datenverarbeitung in den Adressatenkreis verfolgen muss.[17] Obwohl es in beiden Fällen um die Abwehr von Freiheitsbedrohungen geht,[18] sieht sich der Datenschutz damit der Schwierigkeit ausgesetzt, grundsätzlich verschiedene juristische Schutzmaßnahmen für verfassungsrechtlich zugesicherte Rechte miteinander verbinden zu müssen: auf der einen Seite den Schutz des Bürgers gegenüber dem Staat, auf der anderen den Schutz des Bürgers gegenüber privaten Dritten.

Die vorgelegte Arbeit wendet sich allein den nicht-öffentlichen Stellen im Sinne des § 2 Abs. 4 BDSG[19] als Adressaten der im Folgenden einschlägigen Normen zu, weil sich die Konzernierung von Unternehmen vor allen Dingen im privatwirtschaftlichen Sektor vollzieht und auch bei Beteiligungen staatlicher Stellen an Privatunternehmen die Beurteilung der verantwortlichen Stelle als nicht-öffentliche Stelle erfolgt, sofern das Unternehmen nicht mit hoheit-

---

[13] Exemplarisch sei hier die Erstellung eines kompletten Profils eines Betroffenen durch Zusammenführung einzelner, unabhängig voneinander erhobener Daten genannt. Betroffene sind hier vor allem Arbeitnehmer und Kunden, vgl. *Däubler*, CR 2005, S. 770; *Büllesbach*, digma 2001, S. 88f.; *Vetter* 1994, S. 238; allgemeiner *Di Fabio* 1997, S. 125; kritisch zum tatsächlichen Nutzen solcher Profile *Ladeur*, DuD 2000, S. 18.

[14] Vgl. *Bizer* 2003, S. 583.

[15] *Gola/Jaspers* 2006, S. 12.

[16] Vgl. *Kilian* 1973, S. 289.

[17] *Petersen/Schoch*, JURA 2005, S. 683; *Hassemer* 2000, S. 126; *Büllesbach* 1993, S. 78; vgl. auch *Simitis* 1996, S. 31; außerdem *Roßnagel/Pfitzmann/Garstka* 2001, S. 23f.

[18] *Kloepfer* 2002, § 4, Rn. 30 ff.

[19] Bundesdatenschutzgesetz v. 20.12.1990, BGBl. I S. 2954, 2955 in der Fassung der Bekanntmachung v. 14.1.2003, BGBl. I S. 66, zul. geänd. durch Art. 1 des Gesetzes v. 22.8.2006, BGBl. I S. 1970.

lichen Aufgaben beliehen worden ist.[20] Der Rahmen der Untersuchung ist demnach gekennzeichnet durch private Regelungsadressaten staatlicher Vorgaben zum Schutz verfassungsmäßig zugesicherter Rechte.

Um den Einzelnen gemäß § 1 Abs. 1 BDSG vor Beeinträchtigungen seines Persönlichkeitsrechts durch den Umgang mit seinen personenbezogenen Daten zu schützen, sieht das Bundesdatenschutzgesetz innerhalb eines Unternehmens den betrieblichen Datenschutzbeauftragten als Kontrollinstanz vor. Er hat auf die Einhaltung des Bundesdatenschutzgesetzes und anderer Vorschriften über den Datenschutz hinzuwirken, ohne jedoch Sanktionsmöglichkeiten zu haben. Die Verantwortlichkeit für Datenschutzverstöße liegt weiterhin bei der Unternehmensleitung. Der Datenschutzbeauftragte wird als Berater und Sachverständiger tätig, um schon im Vorfeld der Datenverarbeitung, etwa bei der Implementierung eines neuen IT-Systems, auf datenschutzrelevante Sachverhalte aufmerksam zu machen,[21] und als Kontrollinstanz, um mögliche Schwachstellen im Bereich der Datenverarbeitung aufzudecken.

Im Rahmen der rasant voranschreitenden Technologisierung kommt ihm dabei eine Schlüsselrolle innerhalb der unternehmensinternen Datenverarbeitung zu. Datenschutzrechtliche Fragen haben im Gegensatz zu solchen der Datensicherheit einen größeren externen Bezug und wirken sich daher vor allem auch auf die Selbstdarstellung eines Unternehmens aus. Datenschutzverstöße können daher im nahenden Zeitalter der allgegenwärtigen Datenverarbeitung zu Imageverlusten führen und im Einzelfall massive Konsequenzen nach sich ziehen. So muss der Datenschutz, zumindest in größeren Unternehmen, auch nach dem Kontroll- und Transparenzgesetz,[22] das für die Unternehmensleitung eine Haftungsverschärfung für Unternehmensrisiken eingeführt hat, beurteilt werden. Damit kann ein Risikomanagementsystem auch für Datenschutz notwendig werden. Der Datenschutz im Unternehmen wird zu einer Managementaufgabe.[23]

Für Konzerne sieht das Bundesdatenschutzgesetz keine Regelung vor. Sowohl der bundesdeutsche als auch der europäische Gesetzgeber knüpfen an die je spezifische rechtliche Einheit als verantwortliche Stelle gemäß § 3 Abs. 7 BDSG an. Die Pflicht zur Bestellung eines Datenschutzbeauftragten trifft jedes Unternehmen, welches die Voraussetzungen des Bundesdatenschutzgesetzes erfüllt, gleichermaßen. Sie besteht unabhängig von der Rechtsform des Unternehmens. Ebenso wenig spielt es eine Rolle, inwieweit das Unternehmen Teil eines Konzerns ist. Die Möglichkeit, dass die Konzernobergesellschaft *uno actu* für alle Gesellschaften einen Datenschutzbeauftragten bestellen kann, bleibt den Unternehmen verwehrt. Einen Konzerndatenschutzbeauftragten kennt das Gesetz nicht.

Verbundenen Unternehmen wird es damit schwerer gemacht, für ein unternehmensweites Datenschutzkonzept, welches in Zeiten globaler Vernetzung und weltweit operierender Un-

---

[20]   Vgl. dazu Simitis – *Simitis* 2006, § 2, Rn. 125f.
[21]   Vgl. *Münch* 2007, S. 22.
[22]   Gesetz zur Kontrolle und Transparenz im Unternehmensbereich v. 27.4.1998, BGBl. I S. 786.
[23]   Vgl. *Wächter* 2003, Rn. 24.

ternehmen notwendig erscheint und auch im Interesse des Gesetzgebers liegen müsste, zu sorgen. Das Ziel eines solchen Konzepts ist dabei stets dasselbe: Es soll eine einheitliche Datenschutzstrategie im Unternehmen etabliert werden, um einerseits den Belangen des Datenschutzes besser Rechnung tragen zu können und andererseits Datenschutz effizienter zu gestalten.[24] Dabei ist Datenschutz oftmals untrennbar mit Datensicherheit verbunden, die wiederum Teil des unternehmensweiten Risikomanagements ist. Hindernisse für die Einheitlichkeit des Datenschutzes eines Unternehmens können sich aus regionalen oder auch strukturellen Unterschieden der einzelnen Konzernteile ergeben. Bei multinationalen Unternehmen kommen noch verschiedene Rechtsordnungen hinzu. Wollen Konzerne Datenschutz effektiv in allen Bereichen umsetzen, könnte es daher oftmals sinnvoll sein, einen Gesamtverantwortlichen in der Konzernobergesellschaft einzusetzen, der dann eingebunden in das allgemeine Risikomanagementsystem für den Datenschutz zuständig ist.

In der Praxis entsteht durch den Widerspruch zwischen fehlender gesetzlicher Regelung und realer unternehmerischer Notwendigkeit des Konzerndatenschutzbeauftragten die Situation, dass die Rechtsfigur unter den geltenden gesetzlichen Bestimmungen konstruiert wird. Durch diese Hilfsmaßnahme kommt es zu einer Reihe von Problemen:

Konzepte zum Konzerndatenschutzbeauftragten stammen fast ausschließlich aus den Konzernen selbst. Dadurch konnte sich kein einheitliches Modell des Konzerndatenschutzbeauftragten entwickeln, sondern es liegen eine Reihe unterschiedlicher Vorschläge zum Konzerndatenschutz vor, die vor allem organisatorische Fragen behandeln und an der Organisationsstruktur des jeweiligen Unternehmens orientiert sind.[25] Eine einheitliche Definition des Konzerndatenschutzbeauftragten existiert nicht. Rechtliche Ausführungen fehlen ebenfalls größtenteils. Diskussionswürdig wären beispielsweise Fragen der persönlichen Anforderungen an die Person des Konzerndatenschutzbeauftragten oder auch Haftungsfragen. Des Weiteren wären Vergleiche mit Konzernbeauftragten anderer Rechtsgebiete möglich sowie die Untersuchung der Regelungen anderer EU-Staaten. Erstaunlich an dieser Situation ist vor allem die Tatsache, dass bereits seit Inkrafttreten des ersten Bundesdatenschutzgesetzes[26] (BDSG 77) die Problematik der fehlenden gesetzlichen Regelung des Konzerndatenschutzbeauftragten bekannt ist,[27] eine endgültige Entscheidung des Gesetzgebers bisher aber ausgeblieben ist. Erfreulich ist daher die Tatsache, dass es durchaus gewichtige Stimmen in der Literatur gibt, die eine Aufnahme des Konzerndatenschutzbeauftragten ins Bundesdatenschutzgesetz weiterhin diskutieren.[28]

---

[24] Ausführlich dazu Kap. 4.3.3, insb. Kap. 4.3.3.2.
[25] Vgl. *Ulmer* 2006, S. 127 ff.; Roßnagel – *Büllesbach* 2003, Kap. 7.1, Rn. 1076 ff.; *ders.*, RDV 2001a, S. 1 ff.; s. außerdem Simitis – *Simitis* 2006, § 4f, Rn. 36.
[26] BGBl. 1977 I S. 201.
[27] S. *Knabben*, DB 1978, S. 148; Heilmann – *Fehlhaber* 1977, S. 133; *Kriependorf*, DuD 1977, S. 20; *Ordemann/Schomerus* 1977, § 28, 1.2.
[28] Beispielhaft Simitis – *Simitis* 2006, § 4f, Rn. 36; *Ulmer* 2006, S. 141; *Roßnagel/Pfitzmann/Garstka* 2001, S. 202.

1.2 Fragestellung

Um überhaupt zu einem möglichen Untersuchungsgegenstand in dieser Arbeit zu gelangen, muss zunächst der Frage nachgegangen werden, wie sich der Konzerndatenschutzbeauftragte definieren lässt. Die unterschiedlichen Konzepte zum Konzerndatenschutz geben hierzu keine zusammenhängenden Anhaltspunkte. Der Begriff des Konzerndatenschutzbeauftragten wird bisher nicht einheitlich verwendet, sondern ist an den jeweiligen Organisationsmodellen orientiert. Daher bedarf es für die Untersuchung des Konzerndatenschutzbeauftragten einer eigenen verbindlichen Definition. Im Anschluss daran kann eine Zusammenfassung dessen erfolgen, was sich an Beschreibungen aus der weit verzweigten Diskussion unter die Definition subsumieren lässt.

Ein weiterer Punkt wird die Untersuchung der bisherigen Argumentation gegen die Normierung des Konzerndatenschutzbeauftragten sein. In anderen Rechtsgebieten ist die Bestellung eines Konzernbeauftragten zulässig und in den dazugehörigen amtlichen Begründungen umfassend erörtert. Es ist zu klären, aus welchen Motiven heraus sich der Gesetzgeber bisher gegen die Aufnahme eines Konzernbeauftragten ins Bundesdatenschutzgesetz entschieden hat, und die Argumentation gegen eine Normierung klar zu umschreiben. In der Folge muss sie dahingehend beurteilt werden, ob sie heute noch Bestand hat. Des Weiteren muss auf europarechtlicher Ebene untersucht werden, ob die EG-Datenschutzrichtlinie[29] der Normierung eines Konzerndatenschutzbeauftragten entgegenstehen könnte.

Um eine mögliche Normierung des Konzerndatenschutzbeauftragten besser beurteilen zu können, muss die aktuelle Situation betrieblicher Datenschutzbeauftragter verbundener Unternehmen hinreichend dargestellt werden. Dazu gehört zunächst die Aufzählung der rechtlichen Probleme, die sich im Zusammenhang mit der hilfsweisen Konstruktion des Konzerndatenschutzbeauftragten ergeben. Neben der rechtlichen Beurteilung der Probleme soll die Untersuchung jedoch außerdem einen Praxisbezug bekommen. Dazu wird eine empirische Erhebung bei verschiedenen Konzerndatenschutzbeauftragten in die Arbeit mit einfließen.

1.3 Gang der Untersuchung

Die Arbeit untersucht die Figur des Konzerndatenschutzbeauftragten als mögliches Kontrollorgan im Rahmen eines aus rechtspolitischer Sicht neuartigen Kooperationsmodells zur Gefahrenabwehr allgemein, so wie es heute in der Unternehmenspraxis existiert. Damit soll der Frage nachgegangen werden, warum eine gesetzliche Regelung für den Konzerndatenschutzbeauftragten sinnvoll erscheint und wie diese in der Folge aussehen könnte.

Nach einer in Kapitel 1 erfolgten Einleitung in das Themengebiet behandelt Kapitel 2 zunächst den rechtlichen Hintergrund des Konzerndatenschutzbeauftragten im Rahmen der Gesetzgebung zur Gefahrenabwehr in Unternehmen im Allgemeinen sowie speziell im beste-

---

[29]   Richtlinie 95/46/EG v. 24.10.1995, ABl. EG Nr. 281/31.

henden Datenschutzkonzept des Bundesdatenschutzgesetzes. Das System der Betriebsbeauftragten als Kontrollinstrument wird als Grundlage für die Untersuchung des Konzerndatenschutzbeauftragten dargestellt, um die Funktion der Beauftragten in der Gefahrenabwehr her-
auszuarbeiten und Gemeinsamkeiten zwischen ihnen hervorzuheben. Damit wird eine Vergleichbarkeit des Konzerndatenschutzbeauftragten zu anderen Beauftragten hergestellt, auf
die im Verlauf der Arbeit jeweils zurückgegriffen werden kann. Unter diesem Punkt wird
insbesondere auch der Frage nachgegangen, in welchem Zusammenhang Datenschutzbeauftragte und der zunehmend an Bedeutung gewinnende Begriff des Risikomanagements stehen.

In Kapitel 3 folgt eine Illustration des „einfachen" betrieblichen Datenschutzbeauftragten[30] als
Grundtatbestand für die spätere Untersuchung des Konzerndatenschutzbeauftragten. Aufgrund der auf den Konzerndatenschutzbeauftragten ausgerichteten Betrachtungsweise ist eine
vollumfängliche Untersuchung des Datenschutzbeauftragten an dieser Stelle nicht notwendig
und würde überdies den Rahmen der Arbeit über Gebühr ausdehnen. Der Schwerpunkt dieses
Kapitels liegt auf den formalen Voraussetzungen des Datenschutzbeauftragten, die für den
Konzerndatenschutzbeauftragten herangezogen werden, sowie auf den bereits beim Datenschutzbeauftragten auftretenden und sich beim Konzerndatenschutzbeauftragten zum Teil
noch verschärfenden Problemen, die durch die aktuelle Rechtslage entstehen.[31] Außerdem
werden die Regelungen der anderen EU-Staaten, die gemäß der EG-Datenschutzrichtlinie
einen Datenschutzbeauftragten eingeführt haben, untersucht. Dabei soll geklärt werden, inwieweit sich die Regelungen zum Datenschutzbeauftragten möglicherweise unterscheiden
und welche Rolle der Konzerndatenschutzbeauftragte in der Gesetzgebung der anderen Mitgliedstaaten spielt.

Nachdem der Datenschutzbeauftragte als Grundmodell vorgestellt wurde, folgt in Kapitel 4
als Abschluss des rein rechtlichen Teils der Arbeit die umfassende Auseinandersetzung mit
der Bedeutung des Konzerndatenschutzbeauftragten als Sonderform des Datenschutzbeauftragten im Unternehmen. Die Kernpunkte dieses Kapitels sind die Herleitung einer Definition
des Konzerndatenschutzbeauftragten, die Darstellung der formalen Voraussetzungen des
Konzerndatenschutzbeauftragten, so wie sie beim Datenschutzbeauftragten schon mehrfach
vorliegen,[32] und anschließend ein Vergleich mit anderen Konzernbeauftragten sowie die Erörterung der sich aus der aufgezeigten Situation ergebenden Konsequenzen.

Um einen Praxisbezug herzustellen, wurden die Ergebnisse des rechtlichen Teils als Grundlage für eine empirische Untersuchung in Form von Interviews herangezogen. Befragt wurden
Konzerndatenschutzbeauftragte mehrerer Unternehmen unterschiedlicher Branchen. Kapitel 5
wird eingeleitet mit der für die Interviews angewendeten Untersuchungsmethodik. Im An-

---

[30]   Aus Gründen der Vereinfachung wird nachfolgend zwischen Datenschutzbeauftragtem und Konzerndaten-
       schutzbeauftragtem unterschieden. Wird der Konzerndatenschutzbeauftragte nicht ausdrücklich erwähnt,
       meint der Begriff „Datenschutzbeauftragter" demnach das Rechtsinstrument gemäß § 4f BDSG.
[31]   S. dazu insb. Kap. 3.2.2, 3.4, 3.5 sowie 3.6.
[32]   Beispielhaft *Koch* 2006; *Haaz* 2003; *Schlemann* 1996; *Ehmann* 1993.

schluss folgt die Auswertung der Befragungen beginnend mit der Einordnung der Gesprächspartner und ihrer Unternehmen in die Diskussion um den Konzerndatenschutzbeauftragten. Es
folgen die Auswertungen der Konzerndatenschutzorganisation sowie der speziellen Aufgaben
des Konzerndatenschutzbeauftragten.

In Kapitel 6 werden die vorherigen Kapitel sowohl des rechtlichen als auch des praktischen
Teils einer Beurteilung unterzogen und jeweils zu einem Ergebnis zusammengefasst. Darauf
aufbauend folgt die Diskussion über die Möglichkeiten zur gesetzlichen Regelung des Konzerndatenschutzbeauftragten.

Den Schlusspunkt bildet Kapitel 7 mit einer kurzen Zusammenfassung der Ergebnisse sowie
einem Ausblick auf die nähere Zukunft des Konzerndatenschutzbeauftragten und seiner Bedeutung für den Datenschutz.

2 Betriebsbeauftragtensystem als rechtlicher Hintergrund

Mit Beginn der industriellen Revolution im 19. Jahrhundert hat eine enorme technologische Entwicklung mit unterschiedlichen Gefahren für den Menschen und seine Umwelt eingesetzt.[33] Zunächst beschränkte sich die Entwicklung vor allem auf die physische Arbeitserleichterung durch die Einführung von Maschinen innerhalb der Industrie, die zu einer stetig ansteigenden Automatisierung von Arbeitsprozessen geführt hat. Daraus sich ergebende Gefahren bestanden in erster Linie für Leib und Leben des Menschen in unmittelbarer Umgebung der neuen Technik. Zunehmend aber wurden wegweisende Erfindungen in den Naturwissenschaften industriell verwertet. Das hat in Verbindung mit dem Automatisierungsprozess in der Folge dazu geführt, dass Industrieanlagen immer häufiger Gefahrenquellen schufen, die weit über ihr nächstes Umfeld hinaus Rechtsgüter Dritter sowie der Allgemeinheit betrafen und als deren Höhepunkt das Betreiben nuklearer Anlagen gesehen werden kann.

Mit der Erfindung des Computers und seiner flächendeckenden Einführung seit Ende der 1970er Jahre hat die technologische Entwicklung einen weiteren Quantensprung erlebt: Nicht mehr nur physische Arbeitskraft kann durch Technik ersetzt werden, sondern auch menschliche Denkprozesse können – computerunterstützt – automatisiert werden.[34] Damit einher geht aber auch eine neue potenzielle Grundrechtsbeeinträchtigung durch Technikanwendung. Die Gefährdung durch Daten verarbeitende Technologien besteht insbesondere für das allgemeine Persönlichkeitsrecht.[35] Aufgabe des Staates ist es, verfassungsrechtlich zugesicherte Grundrechte wie Freiheit und Gesundheit sowie Allgemeininteressen wie Volksgesundheit und die natürlichen Lebensgrundlagen, insbesondere im Hinblick auf die Zukunftsverantwortung, zu schützen.[36] Gerade aus dieser Schutzaufgabe leitet sich die Rechtfertigung des Staates und seines Gewaltmonopols als Basis der staatlichen Herrschaftsfunktion ab, deren kognitive Basis das Wissen ist.[37]

Zur Gewährleistung der oben beschriebenen Rechte hat der Staat ein weit verzweigtes öffentlich-rechtliches Gefahrenabwehrrecht entwickelt, welches durch strafrechtliche Sanktionsmaßnahmen und zivilrechtliche Haftungstatbestände flankiert wird. Lange Zeit beschränkte sich dieses Rechtsgebiet auf die Umschreibung konkreter Gefahrentatbestände in spezialgesetzlichen Normen sowie der Festlegung einer gefahrenrechtlichen Generalklausel als Eingriffsermächtigung für Ordnungsbehörden und Polizei.[38] Diese konnten entsprechend der jeweiligen Ermächtigungsgrundlage dann gefahrabwehrend tätig werden, wenn die hinreichende Möglichkeit eines Schadenseintritts vorlag. Diesem Modell entsprechend ist staatliches

---

[33]   Ausführlich *Fischer* 2000, S. 16 ff.; vgl. auch *Pieterman*, ZfRSoz 2001, S. 149f.
[34]   *Schlemann* 1996, S. 17 spricht von einer „zweiten industriellen Revolution".
[35]   *BVerfGE* 65, S. 1 (S. 41); vgl. auch *Wolf* 1999, S. 66.
[36]   *Ekardt/Manger/Neuser/Pottschmidt/Roßnagel/Rust* 2000, S. 271; *Roßnagel* 1999, S. 209; ebenso EvStL – *Schulte* 2006, S. 2447.
[37]   *Wolf* 1999, S. 71.
[38]   Ausführlich *Di Fabio*, JURA 1996, S. 567f.

Handeln erst dann möglich, wenn der Gefährdungstatbestand hinreichend bestimmbar und eine Gefährdung von Rechtsgütern bereits eingetreten ist; das Recht wirkt mithin repressiv. Ein solches repressiv wirkendes Gefahrenabwehrrecht stößt dann an seine Grenzen, wenn die Gefahrentatbestände nicht länger bestimmt werden können und sich die Folgen eines Schadenseintritts nicht mehr absehen lassen. In diesem Zusammenhang spricht man dann nicht mehr allein von Gefahren sondern vermehrt von Risiken.[39]

Im Zuge der skizzierten technologischen Entwicklung haben sich Gefährdungssituationen stetig verkompliziert und es sind Risikolagen entstanden, die oftmals kaum oder gar nicht mehr bestimmbar sind und/oder ein enormes Schadenspotenzial beinhalten. Die Komplexität technischer Anlagen verschiedenster Art lässt die traditionellen Regulierungskonzepte des Gesetzgebers immer öfter versagen.[40] Sie setzt einen Wissens- und Erkenntnisstand über die zu regelnden Objekte voraus, den der Staat alleine nicht mehr erlangen kann. Aufgrund dieses Wissensdefizits vermag der Staat Risikotatbestände nicht mehr hinreichend zu bestimmen, geschweige denn zu beherrschen.[41] Er ist weder in der Lage, alle naturwissenschaftlichen Anforderungen durch eigene Verfahrensvorschriften zu definieren, noch kann er sie überwachen.[42] Das traditionelle Recht der Gefahrenabwehr kann sowohl die Komplexität als auch die zeitliche Komponente technischer Entwicklung nicht mehr selbst vollständig umschreiben. Ebenso wenig vermögen strafrechtliche Sanktionsmaßnahmen und zivilrechtliche Haftungstatbestände heutige Gefahrenquellen in ausreichendem Maße zu beeinflussen.[43]

Der Grund für das kollektive Versagen dieser Regelungsmechanismen gegenüber den Risiken der modernen Technik ist darin zu sehen, dass sie prinzipiell auf ein Handeln im Nachhinein gerichtet sind.[44] Gefahrenabwehrrechtliche Tatbestände erlauben ein Eingreifen erst, wenn die Möglichkeit eines Schadensfalles hinreichend wahrscheinlich erscheint, strafrechtliche Sanktionen sowie zivilrechtliche Haftung greifen erst nach dem Eintritt einer Rechtsgutverletzung beziehungsweise eines Schadens. Moderne Risiken mit ihren unabsehbaren Folgen für Mensch und Natur lassen ein solch spätes Eingreifen staatlicher Regelung jedoch nicht zu.[45] Damit ginge eine nicht mehr hinnehmbare Gefährdung verfassungsrechtlich geschützter Rechtsgüter Dritter und der Allgemeinheit einher und der Staat würde seine Schutzfunktion gegenüber diesen Rechten aufgeben. Hier tritt die allgemeine Diskrepanz zwischen der Zeitstruktur des bestehenden Rechts mit seinem Vergangenheitsbezug und der Offenheit der Risikoperspektive deutlich zutage, weil letztere gerade zukunftsorientiert auf mögliche Scha-

---

[39]   *Schulte* 2000, S. 65; *ders.* 2000a, S. 30; vgl. auch *Di Fabio*, NuR 1991, S. 354; zum „Risikobegriff" in der Diskussion über IT-Sicherheit *Hammer*, DuD 2000, S. 167f.
[40]   Ausführlich zu den Gründen *Schulz* 2006, S. 172 ff.
[41]   Vgl. *Heine* 1997, S. 66 m.w.N.; zum Bereich der Informations- und Kommunikationstechniken *Ladeur*, DuD 2000, S. 16f.; *ders.*, CR 1999, S. 396; s. dazu auch Fn. 37.
[42]   *Schmidt-Preuß* 2002, S. 189.
[43]   Vgl. dazu ausführlich *Vieweg* 1997, S. 35 ff.
[44]   *Hiller* 1999, S. 29; vgl. auch *Di Fabio*, NuR 1991, S. 357.
[45]   *Mai*, ZfRSoz 1992, S. 261.

denseintritte ausgerichtet ist.[46] Dieses Dilemma zwischen Risiko und Recht führt in der Folge dazu, dass klassische Rechtsnormen zur Gefahrenabwehr nicht mehr alle möglichen Risiken zu umschreiben vermögen. Auf technische, wirtschaftliche und gesellschaftliche Veränderungen wie etwa in der Kommunikationstechnik reagieren Politik und Recht fast immer verspätet.[47]

2.1 Regulierungsmöglichkeit

Die eben beschriebene Situation hat sowohl in der Rechtswissenschaft als auch in benachbarten Disziplinen zu einer Diskussion über die Steuerungsfähigkeit des Rechts geführt.[48] In der Rechtswissenschaft sind es neben Rechtstheoretikern, die in erster Linie die Systemtheorie oder die Handlungstheorie als Ausgangspunkt ihrer Betrachtungen wählen, insbesondere Rechtsdogmatiker, die Ansätze zu einer Lösung diskutieren. Einer der Diskussionsaspekte ist dabei, dass sich Rechtsetzungsorgane mit einem steigenden Wissensdefizit konfrontiert sehen, welches dadurch entsteht, dass mit der Zunahme an Wissen in der modernen Gesellschaft gleichzeitig das Ausmaß an Ungewissheit ansteigt.[49] Ist das Recht nicht in der Lage, dieses Defizit durch Lernfähigkeit zu kompensieren,[50] bedeutet das in letzter Konsequenz die Handlungsunfähigkeit des Staates gegenüber den modernen technologischen Risiken, denn hoheitliche Kräfteentfaltung setzt voraus, dass der Staat über alle relevanten Informationen verfügt.[51] Will der Staat vor den Risiken der modernen Gesellschaft nicht gänzlich kapitulieren, weil er sie nicht mehr vollumfänglich umschreiben und einen möglichen Schadenseintritt nicht abwarten kann, so ist eine Auseinandersetzung mit Risikosituationen auf anderem Wege notwendig. Hierzu sind für den Fortgang der Arbeit drei Entwicklungstendenzen in der Literatur besonders hervorzuheben:

Erstens wird gefordert, dass eine Vorverlagerung der Risikobeurteilung stattfinden muss, die von einer repressiv ausgerichteten hin zu einer präventiven Risikobewältigungspolitik führt.[52] Indem man Risiken in einem möglichst frühen Stadium beurteilt, kann dem Wissensdefizit und einer damit verbundenen erhöhten Unsicherheit entgegengewirkt werden. Auf diese Weise trägt das Recht der Zukunftsoffenheit des Risikos Rechnung.[53] Es verliert damit aber auch seine Entscheidungsgrundlage in Form des Wissens, was zu einem Folgeproblem führt.[54] Eine präventive Risikobeurteilung bedeutet einen Anstieg an Prognoseentscheidungen, die umso schwieriger werden, je größer der Prognosezeitraum für ein bestimmtes Risiko angelegt ist,

---

[46] Vgl. *Hiller* 1993, S. 163; außerdem *Di Fabio* 2000, S. 19.
[47] *Kloepfer* 2002, § 1, Rn. 38; *ders.* 1998, S. 253; *Roßnagel* 2001, S. 19.
[48] Ausführlich *Palm* 2002, S. 7 ff.
[49] *Bora* 1999, S. 9.
[50] Vgl. *Hiller* 1993, S. 146 sowie *dies.* 1999, S. 31; *Teubner*, ARSP 1982, S. 14; außerdem *Ladeur* 1999, S. 51.
[51] *Führ* 2003, S. 24.
[52] Vgl. *Roßnagel*, MMR 2005, S. 74; *ders.* 1993, S. 95; *Di Fabio* 1994, S. 448; insbesondere auch *Beck* 1986, S. 64; speziell für den Datenschutz *Hoffmann-Riem*, DuD 1998, S. 687.
[53] Vgl. *Hiller* 1999, S. 31; *dies.* 1993 S. 163.
[54] Vgl. *Wilke*, ZfRSoz 1995, S. 96, der den präventiven Staat als Folge eines Mangels an Wissen ansieht.

sodass immer ein gewisser Unsicherheitsfaktor bestehen bleibt.[55] Die Vorverlagerung der Risikobeurteilung alleine führt also noch nicht zu einer Verringerung an Ungewissheit, sondern verschiebt diese zunächst nur. Eine wirkliche Reduzierung kann erst dann eintreten, wenn der Staat sich bemüht, Prognosen so sicher wie möglich auszugestalten. Um das notwendige Wissen zu erlangen, müssen für den Staat Mechanismen entwickelt werden, mit denen ein möglichst hoher Kenntnisstand über potenzielle Risiken erreicht werden kann, ohne dass es erst zu einer Realisierung des Gefahrentatbestandes kommen müsste. Dies vermag der Staat alleine nicht zu verrichten, er ist auf die Mithilfe derjenigen angewiesen, die risikobehaftete Anlagen betreiben, im Anwendungsbereich des Technikrechts also in erster Linie Unternehmen der Privatwirtschaft. Somit wird bei der Sachverhaltsermittlung zur Risikobewertung auf außerstaatliche Kräfte zurückgegriffen, was zu einer Stärkung der Privatisierungselemente im ordnungsrechtlichen System führt.[56]

Zweitens muss der Staat mit dem auf die eben beschriebene Weise erlangten Wissen eine rechtliche Risikovorsorge betreiben, die als permanente Schutzverpflichtung verstanden werden kann.[57] Zur Wirksamkeit präventiver Risikopolitik bedarf es daher bei den Anlagenbetreibern einer Sicherheitsgewährleistung, für die gleichsam eine kontinuierliche, möglichst vom Recht strukturierte, Sicherheitskommunikation erforderlich ist.[58] Kommuniziert werden sollen Themen der Anlagensicherheit, sowohl intern gerichtet an Unternehmensleitung und Belegschaft als auch extern an staatliche Funktionsträger. Das Recht kann hierbei durch geeignete Verfahren und die Zuweisung von Verantwortung sowie Rollenpflichten die Sicherheitskommunikation ausdrücklich hervorheben.[59] Eine klare Zuweisung von Einzelverantwortung für Entscheidungen ist notwendig für die Sicherheitsgewährleistung durch Dritte und verdeutlicht bestimmte Aspekte sozialer oder ökologischer Verantwortung.[60]

Drittens schließlich müssen für die sich aus den beiden zuvor angeführten Veränderungen ergebende Zusammenarbeit zwischen Staat und Privaten neue Handlungsoptionen gefunden werden,[61] die insbesondere auch die Wissensgenerierung beinhalten müssen. Recht, das allein auf imperative Regulierung in Form von Ge- und Verboten ausgerichtet ist, vermag die dabei entstehenden Kooperationsverhältnisse nicht mehr hinreichend zu steuern. Wo der Staat auf die Mithilfe Privater angewiesen ist, muss er spezifische Organisationsformen einrichten, die den rechtlichen Rahmen für eigenverantwortliches Handeln darstellen. Lernfähigkeit muss institutionalisiert werden, damit eine produktive Selbstkoordination zwischen den Akteuren

---

[55] *Roßnagel* 1997, S. 144; vgl. dazu auch *Halfmann* 2003, S. 69; *Mai*, ZfRSoz 1992, S. 262.
[56] Vgl. *Di Fabio* 1996, S. 150f.; *Roßnagel*, UPR 1986, S. 49; außerdem EvStL – *Schuppert* 2006, S. 2386; *Führ* 2003, S. 24f.
[57] *Pitschas* 2000, S. 85.
[58] Vgl. *Ekardt/Manger/Neuser/Pottschmidt/Roßnagel/Rust* 2000, S. 271.
[59] *Ekardt/Manger/Neuser/Pottschmidt/Roßnagel/Rust* 2000, S. 272 m. Fn. 802; vgl. außerdem *Führ* 2003, S. 39, der die Aufgabe des Rechts darin sieht, „soziale Kooperation [...] zu ermöglichen und zugleich geeignete Mechanismen der individuellen Zuordnung bereitzustellen".
[60] *Roßnagel* 1999, S. 219.
[61] *Führ* 2003, S. 33.

zustande kommen kann.[62] Dabei entsteht allerdings ein in der Literatur kritisch verfolgter Verlust direkter Steuerungsmacht, den der demokratisch legitimierte Gesetzgeber durch neue Regelungsstrategien ausgleichen muss.[63]

2.2 Technikrecht als Repräsentant neuer Regulierungsstrategien

Technikrecht heute wird im engeren Sinne als das Recht der technischen Sicherheit verstanden und umfasst die Gesamtheit aller Normen, die primär den Schutz von Leben, Gesundheit, Sachgütern und Umwelt vor Gefahren der Technik bezwecken, wozu neben dem Anlagenrecht wie beispielsweise dem Bundesimmissionsschutzgesetz[64] auch das Datensicherheitsrecht mit dem Bundesdatenschutzgesetz oder dem Signaturgesetz[65] gehört.[66] Seine Ursprünge hat das Technikrecht im alten Gewerberecht und entwickelte sich ab dem beginnenden 19. Jahrhundert aus dem allgemeinen Gefahrenabwehrrecht heraus mit einem eigenen Ansatz der Gefahrenabwehr: Das Betreiben gefährlicher Anlagen wurde generell erlaubnispflichtig und bedurfte einer präventiven Zulassung sowie der laufenden Überwachung.[67] Dieses Verfahren stellt den Ausgangspunkt der Technikregulierung durch den Staat dar und ist auch heute noch in einer Vielzahl von Gesetzen verankert.

Wie das allgemeine Gefahrenabwehrrecht leidet jedoch auch das Technikrecht unter der Prämisse, Risiken nicht hinreichend bestimmen und damit beherrschen zu können. Es ist erstens schlechterdings unmöglich, sämtliche gefahrenträchtigen Prozesse technischer Anlagen zu umschreiben und zweitens immer weniger absehbar, ob und wie sich mögliche Fehlerquellen in der Zukunft verwirklichen. Aufgrund seiner „überkommenen Zentrierung auf Gefahrenabwehr"[68] fehlt dem Technikrecht der Einblick in die Komplexität industrieller Anlagen, der notwendig wäre für die vollständige Erfassung der Risikopotenziale, die es zu beherrschen gilt. Ein Festhalten an einseitig-hoheitlicher Technikkontrolle ohne Wissensbasis bedeutete in der Folge eine „Ohnmacht des Staates".[69] Weil der Staat die Technikkontrolle gefahrenträchtiger Anlagen mit den tradierten Instrumentarien direkter Steuerung[70] allein nicht mehr zu

---

[62] *Ladeur* 1999, S. 57.
[63] *Führ* 2003, S. 29 m.w.N.
[64] Gesetz zum Schutz vor schädlichen Umwelteinwirkungen durch Luftverunreinigungen, Geräusche, Erschütterungen und ähnliche Vorgänge v. 15.3.1974, BGBl. I S. 721, in der Fassung der Bekanntmachung vom 26.9.2002, BGBl. I S. 3830, zul. geänd. durch Artikel 3 des Gesetzes vom 18.12.2006, BGBl. I S. 3180.
[65] Gesetz über Rahmenbedingungen für elektronische Signaturen v. 16.5.2001, BGBl. I S. 876, zul. geänd. durch Artikel 4 des Gesetzes vom 26.2.2007, BGBl. I S. 179.
[66] *Salje* 2000, S. 154; vgl. auch *Schmidt-Preuß* 2002, S. 175f.
[67] Ausführlich dazu *Kloepfer* 2003, S. 111f.; vgl. auch *Mai*, ZfRSoz 1992, S. 264.
[68] *Pitschas* 2000, S. 85.
[69] *Kloepfer* 2002a, S. 54; vgl. Fn. 37.
[70] Der Begriff der „direkten Steuerung" meint die traditionelle alleinige Ausübung der legislativen, exekutiven und judikativen Funktionen durch den Staat, vgl. ausführlich *Kloepfer* 2003, S. 111 ff.; außerdem EvStL – *Schulte* 2006, S. 2446f.

leisten vermag, sind staatliche Handlungsinstrumente notwendig, in die weitere Akteure eingebunden werden und Flexibilität sowie Kooperation in den Vordergrund treten.[71]

Eine in allen Teilen des Technikrechts verbreitete Regulierungstechnik ist die Verwendung sog. unbestimmter Rechtsbegriffe, die zur Beurteilung konkreter Rechtsfragen der Auslegung durch Experten des jeweiligen Fachgebiets bedürfen.[72] Erstens kann auf diese Weise der Staat, der nicht die notwendigen Kapazitäten besitzt, davon entbunden werden, auf allen Gebieten naturwissenschaftlich-technische Detailfragen klären zu müssen. Zweitens sind die Personen mit dem größten Sachverstand in die Beurteilung der komplexen Sachverhalte eingebunden. Die Bestimmung technischer Standards wird damit durch die Stellen mit dem höchsten Sachverstand vollzogen, führt aber auch dazu, dass das Recht in der Beurteilung von potenziellen Risikolagen keine Aussagen mehr trifft. Kritisch wird zu diesem Regelungsmodell daher festgestellt, dass die Technik die Zulässigkeit risikobehafteten Handelns festlegt und sich damit letztlich selbst steuert.[73]

Will der Staat seine grundrechtsschützende Funktion für den Einzelnen sowie die Allgemeinheit aufrechterhalten, bedarf es neben der direkten staatlichen Steuerung in Form der herkömmlichen Gefahrenabwehr zusätzlicher Wege, Risiken zu begegnen. Weil diese durch das repressiv wirkende Recht nicht länger beherrscht und bestimmt werden können, muss sich der Schwerpunkt staatlichen Handelns auf die Risikosteuerung verlagern mit der Konsequenz, dass der Handelnde bei der Risikoeinschätzung eingebunden und gegenüber dem Staat privilegiert wird.[74] Technisches Sicherheitsrecht bekommt damit eine neue Akzentuierung in Form einer rechtlichen Risikovorsorge, bei welcher der Staat vor allen Dingen rechtliche Grundsätze der Risikokontrolle, Risikobewertung und des Risikomanagements gestaltet.[75] Ziel dieser Art staatlicher Steuerung der Technik ist es, mögliche Risiken ihres Einsatzes abzuschätzen, die Risikoprognose durch Szenarien zu erweitern und aus dem Zusammenhang von Problemen zu ermitteln. Dies führt zu einer „Techniksteuerung durch rechtliches Risikomanagement" und zur Entwicklung des technisches Sicherheitsrechts zu einem umfassenden Rechtsgebiet, welches unter dem Paradigma der Risikovorsorge insbesondere auf die Wissensgenerierung abzielt.[76] Weil der Gesetzgeber sich damit aus der direkten, imperativen Steuerung zurückzieht und letztendlich sein Steuerungsmonopol aufgibt, halten Elemente gesellschaftlicher Selbststeuerung[77] Einzug in das Rechtssystem mit dem Gedanken, dass auch durch indi-

---

[71]   *Di Fabio* 2000, S. 12; vgl. außerdem *Führ*, 2003, S. 33; *Bora* 1999, S. 13 m.w.N.; *Kloepfer/Elsner*, DVBl. 1996, S. 965 m.w.N.; a.A. – zumindest für den Schweizer Rechtsraum – *Koller/Schindler* 2004, S. 284; vgl. jedoch zu Schweizer Kooperationsmodellen *Meyer*, 2004, S. 291 ff. (S. 295 ff.).

[72]   Unbestimmte Rechtsbegriffe gibt es auch im Datenschutzrecht, vgl. *Däubler*, CR 2005, S. 770; insb. zum 3. Abschnitt des Bundesdatenschutzgesetzes vgl. *Wohlgemuth/Gerloff* 2005, S. 83.

[73]   *Roßnagel* 1993, S. 251 m.w.N.; *ders.*, UPR 1986, S. 50, 53; vgl. auch *Bock*, ZfRSoz 1989, S. 263.

[74]   *Ladeur* 1999, S. 57; vgl. auch *Di Fabio* 2000, S. 12; *ders.* 1994, S. 457.

[75]   *Pitschas* 2000, S. 85; vgl. auch *Di Fabio*, ZLR 2003, S. 165; *Vieweg* 1997, S. 35.

[76]   *Pitschas* 2000, S. 92f. m.w.N.; umfassend zum rechtlichen Risikomanagement die Beiträge bei *Bora* 1999a.

[77]   Die Begriffsfindung in diesem Bereich ist noch nicht abgeschlossen. Für die „gesellschaftliche Selbststeuerung" wird oftmals auch der Begriff der „gesellschaftlichen Selbstregulierung" gebraucht, vgl. ausführlich *Schmidt-Preuß*, VVDStRL 1997, S. 162f. mit Fn. 3, der „Steuerung" allein dem staatlichen Gestaltungsmo-

rekte Steuerung unter Einbindung des Handelnden Technikbeeinflussung möglich ist.[78] An dieser Stelle bringt das Technikrecht den Kooperationsgedanken hervor, der Staat und Unternehmen gleichermaßen verpflichtet.[79]

2.3 Formen gesellschaftlicher Selbststeuerung

Im Gegensatz zur Regelungsmethode der unbestimmten Rechtsbegriffe, bei der sich der Staat weiterhin auf eine alleinige Normgebung beschränkt, erfolgt die Vorverlagerung der Einschätzung von Risiken in flexibleren Kooperationsverhältnissen zwischen Staat und Privaten. Überwacht werden muss sie durch veränderte Rechtsinstitute nach dem Muster einer produktiven Selbst- und Fremdkontrolle.[80] Verschiedene Konzepte zur Eigenverantwortung zielen dabei insbesondere auf die Unternehmen,[81] weil sie den größten Wissensfundus über die Risikopotenziale der gefahrenträchtigen Anlagen besitzen und außerdem unmittelbaren Zugriff auf die Gefahrenquellen selbst haben. Bei dieser indirekten Steuerung stehen dem Staat verschiedene Möglichkeiten der Einbeziehung privater Eigenverantwortung zur Verfügung. Elemente gesellschaftlicher Selbststeuerung kann der Staat sowohl im legislativen als auch exekutiven und judikativen Bereich einsetzen. Je nach dem, welche Funktion die indirekte Steuerung erfüllen soll, kann zwischen zwei Konzepten unterschieden werden: Während *Selbstregulierung* die Wahrnehmung legislativer Funktionen durch Private meint, ist unter *Selbstkontrolle* die Ausübung exekutiver oder judikativer Funktionen zu verstehen.[82]

2.3.1 Selbstregulierung

Selbstregulierung im hier verstandenen Sinn bezieht sich allein auf Normsetzung durch Private.[83] Dies darf allerdings nicht derart verstanden werden, dass Selbstregulierung stets und gänzlich dem staatlichen Einfluss entzogen ist; vielmehr agieren Staat und Private in Form

---

nopol vorbehalten will und daher im privaten Bereich auf den Begriff der „Regulierung" zurückgreift. Dieser kann aber sowohl in einem engen Sinn reduziert auf Normgebungsprozesse als auch in einem weiteren Sinn als Gesamtheit wirtschaftsrechtlicher Steuerungsinstrumentarien gesehen werden, *Ruffert*, AöR 1999, S. 242; vgl. auch *Schmidt-Preuß* 1998, S. 91; weiterhin EvStL – *Schuppert* 2006, S. 2387. Dies führt aber in der vorliegenden Arbeit zu Abgrenzungsschwierigkeiten, weil nach hier vertretener Auffassung der Begriff der Selbstregulierung notwendigerweise von dem der Selbstkontrolle differenziert werden muss, vgl. Fn. 82. Daher wird nachfolgend der Begriff der „Selbstregulierung" auf seine engere legislatorische Verwendung reduziert und als Oberbegriff die „Selbststeuerung" verwendet. In der Folge meint der Begriff der „indirekten Steuerung" vor allem eine Kooperation von staatlicher Steuerung und Elementen privater Selbststeuerung, was jedoch weder zu einer umfassenden Deregulierung noch zu einer Substitution des Rechts führt, vgl. ausführlich *Kloepfer* 2003, S. 117f.; ebenfalls zum Begriff der „indirekten Steuerung" EvStL – *Schulte* 2006, S. 2447; *Hoffmann-Riem* 1997, S. 7.

[78]   Vgl. *Tettinger* 2000, S. 301, der auch dem Grundgesetz Impulse zur Selbststeuerung entnimmt; außerdem *Nedde* 2001, S. 74 m.w.N.

[79]   *Kloepfer* 2002a, S. 41; vgl. auch EvStL – *Schuppert* 2006, S. 2387.

[80]   Vgl. dazu *Ladeur* 1999, S. 59; speziell zum Bereich der Informationstechnologien *ders.*, DuD 2000, S. 19.

[81]   Vgl. *Treutner* 1999, S. 33; weiterhin EvStL – *Hellermann* 2006, S. 2730f.; *Ladeur* 1999, S. 59.

[82]   *Roßnagel* 2006, S. 299; Roßnagel – *Roßnagel* 2003, Kap. 3.6, Rn. 9f.; vgl. auch *Schaar*, DuD 2003, S. 424f.

[83]   S. Fn. 77.

einer arbeitsteiligen Gemeinwohlkonkretisierung.[84] Dabei soll primär den Betroffenen die Möglichkeit gegeben werden, den materiellen Maßstab der Umsetzung gesetzlicher Vorgaben selbst zu bestimmen,[85] wobei der Rahmen dafür hinreichend klar definiert werden muss.[86] Des Weiteren verbindet sich mit Selbstregulierung die Hoffnung, den Staat vor allem durch den Abbau von Überregulierung entlasten zu können.[87] Dazu gehört auch das Problem der immer schwieriger werdenden Regulierungsmöglichkeiten des Gesetzgebers aufgrund der stetigen Verkomplizierung von Sachverhalten. Abhängig vom Grad der staatlichen Einflussnahme auf die verschiedenen Instrumente kann Selbstregulierung unterteilt werden in drei Kategorien.[88]

Gänzlich ohne staatlichen Einfluss und daher die konsequenteste Form der Selbstregulierung sind *unverbindliche Selbstverpflichtungen*[89], die sich Unternehmen aus oftmals ganz unterschiedlichen Gründen freiwillig auferlegen. Ein Beispiel für eine solche Selbstverpflichtung stellen die in beinahe jedem größeren deutschen Chemieunternehmen aufgestellten Umweltleitlinien dar, die aller Kritik zum Trotz konzernweit gewisse Mindeststandards setzen, weshalb der Staat durchaus ein Interesse an der Festsetzung derartiger gesellschaftlicher Selbstorganisation haben kann.[90] Gleichwohl sind solche Selbstverpflichtungen klar von der gesetzlich geregelten Rechtsordnung getrennt und können daher weder eine Allgemeinverbindlichkeit noch staatliche Durchsetzung für sich beanspruchen.

Mehr in Richtung einer echten Kooperation geht die *Selbstregulierung anstelle gesetzlicher Regulierung*[91], bei der privat und staatlich gesetzte Normen in ein Konkurrenzverhältnis treten und erstere alle Funktionen staatlicher Regulierung erfüllen müssen.[92] Hierbei steht nicht mehr der staatliche Regulierungsanspruch im Vordergrund, sondern die Förderung gesellschaftlicher Selbstregulierung unter lediglich näher strukturierenden Vorgaben. Der Staat gibt damit seine Erfüllungsverantwortung ab und setzt an ihre Stelle eine staatliche Gewährleistungs- und teilweise Auffangverantwortung.[93] Anwendungsgebiete für eine Selbstregulierung, die an die Stelle von Gesetzen tritt, sind momentan vor allem im Bereich der Privatisie-

---

[84]   *Schmidt-Preuß*, VVDStRL 1997, S. 162.
[85]   Roßnagel – *Roßnagel* 2003, Kap. 3.6, Rn. 36.
[86]   Vgl. *Ladeur*, DuD 2000, S. 19; *Hoffmann-Riem*, DuD 1998, S. 687; *Büllesbach* 1993, S. 78; s. auch *ders.*, RDV 2005, S. 15.
[87]   *Schulz* 2006, S. 182; Roßnagel – *Roßnagel* 2003, Kap. 3.6, Rn. 5.
[88]   S. dazu Roßnagel – *Roßnagel* 2003, Kap. 3.6, Rn. 37 ff.; ähnlich *Kloepfer* 2003, S. 118 ff.; *Hoffmann-Riem* 1997, S. 15 ff.; *ders.* 1996, S. 301 ff.
[89]   In eine ähnliche Richtung gehen *Kloepfer* 2003, S. 133 und *Hoffmann-Riem* 1997, S. 20, die den Begriff der „privaten Selbstregulierung" verwenden, aber in erster Linie auf das privatrechtliche Haftungsregime verweisen.
[90]   Ausführlich dazu *Herberg*, ZfRSoz 2001, S. 25 ff.; vgl. auch Roßnagel – *Roßnagel* 2003, Kap. 3.6, Rn. 41; illustrativ auch das Beispiel bei *Hoffmann-Riem*, ZfRSoz 1997, S. 124 ff.
[91]   In diesem Bereich sprechen *Kloepfer* 2003, S. 123 ff. und *Hoffmann-Riem* 1997, S. 18 ff. von „staatlich regulierter gesellschaftlicher Selbstregulierung".
[92]   Roßnagel – *Roßnagel* 2003, Kap. 3.6, Rn. 44f.
[93]   *Hoffmann-Riem* 1997, S. 18.

rungs- und Liberalisierungsfelder der Techniksteuerung.[94] Weil diese Form der Selbstregulierung jedoch nicht erzwungen werden und somit, wie die unverbindlichen Selbstverpflichtungen auch, weder Allgemeinverbindlichkeit beanspruchen, noch einen den staatlichen Datenschutzregelungen entsprechenden Befolgungsgrad erreichen kann, ist sie im Datenschutzrecht nur sehr bedingt einsetzbar, da dieser Bereich stets Grundrechte Dritter betrifft und dem Staat eine Schutzaufgabe zuweist.[95] Auch wenn der Staat nicht mehr in allen Bereichen seine Erfüllungsverantwortung wahrnehmen kann und muss, so ist er dennoch bestrebt, einen sicheren Rahmen gesellschaftlicher Selbstregulierung zu schaffen.[96]

Die *Co-Regulierung*[97] ist die dritte und am stärksten durch staatlichen Einfluss geprägte Variante der Selbstregulierung. Der Staat gibt hierbei einen normativen Rahmen vor und behält sich außerdem die Kontrolle der Einhaltung vor, wodurch er auch seiner Schutzpflicht für Grundrechte nachkommt.[98] Ziel der gesellschaftlichen Selbstregulierung ist auch in diesem Fall die Förderung der Eigenverantwortung im Rahmen unternehmerischen Handelns,[99] Allerdings beschränkt sie sich in diesem Modell allein auf die Ausfüllung des gesetzlichen Rahmens. Gleichwohl kann der Staat dadurch eine Anreizwirkung für private Initiativen bieten, die ihm einerseits die Kenntnisse des Regelungsadressaten zugänglich machen und andererseits den Privaten die Möglichkeit eigener verbindlicher Regelsetzung eröffnen.[100] Als Beispiel für Co-Regulierung kann der Erlaubnistatbestand für den Auslandsdatentransfer in § 4c Abs. 2 Satz 1 BDSG in Form der verbindlichen Unternehmensregelungen genannt werden.[101] So kommt Co-Regulierung – als einzige der drei Varianten – auch für das Datenschutzrecht in Betracht, weil durch die Kooperation gesetzlicher Regulierung und privater Selbstregulierung der Grundrechtschutz in angemessener Weise berücksichtigt werden kann.[102]

---

[94] Ausführlich *Kloepfer* 2003, S. 124.
[95] Roßnagel – *Roßnagel* 2003, Kap. 3.6, Rn. 124.
[96] Vgl. *Roßnagel*, ZRP 1997, S. 30.
[97] Von *Kloepfer* 2003, S. 118 ff. und *Hoffmann-Riem* 1997, S. 15 ff. als „staatliche Regulierung mit Einbau selbstregulativer Elemente" bezeichnet, was eine treffende Beschreibung der Funktion wiedergibt, aber in der Folge zu begrifflichen Schwierigkeiten führt, weil beide Autoren unter den Teilbegriff der „selbstregulativen Elemente" auch Instrumente der Selbstkontrolle subsumieren, s. Fn. 107; vgl. außerdem *Schulz* 2006, S. 169 ff., der den Begriff der „Co-Regulierung" in einem durch Steuerung geprägten weiteren Sinne als „Kombination staatlicher und nicht-staatlicher Beeinflussung gesellschaftlicher Prozesse" verwendet, was nach der hier betriebenen Kategorisierung auch die „Selbstregulierung anstelle gesetzlicher Regulierung" umfassen würde; *Kleinsteuber* 2006, S. 187 hingegen engt den Begriff der „Ko-Regulierung" auf eine „Kooperation von Staat und Unternehmen in gemeinsamen Institutionen" ein und verweist bei einer bloßen Strukturierung durch den Staat ohne die institutionelle Beteiligung auf den Begriff der „regulierten Selbst-Regulierung". Im hier verstandenen Sinn ist Co-Regulierung ein Produkt indirekter Steuerung durch den Staat und kann daher am ehesten als „gesteuerte Selbstregulierung" verstanden werden, vgl. Roßnagel – *Roßnagel* 2003, Kap. 3.6, Rn. 48.
[98] Vgl. dazu Roßnagel – *Roßnagel* 2003, Kap. 3.6, Rn. 18 ff.; *Roßnagel/Pfitzmann/Garstka*, DuD 2001, S. 261; *Tinnefeld*, DuD 2002, S. 232 hebt die Beibehaltung staatlicher Ergebnisverantwortung hervor; s. auch *Kleinsteuber* 2006, S. 187; *Büllesbach* 2006, S. 308 mit dem Verweis auf *Roßnagel/Pfitzmann/Garstka* 2001, S. 158.
[99] Vgl. dazu *Wolf* 1999, S. 87; außerdem *Kloepfer* 2003, S. 118.
[100] Roßnagel – *Roßnagel* 2003, Kap. 3.6, Rn. 48.
[101] Ausführlich dazu Kap. 4.3.3.4.2.
[102] Roßnagel – *Roßnagel* 2003, Kap. 3.6, Rn. 49 ff.; vgl. auch *Kranz*, DuD 2001, S. 162.

Wie gesehen kann Selbstregulierung ganz unterschiedliche Formen annehmen und dementsprechend unterschiedlich eingesetzt werden: von lediglich Anreiz stiftender Normenkonkre-
tisierung geprägt durch starke staatliche Einflussnahme bis hin zu regelsetzenden Eigeninitia-
tiven allein durch Private. Vom jeweiligen Regelungsgebiet hängt es ab, ob die einzelnen
Selbstregulierungsmodelle innerhalb des Technikrechts tatsächlich eine steuernde Funktion
durch private Regelsetzung einnehmen können oder ob sie auf unverbindliche Anwendungs-
bereiche beschränkt bleiben müssen. Für den Bereich des Datenschutzes steht aus den dargestellten Gründen lediglich die zuletzt beschriebene Co-Regulierung als Selbstregulierungsmo-
dell zur Verfügung, wovon der Gesetzgeber im aktuellen Bundesdatenschutzgesetz bei Auslandsübermittlungen (§ 4c Abs. 2 Satz 1 BDSG), bei der Förderung der Durchführung datenschutzrechtlicher Regelungen durch Verhaltensregeln (§ 38a BDSG) und im Rahmen des
Medienprivilegs (§ 41 Abs. 1 BDSG) Gebrauch gemacht hat.[103] Gleichwohl können diese
ersten normativen Ansätze nicht darüber hinwegtäuschen, dass trotz einer regen Diskussion in
der Literatur sich eine Selbstregulierungskultur – zumindest im Datenschutzrecht – bisher
kaum entwickelt hat.[104] Im Gegensatz dazu hat sich die Selbstkontrolle als weiteres Instrument gesellschaftlicher Selbststeuerung seit langem in der bundesdeutschen Gesetzgebung
etabliert.

2.3.2 Selbstkontrolle

Das Technikrecht bedient sich immer wieder Regelungsmodelle, bei denen vor allem exekutive Kontroll-, aber teilweise auch judikative Spruchfunktionen auf Private übertragen werden.
Ziel ist es, einerseits den Staat von ausufernden Kontrollpflichten zu entlasten und andererseits auf das Wissen der in die Verfahren eingebundenen Akteure zurückgreifen zu können.
Dabei soll die Einhaltung von Verfahrensabläufen ermöglicht werden, ohne dass dazu eine
ständige Überwachung durch die Verwaltungsorgane notwendig ist. Das Gesetz macht dazu
inhaltliche Vorgaben über den Kontrollumfang und regelt die die Kontrollen ausführende Instanz. Die konkrete Ausgestaltung der Überwachung obliegt dann den Akteuren selbst. Beispiele für institutionalisierte Selbstkontrolle sind behördliche sowie betriebliche Beauftragte;

---

[103] S. dazu *Tinnefeld/Ehmann/Gerling* 2005, S. 251 f.; s. außerdem Kap. 4.3.3.4.
[104] Roßnagel – *Roßnagel* 2003, Kap. 3.6, Rn. 150; dennoch positiv resümierend *Tinnefeld*, MMR 2006, S. 26.

Audits wie im Umwelt- oder Datenschutzrecht[105] sowie Produktzertifizierungen stellen Verfahren der Selbstkontrolle dar.[106]

In der Literatur werden im Rahmen der Diskussion über Selbstregulierung, neben anderen selbstregulativen Instrumenten für den Bereich der Betriebsorganisation, häufig die unterschiedlichen Betriebsbeauftragten als Beispiel genannt.[107] Mit der hier vorgenommenen Unterscheidung zwischen Selbstregulierung und Selbstkontrolle ist diese Darstellung jedoch nicht vereinbar. Ausgehend von dem übergeordneten Begriff der „gesellschaftlichen Selbststeuerung" stehen Selbstregulierung und Selbstkontrolle als Instrumente indirekter Steuerung nebeneinander und erfüllen mit der Einbeziehung der Eigenverantwortung der Akteure unterschiedliche, aber gleichgeordnete Funktionen.[108] Während bestimmende Merkmale der Selbstregulierung Anreizwirkung, Tauschprinzip und induzierte Selbststeuerung sind,[109] ist die Selbstkontrolle durch den teilweisen Verzicht direkter einseitig-hoheitlicher staatlicher Kontrolle und der Übertragung von exekutiven Kontrollfunktionen auf die Akteure selbst gekennzeichnet.[110] Viele Schutzgesetze oder -verordnungen wie beispielsweise das Bundesimmissionsschutzgesetz (§§ 53 ff.), das Kreislaufwirtschafts- und Abfallgesetz[111] (§§ 54 f.), das Wasserhaushaltsgesetz[112] (§§ 21a ff.), die Strahlenschutzverordnung[113] (§§ 31 ff.) oder auch das Bundesdatenschutzgesetz (§§ 4f f.) normieren Beauftragte als interne Kontrollinstanz für bestimmte Gefahrenquellen an Stelle einer rein verwaltungsbehördlichen Kontrolle.[114] Als Konkretisierung des Kooperationsgedankens im Technikrecht sind sie zur Berücksichtigung

---

[105] Das in § 9a BDSG geregelte Datenschutzaudit ist auf Bundesebene wegen des fehlenden Ausführungsgesetzes bisher nicht eingeführt worden, obwohl konkrete Vorschläge sowie ein Gesetzesentwurf bereits vorliegen, vgl. *Roßnagel* 2000, S. 41 ff. beziehungsweise *Roßnagel/Pfitzmann/Garstka* 2001, S. 140 ff. Auf Landesebene hat nur das Land Schleswig-Holstein vergleichbare Regelungen umgesetzt, die in § 4 Abs. 2 Satz 1 LDSG SH ein Datenschutz-Gütesiegel und in § 43 Abs. 2 LDSG SH ein Produktaudit normieren, vgl. dazu *Bizer*, DuD 2005, S. 456f.; *Diek* 2002, S. 157 ff.; zum Verhältnis des Datenschutzbeauftragten zum Datenschutzaudit s. *Roßnagel/Pfitzmann/Garstka* 2001, S. 135f.; *Roßnagel* 2000, S. 107 ff., *ders.*, DuD 2000, S. 231f.; kritisch *Gola*, RDV 2000, S. 95f.; vgl. außerdem *Simitis – Bizer* 2006, § 9a, Rn. 29; *Däubler*, NZA 2001, S. 881.

[106] Vgl. *Roßnagel* 2006, S. 299; EvStL – *Bizer* 2006, S. 325; *Faber* 2001, S. 158f.; *Peters* 2005, Rn. 221 nennt hier den eigentlich nur auf die eigene Person zu beziehenden Begriff des „Selbstmanagements".

[107] So etwa *Kloepfer* 2003, S. 121f.; *Hoffmann-Riem* 1997, S. 17; *ders.* 1996; S. 301; speziell auf den Datenschutzbeauftragten bezogen *Weichert*, RDV 2005, S. 3; *Tinnefeld*, DuD 2002, S. 232; *Palm* 2002, S. 85; *Büllesbach*, digma 2001, S. 91; *ders.* 2001, S. 129.

[108] S. Kap. 2.3 mit Fn. 82. Lehnt man diese Gleichordnung ab, so bedeutet dies in der Konsequenz, dass Instrumente der Selbstkontrolle gleichzeitig auch der Selbstregulierung zugerechnet werden müssen, vgl. beispielhaft *Simitis – Bizer* 2006, § 9a, Rn. 3 und 29.

[109] *Kloepfer* 2003, S. 118.

[110] *Frenz* 2002, § 54, Rn. 1.

[111] Gesetz zur Förderung der Kreislaufwirtschaft und Sicherung der umweltverträglichen Beseitigung von Abfällen v. 27.9.1994, BGBl. I S. 2705, zul. geänd. durch Artikel 2 des Gesetzes v. 19.7.2007, BGBl. I S. 1462.

[112] Gesetz zur Ordnung des Wasserhaushalts v. 27.7.1957, BGBl. II S. 1110, , ber. S. 1386 in der Fassung der Bekanntmachung v. 19.8.2002, BGBl. I S. 3245, zul. geänd. durch Artikel 2 des Gesetzes v. 10.5.2007, BGBl. I S. 666.

[113] Verordnung über den Schutz vor Schäden durch ionisierende Strahlen vom 20.7.2001, BGBl. I S. 1714, zul. geänd. durch Artikel 2 § 3 Abs. 31 des Gesetzes v. 1.9.2005, BGBl. I S. 2618.

[114] Aufzählungen über weitere Beauftragte finden sich etwa bei Koch/Scheuing/Pache – *Böhm* 2008, Vor § 53, Rn. 26 ff.; *Pulte* 2000, S. 32 ff.; *Straile*, BB 1999, S. 3 ff.; *Kniep*, GewArch 1992, S. 134f.

öffentlicher Interessen als spezifische Organisationsform in den Unternehmen etabliert worden.[115] Zwar können bei den Betriebsbeauftragten ansatzweise selbstregulative Merkmale ausgemacht werden. Gleichwohl betrifft der ihnen im Rahmen der Selbstkontrolle zugewiesene Handlungsspielraum aber in erster Linie den kontrollierten Vollzug von Regelungen, die aus der Gesetzgebung oder eben der Selbstregulierung hervorgegangen sind.[116] Die Betriebsbeauftragten nehmen damit eine exekutive Funktion wahr und fügen sich in ein sich schwerpunktmäßig auf rechtliche Risikovorsorge verlagerndes umfassendes Rechtsgebiet der technischen Sicherheit als ein spezielles Kontrollorgan ein. Nachfolgend soll die ihnen dabei zugewiesene Funktion erörtert werden.

2.4 Entwicklung des Betriebsbeauftragtensystems

Zum Schutz sowohl der Allgemeinheit als auch der betroffenen Arbeitnehmer vor Beeinträchtigungen durch Risiken industrieller Anlagen hat der Gesetzgeber zahlreiche Gesetze im Technik-, Umweltschutz-, und Arbeitsschutzrecht erlassen, deren Überwachung er teilweise unter Rückgriff auf Instrumente der Selbstkontrolle den Betrieben selbst überlässt.[117] Dem Beauftragtensystem nach heutigem Verständnis liegt keine einheitliche Konzeptionsidee zugrunde, sondern es ist geprägt durch die Entwicklung einzelner Beauftragter, die erst durch die Literatur zu einem einheitlichen System zusammengeführt wurden.[118]

Die Ursprünge der Beauftragten reichen weit zurück. Im Bereich des Unfallversicherungsrechts gab es für Unternehmen bereits ab dem Jahre 1919 in den allgemeinen Unfallverhütungsvorschriften der Berufsgenossenschaften eine Soll-Vorschrift zur Bestellung sogenannter Unfallvertrauensmänner, die als Grundlage für den ab 1963 in § 719 RVO[119] und nunmehr in § 22 SGB VII normierten Sicherheitsbeauftragten sowie als Ausgangspunkt aller Regelungen über Beauftragte angesehen werden kann.[120] Darüber hinaus gab es auch im Bergrecht Regelungen über Beauftragte, die wie diejenigen des Arbeitssicherheitsrechts aber noch nicht so weit ausgearbeitet waren, als dass man sie mit heutigen Beauftragten unmittelbar vergleichen könnte. 1957 wurde in § 4 Abs. 2 Nr. 2 WHG erstmals in der Bundesrepublik Deutschland ein Betriebsbeauftragter gesetzlich erwähnt. Das Gesetz sah vor, dass die Verwaltungsbehörde die Erlaubnis zur Nutzung von Gewässern mit Benutzungsbedingungen und Auflagen zur Wassernutzung erteilen konnte. Die Auflagen hatten vor allem den Zweck, Beeinträchtigungen des Wohls der Allgemeinheit oder nachteilige Wirkungen für andere zu verhüten oder auszugleichen.[121] Sie konnten Maßnahmen zur Beobachtung oder Feststellung des

---

[115] *Kloepfer* 2002a, S. 40f.; vgl. auch *Führ* 2003, S. 400; *Di Fabio* 1994, S. 244.

[116] Roßnagel – *Roßnagel* 2003, Kap. 3.6, Rn. 2; ebenso *Palm* 2002, S. 106f.

[117] *Straile*, BB 1999, S. 2; vgl. auch *Hoffmann-Riem* 1996, S. 281.

[118] Vgl. *Weber* 1988, S. 1 ff.; *Straile*, BB 1999, S. 1 ff.

[119] Reichsversicherungsordnung v. 19.7.1911, RGBl. 1911, S. 509, in der Fassung des Unfallversicherungsneuregelungsgesetzes v. 30.4.1963, BGBl. I S. 241.

[120] Vgl. *Weber* 1988, S. 13; speziell zum Sicherheitsbeauftragten vgl. Franke/Molkentin SGB VII – *Molkentin* 2007, § 22, Rn. 2 ff.; Lauterbach SGB VII – *Rentrop* 2007, § 22, Rn. 3 ff.; *Ilgenfritz*, BB 1964, S. 263.

[121] BT-Drs. 2/2072, S. 22.

Umfangs oder nachteiliger Wirkungen der Benutzung anordnen und insbesondere die Bestellung verantwortlicher Betriebsbeauftragter vorschreiben. Wie diese Anordnung zur Bestellung des Betriebsbeauftragten jedoch erfolgen und mit welchem Regelungsinhalt sie versehen werden sollte, war nicht näher ausgeführt. Auch mögliche Befugnisse des Beauftragten fanden ebenso wenig Erwähnung wie die Frage der Verantwortlichkeit. Die Gesetzesbegründung gab hierzu ebenfalls keinerlei Interpretationshilfe, da es lediglich hieß, dass zur Beobachtung „gegebenenfalls" ein verantwortlicher Betriebsbeauftragter zu bestellen sei,[122] was eher auf eine untergeordnete Rolle des Beauftragten schließen lässt. Ähnlich unklar blieb auch die Regelung im sogenannten Reinhaltungsgesetz[123] zum dortigen verantwortlichen Betriebsbeauftragten. Es fehlten Ausführungen sowohl zur Bestellung als auch zu den Befugnissen oder zur Verantwortlichkeit, was zu erheblicher Kritik an beiden Regelungen führte.[124] Beide Normen entsprachen daher ebenfalls noch nicht dem heutigen Verständnis eines Beauftragten und seiner Rolle innerhalb des Unternehmens.[125]

Die Grundlage für viele der heute existierenden Beauftragten wurde erst in den 1970er Jahren gelegt. In dieser Zeit gab es beinahe einen „Boom" an Beauftragten und gleich mehrere Regelungen dazu fanden ihren gesetzlichen Niederschlag.[126] Insbesondere im damals neu entwickelten Umweltschutzrecht wurde in Anlehnung an die entsprechenden legislativen Vorbilder im Arbeitsrecht auf die Figur des Betriebsbeauftragten sowohl im neu erlassenen Bundesimmissionsschutzgesetz und im Abfallgesetz[127] als auch im geänderten Wasserhaushaltsgesetz[128] zurückgegriffen.[129]

Es ist kein Zufall, dass in diesem durch technische Entwicklung stark geprägten Gebiet des Rechts Betriebsbeauftragte als Kontrollinstanz eingeführt worden sind. Gerade im Bereich des Umweltschutzes trat in besonderem Maße die Angst vor den Bedrohungen der natürlichen Lebensgrundlagen des Menschen durch die Industrie und den damit verbundenen neuen Risikoszenarien zu Tage. Die Betriebsbeauftragtenregelungen sind auf diese neue Situation zugeschnitten und erfüllen genau die oben erwähnte Risikoprävention durch Verlagerung der Risikoanalyse zum Handelnden hin. Die Effektivität dieses so ausgestalteten Steuerungsinstruments wird dadurch unterstrichen, dass alle Regelungen in meist leicht abgewandelter Form noch heute in Kraft und Vorbild für weitere Beauftragte sind.[130]

---

[122] BT-Drs. 2/2072, S. 22.
[123] Gesetz zur Reinhaltung der Bundeswasserstraßen v. 17.8.1960, BGBl. II S. 2125 (Das Gesetz wurde durch Urt. des Bundesverfassungsgerichts v. 30.10.1962 [*BVerfGE* 15, S. 1 ff.] für nichtig erklärt).
[124] Vgl. dazu *Gieseke*, BB 1960, S. 1155.
[125] Ausführlich dazu Kap. 2.7.
[126] Kritisch zu dieser Entwicklung *Gola*, MDR 1976, S. 376; vgl. zur Kritik in neuerer Zeit *Dreher*, AG 2006, S. 221 m.w.N.
[127] Gesetz über die Beseitigung von Abfällen v. 7.6.1972, BGBl. I S. 873.
[128] BGBl. 1976 I S. 1109.
[129] Vgl. *Weber* 1988, S. 19 sowie in neuerer Zeit *Rehborn/Rehborn*, ZfW 1999, S. 364f.; zum Immissionsschutzbeauftragten als „Vorbild" vgl. BeckOK UmwR – *Schwertner* 2007, § 53, Rn. 1.
[130] Vgl. *Auernhammer* 1993, Vor § 36, Rn. 2 m.w.N.

So kamen in neuerer Zeit beispielsweise in den ebenfalls stark durch Prognoseunsicherheiten geprägten Regelungsgebieten der Telekommunikation sowie der Gentechnik der Telekommunikationssicherheitsbeauftragte (§ 109 Abs. 3 TKG[131]) beziehungsweise der Beauftragte für biologische Sicherheit (§ 16 ff. GenTSV[132]) hinzu. Letzterer ist gemäß § 16 Abs. 1 Satz 1 GenTSV i.V.m. § 1 Nr. 1 GenTG[133] unter Berücksichtigung ethischer Werte zum Schutz von Leben und Gesundheit von Menschen, der Umwelt in ihrem Wirkungsgefüge, von Tieren, Pflanzen und Sachgütern zu bestellen. Ersterer ist zum Schutz sowohl der zu Telekommunikationszwecken benutzten technischen Systeme als auch der beim Erbringen von Telekommunikationsdiensten anfallenden personenbezogenen Daten sowie des Fernmeldegeheimnisses und der durch den Diensteanbieter geschaffenen Telekommunikationsinfrastruktur bestellt. Zwar sind Anforderungen und Funktion des Telekommunikationssicherheitsbeauftragten im Gesetz nicht näher bestimmt, dennoch dürfte sich für ihn in der Praxis eine mit dem Datenschutzbeauftragten vergleichbare Aufgabenstellung ergeben,[134] sodass an dieser Stelle durchaus von einer Fortentwicklung des Betriebsbeauftragtensystems gesprochen werden kann. Insgesamt gehen die Wirkungskreise der Beauftragten innerhalb eines Unternehmens weit auseinander, was auf die unterschiedlichen Zielrichtungen der jeweiligen Schutzgesetze zurückzuführen ist.

2.5 Entwicklung des Datenschutzbeauftragten

Seit der Einführung der computerunterstützten Datenverarbeitung ab Beginn der 1970er Jahre fällt in Unternehmen tagtäglich eine immer größer werdende Zahl von unterschiedlichsten Daten wie Kunden-, Lieferanten- oder Arbeitnehmerdaten an,[135] die durch eine allein hoheitliche Rechtmäßigkeitskontrolle der Datenverarbeitung durch die Verwaltungsbehörden nicht bewältigt werden kann. Wie in anderen Gebieten des Technikrechts auch wurde schon im Gesetzgebungsverfahren zum Bundesdatenschutzgesetz von 1977 schnell klar, dass eine abschließende Kodifikation aller Bereiche des Datenschutzes in allen Einzelheiten unmöglich ist, weil Datenschutz als Querschnittsmaterie in zu viele Bereiche hineinwirkt.[136] Neben vielen anderen Sachfragen stellte sich daher auch die Frage, wie man den rechtmäßigen Umgang der eben beschriebenen Datenflut kontrollieren kann.[137] Dabei war darauf zu achten, dass sich im privaten Bereich zwei Grundrechtsträger gegenüberstehen. Auf der einen Seite steht derjenige, der Daten sammelt, speichert oder verarbeitet und damit sein Grundrecht aus Art. 2 Abs.

---

[131]   Telekommunikationsgesetz v. 22.6.2004, BGBl. I S. 1190, zul. geänd. durch Artikel 3 des Gesetzes v. 18.2.2007, BGBl. I S. 106.

[132]   Verordnung über die Sicherheitsstufen und Sicherheitsmaßnahmen bei gentechnischen Arbeiten in gentechnischen Anlagen v. 24.10.1990, BGBl. I S. 2340 in der Fassung der Bekanntmachung v. 14.3.1995 (BGBl. I S. 297, zul. geänd. durch Artikel 3 der Verordnung v. 6.3.2007, BGBl. I S. 261.

[133]   Gesetz zur Regelung der Gentechnik v. 20.6.1990, BGBl. I S. 1080 in der Fassung der Bekanntmachung v. 16.12.1993, BGBl. I S. 2066, zul. geänd. durch Artikel 1 des Gesetzes v. 17.3.2006, BGBl. I S. 534.

[134]   Vgl. Scheurle/Mayen – *Schommertz* 2008, § 109, Rn. 12.

[135]   S. dazu auch die Auflistung bei *Ruppmann* 2000, S. 37 ff.

[136]   *Auernhammer*, BB 1977, S, 206.

[137]   *Auernhammer*, BB 1977, S, 210.

1 GG sowie Art. 5 Abs. 1, 2 GG ausübt.[138] Auf der anderen Seite befindet sich derjenige, dessen Recht aus Art. 2 Abs. 1 GG i.V.m. Art. 1 Abs. 1 GG beeinträchtigt sein kann. Die Schwierigkeit besteht also darin, einerseits die Ziele des Datenschutzes zu bewahren, aber gleichzeitig in einer grenzenlosen Welt mit unterschiedlichen Wertvorstellungen gemeinsames Wirtschaften und Zusammenarbeit zu ermöglichen.[139]

Im Rahmen des Gesetzgebungsverfahrens zum Bundesdatenschutzgesetz wurden für eine angemessene Kontrolle und Überwachung der Datenschutzregelungen mehrere Lösungsmöglichkeiten in Betracht gezogen.[140] Die Figur des Datenschutzbeauftragten entstand schließlich als Kompromisslösung für das Dilemma zwischen behördlicher Fremdkontrolle und unternehmerischer Selbstkontrolle. Der Gesetzgeber verzichtete zugunsten des nicht-öffentlichen Bereichs auf eine umfassende Fremdkontrolle und folgte dem Gedanken der Selbstverantwortlichkeit als Folge des Prinzips der Eigenkontrolle. Die Entscheidung fiel auf ein System der abgestuften Selbstkontrolle.

Für die verantwortliche Stelle schuf der Gesetzgeber des ersten Bundesdatenschutzgesetzes in den §§ 28, 29 BDSG 77 aufgrund der „Komplexität der Datenverarbeitung"[141] eigens einen Beauftragten für den Datenschutz. Während des Gesetzgebungsverfahrens wurde die Rechtsstellung des Datenschutzbeauftragten dabei präzisiert in Anlehnung an die bereits bestehenden Betriebsbeauftragtenregelungen des Arbeits- und Umweltschutzrechts.[142] Danach wird der Datenschutzbeauftragte als eine unternehmensinterne Kontrollinstanz lediglich von der Aufsichtsbehörde als externe Instanz überwacht. Das hat zur Folge, dass die eigentliche Kontrolle für einen funktionierenden Datenschutz der betriebliche Datenschutzbeauftragte trägt.[143] Der Gesetzgeber hat somit einen Teil der verwaltungsbehördlichen Aufgaben an die Unternehmen abgegeben und überlässt ihnen die Umsetzung der datenschutzrechtlichen Regelungen, während er sich selbst auf allgemeine Überwachungsaufgaben durch die Aufsichtsbehörde beschränkt. Allerdings bleibt der Datenschutzbeauftragte eine interne Instanz, hoheitliche Aufgaben nimmt er nicht wahr.[144]

In den zwei Neufassungen des Bundesdatenschutzgesetzes[145], die 1991 (BDSG 1991) und 2001 in Kraft traten, wurde an der Figur des Datenschutzbeauftragten festgehalten. Heute ist sie in § 4f BDSG normiert und ihre ihr vom Gesetz zugewiesenen Aufgaben sind in § 4g BDSG geregelt, wobei bezüglich des Aufgabenkatalogs festgehalten werden muss, dass dieser nicht abschließend sondern durch eine „insbesondere" Aufzählung normiert ist.[146]

---

[138] *Faber*, RDV 2003, S. 283.
[139] *Müller* 2002, S. 69; vgl. außerdem *Di Fabio* 1997, S. 130; *Roßnagel*, UPR 1986, S. 47.
[140] Vgl. *BReg.* im GEntw. BDSG v. 21.9.1973, BT-Drs. 7/1027, S. 18.
[141] *Müller* 1981, S. 9.
[142] *Weber* 1988, S. 24; zu den Parallelen der Beauftragten s. auch Kap. 2.6 und 4.2.
[143] *Rudolf*, NZA 1996, S. 296.
[144] *Bergmann/Möhrle/Herb* 2008, § 4f, Rn. 11.
[145] BGBl. 1990 I S. 2954 sowie BGBl. 2001 I S. 904.
[146] Ausführlich dazu Kap. 3.3.

Dass in der Novelle des Bundesdatenschutzgesetzes von 2001 am Datenschutzbeauftragten festgehalten werden konnte, war nicht selbstverständlich.[147] Seit Erlass der EG-Datenschutzrichtlinie 1995[148] sah sich der gesetzgeberische Maßstab für die Datenschutznormierung einem grundlegenden Wandel unterzogen. Ausschlaggebend für datenschutzrechtliche Normen sind nicht mehr nationale Interessen oder Erwägungen, sondern vielmehr die Ziele der Europäischen Union.[149] Die nationalen Gesetzgeber müssen ihre Datenschutzgesetze nunmehr nach Vorgabe der Richtlinie umsetzen.

Demgemäß muss sich auch das Kontrollsystem für die Einhaltung datenschutzrechtlicher Normen an den Vorgaben der Richtlinie orientieren. Diese sieht als Kontrollsystem grundsätzlich eine behördliche Fremdkontrolle in Verbindung mit einem Meldesystem vor. Letzteres berücksichtigt die Erfahrungen verschiedener Mitgliedstaaten und zielt unter anderem auf die Effektivität der Kontrolle der Verarbeitung.[150] Darum sieht die Richtlinie die Meldepflicht als Regelfall vor, lässt aber unter Anwendung gemeinsamer Kriterien mehrere Vereinfachungen und Ausnahmen zu. Eine dieser Ausnahmen von der Meldepflicht gemäß Art. 18 Abs. 1 EG-DSchRL besteht darin, dass die Mitgliedstaaten gemäß Art. 18 Abs. 2 Spiegelstrich 2 EG-DSchRL die Bestellung eines Datenschutzbeauftragten durch den für die Verarbeitung Verantwortlichen vorsehen können. Dem Datenschutzbeauftragten obliegt insbesondere die unabhängige Überwachung der Anwendung der zur Umsetzung der Richtlinie erlassenen einzelstaatlichen Bestimmungen sowie die Führung eines Verzeichnisses mit den in Art. 21 Abs. 2 EG-DSchRL vorgesehenen Informationen über die durch den für die Verarbeitung Verantwortlichen vorgenommene Verarbeitung.

Diese Regelung hat die positiven Erfahrungen Deutschlands mit dem System der abgestuften Selbstkontrolle durch den Datenschutzbeauftragten aufgegriffen und die Effektivität dieses Kontrollsystems anerkannt.[151] Somit konnte Deutschland an seinem Regelungskonzept festhalten und war nicht gezwungen, die behördliche Fremdkontrolle zu übernehmen.[152] Darüber hinaus steht den anderen Mitgliedstaaten ebenfalls die Möglichkeit offen, einen Datenschutzbeauftragten einzuführen.[153]

Zusammenfassend lässt sich sagen, dass sich das Konzept der abgestuften Selbstkontrolle in 30 Jahren Datenschutz im nicht-öffentlichen Bereich bewährt hat. Zumindest aus gesetzgeberischer Sicht hat sich an der Figur des Datenschutzbeauftragten in den letzten drei Dekaden wenig verändert.[154] Zu einer solchen Einschätzung gelangt auch die Bundesregierung in der aktuellen Begründung zu § 4f im Gesetzesentwurf des Bundesdatenschutzgesetzes, in welcher

---

[147] Vgl. *Klug*, 2004, S. 110f.; *ders.*, RDV 2001, S. 269.
[148] Richtlinie 95/46/EG v. 24.10.1995, ABl. EG Nr. 281/31.
[149] Vgl. dazu *v. Burgsdorff* 2003, S. 39 ff. m.w.N.; *Nagel* 2003, S. 357.
[150] Grabitz/Hilf/Wolf – *Brühann* 2008, Vorbem. Art. 18 EG-DSchRL.
[151] Vgl. dazu Erwägungsgrund 49, Satz 1 EG-DSchRL.
[152] S. dazu *Ehmann/Helfrich* 1999, Art. 18, Rn. 10f.
[153] Ausführlich dazu Kap. 3.7 ff.
[154] So auch Roßnagel – *Königshofen* 2003, Kap. 5.5, Rn. 6.

sie jeweils auf die alte Fassung des Gesetzes verweist,[155] ohne jedoch die Notwendigkeit einer Stärkung bestimmter Funktionen des Datenschutzbeauftragten zu verkennen.[156] Der betriebliche Datenschutzbeauftragte stellt heute eines der Kernelemente datenschutzrechtlicher Überwachung dar.[157]

2.6 Vergleichbarkeit der verschiedenen Beauftragten

Zwischen den einzelnen Betriebsbeauftragten gibt es – wie bei dem historischen Abriss bereits angedeutet – durchaus Unterschiede. Vor allem die verschiedenen Regelungsmaterien und die damit verbundenen unterschiedlichen Traditionen der jeweiligen Rechtsgebiete führen dazu, dass die Betriebsbeauftragten nicht gänzlich konform geregelt sind.[158] Insbesondere die Tätigkeitsfelder lassen sich nicht ohne weiteres miteinander vergleichen.[159] Einige Aufgabenbereiche sind sehr allgemein gehalten, wie etwa der des Sicherheitsbeauftragten gemäß § 22 Abs. 1 SGB VII, sodass die Bestellungspflicht jedes Unternehmen ab einer bestimmten Größe trifft. Andere wiederum betreffen ihrem Aufgabenbereich nach nur eine kleine Anzahl von Unternehmen, wie etwa der Beauftragte für die biologische Sicherheit, der gemäß § 16 Abs. 1 GenTSV nur von Betreibern gentechnischer Anlagen bestellt werden muss. Die Unterschiede sind außerdem dadurch zu erklären, dass die die Beauftragten regelnden Gesetze nicht zeitgleich entstanden sind und somit unterschiedliche Entwicklungen die Regelungstechnik beeinflussten.

Davon abgesehen besteht aber in vielen Punkten große Ähnlichkeit zwischen den Bestimmungen der jeweiligen Betriebsbeauftragten. Dies gilt sowohl für den Regelungsgrund als auch für die Regelungsweise. Immer geht es darum, originär staatliche Kontrollaufgaben zum Schutz Dritter oder der Allgemeinheit an betriebsinterne Stellen zu delegieren und immer wird die verantwortliche Stelle zur Bestellung eines Beauftragten, die an gewisse Voraussetzungen geknüpft ist, verpflichtet.[160] So ist für alle Beauftragten ein gesonderter Akt der Bestellung vorgesehen.[161] Dieser dient der Klarstellung der Verantwortlichkeit, zum einen gegenüber der zuständigen Aufsichtsbehörde, zum anderen innerhalb des Unternehmens selbst. Dafür ist auch in nahezu allen Regelungen zu Betriebsbeauftragten ein Schriftformerfordernis verankert.[162] Weiterhin müssen sie bestimmte Qualifikationsanforderungen erfüllen, die regelmäßig eine fachliche sowie eine persönliche Eignung erfordern, um die ihren Gefahrenbereich betreffenden Aufgaben im Allgemeininteresse wahrnehmen zu können.[163] Bei einigen

---

[155] *BReg.* im GEntw. BDSG v. 13.10.2000, BT-Drs. 14/4329, S. 36.
[156] *BReg.* im GEntw. BDSG v. 13.10.2000, BT-Drs. 14/4329, S. 31.
[157] *Kloepfer* 2002, § 5, Rn. 41.
[158] *Rehbinder*, ZGR 1989, S. 315.
[159] *Koch* 2006, S. 19; ebenfalls einschränkend KassHdb ArbR – *Blechmann* 2000, Kap. 2.10, Rn. 356.
[160] S. dazu Kap. 2.4.
[161] Ausführlich zur Bestellung *Weber* 1988, S. 33 ff. (S. 40).
[162] *Weber* 1988, S. 93.
[163] Ausführlich zu den persönlichen Voraussetzungen *Weber* 1988, S. 72 ff. (S. 76f.); s. für den Datenschutzbeauftragten auch Kap. 3.4 ff.

Beauftragten ist außerdem der Betriebsrat an der Bestellung des Beauftragten zu beteiligen, wobei der Grad der Beteiligung unterschiedlich ausfallen kann. Diese hängt unter anderem davon ab, in welchem Ausmaß die jeweilige Regelung auch den Schutz der Arbeitnehmer verfolgt.[164]

Neben den formalen Anforderungen sind auch die Definitionen der Aufgabenbereiche oftmals vergleichbar. In allen Gesetzestexten zu den Betriebsbeauftragten fallen immer wieder die Begriffe „Überwachung", „Koordinierung", „Zusammenarbeit", „Beratung" oder „Berichts-pflicht". Hieraus ergibt sich eine Art Beraterstellung, bei der insbesondere auffällt, dass den Beauftragten in aller Regel keine Weisungsbefugnisse bezüglich ihrer Tätigkeit zustehen. Der Grund hierfür liegt in der Verantwortungsverteilung zwischen Kontrolleur und Kontrolliertem bezüglich des zu überwachenden Aufgabenfeldes.[165] Daher lässt sich nach der stetigen Ein-führung weiterer Beauftragter inzwischen eine Regelungssystematik erkennen, bei welcher die einzelnen Komponenten durchaus miteinander verglichen werden können; Unterschiede in den Tätigkeitsfeldern der Beauftragten stehen insofern einem Vergleich nicht im Wege, sondern schränken ihn lediglich ein.[166] Das bedeutet für den Fortgang der Arbeit, dass die Regelungen zu gegebener Zeit miteinander verglichen und gegenübergestellt werden können und Rückschlüsse von einem auf den anderen Beauftragten nicht ganz ausgeschlossen sind.

2.7 Funktion der Betriebsbeauftragten

Der Begriff der „Funktion" bedeutet im hier verwendeten Kontext die Tätigkeit im Rahmen eines Ganzen.[167] Als „Ganzes" ist nachfolgend das Technikrecht in seiner verhaltenssteuern-den Funktion für die Technikbegrenzung und -ermöglichung gemeint.[168] Es soll demnach die Rolle der Betriebsbeauftragten als Kontrollorgan innerhalb des Technikrechts untersucht wer-den, wobei es weniger um konkrete Aufgaben als vielmehr um Motivation und Leitgedanken des Gesetzgebers zur Entwicklung der Beauftragten geht. Um die Übersichtlichkeit zu wah-ren, beschränkt sich die Arbeit dabei zumeist auf eine Auswahl an Beauftragten aus dem Umweltschutz- sowie dem Datenschutzrecht. An diesen beiden Regelungsgebieten lässt sich erstens die moderne Risikoproblematik, der das Technikrecht entgegenwirken soll, veran-

---

[164]   Vgl. *Weber* 1988, S. 90 ff. (S. 93).
[165]   Die originäre Verantwortung für einen bestimmten Bereich und seine darin liegenden Gefahrenquellen des Unternehmens, für den ein Beauftragter bestellt werden muss, verbleibt nämlich trotz der Bestellung bei der Unternehmensleitung. So ist bei Missachtung von Vorschriften des Bundesdatenschutzgesetzes nicht etwa der Datenschutzbeauftragte verantwortlich, sondern die verarbeitende Stelle selbst. Die Aufgabe des Be-triebsbeauftragten liegt lediglich darin, durch seine Tätigkeit die Unternehmensleitung auf mögliche Gefah-renquellen hinzuweisen und durch vorsorgende Maßnahmen wie Personalschulungen oder Verhaltenshin-weise den Eintritt eines konkreten Schadens möglichst zu vermeiden.
[166]   *Hammann* 1999, S. 15; ebenso *Bergmann/Möhrle/Herb* 2008, § 4f, Rn. 12; Däubler/Klebe/Wedde/Weichert – *Däubler* 2007, § 4f, Rn. 3; *Pulte* 2000, S. 24; s. auch die Aufzählung bei *Straile*, BB 1999, S. 2; a.A. Si-mitis – *Simitis* 2006, § 4f, Rn. 7.
[167]   *Langenscheidt Fremdwörterbuch Online-Edition*, abrufbar bei Eingabe des Begriffs „Funktion" unter der Adresse http://services.langenscheidt.de/fremdwb/fremdwb.html (alle in dieser Arbeit zitierten Links zu In-ternetseiten wurden am 6.9.2007 überprüft).
[168]   Vgl. *Kloepfer* 2002b, S. 5.

schaulichen und zweitens bieten sie eine gute Vergleichsmöglichkeit untereinander aufgrund ähnlich ausgestalteter Regelungstechniken.[169]

Eine Funktionszuweisung, die Gültigkeit für alle Beauftragten beanspruchen könnte, existiert bisher nicht. Dies beruht vor allem darauf, dass es zunächst kein einheitliches Betriebsbeauftragtensystem gab, von dem aus ein koordiniertes Vorgehen bei der Entwicklung der einzelnen Beauftragten hätte betrieben werden können. Anstelle eines allen Betriebsbeauftragten gemeinen Leitbildes zur Funktion traten die individuellen Bedürfnisse der Regelungsmaterie, in die der jeweilige Beauftragte eingebettet ist, in den Vordergrund. Die Funktion der Beauftragten in ihrer Gesamtheit kann daher nur aus den Vorgaben der einzelnen Schutzgesetze und deren Entstehungsgeschichte abgeleitet werden.

Nachfolgend sind die verschiedenen Regelungen neben der originären Kontrollfunktion auf zwei weitere Maßgaben hin zu untersuchen, die für eine allgemeingültige Funktionszuweisung der Betriebsbeauftragtenregelungen nach Aspekten des rechtlichen Risikomanagements notwendig erscheinen. Zum einen sollte sich aus den Regelungen zu den Beauftragten eine Kommunikationsfunktion ergeben, im Sinne einer die bereits erwähnte Sicherheitsgewährleistung unterstützenden kontinuierlichen Sicherheitskommunikation.[170] Daraus resultierend ist zum anderen herauszustellen, in welcher Weise den Beauftragten formal Verantwortung zugewiesen wird, denn auch wenn die unterschiedlichen Regelungen der Beauftragten eine Ausgestaltung des Kooperationsprinzips im Technikrecht sind und somit mehrere Beteiligte gestaltend tätig werden können, muss – wie erwähnt – eine klare Zuweisung von Verantwortung für Entscheidungen aus dem Aufgabenbereich des jeweiligen Beauftragten möglich sein.[171]

2.7.1 Funktion innerhalb des Umweltschutzrechts

Die Betriebsbeauftragten des Umweltschutzrechts, namentlich der Abfallbeauftragte, der Immissionsschutzbeauftragte sowie der Gewässerschutzbeauftragte, können in weiten Teilen einer gemeinsamen Betrachtung unterzogen werden,[172] weil allen Schutzgesetzen die gemeinsame Bedrohungslage der natürlichen Lebensgrundlagen des Menschen durch die Industrie zugrunde liegt.[173] So ist der Zweck des Krw-/AbfG gemäß § 1 „die Förderung der Kreislaufwirtschaft zur Schonung der natürlichen Ressourcen und die Sicherung der umweltverträglichen Beseitigung von Abfällen." Das BImSchG verfolgt gemäß § 1 Abs. 1 den Zweck, „Menschen, Tiere und Pflanzen, den Boden, das Wasser, die Atmosphäre sowie Kultur- und sonstige Sachgüter vor schädlichen Umwelteinwirkungen zu schützen und dem Entstehen schädlicher Umwelteinwirkungen vorzubeugen." Und gemäß § 1a Abs. 1 WHG „sind die Gewässer

---

[169] Vgl. *Kloepfer* 2002a, S. 41; zur Vergleichsmöglichkeit der Auditverfahren des Umwelt- und des Datenschutzrechts s. *Roßnagel*, DuD 2000, S. 232.
[170] S. Kap. 2 m. Fn. 58.
[171] S. Kap. 2 m. Fn. 60.
[172] Vgl. Koch/Scheuing/Pache – *Böhm* 2008, § 53, Rn. 35f.; *Rehbinder/Burgbacher/Knieper* 1972, S. 23.
[173] Vgl. *Weber* 1988, S. 18.

als Bestandteil des Naturhaushalts und als Lebensraum für Tiere und Pflanzen zu sichern. Sie sind so zu bewirtschaften, dass sie dem Wohl der Allgemeinheit und im Einklang mit ihm auch dem Nutzen Einzelner dienen, vermeidbare Beeinträchtigungen ihrer ökologischen Funktionen und der direkt von ihnen abhängenden Landökosysteme und Feuchtgebiete im Hinblick auf deren Wasserhaushalt unterbleiben und damit insgesamt eine nachhaltige Entwicklung gewährleistet wird. Dabei sind insbesondere mögliche Verlagerungen von nachteiligen Auswirkungen von einem Schutzgut auf ein anderes zu berücksichtigen; ein hohes Schutzniveau für die Umwelt insgesamt, unter Berücksichtigung der Erfordernisse des Klimaschutzes, ist zu gewährleisten." Der Gesetzgeber verfolgt mit dem Umweltschutzbeauftragten sowie dem Strahlenschutzbeauftragten ein Kooperationsmodell, in dem die Unternehmen zur Selbstorganisation des betrieblichen Umweltschutzes veranlasst werden.[174]

Betriebsbeauftragte erfüllen als Steuerungsinstrumente des „reflexiven Rechts"[175] eine vollzugsunterstützende Funktion,[176] indem sie exekutive Aufgaben ehemals staatlicher Steuerung in Eigenverantwortung wahrnehmen, was zur Entlastung des Staates und zu erhöhter Flexibilität in den einzelnen Unternehmen führt.[177] Zur Überwachung der Schutzmaßnahmen, die in den einzelnen Gesetzen festgeschrieben sind, ist jeweils ein Betriebsbeauftragter vorgesehen, der zunächst innerhalb des Betriebes die Einhaltung der Umweltgesetze überwachen, allgemein den Umweltschutz als zu integrierendes „Unternehmensziel" in die Firmenpolitik einbringen und die umweltgerechte Entwicklung und Erforschung neuer Verfahrenweisen und Produkte fördern soll.[178] Neben die Funktion der Selbstkontrolle, die dem Beauftragten vom Staat übertragen wurde, tritt damit noch eine Initiativfunktion,[179] deren Anspruch darin besteht, die im Unternehmen verantwortlichen Personen sowohl für die in den jeweiligen Schutzgesetzen verankerten Zielsetzungen zu sensibilisieren als auch zu beraten. Darin ist die Konkretisierung der Sicherheitsgewährleistung als kontinuierliche Sicherheitskommunikation zu sehen, die den Umweltbeauftragten gleichsam einen eindeutigen Verantwortungsbereich zuweist.

2.7.2 Funktion innerhalb des Datenschutzrechts

Die Bedrohungslage im Bereich des Datenschutzes unterscheidet sich zu jener des Umweltschutzrechts in Bezug auf das Schutzgut. Die besondere Gefährdungslage[180] durch die Unternehmen richtet sich nicht in erster Linie gegen die natürlichen Lebensgrundlagen des Men-

---

[174]   *Kloepfer* 2004, § 5, Rn. 428.
[175]   Ausführlich hierzu *Teubner*, ARSP 1982, S. 47 ff.; vgl. auch *Schmidt-Preuß*, VVDStRL 1997, S. 231.
[176]   *Lübbe-Wolf* 1996, S. 115.
[177]   Vgl. *Salje* 2000, S. 171 f.; weiterhin EvStL – *Koch* 2006, S. 2492.
[178]   *Kloepfer* 2004, § 5, Rn. 423.
[179]   Vgl. *Feldhaus* 2008, § 53, Rn. 1; *Ule/Laubinger* 2008, § 54, Rn. 2.
[180]   *Leuze*, ZTR 2002, S. 558; vgl. außerdem zu den vielfältigen Gefährdungsszenarien *Däubler*, CR 2005, S. 770 zur „Informatisierung des Arbeitsprozesses"; sehr ausführlich *Schlemann* 1996, S. 17 ff. zur „Informatisierung des Unternehmens"; allgemeiner *Simitis* 1996, S. 30 f.; *Roßnagel* 1993, S. 86 f.; *Roßnagel/Wedde/Hammer/Pordesch* 1990, S. 219 ff.; *Schierbaum/Kiesche*, CR 1992, S. 727; sowie Kap. 1.1.

schen und damit der Allgemeinheit, sondern gegen das Recht auf informationelle Selbstbestimmung in der durch das Bundesverfassungsgericht risikoorientierten Konkretisierung des
allgemeinen Persönlichkeitsrechts sowie der weiteren Kommunikationsgrundrechte.[181] Zweck
des Bundesdatenschutzgesetzes ist es daher gemäß § 1 Abs. 1, „den Einzelnen davor zu
schützen, dass er durch den Umgang mit seinen personenbezogenen Daten in seinem Persönlichkeitsrecht beeinträchtigt wird." Strukturell sind die Bedrohungslagen des Umwelt- und
des Datenschutzrechts jedoch gleich, denn in beiden Fällen werden verfassungsrechtlich zugesicherte Rechte in besonderem Maße durch das Betreiben technischer Anlagen potenziell
beeinträchtigt.

Bereits 1983 sah das Bundesverfassungsgericht das im Volkszählungsurteil entwickelte Recht
auf informationelle Selbstbestimmung, wonach dem Einzelnen die Befugnis zusteht, grundsätzlich selbst über die Preisgabe und Verwendung seiner persönlichen Daten zu bestimmen,
gefährdet.[182] Das Gericht sah die Gefährdung vor allem in der Verwendung von automati-
scher Datenverarbeitung und integrierten Informationssystemen, die es dem Verwender ermöglichen, durch die Zusammenführung von verschiedenen Datensammlungen ein beinahe
lückenloses Persönlichkeitsprofil des Betroffenen zu erstellen. Dieses Szenario hat sich mittlerweile durch den Fortschritt der Technik potenziert und ist vor allem dadurch problematisch, dass der Betroffene selbst kaum eine Kontrollmöglichkeit über die tatsächliche Verwendung seiner Daten hat.[183] Er muss darauf vertrauen, dass im Umgang mit seinen Daten auf
die Einhaltung der generell-abstrakten Datenschutzregelungen geachtet wird und beispielsweise Arbeitgeber, Kreditinstitute oder öffentliche Stellen nicht die Technik nutzen, um Personen unter Druck zu setzen, zu diskriminieren oder anderweitig zu sanktionieren.[184]

Der Bundesgesetzgeber hatte sich bereits vor dem Volkszählungsurteil zur Überwachung der
Maßnahmen gegen die skizzierte Bedrohungslage innerhalb des nicht-öffentlichen Bereichs
für die Einrichtung des Datenschutzbeauftragten entschieden. Bei der Implementierung ging
es dem Gesetzgeber primär um eine Kontrollinstanz für die Einhaltung der datenschutzrechtlichen Bestimmungen in Unternehmen.[185] Der betriebliche Datenschutzbeauftragte wurde
damit zum „institutionellen Kernstück der unternehmerischen Eigenkontrolle".[186] Die Lan-
desgesetzgeber haben für den Bereich der öffentlichen Stellen ebenfalls die Bestellung von
Datenschutzbeauftragten vorgesehen;[187] für Bundesbehörden besteht eine Bestellpflicht seit
der Novelle des Bundesdatenschutzgesetzes aus dem Jahr 2001.[188]

---

[181] *Roßnagel*, RDV 2002, S. 62.
[182] *BVerfGE* 65, S. 1 (S. 42 ff.).
[183] Vgl. *Rudin* 2004, S. 429.
[184] Vgl. *Vetter* 1994, S. 238.
[185] Bericht des *BT-InnA*, BT-Drs. 7/5277, S. 5.
[186] Ehmann – *Ehmann* 1993, S. 3.
[187] Vgl. Simitis – *Simitis* 2006, § 4f, Rn. 8 m.w.N.
[188] S. dazu *Bergmann/Möhrle/Herb* 2008, § 4f, Rn. 41 ff.; *Gola/Schomerus* 2007, § 4f, Rn. 58.

Wie dem Umweltschutzbeauftragten ist auch dem Datenschutzbeauftragten im Rahmen der Selbststeuerung vor allem eine Kontrollfunktion übertragen worden. Diese darf aber nicht als eine völlige Substitution der Überwachung durch die Aufsichtsbehörde verstanden werden, sondern ist eher in einer echten Kooperation, wie sie auch bei *Kloepfer*[189] beschrieben wird, zwischen Datenschutzbeauftragtem als Ansprechpartner und der Behörde zu sehen.[190] Gerade dieser Kooperationsgedanke zeigt wiederum die Kommunikationsfunktion auch des Datenschutzbeauftragten auf: Er ist als Mittelsmann zwischen Unternehmen und Behörde zu verstehen. Dies bedeutet auch, dass er innerhalb des Unternehmens vor allem kommunikativ für die Einhaltung datenschutzrechtlicher Bestimmungen Sorge zu tragen hat.[191] Hervorgehoben wird dieser Gedanke durch die Verpflichtung des Datenschutzbeauftragten zur Mitarbeiterschulung gemäß § 4g Abs. 1 Satz 3 Nr. 2 BDSG. Als Mittelsmann genügt der Datenschutzbeauftragte auch den Anforderungen eines Verantwortlichen im Sinne des rechtlichen Risikomanagements. Es kommt dabei nicht auf zivilrechtliche Haftungsfragen an, sondern vielmehr auf die Nennung einer Person für einen bestimmten Risikobereich. Unterstrichen wird diese Verantwortung durch die exponierte Stellung des Datenschutzbeauftragten innerhalb des Unternehmens[192] sowie der Erwähnung der Möglichkeit zur Anrufung der Aufsichtsbehörde bei Zweifelsfällen in § 4g Abs. 1 Satz 2 BDSG, die ausdrücklich an den Datenschutzbeauftragten als Verantwortlichen gerichtet ist. Damit wird der Datenschutzbeauftragte sowohl innerhalb des Unternehmens für die Mitarbeiter als auch außerhalb der verantwortlichen Stelle als Ansprechpartner hervorgehoben.[193]

Die Funktion der Beauftragten lässt sich also unabhängig von ihren spezifischen Aufgabenfeldern als ein Organ der Selbstkontrolle bezeichnen, das insbesondere durch eine Kommunikationsfunktion sowie eine nach innen und außen gerichtete personifizierte Verantwortlichkeit gekennzeichnet ist.

2.8 Funktion der Konzernbeauftragten

Die Funktion der Konzernbeauftragten ist zu differenzieren von jener der einfachen Beauftragten, weil auf Konzernebene die einzelnen Rechtsgebiete mit ihren unterschiedlichen Schutzgesetzen der verschiedenen Beauftragten nicht mehr derart im Vordergrund stehen. An dieser Stelle geht es mehr um die Zuordnung der einzelnen Beauftragten zur Konzernleitungsebene und der Untersuchung, ob daraus eine eigenständige Funktion erwächst. Dennoch muss auch auf Konzernebene formal zwischen verschiedenen Gebieten des Technikrechts unterschieden werden, denn in einigen ist ein Konzernbeauftragter explizit erwähnt, in anderen wiederum nicht.

---

[189] *Kloepfer* 2002a, S. 40.
[190] *Ruppmann* 2000, S. 105f.
[191] Vgl. Simitis – *Simitis* 2006, § 4f, Rn. 91.
[192] S. dazu Kap. 3.2.2.
[193] *Simitis*, NJW 1998, S. 2396.

Im Bereich des Umweltrechts sieht das Bundesimmissionsschutzrecht in § 4 der 5. BImSchV[194] die Bestellung eines Immissionsschutzbeauftragten für den Konzernbereich vor. Mit der dritten Novelle des BImSchG[195] wurde der Störfallbeauftragte als weiteres Kontrollorgan verankert. Mit Erlass der 5. BImSchV am 30.7.1993 wurde auch die Möglichkeit der Bestellung eines Konzernstörfallbeauftragten geschaffen. Weiterhin ist ein Konzernbeauftragter im Bereich des Kreislaufwirtschafts- und Abfallrechts gemäß § 5 AbfBetrbV[196] vorgesehen, dessen Regelungen von der Ermächtigungsgrundlage des § 54 Abs. I Satz 2 KrW-/AbfG gedeckt sind.[197] In diesem Bereich des Technikrechts kann also bei einer Funktionsbeschreibung vor allem auch auf die Intention des Gesetzgebers zurückgegriffen werden. Im Datenschutzrecht hingegen fällt die Untersuchung schwieriger aus, weil eine gesetzliche Verankerung des Konzernbeauftragten fehlt.

Um den Willen des Gesetzgebers bei der Einführung der Konzernbeauftragten nachzuvollziehen, muss man in erster Linie auf die amtliche Begründung zum Konzernimmissionsschutzbeauftragten zurückgreifen, denn sowohl die Regelung des Konzernabfallbeauftragten als auch die Ergänzung der 5. BImSchV um den Störfallbeauftragten sind danach ausgerichtet. Die amtliche Begründung zum damaligen § 5 der 5. BImSchV[198] gibt keine konkreten Anhaltspunkte für eine eigenständige Funktionszuweisung an den Immissionsschutzbeauftragten im Konzernbereich. Sie hebt lediglich hervor, dass es im Interesse einer wirksamen Vertretung der Belange des Umweltschutzes zweckmäßig sei, den Immissionsschutzbeauftragten dann im Bereich der Konzernspitze zu bestellen, wenn dort auch Investitionsentscheidungen fallen und er an dieser Stelle auf die Entwicklung umweltfreundlicher Verfahren und Erzeugnisse hinzuwirken hat.[199] In der amtlichen Begründung zur 6. BImSchV[200] wird außerdem auf den Gesichtspunkt der Kostenentlastung für den Betreiber bei der Bestellung eines gemeinschaftlichen oder sonstigen betriebsfremden Immissionsschutzbeauftragten nach § 4 der 5. BImSchV hingewiesen.[201] Die amtliche Begründung zum Konzernstörfallbeauftragten nimmt Bezug auf den Konzernimmissionsschutzbeauftragten, indem bestehende Organisationsstrukturen in Großunternehmen, die sich als effektiv erwiesen haben, weiterhin ermöglicht und auch für das Institut des Störfallbeauftragten genutzt werden sollen.[202] Auch die Begründung

---

[194] Verordnung über Immissionsschutz- und Störfallbeauftragte (5. BImSchV) v. 30.7.1993, BGB. I, S. 1433, zul. geänd. am 9.9.2001, BGBl. I S. 2331.
[195] Drittes Gesetz zur Änderung des Bundes-Immissionsschutzgesetzes v. 11.5.1990, BGBl. I S. 870.
[196] Verordnung über Betriebsbeauftragte für Abfall vom 26.10.1977, BGBl. I S. 1913.
[197] Kunig/Paertow/Versteyl – *Versteyl* 2003, § 54, Rn. 32.
[198] 5. Verordnung zur Durchführung des Bundesimmissionsschutzgesetzes v. 14.2.1975, BGBl. I S. 504, 727.
[199] BR-Drs. 660/74, S. 7f.
[200] Verordnung über die Fachkunde und Zuverlässigkeit der Immissionsschutzbeauftragten (6. BImSchV) v. 12.4.1975, BGBl. I S. 957 (aufgrund § 12 Satz 1 2. Halbsatz der 5. BImSchV v. 30.7.1993 mit Wirkung v. 8.8.1993 außer Kraft getreten; ihr Inhalt ist in die neue 5. BImSchV übernommen worden).
[201] BR-Drs. 28/75, S. 3.
[202] BR-Drs. 212/93, S. 3.

zum Konzernabfallbeauftragten bezieht sich an dieser Stelle auf die immissionsschutzrechtlichen Ausführungen.[203]

Von Seiten des Gesetzgebers ging es bei der Einführung der Konzernbeauftragten also vor allen Dingen um eine Effektivitätssteigerung aufgrund der Zuordnung des Beauftragten zum maßgeblichen Entscheidungsorgan innerhalb des Konzerns, nämlich der Konzernspitze. Zusätzlich war der Gesetzgeber bei Erlass der Normen motiviert durch Überlegungen zur Steigerung der wirtschaftlichen Effizienz. Aus staatlicher Sicht kommt den Konzernbeauftragten daher eine effektivitätssteigernde Koordinierungsfunktion zu, indem sie die unterschiedlichen Konzernbelange bündeln und der Unternehmensführung darlegen müssen und umgekehrt Entscheidungen der obersten Leitungsebene in den verschiedenen Konzerngesellschaften umzusetzen sind.

Von Seiten der Literatur wird ebenfalls der Gedanke der Effektivität in den Vordergrund gestellt. Im Immissionsschutzrecht könnten insbesondere die Aufgaben gemäß § 54 Abs. 1 Satz 2 Nr. 1 und 2 sowie § 56 Abs. 1 BImSchG durch einen ausschließlich oder überwiegend im Konzernbereich zuständigen Beauftragten am effektivsten wahrgenommen werden, weil die Investitionsentscheidungen und die Entscheidungen über das Produktionsprogramm einschließlich der Produktionsverfahren im Wesentlichen von der Konzernleitung getroffen werden.[204] Durch diese Positionierung kommt dem Konzernbeauftragten darüber hinaus noch eine Innovationsfunktion zu, indem der Beauftragte unmittelbaren Einfluss auf Langzeitentscheidungen der Geschäftsleitung der Konzernobergesellschaft nehmen kann.[205] Aufgrund der Ähnlichkeit der Regelung des § 5 AbfBetrbV gelten die Überlegungen zur Effektivität auch für den Abfallbeauftragten im Konzernbereich. Werden die Funktionen der Abfallbeauftragten mehrerer konzernangehörigen Anlagenbetreiber in der Person eines Konzernbeauftragten gebündelt, so kann dies zu einer effizienteren Aufgabenwahrnehmung führen.[206] Dies kann auch deswegen nötig sein, weil der einzelne Abfallbeauftragte einer weisungsabhängigen Gesellschaft gegenüber seiner Unternehmensleitung den Aufgaben nach § 55 Abs. 1 Nr. 4 und 5 KrW-/AbfG nicht ordnungsgemäß nachkommen und von seinen Rechten nach §§ 55 – 58 BImSchG nicht wirksam Gebrauch machen kann.[207] Sowohl der Konzernimmissionsschutz- als auch der Konzernstörfallbeauftragte können auf diese Weise über ihren spezifisch anlagenbezogenen Aufgabenbereich hinaus zentrale, werksübergreifende Umweltschutzaufgaben wahrnehmen, was umso mehr gilt, wenn man Immissionsschutz-, Störfall-, und Abfallbeauftragten in einem Umweltbeauftragten für den Konzernbereich zusammenfasst.[208] Somit sieht auch die Literatur die Notwendigkeit einer Koordinierungsfunktion des Konzernbeauftragten,

---

[203]   BR-Drs. 413/77, S. 10.
[204]   *Feldhaus* 2008, § 53, Rn. 46; ebenso *Kotulla*, GewArch 1994, S. 180.
[205]   Ausführlich *Haouache* 2003, S. 189 ff.
[206]   *Kotulla*, DÖV 1995, S. 456.
[207]   v. Lersner/Wendenburg – *v. Lersner* 2008, § 54 KrW-/AbfG, Rn. 38.
[208]   *Kotulla*, GewArch 1994, S. 180.

die vor allem in der Bündelung der Verantwortung innerhalb der unterschiedlichen Unternehmen eines Konzerns in einer Person ihren Ausdruck findet.

Im Bereich des Datenschutzes kann man aufgrund der fehlenden gesetzlichen Regelung weder auf Gesetzesbegründungen noch auf Kommentierungen zurückgreifen. Allerdings finden sich in der Literatur einige Ausführungen zum betrieblichen Datenschutzbeauftragten für den Konzernbereich. Eine wichtige Feststellung ist dabei, dass Datenschutz und damit auch die Arbeit des Datenschutzbeauftragten in Unternehmen heute zunehmend als Konzernleitungsfunktion betrachtet wird.[209] Dies ist dadurch zu erklären, dass Entscheidungen im Bereich der Datenverarbeitung heute in großem Maße zentral von der Konzernspitze initiiert werden. Unternehmen sind heute konzern-, und damit oftmals weltweit, vernetzt, sodass sich bei der Implementierung global agierender IT-Systeme ein Top-Down-Ansatz bewährt hat.[210]

Wie auch im Umweltrecht kommt es daher in der Datenverarbeitungspraxis immer weniger auf die einzelnen Legaleinheiten des Konzerns, sondern vielmehr auf den Gesamtkonzern aus Sicht der Unternehmensspitze an. Unternehmensintern werden einheitliche, konzernweit verbindliche Regelungen geschaffen, um rechtliche und kulturelle Unterschiede in den Märkten zu meistern und wirtschaftliche Synergieeffekte innerhalb eines Konzerns zu erzielen.[211] Im Datenschutzrecht wird dies dadurch unterstrichen, dass große Konzerne immer häufiger dazu tendieren, die Funktion des Datenschutzbeauftragten als Konzerndatenschutzbeauftragten in einer hohen Personalebene auszugestalten.[212] Damit wird dem Koordinierungsbedarf Rechnung getragen und die Bedeutung der Selbstkontrolle für den Gesamtkonzern unterstrichen. Allein aus gesetzgeberischer Sicht erscheint eine solche Maßnahme notwendig, wenn die Beratungsfunktion des Datenschutzbeauftragten im Sinne des § 4g Abs. 1 Satz 1 BDSG nicht ins Leere laufen soll, denn sie macht nur an einer Stelle im Unternehmen Sinn, an der auch datenschutzrelevante Entscheidungen getroffen werden. Gerade durch den an der Konzernspitze angesiedelten Konzerndatenschutzbeauftragten können dabei Synergieeffekte zur Verbesserung des Datenschutzes innerhalb des Konzernverbunds erreicht werden.[213] Auch im Datenschutzrecht hat also die Effektivitätssteigerung bezüglich der Figur des Datenschutzbeauftragten einen hohen Stellenwert.

Neben die Effektivitätssteigerung tritt jedoch insbesondere bei multinationalen Konzernen wiederum noch ein zweiter Gedanke. Datenschutz aus globaler Sicht ist ein sehr heterogenes Regelungsgebiet. Selbst in der Europäischen Union geht man lediglich von einem einheitlichen Datenschutzniveau aus, das jedoch auf unterschiedliche Weise sichergestellt werden kann. Außerdem sind die datenschutzrechtlichen Ansprüche innerhalb eines großen Konzerns

---

[209] *Wächter* 2003, Rn. 24f.
[210] Vgl. *Nitsche*, DuD 2001, S. 165.
[211] *Büllesbach/Garstka*, CR 2005, S. 724 m.w.N.; *Nitsche*, DuD 2001, S. 165.
[212] Roßnagel – *Königshofen* 2003, Kap. 5.5, Rn. 131.
[213] Simitis – *Simitis* 2006, § 4f, Rn. 36; *Roßnagel*, RDV 2002, S. 70; ähnlich *Wächter* 2003, Rn. 1341; a.A. *Gola/Schomerus* 2007, § 4f, Rn. 24, die Synergieeffekte jedenfalls verneinen bei Konzernunternehmen mit unterschiedlichen Geschäftsfeldern, vgl. auch Fn. 207.

sehr differenziert zu betrachten. Produzierende Zweige sind anders zu bewerten als beispielsweise Personalabteilungen. Um diesen ganz unterschiedlichen datenschutzrechtlichen Anforderungen gerecht werden zu können, sollte sinnvollerweise ein einheitliches Konzept verfolgt werden, welches von einer zentralen Stelle aus organisiert wird. In Verbindung mit anderen Selbstregulierungsinstrumenten, die inzwischen insbesondere für global agierende Unternehmen vielfach diskutiert worden und allgemein anerkannt sind, kann Datenschutz innerhalb einer Organisation, die in ihrer Gesamtheit von nationalen Regulierungen nicht mehr erfasst werden kann oder eine hohe Transparenzwirkung erreichen will, wirksam ausgerichtet werden.[214] Dem Konzerndatenschutzbeauftragten kommt dabei im Wesentlichen eine konzernweite Koordinierungsfunktion zu, die zur Sicherstellung eines angemessenen Datenschutzniveaus im Konzern und für die strategische Ausrichtung des Konzerns von Bedeutung ist.[215] Dazu gehören einerseits die Beachtung der unterschiedlichen nationalen Rechtsrahmen, in denen sich das jeweilige Unternehmen bewegt, und andererseits die Koordinierung der datenschutzrechtlichen Maßnahmen in den verschiedenen Bereichen des Konzerns.

Zusammenfassend lässt sich festhalten, dass den Konzernbeauftragten eine effektivitätssteigernde Koordinierungsfunktion zukommt, weil sie eng angebunden sind an die Konzernspitze als maßgeblichem Entscheidungsträger gerade in den „risikoträchtigen" Bereichen und auf diese Weise ohne Reibungsverluste direkt auf konzernweite Entscheidungen Einfluss nehmen können. Dabei tragen sie sowohl dem Gesamtinteresse des Konzerns als auch den Partikularinteressen der Untergesellschaften Rechnung. Bei dem Konzernbeauftragten für Datenschutz ist die Koordinierungsfunktion noch etwas stärker ausgeprägt als bei den anderen Konzernbeauftragten, was auf die globale Vernetzung der Konzerne zurückzuführen ist. Im Umweltrecht beschränkt sich die konzernweite Koordinierung auf ein „Nebeneinander" lokaler, von einander getrennt liegender Anlagen im territorialen Anwendungsbereich bundesdeutscher Gesetzgebung. Im Datenschutzrecht findet zusätzlich zu dieser Aufgabe die Koordinierung eines „Miteinander" in Form einer konzernweiten vernetzten Datenverarbeitung mit erhöhter Komplexität statt, welches durch die verschiedenen Auslandübermittlungtatbestände gleichsam einen globalen Bezugsrahmen erhält. Darüber hinaus hat die Kommunikationsfunktion zusammen mit der institutionalisierten Verantwortlichkeit in Form eines zentralen Ansprechpartners sowohl innerhalb als auch außerhalb des Unternehmens weiterhin Bestand.[216]

---

[214] *Büllesbach/Garstka*, CR 2005, S. 724 m.w.N.
[215] *Ulmer* 2006, S. 141.
[216] Roßnagel – *Büllesbach* 2003, Kap. 7.1, Rn. 73; *Nitsche*, DuD 2001, S. 165.

3 Rechtliche Bedeutung des Datenschutzbeauftragten

Der Konzerndatenschutzbeauftragte ist – wie noch zu zeigen sein wird – eine für den jeweiligen Konzern auf den Normen des betrieblichen Datenschutzbeauftragten weiterentwickelte Form der innerbetrieblichen Selbstkontrolle. Bevor er einer umfassenden Untersuchung unterzogen wird, erfolgt zunächst eine Darstellung der §§ 4f und 4g BDSG als „gesetzliches Fundament des Konzerndatenschutzbeauftragten". Die Darstellung der wichtigsten Punkte orientiert sich dabei an der Relevanz für die Erörterungen zum Konzerndatenschutzbeauftragten und kann daher weder Anspruch auf Vollständigkeit erheben, noch Problemlösungen für spezielle Fragen zum Datenschutzbeauftragten liefern.[217] Ebenso wird auf den Vergleich zu anderen Betriebsbeauftragten verzichtet.[218]

Zunächst werden die Eckpfeiler des Datenschutzbeauftragten wie der Akt der Bestellung (Kap. 3.1), seine Stellung innerhalb des Unternehmens (Kap. 3.2), seine Aufgaben (Kap. 3.3) sowie die Anforderungen an seine Person (Kap. 3.4) umschrieben. Im Anschluss daran folgen mit der Haftung des Datenschutzbeauftragten (Kap. 3.5) und seinem Verhältnis zum Betriebsrat (Kap. 3.6) zwei vor allem durch die Fachliteratur besetzte Diskussionsfelder. Nach einem „Blick über den Tellerrand" zu den europäischen Nachbarn, die ebenfalls einen Beauftragten für Datenschutz als Kontrollinstanz vorsehen (Kap. 3.7), schließt dieser Abschnitt mit einem Exkurs über mögliche Einsatzgebiete des Datenschutzbeauftragten im Bereich des Risikomanagements (Kap. 3.8) sowie einer Stellungnahme (Kap. 3.9).

3.1 Bestellung

Die Pflicht zur Bestellung eines Datenschutzbeauftragten trifft jede verantwortliche Stelle unabhängig von ihrer Organisationsform oder der rechtlichen Grundlage der Datenverarbeitung. Maßgeblich sind allein die in § 4f Abs. 1 BDSG genannten drei Kriterien der Verarbeitungsform, der Bedeutung der Verarbeitungsaktivitäten bestimmter verantwortlicher Stellen und der Anzahl der bei der Verarbeitung beschäftigten Personen.[219] Der Datenschutzbeauftragte muss zunächst durch einen gesonderten Akt, an den bestimmte formale Voraussetzungen wie Schriftform und eine Vier-Wochen-Frist geknüpft sind, losgelöst vom privatrechtlichen Grundverhältnis zwischen ihm und der verantwortlichen Stelle bestellt werden; damit soll die Bedeutung des Datenschutzbeauftragten hervorgehoben werden.[220] Erst durch die

---

[217] Beispielhaft zum Datenschutzbeauftragten jeweils m.w.N. *Gola/Schomerus* 2007 § 4f; *Koch* 2006; Simitis – *Simitis* 2006, § 4f; *Voßbein* 2006; *ders.* 1997; *Haaz* 2003; *Wächter* 2003; *Schlemann* 1996.
[218] Vgl. dazu die Gegenüberstellung bei *Weber* 1988.
[219] Simitis – *Simitis* 2006, § 4f, Rn. 12. Bei der Unterscheidung der jeweiligen Verarbeitungsaktivität nach § 4f Abs. 1 Satz 1 BDSG der verantwortlichen Stelle zwischen der Verarbeitung für eigene Zwecke gemäß § 28 BDSG und der geschäftsmäßigen Verarbeitung zum Zwecke der Übermittlung gemäß § 29 BDSG oder der anonymisierten Übermittlung gemäß § 30 BDSG wird nachfolgend von der Verarbeitung gemäß § 28 BDSG ausgegangen, da die anderen beiden Regelungen stets eine Bestellpflicht nach sich ziehen unabhängig von der Beschäftigtenzahl der verantwortlichen Stelle.
[220] S. dazu Simitis – *Simitis* 2006, § 4f, Rn. 54 ff.; zum „privatrechtlichen Grundverhältnis" s. Kap. 3.2.1 ff.

Bestellung entsteht das besondere Pflichtverhältnis nach dem Bundesdatenschutzgesetz. Die Bestellung ist im Gegensatz zur Vorgabe des Art. 18 Abs. 2 Spiegelstrich 2 EG-DSchRL nicht fakultativ. Vielmehr besteht unter bestimmten Voraussetzungen die unabdingbare Pflicht zur Bestellung eines Datenschutzbeauftragten.

Die Bestimmung des Adressatenkreises der Bestellpflicht im nicht-öffentlichen Bereich wird durch § 4f Abs. 1 Satz 4 BDSG unnötig verkompliziert: Bisher musste im Ergebnis ein Datenschutzbeauftragter nicht bestellt werden, wenn entweder maximal vier Arbeitnehmer mit der automatisierten Erhebung, Verarbeitung oder Nutzung personenbezogener Daten beschäftigt waren oder wenn maximal 20 Arbeitnehmer mit der Erhebung, Verarbeitung oder Nutzung auf andere Weise beschäftigt waren.[221] Durch die Änderungen des Mittelstandsentlastungsgesetzes[222] werden die Voraussetzungen der Bestellpflicht derart abgemildert, dass ein Datenschutzbeauftragter in nicht-öffentlichen Stellen nicht zu bestellen ist, wenn in der Regel höchstens neun Personen ständig mit der automatisierten Verarbeitung personenbezogener Daten beschäftigt sind. Damit sollen vor allen Dingen kleine und mittelständische Unternehmen, die in der Regel entweder ein im Hinblick auf den Datenschutz eher weniger belastendes Massengeschäft abwickeln oder einen überschaubaren Kundenkreis bedienen, entlastet werden.[223]

Zu der Dauer der Bestellung äußert sich das Bundesdatenschutzgesetz nicht. Neben einer Bestellung auf unbestimmte Zeit, die für die verantwortliche Stelle mit Ungewissheiten verbunden ist, kommt daher grundsätzlich auch eine Befristung in Betracht.[224] Dabei ist jedoch darauf zu achten, dass die Stellung des Datenschutzbeauftragten nicht gefährdet und der Widerrufsschutz gemäß § 4f Abs. 3 Satz 4 BDSG durch die Befristung unterlaufen wird, indem die verantwortliche Stelle die Dauer der Bestellung derart kurz bemisst, dass eine wirkungsvolle Tätigkeit des Datenschutzbeauftragten schlichtweg nicht mehr möglich ist. Um einer solchen Vorgehensweise entgegenzuwirken, wird als Mindestdauer für eine befristete Bestellung ein Zeitraum zwischen zwei und fünf Jahren vorgeschlagen; ein sachlicher Grund im Sinne der arbeitsrechtlichen Rechtsprechung muss für die Befristung darüber hinaus nicht vorliegen.[225] Ohne ausdrückliche gesetzliche Grundlage kann im Interesse der verantwortlichen Stelle eine derartige Einschränkung bei der Wahl des Datenschutzbeauftragten nicht angenommen werden. Eine Mindestdauer der Bestellung von zwei Jahren, in deren Zeitraum § 4f Abs. 3 Satz 4 BDSG vollumfänglich zur Anwendung kommt, erscheint daher gerade im Lichte anderer Re-

---

[221] Ausführlich zu den Voraussetzungen *Bergmann/Möhrle/Herb* 2008, § 4f, Rn. 14 ff.

[222] Erstes Gesetz zum Abbau bürokratischer Hemmnisse insbesondere in der mittelständischen Wirtschaft v. 22.8.2006, BGBl. I S. 1970.

[223] Vgl. Begr. zum Entwurf eines Ersten Gesetzes zum Abbau bürokratischer Hemmnisse insbesondere in der mittelständischen Wirtschaft, BT-Drs. 16/1407, S. 9.

[224] *Schaffland/Wiltfang* 2007, § 4f, Rn. 65f; Simitis – *Simitis* 2006, § 4f, Rn. 61; *Schlemann* 1996, S. 255; einschränkend *Bergmann/Möhrle/Herb* 2008, § 4f, Rn. 68; a.A. *Breinlinger* 2006, S. 98, die eine Befristung für interne Datenschutzbeauftragte ablehnt.

[225] Simitis – *Simitis* 2006, § 4f, Rn. 62 m.w.N.; a.A. *Gola/Wronka* 2008, Rn. 1333; KassHdb ArbR – *Blechmann* 2000, Kap. 2.10, Rn. 411; *Schlemann* 1996, S. 255.

gelungen zur Dauer der Bestellung von Betriebsbeauftragten, in denen das Unternehmen jederzeit einen neuen Beauftragten bestellen kann,[226] als angemessen und ausreichend im Sinne eines Schutzes vor einer Beeinträchtigung seiner Unabhängigkeit.[227]

Im Gegensatz zu anderen Regelungen zu Betriebsbeauftragten sieht das Bundesdatenschutzgesetz keine besonderen kollektivrechtlichen Beteiligungsrechte bei der Bestellung vor.[228] Ein Mitbestimmungsrecht bei der Bestellung als solcher steht dem Betriebsrat demnach sowohl bei einem internen als auch einem externen Datenschutzbeauftragten nicht zu.[229] Dies gilt auch für den Widerruf.[230] Damit sind einzig die Beteiligungsrechte nach dem Betriebsverfassungsgesetz[231] maßgeblich für die Mitwirkungsrechte des Betriebsrats, die sich auf das Anstellungsverhältnis zwischen verantwortlicher Stelle und dem Datenschutzbeauftragten beschränken.[232]

3.2 Stellung im Unternehmen

Besteht die Pflicht zur Bestellung eines Datenschutzbeauftragten, so soll im Folgenden der Frage nachgegangen werden, welche Organisationsmöglichkeiten der Gesetzgeber dabei den Unternehmen an die Hand gegeben hat. Dies zu beantworten ist für die spätere Bewertung des Konzerndatenschutzbeauftragten in zweifacher Hinsicht von wesentlicher Bedeutung. Zum einen wird ersichtlich, welchen Stellenwert der Datenschutzbeauftragte im Unternehmen einnimmt. Zum anderen lässt sich erkennen, welche Möglichkeiten ihm zur Erfüllung seiner Aufgaben eingerichtet worden sind.

Insgesamt ist die organisatorische Eingliederung Grundlage für eine erfolgreiche Tätigkeit.[233] Die Untersuchung der Stellung des Datenschutzbeauftragten wird in zwei Punkte unterteilt. Zuerst werden die verschiedenen *Formen* des Datenschutzbeauftragten als Ausdruck einer gewissen Organisationsfreiheit dargestellt. Anschließend wird die Frage behandelt, wie der Widerspruch zwischen *Kontrollorgan* und Betriebszugehörigkeit gelöst werden und die Eingliederung in die Unternehmenshierarchie erfolgen kann.

---

[226] Für den Immissionsschutzbeauftragten ergibt sich dies aus dem Umkehrschluss der §§ 55 Abs. 1 i.V.m. 58 Abs. 2 BImSchG, wonach zwar die Kündigung des Arbeitsverhältnisses ausdrücklich, die Abberufung jedoch überhaupt nicht geregelt ist. Für den Störfallbeauftragten gilt diese Regelung gemäß § 58 d BImSchG entsprechend.

[227] So wohl auch *Däubler* 2002, Rn. 615.

[228] Dazu schon Kap. 2.6 m. Fn. 164.

[229] *Fitting/Engels/Schmidt/Trebinger/Linsenmaier* 2008, § 99, Rn. 131; *Gola/Wronka* 2008, Rn. 1480; Schaub – *Koch* 2007, § 241, Rn. 9; *Koch* 2006, S. 196 m.w.N.; Simitis – *Simitis* 2006, § 4f, Rn. 65 m.w.N.; *Däubler* 2002, Rn. 597; KassHdb ArbR – *Blechmann* 2000, Kap. 2.10, Rn. 415.

[230] *Schlemann* 1996, S. 270 m.w.N.; Ehmann – *Sponeck* 1993, S. 37.

[231] Betriebsverfassungsgesetz v. 15.1.1972, BGBl. I S. 13 in der Fassung der Bekanntmachung vom 25.9.2001, BGBl. I S. 2518, zul. geänd. durch Artikel 221 der Verordnung v. 31.10.2006, BGBl. I S. 2407.

[232] S. dazu Kap. 3.6.2.1.

[233] *Haaz* 2003, S. 36.

3.2.1 Formen des Datenschutzbeauftragten

Die „Form" eines Datenschutzbeauftragten ergibt sich aus dem von seinem Amtsverhältnis[234] zu trennenden Anstellungsverhältnis. Das Gesetz gibt der verantwortlichen Stelle dabei mehrere Möglichkeiten an die Hand: Sie kann einen internen oder externen Beauftragten bestellen und sie kann das zugrunde liegende Rechtsverhältnis hauptamtlich oder nebenamtlich ausgestalten. Die unterschiedlichen Formen sind miteinander kombinierbar, sodass ein flexibles System entsteht, welches sowohl für klein- und mittelständische Unternehmen als auch für große Konzerne genügend Spielraum bei der Bestellung lässt.

3.2.1.1 Interner oder externer Datenschutzbeauftragter

Die Wahlmöglichkeit zwischen internem und externem Datenschutzbeauftragten ist in der aktuellen Fassung des Bundesdatenschutzgesetzes in § 4f Abs. 2 Satz 2 ausdrücklich erwähnt, im Gegensatz zu den ersten beiden Fassungen des Gesetzes, in denen die Bestellpflicht nur allgemein angeführt war. Allerdings nahm man schon bei der ersten Fassung des Bundesdatenschutzgesetzes an, dass die Bestellung eines externen Beauftragten nicht dem Gesetz widerspräche.[235]

Die Aufnahme der Möglichkeit der externen Variante in die aktuelle Fassung des Bundesdatenschutzgesetzes ergab sich nicht unbedingt aus einer plötzlichen Einsicht des bundesdeutschen Gesetzgebers, sondern vielmehr aus dem oben angeführten Wandel des gesetzgeberischen Hintergrundes. In Erwägungsgrund 49 zu Art. 18 EG-DSchRL ist die Möglichkeit eines externen Datenschutzbeauftragten explizit aufgeführt. Daran hat sich der bundesdeutsche Gesetzgeber orientiert und zur Klarstellung ebenfalls die Alternative ins Gesetz aufgenommen, was in der Praxis aufgrund der vorherigen Auslegung jedoch keine Auswirkungen hat.[236] Die Aufnahme dieser Wahlmöglichkeit war jedoch nicht zwingend europarechtlich vorgegeben, wie ein Vergleich mit den Regelungen anderer EU-Staaten zeigt, die diese Klarstellung nicht

---

[234]   Die Verwendung des „*Amts*begriffs" in diesem Zusammenhang erscheint aus verwaltungsrechtlicher Sicht unangebracht, weil damit in erster Linie Träger öffentlicher Gewalt bezeichnet werden, vgl. *Creifelds* 2007, S. 44, was auf den Datenschutzbeauftragten gerade nicht zutrifft. Eine Verwendung des Begriffs über das „öffentliche Amt" hinaus ist jedoch möglich, vgl. DR-L III – *Püttner* 2001, S. 153, und sowohl in der Rechtsprechung als auch in der datenschutzrechtlichen Fachliteratur gängige Praxis, beispielhaft *BAG*, Urt. v. 13.3.2007, abgedr. in RDV 2007, S. 123f. = NJW 2007, S. 2507 ff. = NZA 2007, S. 563 ff.; Beschl. v. 11.11.1997, abgedr. in NJW 1998, S. 2466 ff. = CR 1998, S. 328 ff. = RDV 1998, S. 64 ff.; *LAG Niedersachsen*, Urt. v. 16.3.2003, abgedr. in RDV 2004, S. 177f.; *Bergmann/Möhrle/Herb* 2008, § 4f, Rn. 136; Däubler/Klebe/Wedde/Weichert – *Däubler* 2007, § 4f, Rn. 26; *Schaffland/Wiltfang* 2007, § 4f, Rn. 65e; Simitis – *Simitis* 2006, § 4f, Rn 60; *Däubler* 2002, Rn. 614; *Schlemann* 1996, S. 227; Ehmann – *v. Sponeck* 1993, S. 38. Aus Gründen der Einheitlichkeit und einer besseren Vergleichbarkeit mit anderen Veröffentlichungen im Bereich des Datenschutzrechts wird daher in dieser Arbeit der „Amtsbegriff" über die verwaltungsrechtliche Verwendung hinaus für das sich aus der Bestellung zum Datenschutzbeauftragten ergebende Rechtsverhältnis gebraucht.

[235]   Die Frage noch offen lassend *Simitis*, NJW 1977, S. 735; bejahend Heilmann – *Laufer* 1977, S. 50f.; Heilmann – *Möbius* 1977, S. 206f.; *Ordemann/Schomerus* 1977, § 28, 1.2; *Kilian* 1982, S. 233; *Krieger*, DuD 1980, S. 205 m.w.N.

[236]   Vgl. *BReg.* im GEntw. BDSG v. 18.8.2000; BR-Drs. 461/00, S. 89; *Duhr/Naujok/Peter/Seifert*, DuD 2002, S. 22.

enthalten.[237] Was die Alternativen in der Praxis angeht, so sind Vor- und Nachteile der jeweiligen Option umstritten.[238]

Anlass für die Unterscheidung ist allein das dem Bestellungsverhältnis zugrunde liegende Rechtsverhältnis. Bei einem internen Datenschutzbeauftragten ist dies typischerweise der Arbeitsvertrag, bei einem externen in der Regel ein Dienst- oder Geschäftsbesorgungsvertrag.[239] Aufgrund seiner Stellung als Arbeitnehmer der verantwortlichen Stelle hat der interne Datenschutzbeauftragte regelmäßig einen guten Einblick in das Unternehmen. Er kennt die Organisation sowie die verantwortlichen Personen und kann auf diese Weise Datenverarbeitungsabläufe gut erfassen. Ein weiterer wichtiger Aspekt des internen Datenschutzbeauftragten ist seine Präsenz. Er ist in aller Regel jederzeit ansprechbar und den Mitarbeitern bekannt. Der externe Beauftragte hingegen ist aus der Natur der Sache heraus immer ein Stück weit ausgeschlossen, auch wenn diese Situation durch eine Verbindungsperson im Unternehmen, wenn auch nicht ausgeräumt, so doch entschärft werden kann. Diesem möglichen Nachteil steht aber die Tatsache gegenüber, dass der externe Datenschutzbeauftragte als Berater regelmäßig in weiteren Unternehmen tätig sein wird, was ihm eine größere Erfahrung und auch Vergleichsmöglichkeiten einbringt.[240]

Zusammenfassend kann die Frage nach dem „richtigen" Datenschutzbeauftragten also nicht pauschal, sondern immer nur im Einzelfall entschieden werden. Dabei ist neben den vorgenannten Argumenten weiterhin zu beachten, dass die Wahl immer auch eine Kostenfrage sein kann und die Haftung unterschiedlich ausgestaltet ist.[241] Außerdem kann bei einem internen Datenschutzbeauftragten die Anstellung bei Vorliegen bestimmter Voraussetzungen, namentlich bei einer Einstellung sowie bei einer Versetzung, der Mitbestimmung des Betriebsrats unterliegen.[242]

3.2.1.2 Haupt- oder nebenamtlicher Datenschutzbeauftragter

Die zweite Wahlmöglichkeit besteht zwischen hauptamtlicher und nebenamtlicher Bestellung und bezieht sich in erster Linie auf den internen Datenschutzbeauftragten. Während der hauptamtliche Datenschutzbeauftragte keiner anderen Tätigkeit im Unternehmen nachgeht, nimmt der nebenamtliche während seiner Arbeitszeit mehrere Tätigkeiten wahr.[243] Die Arbeitsleistung beim hauptamtlichen Datenschutzbeauftragten bezieht sich allein auf die Erfüllung der

---

[237] Zu den anderen europäischen Regelungen s. Kap. 3.7 ff.
[238] *Gola/Schomerus* 2007, 4f, Rn. 17 empfehlen bei kleinen Unternehmen internen, bei großen Unternehmen eher externen Datenschutzbeauftragten; zu konträrem Ergebnis gelangt *Tinnefeld*, CR 1991, S. 33; unklar *Rudolf*, NZA 1996, S. 297; *Wächter* 2003, S. 18 plädiert für internen Datenschutzbeauftragten; ebenso *Bergmann/Möhrle/Herb* 2008, § 4f, Rn. 70f.; wertungsfrei, aber ausführlich *Koch* 2006, S. 34 ff.; *Beder*, CR 1990, S. 620 favorisiert Anwälte als externe Datenschutzbeauftragte.
[239] Simitis – *Simitis* 2006, § 4f, Rn. 60.
[240] *Hagen* 2006, S. 107.
[241] Zur Haftung vgl. *Helfrich*, CR 1992, S. 456 ff.
[242] S. dazu Kittner/Zwanziger – *Bantle* 2007, § 113, Rn. 79f.
[243] Simitis – *Simitis* 2006, § 4f, Rn. 148.

sich aus der Tätigkeit als Datenschutzbeauftragter ergebenden Arbeitspflichten. Bei der nebenamtlichen Tätigkeit wird die Aufgabe lediglich zusätzlich zu seinen bisherigen Hauptaufgaben übertragen. Wie viel Zeit dem Datenschutzbeauftragten dabei für seine Tätigkeit einzurichten ist, kann nicht pauschal beantwortet werden. Räumt ihm der Arbeitgeber jedoch zu
wenig Zeit ein, verstößt er gegen seine Unterstützungspflicht gemäß § 4 f Abs. 5 Satz 1
BDSG. Eine feste Regelung, wann ein Datenschutzbeauftragter hauptamtlich und wann nebenamtlich zu bestellen ist, existiert nicht.[244] Eine von *Herb* angestoßene Diskussion[245] über
die Erstellung möglicher allgemeingültiger Kriterien zur Frage des Umfangs der Tätigkeit des
Datenschutzbeauftragten und der damit verbundenen Einordnung als haupt- oder nebenamtlicher Datenschutzbeauftragter ist bis heute ohne Ergebnis geblieben. Es kommt daher auf den
Einzelfall und dabei entscheidend auf den Umfang und die Art der verarbeiteten personenbezogenen Daten sowie die Ausstattung des Datenschutzbeauftragten wie beispielsweise Hilfspersonal an.[246] Einen hauptamtlichen Datenschutzbeauftragten zu bestellen, erscheint für
klein- und mittelständische Unternehmen aufgrund der zu verarbeitenden Datenmenge jedoch
meistens wenig sinnvoll.[247] Es ist daher nicht weiter verwunderlich, dass hauptamtliche Datenschutzbeauftragte, wenn überhaupt, nur bei großen Unternehmen anzutreffen sind.[248] Die
überwiegende Zahl der Datenschutzbeauftragten in Deutschland ist nebenamtlich bestellt und
geht noch anderen Tätigkeiten nach.

Beim externen Datenschutzbeauftragten ist die Unterscheidung zwischen Haupt- und Neben-
amtlichkeit insofern schwierig, als nicht klar definiert ist, was als „andere" Tätigkeit gilt. Einerseits könnte eine andere Tätigkeit bereits darin bestehen, dass der externe Datenschutzbeauftragte im Rahmen seines allgemeinen Zeitbudgets verschiedene Unternehmen betreut und
damit mehrfach als Datenschutzbeauftragter tätig wird. Eine solche Definition würde nach
dem Urteil des *ArbG Offenbach*[249], wonach bei einer deutschen Niederlassung eines schwedischen Automobilkonzerns mit knapp 300 Arbeitnehmern die Tätigkeit des Datenschutzbeauftragten maximal 20% der Zeit eines Vollzeitbeschäftigten in Anspruch nehme, dazu führen,
dass ein externer Datenschutzbeauftragter bei Unternehmen dieser Größe lediglich fünf bis
sechs Positionen annehmen dürfte, was die externen Datenschutzbeauftragten empfindlich in
ihrer Berufsausübung treffen würde, da sie möglichst viele Kontrollfunktionen wahrnehmen
wollen.[250] Auch für Konzerndatenschutzbeauftragte wäre eine solche Beschränkung schwer

---

[244] KassHdb ArbR – *Blechmann* 2000, Kap. 2.10, Rn. 390.
[245] *Herb*, DuD 1994, S. 310.
[246] Ausführlich dazu *Schlemann* 1996, S. 229 ff.
[247] So auch *Haaz* 2003, S. 30f.
[248] Vgl. dazu die Studien bei *Kilian* 1982, S. 233f. und *Haaz* 2003, S. 29. Hervorzuheben ist bei dem Vergleich
     beider Studien, dass die Zahl der hauptamtlichen Datenschutzbeauftragten bei Unternehmen mit mehr als
     5000 Arbeitnehmern trotz gestiegener Komplexität der Datenverarbeitungsanlagen konstant lediglich bei
     gut einem Drittel liegt.
[249] *ArbG Offenbach*, Beschl. v. 19.2.1992, abgedr. in CR 1993, S. 776 ff. = RDV 1993, S. 83f.
[250] Simitis – *Simitis* 2006, § 4f, Rn. 46; vgl. dazu aber die französische Regelung, die eine ausschließliche
     Bestellung bei mehr als 50 mit der Datenverarbeitung betrauten Mitarbeitern vorschreibt, s. Kap. 3.7.4.

durchführbar,[251] da sie oftmals für eine sehr hohe Anzahl von Unternehmen bestellt werden.[252] Der Begriff der „anderen" Tätigkeit bezieht sich daher nur auf solche mit einem anderen Anforderungsprofil. Für die Einordnung des externen Datenschutzbeauftragten bedeutet dies, dass er dann nebenamtlich tätig wird, wenn er neben der Position des Datenschutzbeauftragten auch noch andere Aufgaben für das jeweilige Unternehmen ausführt, wie dies häufig bei Rechtsanwälten, Wirtschaftsprüfern und Unternehmensberatern der Fall sein wird.[253]

3.2.2 Kontrollorgan im eigenen Unternehmen

Die Ausführungen zur gesetzlichen Entwicklung haben bereits gezeigt, dass der Datenschutzbeauftragte eine Kompromisslösung zwischen behördlicher Fremdkontrolle und unternehmerischer Selbstkontrolle darstellt.[254] Der Spagat zwischen diesen beiden Kontrollsystemen führt in der Folge zu einer Ambivalenz der Position des Datenschutzbeauftragten.[255] Auf der einen Seite wird er von der Unternehmensleitung, die Adressat der Bestellpflicht gemäß § 4f Abs. 1 BDSG ist, ausgewählt, was ihn als Teil der Unternehmensorganisation qualifiziert. Auf der anderen Seite muss er eben diese Unternehmensorganisation auf die Einhaltung der Datenschutzregelungen hin kontrollieren.

Überspitzt beschrieben kann daraus für die Unternehmensleitung die Angst entstehen, „eine Schlange an ihrer eigenen Brust nähren zu müssen". Befürchtungen dieser Art werden insbesondere dadurch verstärkt, dass die Bestellung nicht wie in anderen europäischen Staaten auf Freiwilligkeit beruht, sondern gemäß § 4f Abs. 1 Satz 1 BDSG ein rechtliches Gebot darstellt,[256] welches einen, wenngleich auch als gering im Vergleich zu anderen Varianten einzustufenden, Eingriff in die Organisationsfreiheit der Unternehmen bedeutet.[257] Um dennoch eine ordnungsgemäße Aufgabenerfüllung zu ermöglichen, hat der Gesetzgeber der Figur des Datenschutzbeauftragten eine besondere Stellung in der Unternehmenshierarchie zugedacht sowie ihr verschiedene Sonderrechte eingeräumt. Sowohl die besondere Stellung als auch die Sonderrechte sind jedoch lediglich auf seine Kontroll- und Beratungsfunktion bezogen.[258]

Die im Folgenden beschriebenen Regelungen orientieren sich an den bisherigen Erfahrungen des bundesdeutschen Gesetzgebers, der auch schon vor Inkrafttreten der EG-Datenschutzrichtlinie den Datenschutzbeauftragten mit der notwendigen Unabhängigkeit aus-

---

[251] So aber *Drews* 1997, S. 17.
[252] *Ulmer* 2006, S. 128 spricht von „teilweise mehreren hundert Gesellschaften".
[253] Simitis – *Simitis* 2006, § 4f, Rn. 46 m.w.N.
[254] S. Kap. 3.1.
[255] *Simitis*, NJW 1977, S. 734.
[256] Sofern mit automatisierter Verarbeitung in der Regel mindestens zehn, bei Erhebung, Verarbeitung oder Nutzung auf andere Weise in der Regel mindestens zwanzig Mitarbeiter ständig beschäftigt sind, vgl. § 4f Abs. 1 Satz 3 und 4 BDSG.
[257] So *BReg.* im GEntw. BDSG v. 21.9.1973, BT-Drs. 7/1027, S. 18; vgl. auch *Haaz* 2003, S. 25.
[258] *Gola/Wronka* 2008, Rn. 1360, 1362; *Koch* 2006, S. 158.

gestattet hatte.[259] Dennoch ist Maßstab für die Stellung des Datenschutzbeauftragten mittlerweile allein die Richtlinie, wozu es in Erwägungsgrund 49 der EG-Datenschutzrichtlinie lediglich heißt, dass der Datenschutzbeauftragte seine Aufgaben „in vollständiger Unabhängigkeit" ausüben können muss. Wie diese vollständige Unabhängigkeit gewährleistet wird, ist Sache der Mitgliedstaaten. In der Ausgestaltung der Gesetze ist ihnen daher ein gewisser Spielraum überlassen, sofern sie das Gebot der effektiven Umsetzung beachten.[260] Die Weisungsfreiheit allein reicht hierfür nicht aus.[261] Der Gesetzgeber hat daher neben der *unmittelbaren Unterstellung* und der *Weisungsfreiheit* einige weitere Regelungen im Bundesdatenschutzgesetz getroffen, die die Unabhängigkeit des Datenschutzbeauftragten gewährleisten sollen. Dazu zählen das *Benachteiligungsverbot*, der *Kündigungsschutz* sowie die *Unterstützungspflicht* durch die Unternehmensleitung. Während die unmittelbare Unterstellung sowie die Weisungsfreiheit auf die ungestörte Ausübung der Kontroll- und Beratungsfunktion ausgerichtet sind, sollen die weiteren Regelungen den Datenschutzbeauftragten vor negativen Folgen schützen, die sich aus dem Spannungsfeld von Kontrollinstanz und Teil der Unternehmensorganisation ergeben.

3.2.2.1 Unmittelbare Unterstellung des Datenschutzbeauftragten

Die dem Datenschutzbeauftragten vom Gesetzgeber zugewiesene besondere Stellung ist in § 4f Abs. 3 Satz 1 BDSG geregelt. Danach ist er direkt der Unternehmensleitung zu unterstellen. Diese Position war schon in der ersten Fassung des Bundesdatenschutzgesetzes festgeschrieben worden. Sie ergibt sich nicht zwingend aus der EG-Datenschutzrichtlinie, da es dort nur heißt, dass dem Datenschutzbeauftragten die unabhängige Überwachung der Anwendung der zur Umsetzung dieser Richtlinie erlassenen einzelstaatlichen Bestimmungen obliege und in den Erwägungsgründen nur die Vorgabe besteht, dass er seine Aufgabe in vollständiger Unabhängigkeit ausüben können muss.[262] Der Gesetzgeber muss somit lediglich von einer organisatorischen Unter- oder Zuordnung absehen, die den Datenschutzbeauftragten an der Ausübung seiner Überwachungsaufgabe hindern könnte.[263]

Die der Geschäftsleitung unmittelbare Unterstellung, wie sie im Bundesdatenschutzgesetz geregelt ist, stellt nur eine mögliche Variante der geforderten Unabhängigkeit dar. Diese aus der üblichen Weisungskette herausgehobene Position unterstreicht zunächst die besondere

---

[259] *Ordemann/Schomerus* 1988, § 28, 3. In der BDSG-Novelle von 1990 wurde die Unabhängigkeit durch die Regelung des Widerrufs der Bestellung noch gestärkt, vgl. dazu *Ordemann/Schomerus* 1992, § 36, 1; *Büllesbach*, NJW 1991, S. 2599; dies bezeichnet Simitis – *Simitis* 2006, § 4f, Rn. 131 als immer noch zu kurz greifend.

[260] Vgl. *Herdegen* 2008, § 9, Rn. 38f.

[261] *Simitis*, NJW 1998, S. 2398.

[262] Vgl. Art. 18 Abs. 2 Spiegelstrich 2 sowie Erwägungsgrund 49 EG-DSchRL.

[263] *Dammann/Simitis* 1997, Art. 18, Nr. 11.

Bedeutung des Datenschutzbeauftragten im Unternehmen.[264] Allerdings wollte der Gesetzgeber mit der unmittelbaren Unterstellung keinen angesehenen Posten errichten, sondern vielmehr eine gesteigerte Effektivität des Kontrollorgans betrieblicher Datenschutzbeauftragter erreichen.[265] Weil Datenschutz eine originäre Aufgabe der Unternehmensleitung darstellt,[266] soll dem dafür Beauftragten die Möglichkeit gegeben werden, datenschutzrechtliche Angelegenheiten auch direkt bei der Unternehmensleitung vorzutragen,[267] um so eine schnellere Umsetzung bewirken zu können. Die Nähe zur Geschäftsleitung erhöht außerdem die Kontrollmöglichkeiten sämtlicher Bereiche des Unternehmens, in denen personenbezogene Datenverarbeitung stattfindet. So soll verhindert werden, dass Vorschläge und Anmerkungen des Datenschutzbeauftragten im Rahmen der üblichen Weisungskette versickern oder verwässern.

Der direkte Kommunikationsweg ist auch deswegen nötig, weil das Bundesdatenschutzgesetz keine eigenen Entscheidungsbefugnisse für den Datenschutzbeauftragten vorsieht, das heißt er selbst kann seine Maßnahmen nicht durchsetzen. Die Unternehmensleitung ist und bleibt grundsätzlich die Entscheidungsinstanz, wenn es um datenschutzrechtliche Maßnahmen geht. Allerdings kann sie zur Umsetzung von Maßnahmen betreffend den Datenschutz Befugnisse an den Beauftragten delegieren.[268] Dies ist gerade in größeren, aus unterschiedlichen Bereichen bestehenden Unternehmen oftmals wünschenswert und auch sinnvoll, denn auf diese Art und Weise können Problemanalyse und -behebung in einer Stelle vereint werden.[269] Allerdings gibt es auch Bedenken gegen eine solche Befugnisdelegation: Aus rechtlicher Sicht muss unbedingt darauf geachtet werden, dass der Datenschutzbeauftragte sich bei eigenen Befugnissen letztlich nicht doch selbst kontrollieren muss; aus praktischer Sicht kann ein Kontrollverlust der Unternehmensleitung zu befürchten sein.

Letztendlich kommt es an dieser Stelle entscheidend auf die tatsächliche organisatorische Einbindung des Datenschutzbeauftragten in das Unternehmen abseits der gesetzlichen Regelung des § 4f Abs. 1 Satz 3 BDSG an. Wird er lediglich als eine vom Gesetzgeber vorgegebene Kontrollinstanz angesehen,[270] ist eine Befugnisdelegation aufgrund des Konfliktpotenzials eher unwahrscheinlich; eine Einmischung in Unternehmensinterna soll weitgehend vermieden werden. Wird der Datenschutzbeauftragte hingegen als kommunikatives Element wahrge-

---

[264] *Schäfer*, DuD 2004, S. 417; ähnlich auch *Rudolf*, NZA 1996, S. 299, der von einer „Heraushebung in der betrieblichen Unternehmenshierarchie" sowie *Koch* 2006, S. 159, der von einer „exponierten Stellung" und *Bergmann/Möhrle/Herb* 2008, § 4f, Rn. 116, die von einer „sichtbar abgehobenen Stellung" sprechen.

[265] So die *BReg.* im GEntw. BDSG zu § 22 v. 21.9.1973, BT-Drs. 7/1027, S. 29.

[266] *Gola/Schomerus* 2007, § 4f, Rn. 47; zustimmend KassHdb ArbR – *Blechmann* 2000, Kap. 2.10, Rn. 479; vgl. auch *Tinnefeld/Ehmann/Gerling* 2005, S. 444.

[267] Besteht die Unternehmensleitung aus einem Organ, dem mehrere Personen angehören, kann der Datenschutzbeauftragte einer bestimmten Person zugeordnet werden, vgl. KassHdb ArbR – *Blechmann* 2000, Kap. 2.10, Rn. 481.

[268] KassHdb ArbR – *Blechmann* 2000, Kap. 2.10, Rn. 483.

[269] Beispielhaft *Ulmer* 2006, S. 131f. sowie *Büllesbach*, RDV 2000, S. 1 (S. 3).

[270] Dies war bei der Einführung des BDSG 1977 bei der ganz überwiegenden Mehrheit der Unternehmen der deutschen Wirtschaft der Fall, vgl. *BReg.* im GEntw. BDSG v. 21.9.1973, BT-Drs. 7/1027, S. 17.

nommen und anerkannt,[271] ist eine effizienzsteigernde Befugnisübertragung durchaus denkbar und außerdem eine „Verselbständigung" des Datenschutzbeauftragten nicht zu befürchten, weil im Bereich der Delegation das ganz normale Weisungsrecht des Arbeitgebers Anwendung findet. Die Anbindung des Datenschutzbeauftragten direkt an die Unternehmensleitung sollte daher als Chance genutzt werden, eine konstruktive und kommunikative Arbeitsbeziehung herzustellen und so eine Vertrauensbasis zu schaffen, die eine für das Unternehmen bestmögliche Anpassung der Position des Datenschutzbeauftragten zulässt – sei es mit, sei es ohne Weisungsbefugnisse.

Schließlich stellt sich aufgrund der Nähe zum Arbeitgeber, die durch die unmittelbare Unterstellung entsteht, noch die Frage nach der Einstufung des Datenschutzbeauftragten als leitendem Angestellten. Hier ist zunächst einmal zu unterscheiden zwischen dem Amtsverhältnis auf der einen und dem zugrunde liegenden Arbeits- oder Rechtsverhältnis auf der anderen Seite.[272] Grundsätzlich ist die Tätigkeit des Datenschutzbeauftragten selbst nicht als die eines leitenden Angestellten anzusehen, denn ausschlaggebend für die Einordnung als leitender Angestellter sind die in § 5 Abs. 3 BetrVG festgelegten Voraussetzungen, wonach Beschäftigte eine Unternehmerfunktion wahrnehmen müssen, was für den Datenschutzbeauftragten grundsätzlich nicht zutrifft.[273] Eine solche Funktion würde dem Verständnis von einem Datenschutzbeauftragten als Organ der Selbstkontrolle widersprechen.

Im Zuge eines sich wandelnden Aufgabenbereichs für den Datenschutzbeauftragten, in dem der betriebliche Datenschutz zusehends als Managementaufgabe angesehen wird,[274] kann es aber dazu kommen, dass das der Bestellung zugrunde liegende Anstellungsverhältnis des Datenschutzbeauftragten eine Aufgabenerweiterung erfährt, die über das übliche Maß des Amtes hinausgeht. Im Rahmen der Befugnisdelegation können Entscheidungskompetenzen an den Datenschutzbeauftragten übertragen werden, um zusammen mit den sonstigen Aufgaben eine Steigerung der Effizienz im Bereich des Datenschutzes zu erreichen. Nimmt der Datenschutzbeauftragte somit Leitungsfunktionen wahr, wird dies den Ansprüchen des *BAG* an einen leitenden Angestellten in aller Regel genüge tun.[275] Weiterhin ist es möglich, dass auch ein leitender Angestellter die Aufgabe des Datenschutzbeauftragten übernimmt. Beide Varianten des Datenschutzbeauftragten als leitendem Angestellten werden jedoch in der Breite des Anwendungsbereichs des § 4f BDSG die Ausnahme bleiben.

Insgesamt bleibt daher festzuhalten, dass der Datenschutzbeauftragte per se kein leitender Angestellter ist. Lediglich in Ausnahmefällen wird eine solche Konstellation denkbar sein. Daran ändert auch die unmittelbare Unterstellung nichts. Insbesondere bei der Übertragung

---

271   S. dazu Kap. 2 m. Fn. 58.
272   *Rudolf*, NZA 1996, S. 298.
273   Simitis – *Simitis* 2006, § 4f, Rn. 71 m.w.N.
274   Vgl. etwa *Borchers*, IT-SD 2006, S. 721 ff.; *Koch* 2006, S. 127f.; *Wächter* 2003, Rn. 24; *Büllesbach*, RDV 2000, S. 2; *Haaz* 2003, S. 36 nennt die Tätigkeit des Datenschutzbeauftragten eine „Führungsaufgabe".
275   Vgl. dazu *Wind*, RDV 1991, S. 18; zum Begriff des „leitenden Angestellten" *BAG*, Beschl. v. 27.4.1988, abgedr. in NZA 1988, S. 809 ff. = BB 1988, S. 2030 ff. = ZIP 1988, S. 1142 ff.

von Befugnissen ist dann darauf zu achten, dass die Position eines, wenn auch internen, Kontrollorgans aufgrund der Nähe zum Arbeitgeber, und damit letztlich zu der zu kontrollierenden Stelle, nur schwer mit der eines leitenden Angestellten zu vereinbaren sein wird. Für diesen Fall sind klare, unmissverständliche Kompetenzregelungen notwendig, um mögliche
Konfliktsituationen von Anfang an zu vermeiden. Geschieht dies nicht, läuft die verantwortliche Stelle Gefahr, einen Verstoß nach § 43 Abs. 1 Nr. 2 BDSG zu begehen.

3.2.2.2 Weisungsfreiheit des Datenschutzbeauftragten

Die in § 4f Abs. 3 Satz 2 BDSG verankerte Weisungsfreiheit des Datenschutzbeauftragten in
Bezug auf die Ausübung seiner Fachkunde auf dem Gebiet des Datenschutzes wurde bereits
1977 bei Erlass des Bundesdatenschutzgesetzes normiert, ergibt sich heute aber zwingend aus
der durch die EG-Datenschutzrichtlinie vorgegebenen Unabhängigkeit.[276] Sie ist das wichtigste Merkmal der Stellung des Datenschutzbeauftragten als Kontrollorgan im Unternehmen,
denn erst die Weisungsfreiheit macht ihn trotz des zugrunde liegenden Rechtsverhältnisses
unabhängig von der Geschäftsleitung und befähigt ihn, seine Kontroll- und Beratungsfunktion
entsprechend seiner Fachkunde auszuüben.[277] Darüber hinaus kann der Datenschutzbeauftragte je nach Branchenausrichtung seines Unternehmens die Schwerpunkte seiner Arbeit im
Rahmen der Aufgabenbeschreibung gemäß § 4g BDSG selbst setzen.[278] Dabei bedeutet Weisungsfreiheit jedoch weder Entscheidungsfreiheit noch Weisungsbefugnis gegenüber anderen
Stellen des Unternehmens.[279] Außerdem entzieht die Weisungsfreiheit den Datenschutzbeauftragten nicht völlig der allgemeinen Dienstaufsicht. Die Unternehmensleitung muss sich nach
der Bestellung regelmäßig davon überzeugen, dass der Datenschutzbeauftragte auch seinen
gesetzlichen Pflichten nachkommt.[280] Insofern unterliegt er als Arbeitnehmer der allgemeinen
Dienstaufsicht. Werden von der Geschäftsleitung Aufgaben an ihn delegiert, die die Umsetzung datenschutzrechtlicher Maßnahmen beinhalten,[281] so kann er sich auch hier nicht auf
seine Weisungsfreiheit berufen, sondern unterliegt dem Direktionsrecht des Arbeitgebers.
Gezielte Prüfaufträge durch die Unternehmensleitung stehen der Weisungsfreiheit nicht entgegen.[282]

Die Weisungsfreiheit des Datenschutzbeauftragten bezieht auch etwaiges Hilfspersonal des
Beauftragten mit ein.[283] Es unterliegt dann nur seinen Weisungen. Diese Konstellation wird
im Zusammenhang mit dem Konzerndatenschutzbeauftragten relevant, denn es stellt sich hier
die Frage, in welchem Verhältnis etwa Datenschutzbeauftragte verschiedener Unternehmen
innerhalb eines Konzerns stehen oder ob der Datenschutzbeauftragte der Obergesellschaft

---

[276]   Grabitz/Hilf/Wolf – *Brühann* 2008, Art. 18 EG-DSchRL, Rn. 15; *Dammann/Simitis* 1997, Art. 18, Nr. 11.
[277]   Vgl. schon *Ordemann/Schomerus* 1977, § 28, 3.2; *Simitis*, NJW 1977, S. 735.
[278]   *Wächter* 2003, S. 18.
[279]   *Schierbaum/Kiesche*, CR 1992, S. 731.
[280]   *Gola/Wronka* 2008, Rn. 1362.
[281]   S. bereits Kap. 3.2.2.1.
[282]   *Kloepfer* 2002, § 8, Rn. 96.
[283]   *Gola/Wronka* 2008, Rn. 1364; *Schlemann* 1996, S. 151.

eventuell ein Weisungsrecht gegenüber dem Hilfspersonal einer Untergesellschaft haben kann. Weiterhin könnte man daran denken, das Weisungsrecht durch interne Regelungen zu modifizieren, solange die vom Gesetz geforderte Kontroll- und Beratungsfunktion der Datenschutzbeauftragten nicht beeinträchtigt wird. An dieser Stelle sei nur kurz gesagt: Die Weisungsfreiheit kann nicht innerhalb eines Konzerns eingeschränkt werden. Sind in zwei Gesellschaften eines Konzerns zwei unterschiedliche Datenschutzbeauftragte bestellt, sind sie gleichberechtigt und unabhängig sowohl im Verhältnis zueinander als auch im Verhältnis zum Beauftragten der Obergesellschaft.[284]

3.2.2.3 Benachteiligungsverbot des Datenschutzbeauftragten

Die Unternehmensleitung kann bei Vorliegen der Voraussetzungen die Pflicht zur Bestellung eines Datenschutzbeauftragten nicht umgehen.[285] Sie könnte aber – wenn sie ihn schon dulden muss – in die Versuchung geraten, dem Datenschutzbeauftragten die Arbeit zu erschweren, wenn nicht gar unmöglich zu machen; dies gilt insbesondere dann, wenn der Beauftragte seine Arbeit pflichtgemäß erfüllt und seine Aufgabe ernst nimmt.[286] Die Motivation der Unternehmensleitung kann unterschiedliche Gründe haben, die Benachteiligungen laufen auf ein „Gefügig- oder gar Mundtotmachen" hinaus.[287] Um dies zu verhindern, hat der Gesetzgeber in § 4f Abs. 3 Satz 3 BDSG festgelegt, dass der Datenschutzbeauftragte wegen der Erfüllung seiner Aufgaben nicht benachteiligt werden darf. Hierbei ist der Begriff der „Benachteiligung" weit auszulegen und umfasst auch indirekte Benachteiligungen. Außerdem gilt er nicht nur für die Unternehmensleitung, sondern ebenso für die übrigen Angestellten sowie den Betriebsrat.[288]

Die Vorschrift hat damit eine doppelte Wirkung. Einerseits richtet sie sich mahnend an das Unternehmen des Datenschutzbeauftragten, indem das Verbot sowohl die Belegschaft als auch die Leitung direkt anspricht. Andererseits gibt sie dem Beauftragten selbst die Möglichkeit, seine Aufgabe gewissenhaft wahrzunehmen, ohne mit „Mobbing" rechnen zu müssen, was einen weiteren Ausbau der von der EG-Datenschutzrichtlinie geforderten Unabhängigkeit des Datenschutzbeauftragten bedeutet. Allerdings ist das Benachteiligungsverbot im Rahmen der geforderten Unabhängigkeit des Datenschutzbeauftragten allein nicht allzu hoch einzuschätzen.[289] Zum einen wird eine mögliche Verletzung nicht sanktioniert. Zum anderen besteht für das Unternehmen die Möglichkeit, den Beschäftigungszeitraum möglichst kurz zu halten und bei Missfallen eine erneute Bestellung abzulehnen, wobei lediglich § 4f Abs. 3 Satz 4 BDSG zu beachten ist. Im Zusammenspiel mit den weiteren Regelungen zur Unabhän-

---

[284] Zu dieser Problematik s. Kap. 4.1.3.1.2.
[285] Bei einem Verstoß gegen die Bestellpflicht droht der verantwortlichen Stelle gemäß § 43 Abs. 1 Nr. 2 i.V.m. Abs. 3 1. Alt. BDSG ein Bußgeld von bis zu 25.000 €.
[286] Simitis – *Simitis* 2006, § 4f, Rn. 130; *Krieger*, DuD 1980, S. 206.
[287] Vgl. *Drews* 1997, S. 19.
[288] *Bergmann/Möhrle/Herb* 2008, § 4f, Rn. 129 mit versch. Beispielen zur Benachteiligung.
[289] Kritisch auch Simitis – *Simitis* 2006, § 4f, Rn. 131 sowie 140.

gigkeit des Datenschutzbeauftragten erfüllt das Benachteiligungsverbot aber durchaus seinen Zweck.

3.2.2.4 Kündigungsschutz des Datenschutzbeauftragten

Eng einher mit dem bereits behandelten Benachteiligungsverbot geht eine besondere Widerrufsregelung für die Bestellung des Datenschutzbeauftragten. Gemäß § 4f Abs. 3 Satz 4 BDSG kann sie nur in entsprechender Anwendung von § 626 BGB oder auf Verlangen der Aufsichtsbehörde widerrufen werden. Als „wichtiger Grund" im Sinne des Bürgerlichen Gesetzbuchs sind nicht nur solche mit datenschutzrechtlichem Funktionsbezug zu qualifizieren, sondern nach hinreichender Abwägung auch alle anderen arbeitsrechtlichen Tatbestände des § 626 BGB.[290] Dies ist aus datenschutzrechtlicher Sicht sachgerecht, denn das Vorliegen von Kündigungsgründen im Sinne des § 626 BGB wird regelmäßig einen derartigen Vertrauensbruch zwischen verantwortlicher Stelle und Datenschutzbeauftragtem darstellen, dass die notwendige Kooperation nicht mehr gewährleistet werden kann.

Normzweck ist ein besserer Schutz vor der Abberufung durch die verantwortliche Stelle und dadurch verbunden die Festigung der Unabhängigkeit des Datenschutzbeauftragten.[291] Die Grenze der Stärkung des Datenschutzbeauftragten durch diese Regelung hat der Gesetzgeber dahingehend festgelegt, dass die Bestellung eines Arbeitnehmers zum Beauftragten – ohne dass dies einer ausdrücklichen Regelung bedarf – auch mit der Beendigung des Arbeitsverhältnisses endet. Damit ist das Amt des Datenschutzbeauftragten akzessorisch zum Bestehen des wirksamen Anstellungsverhältnisses.[292] Die Widerrufsregelung bezieht sich nur auf die Bestellung, das privatrechtliche Grundverhältnis zwischen der verantwortlichen Stelle und dem Datenschutzbeauftragten bleibt von dem eingeschränkten Widerrufsrecht der verantwortlichen Stelle zunächst unberührt.[293]

In der Literatur ist eine Kontroverse darüber entstanden, ob die Regelung des § 4f Abs. 3 Satz 4 BDSG über den Wortlaut hinaus einen besonderen Kündigungsschutz für den Datenschutzbeauftragten bietet.[294] Ausschlaggebend für die Annahme einer derartigen Lesart soll vor allem der Schutzzweck des Gesetzes sein, der unter anderem in der Stärkung der betrieblichen

---

[290] *Gola/Wronka* 2008, Rn. 1350; *Tinnefeld/Ehmann/Gerling* 2005, S. 449; KassHdb ArbR – *Blechmann* 2000, Kap. 2.10, Rn. 441f.; *Schlemann* 1996, S. 241; wohl auch *Bergmann/Möhrle/Herb* 2008, § 4f, Rn. 145f.; a.A. ErfKomm ArbR – *Wank* 2008, § 4f BDSG, Rn. 5; Simitis – *Simitis* 2006, § 4f, Rn. 183.

[291] *BReg.* im GEntw. BDSG v. 30.12.1988, BR-Drs. 618/88, S. 137 sowie unveränd. im GEntw. BDSG v. 6.4.1989, BT-Drs. 11/4306, S. 52; s. auch *Bergmann/Möhrle/Herb* 2008, § 4f, Rn. 136.

[292] *Schlemann* 1996, S. 244; *Ehrich*, NZA 1993, S. 249. Im Umkehrschluss ist der Widerruf der Bestellung nur wirksam, wenn gleichzeitig eine Kündigung der arbeitsvertraglichen Aufgabe als Datenschutzbeauftragter ergeht, vgl. nunmehr *BAG*, Urt. v. 13.3.2007, abgedr. in RDV 2007, S. 123f. = NJW 2007, S. 2507 ff. = NZA 2007, S. 563 ff.

[293] Simitis – *Simitis* 2006, § 4f, Rn. 181; KassHdb ArbR – *Blechmann* 2000, Kap. 2.10, Rn. 437.

[294] Umfassend zu den verschiedenen Ansätzen und allgemein zum Meinungsstand Simitis – *Simitis* 2006, § 4f, Rn. 184 ff. m.w.N.

Eigenkontrolle, und damit der Position des betrieblichen Datenschutzbeauftragten, liege.[295] Folge davon ist ein umfassender Schutz sowohl vor einer ordentlichen als auch vor einer außerordentlichen Kündigung, sofern sie sich nicht auf Gründe, die in Zusammenhang mit der Tätigkeit des Datenschutzbeauftragten stehen, stützt. Die zutreffende Gegenmeinung lehnt eine derartig weite und durch keine Auslegungsmethode gedeckte Gesetzesinterpretation der Widerrufsregelung ab und nimmt eine gesetzwidrige Kündigung nur dann an, wenn sie wegen der Amtsausübung ausgesprochen wird, soweit nicht ein wichtiger Grund für die Abberufung vorliegt, das heißt bei einer ordentlichen Kündigung können nur solche Gründe in Betracht kommen, die mit der Amtsführung des Datenschutzbeauftragten nichts zu tun haben.[296]

Demnach kann einem *nebenamtlichen* Datenschutzbeauftragten bei Vorliegen eines außerordentlichen Kündigungsgrundes stets, bei einer ordentlichen Kündigung nur bei Gründen, die außerhalb seines Tätigkeitsbereichs als Datenschutzbeauftragter liegen, gekündigt werden.[297] Überträgt man dieses Ergebnis auf den *hauptamtlichen* Datenschutzbeauftragten, so ist zu beachten, dass hier im privatrechtlichen Grundverhältnis neben dem datenschutzrechtlichen Funktionsbereich keine weiteren Tätigkeiten vereinbart sind. Daraus ergibt sich, dass Gründe für eine ordentliche Kündigung bei einem hauptamtlich beschäftigten Datenschutzbeauftragten nur äußerst selten vorliegen werden. Nur wichtige Gründe im Sinne des § 626 BGB berechtigen die verantwortliche Stelle zur Beendigung des Anstellungsverhältnisses. Dem hauptamtlichen Datenschutzbeauftragten kann also ordentlich nur unter engen Voraussetzungen gekündigt werden.[298] Faktisch kommt für den hauptamtlichen Datenschutzbeauftragten somit nur eine außerordentliche Kündigung in Betracht. Insoweit hat die Widerrufsbeschränkung gemäß § 4f Abs. 3 Satz 4 BDSG auch Auswirkungen auf das Grundverhältnis.

Schließlich darf nicht vergessen werden, dass die Beendigung des Amtes des Datenschutzbeauftragten auch noch anderweitig als durch die gesetzliche Regelung herbeigeführt werden kann. So kann die Bestellung von Anfang an befristet werden und endet dann automatisch mit Ablauf der Bestellfrist.[299] Dabei muss jedoch beachtet werden, dass die Befristung nicht allein die Umgehung der Widerrufsregelung zum Ziel hat, indem ein derart kurzer Befristungszeitraum gewählt wird, der dem Datenschutzbeauftragten eine wirklich unabhängige Wahrneh-

---

[295]   *Koch* 2006, S. 169 (mittlerweile jedoch zurückhaltender als noch *Koch* 2004, S. 140 m.w.N.); vgl. auch *Bergmann/Möhrle/Herb* 2008, § 4f, Rn. 136.

[296]   Ausführlich dazu *LAG Niedersachsen*, Urt. v. 16.3.2003, abgedr. in RDV 2004, S. 177f. m.w.N.; sowie *LAG Berlin*, Urt. v. 27.10.1997, abgedr. in RDV 1998, S. 73f.; *ArbG Dresden*, Urt. v. 9.2.1994, abgedr. in CR 1994, S. 484, wobei alle vorgenannten Entscheidungen zu der Frage der Kündbarkeit von nebenamtlichen Datenschutzbeauftragten ergingen; vgl. außerdem KassHdb ArbR – *Blechmann* 2000, Kap. 2.10, Rn. 456; *Schlemann* 1996, S. 247; *Ehrich*, NZA 1993, S. 251; zur Beendigung des Anstellungsverhältnisses des externen Datenschutzbeauftragten *Hagen* 2006, S. 108; KassHdb ArbR – *Blechmann* 2000, Kap. 2.10, Rn. 462.

[297]   Vgl. *Wohlgemuth/Gerloff* 2005, S. 149.

[298]   Dazu *Schlemann* 1996, S. 249 m.w.N. Eine besondere Abwägungspflicht besteht aus dem Schutzgedanken des § 4 f Abs. 3 Satz 4 BDSG heraus für die verantwortliche Stelle bei einer betriebsbedingten Kündigung, etwa wenn eine maßgebliche Reduzierung des Aufgabenfeldes des Datenschutzbeauftragten eingetreten ist, vgl. KassHdb ArbR – *Blechmann* 2000, Kap. 2.10, Rn. 458 ff.

[299]   *Simitis* – *Simitis* 2006, § 4f, Rn. 175.

mung seiner Aufgaben praktisch verwehrt. Da sich das Gesetz zu einer Bestellfrist nicht äußert, haben Aufsichtsbehörden und Literatur für rechtmäßig gehaltene Fristen vorgegeben.[300] Außerdem ist auch eine einvernehmliche Aufhebung des Bestellungs- und/oder Anstellungsverhältnisses möglich, was in der Praxis den häufigsten Beendigungsgrund darstellt.[301] Schließlich kommt eine einseitige Amtsniederlegung durch den Datenschutzbeauftragten in Betracht, sofern der verantwortlichen Stelle genügend Zeit zur Auswahl eines Nachfolgers verbleibt.[302]

3.2.2.5 Unterstützungspflicht der verantwortlichen Stelle

Gemäß § 4f Abs. 5 Satz 1 BDSG hat die verantwortliche Stelle den Beauftragten für den Datenschutz bei der Erfüllung seiner Aufgaben zu unterstützen und ihm insbesondere, soweit dies zur Erfüllung seiner Aufgaben erforderlich ist, Hilfspersonal sowie Räume, Einrichtungen, Geräte und Mittel zur Verfügung zu stellen. Diese Regelung fand sich bereits im Bundesdatenschutzgesetz von 1977 wieder und wurde in dem Bewusstsein ins Gesetz aufgenommen, dass die Arbeit des Datenschutzbeauftragten nur dann erfolgreich sein kann, wenn sie von der Unternehmensleitung grundsätzlich bejaht und der Datenschutzbeauftragte bei ihrer Erfüllung unterstützt wird.[303] Die Unterstützungspflicht ist zwischenzeitlich konkretisiert worden und beschreibt die Institution des Datenschutzbeauftragten dadurch quasi als „Planstelle" samt deren Ausstattung sowie der organisatorischen Einbindung als eine notwendige Ergänzung zu § 4g BDSG.[304] Die ursprüngliche Motivation liegt der Regelung also auch heute noch zugrunde, allerdings ergibt sie sich aus der in der EG-Datenschutzrichtlinie geforderten Unabhängigkeit des Datenschutzbeauftragten.[305]

Die Unterstützungspflicht soll die Funktionsfähigkeit der internen Kontrollinstanz gewährleisten.[306] Sie umfasst die personellen, sachlichen und finanziellen Mittel, welche durch die verantwortliche Stelle in ausreichendem Umfang bereitgestellt werden müssen.[307] Allerdings hat der Datenschutzbeauftragte nur insofern einen Anspruch auf Unterstützung, als dass die Maßnahmen auch erforderlich sein müssen.[308] Die Entscheidung, welche Mittel und Maßnahmen erforderlich sind, liegt allein bei der verantwortlichen Stelle, wobei der Datenschutzbeauftragte gehalten ist, an der Auswahl der Mittel und Maßnahmen mitzuwirken.[309] Jedenfalls hat die verantwortliche Stelle dem Datenschutzbeauftragten gemäß § 4g Abs. 2 Satz 1 BDSG eine Übersicht über die in § 4e Satz 1 BDSG genannten Angaben sowie über zugriffsberechtigte

---

[300] S. dazu Simitis – *Simitis* 2006, § 4f, Rn. 62 m.w.N.
[301] KassHdb ArbR – *Blechmann* 2000, Kap. 2.10, Rn. 471.
[302] *Bergmann/Möhrle/Herb* 2008, § 4f, Rn. 66; Simitis – *Simitis* 2006, § 4f, Rn. 179; so auch schon *Lindemann*, DuD 1977, S. 6.
[303] *Ordemann/Schomerus* 1977, § 28, 3.4.
[304] *Bergmann/Möhrle/Herb* 2008, § 4f, Rn. 161f.
[305] Grabitz/Hilf/Wolf – *Brühann* 2008, Art. 18 EG-DSchRL, Rn. 15; *Dammann/Simitis* 1997, Art. 18, Nr. 11.
[306] Simitis – *Simitis* 2006, § 4f, Rn. 142.
[307] *Gola/Klug* 2003, S. 114.
[308] MünchHdb ArbR – *Blomeyer* 2000, § 99, Rn. 82 spricht hier vom „Verhältnismäßigkeitsgrundsatz".
[309] Simitis – *Simitis* 2006, § 4f, Rn. 143.

Personen zur Verfügung zu stellen.[310] Im Streitfall kann er sich gemäß § 4g Abs. 1 Satz 2 BDSG an die für ihn zuständige Aufsichtsbehörde wenden. Die Aufzählung möglicher Unterstützungsmaßnahmen ist im Gesetz nicht abschließend geregelt, was durch die Verwendung des Begriffs „insbesondere" verdeutlicht wird. Im Hinblick auf den Fortgang der Arbeit sollen drei Punkte im Bereich der Unterstützungspflicht herausgehoben werden.[311]

Einen grundsätzlich sehr wichtigen Aspekt im Zusammenhang mit der Unterstützungspflicht stellt die *Zeitbemessung* für die Aufgabenerfüllung dar. Nur wenn der Datenschutzbeauftragte über ein ausreichendes Zeitkonto verfügt, wird er seine Arbeit pflichtgemäß erfüllen können. Zu Problemen kann es insbesondere dann kommen, wenn der Datenschutzbeauftragte nebenamtlich bestellt ist und im Rahmen einer anderen Tätigkeit nicht ausreichend Zeit für seine Kontrolltätigkeit bleibt. Wie viel Zeit der Arbeitgeber zur Verfügung stellen muss, ist nicht geregelt. Einen kleinen Ansatzpunkt kann lediglich die bereits zitierte Entscheidung des *ArbG Offenbach*[312] geben, wonach bei einer deutschen Niederlassung eines schwedischen Automobilkonzerns mit knapp 300 Arbeitnehmern die Tätigkeit des Datenschutzbeauftragten maximal 20% der Zeit eines Vollzeitbeschäftigten in Anspruch nehme. Letztlich liegt die Entscheidung aber wieder bei der verantwortlichen Stelle. Dieses Problem stellt sich dann nicht, wenn ein hauptamtlicher Datenschutzbeauftragter bestellt wird, was nach der hier vertretenen Auffassung beim Konzerndatenschutzbeauftragten immer der Fall sein sollte.[313] Gesetzliche Vorgaben gibt es in diesem Bereich jedoch nicht, denn sie würden die Flexibilität der Beauftragtenregelung zu sehr einschränken; so kommt es vor, dass selbst große Unternehmen oftmals nur einen nebenamtlichen Datenschutzbeauftragten bestellt haben.[314]

Als zweiter Punkt ist im Rahmen der Unterstützungspflicht die *organisatorische Einbindung* anzusprechen. Hier bestehen für die verantwortliche Stelle vielfältige Möglichkeiten, den Datenschutzbeauftragten schlichtweg „kaltzustellen". Sowohl räumlich als auch organisatorisch kann er von wesentlichen Kommunikationswegen abgeschnitten und somit der Grundlage seiner Tätigkeit – der Informationen – beraubt werden. Um dem Datenschutzbeauftragten eine pflichtgemäße Aufgabenerfüllung zu ermöglichen, muss die verantwortliche Stelle ihm zunächst Einblick in die Geschäftsunterlagen gewähren.[315] Des Weiteren muss der Datenschutzbeauftragte frühzeitig über alle datenschutzrechtlich relevanten Sachverhalte informiert werden. Diese Unterrichtungspflicht ist in § 4g Abs. 1 Satz 3 Nr. 1 BDSG noch einmal konkretisiert.[316] Dazu zählen neben der langfristigen Datenverarbeitungspolitik und der Einbindung in Informationsabläufe auch die Belieferung mit Organigrammen, Organisationshandbüchern

---

[310]   Ausführlich dazu Kap. 3.3.1.4.
[311]   Ausführlich zu den einzelnen Pflichten *Bergmann/Möhrle/Herb* 2008, § 4f, Rn. 161 ff.; *Koch* 2006, S. 175 ff.; *Schlemann* 1996, S. 161 ff.
[312]   S. Fn. 249; dazu auch *Herb*, DuD 1994, S. 310.
[313]   S. Kap. 4.3.2.1.2.
[314]   Vgl. *Bergmann/Möhrle/Herb* 2008, § 4f, Rn. 165; s. auch Fn. 248.
[315]   *Rudolf*, NZA 1996, S. 299.
[316]   Näher dazu Kap. 3.2.2.5.

und Arbeitsanweisungen.[317] Schließlich müssen dem Datenschutzbeauftragten Unterlagen, die im Zusammenhang mit der Verarbeitung von personenbezogenen Daten stehen, schnell zugänglich gemacht werden können. Nur durch ein aktives Zuarbeiten seitens der verantwortlichen Stelle ist dem Datenschutzbeauftragten die Erfüllung seiner Pflichten erst möglich.

Ein letzter, für die Arbeit später bedeutsamer Punkt der Unterstützungspflicht durch das Unternehmen ist die *Bereitstellung von Hilfspersonal* für den Datenschutzbeauftragten, deren Wichtigkeit auch die ausdrückliche Erwähnung im Gesetz unterstreicht. In kleinen und mittleren Unternehmen wird sich das Hilfspersonal oftmals auf eine Schreibkraft oder die temporäre Zuordnung von Fachpersonal beschränken.[318] Mit steigender Größe des Unternehmens kommt dem Hilfspersonal allerdings eine bedeutsamere Rolle zu, denn durch die gleichsam erhöhte Komplexität der Datenverarbeitungsanlagen wächst auch die Notwendigkeit der Arbeitsteilung im Bereich der Datenschutzkontrolle.[319] Bei Großunternehmen mit intensiver Datenverarbeitung kann das soweit führen, dass die Arbeit für den Datenschutzbeauftragten ohne Hilfspersonal schlechterdings unmöglich wird, weswegen § 4f Abs. 5 Satz 1 BDSG für diesen Fall eindeutig klarstellt, dass die verantwortliche Stelle in der Pflicht steht, an dieser Stelle für personelle Entlastung zu sorgen, wobei mehrere Varianten denkbar erscheinen.

Der klassische Fall ist derart gelagert, dass für den internen Datenschutzbeauftragten andere Mitarbeiter des Unternehmens temporär oder dauerhaft nebenamtlich abgeordnet werden, um diesen vor allen Dingen fachlich zu unterstützen.[320] Eine solche Lösung bedarf keiner großen Umstrukturierungen im Unternehmen und verlangt auch keine Neuanstellungen, weswegen sie insbesondere für mittelgroße Unternehmen attraktiv erscheint. Für diese ist die Variante auch für den externen Datenschutzbeauftragten zu empfehlen, da er auf geeignete Mitarbeiter des Unternehmens angewiesen ist, um die fehlende Vertrautheit mit den internen Abläufen kompensieren zu können.[321] In beiden Fällen unterstehen die Mitarbeiter fachlich für den Bereich des Datenschutzes dem Datenschutzbeauftragten, sind aber ansonsten in die normale Unternehmenshierarchie eingebunden.

Spezieller und aufgrund des organisatorischen Aufwandes wohl nur in Großunternehmen vorkommend ist der Fall, in dem die Position des Datenschutzbeauftragten als Stabsstelle mit eigenem Budget sowie umfänglichen Weisungsrechten ausgestattet ist und die Personalauswahl einschließlich Neueinstellungen in die Hände des Beauftragten für den Datenschutz gelegt wird. In diesem Fall ist er nicht mehr nur fachlich weisungsberechtigt, sondern in vollem Umfang als Vorgesetzter der im Bereich der Datenschutzkontrolle tätigen Mitarbeiter einzuordnen. Zusammen mit der notwendigen Anbindung der Stabstelle direkt unterhalb der Geschäftsleitung ergibt dies eine Führungsposition innerhalb des Unternehmens.

---

[317] *Bergmann/Möhrle/Herb* 2008, § 4f, Rn. 167f.
[318] *Schlemann* 1996, S. 163.
[319] *Simitis – Simitis* 2006, § 4f, Rn. 144; vgl. auch *Dörr/Schmidt* 1997, § 36, Rn. 33.
[320] Mit den Mitarbeitern der IT-Revision kann über eine temporäre Abordnung hinaus auch eine echte Zusammenarbeit mit dem Datenschutzbeauftragten angezeigt sein, vgl. dazu *Ziener* 2006, S. 55 ff.
[321] *Schlemann* 1996, S. 163.

Eine noch speziellere Variante ist auch denkbar mit einem externen Datenschutzbeauftragten, wenn dessen Dienst- oder Geschäftsbesorgungsvertrag mit dem Unternehmen ihn mit umfänglichen Rechten ausstattet und ein eigenes Budget für die Auswahl von Mitarbeitern, sowohl innerhalb als auch außerhalb des Unternehmens festlegt. Diese Variante bietet sich für den Fall an, dass ein Unternehmen die Selbstkontrolle gänzlich an Dritte abgeben möchte. In diesen beiden letzten, speziellen Varianten kann noch unterschieden werden, ob dem Datenschutzbeauftragten eine gewisse Anzahl von Mitarbeitern vorgegeben wird, die er auszusuchen hat oder ob er gänzlich allein über seinen Mitarbeiterstab entscheidet. Für alle Varianten der Unterstützung durch Hilfspersonal gilt es jedoch zu beachten, dass der Datenschutzbeauftragte dem Sinn des Bundesdatenschutzgesetzes nach weiterhin alleinverantwortlich für die Einhaltung des Datenschutzes ist, was die Effektivität der Entlastung von vornherein begrenzt.[322]

3.2.2.6 Verschwiegenheitspflicht des Datenschutzbeauftragten

Um die Arbeit des Datenschutzbeauftragten als Selbstkontrollorgan zu gewährleisten und die unabhängige Stellung innerhalb des Unternehmens zu unterstreichen, wird er gemäß § 4f Abs. 4 BDSG zur Verschwiegenheit über die Identität des Betroffenen sowie Umstände, die Rückschlüsse auf die Identität des Betroffenen zulassen, verpflichtet. Es steht dem Betroffenen jedoch frei, den Beauftragten im Einzelfall von dieser Pflicht zu entbinden. Die Regelung dient in erster Linie dem Schutz des Betroffenen und ergänzt damit das Anrufungsrecht gemäß § 4f Abs. 5 Satz 2 BDSG.[323] Derjenige, der sich vertrauensvoll an den Datenschutzbeauftragten wendet, um eine, eventuell auch nur mögliche, missbräuchliche Verwendung seiner Daten anzuzeigen, soll sicher gehen, dass ihm hieraus keine Nachteile entstehen. Das geht soweit, dass die Identität des Betroffenen ohne seine Zustimmung selbst dann nicht offen gelegt werden darf, wenn eine Bearbeitung seines Anliegens dadurch nicht weitergeführt werden kann.[324] Die Pflicht zur Verschwiegenheit besteht im Unternehmen daher primär gegenüber der Unternehmensleitung und somit dem Arbeitgeber, aber auch gegenüber außenstehenden Dritten wie etwa der Aufsichtsbehörde.

Von der explizit erwähnten Verschwiegenheitspflicht wird nur die Identität des Betroffenen umfasst, nicht aber sonstige Aspekte der Tätigkeit des Datenschutzbeauftragten, das heißt er unterliegt keiner spezifischen beruflichen Schweigepflicht. Über die Notwenigkeit einer Verschwiegenheitspflicht des Datenschutzbeauftragten in Bezug auf unternehmensbezogene Daten, in die er insgesamt im Rahmen seiner Aufgabenerfüllung Einblick erhält, enthält das Gesetz keine Regelung. Gleichwohl gilt es als unbestritten, dass der Datenschutzbeauftragte einer umfassenden Geheimhaltungspflicht bezogen auf seine gesamte Tätigkeit unterliegen

---

[322] Simitis – *Simitis* 2006, § 4 f, Rn. 144; *Schlemann* 1996, S. 162; zur haftungsrechtlichen Folgeproblematik s. Kap. 4.3.5.2 ff.
[323] Simitis – *Simitis* 2006, § 4f, Rn. 167.
[324] *Drews* 1997, S. 20.

muss, um seinen Zugang auf alle jeweils verarbeiteten personenbezogenen Daten zu legitimieren.[325] Die gesondert ins Gesetz aufgenommene Pflicht in Bezug auf die Identität unterstreicht daher lediglich an einer besonders sensiblen Stelle, den Betroffenenrechten, allgemein
die Wichtigkeit der Verschwiegenheit des Datenschutzbeauftragten.

3.3 Aufgaben

Dem Datenschutzbeauftragten werden durch das Bundesdatenschutzgesetz explizit verschiedene Aufgaben zugeschrieben. Neben den *Aufgabenkatalog* des § 4g BDSG tritt die Zuständigkeit für die *Vorabkontrolle*, die sich aus § 4d Abs. 6 BDSG ergibt. Durch die gesetzliche
Aufgabenzuweisung ist das Tätigkeitsfeld jedoch nicht abschließend umschrieben. Zur Umsetzung bedarf es weiterer organisatorischer Schritte, die ein zweites, eigenes Aufgabenfeld
schaffen. Hierbei lässt sich kein einheitliches Bild der Aufgabenstellung des Datenschutzbeauftragten erstellen, da sich diese in besonderem Maße nach den unterschiedlichen Gegebenheiten des jeweiligen Unternehmens ausrichten muss.

Bei der Umsetzung des gesetzlichen Aufgabenkatalogs ist der Datenschutzbeauftragte weitgehend auf sich gestellt. Je nach dem, worauf in der jeweiligen verantwortlichen Stelle geachtet werden muss, ergibt sich eine ganz unterschiedliche organisatorische Schwerpunktsetzung
bei der Aufgabenwahrnehmung. In einem Krankenhaus müssen andere Prioritäten als in einer
Bank gesetzt werden, in einem produzierenden Industriebetrieb andere als in einer Versiche-
rungsgesellschaft. Eine der Hauptaufgaben des Datenschutzbeauftragten ist demnach die
Konkretisierung der datenschutzrechtlichen Vorschriften im Hinblick auf die besonderen
Verhältnisse der jeweiligen verantwortlichen Stelle.[326] Dabei kann man die primäre Aufgabe
des Datenschutzbeauftragten zusammenfassend als die Sicherung des Rechts auf informationelle Selbstbestimmung bezeichnen.[327]

3.3.1 Aufgabenkatalog gemäß § 4g BDSG

Die im Bundesdatenschutzgesetz festgelegten Aufgaben sind lediglich eine indikative Enume-
ration, weil sie sich nicht abstrakt umreißen lassen; vielmehr kommt es auf die Einzelumstän-
de der jeweiligen verantwortlichen Stelle an.[328] Das Gesetz gibt nur einen Rahmen für die
Tätigkeit des Datenschutzbeauftragten vor und stellt einige Mindestanforderungen auf, wobei
die Formulierungen sehr allgemein gehalten sind, um eine bestmögliche Anpassung der Aufgaben an die tatsächlichen Gegebenheiten der verantwortlichen Stelle zu ermöglichen und so
weitgehend dem Anspruch der unternehmerischen Selbstkontrolle gerecht zu werden.[329] Bis
auf die durch die Novelle des Bundesdatenschutzgesetzes von 2001 ins Gesetz aufgenomme-

---

[325] Simitis – *Simitis* 2006, § 4f, Rn. 166; zur gesetzlichen Klarstellung bei externen Berufsgeheimnisträgern in
        § 4f Abs. 2 Satz 3 BDSG vgl. *Gola/Klug*, NJW 2007, S. 121f.
[326] *Schlemann* 1996, S. 110.
[327] *Wedde*, DuD 2004, S. 11.
[328] Simitis – *Simitis* 2006, § 4g, Rn. 2.
[329] S. dazu auch Kap. 2.5.

ne Vorabkontrolle finden sich alle Aufgaben des Datenschutzbeauftragten in § 4g BDSG wieder.

3.3.1.1 Hinwirkungsaufgabe

Bis auf einige kleine Änderungen ist die Aufgabenstellung des Datenschutzbeauftragten seit Einführung des Bundesdatenschutzgesetzes 1977 grundsätzlich die gleiche geblieben:[330]

Gemäß § 4g Abs. 1 Satz 1 BDSG hat der Datenschutzbeauftragte auf die Einhaltung des Bundesdatenschutzgesetzes sowie anderer Vorschriften über den Datenschutz hinzuwirken. Dabei ist insbesondere darauf hinzuweisen, dass er neben den Vorschriften des Bundesdatenschutzgesetzes – bedingt durch die Zerstückelung des Datenschutzes – auch auf die Einhaltung der weiteren Vorschriften betreffend den Datenschutz hinzuwirken hat.[331] Die Beschreibung der Tätigkeit als „Hinwirken" berücksichtigt die heutige Stellung des Datenschutzbeauftragten im Unternehmen, wonach er zwar eine interne Kontrollinstanz darstellt, jedoch keine rechtliche Möglichkeit hat, selbständig datenschutzrechtliche Maßnahmen durchzusetzen. Diese Verantwortung liegt allein bei der Unternehmensleitung.

Die sehr abstrakte Aufgabenumschreibung zeigt zunächst die Schwierigkeit auf, konkrete Maßnahmen für den Datenschutz zu umschreiben. Hierin spiegelt sich erkennbar das bereits behandelte Problem des Gesetzgebers wider, technische Vorgänge zu normieren. Die Folgen sind der Rückzug aus der Regelungstiefe und der Verwendung unbestimmter Rechtsbegriffe.[332] Die Aufgaben des Datenschutzbeauftragten sind aufgrund des gestiegenen Technologisierungsgrades der Unternehmen derart umfangreich und außerdem von den datenschutzrechtlichen Erfordernissen der jeweiligen verantwortlichen Stelle abhängig, dass sie nicht per se gesetzlich in einem Katalog zusammengefasst werden können. Es muss an dieser Stelle bei einem allgemein gehaltenen Auftrag an den Datenschutzbeauftragten bleiben. Die dennoch notwendige Konkretisierung findet dann in der einschlägigen Literatur zum Bundesdatenschutzgesetz statt, ergibt sich mithin aus praktischer Erfahrung.[333] Weil der Aufgabenbereich jedoch nicht allein aus praktischer Erfahrung heraus sowie durch die Literatur bestimmt werden kann, hat der Gesetzgeber exemplarisch einige für das Amt des Datenschutzbeauftragten herausragende Aufgaben festgeschrieben. Das Bundesdatenschutzgesetz hat somit in Teilbereichen den Aufgabenkatalog des Datenschutzbeauftragten konkretisiert.[334]

---

[330] Vgl. *BReg.* im GEntw. BDSG v. 18.8.2000, BR-Drs. 461/00, S. 89. Die Feststellung, dass der Datenschutzbeauftragte die Einhaltung nicht mehr sicherstellen muss, wie es das BDSG 77 und das BDSG 90 verlangten, sondern nur noch darauf hinzuwirken hat, wurde in der Literatur ausführlich gewürdigt, vgl. etwa *Bergmann/Möhrle/Herb* 2008, § 4g, Rn. 15; *Gola/Wronka* 2008, Rn. 1387 ff.; Simitis – *Simitis* 2006, § 4g, Rn. 29f.; *Haaz* 2003, S. 71; *Duhr/Naujok/Peter/Seifert*, DuD 2002, S. 23.

[331] Vgl. Simitis – *Simitis* 2006, § 4g, Rn. 31; zu den Konsequenzen, die sich daraus für die persönlichen Anforderungen an den Datenschutzbeauftragen ergeben, s. Kap. 3.4.1.1.

[332] S. dazu bereits Kap. 2.2.

[333] *Haaz* 2003, S. 71f.

[334] Dazu Kap. 3.3.1.2 ff.

Aus der Hinwirkungsaufgabe leitet sich vor allen Dingen eine Beratungsaufgabe für den Datenschutzbeauftragten ab.[335] Die Umfänglichkeit dieser Aufgabe zeigt sich bei dem zu beratenden Adressatenkreis: Neben der Unternehmensleitung sind auch die für die Datenverarbeitung in ihrem jeweiligen Aufgabenbereich zuständigen Mitarbeiter durch den Datenschutzbeauftragten anzusprechen – mithin sämtliche mit personenbezogener Datenverarbeitung beschäftigte Mitarbeiter der verantwortlichen Stelle.[336] Unter die Hinwirkungsaufgabe des Datenschutzbeauftragten sind letztlich alle Maßnahmen zu subsumieren, die nicht unter die explizit im Gesetz angeführten Aufgaben fallen und der Einhaltung der Vorschriften des Bundesdatenschutzgesetzes und anderer datenschutzrechtlicher Regelungen dienen. Sie nimmt daher den breitesten Raum im Aufgabenfeld des Datenschutzbeauftragten ein, ohne jedoch genau definiert werden zu können.[337]

Eng in Zusammenhang mit der Beratungsaufgabe steht die bereits durch die Unterstützungspflicht geforderte rechtzeitige Unterrichtung des Datenschutzbeauftragten durch die Unternehmensleitung. Obwohl sie nicht als „Aufgabe" des Datenschutzbeauftragten bezeichnet werden kann, muss sie zum Verständnis der Hinwirkungsaufgabe und der Vollständigkeit der Normdarstellung halber an dieser Stelle Erwähnung finden. Als „rechtzeitig" wäre eine Unterrichtung etwa über neue Datenverarbeitungsanlagen aus datenschutzrechtlicher Sicht sicherlich anzusehen, solange sie noch nicht in Betrieb genommen wird. Hintergrund für Abweichungen von dieser Regel können beispielsweise mangelndes Vertrauen oder auch schlechte Kommunikationswege sein. Im Interesse eines effizienten Datenschutzes sollte jedoch eine umfassende Unterrichtung des Datenschutzbeauftragten bereits vor und während der Entwicklung und Errichtung von Datenverarbeitungsanlagen sein. In vielen Unternehmen hat sich diese Erkenntnis auch durchgesetzt und die Datenschutzbeauftragten werden bei der Einführung neuer Verfahren zur Verarbeitung personenbezogener Daten eingebunden.[338] Durch eine frühzeitige Beratung können sowohl im Hinblick auf die Unternehmensziele als auch auf die Einhaltung des Datenschutzes die bestmöglichen Ergebnisse erzielt werden.[339] Datenschutzrechtliche Fragen können im Vorfeld geklärt werden, ohne dass es zu Verzögerungen oder teuren Systemänderungen kommt. Ein solches Verständnis der Unternehmensleitung für die

---

[335] Vgl. *Bergmann/Möhrle/Herb* 2008, § 4g, Rn. 15; *Breinlinger* 2006, S. 103.

[336] Anders als in der Regelung des § 4f Abs. 1 Satz 4 BDSG fallen hierunter nicht nur diejenigen Mitarbeiter, die „in der Regel" und „ständig" mit der automatisierten Verarbeitung beschäftigt sind, sondern alle Mitarbeiter, die in irgendeiner Weise mit der automatisierten Verarbeitung personenbezogener Daten betraut werden, da eine flächendeckende Datenschutzkonformität der Verarbeitung durch alle Mitarbeiter gewährleistet sein muss.

[337] Vgl. dazu die Aufzählung bei Roßnagel – *Königshofen* 2003, Kap. 5.5, Rn. 19 ff.; als konkrete Beispiele seien hier weiterhin die Videoüberwachung, vgl. *Iraschko-Luscher*, IT-SD 2007a, S. 292 ff.; die Beurteilung des Direktmarketing, vgl. *dies.*, IT-SD 2007, S. 46 ff.; die Umsetzung des AGG im Bereich der Datenverarbeitungsprozesse, vgl. *dies.*, IT-SD 2006a, S. 725 ff.; der Internetcheck, vgl. *dies.*, IT-SD 2006, S. 643 ff. sowie die Mitarbeiterverpflichtung auf den Datenschutz, vgl. *Müthlein*, IT-Sicherheit 2003, S. 42, genannt.

[338] Vgl. Umfrage der *GDD* 2006, S. 18.

[339] Roßnagel – *Königshofen* 2003, Kap. 5.5, Rn. 26; vgl. auch *Roßnagel*, APuZ 2006, S. 15.

Tätigkeit des Datenschutzbeauftragten kann auch für das Risikomanagement des Unternehmens von Bedeutung sein.[340]

3.3.1.2 Kontrolle der Datenverarbeitung

Neben der Hinwirkungsaufgabe erwähnt das Gesetz in § 4g Abs. 1 Satz 3 Nr. 1 BDSG als eine der exemplarisch genannten Aufgaben die Überwachung der ordnungsgemäßen Anwendung der Datenverarbeitungsprogramme, mit deren Hilfe personenbezogene Daten verarbeitet werden sollen. Dieser Kontrollauftrag ist weit auszulegen. Zwar sollen bestehende Programme durch verschiedene Kontrollmaßnahmen auf ihre datenschutzrechtliche Zulässigkeit hin überprüft werden. Darin erschöpfen sich die Maßnahmen des Datenschutzbeauftragten jedoch nicht.[341] Vielmehr soll er bereits bei der Implementierung von Datenverarbeitungsvorhaben miteinbezogen werden und die verantwortliche Stelle in datenschutzrechtlichen Belangen beraten. An dieser Stelle greifen die Kontroll- sowie die Hinwirkungsaufgabe ineinander; demgemäß soll die Prävention möglicher Verstöße gegen datenschutzrechtliche Bestimmungen im Vordergrund stehen. Dazu ist der Datenschutzbeauftragte auf die Unterstützung der verantwortlichen Stelle angewiesen, was durch die Unterrichtungspflicht gemäß § 4g Abs. 1 Satz 3 Nr. 1 2. Halbsatz BDSG zum Ausdruck kommt.

Neben diesem zeitlichen Aspekt der Einbindung des Datenschutzbeauftragten bereits vor Inbetriebnahme von Datenverarbeitungsanlagen umfasst die weite Auslegung des Kontrollauftrages darüber hinaus dessen Umfang. Die Kontrolltätigkeit umfasst nicht lediglich die Verarbeitung im Sinne des § 3 Abs. 4 BDSG, sondern erstreckt sich auf den gesamten Umfang der automatisierten Anwendung, mit der personenbezogene Daten mittels einer Datenverarbeitungsanlage datenverarbeitungstechnisch „verarbeitet" werden.[342]

Die Durchführung von Kontrollen stellt den Datenschutzbeauftragten vor große praktische Herausforderungen, da er eine Vielzahl von sich teilweise widersprechenden Faktoren zu beachten hat. Grundsätzlich muss er stets wachsam sein, denn durch die vollständige Durchdringung des Unternehmens mit Datenverarbeitungsanlagen können an beinahe jedem Ort der verantwortlichen Stelle – oftmals ohne Wissen der Verursacher – Datenschutzverstöße auftreten. Gleichzeitig darf aber kein „Kontrollwahn" entstehen, denn dieser kann schnell zu Verunsicherungen führen und eine negative Einstellung der Mitarbeiter gegenüber dem Datenschutz allgemein fördern. Konkretisieren kann sich diese allgemeine Haltung dann in einer Ablehnung gegenüber dem Datenschutzbeauftragten mit der Folge, dass Mitarbeiter unter Umständen anfangen, datenschutzrelevante Sachverhalte zu „verstecken" und ihm somit die Grundlage einer ordnungsgemäßen Kontrolltätigkeit entziehen. Wenn diese Situation eintritt, läuft die Selbstkontrolle des Unternehmens letztlich leer, denn ohne Vertrauen kann der Da-

---

[340] Ausführlich dazu Kap. 3.8.2 ff., insb. Kap. 3.8.2.2.
[341] Vgl. die Aufzählung bei *Koch* 2006, S. 66 ff.
[342] *Bergmann/Möhrle/Herb* 2008, § 4g, Rn. 25f. mit Aufzählung gesetzlicher Überwachungsaufgaben.

tenschutzbeauftragte als zentrales Kontrollorgan seine Hauptaufgaben – etwa die Beratung – kaum mehr wahrnehmen.

Der Datenschutzbeauftragte muss also darauf achten, die Kontrollen vor allen Dingen effektiv zu gestalten, das heißt sie dürfen einerseits keine allzu abschreckende Wirkung haben, müssen aber andererseits auch geeignet sein, Schwachstellen in der personenbezogenen Datenverarbeitung tatsächlich aufzuzeigen und die ordnungsgemäße Anwendung tatsächlich festzustellen. Der Datenschutzbeauftragte kann sowohl auf technische als auch personelle Hilfsmittel zurückgreifen. Die verschiedenen Maßnahmen sind dabei dem Prüfungsgegenstand anzupassen und können nicht abstrakt festgelegt werden.[343] In letzter Instanz bleibt der Datenschutzbeauftragte verantwortlich für die Kontrollen.[344] Gleichwohl werden in großen Unternehmen regelmäßige Kontrollen nur schwer ohne die Unterstützung durch Hilfspersonal oder die Beauftragung anderer Funktionsträger möglich sein. Insbesondere von letzterer Alternative machen große Unternehmen auch Gebrauch, wobei dann die Revision als Kontrolleur bevorzugt wird.[345] Darüber hinaus kann der Datenschutzbeauftragte persönlich Stichproben durchführen, denn diese haben einen hohen kommunikativen Wert. Schließlich können sogar Kontrollgänge durchaus sinnvoll sein, vor allem um Maßnahmen gemäß der Anlage zu § 9 BDSG überprüfen zu können.[346]

3.3.1.3 Schulung

Als zweite konkretisierte Aufgabe hat der Gesetzgeber dem Datenschutzbeauftragten in § 4g Abs. 1 Satz 3 Nr. 2 BDSG ausdrücklich auferlegt, die bei der Datenverarbeitung tätigen Personen durch geeignete Maßnahmen mit den Vorschriften des Datenschutzes vertraut zu machen. Wie bei der Kontrollfunktion steht auch bei dieser Regelung der Gedanke der Prävention im Vordergrund. Mit der Unterrichtung der Mitarbeiter soll ein grundlegendes Verständnis für die Probleme des Umgangs mit personenbezogenen Daten geschaffen werden.[347] Das Gesetz macht bewusst keine Einschränkung bei den zu unterrichtenden Personen innerhalb des Unternehmens, sodass es keine Rolle spielt, ob der Mitarbeiter nur gelegentlich oder dauerhaft Daten lediglich erhebt oder auch speichert und übermittelt. Auch auf den Umfang und die Art der verarbeiteten Daten kommt es nicht an.

Die Art und Weise der Schulung bleibt dem Datenschutzbeauftragten aufgrund seiner Weisungsfreiheit überlassen. Die verantwortliche Stelle muss ihm zur Durchführung von Schulungsmaßnahmen aufgrund ihrer Unterstützungspflicht alle notwendigen Mittel zur Verfügung stellen. Der Datenschutzbeauftragte muss die Schulungen grundsätzlich selbst durchführen, kann jedoch ergänzend auf externe Sachverständige zurückgreifen, wo dies notwendig

---

[343]   Simitis – *Simitis* 2006, § 4g, Rn. 48.
[344]   Simitis – *Simitis* 2006, § 4g, Rn. 47.
[345]   Vgl. *GDD* 2006, S. 13.
[346]   *Münch* 2007, S. 201.
[347]   *Haaz* 2003, S. 84; *Schlemann* 1996, S. 119.

erscheint. Schließlich ist darauf hinzuweisen, dass die Schulung durch den Datenschutzbeauftragten eine Maßnahme zur Berufsbildung im Sinne des § 98 BetrVG darstellt und daher mitbestimmungspflichtig ist.[348] Eine Abstimmung mit dem Betriebsrat ist somit gleichermaßen erforderlich wie auch zweckdienlich.

Für die praktische Umsetzung der Schulungsaufgabe ist eine hohe Flexibilität nötig. Die Auswahl bei der Art der Schulungen etwa zwischen Vorträgen, Seminaren, Videos, schriftlichen Materialien, Bereitstellung von Informationen im Intranet oder Mitteilungen bei Dienstbesprechungen[349] eröffnet dem Datenschutzbeauftragten auf der einen Seite zwar die Möglichkeit individueller Betreuung, bedeutet für ihn auf der anderen Seite aber zunächst das Erfordernis, die angesprochenen Kommunikationsmedien überhaupt zu nutzen und wirkungsvoll einzusetzen. Da der Datenschutz innerhalb eines Unternehmens letztlich nicht durch den Beauftragten, sondern die Mitarbeiter selbst umgesetzt wird, ist hier eine Schlüsselqualifikation des Datenschutzbeauftragten zu sehen, mit welcher er seiner Kommunikationsfunktion nachkommt. Je besser jeder einzelne Mitarbeiter datenschutzrechtlich geschult ist, desto eher wird auch ein hohes Datenschutzniveau durch die verantwortliche Stelle erreicht werden können. Mit zunehmender Unternehmensgröße ist der Datenschutzbeauftragte auch häufiger auf Hilfsmittel für die Schulungen angewiesen, was prinzipiell keinen Nachteil bedeutet, sondern auch den Vorteil einer größeren Objektivität als gegenüber persönlich durchgeführten Schulungsmaßnahmen beinhalten kann. Der Datenschutzbeauftragte sollte aber unbedingt den Wirkungsgrad der durchgeführten Schulungsmaßnahme im Auge behalten, denn insbesondere schriftliche Unterlagen und in das Intranet gestellte Software-Tools müssen auch tatsächlich gelesen und genutzt werden.

3.3.1.4 Verfahrensverzeichnis

§ 4g Abs. 2 BDSG beinhaltet Regelungen betreffend das sogenannte Verfahrensverzeichnis.[350] In der Pflicht der verantwortlichen Stelle gemäß § 4g Abs. 2 Satz 1 BDSG, dem Datenschutzbeauftragten eine Übersicht über die in § 4e Satz 1 BDSG genannten Angaben sowie über zugriffsberechtigte Personen zur Verfügung zu stellen, spiegelt sich der Transparenzgedanke des Art. 21 EG-DSchRL wider.[351] Art. 21 Abs. 2 EG-DSchRL sieht vor, dass die Kontrollstellen der Mitgliedstaaten ein Register mit meldepflichtigen Angaben gemäß Art. 18 EG-DSchRL führen, welches von jedermann eingesehen werden kann. Dort, wo keine Meldepflicht gegenüber den Aufsichtsbehörden besteht, wie etwa in Deutschland durch die Verlagerung der externen behördlichen zu einer internen Kontrolle durch den Datenschutzbeauftragten, muss der Gesetzgeber gemäß Art. 21 Abs. 3 EG-DSchRL entsprechende Maßnahmen zur Information der Öffentlichkeit ergreifen. Genau dieser Forderung wird das Bundesdaten-

---

[348] Simitis – *Simitis* 2006, § 4g, Rn. 55 m.w.N.
[349] *Bergmann/Möhrle/Herb* 2008, § 4g, Rn. 39.
[350] Zur Begrifflichkeit vgl. *Gola/Schomerus* 2007, § 4g, Rn. 23.
[351] Vgl. *Ehmann/Helfrich* 1999, Art. 21, Rn. 1 ff.

schutzgesetz durch die Verpflichtung der verantwortlichen Stelle zur Bereitstellung eines Verfahrensverzeichnisses für den Datenschutzbeauftragten gerecht, denn dieser fungiert im Rahmen des bundesdeutschen Kontrollsystems als Kontrollstelle. Eine Meldepflicht der verantwortlichen Stelle entsteht somit gegenüber dem Datenschutzbeauftragten.[352]

Der Datenschutzbeauftragte wiederum ist gemäß § 4g Abs. 2 Satz 2 BDSG verpflichtet, ein Verzeichnis mit den Angaben nach § 4e Satz 1 Nr. 1-8 BDSG auf Antrag jedermann in geeigneter Weise verfügbar zu machen.[353] Auch an dieser Stelle wird damit die Verschiebung des gesetzgeberischen Maßstabes von der nationalen hin zu einer gemeinschaftsrechtlichen Ebene deutlich. War noch im alten Bundesdatenschutzgesetz das „Dateiverzeichnis" nach § 37 Abs. 2 BDSG 90 als Kontrollinstrument vorgesehen,[354] so soll das Verfahrensverzeichnis dem Willen des Europäischen Gesetzgebers nach vor allem für Transparenz beim Betroffenen sorgen.[355] Auf nationaler Ebene bekommt das Verfahrensverzeichnis damit einen doppelten Zweck:

Zum einen dient es als Grundlage für die Arbeit des Datenschutzbeauftragten im Unternehmen, denn nur wenn er weiß, wo welche Daten von wem verarbeitet werden, kann er überhaupt erst Maßnahmen betreffend den Datenschutz zielgerichtet einleiten. Zum anderen dient das Verfahrensverzeichnis mit den meldepflichtigen Angaben der Transparenz sowie der Überprüfbarkeit der Rechtmäßigkeit der Verarbeitungen durch die Aufsichtsbehörde.[356] Diese bleibt übergeordnete Kontrollinstanz mit sämtlichen hoheitlichen Befugnissen und bedarf im Falle von Überprüfungsmaßnahmen der Hilfe der verantwortlichen Stelle. Die Protokollierungspflicht dient daher unter anderem der bereits beschriebenen Wissensgenerierung durch den Risikoverursacher.[357]

In der Praxis sind sowohl die Bereitstellung des Verfahrensverzeichnisses durch die verantwortliche Stelle als auch das Verfügbarmachen durch den Datenschutzbeauftragten Grundvoraussetzung für seine Arbeit. Erstere dient der Ermöglichung, letztere der teilweisen Erfüllung seines Aufgabenkatalogs. Die Registerführung ist dabei insbesondere durch die zuletzt in das Gesetz aufgenommene Verpflichtung, die Übersicht im Bedarfsfall verfügbar zu machen, sowie die Vorbereitung einer möglichen Vorabkontrolle gemäß § 4 Abs. 6 Satz 2 BDSG umfangreicher geworden. Dafür und für das Verständnis der hochkomplexen IT-Anlagen über-

---

[352] Roßnagel – *Königshofen* 2003, Kap. 5.5, Rn. 67 m. Fn. 25.
[353] Diese sogenannte Registerpflicht hat „stufenweise" Einzug in das Bundesdatenschutzgesetz gehalten: Während nach dem BDSG 77 der Datenschutzbeauftragte zu Arbeitszwecken selbst eine Übersicht erstellen musste, verpflichtete das BDSG 90 die verantwortliche Stelle dazu, dem Datenschutzbeauftragten eine solche Übersicht zur Verfügung zu stellen, beinhaltete aber noch keine Registerführungspflicht des Beauftragten. Im aktuellen Bundesdatenschutzgesetz ist diese nunmehr gesetzlich verankert in § 4g Abs. 2 Satz 2 BDSG, vgl. Roßnagel – *Königshofen* 2003, Kap. 5.5, Rn. 67.
[354] *Schlemann* 1996, S. 173.
[355] *Ehmann/Helfrich* 1999, Art. 21, Rn. 1.
[356] *Petri*, RDV 2003, S. 268.
[357] S. Kap. 2.

haupt sind vor allem an dieser Stelle die technischen Kenntnisse des Datenschutzbeauftragten gefragt.[358]

3.3.2 Vorabkontrolle gemäß § 4d Abs. 5 BDSG

Eine weitere, durch die Gesetzesnovellierung von 2001 explizit zum Ausdruck gebrachte Aufgabe liegt schließlich in der Vorabkontrolle, deren Durchführung gemäß § 4d Abs. 6 BDSG dem Datenschutzbeauftragten zugewiesen wird. Sie stellt eine der Datenverarbeitung vorausgehende materielle Zulässigkeitskontrolle dar, bei welcher die automatisierte Verarbeitung im Sinne von § 3 Abs. 2 Satz 1 BDSG vor ihrem Beginn auf die Vereinbarkeit mit dem Bundesdatenschutzgesetz und diesem vorgehenden bereichsspezifischen Vorschriften hin überprüft wird.[359] Allerdings ist die Vorabkontrolle nur notwendig, wenn die automatisierten Verarbeitungen besondere Risiken für die Rechte und Freiheiten der Betroffenen mit sich bringen.[360] Hierfür nennt das Gesetz zwei Beispiele, die jedoch nicht abschließend sind. Gemäß § 4g Abs. 5 Satz 2 Nr. 1 BDSG liegt ein besonderes Risiko bei Verarbeitung sensitiver Daten im Sinne des § 3 Abs. 9 BDSG vor. Gemäß § 4g Abs. 5 Satz 2 Nr. 2 BDSG muss eine Vorabkotrolle erfolgen, wenn die Verarbeitung personenbezogener Daten dazu bestimmt ist, eine Bewertung der Persönlichkeit des Betroffenen zu erstellen, was beispielsweise bei Einführung eines Customer Relationship Management-Systems der Fall sein wird.[361] Beide Beispiele regeln Sachverhalte, in denen in besonderem Maße in die Persönlichkeitsrechte des Betroffenen eingegriffen werden soll.

Allerdings gelten für die Verpflichtung zur Durchführung der Vorabkontrolle wiederum weitreichende Ausnahmen, sodass der besondere Schutz der Persönlichkeitsrechte der Betroffenen deutlich relativiert wird.[362] Gemäß § 4d Abs. 2 Satz 2 2. Halbsatz BDSG muss die Vorabkontrolle nicht durchgeführt werden, wenn der Datenverarbeitung eine gesetzliche Verpflichtung oder eine Einwilligung zugrunde liegt oder diese der Zweckbestimmung eines Vertragsverhältnisses oder vertragsähnlichen Vertrauensverhältnisses mit dem Betroffen dient. Diese Beschränkung führt zu einer starken Eingrenzung des Anwendungsbereichs des § 4d Abs. 5 Satz 1 und 2 BDSG, was vom Gesetzgeber jedoch ausdrücklich so gewollt ist.[363]

Problematisch für die Aufgabenerfüllung ist die doppelte Unbestimmtheit des Gesetzestextes. Zunächst wird dem Datenschutzbeauftragten kein abschließender Katalog an die Hand gegeben, wann eine Vorabkontrolle durchzuführen ist. Er muss selbstverantwortlich entscheiden, wann ein besonderes Risiko für die Rechte der Betroffenen besteht. In Zweifelsfällen muss er sich gemäß § 4d Abs. 6 Satz 3 BDSG an die Aufsichtsbehörde wenden. Zum anderen sind auch die Ausnahmen interpretationsbedürftig. Schließlich gibt es keinerlei Vorgaben über die

---

[358]   S. dazu Kap. 3.4.1.1.
[359]   Simitis – *Walz* 2006, § 4d, Rn. 24; vgl. auch *Wächter* 2003, Rn. 30; *Franzen*, DB 2001, S. 1870.
[360]   Vgl. *Däubler* 2002, Rn. 590.
[361]   *v. Lewinski*, RDV 2003, S. 124 m.w.N.
[362]   Vgl. *Klug*, RDV 2001, S. 270f.; ebenso *Gola/Klug* 2003, S. 118; einschränkend *Schild*, DuD 2001, S. 285.
[363]   *Duhr/Naujok/Peter/Seifert*, DuD 2002, S. 20.

Art und Weise, wie die Kontrolle stattzufinden hat. Regelmäßig wird die Kontrolle aber in zwei Schritten zu erfolgen haben.[364] Erst wird geprüft, ob eine automatisierte Verarbeitung überhaupt der Vorabkontrolle unterliegt. Bei Vorliegen einer Kontrollbedürftigkeit wird dann die materielle Rechtmäßigkeit der geplanten Verarbeitung beurteilt. Letztlich bleibt der Datenschutzbeauftragte an dieser Stelle also weitgehend auf sich selbst gestellt, was einerseits ein dem Bundesdatenschutzgesetz typisches Maß an Flexibilität erlaubt, ihn andererseits jedoch vor eine Aufgabe mit großem Unsicherheitsfaktor stellt, die aufgrund der besonderen Datenverarbeitung auch noch mit einem zusätzlichen Haftungsrisiko versehen ist.[365]

3.4 Persönliche Anforderungen

Ein zuverlässiges Anforderungsprofil für den Datenschutzbeauftragten gibt es nicht. Die Darstellung des Aufgabenkatalogs hat bereits gezeigt, dass der Datenschutzbeauftragte eine Vielzahl unterschiedlicher Tätigkeiten im Rahmen seiner Kontrollfunktion wahrnehmen muss, weswegen die verantwortliche Stelle nicht jede beliebige Person zum Datenschutzbeauftragten bestellen darf. Diesem Umstand versucht das Bundesdatenschutzgesetz in § 4f Abs. 2 Satz 1 BDSG Rechnung zu tragen, indem es im Gleichklang mit Vorschriften zu anderen Betriebsbeauftragten festschreibt, dass zum Beauftragten nur bestellt werden darf, wer die zur Erfüllung seiner Aufgaben erforderliche Fachkunde und Zuverlässigkeit besitzt.[366]

Der Gesetzgeber hat an dieser Stelle bewusst auf weitreichende Ausführungen über die Qualifikation verzichtet und zwei der Wertausfüllung bedürfende Rechtsbegriffe eingeführt, um so die unterschiedlichen unternehmensspezifischen Erfordernisse der Normadressaten berücksichtigen zu können.[367] Dies ist einerseits begrüßenswert, denn man muss bedenken, dass die Regelung des § 4f Abs. 2 Satz 1 BDSG den klein- und mittelständischen Unternehmen genauso gerecht wird wie Unternehmen mit mehreren tausend Mitarbeitern, was eine gewisse Flexibilität bezüglich der Anforderung an das Profil des einzelnen Datenschutzbeauftragten erforderlich macht.[368] Anderseits ist ein derart unbestimmter Normtext gemessen an den heutigen datenschutzrechtlichen Ansprüchen nicht unproblematisch;[369] derartige unbestimmte Rechtsbegriffe können in der Praxis ausgenutzt werden, um doch nicht ausreichend qualifizierte Personen zum Datenschutzbeauftragten zu bestellen. Dies gilt trotz der bestehenden

---

[364]   Vgl. *Klug*, RDV 2001, S. 271.

[365]   Sinnvoll erscheint daher eine enge Zusammenarbeit mit dem IT-Sicherheitsbeauftragten, ausführlich *Kruth*, IT-Sicherheit 2/2003, S. 28 ff.

[366]   Vgl. *Weber* 1988, S. 73f., der zu Recht die fehlende Konkretisierung als Regelungsdefizit mit Hinweis auf die Vorschriften zu anderen Beauftragten kritisiert und mit der Einführung einer Ermächtigungsgrundlage gleichfalls eine sinnvolle und praktikable Alternative aufzeigt.

[367]   *Koch* 2006, S. 131.

[368]   Vgl. *Büllesbach*, RDV 2001, S. 4.

[369]   So schon Ehmann – *Wächter* 1993, S. 92; ebenso *Wedde*, DuD 2004, S. 672. Die Rechtsprechung geht gleichwohl von einem mittlerweile „relativ konkreten Berufsbild" des Datenschutzbeauftragten aus, vgl. *LG Ulm*, Beschl. v. 31.10.1990, abgedr. in CR 1991, S. 103 ff.

Einigkeit darüber, dass an beide Bestellungsvoraussetzungen hohe Anforderungen zu stellen sind.[370]

Die beinahe generalklauselartige Beschreibung des Anforderungsprofils räumt der verantwortlichen Stelle einen großzügigen Spielraum bei der Besetzung der Position des Datenschutzbeauftragten ein. Durch den durch das Mittelstandsentlastungsgesetz neu eingefügten § 4f Abs. 2 Satz 2 BDSG wird der Begriff der Fachkunde allerdings konkretisiert und begrenzt. Das Maß der erforderlichen Fachkunde bestimmt sich insbesondere nach dem Umfang der Datenverarbeitung der verantwortlichen Stelle und dem Schutzbedarf der personenbezogenen Daten, die die verantwortliche Stelle erhebt oder verwendet. Der Gesetzgeber hat damit das bereits in § 9 Satz 2 BDSG zum Ausdruck kommende Verhältnismäßigkeitsprinzip angewandt.[371] Außerdem soll das Qualifikationserfordernis verhindern, dass ein unliebsamer und nicht geeigneter Mitarbeiter auf den Posten des Datenschutzbeauftragten abgeschoben wird.[372]

Während die Fachkunde auf die fachliche Kompetenz zielt, betrifft die Zuverlässigkeit die persönliche Eignung des Beauftragten.[373] Allerdings reicht diese Aussage allein bei weitem nicht für die Erstellung eines zuverlässigen Anforderungsprofils aus. Daher bedürfen die unbestimmten Rechtsbegriffe einer weiteren Präzisierung. Da sich das Bundesdatenschutzgesetz stets an diesen beiden Begriffen orientiert hat,[374] kann mittlerweile auf umfängliche Literatur zurückgegriffen werden.[375] Im Folgenden genügt es daher, die Grundzüge der Präzisierung darzustellen.

3.4.1 Fachkunde

Weil die Bestellpflicht eines Datenschutzbeauftragten kleinere Unternehmen in der Regel genauso trifft wie multinationale Konzerne, können die Anforderungen an den zu Bestellenden nicht pauschal gesetzlich festgelegt werden. Vielmehr muss die Regelung einzelfallbezogen ausgelegt werden. Bei der Fachkunde kann als Anhaltspunkt vor allem die Art und Größe des Unternehmens herangezogen werden.[376] Demnach muss die Qualifikation des Datenschutzbeauftragten mit zunehmender Größe der verantwortlichen Stelle steigen. Allerdings besteht insbesondere in größeren Unternehmen auch die Möglichkeit, Hilfspersonal für den Beauftragten zur Verfügung zu stellen und eine Arbeitsteilung vorzunehmen. Bei der Beurtei-

---

[370] *Bergmann/Möhrle/Herb* 2008, § 4f, Rn. 90 ff.; *Tinnefeld/Ehmann/Gerling* 2005, S. 447; *Roßnagel – Königshofen* 2003, Kap. 5.5, Rn. 110; *Schierbaum/Kiesche*, CR 1992, S. 732.

[371] Vgl. Begr. zum Entwurf eines Ersten Gesetzes zum Abbau bürokratischer Hemmnisse insbesondere in der mittelständischen Wirtschaft, BT-Drs. 16/1407, S. 10.

[372] *Bergmann/Möhrle/Herb* 2008, § 4f, Rn. 99; *Gola/Schomerus* 2007, § 4f, Rn. 23.

[373] *Gola/Klug* 2003, S. 113.

[374] Vgl. § 28 Abs. 2 BDSG 77, § 36 Abs. 2 BDSG 90, § 4f Abs. 2 Satz 1 BDSG 01.

[375] Sehr ausführlich dazu *Schlemann* 1996, S. 189 ff.; vgl. außerdem *Gola/Wronka* 2008, Rn. 1307 ff.; *Breinlinger* 2006, S. 98 ff.; *Simitis – Simitis* 2006, § 4f, Rn. 83 ff.; *Haaz* 2003, S. 94 ff.

[376] *Auernhammer* 1993, § 36, Rn. 16. Dieser Ansicht hat sich mittlerweile auch der Gesetzgeber im Ergebnis angeschlossen. Nach der letzten Änderung des BDSG ist die Fachkunde nunmehr am Umfang der Datenverarbeitung und des Schutzbedarfs der verantwortlichen Stelle zu messen, vgl. Kap. 3.1 m. Fn. 222.

lung der Fachkunde kann dieser Aspekt dann durchaus Berücksichtigung finden.[377] Die Fachkunde lässt sich präzisieren durch eine Unterteilung in Kenntnisse und Fähigkeiten des Datenschutzbeauftragten:[378]

Kenntnisse sind Qualifikationen, die durch Aus- und Weiterbildung sowie Berufserfahrung erworben werden; *Fähigkeiten* stellen natürliche oder durch Anreize der Umwelt, vor allem der betrieblichen Umwelt, geprägte Fertigkeiten dar, die zum Erbringen von Leistungen notwendig sind.[379]

3.4.1.1 Kenntnisse

Die Kenntnisse des Datenschutzbeauftragten bilden die Grundlage seiner vom Gesetz geforderten Fachkunde. Nötig dafür sind eine gute Allgemeinbildung sowie ein breites Grundlagenwissen, um auf die wechselnden Probleme eines Unternehmens in angemessener Zeit reagieren zu können. Das Grundlagenwissen wird gemeinhin in die drei Bereiche juristischer, organisatorischer und technischer Kenntnisse unterteilt.[380]

Das Erfordernis *juristischer* Kenntnisse ergibt sich unmittelbar aus § 4g Abs. 1 Satz 1 BDSG, wonach der Datenschutzbeauftragte auf die Einhaltung dieses Gesetzes und anderer Vorschriften über den Datenschutz hinwirkt. Hierfür ist zunächst erforderlich, dass er insbesondere die Vorschriften des Bundesdatenschutzgesetzes sowie des Telekommunikations- und Multimediarechts beherrscht. Kenntnisse allein des Datenschutzrechts reichen allerdings nicht aus. Vielmehr sind allgemeine Rechtskenntnisse erforderlich, um Hintergründe, Anforderungen und Ziele der datenschutzrelevanten rechtlichen Regelungen erkennen und so auch die Konsequenzen für die verantwortliche Stelle ausmachen zu können.[381] Diese Forderung wird umso verständlicher, wenn man die vielen Querschnittsregelungen des Bundesdatenschutzgesetzes mit ihrem bisweilen hohen Verallgemeinerungsgrad betrachtet.[382] Der Datenschutzbeauftragte muss hier in der Lage sein, unbestimmte Begriffe im Sinne der Betroffenen auszulegen und zu vertreten. Des Weiteren ist es notwendig, dass der Beauftragte für den Datenschutz sich mit anderen, in das Datenschutzrecht hineinspielenden Rechtsgebieten befasst, wie etwa dem Arbeits-, Sozial- oder Handelsrecht sowie dem Steuer-, Verwaltungs- oder Strafrecht.[383] Zusammenfassend lässt sich sagen, dass der Datenschutzbeauftragte ein Verständnis für die juristische Vorgehensweise besitzen, Rechtsnormen interpretieren können und

---

[377] Simitis – *Simitis* 2006, § 4f, Rn. 86.
[378] *Drews* 1997, S. 12f.; so auch *Haaz* 2003, S. 96.
[379] *Haaz* 2003, S. 96.
[380] *Fox*, DuD 2007, S. 372; *Gola/Schomerus* 2007, § 4f, Rn. 20; Simitis – *Simitis* 2006, § 4f, Rn. 84; *Wohlgemuth/Gerloff* 2005, S. 147; *Schlemann* 1996, S. 193 ff.; vgl. auch Hauschka – *Neundorf* 2007, § 27, Rn. 4; *Karstedt-Meierrieks* 2004, S. 9.
[381] Simitis – *Simitis* 2006, § 4f, Rn. 88.
[382] Vgl. *Gola/Schomerus* 2007, § 4f, Rn. 20; *Tinnefeld*, NJW 2001, S. 3079.
[383] Vgl. etwa *Koch* 2006, S. 135; noch ausführlicher *Haaz* 2003, S. 97f.

verschiedene Rechtsgebiete kennen muss. Die juristischen Kenntnisse können somit als der „theoretische Teil" datenschutzrechtlicher Kenntnisse bezeichnet werden.[384]

Das genaue Gegenstück zu diesem theoretischen Teil der Kenntnisse stellen die *technischen* Kenntnisse eines Datenschutzbeauftragten dar. Hier geht es um das eher praxisorientierte Wissen über Verfahren und Techniken der Informationsverarbeitung und deren Schutz. Dazu sind gute Kenntnisse über Hardware, System- sowie Anwendungssoftware notwendig.[385] Nur so kann der Datenschutzbeauftragte die Datenverarbeitung im Unternehmen nachvollziehen und im Rahmen seines Aufgabenbereichs präventiv tätig werden. Ihm müssen mögliche Fehlerquellen bewusst sein, damit er darauf hinwirken kann, dass nur solche Verarbeitungssysteme und Verfahren zum Einsatz kommen, die den besonderen Anforderungen des Datenschutzes gerecht werden.[386] Als ausreichend kann der Kenntnisstand des Datenschutzbeauftragten dann bezeichnet werden, wenn er sich in Fragen des Datenverarbeitungswissens soweit auskennt, dass er sich eines Spezialisten bedienen und dessen Ausführungen zu den betreffenden Themen beurteilen kann.[387] Als Maßstab für das technische Verständnis kann hier insbesondere die Anlage zu § 9 BDSG dienen. Er muss somit keine vertieften Spezialkenntnisse im technischen Bereich besitzen, sondern vielmehr ein solides Grundwissen, welches ihm erlaubt, die Datenverarbeitung im Unternehmen zu durchschauen.

Die *organisatorischen* Kenntnisse schließlich bilden eine Art Brücke zwischen den beiden vorherigen Kenntnisgebieten. Dem Datenschutzbeauftragten ist wenig geholfen, wenn er sich in juristischen und technischen Fragen bezüglich des Datenschutzes auskennt, dieses Wissen jedoch nicht im Unternehmen zu vermitteln vermag. Hierzu bedarf es des Verständnisses von Entscheidungsstrukturen und -abläufen. Nur wenn der Datenschutzbeauftragte weiß, wie Unternehmen allgemein und sein Unternehmen im speziellen funktionieren, wird er wirkungsvoll auf die Einhaltung des Datenschutzes hinwirken können. Dabei wird oftmals unterschieden zwischen betriebswirtschaftlichen und betrieblichen Kenntnissen.[388]

Betriebswirtschaftliche Kenntnisse erfordern sowohl Wissen über die allgemeine als auch über die spezielle Betriebswirtschaftslehre.[389] Der Datenschutzbeauftragte muss allgemeine wirtschaftswissenschaftliche Verfahrensweisen kennen, um datenschutzrelevante Belange sinnvoll in betriebliche Organisationsabläufe einbinden zu können. Bei der Beratung über die technischen und organisatorischen Maßnahmen muss er die Risiken der einzelnen Phasen der Datenverarbeitung und auch der Nutzung im Sinne des Bundesdatenschutzgesetzes für das Persönlichkeitsrecht des Betroffenen abschätzen können.[390]

---

[384]   Dass allein aus diesen Anforderungen die Position des Datenschutzbeauftragten als eine wie von *Beder*, CR 1990, S. 618 ff. bezeichnete „originär anwaltliche Aufgabe" abgeleitet werden kann, darf in Anbetracht des Technikverständnisses vieler Juristen und der weiteren geforderten Kenntnisse bezweifelt werden.

[385]   Dazu im Einzelnen *Haaz* 2003, S. 130.

[386]   *Koch* 2006, S. 136; *Haaz* 2003, S. 130.

[387]   *Haaz* 2003, S. 123; so wohl auch *Koch* 2006, S. 136.

[388]   Vgl. *Koch* 2006, S. 137; *Haaz* 2003, S. 97; *Schlemann* 1996, S. 199.

[389]   Ausführlich dazu *Haaz* 2003, S. 115f.

[390]   Ehmann – *Wächter* 1993, S. 100.

Die *betrieblichen* Kenntnisse hingegen beziehen sich auf die innerbetriebliche Organisationsstruktur. Dazu gehören sowohl Kenntnisse über die formale sowie informelle Unternehmensstruktur als auch über unternehmenstypische Gegebenheiten. In diesem Zusammenhang wird auch von einer Art „Insiderstellung" gesprochen,[391] die dem Datenschutzbeauftragten die optimale Erfüllung seiner Aufgabenstellung ermöglichen soll. Eine solche Stellung ist sicherlich wünschenswert, wird aber nicht immer zu erreichen sein, wenn man zum Beispiel an den externen Datenschutzbeauftragten denkt. Zusammenfassend dienen die organisatorischen Kenntnisse dazu, Prioritätsfragen zwischen Wirtschaftlichkeit auf der einen und datenschutzrechtlicher Notwendigkeit auf der anderen Seite entscheiden zu können.

3.4.1.2 Fähigkeiten

Die notwendigen Fähigkeiten eines Datenschutzbeauftragten sind nur sehr schwer zu umschreiben, da vom Menschen erlernbare und durch äußerliche Umstände beeinflussbare Fertigkeiten kaum objektivierbar sind.[392] Sie werden auch als soziale Kompetenzen beschrieben und sollen auf die Vermittlungsfunktion des Datenschutzbeauftragten abzielen.[393] Nur wenn er in der Lage ist, Präventionsmaßnahmen in seinem Unternehmen auch tatsächlich zur Durchsetzung zu verhelfen, können datenschutzrechtliche Risiken wirksam durch den Datenschutzbeauftragten vermindert werden. Die Forderung nach den Fähigkeiten ist letztlich eine Konsequenz der bereits beschriebenen Kommunikationsfunktion.[394]

In seiner Position als Kontrollorgan im Unternehmen muss der Datenschutzbeauftragte sowohl bei den einzelnen Arbeitnehmern als auch bei seinem Arbeitgeber auf die Einhaltung der datenschutzrechtlichen Vorschriften hinwirken und dazu notwendige Maßnahmen durchsetzen können. Seine Hinweise auf datenschutzrechtliche Belange innerhalb des Unternehmens unter Gesichtspunkten der Effizienz bedeuten dabei auch die Wahrnehmung der Datenschutzkontrolle als unternehmerische Aufgabe.[395] Der Datenschutzbeauftragte muss seine Anliegen immer auch unter wirtschaftlichen Gesichtspunkten vermitteln können. Dies erfordert in der Konsequenz von ihm auch die Fähigkeiten eines Managers. Hinzu kommt noch eine vertrauensvolle Zusammenarbeit mit dem Betriebsrat in datenschutzrechtlichen Angelegenheiten, die in den Anwendungsbereich des Betriebsverfassungsgesetzes fallen. Dazu ist insbesondere notwendig, dass der Datenschutzbeauftragte seine Kenntnisse als neutrale Kontrollinstanz sowohl auf Arbeitnehmer- als auch auf Arbeitgeberseite vermitteln kann. Als Beurteilungskri-

---

[391] Vgl. etwa *Breinlinger* 2006, S. 98; *Schlemann* 1996, S. 200; Ehmann – *Wächter* 1993, S. 100.
[392] Vgl. dennoch *Koch* 2006, S. 138 ff.; *Haaz* 2003, S. 132; *Schlemann* 1996, S. 201f.
[393] Simitis – *Simitis* 2006, § 4f, Rn. 91; *Schlemann* 1996, S. 202; *Haaz* 2003, S. 133 spricht in diesem Zusammenhang auch von „sozialer Intelligenz".
[394] S. Kap. 2.7.2.
[395] Ehmann – *Wächter* 1993, S. 96.

terium für die Fachkunde können die Fähigkeiten insgesamt nur in begrenztem Maße herangezogen werden, weil sie sich regelmäßig erst im Laufe der Zeit zeigen werden.[396]

3.4.2 Zuverlässigkeit

Dieses Qualifikationsmerkmal lässt sich ebenfalls nur schwer bestimmen und ist daher auch
kaum objektivierbar. Das Erfordernis der Zuverlässigkeit hebt die besondere Vertrauensstel-
lung des Datenschutzbeauftragten hervor und soll auf diese Art die Unternehmensleitung zu
besonderer Sorgfalt bei der Auswahl der Person mahnen.[397] Es bezieht sich auf die persönliche Veranlagung und Haltung des Beauftragten und ist eine charakterliche Eigenschaft, die
nach dem Gesamtbild der Persönlichkeit beurteilt werden muss.[398] Darüber hinaus bezieht
sich der Begriff der Zuverlässigkeit aber auch auf die besonderen Anforderungen, die die Position mit sich bringt.[399] Als Beurteilungskriterium für die Zuverlässigkeit ist in erster Linie
auf das bisherige Verhalten der Person zurückzugreifen.[400] Hierbei muss allerdings die Eingrenzung gelten, dass nur datenschutzrechtliche Belange bei der Beurteilung der Zuverlässigkeit Berücksichtigung finden dürfen, denn nicht jede Verfehlung schlechthin kann zu einer
Unzuverlässigkeit führen.[401] Insgesamt sollte das Verhalten der zu bestellenden Person zeigen, dass sie den Datenschutz ernst nimmt und keine gegenläufigen Tendenzen eine andere
Ansicht vermuten lassen.

3.4.2.1 Persönliche und fachliche Zuverlässigkeit

Unterschieden werden kann zwischen der persönlichen und der fachlichen Zuverlässigkeit des
Datenschutzbeauftragten. Die Bestimmung der *persönlichen* Zuverlässigkeit ist stark geprägt
durch die Bezugnahme auf die charakterlichen Eigenschaften.[402] Diese sind aus rechtsdogmatischer Sicht jedoch nur schwer greifbar. Als Schlagworte können hier etwa charakterliche
Integrität, Verantwortungsbewusstsein oder Handlungsethik genannt werden. Davon ausgehend ist die Bestimmung der Zuverlässigkeit am ehesten über eine negative Abgrenzung möglich. Rechtliche Anknüpfungspunkte können sein, dass die zu bestellende Person weder vor-
bestraft noch durch vorherige fehlerhafte oder unsorgsame Arbeit aufgefallen sein sollte, insgesamt also weitmöglichst eine „weiße Weste" hat.[403]

---

[396] Vgl. *Haaz* 2003, S. 133.
[397] *Koch* 2006, S. 142.
[398] *Weber* 1988, S. 78.
[399] *Gola/Schomerus* 2007, § 4f, Rn. 23.
[400] Simitis – *Simitis* 2006, § 4f, Rn. 95; Ehmann – *Wächter* 1993, S. 104; *Schierbaum*, AiB 1992, S. 424.
[401] *Schlemann* 1996, S. 204; Ehmann – *Wächter* 1993, S. 104.
[402] Vgl. *Bergmann/Möhrle/Herb* 2008, § 4f, Rn. 100; *Koch* 2006, S. 145; *Haaz* 2003, S. 134; *Schlemann* 1996,
      S. 203.
[403] Negativbeispiele dazu finden sich etwa bei *Bergmann/Möhrle/Herb* 2008, § 4f, Rn. 101; Simitis – *Simitis*
      2006, § 4f, Rn. 95; *Schlemann* 1996, S. 203; Ehmann – *Wächter* 1993, S. 104; zur Vergleichbarkeit der Zu-
      verlässigkeitskriterien anderer Beauftragter vgl. *Weber* 1988, S. 80f.

Die *fachliche* Zuverlässigkeit bedeutet eine Arbeitsweise, die durch Sorgfalt und Gründlich-keit geprägt ist.[404] Die Arbeit des Datenschutzbeauftragten muss bestimmten Qualitätsanfor-derungen genügen und durch Belastbarkeit in kritischen Situationen geprägt sein. Die fachli-che Zuverlässigkeit stellt das Maß an Gewissheit dar, mit der die Erledigung einer gestellten Aufgabe erwartet werden kann.[405]

3.4.2.2 Interessenkollision

Ein im Zusammenhang mit der fachlichen Zuverlässigkeit häufig erörtertes Problem ist die Interessenkollision. Sie wird dann angenommen, wenn die notwendige Unabhängigkeit des Datenschutzbeauftragten beeinträchtigt wird durch andere von ihm wahrgenommene Aufga-ben, die eine klare Trennung zwischen verantwortlicher Stelle und dem Beauftragten nicht mehr zulassen.[406] Hierbei sind verschiedene Konstellationen möglich:

Die zu bestellende Person könnte beispielsweise in einem Bereich tätig sein, den sie als Da-tenschutzbeauftragter selbst kontrollieren muss. Des Weiteren ist denkbar, dass eine beson-ders starke Nähe zur Leitung der verantwortlichen Stelle besteht, etwa weil die zu bestellende Person ein leitender Angestellter ist. Schließlich könnte die zu bestellende Person selbst Teil der Leitung der verantwortlichen Stelle sein. Bei all diesen Konstellationen stellt sich am En-de die Frage, ob die fachliche Zuverlässigkeit zu verneinen ist, weil die zu bestellende Person in einen unüberwindbaren Interessenkonflikt gerät.

Zunächst ist bei allen Möglichkeiten zu beachten, dass das Gesetz keine Aussagen darüber trifft, ob und gegebenenfalls welche Position per se zu einer Interessenkollision führt. Eine grundsätzliche Interessenkollision könnte demnach nur angenommen werden, wenn es ande-re, verbindliche und objektivierbare Maßstäbe gäbe. In der Literatur ist teilweise versucht worden, die fachliche Zuverlässigkeit als „objektive Zuverlässigkeit" darzustellen, um so Maßstäbe für eine Inkompatibilität festsetzen zu können.[407] Auf diese Art ist es zwar möglich, bei breiter Übereinstimmung bestimmte Gruppen zu definieren, es können damit aber keine verbindlichen, allgemeingültigen Regeln aufgestellt werden – die eine Aufsichtsbehörde könnte eine Interessenkollision als gegeben sehen, die nächste nicht. Dies führt in der Praxis zu einer nicht mehr hinnehmbaren Rechtsunsicherheit bei den verantwortlichen Stellen. Des-wegen ist der Ansicht zu folgen, dass keinesfalls generell eine Person im Unternehmen als möglicher Datenschutzbeauftragter ausgeschlossen werden kann, weil sie in ihrer weiteren Tätigkeit dem Arbeitgeber oder den für die Datenverarbeitung zuständigen Abteilungen be-sonders nahe steht oder weil sie sich in ihrer ansonsten wahrgenommenen Funktion auch selbst kontrollieren muss.[408]

---

[404] *Koch* 2006, S. 144.
[405] *Haaz* 2003, S. 134.
[406] Simitis – *Simitis* 2006, § 4f, Rn. 97.
[407] S. etwa Simitis – *Simitis* 2006, § 4f, Rn. 94; *Däubler* 2002, Rn. 596.
[408] *Schaffland/Wiltfang* 2007, § 4f, Rn. 29 ff.; KassHdb ArbR – *Blechmann* 2000, Kap. 2.10, Rn. 387 ff. (Rn. 392); mit leichten Einschränkungen beim Leiter der Datenverarbeitung *Dörr/Schmidt* 1997, § 36

Dies gilt auch vor dem Hintergrund der EG-Datenschutzrichtlinie, nach welcher der Datenschutzbeauftragte seine Tätigkeit in „völliger Unabhängigkeit" ausüben können muss.[409] Denn Anknüpfungspunkt an dieser Stelle ist lediglich die „Ausübung", womit jedoch nichts über die Position im Unternehmen gesagt ist, aus welcher der Datenschutzbeauftragte seiner Tätigkeit nachkommt. Es verbietet sich daher die pauschale Feststellung von Interessenkollisionen mit einem oder mehreren bestimmten Aufgabenbereichen eines Unternehmens. Vielmehr muss in jedem Einzelfall geprüft werden, ob eine fachliche Unzuverlässigkeit wegen einer Interessenkollision vorliegt oder nicht. Denn es spricht nichts dagegen, dass im Einzelfall beim Vorliegen der sonstigen Zuverlässigkeitskriterien zum Beispiel ein gewissenhafter Leiter der Datenverarbeitung das Amt des Datenschutzbeauftragten bekleiden könnte. Das Gesetz macht an dieser Stelle bewusst keine Einschränkung. Der Gesetzgeber hat es in zwei Novellen unterlassen, hier eine Konkretisierung oder Klarstellung zu betreiben. Im Rahmen der fachlichen Zuverlässigkeit kann daher nach hier vertretener Auffassung kein Aufgabenbereich im Unternehmen als grundsätzlich inkompatibel mit dem Amt des Datenschutzbeauftragten angesehen werden. Ebenso wenig können Inhaber oder Mitglieder der Unternehmensleitung grundsätzlich als Datenschutzbeauftragte ausgeschlossen werden.[410]

Auf der anderen Seite ist aber ganz klar davon auszugehen, dass bestimmte Aufgaben oder Positionen im Unternehmen wie etwa Inhaber oder Geschäftsführer, leitende Angestellte, Leiter von Stellen mit datenschutzrechtlichem Bezug oder auch Betriebsratsmitglieder leichter zu einer Interessenkollision führen als andere.[411] Das bedeutet, dass die verantwortliche Stelle bei der Bestellung einer Person aus diesem Kreis wesentlich schneller Gefahr läuft, einen Verstoß gegen die Bußgeldvorschrift des § 43 Abs. 1 Nr. 2 BDSG wegen Bestellung eines unzuverlässigen Datenschutzbeauftragten zu begehen. Daher sollten Unternehmen nur im Notfall Personen aus den aufgeführten Problemkreisen bestellen und ansonsten den Vorschlägen der einschlägigen Literatur folgen.

Eine weitere Möglichkeit der Interessenkollision, die in der Literatur diskutiert wird und im Gegensatz zu den vorher genannten Inkompatibilitäten auch beim hauptamtlich beschäftigten Datenschutzbeauftragten zum Problem werden kann, besteht dann, wenn von mehreren verantwortlichen Stellen dieselbe Person zum Datenschutzbeauftragten bestellt wird. Das ist möglich, wenn ein externer Beauftragter – etwa als Dienstleister – seine Tätigkeit mehreren Unternehmen anbietet. Hiergegen bestehen keine Bedenken, solange zwischen den einzelnen Unternehmen keine wettbewerblichen Beziehungen bestehen und der Datenschutzbeauftragte

---

Rn. 13 ff.; a.A. ErfKomm ArbR – *Wank* 2008, § 4f BDSG, Rn. 3; *Breinlinger* 2006, S. 99f.; Simitis – *Simitis* 2006, § 4f, Rn. 97 ff. m.w.N.; *Wohlgemuth/Gerloff* 2005, S. 147f.; Ehmann – *Wächter* 1993, S. 104.

[409]   Vgl. dazu *Koch* 2006, S. 156f. In letzter Konsequenz müsste diese „völlige Unabhängigkeit des Datenschutzbeauftragten" aber zu einer Ablehnung der Selbstkontrolle führen, vgl. daher auch die Schlussfolgerung des luxemburgischen Gesetzgebers, Kap. 3.7.2.

[410]   *Schaffland/Wiltfang* 2007, § 4f, Rn. 40; vgl. auch KassHdb ArbR – *Blechmann* 2000, Kap. 2.10, Rn. 388.

[411]   In diesem Zusammenhang kann auf die umfangreiche Literatur zur Inkompatibilität verwiesen werden, wie etwa *Bergmann/Möhrle/Herb* 2008, § 4f, Rn. 104 ff.; Simitis – *Simitis* 2006, § 4f, Rn. 97 ff.; *Däubler* 2002, Rn. 596; *Schlemann* 1996, S. 207 ff.

somit durch sein erlangtes Wissen nicht in Konflikte gerät. Problematischer soll sich die Situation gestalten, wenn derselbe Beauftragte von mehreren konzernangehörigen Unternehmen bestellt wird, denn dann bestehe die Befürchtung, dass widerstreitende Interessen einerseits zwischen der Ober- und ihren Untergesellschaft sowie andererseits zwischen den einzelnen Untergesellschaften untereinander jeweils zu Lasten der Betroffenen auftreten können.[412] Hierzu ist jedoch anzuführen, dass gerade die Konzentration auf eine Person als Datenschutzbeauftragter oftmals widerstreitende Interessenlagen auch zu verhindern vermag, sodass eventuelle Nachteile im Interesse der Betroffenen auch durch mögliche Vorteile ausgeglichen werden können. Mittlerweile beschränken sich die genannten Bedenken daher auch nur noch auf die theoretische Möglichkeit einer Interessenkollision, sodass die Mehrfachbestellung, auch innerhalb desselben Konzerns, allgemein als zulässig anerkannt wird.[413]

3.5 Haftung des Datenschutzbeauftragten

Die ständig fortschreitende technologische Entwicklung sowie die Vielfältigkeit des Aufgabengebiets des Datenschutzbeauftragten bringen es mit sich, dass ebenso wie bei der Verarbeitung von Daten auch bei der Kontrolle der Rechtmäßigkeit dieser Verarbeitung Fehler geschehen, die mitunter zu erheblichen Schäden führen können.[414]

Die konkreten Schadenspositionen können unterschiedliche Ausgestaltungen haben. Denkbar bei dem *Betroffenen* ist ein möglicher Schadensersatzanspruch wegen der Verletzung des Rechts auf informationelle Selbstbestimmung durch die Datenverarbeitung der verantwortlichen Stelle. In Frage kommen hier sowohl die Arbeitnehmer des jeweiligen Unternehmens als auch Kunden oder Lieferanten. Schäden der *verantwortlichen Stelle* könnten etwa Gewinnausfälle des Unternehmens oder auch Buß- und Strafgelder sein. Sind solche Schäden in Zusammenhang mit dem Tätigkeitsbereich des Datenschutzbeauftragten zu bringen, etwa weil dieser Kontrollen unterlassen, Schulungen mangelhaft durchgeführt, falsch, weil unsachgemäß beraten, unzulässige Übermittlungen zu verantworten oder seine Verschwiegenheitspflicht verletzt hat,[415] stellt sich die Frage nach seiner Haftung.

Spezielle Haftungsregelungen für den Datenschutzbeauftragten sind gesetzlich nicht vorgesehen.[416] Dies ist insofern konsequent, als dass dem Beauftragtensystem insgesamt eigene Haftungsregelungen fremd sind.[417] Daher bestimmt sich die Haftung nach den allgemeinen zivilrechtlichen Vorschriften. Hierbei kommen Schadensersatzansprüche aus Vertrag zwischen

[412] *Gola/Schomerus* 2007, § 4f, Rn. 24; *Koch* 2006, S. 33f.; *Wohlgemuth/Gerloff* 2005, S. 148; *Schlemann* 1996, S. 210; *Wohlgemuth*, BB 1995, S. 1353; a.A. *Bergmann/Möhrle/Herb* 2008, § 4f, Rn. 72, die allein auf die Wissenskomponente abstellen und dann aufgrund der fehlenden Wettbewerbssituation zwischen den Konzernunternehmen gerade keine widerstreitenden Interessen erkennen.

[413] *Bergmann/Möhrle/Herb* 2008, § 4f, Rn. 39; *Däubler* 2002, Rn. 596; *Ruppmann* 2000, S. 111; *Auernhammer* 1993, § 36, Rn. 25; Heilmann – *Fehlhaber* 1977, S. 134; *Kriependorf*, DuD 1977, S. 20.

[414] Vgl. *Helfrich*, CR 1992, S. 456.

[415] Vgl. Simitis – *Simitis* 2006, § 4g, Rn. 97.

[416] Vgl. dazu *Born* 2001, S. 81 ff.

[417] *Weber* 1988, S. 227.

dem Datenschutzbeauftragten und der verantwortlichen Stelle sowie aus Deliktsrecht in Frage.[418]

3.5.1 Haftung gegenüber dem Betroffenen

Zwischen dem Datenschutzbeauftragten und einem in seinen Rechten verletzten Dritten bestehen keine vertraglichen Beziehungen. Auch vertragsähnliche Beziehungen wie der Vertrag zugunsten Dritter oder der Vertrag mit Schutzwirkung für Dritte können zugunsten des Betroffenen nicht konstruiert werden.[419] Somit bleibt für Schadensersatzansprüche aus Vertrag zwischen Beauftragtem und Betroffenem kein Raum. Für die Haftung des Datenschutzbeauftragten kann nur auf das Deliktsrecht zurückgegriffen werden. Als Anspruchsgrundlage kommen insbesondere § 823 Abs. 1 BGB wegen Verletzung eines „sonstigen Rechts" in Form des Rechts auf informationelle Selbstbestimmung als Bestandteil des allgemeinen Persönlichkeitsrechts[420] und § 823 Abs. 2 BGB i.V.m. Normen des Bundesdatenschutzgesetzes als Schutzgesetz[421] in Frage.

Anspruchsvoraussetzungen sind bei beiden Tatbeständen die Rechtwidrigkeit der Datenverarbeitung durch die verantwortliche Stelle, das entsprechende Verschulden des Datenschutzbeauftragten sowie der Zurechnungszusammenhang. *Rechtswidrigkeit* liegt vor, wenn die Verarbeitung der personenbezogenen Daten nach dem Gesetz unzulässig oder nicht durch die Einwilligung des Betroffenen gedeckt ist. Ein *Verschulden* trifft den Datenschutzbeauftragten, wenn er in seiner Funktion die ihm obliegenden Pflichten vernachlässigt hat und der Datenschutzverstoß bei ordnungsgemäßer Wahrnehmung seiner Aufgaben mit ziemlicher Sicherheit nicht eingetreten wäre.[422] Für eine Haftung muss weiterhin *Kausalität* zwischen dem verursachten Schaden und dem schädigenden Verhalten durch die speichernde Stelle gegeben sein. Diese liegt nur vor, wenn das pflichtwidrige Verhalten unmittelbar auf die Person des Datenschutzbeauftragten zurückzuführen ist. Hierbei ist insbesondere zu beachten, dass dem Datenschutzbeauftragten im Regelfall keine eigenen Entscheidungsbefugnisse zustehen und das Letztentscheidungsrecht bei der Unternehmensleitung liegt, was eine sehr sorgfältige Prüfung aller Voraussetzungen, die eine deliktische Haftung begründen, erforderlich macht. Ein grundsätzlicher Haftungsausschluss hingegen lässt sich aus der fehlenden Weisungsbefugnis

---

[418] Vgl. *Bergmann/Möhrle/Herb* 2008, § 4g, Rn. 61 ff.; Simitis – *Simitis* 2006, § 4g, Rn. 98 ff.; *Schlemann* 1996, S. 295 ff.; *Wind*, RDV 1991, S. 21f.; *Knabben*, DB 1978, S. 149.

[419] Simitis – *Simitis* 2006, § 4g, Rn. 103 m.w.N.; KassHdb ArbR – *Blechmann* 2000, Kap. 2.10, Rn. 495; *Wind*, RDV 1991, S. 21.

[420] *Bergmann/Möhrle/Herb* 2008, § 4g, Rn. 65; *Koch* 2006, S. 167; *Schlemann* 1996, S. 284; *Helfrich*, CR 1992, S. 457; *Wind*, RDV 1991, S. 22; vgl. auch Staudinger – *Hager*, § 823, Rn. B 140, C 173 ff.; Palandt – *Sprau* 2008, § 823, Rn. 19.

[421] Vgl. zum Schutzgesetzcharakter der verschiedenen Normen des BDSG Rechtsprechungsübersicht bei MünchKomm BGB V – *Wagner* 2004, § 823, Rn. 360.

[422] *Koch* 2006, S. 168.

nicht herleiten.[423] In Ausnahmefälle kann der Datenschutzbeauftragte auch die §§ 824 und 826 BGB als deliktsrechtliche Haftungstatbestände verwirklichen.[424]

Die Beweislast für die anspruchsbegründenden Tatsachen trägt der Betroffene.[425] Auf die Beweislastumkehr aus § 7 Satz 2 BDSG[426] kann er sich nicht berufen, da die Norm nur im Verhältnis zwischen dem Betroffenen und der verantwortlichen Stelle gilt. Dadurch werden dem Betroffenen keine unzumutbaren Beweisschwierigkeiten auferlegt, denn er kann sich immer auch an die verantwortliche Stelle wenden, die sich im Rahmen bestehender Vertragsverhältnisse über § 278 BGB ein mögliches Verschulden des Datenschutzbeauftragten zurechnen lassen muss. In dieser Konstellation findet § 7 Satz 2 BDSG in vollem Umfang Anwendung.[427]

Haften Datenschutzbeauftragter und die verantwortliche Stelle als Gesamtschuldner, ist noch zu beachten, dass dem internen Beauftragten als Arbeitnehmer ein Freistellungsanspruch – hierfür gelten die allgemeinen Grundsätze des innerbetrieblichen Schadensausgleichs[428] – gegen das ihn beschäftigende Unternehmen zusteht.[429] Danach muss der Arbeitgeber den Arbeitnehmer soweit von der Haftung gegenüber dem Betroffenen freistellen, wie wenn der Schaden bei der verantwortlichen Stelle selbst eingetreten wäre und der interne Datenschutzbeauftragte ihn aufgrund seiner eingeschränkten Haftung nicht zu tragen hätte.[430] Aufgrund der fehlenden Arbeitnehmereigenschaft kommt dem externen Datenschutzbeauftragten diese Haftungsprivilegierung nicht zu Gute.

3.5.2 Haftung gegenüber dem Unternehmen

Hat die verantwortliche Stelle durch den Datenschutzbeauftragten einen Schaden erlitten, so kann dieser durch eine Pflichtverletzung oder durch deliktisches Handeln entstanden sein. Zunächst ist das der Bestellung zugrunde liegende Rechtsverhältnis maßgeblich für die Haftung des Beauftragten. Dies ist beim internen Datenschutzbeauftragten der Arbeitsvertrag und beim externen der Dienst- oder Geschäftsbesorgungsvertrag.[431] Grundnorm für beide Verträge ist § 611 BGB. Grundsätzlich haften die Vertragsparteien für Vorsatz und jede Fahrlässigkeit gemäß § 276 BGB. Dies gilt sowohl für das Dienst- als auch das Arbeitsverhältnis sowie für die Tatbestände des Deliktsrechts. Um den Besonderheiten Rechnung zu tragen, bestehen im Rahmen des Arbeitsverhältnisses von diesem Grundsatz aber wichtige Ausnahmen.[432] Auf-

---

[423] Vgl. *Gola/Schomerus* 2007, § 4g, Rn. 34; *Wind*, RDV 1991, S. 22.
[424] KassHdb ArbR – *Blechmann* 2000, Kap. 2.10, Rn. 499; *Wind*, RDV 1991, S. 19.
[425] *Schlemann* 1996, S. 288 m.w.N.
[426] Zur etwas undeutlichen Formulierung des § 7 Satz 2 BDSG vgl. *Gola/Schomerus* 2007, § 7, Rn. 9.
[427] Insoweit kann auch auf den Meinungsstand zu § 8 BDSG 90 verwiesen werden, vgl. etwa KassHdb ArbR – *Blechmann* 2000, 2.10, Rn. 494; *Schlemann* 1996, S. 288; *Ehmann – Geis* 1993, S. 68.
[428] *Kittner/Zwanziger – Lakies* 2007, § 81, Rn. 68; *Otto/Schwarze* 1998, Rn. 475.
[429] *Simitis – Simitis* 2006, § 4g, Rn. 112 m.w.N.
[430] Vgl. *Kittner/Zwanziger – Lakies* 2007, § 81, Rn. 69.
[431] S. Kap. 3.2.1.1.
[432] *Palandt – Weidenkaff* 2008, § 611, Rn. 152; *Wollenschläger* 2004, Rn. 295.

grund dieser unterschiedlich ausgestalteten Rechtsgrundlagen beim Anstellungsverhältnis zwischen internem und externem Datenschutzbeauftragten ergeben sich im Rahmen der Haftung Unterschiede.

3.5.2.1 Haftung des internen Datenschutzbeauftragten

Die Grundsätze der Arbeitnehmerhaftung finden auf den internen Datenschutzbeauftragten in vollem Umfang Anwendung.[433] Dies gilt bei einem Arbeitsvertrag unabhängig davon, ob er als leitender Angestellter eingestuft wird, wohingegen die Grundsätze der Arbeitnehmerhaftung bei Dienstverträgen keine Anwendung finden, weswegen der externe Datenschutzbeauftragte allein nach den allgemeinen Regelungen des Leistungsstörungsrechts und des Deliktsrechts haftet.[434] Im Ausgangspunkt kommen als Rechtsgrundlage für eine Haftung § 280 Abs. 1 BGB bei Pflichtverletzungen und §§ 823 ff. BGB bei deliktischem Handeln in Frage.

Das Leistungsstörungsrecht hat mit dem Schuldrechtsmodernisierungsgesetz[435] und der anschließenden Neufassung des Bürgerlichen Gesetzbuchs[436] weitreichende Änderungen erfahren, die sich auch auf die Haftung des Arbeitnehmers auswirken.[437] Durch das Schuldrechtsmodernisierungsgesetz wurde ein einheitlicher Haftungstatbestand geschaffen, dessen einzige Anspruchsgrundlage § 280 Abs. 1 BGB darstellt.[438] Der Datenschutzbeauftragte muss eine Verpflichtung aus dem bestehenden Vertrag schuldhaft verletzt haben und die Pflichtverletzung muss kausal für den entstandenen Schaden sein, ohne dass die speichernde Stelle ihrerseits durch schuldhaftes Verhalten den Schaden (mit-)verursacht hat.[439] Die Beweislast für das Verschulden trägt entgegen der Verschuldensvermutung des § 280 Abs. 1 Satz 1 BGB der Arbeitgeber aufgrund der in § 619a BGB neu normierten Beweislastumkehr zugunsten des Arbeitnehmers. Zentraler Begriff der neuen Schadensersatzregelung ist die „Pflichtverletzung", welche sowohl die Fälle der Unmöglichkeit, des Verzugs, der Schlechterfüllung sowie die Verletzung vertraglicher Nebenpflichten umfasst.[440] Bezogen auf die Arbeitsleistung als arbeitsrechtliche Hauptpflicht kann die Pflichtverletzung in der Nichterbringung oder der Schlechterfüllung der Arbeitsleistung liegen. Daneben kann eine Pflichtverletzung auch in Form einer Verletzung von Nebenpflichten auftreten.[441]

---

[433]   *Tinnefeld/Ehmann/Gerling* 2005, S. 451; Roßnagel – *Königshofen* 2003, Kap. 5.5, Rn. 124 ff.
[434]   Schaub – *Linck* 2005, § 53, Rn. 40; zur Haftung des externen Datenschutzbeauftragten s. Kap. 3.5.2.2.
[435]   Gesetz zur Modernisierung des Schulrechts vom 26.11.2001, BGBl. I S. 3138.
[436]   Bekanntmachung der Neufassung des Bürgerlichen Gesetzbuchs vom 2.1.2002, BGBl. I S. 42, ber. S. 2909.
[437]   Auch nach der Gesetzesnovelle wird den Besonderheiten des Dauerschuldverhältnisses im Rahmen des Leistungsstörungsrechts nicht immer hinreichend Rechnung getragen, vgl. *Dütz* 2007, Rn. 183; *Söllner/Waltermann* 2007, Rn. 781.
[438]   Palandt – *Heinrichs* 2008, § 280, Rn. 4; *Lieb/Jacobs* 2006, Rn. 199; *Preis* 2003, S. 596; Dauner-Lieb/Heidel/Lepa/Ring – *Dauner-Lieb* 2002, § 2, Rn. 32f.; speziell für den Datenschutzbeauftragten *Gola/Schomerus* 2007, § 4g, Rn. 35; a.A. v. Wilmowsky, JuS 2002, S. 4; Hirsch, JURA 2002, S. 291.
[439]   KassHdb ArbR – *Blechmann* 2000, Kap. 2.10, Rn. 501.
[440]   *Preis* 2003, S. 596.
[441]   *Dütz* 2007, Rn. 184.

Nichterfüllung liegt vor, wenn der Datenschutzbeauftragte überhaupt nicht tätig wird, sich verspätet oder den Arbeitsplatz vorzeitig verlässt.[442] Im Arbeitsrecht allgemein treten diese Fälle eher selten auf.[443] Problematisch kann aber die Abgrenzung der Nichterfüllung zur Schlechtleistung sein, was im Hinblick auf die Rechtsfolgen jedoch von entscheidender Bedeutung für den Arbeitnehmer ist. Im Falle der Nichterfüllung steht dem Arbeitgeber nämlich ein Lohnminderungsanspruch gegenüber dem Arbeitnehmer zu. Um einen Schadensersatzanspruch wegen Nichterfüllung begründen zu können, müssen zu § 280 Abs. 1 BGB noch weitere, in den §§ 281 ff. BGB geregelte Voraussetzungen hinzutreten.[444] In Frage kommt hier Ersatz des durch die schuldhafte Nichterfüllung der Arbeitspflicht entstandenen Schadens gemäß §§ 280 Abs. 1 und 3, 283, 275 Abs. 1 und 4 BGB wegen Unmöglichkeit, soweit die Arbeit nicht nachholbar ist. Nach h.M. tritt bei Nichtleistung der Arbeit sofort Unmöglichkeit ein, weil die Arbeitsleistung absoluten Fixschuldcharakter besitzt.[445] Allerdings ist mittlerweile anerkannt, dass diese Sicht den modernen Formen von Arbeitsverhältnissen nicht immer gerecht wird.[446] Aufgrund von Arbeitszeitkonten und Gleitzeitarbeit kann es durchaus zu Situationen kommen, in denen die Arbeit nachgeleistet werden kann, was durch Vertragsauslegung und im Einzelfall zu ermitteln ist. Für den Datenschutzbeauftragten als Arbeitnehmer, dessen Position mit der eines leitenden Angestellten vergleichbar sein kann,[447] sind durchaus Möglichkeiten der Nacharbeit denkbar. In diesen Fällen wird die Arbeitsleistung nur als relative Fixschuld angesehen und kann auch einen Anspruch auf Ersatz des Verzugsschadens gemäß §§ 280 Abs. 1 und 2, 286 BGB begründen.[448] Kommt in diesem Zusammenhang der Arbeitnehmer dem Erfüllungsverlangen des Arbeitgebers nicht nach, richtet sich der Schadensersatz ausnahmsweise nach §§ 280 Abs. 1 und 3, 281 BGB.[449]

Schlechterfüllung liegt im Arbeitsrecht in den Fällen vor, in denen der Arbeitnehmer zwar seiner Arbeitsverpflichtung nachkommt, aber eine mit Mängeln behaftete Arbeitsleistung erbringt und der Arbeitgeber durch die zu erbringende Arbeitsleistung in irgendeiner Form pflichtwidrig geschädigt wird.[450] Die Schlechtleistung bildet das Gros der arbeitsvertraglichen Pflichtverletzungen.[451] Allerdings ist sie aufgrund der persönlichen Leistungspflicht und des subjektiven Leistungsmaßstabs nur schwer bestimmbar. Für den Tätigkeitsbereich des Datenschutzbeauftragten kommen als Schlechtleistungen beispielsweise mangelhafte Schulung,

---

[442] Schaub – *Linck* 2007, § 51, Rn. 1; *Preis* 2003, S. 598.
[443] Vgl. *Reichold* 2006, § 9, Rn. 1.
[444] Palandt – *Heinrichs* 2008, § 280, Rn. 13.
[445] *Schlodder* 2004, S. 47; *Henssler*, RdA 2002, S. 130; *Otto/Schwarze* 1998, Rn. 87 ff.; vgl. auch ErfKomm ArbR – *Preis* 2008, § 611 BGB, Rn. 677.
[446] *Dütz* 2007, Rn. 189; *Gotthardt* 2002, Rn. 74.
[447] S. aber Kap. 3.2.2.1, wonach die Position des Datenschutzbeauftragten nicht automatisch als die eines leitenden Angestellten angesehen werden kann.
[448] Vgl. etwa *Dütz* 2007, Rn. 189; *Söllner/Waltermann* 2007, Rn. 786; MünchKomm BGB IV – *Müller-Glöge* 2005, § 611, Rn. 1040 m.w.N.; zur Möglichkeit eines Verzögerungsschadens durch den Datenschutzbeauftragten vgl. *Schlemann* 1996, S. 295.
[449] ErfKomm ArbR – *Preis* 2008, § 611 BGB, Rn. 700; *Dütz* 2007, Rn. 189; a.A *Schlodder* 2004, S. 49 m.w.N.
[450] Schaub – *Linck* 2007, § 52, Rn. 1; *Otto/Schwarze* 1998, Rn. 104.
[451] Vgl. *Reichold* 2006, § 9, Rn. 1.

unsachgemäße Beratung, unzulässige Übermittlungen, Verletzung der Verschwiegenheitspflicht oder unterlassene Kontrollen in Frage,[452] wobei letztere im Einzelfall auch die Nichterfüllung einer arbeitsrechtlichen Leistungspflicht darstellen kann. Liegt eine Schlechtleistung seitens des Arbeitnehmers vor, kommen grundsätzlich „einfacher" Schadensersatz gemäß § 280 Abs. 1 BGB sowie Schadensersatz statt der Leistung gemäß § 280 Abs. 1 und 3, 281 BGB in Frage. Allerdings dürfte der Anwendungsbereich des § 281 BGB im Arbeitsrecht äußerst begrenzt sein. Nur wenn eine von mehreren Pflichten aus dem Pflichtenbündel[453] des Arbeitsvertrages nicht so erbracht wurde, wie es dem Inhalt des Leistungsversprechens entspricht, ausnahmsweise nachholbar ist und eine nach Fristsetzung des Arbeitgebers fehlgeschlagene Nacherfüllung vorliegt, ist eine Haftung gemäß § 281 Abs. 1 Satz 2 BGB denkbar.[454] Ist der Schaden jedoch bereits eingetreten und eine Nacherfüllung somit hinfällig, bleibt für § 281 BGB kein Raum. Der Schadensersatzanspruch richtet sich dann ausschließlich nach § 280 Abs. 1 BGB und umfasst dabei auch die Schäden, die aus einer Schlechtleistung in einem Vertragstyp ohne Gewährleistungsrecht, hier namentlich dem Dienstvertrag als Grundlage des Arbeitsrechts, herrühren und bisher über die positive Vertragsverletzung geregelt wurden.[455]

Die *Verletzung von Nebenpflichten* kann ebenfalls zu einem Schadensersatzanspruch des Arbeitgebers gegen den Arbeitnehmer führen. In Betracht kommen Schäden aus positiver Vertragsverletzung und vor allem aufgrund der Verletzung einer Pflicht aus § 241 Abs. 2 BGB, die von § 280 Abs. 1 i.V.m. § 241 Abs. 2 BGB umfasst werden.[456] Die Abgrenzung zwischen Pflichten aus dem Leistungsprogramm des Arbeitnehmers und den Pflichten aus § 241 Abs. 2 BGB kann jedoch Schwierigkeiten bereiten, denn Nebenpflichten können nicht abstrakt definiert werden, sondern sind nach den jeweiligen Umständen des einzelnen Arbeitsvertrages unter Berücksichtigung der Verkehrsanschauung zu bestimmen.[457] Für das Nebenpflichtenprogramm des Datenschutzbeauftragten bedeutet dies, dass es je nach Arbeitsvertrag unterschiedlich ausfallen kann. Dies wird nur Einzelfälle betreffen, aber insbesondere zwischen haupt- und nebenamtlichen Beauftragten kann es zu Unterschieden im Bereich der zu erfüllenden Pflichten kommen. Praktisch hat die Frage, ob eine Haupt- oder Nebenleistungspflicht verletzt wurde, weitgehend an Bedeutung verloren, weil jetzt jede Pflichtverletzung die im Gesetz vorgesehenen Rechtsbehelfe auslösen kann.[458] Neben dem einfachen Schadensersatz

---

[452] Vgl. Simitis – *Simitis* 2006, § 4g, Rn. 97.
[453] Vgl. insoweit MünchKomm BGB II – *Ernst* 2007, § 281, Rn. 143.
[454] Vgl. zur Möglichkeit einer ordnungsgemäßen Nachleistungspflicht *Richardi*, NZA 2002, S. 1011. Schadensersatz gemäß § 281 Abs. 1 Satz 3 BGB wegen der ganzen Leistung – gemeint ist das gesamte Arbeitsverhältnis – kommt bei Kündigung in Betracht, *Preis* 2003, S. 602; vgl. dazu auch *Medicus*, JuS 2003, S. 522; Palandt – *Heinrichs* 2008, § 281, Rn. 44 hingegen schließt die Anwendung des § 281 BGB im Arbeitsrecht gänzlich aus.
[455] Palandt – *Heinrichs* 2008, § 281, Rn. 2; *Lindemann*, AuR 2002, S. 84; so wohl auch *Junker* 2008, Rn. 294; *Wollenschläger* 2004, Rn. 297.
[456] Vgl. MünchKomm BGB II – *Ernst* 2007, § 280, Rn. 8.
[457] Vgl. Schaub – *Linck* 2007, § 55, Rn. 3f.
[458] *Schlechtriem/Schmidt-Kessel* 2003, Rn. 167.

sieht das Leistungsstörungsrecht auch für die Nebenpflichtverletzung einen Schadensersatz statt der ganzen Leistung unter den zusätzlichen Voraussetzungen des § 282 vor. Im Arbeitsrecht besteht dieser Anspruch lediglich in den seltenen Fällen, dass dem Arbeitgeber die Fortführung des Arbeitsverhältnisses nicht mehr zuzumuten ist, denn er bezieht sich wiederum auf das gesamte Arbeitsverhältnis.[459] Auch für den Arbeitgeber des Datenschutzbeauftragten wird es kaum Situationen geben, in denen eine Fortführung des Arbeitsverhältnisses unzumutbar wäre. In der Beschränkung des Schadensersatzes auf gravierende Fälle des Fehlverhaltens liegt also die eigentliche Bedeutung des § 282 BGB. Wenn es dem Gläubiger zuzumuten ist, trotz des Fehlverhaltens die geschuldete Leistung anzunehmen, kann er keinen Schadensersatz statt der Leistung gemäß §§ 280 Abs. 1 und 3, 282 BGB verlangen.[460]

Unabhängig vom Vertragsverhältnis können dem Arbeitgeber auch Schadensersatzansprüche aus dem Deliktsrecht gemäß §§ 823 ff. BGB zustehen. Im Rahmen des § 823 Abs. 1 BGB kommt als geschütztes Rechtsgut des Arbeitgebers insbesondere das Eigentum und nicht wie beim Betroffenen das Persönlichkeitsrecht in Frage.[461] Bei § 823 Abs. 2 BGB kommen als Schutzgesetze die allgemein für das Arbeitsrecht einschlägigen Normen in Betracht. Die von der Rechtsprechung als Schutzgesetze qualifizierten Normen des Bundesdatenschutzgesetzes[462] hingegen werden in der Regel nicht herangezogen werden können, da die Schutzrichtung des Bundesdatenschutzgesetzes nicht darauf abzielt, den Arbeitgeber vor Schäden durch den Datenschutzbeauftragten zu schützen. Eher seltene Fälle der unerlaubten Handlung können auch die Tatbestände der §§ 824 und 826 BGB erfüllen.[463]

Bezüglich des Verschuldens gelten für den internen Datenschutzbeauftragten die allgemeinen Grundsätze der Arbeitnehmerhaftung, wonach er nur für grob fahrlässig oder vorsätzlich verursachte Schäden haftet.[464] Dies gilt für jede schadensbegründende Handlung, die durch den Betrieb veranlasst war und aufgrund eines Arbeitsverhältnisses geleistet wurde. Auf die Gefahrgeneigtheit der Arbeit kommt es indes nicht mehr an.[465] Die durch das Schuldrechtsmodernisierungsgesetz eingeführte Verschuldensvermutung des § 280 Abs. 1 Satz 2 BGB wird durch die Beweislastumkehr des § 619a BGB zugunsten des Arbeitnehmers entschärft.

---

[459] *Lindemann*, AuR 2002, S. 84f.; *Preis* 2003, S. 606; vgl. außerdem Fn. 442.

[460] *Hirsch*, JURA 2002, S. 295.

[461] MünchHdb ArbR – *Blomeyer* 2000, § 59, Rn. 1; Beispiele zu möglichen Haftungsfällen des Datenschutzbeauftragten im Anwendungsbereich des § 823 Abs. 1 BGB finden sich bei *Wind*, RDV 1991, S. 22.

[462] Vgl. MünchKomm BGB V – *Wagner* 2004, § 823, Rn. 360.

[463] Vgl. dazu Simitis – *Simitis* 2006, § 4g, Rn. 107 m.w.N.; s. auch Fn. 421.

[464] Simitis – *Simitis* 2006, § 4g, Rn. 100 m.w.N.; allgemein zur Arbeitnehmerhaftung vgl. *Dütz* 2007, Rn. 198 ff.; *Söllner/Waltermann* 2007, Rn. 809 ff.; *Reichold* 2006, § 9, Rn. 26 ff.; *Otto/Schwarze* 1998, Rn. 163 ff.

[465] Vgl. *BAG GS*, Beschl. v. 27.9.1994, abgedr. in NJW 1995, S. 210 ff.; *Helfrich*, CR 1992, S. 458f.; vgl. dazu auch *Tinnefeld*, DuD 1994, S. 210 ff.; außerdem *Bergmann/Möhrle/Herb* 2008, § 4g, Rn. 62, die immer noch mit der „gefahrgeneigten Arbeit" argumentieren.

3.5.2.2 Besonderheiten bei der Haftung des externen Datenschutzbeauftragten

Der externe Beauftragte ist nicht als Arbeitnehmer in das Daten verarbeitende Unternehmen eingegliedert.[466] Deshalb kommt es haftungsrechtlich zu einigen Unterschieden im Vergleich zum internen Datenschutzbeauftragten. Die vertraglichen Schadensersatzansprüche der verantwortlichen Stelle gegen den externen Datenschutzbeauftragten werden allein nach Maßgabe des Dienstvertragsrechts ohne die Besonderheiten des Arbeitsvertragsrechts beurteilt. Dies kann sich im Leistungsstörungsrecht bei der Schlechtleistung im Rahmen des Schadensersatzes statt der Leistung gemäß §§ 280 Abs. 1 und 3 i.V.m. 281 Abs. 1 BGB auswirken. Zwar wird auch die Dienstleistungspflicht regelmäßig nicht nachholbar sein, ist aber nicht in dem Maße als absolute Fixschuld zu charakterisieren, wie dies bei der Arbeitspflicht der Fall ist, was insbesondere an der Weisungsfreiheit des Dienstverpflichteten gegenüber dem Dienstberechtigten liegt.[467] Die Anwendbarkeit des § 281 BGB im Dienstvertragsrecht richtet sich daher allein danach, wie das Dienstverhältnis ausgestaltet ist, und kann im Gegensatz zum Arbeitsvertragsrecht nicht grundsätzlich ausgeschlossen werden.[468] Für die Haftung des externen Datenschutzbeauftragten dürfte § 281 BGB nur eine sehr geringe Rolle spielen, denn der Dienstvertrag wird aufgrund der gesetzlichen Vorgaben des Bundesdatenschutzgesetzes an die Aufgabenstellung dem Arbeitsvertrag des internen Datenschutzbeauftragten in aller Regel sehr ähnlich sein. Eine Nachholbarkeit der Dienstleistungspflicht des externen Datenschutzbeauftragten kann daher regelmäßig an den Maßstäben des internen Datenschutzbeauftragten gemessen werden. Nur wenn besondere Vereinbarungen mit dem externen Datenschutzbeauftragten über die Nachholbarkeit getroffen wurden, wird man zu einer unterschiedlichen Anwendung des § 281 BGB gelangen.

Der bedeutsamste Unterschied zwischen der Haftung des internen und des externen Datenschutzbeauftragten liegt darin, dass § 619a BGB auf den externen Datenschutzbeauftragten keine Anwendung findet. Aufgrund dieser fehlenden Beweislastumkehr gilt die Verschuldensvermutung gemäß § 280 Abs. 1 Satz 2 BGB für den externen Datenschutzbeauftragten und er muss darlegen, dass er den Schaden der verantwortlichen Stelle nicht zu vertreten hat. Auch die Regeln des innerbetrieblichen Schadensausgleichs finden auf den externen Beauftragten keine Anwendung, sodass weder die Grundsätze der Arbeitnehmerhaftung greifen noch ein Freistellungsanspruch gegenüber dem Arbeitgeber besteht.[469]

3.6 Datenschutzbeauftragter und Betriebsrat

Die Beziehung des Datenschutzbeauftragten zum Betriebsrat[470] ist einerseits geprägt von der teilweisen Überschneidung ihre jeweiligen gesetzlichen Aufgabenbereiche. Andererseits be-

---

[466]   *Helfrich*, CR 1992, S. 461.
[467]   Vgl. Palandt – *Weidenkaff* 2008, § 611, Rn. 24.
[468]   Palandt – *Heinrichs* 2008, § 281, Rn. 44.
[469]   Vgl. schon Kap. 3.5.1.
[470]   Verbindungen des Datenschutzbeauftragten können sowohl zu dem Betriebsrat im Sinne von § 1 Abs. 1 BetrVG als auch zu einem Gesamtbetriebsrat nach § 47 Abs.1 BetrVG bestehen. Eine Zuständigkeit des

stehen Fragen nach gegenseitigen Kontrollrechten und der sich daraus ergebenden notwendigen Zusammenarbeit.[471]

3.6.1 Verhältnis von Bundesdatenschutzgesetz und Betriebsverfassungsgesetz

Hervorzuheben sind zunächst die unterschiedlichen Normzwecke der beiden Gesetze. Das Bundesdatenschutzgesetz hat nach § 1 BDSG den Schutz des Einzelnen vor „Beeinträchtigungen seines Persönlichkeitsrechts" durch die Verwendung von Daten, die sich auf seine Person beziehen, zum Ziel.[472] Das Betriebsverfassungsgesetz hingegen regelt die Beteiligung der Arbeitnehmer in Betrieb und Unternehmen und ist daher vor allem Arbeitnehmerschutzrecht, das dem Schutz und der Teilhabe der Gesamtheit der Arbeitnehmerschaft dient; Rechtspositionen der einzelnen Arbeitnehmer finden dabei nur vereinzelt ihren Ausdruck.[473]

Begründet wird die datenschutzrechtliche Kontrollfunktion des Betriebsrats durch § 75 Abs. 2 BetrVG, wonach Arbeitgeber und Betriebsrat gleichermaßen verpflichtet werden, die freie Entfaltung der Persönlichkeit der Mitarbeiter zu wahren und zu fördern. Obwohl durch einen unterschiedlichen Ansatz geprägt, bildet der Arbeitnehmerdatenschutz die zentrale Aufgabenüberschneidung zwischen Bundesdatenschutzgesetz und Betriebsverfassungsgesetz.[474] Diese ergibt sich vor allem aus § 4g Abs. 1 BDSG und § 80 Abs. 1 Nr. 1 BetrVG, wonach sowohl der Datenschutzbeauftragte als auch der Betriebsrat darüber zu wachen haben, dass die jeweiligen datenschutzrechtlichen Bestimmungen und Vereinbarungen eingehalten und kontrolliert werden.[475]

Klare Grenzen der gegenseitigen Kontrolle gibt es bisher keine, sodass Konflikte zwischen Datenschutzbeauftragtem und Betriebsrat in der Regel vorprogrammiert sind. Zwar enthält § 1 Abs. 3 Satz 1 BDSG eine Subsidiaritätsklausel, die das Verhältnis des Bundesdaten-

---

Gesamtbetriebsrats kann dann begründet werden, wenn eine betriebliche Regelung unmöglich ist, weil die Maßnahme nach ihrem Gegenstand ausschließlich unternehmensbezogen ist, *Richardi* 2002, § 10, Rn. 9. Weil ein Unternehmen im Sinne des Betriebsverfassungsgesetzes immer auch verantwortliche Stelle im Sinne des Bundesdatenschutzgesetzes ist, vgl. *Fitting/Engels/Schmidt/Trebinger/Linsenmaier* 2008, § 83, Rn. 23, kann der Gesamtbetriebsrat dann für Angelegenheiten, die im Zusammenhang mit dem Datenschutzbeauftragten stehen, zuständig sein, wenn mehrere Betriebe innerhalb der verantwortlichen Stelle existieren. Die Zuständigkeit des Datenschutzbeauftragten hingegen orientiert sich allein an der verantwortlichen Stelle, unabhängig von der Zahl ihrer Betriebe, *Bergmann/Möhrle/Herb* 2008, § 4f, Rn. 37. Obwohl daher grundsätzlich zwischen Betriebsrat und Gesamtbetriebsrat unterschieden werden muss, orientiert sich die hier verwendete Begrifflichkeit an der in der datenschutzrechtlichen Literatur allgemein üblichen und beschränkt sich auf die Verwendung des Begriffs „Betriebsrat", unabhängig davon, ob eine Zuständigkeit des Gesamtbetriebsrats begründet sein kann.

[471] Vgl. bereits *Weber* 1988, S. 133; Vorschläge zur Zusammenarbeit finden sich beim *AK BvD e.V.*, DuD 2007, S. 29f.

[472] Simitis – *Simitis* 2006, § 1, Rn. 24.

[473] *Däubler/Kittner/Klebe* – Wedde 2008, Einl., Rn. 91 ff.; *Fitting/Engels/Schmidt/Trebinger/Linsenmaier* 2008, § 1, Rn. 1 ff. (Rn. 6); zu den einzelnen Datenschutzfunktionen des Betriebsrats s. die Übersicht bei *Koch* 2006, S. 194.

[474] Vgl. Däubler/Kittner/Klebe – *Klebe* 2008, § 94, Rn. 39 ff.; *Fitting/Engels/Schmidt/Trebinger/Linsenmaier* 2008, § 80, Rn. 7; *Schlemann* 1996, S. 55; Ehmann – *Bösche/Grimberg* 1993, S. 31.

[475] *Fitting/Engels/Schmidt/Trebinger/Linsenmaier* 2008, Einl., Rn. 47; auch schon Ehmann – *Bösche/Grimberg* 1993, S. 25; *v. Hoyningen-Huene*, NZA 1985, S. 19.

schutzgesetzes zu anderen auf Personaldaten anwendbare Sonderbestimmungen, wie insbesondere die §§ 99 ff. BetrVG, regeln sollen.[476] Diese betrifft im Rahmen der doppelten Kontrollzuständigkeit für den Datenschutz jedoch nur die normalen Kontrolltätigkeiten der beiden Institutionen, kann aber einige weitere Kompetenzprobleme mit besonderem Konfliktpotenzial nicht lösen. Im Interesse einer funktionierenden Datenschutzkontrolle wären daher klare Kompetenzabgrenzungen wünschenswert.[477] Bis dahin – und wahrscheinlich auch darüber hinaus – kommt es vor allem auf eine gute Zusammenarbeit zwischen den beiden Kontrollinstitutionen an.

3.6.2 Gegenseitige Kontrollbefugnisse

Zu den konfliktträchtigen Berührungspunkten gehören erstens die Mitwirkung des Betriebsrats bei der Einstellung oder Versetzung des Datenschutzbeauftragten, zweitens die Kontrolle seiner Tätigkeit und drittens die, insbesondere in der Literatur immer wieder thematisierte, Frage nach einer Überwachung des Betriebsrats durch den Datenschutzbeauftragten.[478]

3.6.2.1 Mitwirkung bei der Anstellung

Im Gegensatz zu der Bestellung als solcher, die mitbestimmungsfrei ist, hat der Betriebsrat bei dem der Bestellung zugrunde liegenden Anstellungsverhältnis in zwei Fällen ein Mitbestimmungsrecht.[479] Nach § 99 Abs. 1 Satz 1 BetrVG hat nämlich der Arbeitgeber unter anderem bei jeder Einstellung oder Versetzung eines Arbeitnehmers die Zustimmung des Betriebsrats zu der geplanten Maßnahme einzuholen. Während die Voraussetzungen für das Vorliegen der Einstellung eines neuen Datenschutzbeauftragten klar definiert sind, ist die Frage, wann die Bestellung eines Arbeitnehmers eine Versetzung im Sinne des § 95 Abs. 3 BetrVG darstellt, nicht abschließend geklärt.[480] Unstrittig liegt eine mitbestimmungspflichtige Versetzung vor, wenn mit der Bestellung ein Wechsel des Arbeitsbereichs einhergeht, was bei der Übernahme der Funktion eines Beauftragten grundsätzlich der Fall ist.[481] Ausnahmen bilden die Zuweisung des Amtes als nebenamtlicher Datenschutzbeauftragter mit einer Übertragung als Teilfunktion, die lediglich 20 % seines bisherigen Tätigkeitsbereichs ausmacht,[482] sowie die Bestellung eines Mitarbeiters des bisherigen Datenschutzbeauftragten.[483] In diesen Fällen ist

---

[476]   *Wächter* 2003, Rn. 512 ff.

[477]   Vgl. *Jaspers*, DuD 2007, S. 270; *Koch* 2006, S. 204; Simitis – *Simitis* 2006, § 4g, Rn. 42; *ders.*, NJW 1998, S. 2398; GK-BetrVG – *Wiese/Franzen* 2005, § 83, Rn. 16; *Däubler*, RDV 1999, S. 250; vgl. auch *Schaffland/Wiltfang* 2007, § 4f, Rn. 65; *Franzen*, DB 2001, S. 1871.

[478]   Vgl. *Bergmann/Möhrle/Herb* 2008, § 4f, Rn. 73 ff. m.w.N.; *Simitis*, NJW 1998, S. 2396.

[479]   S. Kap. 3.1 m. Fn. 229.

[480]   Simitis – *Simitis* 2006, § 4f, Rn. 81; vgl. auch *Gola/Wronka* 2008, Rn. 1482; ausführlich zum Meinungsstand *Fitting/Engels/Schmidt/Trebinger/Linsenmaier* 2008, § 99, Rn. 131.

[481]   *Gola/Wronka* 2008, Rn. 1482.

[482]   Vgl. dazu *LAG München*, Beschl. v. 16.11.1978, abgedr. in NJW 1979, S. 1847f. = BB 1979, S. 1092 = DB 1979, S. 1561; außerdem Däubler/Kittner/Klebe – *Kittner/Bachner* 2008, § 99, Rn. 98; ebenso *Fitting/Engels/Schmidt/Trebinger/Linsenmaier* 2008, § 99, Rn. 128f.

[483]   Simitis – *Simitis* 2006, § 4f, Rn. 81.

nicht eindeutig geklärt, ob dem Betriebsrat ein Mitbestimmungsrecht zusteht oder nicht. Wird ein Mitbestimmungsrecht verneint, hat aber jedenfalls eine Unterrichtung gemäß § 80 Abs. 2 Satz 1 BetrVG zu erfolgen. Ebenso ist der Betriebsrat nur gemäß § 105 BetrVG zu unterrichten, wenn ein leitender Angestellter zum Datenschutzbeauftragten bestellt werden soll.[484] Weil die bisherigen Ausführungen entsprechend dem Betriebsverfassungsgesetz an die Arbeitnehmerstellung der zu bestellenden Person anknüpfen, kommt demgemäß ein Mitbestimmungsrecht des Betriebsrats grundsätzlich nur bei einem internen Datenschutzbeauftragten in Frage.

Wird ein externer Datenschutzbeauftragter bestellt, hat der Betriebsrat demnach kein Mitbestimmungsrecht.[485] Etwas anderes soll nach Ansicht des *LAG Hessen* und Teilen der Literatur nur gelten, wenn mit der Bestellung eines externen Datenschutzbeauftragten die Eingliederung in den Betrieb verbunden ist; dann nämlich unterliege auch die Anstellung eines externen Datenschutzbeauftragten unabhängig vom Rechtsverhältnis zum Arbeitgeber der Mitbestimmung des Betriebsrats nach § 99 BetrVG.[486] Als Indizien einer Eingliederung in den Betrieb sollen die dauerhafte Bereitstellung eines Büroraums, die Bereitstellung von Hilfskräften und die faktische Notwendigkeit, die Tätigkeit während der üblichen betrieblichen Arbeitszeit auszuüben, genügen. Dem wird unter Verweis auf bundesarbeitsgerichtliche Rechtsprechung zur erforderlichen Eingliederung gemäß § 99 BetrVG[487] und der fachlichen Weisungsfreiheit entgegengehalten, dass der externe Datenschutzbeauftragte auch beim Überlassen von Büroräumen und weiteren Hilfsmitteln eine eigenverantwortliche und freiberufliche Tätigkeit in Form seiner Kontrollfunktion gemäß § 4f BDSG ausübt.[488] Unter Zugrundelegung der zitierten Entscheidung des Bundesarbeitsgerichts wird zu Recht eine innerbetriebliche Eingliederung des externen Datenschutzbeauftragten in den seltensten Fällen angenommen werden können:[489]

Erstens wird damit dem Umstand Rechnung getragen, dass eine Unterstützung des externen Datenschutzbeauftragten in Form organisatorischer Maßnahmen durch das Unternehmen nicht der Verwirklichung des arbeitstechnischen Zwecks des Betriebes durch weisungsgebun-

---

[484] *Gola/Wronka* 2008, Rn. 1482; *Schaffland/Wiltfang* 2007, § 4f, Rn. 65; Schaub – *Koch* 2007, § 241, Rn. 9; *Koch* 2006, S. 39; Simitis – *Simitis* 2006, § 4f, Rn. 74 m.w.N.; vgl. außerdem *Däubler* 2002, Rn. 599.

[485] *Bergmann/Möhrle/Herb* 2008, § 4f, Rn. 80; *Schaffland/Wiltfang* 2007, § 4f, Rn. 65.

[486] *LAG Hessen*, Beschl. v. 28.2.1989, abgedr. in CR 1990, S. 342 ff. = RDV 1990, S. 149 ff. = AiB 1990, S. 38 ff.; vgl. dazu auch *BAG*, Beschl. v. 22.3.1994, abgedr. in DuD 1995, S. 50 ff. = CR 1994, S. 688 ff. = RDV 1994, S. 182 ff.; Däubler/Kittner/Klebe – *Kittner/Bachner* 2008, § 99, Rn. 38; Schaub – *Koch* 2007, § 241, Rn. 9; *Schierbaum*, AiB 2001, S. 514; *Rudolf*, NZA 1996, S. 298. Dies gilt analog auch für externe Umweltschutzbeauftragte, vgl. *Fitting/Engels/Schmidt/Trebinger/Linsenmaier* 2008, § 99, Rn. 75; Schaub – *Koch* 2007, § 241, Rn. 10; wohl auch Däubler/Kittner/Klebe – *Kittner/Bachner* 2008, § 99, Rn. 175a.

[487] *BAG*, Beschl. v. 5.3.1991, abgedr. in CR 1992, S. 170 ff. = BB 1991, S. 1338 ff. = NZA 1991 S. 686 ff.

[488] *Bergmann/Möhrle/Herb* 2008, § 4f, Rn. 82 m.w.N.; ebenso und sehr ausführlich Simitis – *Simitis* 2006, § 4f, Rn. 77 m.w.N.

[489] Vgl. *Koch* 2006, S. 200.

dene Tätigkeit dient,[490] sondern vielmehr auf die Erfüllung der in § 4f Abs. 5 Satz 1 BDSG vorgeschriebenen Unterstützungspflicht gerichtet sein dürfte.

Zweitens wäre eine wie vom Bundesarbeitsgericht umschriebene Weisungsabhängigkeit[491], bezogen auf den Datenschutzbeauftragten, schon nicht mit dem § 4f Abs. 3 Satz 2 BDSG vereinbar.[492] Darüber hinaus hätte eine solche Annahme erst recht keinen Bestand bei einer europarechtskonformen Auslegung, da nach der in Art. 18 Abs. 2 Spiegelstrich 2 EG-DSchRL geforderten Unabhängigkeit der Datenschutzbeauftragte von jeder Weisung sowie von einer organisatorischen Unter- oder Zuordnung freizuhalten ist, die ihn an der Ausübung seiner Überwachungsaufgabe hindern könnte.[493] Die Annahme der betrieblichen Eingliederung eines externen Datenschutzbeauftragten würde einer europarechtskonformen Auslegung zuwiderlaufen.

Drittens schließlich kann als Gegenargument zu der regelmäßigen Annahme einer Eingliederung die Haftungssituation des externen Datenschutzbeauftragten im Rahmen einer wirtschaftlichen Betrachtung angeführt werden.[494] Während dem internen Beauftragten vollumfänglich die Grundsätze der Arbeitnehmerhaftung zugute kommen, haftet ein externer Beauftragter regelmäßig ohne diese Erleichterungen.[495] Eine Abgrenzung könnte demnach dergestalt vorgenommen werden, dass eine Eingliederung durch das Unternehmen nur gewollt ist, wenn auch eine Haftungserleichterung des externen Datenschutzbeauftragten damit einhergeht. Eine solche Beurteilung hätte den Vorteil, dass sie keinen Eingliederungswillen des Unternehmens fingieren müsste, die unterschiedliche Situation zwischen internem und externem Beauftragten berücksichtigen und die Unabhängigkeit des Datenschutzbeauftragten nicht durch die Vermutung einer Weisungsgebundenheit europarechtswidrig einschränken würde.

3.6.2.2 Kontrolle der Tätigkeit des Datenschutzbeauftragten

Aus § 80 Abs. 1 Nr. 1 BetrVG ergibt sich der allgemeine Kontrollauftrag des Betriebsrats gegenüber dem Datenschutzbeauftragten, denn das dort verankerte Überwachungsrecht betrifft auch die Vorschriften des Bundesdatenschutzgesetzes, die auf die Arbeitnehmer des Betriebs Anwendung finden; dem Betriebsrat werden damit hinsichtlich der Tätigkeit des Datenschutzbeauftragten einschlägige Überwachungsrechte und -pflichten zugeteilt.[496]

---

[490] Vgl. dazu GK-BetrVG – *Kraft/Raab* 2005, § 99, Rn. 13 m.w.N.
[491] Vgl. dazu GK-BetrVG – *Kraft/Raab* 2005, § 99, Rn. 31 m.w.N.
[492] Simitis – *Simitis* 2006, § 4f, Rn. 77.
[493] *Dammann/Simitis* 1997, Art. 18, Nr. 11.
[494] Vgl. dazu *Fitting/Engels/Schmidt/Trebinger/Linsenmaier* 2008, § 5, Rn. 57.
[495] S. Kap. 3.5.2.2.
[496] *Fitting/Engels/Schmidt/Trebinger/Linsenmaier* 2008, § 80, Rn. 7; *Gola/Wronka* 2008, Rn. 1477 ff. (Rn. 1484); Simitis – *Simitis* 2006, § 4g, Rn.6; Roßnagel – *Wedde* 2003, Kap. 6.3, Rn. 26; einschränkend *Däubler* 2002, Rn. 688, der als Synalagma zu der Unabhängigkeit des Betriebsrats diesem seinerseits kein spezifisches Kontrollrecht gegenüber dem Datenschutzbeauftragten zuspricht, sondern eine Überwachung auf die Ordnungsgemäßheit der Bestellung sowie die Prüfung der weisungsfreien Ausübung beschränken will.

Zunächst hat der Betriebsrat zum Schutz der Arbeitnehmer dafür Sorge zu tragen, dass die verantwortliche Stelle überhaupt einen Datenschutzbeauftragten bestellt.[497] Diese allgemeine Kontrollaufgabe ist von der konkreten Mitbestimmung bei der Anstellung, die sich aus § 99 BetrVG ergibt, zu unterscheiden. Außerdem obliegt dem Betriebsrat die Überprüfung der Qualifikation des Datenschutzbeauftragten; erweist er sich als unzuverlässig oder bleibt er völlig untätig, ist der Betriebsrat verpflichtet zu handeln, indem er sich zunächst an den Arbeitgeber und in letzter Konsequenz an die Aufsichtsbehörde wendet.[498] Schließlich leitet sich aus § 80 Abs. 1 Nr. 1 BetrVG auch eine Schutzpflicht des Betriebsrats zugunsten des Datenschutzbeauftragten ab, wonach er tätig werden muss, wenn durch die verantwortliche Stelle die Weisungsfreiheit tangiert oder das Benachteiligungsverbot missachtet wird.[499]

3.6.2.3 Überwachung des Betriebsrats durch den Datenschutzbeauftragten

Erhebt, verarbeitet oder nutzt der Betriebsrat im Rahmen seiner Tätigkeit personenbezogene Daten, unterliegt er als Teil der verantwortlichen Stelle unzweifelhaft dem Anwendungsbereich des Bundesdatenschutzgesetzes.[500] Datenschutzrechtlich konsequent wäre dann zunächst, dass die Einhaltung der Normen durch die für die Datenverarbeitung der verantwortlichen Stelle zuständige Kontrollinstanz, den Datenschutzbeauftragten, durchgeführt wird. Aus kollektivarbeitsrechtlicher Sicht hingegen überzeugt diese Argumentation insofern nicht, als der Betriebsrat eben nicht nur Teil der verantwortlichen Stelle im Sinne des § 3 Abs. 7 BDSG, sondern auch und vor allem betriebsverfassungsrechtliches Organ zur Wahrnehmung von Rechten der Arbeitnehmerschaft ist und damit einem besonderen Schutz des Betriebsverfassungsgesetzes – in Form der Unabhängigkeit vom Arbeitgeber – untersteht. Durch diese konträren Ansätze der Rechtsgebiete haben sich zwei Meinungen bei der Frage nach einem Kontrollrecht des Datenschutzbeauftragten entwickelt.[501]

Von einer Mindermeinung wird dem Datenschutzbeauftragten das Recht zur Überwachung des Betriebsrats zugesprochen, weil bezogen auf die Verarbeitung personenbezogener Daten kein „rechtsfreier Raum" innerhalb der verantwortlichen Stelle hingenommen werden könne.[502] Für den Schutz personenbezogener Daten der einzelnen Arbeitnehmer mache es danach keinen Unterschied, ob die Datenverarbeitung durch den Arbeitgeber oder den Betriebsrat

---

[497] *Gola* 2006, S. 69.
[498] Däubler/Kittner/Klebe – *Buschmann* 2008, § 80, Rn. 10; *Gola/Wronka* 2008, Rn. 1484; *Koch* 2006, S. 206; *Gola* 2006, S. 69; GK-BetrVG – *Kraft/Weber* 2005, § 80, Rn. 14 m.w.N.
[499] *Fitting/Engels/Schmidt/Trebinger/Linsenmaier* 2008, § 80, Rn. 7; *Gola/Wronka* 2008, Rn. 1487; *Koch* 2006, S. 206.
[500] *Gola* 2006, S. 75 m.w.N.; *Gola/Jaspers* 2006, S. 63; *Koch* 2006, S. 202f.; GK-BetrVG – *Kraft/Weber* 2005, § 80, Rn. 14; Roßnagel – *Wedde* 2003, Kap. 6.3, Rn. 58 ff. Dies gilt sowohl für die Betriebsräte der einzelnen Betriebe als auch für den Gesamtbetriebsrat eines Unternehmens. Letzterer wird jedoch in der Literatur überwiegend nicht erwähnt, vgl. insoweit Fn. 470.
[501] Ausführlich zum Meinungsstand *Schaffland/Wiltfang* 2007, § 4f, Rn. 65.
[502] Roßnagel – *Büllesbach* 2003, Kap. 6.1, Rn. 80 m.w.N; ausführlich auch GK-BetrVG – *Wiese/Franzen* 2005, § 83, Rn. 16 m.w.N.; MünchHdb ArbR – *Blomeyer* 2000, § 99, Rn. 84; *v. Hoyningen-Huene*, NZA 1985, S. 23 m.w.N; vgl. außerdem *Gola* 2006, S. 75f.; *Simitis*, NJW 1998 S. 2396.

durchgeführt wird, weil beide Organisationen gleichermaßen als verantwortliche Stelle anzusehen seien. Außerdem sei die Unabhängigkeit des Datenschutzbeauftragten mittlerweile derart gesetzlich untermauert, dass er nicht mehr pauschal der Arbeitgeberseite zugerechnet werden könne.[503] Betriebsverfassungsrechtliche Bedenken sollen aufgrund der neutralen Position des Datenschutzbeauftragten hinter die datenschutzrechtlichen Anliegen zurücktreten können.

Die h.M. lehnt ein Kontrollrecht des Datenschutzbeauftragten ab, weil es die durch das Betriebsverfassungsgesetz postulierte Unabhängigkeit des Betriebsrats gegenüber dem Arbeitgeber unterlaufen würde.[504] Die Regelungen des Betriebsverfassungsgesetzes gehen insoweit als spezialgesetzliche Normen im Sinne des § 1 Abs. 3 Satz 1 BDSG den Kontrollaufgaben des Datenschutzbeauftragten vor.[505] Des Weiteren ist die Unabhängigkeit des Datenschutzbeauftragten weniger aufgrund seiner Stellung innerhalb des Unternehmens als vielmehr wegen des Akts der Bestellung, für den allein der Arbeitgeber zuständig ist, zu verneinen. Daher wäre einer Überwachung der Datenverarbeitung durch den Betriebsrat nur zuzustimmen, wenn dem Betriebsrat bei der Bestellung des Datenschutzbeauftragten ein Mitbestimmungsrecht eingeräumt würde. Bis der Gesetzgeber dieser vielfach erhobenen Forderung[506] nachkommt und durch die Beteiligung des Betriebsrats an der Auswahl des Datenschutzbeauftragten den Weg zu klaren Kompetenzabgrenzungen frei macht, wird, insbesondere aufgrund der Haltung des *BAG*[507], die Überwachung des Betriebsrats bei der Verarbeitung personenbezogener Daten durch den Datenschutzbeauftragten nicht möglich sein.

Der h.M., dass ein Kontrollrecht des Datenschutzbeauftragten momentan abgelehnt werden muss, ist grundsätzlich zuzustimmen, denn die Regelungen des Betriebsverfassungsrechts gehen insoweit vor. Die Forderung nach einer Beteiligung des Betriebsrats an der Bestellung des Datenschutzbeauftragten zur Erlangung einer klaren Kompetenzabgrenzung ist jedoch kritisch zu bewerten, denn sie beschränkt sich in ihrer Sichtweise auf den gemeinsamen Anwendungsbereich der beiden Institutionen, verkennt aber die Unterschiede:

Während die Arbeit des Betriebsrats allein geprägt ist durch den Schutz der Arbeitnehmerrechte, beinhaltet die Aufgabenstellung des Datenschutzbeauftragten einen wesentlich breiteren Schutzauftrag, der sich schlicht auf alle verarbeiteten personenbezogenen Daten der verantwortlichen Stelle bezieht. Damit einher geht für den Datenschutzbeauftragten oftmals die Notwendigkeit, auch mit der Unternehmensleitung, die im Gegensatz zum Betriebsrat letztve-

---

[503]   Roßnagel – *Büllesbach* 2003, Kap. 6.1, Rn. 80; a.A. Däubler/Kittner/Klebe – *Buschmann* 2008, § 80, Rn. 10 m.w.N.; *Simitis*, NJW 1998, S. 2396.

[504]   *BAG*, Beschl. v. 11.11.1997, abgedr. in NJW 1998, S. 2466 ff. = CR 1998, S. 328 ff. = RDV 1998, S. 64 ff.; ebenso Däubler/Kittner/Klebe – *Däubler* 2008, Einl., Rn. 68; *Fitting/Engels/Schmidt/Trebinger/Linsenmaier* 2008, § 83, Rn. 23; *Wohlgemuth/Gerloff* 2005, S. 150; *Däubler* 2002, Rn. 686 m.w.N.; Ehmann – *Bösche/Grimberg* 1993, S. 26f. m.w.N.; vgl. auch *Koch* 2006, S. 203 f.; Simitis – *Simitis* 2006, § 4f, Rn 66 m.w.N.; GK-BetrVG – *Kraft/Weber* 2005, § 80, Rn. 14.

[505]   Däubler/Kittner/Klebe – *Buschmann* 2008, § 80, Rn. 10; *Däubler* 2002, Rn. 686; a.A GK-BetrVG – *Wiese/Franzen* 2005, § 83, Rn. 16, die das Bundesdatenschutzgesetz als gleichrangig neben dem Betriebsverfassungsgesetz und seinem „Unabhängigkeitsgrundsatz" stehend ansehen.

[506]   S. Fn. 477.

[507]   S. Fn. 504.

rantwortlich ist für alle datenschutzrechtlichen Entscheidungen, vertrauensvoll zusammenarbeiten zu müssen. Wird nun der Bestellungsakt um ein Mitbestimmungsrecht des Betriebsrats erweitert, besteht für den Datenschutzbeauftragten die Gefahr, zum Spielball unternehmensinterner betriebsverfassungsrechtlicher Streitigkeiten zu werden. Damit der Datenschutzbeauftragte weder das Vertrauen der Unternehmensleitung noch des Betriebsrats verliert, sollte daher die Regelung dergestalt ausfallen, dass der Geschäftsleitung der verantwortlichen Stelle das alleinige Auswahlrecht des Beauftragten zusteht und dafür eine Kontrolle der Mitarbeitervertretung durch den Datenschutzbeauftragten unterbleibt. Im Gegenzug wird der Betriebsrat zur eigenverantwortlichen Organisation der Selbstkontrolle personenbezogener Datenverarbeitung explizit verpflichtet.[508]

3.7 Regelungen zu Datenschutzbeauftragten in anderen EU-Mitgliedstaaten

Wie bereits festgestellt ist für die Auslegung der einzelnen datenschutzrechtlichen Regelungen primär nicht mehr der Wille des bundesdeutschen Gesetzgebers ausschlaggebend. Vielmehr sind als Interpretationsmaßstab zuerst die für alle Mitgliedstaaten geltenden Regelungen der supranationalen Ebene heranzuziehen. Für die Beschreibung des Datenschutzbeauftragten als Ausgangspunkt für die Darstellung des Konzerndatenschutzbeauftragten kann daher zusätzlich auf die Umsetzungen derjenigen EU-Staaten zurückgegriffen werden, die ebenfalls von Art. 18 Abs. 2 Spiegelstrich 2 EG-DSchRL Gebrauch gemacht und einen Datenschutzbeauftragten in ihre nationalen Datenschutzbestimmungen aufgenommen haben.[509] Auf die Möglichkeit, einen Datenschutzbeauftragten als Ausnahme von der Meldepflicht gesetzlich zu verankern, haben neben der Bundesrepublik Deutschland bisher vier weitere EU-Staaten zurückgegriffen, namentlich die *Niederlande, Luxemburg, Schweden* und *Frankreich*.[510] Weitere mitgliedstaatliche Regelungen in der *Slowakei* und *Polen* sehen ebenfalls Datenschutzbeauftragte vor, verbinden deren Aufgaben und Rechtsstellung allerdings nicht mit einer umfänglichen Ausnahme von der Meldepflicht. Auch in *Großbritannien* hat man prinzipiell in Erwägung gezogen, von Art. 18 Abs. 2 Spiegelstrich 2 EG-DSchRL Gebrauch zu machen und einen Datenschutzbeauftragten einzuführen. Bis heute ist aber keine konkrete Regelung dazu erlassen worden.

Die Einführung des betrieblichen Datenschutzbeauftragten in den zitierten Staaten bedeutet für die dortigen verantwortlichen Stellen vor allem eine durch den Gesetzgeber eröffnete Handlungsoption bei der Überwachung der Einhaltung datenschutzrechtlicher Vorschriften,

---

[508] Dies könnte dadurch geschehen, dass für den Betriebsrat die Meldepflicht nach § 4d Abs. 1 BDSG Anwendung finden oder er sich einer freiwilligen Kontrolle durch den Datenschutzbeauftragten unterziehen könnte, vgl. Roßnagel – *Wedde*, Kap. 6.3, Rn. 62.

[509] Vgl. dazu auch den Bericht der Artikel-29-Datenschutzgruppe über die Pflicht zur Meldung bei den nationalen Kontrollstellen, die bestmögliche Nutzung der Ausnahmen und der Vereinfachung und die Rolle der Datenschutzbeauftragten in der Europäischen Union, WP 106, abrufbar im Internet unter der Adresse http://ec.europa.eu/justice_home/fsj/privacy/docs/wpdocs/2005/wp106_de.pdf.

[510] Die Feststellung von *Ehmann/Helfrich* 1999, Art. 18, Rn. 10, die Norm für den Datenschutzbeauftragten habe momentan nur für Deutschland Bedeutung, ist somit überholt.

die anstelle externer behördlicher Kontrolle neben oder statt Selbstregulierungsmaßnahmen ergriffen werden kann.

Da den Mitgliedstaaten bei der Richtlinienumsetzung ein gewisser Spielraum verbleibt, weichen die einzelnen Regelungen zu den Datenschutzbeauftragten teilweise voneinander ab. Dies ist vor allen Dingen begründet in den unterschiedlichen Rechtstraditionen der Mitgliedstaaten und der jeweils vorherrschenden Rechtskultur.[511] Hiervon ausgehend sollen im Folgenden in aller Kürze die Regelungen zu den Datenschutzbeauftragten der anderen EU-Staaten dargestellt werden.

3.7.1 Niederlande

Gemäß Art. 27 Abs. 1 Wbp[512] genügt die verantwortliche Stelle der Meldepflicht, wenn sie vor Beginn der Datenverarbeitung diese der Aufsichtsbehörde oder dem Datenschutzbeauftragten mitteilt. Eine Mitteilung an die Aufsichtsbehörde kann also unterbleiben, wenn ein Datenschutzbeauftragter bestellt ist. Daher kann die Regelung als Ausnahme von der Meldepflicht gesehen werden, denn wie sich bereits aus der amtlichen Überschrift zu Art. 18 EG-DSchRL selbst entnehmen lässt, ist mit „Meldepflicht" diejenige gegenüber der Kontrollstelle gemeint. Im Ergebnis jedoch entfällt damit nicht die Meldepflicht der verantwortlichen Stelle, lediglich der Empfänger ändert sich. Hierdurch wird vor allen Dingen die Unabhängigkeit des Datenschutzbeauftragten gegenüber der verantwortlichen Stelle unterstrichen, da ihm mit der Verwaltung meldepflichtiger Angaben eine wichtige Transparenzfunktion des datenschutzrechtlichen Kontrollsystems übertragen wurde. Der niederländische Datenschutzbeauftragte, der „functionaris voor de gegevensbescherming", ist in den Art. 62 – 64 Wbp geregelt. Die Normierung ähnelt dem deutschen Gesetzestext, sodass viele Übereinstimmungen festzustellen sind.

Art. 62 Wbp beinhaltet die grundsätzliche Möglichkeit der Bestellung eines Datenschutzbeauftragten. Allerdings besteht im Gegensatz zum Bundesdatenschutzgesetz keine Pflicht zur Bestellung. Adressat der Norm sind verantwortliche Stellen sowie Organisationen, in denen mehrere verantwortliche Stellen zusammengeschlossen sind.[513] Der Adressatenkreis der niederländischen Regelung geht also weiter als der deutsche und räumt auch Konzernen die Möglichkeit ein, einen einzigen Datenschutzbeauftragten zu bestellen.

In Art. 63 Wbp sind die persönlichen Anforderungen und die Stellung des Datenschutzbeauftragten im Unternehmen geregelt. Gemäß Art. 63 Abs. 1 Wbp dürfen nur natürliche Personen bestellt werden. Eine Diskussion wie in Deutschland um die Frage, ob auch juristische Perso-

---

[511] Vgl. *Klug*, RDV 2005, S. 167.
[512] Wet bescherming persoonsgegevens v. 6.7.2000, Staatsblad 2000, S. 302.
[513] In der nichtamtlichen Übersetzung heißt es in Art. 62: „A responsible party or an organisation to which responsible parties are affiliated may appoint its own data protection officer, without prejudice to the responsibilities of the Commission under Chapters 9 and 10 of this Act."

nen bestellt werden dürfen, ist damit obsolet.[514] Weisungsfreiheit, Benachteiligungsverbot und Unterstützungspflicht sind in Anlehnung an das Bundesdatenschutzgesetz in Art. 63 Abs. 2 Wbp geregelt. In Art. 63 Abs. 3 Wbp ist eine Registrierungspflicht für die verantwortliche Stelle oder die Organisation, in der mehrere verantwortliche Stellen zusammengeschlossen sind, enthalten. Danach darf der Datenschutzbeauftragte seine Arbeit erst aufnehmen, wenn er bei der Aufsichtsbehörde registriert ist. Die Behörde führt eine aktuelle Liste über alle bestellten Datenschutzbeauftragten. Dies ist deswegen notwendig, weil keine Pflicht zur Bestellung besteht. In den Abs. 4 und 5 sind die Verschwiegenheitspflicht des Datenschutzbeauftragten sowie die Pflicht zur Erstellung eines Jahresberichts durch den Datenschutzbeauftragten normiert.

Art. 64 Wbp enthält einen Aufgabenkatalog für den Datenschutzbeauftragten. Danach obliegt ihm gemäß Abs. 1 die Überwachung der Datenverarbeitung im Einklang mit den datenschutzrechtlichen Vorschriften. Ausdrücklich erwähnt ist im Gegensatz zum deutschen Recht in Art. 64 Abs. 2 Wbp die Überwachung von Codes of Conduct, sofern diese vorliegen. Um seine Handlungsfähigkeit zu gewährleisten, muss die verantwortliche Stelle gemäß Art. 64 Abs. 3 Wbp den Datenschutzbeauftragten derart unterstützen, dass seine Kontrollrechte denen der externen Kontrollaufsicht entsprechen. Deren Rechte ergeben sich aus dem Allgemeinen Verwaltungsverfahrensgesetz. Daneben hat der Datenschutzbeauftragte gemäß Art. 64 Abs. 4 Wbp eine Beratungsfunktion dergestalt, dass er im Rahmen eines Vortragsrechts Empfehlungen gegenüber der verantwortlichen Stelle mit Blick auf die Gewährleistung des Schutzes der zu verarbeitenden Daten ausspricht. In Zweifelsfällen steht ihm die Erlaubnis zu, die Aufsichtsbehörde zu kontaktieren.

Eine weitere Aufgabe des Datenschutzbeauftragten liegt gemäß Art. 30 Abs. 1 Wbp in der Führung eines aktuellen Melderegisters über alle Datenverarbeitungsvorgänge. Entgegen dem deutschen Recht obliegt die Vorabkontrolle nicht dem Beauftragten, sondern gemäß Art. 31 Abs. 1 Wbp ausschließlich der Aufsichtsbehörde.

Zusammenfassend lässt sich Folgendes zum niederländischen Datenschutzbeauftragten festhalten: Im Gegensatz zum deutschen Recht besteht keine Pflicht zur Bestellung. Die Figur des Datenschutzbeauftragten und seine Aufgaben gleichen in weiten Teilen der deutschen Regelung. Allerdings ist der Aufgabenbereich des niederländischen Datenschutzbeauftragten etwas enger gefasst. Der, insbesondere im Hinblick auf den Fortgang der Arbeit, hervorstechendste Unterschied der beiden Normen liegt in der ausdrücklichen Erwähnung des Konzerndatenschutzbeauftragten in der niederländischen Regelung.

---

[514] Für die Bestellung einer juristischen Person Simitis – *Simitis* 2006, § 4f, Rn. 48; *Rehbinder*, ZGR 1989, S. 328f.; a.A. der wohl h.M. *Bergmann/Möhrle/Herb* 2008, § 4f, Rn. 93; *Däubler/Klebe/Wedde/Weichert – Däubler* 2007, § 4f, Rn. 22; *Gola/Schomerus* 2007, § 4f, Rn. 19; *Schaffland/Wiltfang* 2007, § 4f, Rn. 45.

3.7.2 Luxemburg

Der luxemburgische Gesetzgeber eröffnet den verantwortlichen Stellen gemäß Art. 12 Abs. 3
(a) des luxemburgischen Datenschutzgesetzes[515] durch die Bestellung eines Datenschutzbeauftragten die Möglichkeit, von der vorherigen Meldepflicht gemäß Art. 12 Abs. 1 (a) befreit
zu werden. Damit hält sich die Regelung streng an die Vorgaben der EG-
Datenschutzrichtlinie. Ebenso wie die niederländische enthält auch die luxemburgische Umsetzung keine Pflicht zur Bestellung eines Datenschutzbeauftragten. Modalitäten zur Benennung des Datenschutzbeauftragten und der Beendigung seines Mandats, zur Ausführung seiner Aufgaben sowie seiner Beziehungen zur nationalen Kommission legt eine Großherzogliche Verordnung[516] fest.

Der Beauftragte für den Datenschutz selbst ist in Art. 40 des Datenschutzgesetzes geregelt.
Die Regelung ist sehr umfassend und enthält zehn Absätze. Gemäß Art. 40 Abs. 1 kann jede
verantwortliche Stelle einen Datenschutzbeauftragten bestellen. Die Bestellung ist, wie in der
niederländischen Regelung, der Kontrollbehörde mitzuteilen. Dies ist deshalb notwendig, weil
die Behörde gemäß Art. 40 Abs. 8 die Eignung jedes einzelnen Datenschutzbeauftragten überprüft. In Art. 40 Abs. 2 werden dem Datenschutzbeauftragten im Gegensatz zur bundesdeutschen Regelung zur Stärkung seiner Position ausdrücklich bestimmte Befugnisse eingeräumt.
Diese bestehen aus einer Untersuchungsbefugnis und einem Auskunftsrecht.

Die in Erwägungsgrund 49 der EG-Datenschutzrichtlinie genannte Unabhängigkeit ist in
Art. 40 Abs. 3 geregelt. Das Gesetz spricht von einer völligen Unabhängigkeit bei der Ausführung seiner Aufgaben gegenüber der verantwortlichen Stelle. Diese wird gemäß Abs. 3 (a)
durch die Weisungsfreiheit, wie sie auch das Bundesdatenschutzgesetz kennt, gewährleistet.
Darüber hinaus verbietet das Gesetz allerdings einen Arbeitsvertrag zwischen dem Beauftragten und der verantwortlichen Stelle. Damit ist der interne Datenschutzbeauftragte nach dem
luxemburgischen Datenschutzgesetz verboten.[517] Die Abweichung von der EG-
Datenschutzrichtlinie, die ausdrücklich von der Möglichkeit der Bestellung eines internen
Datenschutzbeauftragten ausgeht, ist an dieser Stelle unbedenklich, da sie insgesamt die Regelung des Datenschutzbeauftragten in das Ermessen der Mitgliedstaaten stellt.[518] Als weitere
Untermauerung der Unabhängigkeit ist in Abs. 3 (b) ein Kündigungsschutz für den Datenschutzbeauftragten eingeräumt, der im Vergleich zum Kündigungsschutz des Bundesdatenschutzgesetz allerdings recht schwach ausgebildet ist, da letztlich eine Pflichtverletzung als

---

[515] Loi du 2 août 2002 relative à la protection des personnes à l'égard du traitement des données à caractère
      personnel, Mémorial A n° 091, page 1836, zul. geänd. durch loi du 27 juillet 2007 portant modification de
      la loi du 2 août 2002 relative à la protection des personnes à l'égard du traitement des données à caractère
      personnel, Mémorial A n° 131, page 2330.
[516] Règlement grand-ducal du 27 novembre 2004 concernant le chargé de la protection des données et portant
      exécution de l'article 40, paragraphe (10) de la loi du 2 août 2002 relative à la protection des personnes à
      l'égard du traitement des données à caractère personnel, Mémorial A n° 200, page 2956.
[517] Vgl. *Klug*, RDV 2005, S. 164.
[518] Allgemein zur Richtlinienumsetzung vgl. *Jarass/Beljin*, NVwZ 2004, S. 1 ff.

Kündigungsgrund genügt.[519] Beachtet man jedoch, dass nach luxemburgischem Recht lediglich externe Beauftragte möglich sind, erscheint der Schutz angemessen.

Art. 40 Abs. 4 regelt nunmehr eindeutig ein Benachteiligungsverbot für den Datenschutzbeauftragten. Das Verbot gilt sowohl für gesetzlich als auch vertraglich übertragene Aufgaben. Nach Abs. 5 ruft der Datenschutzbeauftragte in Zweifelsfällen die Kontrollbehörde an. Diese Norm ist vergleichbar mit der deutschen Regelung des § 4g Abs. 1 Satz 2 BDSG. Ebenso wie in den Niederlanden ist auch in Luxemburg die Frage, ob juristische Personen als Beauftragte bestellt werden können, klar geregelt. Im Gegensatz zum niederländischen Recht[520] und der deutschen h.M.[521] sieht Art. 40 Abs. 6 ganz klar die Bestellung sowohl von natürlichen als auch von juristischen Personen vor.

Die Absätze 7 und 8 betreffen die persönlichen Anforderungen. Es werden klare Regelungen insbesondere bezüglich der Fachkunde des Datenschutzbeauftragten getroffen. Gemäß Art. 40 Abs. 7 kann nur bestellt werden, wer den Nachweis über eine abgeschlossene Universitätsausbildung in Jura, Volkswirtschaft, Betriebswirtschaft, Naturwissenschaften oder Informatik erbringt. Abs. 8 enthält einige Abweichungen sowie eine Verordnungsermächtigung für den Erlass einer Liste weiterer reglementierter Berufe, die einem offiziellen oder berufseigenen gesetzlich anerkannten Aufsichts- oder Disziplinarorgan unterstehen.

Art. 40 Abs. 9 sieht die Überprüfung der Eignung jedes Datenschutzbeauftragten vor und erwähnt in Abs. 9 (b) ausdrücklich den Interessenkonflikt als mögliches Zuverlässigkeitshindernis. Durch Art. 40 Abs. 10 wird die Nationale Kommission ermächtigt, Modalitäten zur laufenden Kontrolle der für die Funktion des Datenschutzbeauftragten erforderlichen Eignung zu definieren. Abs. 11 schließlich bestimmt, dass eine Großherzogliche Verordnung die Modalitäten zur Ernennung und Absetzung des Datenschutzbeauftragten, zur Ausführung seiner Aufgaben sowie seiner Beziehungen zur Nationalen Kommission festlegt.

Zusammenfassend betrachtet stellt die Regelung des Datenschutzbeauftragten eine gelungene Norm dar. Es erscheint, als habe der luxemburgische Gesetzgeber aus den Fehlern seines großen Nachbarn gelernt. Viele, in der deutschen Literatur immer noch umstrittene Probleme sind in der luxemburgischen Version klar geregelt. Einzig das Verbot von internen Datenschutzbeauftragten muss kritisch hinterfragt werden. Einen Konzerndatenschutzbeauftragten kennt das luxemburgische Recht nicht.

3.7.3 Schweden

§ 36 Abs. 2 des Schwedischen Datenschutzgesetzes sieht die Möglichkeit der Bestellung eines Beauftragten für den Datenschutz, des „personuppgiftsombud", vor. Bestellung und Abbestellung müssen der Aufsichtsbehörde mitgeteilt werden. § 37 bestimmt im Anschluss, dass

---

[519] S. zum Kündigungsschutz des BDSG Kap. 3.2.2.4.
[520] S. Kap. 3.7.1.
[521] S. dazu Fn. 514.

die Bestellung des Datenschutzbeauftragten die verantwortliche Stelle von der allgemeinen Meldepflicht entbindet.

Der Aufgabenkatalog indes ist weniger umfangreich als die vergleichbaren Normen der anderen EG-Mitgliedstaaten. Gemäß § 38 Abs. 1 des schwedischen Datenschutzgesetzes hat der Datenschutzbeauftragte die gesetzes- und ordnungsgemäße Datenverarbeitung durch den Datenverarbeiter zu gewährleisten und auf Unstimmigkeiten sofort hinzuweisen. Bei Verstößen soll der Datenschutzbeauftragte ebenso wie bei Zweifeln über die Umsetzung des Datenschutzes in der verantwortlichen Stelle die Aufsichtsbehörde anrufen.

In § 39 wird ihm die Führung eines Registers über die Datenverarbeitung der verantwortlichen Stelle auferlegt. Diese Pflicht wird dahingehend konkretisiert, dass das Register mindestens die Informationen enthalten muss, die auch eine Meldung an die Aufsichtsbehörde beinhalten würde. Diese Regelung entspricht der Registerpflicht gemäß §§ 4g Abs. 2 Satz 1 i.V.m. 4e Satz 1 BDSG.[522]

Gemäß § 40 ist eine Unterstützungspflicht des Datenschutzbeauftragten bei der Berichtigung von Daten der Betroffenen festgelegt, wenn diese Zweifel an der Korrektheit oder Vollständigkeit der Datenverarbeitung haben.

Anforderungen an die Person des Datenschutzbeauftragten sind ebenso wie das Aufgabenfeld kurz gehalten. In der Legaldefinition des § 3 schreibt das Gesetz lediglich vor, dass der von der verantwortlichen Stelle bestellte Datenschutzbeauftragte eine natürliche Person sein muss, die unabhängig gewährleistet, dass personenbezogene Daten korrekt und im Rahmen der Gesetze verarbeitet werden. Das Erfordernis der Unabhängigkeit wird in § 38 noch einmal bekräftigt. Ansonsten schweigt das Gesetz zur Person des Datenschutzbeauftragten.

Es lässt sich festhalten, dass die schwedische Regelung eine Minimalregelung darstellt. Nur das, was aufgrund der Richtlinie unbedingt geregelt werden musste, wurde auch in das Gesetz aufgenommen. Ansonsten steht es den Unternehmen frei, die Position des Datenschutzbeauftragten selbst auszugestalten. Aufgrund des schmalen Aufgabenkatalogs ist die Haltung gerechtfertigt. Wie in den beiden zuvor besprochenen Ländern besteht auch in Schweden keine Pflicht zur Bestellung eines Datenschutzbeauftragten. Ähnlichkeiten zu den Normen des Bundesdatenschutzgesetzes, wie sie in Luxemburg und den Niederlanden zu erkennen sind, bestehen bei der schwedischen Regelung des Datenschutzbeauftragten nicht. Einen Konzerndatenschutzbeauftragten sieht das schwedische Datenschutzgesetz nicht vor.

---

[522] Vgl. *Duhr/Naujok/Peter/Seifert*, DuD 2002, S. 24.

3.7.4 Frankreich

Die Bestellung eines Datenschutzbeauftragten ist auch in Frankreich fakultativ. Bereits die geänderte Fassung des französischen Datenschutzgesetzes aus dem Jahre 2004[523] sah grundsätzlich eine Beauftragtenregelung vor. Die Bestellung eines unabhängigen Datenschutzbeauftragten unter den in der Folge genannten Voraussetzungen sollte gemäß Art. 22 Abs. 3 Satz 1 des französischen Datenschutzgesetzes die Entbindung von der Meldepflicht nach Art. 23 und 24 zur Folge haben, mit Ausnahme des Datentransfers in Drittstaaten mit unzureichendem Datenschutzniveau. Die Vorabkontrolle sollte jedenfalls bei der Aufsichtsbehörde verbleiben.[524] Statt eines Schriftformerfordernisses sahen Art. 22 Abs. 3 Satz 2 und 3 für die verantwortliche Stelle nur die Pflicht zur Registrierung der Bestellung bei der französischen Aufsichtsbehörde, der „Commission Nationale de l'Informatique et des Libertés" (CNIL), sowie die Weitergabe dieser Information an die Personalabteilung des Unternehmens vor. Gemäß Art. 22 Abs. 3 Satz 4 des französischen Datenschutzgesetzes sollte nur zum Datenschutzbeauftragten bestellt werden, wer die für die Aufgaben erforderliche Qualifikation besaß. Weiterhin war ihm die Pflicht zur Führung eines Verfahrensverzeichnisses auferlegt und ein Benachteiligungsverbot durch den Arbeitgeber geregelt, Art. 22 Abs. 3 Satz 5. Nachfolgend sahen Art. 22 Abs. 3 Satz 6 und 7 d bereits ein Anrufungsrecht des Datenschutzbeauftragten gegenüber der CNIL bei Konfliktsituationen vor, das in Konsequenz eine erneute Auferlegung der Meldepflicht nach Art. 23 und 24 durch die Aufsichtsbehörde nach sich ziehen konnte. Art. 22 Abs. 3 Satz 8 schließlich sah eine Abberufungsregelung bei Pflichtverletzungen des Datenschutzbeauftragten vor.

Alle vorgenannten Normen kamen jedoch zunächst nicht zur Anwendung, da noch eine normenkonkretisierende Ausführungsverordnung ausstand, die am 20.10.2005[525] erlassen wurde. Erst ab diesem Zeitpunkt war es auch in Frankreich für Unternehmen möglich, einen Datenschutzbeauftragten wirksam zu bestellen, das heißt als echte Alternative zu dem behördlichen Meldeverfahren.

Die Ausführungsverordnung konkretisiert in den Art. 42 ff. umfangreich die Regelung zum Datenschutzbeauftragten. Gemäß Art. 42 und 43 muss über die Bestellung eine sehr detaillierte Benachrichtigung mit Empfangsbestätigung an die CNIL entsprechend den Art. 22 bis 24 des französischen Datenschutzgesetzes erfolgen. Die Bezeichnung der Person des Datenschutzbeauftragten muss verschiedene personenbezogene Daten sowie die rechtliche Ausgestaltung des Bestellungsverhältnisses enthalten und lässt unter bestimmten Voraussetzungen im Gegensatz zu der deutschen Regelung und h.M. in der Literatur[526] ausdrücklich auch die Bestellung juristischer Personen zu. Weiterhin kann in der Benachrichtigung die Bestellung

---

[523] Loi n° 78-17 du 6 janvier 1978 relative à l'informatique, aux fichiers et aux libertés, geänd. durch loi relative à la protection des personnes physiques à l'égard des traitements de données à caractère personnel du 6 août 2004.
[524] *Klug*, RDV 2005, S. 166; vgl. auch WP 106 der *Artikel-29-Datenschutzgruppe*, S. 21.
[525] Décret n° 2005-1309 du 20 octobre 2005, J.O. n° 247 du 22 octobre 2005 page 16769, texte n° 31.
[526] S. Fn. 514.

auf lediglich spezifische Datenverarbeitungsvorgänge beschränkt werden. Schließlich müssen sämtliche funktionsbezogenen Qualifikationsnachweise des Datenschutzbeauftragten sowie gegebenenfalls seines Hilfspersonals sowie eine schriftliche Einverständniserklärung des Datenschutzbeauftragten zur Bestellung an die CNIL übermittelt werden. Die Bestellung tritt einen Monat nach Benachrichtigung in Kraft. Danach sind rechtsrelevante Veränderungen von Voraussetzungen nach Art. 43 Satz 1 Nr. 1 – 6 der CNIL gemäß Art. 42 anzuzeigen.

Art. 44 der Ausführungsverordnung enthält eine anderen europäischen Regelungen zu Datenschutzbeauftragten fremde Auswahlbeschränkung dergestalt, dass die Bestellung des Datenschutzbeauftragten für die verantwortliche Stelle beziehungsweise den Bereich, für den ein Datenschutzbeauftragter bestellt wurde, ausschließlich[527] erfolgen muss, sofern dort mindestens 50 Personen mit der Datenverarbeitung beschäftigt sind. In Ausnahme dazu können mehrere verantwortliche Stellen denselben Datenschutzbeauftragten bestellen, sofern sie Teilgesellschaft eines Konzerns, Mitglied eines wirtschaftlichen Interessenverbandes oder Mitglied einer bestimmten Branche sind. Voraussetzung ist dann, dass der Datenschutzbeauftragte jeweils aus der Mitte des angesprochenen Verbunds oder der Vereinigungen kommt.

Die Art. 45 bis 51 regeln vor allen Dingen durch die EG-Datenschutzrichtlinie vorgegebene formale Anforderungen sowie den Aufgabenbereich des Datenschutzbeauftragten. Nach Art. 45 besteht für die verantwortliche Stelle eine Informationspflicht über die Bestellung gegenüber der Mitarbeitervertretung unter Sicherstellung der Kenntnisnahme. Art. 46 betrifft die Stellung des Datenschutzbeauftragten, der seine Tätigkeit weisungsfrei in unmittelbarer Zusammenarbeit mit der Leitung der verantwortlichen Stelle erfüllt. Außerdem bestehen ausdrückliche Verbote für die Bestellung von Mitgliedern der Geschäftsleitung sowie für Interessenkollisionen bei Wahrnehmung anderer Aufgaben und nach Art. 47 und 48 die Pflichten der verantwortlichen Stelle zur Unterstützung sowie Bereitstellung eines Verfahrensverzeichnisses. Letzteres muss der Datenschutzbeauftragte stets aktualisieren und bei Bedarf jedermann zur Verfügung stellen. Der Aufgabenkatalog des Art. 49 umfasst vor allem die Sicherstellung der Einhaltung der Vorgaben des Datenschutzgesetzes sowie die Abgabe von Empfehlungen an die verantwortliche Stelle, die vor der Implementierung von Datenverarbeitungsanlagen gemäß Art. 47 den Datenschutzbeauftragten zu konsultieren hat. Des Weiteren obliegen ihm die Bearbeitung von Anfragen und Beschwerden sowie gegebenenfalls deren Weiterleitung an die zuständige Stelle. Über aufgetretene Fehler hat er stets die verantwortliche Stelle zu informieren, bevor er sich an die CNIL wendet. Als letzte genannte Aufgabe muss der Datenschutzbeauftragte einen jährlichen Tätigkeitsbericht erstellen. Art. 50 des französischen Datenschutzgesetzes enthält eine Regelung, wonach die verantwortliche Stelle ihrem Datenschutzbeauftragten die Aufgaben gemäß Art. 49 für die gesamte Datenverarbeitung übertra-

---

[527] „Ausschließlich" bedeutet in diesem Zusammenhang, dass der Datenschutzbeauftragte für keine weitere verantwortliche Stelle tätig werden darf, und bezieht sich daher nicht auf die Abgrenzung zwischen haupt- und nebenamtlicher Bestellung; dies ergibt sich aus Art. 46 Satz 4, wonach der Datenschutzbeauftragte auch anderen Tätigkeiten nachgehen darf.

gen kann; die CNIL ist dann davon zu unterrichten.[528] Art. 51 spricht dem Datenschutzbeauftragten ein Anrufungsrecht der Behörde mit bestimmten Erfordernissen der gegenseitigen Konsultation zu; für die CNIL besteht die Pflicht zur Beantwortung.

Die Art. 52 bis 55 befassen sich ausschließlich mit der Beendigung des Bestellungsverhältnisses. Art. 52 enthält eine Abberufungsklausel durch die CNIL bei Pflichtverletzung des Datenschutzbeauftragten unter Bezugnahme auf Art. 22 Abs. 3. Die Abberufung durch die verantwortliche Stelle bedarf gemäß Art. 53 der förmlichen Stellungnahme der CNIL innerhalb eines Monats. Ebenso muss der Datenschutzbeauftragte förmlich gehört werden. Innerhalb der Monatsfrist kann die Abberufung noch zurückgenommen werden. Bei Amtsniederlegung oder Abberufung muss die verantwortliche Stelle gemäß Art. 54 nach dem Verfahren in Art 42 die CNIL informieren, wobei ihr die Beendigungsgründe mitgeteilt werden müssen. Die Kündigung tritt acht Tage nach Zugang bei der CNIL in Kraft. Außer bei Neueinstellung des Datenschutzbeauftragten müssen die Meldepflichten nach Art. 23 und 24 innerhalb eines Monats erfüllt werden. Abschließend regelt Art. 55 den Fall, dass die verantwortliche Stelle ihren Pflichten bezüglich des Datenschutzbeauftragten nicht nachkommt, dergestalt, dass dann wiederum die Meldepflicht eingreift.

Insgesamt erscheint der französische Datenschutzbeauftragte sehr stark reguliert und damit in seiner Flexibilität beschränkt. Als Beispiele seien die teilweisen Überschneidungen mit den Normen des Datenschutzgesetzes, das ausführlich geregelte Meldeverfahren oder die vier Normen allein zur Abberufung sowie Beendigung des Dienstverhältnisses genannt. Daneben ist hervorzuheben, dass das französische Datenschutzrecht neben der verantwortlichen Stelle grundsätzlich noch weitere datenschutzrechtliche Organisationseinheiten wie den Konzern oder wirtschaftliche Interessenverbände kennt. Ein Konzerndatenschutzbeauftragter wie in den Niederlanden ist im Gesetz jedoch nicht vorgesehen.

3.7.5 Slowakei und Polen

Während in den westeuropäischen Staaten ein datenschutzrechtliches Verständnis teilweise über Jahrzehnte hinweg entstehen konnte, mussten die osteuropäischen Staaten aufgrund der Beitrittsvoraussetzungen in relativ kurzer Zeit ein hohes Datenschutzniveau etablieren und dafür in der Summe auf die mehrjährigen Erfahrungen Westeuropas zurückgreifen.[529] Erfreulicherweise fand dabei sowohl im Datenschutzgesetz der Slowakei[530] als auch Polens[531] der betriebliche Datenschutzbeauftragte[532] Beachtung.

---

[528] Dies bedeutet im Umkehrschluss, dass der französische Gesetzgeber von einer spezifischen Bestellung für einzelne Datenverarbeitungsbereiche als Regelfall ausgeht.

[529] *Kulesza*, RDV 2005, S. 18.

[530] Zákon o ochrane osobných údajov z 3. júla 2002.

[531] Ustawa z 29 sierpnia 1997 o ochronie danych osobowych.

[532] „Zodpovedná osoba poverená výkonom dohľadu nad ochranou osobných údajov" beziehungsweise „pełnomocnik ochrony danych osobowych".

Allerdings entfällt durch die Bestellung eines Datenschutzbeauftragten sowohl nach slowaki-
schem als auch nach polnischem Recht nicht die Meldepflicht gegenüber den staatlichen Stellen.[533] Dadurch fehlt den Regelungen beider Rechtsordnungen das Moment einer echten Eigenverantwortung der privaten Akteure, sodass sie letztlich nicht dem in dieser Arbeit
zugrunde gelegten Prinzip der Selbstkontrolle[534] entsprechen und eine weitere Erörterung
aufgrund fehlender Vergleichbarkeit nicht zweckmäßig erscheint, denn die Fragestellung bezieht sich nicht lediglich auf die Kontrolle auf Konzernebene, sondern auf eine eigenständige
Selbstkontrollinstanz für den Konzern.

3.7.6 Großbritannien

In der Regelung zur Umsetzung der Richtlinie 95/46 ist in section 23 Data Protection Act[535]
die Möglichkeit vorgesehen, einen „Data Protection Supervisor" zu bestellen, um von bestimmten Meldepflichten ausgenommen zu werden. Dieser soll in unabhängiger Weise insbesondere die Erfüllung der datenschutzrechtlichen Vorgaben durch die verantwortliche Stelle
überwachen. Hierbei wird lediglich davon ausgegangen, dass der Data Protection Supervisor
unabhängig von seinem Arbeitgeber oder jeder anderen Beeinflussung bezüglich seiner datenschutzrechtlichen Tätigkeit sein muss.[536] Allerdings ist die Regelung lediglich als Verordnungsermächtigung, die genauere Bestimmungen enthalten soll, angelegt. Gebrauch wurde
davon bis zum heutigen Tag nicht gemacht.

3.7.7 Bedeutung der Regelungen für den Datenschutzbeauftragten gem. § 4f BDSG

Die Regelungen zu den betrieblichen Datenschutzbeauftragten in den anderen EU-
Mitgliedstaaten müssen unter zwei Prämissen betrachtet werden: Erstens ist der Datenschutzbeauftragte in der Bundesrepublik Deutschland seit über 30 Jahren fester Bestandteil des datenschutzrechtlichen Kontrollsystems und zweitens ist er allein hier verpflichtend und nicht
nur fakultativ zu bestellen. Das heißt die Meldung der Bestellung an die Aufsichtsbehörde,
die Zuständigkeit der Aufsichtsbehörde für die Vorabkontrolle oder die Ausführungen zu
Aufgabenkatalog oder Fachkunde des Datenschutzbeauftragten sind immer vor dem Hintergrund der Frage einer Umsetzbarkeit bei einer Bestellpflicht zu beurteilen.

Die in der Bundesrepublik Deutschland historisch gewachsene Pflicht zur Bestellung des Datenschutzbeauftragten führt im Positiven wie im Negativen dazu, dass eine vollständige Verlagerung der operativen Überwachung von den externen auf die unternehmensinternen Kontrollinstanzen erfolgt. Das bedeutet in einem so großen Staat wie Deutschland tatsächliche
Entlastung für die Aufsichtsbehörden und kann durch freie Ressourcen eine Effizienzsteigerung bei Stichprobenkontrollen bewirken. Durch die im Vergleich zu anderen Mitgliedstaaten

---

[533] *Schilde-Stenzel* 2006, S. 185; s. auch das WP 106 der *Artikel-29-Datenschutzgruppe*, S. 21.
[534] S. dazu Kap. 2.3.2.
[535] Data Protection Act v. 16.7.1998.
[536] *Jay/Hamilton* 1999, S. 151.

schlanken Aufsichtsbehörden sind im Gegenzug die Durchführung weiterer Kontrolltätigkeiten wie der Vorabkontrolle oder die Bearbeitung von Meldungen über die Bestellung von Datenschutzbeauftragten praktisch kaum mehr durchführbar. Bei nicht ausreichender Ausstattung der Behörden für Stichproben kann hier ein Kontrolldefizit entstehen.[537] Sofern jedoch Anreizwirkungen für die verantwortlichen Stellen zu einem selbstverantwortlichen Datenschutz geschaffen werden, ist die bundesdeutsche Regelung zum Datenschutzbeauftragten die konsequentere im Vergleich zu den anderen Mitgliedstaaten, wenn es um selbstverantwortliches Handeln geht.

Bei den formalen Anforderungen an den Datenschutzbeauftragten hat Schweden eine Minimalregelung erlassen, die in Deutschland nicht umsetzbar wäre, weil sie der vollumfänglichen Verlagerung der Kontrolltätigkeit auf die verantwortliche Stelle selbst nicht gerecht würde. Das gilt sowohl für den Aufgabenkatalog als auch für die Anforderungen an die Bestellung des Datenschutzbeauftragten. Frankreich hingegen hat trotz der Parallelität von Aufsichtsbehörde und betrieblichem Datenschutzbeauftragten eine derart ausufernde Normierung vorgenommen, dass durchaus von einer Überregulierung gesprochen werden kann, was letztlich die Flexibilität des Selbstkontrollorgans schwächt. Die Regelungen in den Niederlanden und Luxemburg hingegen sind mit der deutschen vergleichbar, mehrfach sogar besser ausgearbeitet. Problemfelder der Normen des Bundesdatenschutzgesetzes wie die Bestellung juristischer Personen oder eines Konzerndatenschutzbeauftragten sind klar und europarechtskonform verfasst worden und zeigen, wie mit kleinen Änderungen auch in Deutschland mehr Rechtsklarheit geschaffen werden könnte. Lediglich wenige Ausnahmen könnten hier aus praktischen Gründen nicht umgesetzt werden. Dies betrifft etwa die Beschränkung auf externe Datenschutzbeauftragte oder die durch universitäre Ausbildung nachgewiesene Fachkunde in der luxemburgischen Regelung.

Insgesamt zeigt der Rechtsvergleich, dass die anderen mitgliedstaatlichen Regelungen denen des Bundesdatenschutzgesetzes ähneln, mehrfach aber besser umgesetzt wurden und auch in Deutschland durch kleine Änderungen die rechtliche Situation des betrieblichen Datenschutzbeauftragten noch verbessert werden könnte.

3.8 Exkurs: Risikomanagement und Corporate Compliance

Unternehmerische Aktivitäten sind in den vergangenen Jahren durch Entwicklungen wie Globalisierung des Wettbewerbs, Internationalisierung der Kapitalmärkte und dem intensivierten Eintritt in ein neues Informationszeitalter grundlegend beeinflusst worden. Spektakuläre Unternehmenskrisen und -insolvenzen in jüngerer Vergangenheit haben gezeigt, welche Folgen nicht rechtzeitig wahrgenommene Fehlentwicklungen nach sich ziehen können.[538] In diese Richtung gehen auch Haftungsfälle, die durch pflicht- oder gesetzeswidriges Verhalten von

---

[537] Vgl. *Bizer*, DuD 2007, S. 265.
[538] Vgl. dazu *Diederichs* 2004, S. 27.

Unternehmensangehörigen verursacht werden und zu hohen Schadenssummen führen können.[539] Auch speziell im Bereich der Datensicherheit und des Datenschutzes ist es immer
wieder zu eindrucksvollen Zwischenfällen gekommen, die auf mangelndes oder gar fehlendes
Risikobewusstsein der Verantwortlichen zurückzuführen waren und erhebliche Schäden bei
den betroffenen Unternehmen verursacht haben.[540] Als Folge dieser Entwicklung ist das Problem frühzeitiger Erkennung unternehmensbedrohender Entwicklungen in den Fokus legislativer und betriebswirtschaftlicher Aktivitäten gerückt. Zentrale Bedeutung kommt dabei der
Einschätzung von Risiken[541] jeglicher Art zu. Maßnahmen hierzu treffen die Unternehmen im
Rahmen des Risikomanagements und des Compliance-Managements.

Für den Begriff des „Risikomanagements" besteht keine abschließende Definition. Zunächst
umfasste er lediglich die systematisierte Bewältigung möglicher Finanz- und Kostenrisiken
sowie Lösungen zur Eindämmung möglicher Schadensfälle, sodass sich Risikomanagement
letztlich nur auf die Handhabung versicherbarer Risiken bezog.[542] Allerdings haben sich die
Rahmenbedingungen für wirtschaftliches Handeln im Zuge der gesellschaftlichen, politischen, ökologischen und technischen Entwicklung verschärft und lassen zukünftige Ereignisse schwerer vorhersehen und Risikolagen immer komplexer werden. Mittlerweile wird der
Begriff des Risikomanagements in einem weiteren, sämtliche Risiken für die Unternehmenssicherheit betreffenden Kontext begriffen. Stellt sich in der Rechtssoziologie das Problem des
Umgangs mit nicht mehr kompensierbaren Risiken,[543] so ist es aus betriebswirtschaftlicher
Sicht – gerade für multinationale, weltweit agierende Unternehmen – das Problem erhöhter
Risiken auf den Absatz-, Beschaffungs- und Kapitalmärkten, die bestenfalls eine kontinuierliche Wertsteigerung, schlimmstenfalls den Bestand des Unternehmens gefährden können.[544]
Ein allein auf die Versicherbarkeit von Risiken abzielender Risikomanagementbegriff vermag
den heutigen Risikodimensionen daher nicht mehr gerecht zu werden. Vielmehr bezieht er
sich heute unmittelbar auf alle Risiken, die eine Bedrohung der Unternehmensziele darstellen.[545] Genauer kann Risikomanagement als der bewusste und zielorientierte Umgang mit
Risiken, die aus dem Führungsprozess und den Durchführungsprozessen unternehmerischen

---

[539]   Beispiele finden sich bei *Hefendehl*, JZ 2006, S. 119; *Hauschka*, AG 2004, S. 461.
[540]   Vgl. dazu *Kupfer*, DSB 2005, S. 10.
[541]   Als Risiko im Bereich unternehmerischen Handelns ist grundsätzlich jede Verlustgefahr zu verstehen, die
        aus der Unsicherheit zukünftiger Ereignisse zu einer negativen Abweichung einer festgelegten Zielgröße
        führen kann, vgl. Hauschka – *Pampel/Glage* 2007, § 5, Rn. 4; BeckBilKomm – *Ellrott* 2006, § 289, Rn. 52
        ff.; *Krystek/Fiege* 2004, S. 2558; *Preußner/Becker*, NZG 2002, S. 848 m.w.N.; *Pollanz* 2001, S. 1320;
        Lück, DB 1998, S. 1925; gegen einen „engen Risikobegriff", der ein „Chancenmanagement" ausspart, *Wolf*,
        DStR 2002, S. 1729; ähnlich *Eggemann/Konradt*, BB 2000, S. 503.
[542]   *Hahn/Krystek* 1988, S. 1280. In diesem Zusammenhang spricht man auch von „Speziellem Risikomanagement" oder „Insurance Management"; vgl. auch *Wildemann* 2006, Präambel (II).
[543]   S. dazu Kap. 2.
[544]   *Diederichs* 2004, S. 1.
[545]   *Fink* 1996, S. 148. In diesem Zusammenhang spricht man auch von „Generellem Risikomanagement" oder
        „Sicherheitsmanagement".

Handelns entstehen können, und deren systematische Steuerung und Überwachung sowie die Vorbereitung alternativer Maßnahmen verstanden werden.[546]

Der aus dem anglo-amerikanischen Rechtskreis übernommene Begriff „Corporate Compliance" ist ebenfalls nicht abschließend definiert, bezeichnet aber die Einhaltung bestimmter rechtlicher Vorgaben und betont mittlerweile vor allem das Erfordernis unternehmensweiter organisatorischer Umsetzungsmaßnahmen, um dadurch ein möglichst rechtskonformes Verhalten in allen wesentlichen Bereichen und Prozessen des Unternehmens zu erreichen.[547] Sinn und Zweck von Corporate Compliance ist dabei die Prävention von Schadensfällen und die Reduzierung von Haftungsrisiken;[548] insoweit ähneln sich Compliance und Risikomanagement. Ansonsten sind die beiden Kontrollfunktionen jedoch voneinander getrennt zu betrachten und stellen eigenständige Bestandteile des unternehmensinternen Kontrollsystems dar.[549] Während Risikomanagement vor allem die Führungsprozesse und Durchführungsprozesse unternehmerischen Handelns erfasst, zielt Corporate Compliance auf die Beherrschbarkeit von Rechtsrisiken ab und bedarf dazu einer unabdingbaren Unabhängigkeit, die durch eine Einbindung in die Risikomanagement-Funktion nicht mehr gewährleistet wäre.[550] Gleichwohl bedient sich Corporate Compliance des Risikomanagements, da zwischen Compliance-Risiken und anderen Unternehmensrisiken prinzipiell kein Unterschied besteht.[551]

Nachfolgend werden die beiden Kontrollfunktionen erörtert und in Bezug zum Datschutz gesetzt. Durch die Ausweitung der Risikobetrachtung hat der Begriff des Risikomanagements Einzug in die Diskussion um den betrieblichen Datenschutz gefunden.[552] Diesen Ansatz konkretisierend sollen mögliche Berührungspunkte zwischen Datenschutzbeauftragtem und dem generellen Risikomanagement erörtert werden. Dafür wird zunächst in einem kurzen Abriss die Funktion der Risikobetrachtung im Unternehmen dargestellt, um dann auf deren Bedeutung für den Datenschutzbeauftragten eingehen zu können. Daran schließt sich die Bedeutung von Corporate Compliance für den Datenschutzbeauftragten an.

3.8.1 Funktion des Risikomanagements in Unternehmen

Ziel des betriebswirtschaftlichen Risikomanagements ist es, unternehmensbedrohenden Entwicklungen und Fehleinschätzungen rechtzeitig entgegenzuwirken und angestrebte Zielvorgaben zu erreichen. Diesen Ansatz verfolgte auch der Gesetzgeber beim Erlass des Kontroll-

---

[546] Vgl. *Krystek/Fiege* 2004, S. 2558; *Eggemann/Konradt*, BB 2000, S. 503.

[547] *Bürkle*, BB 2005, S. 565; vgl. außerdem zum Begriff „Compliance" Hauschka – *Hauschka* 2007, § 1, Rn. 1 ff.; *ders.*, ZIP 2004, S. 877; *Hefendehl*, JZ 2006, S. 122 m.w.N.; *Schneider*, ZIP 2003, S. 645; *Buff* 2000, S. 7 ff.

[548] *Rodewald/Unger*, BB 2007, S. 1633; *dies.*, BB 2006, S. 117; Hauschka – *Hauschka* 2007, § 1, Rn. 24; weiter ausführend *Schneider*, ZIP 2003, S. 648.

[549] Hauschka – *Bürkle* 2007, § 8, Rn. 32.

[550] Hauschka – *Bürkle* 2007, § 8, Rn. 33.

[551] Hauschka – *Hauschka* 2007, § 1, Rn. 5.

[552] Vgl. *Münch* 2007, S. 102; *Bizer*, DuD 2006, S. 242; *Wächter* 2003, Rn. 24, 319; ähnlich *Koch* 2006, S. 127f.

und Transparenzgesetzes[553], durch das der Vorstand einer Aktiengesellschaft gemäß § 91
Abs. 2 AktG[554] zur Einrichtung und dem Betrieb eines Überwachungssystems zur Früherkennung von den Fortbestand der Gesellschaft gefährdenden Entwicklungen verpflichtet wird.

Obwohl sich die Norm zunächst allein an Aktiengesellschaften richtet, hat sie doch Ausstrahlungswirkung auch auf andere Gesellschaftsformen wie etwa die Gesellschaft mit beschränkter Haftung.[555] Dem vom Gesetzgeber verfolgten Schutzgedanken eines Frühwarnsystems für
unternehmensgefährdende Entwicklungen können sich auch diese Gesellschaften nur schwer
entziehen. Die zweite Eigenkapitalübereinkunft des Baseler Bankenausschusses, auch bekannt
unter dem Namen „Basel II", zwingt die Kreditinstitute durch eine Neuregelung der Eigen-
mittelunterlegung bei der Kreditvergabe zu einem genaueren Rating der Kreditnehmer, wodurch insbesondere auch deren interner Umgang mit Risiken bewertet wird. Mithin kommt es
für eine geeignete Risikovorsorge nicht auf die Gesellschaftsform des Unternehmens an. Die
weitreichendsten Pflichten in diesem Bereich bestehen in Deutschland für an der amtlichen
Börse notierte Gesellschaften, da diese ihr Frühwarnsystem gemäß § 317 Abs. 4 HGB im Interesse des Kapitalmarktes einer Prüfung durch die Wirtschaftsprüfer unterziehen lassen müssen.

In den Vereinigten Staaten von Amerika werden börsennotierte Unternehmen und deren Wirtschaftsprüfer gemäß Section 404 SOX[556] zu einer umfassenden Beurteilung des internen Kontrollsystems verpflichtet, was praktisch zu einer erheblichen Intensivierung des Risikomanagements geführt hat.

An dieser Stelle muss hervorgehoben werden, dass weder die gesetzlichen Regelungen noch
die privatwirtschaftlichen Vorgaben der Kreditinstitute explizit die Einführung eines Risikomanagementsystems vorschreiben oder Ausfluss einer bestimmten Risk Management-Theorie
sind. § 91 Abs. 2 AktG beschränkt sich beispielsweise auf die Maßgabe, dass lediglich „geeignete Maßnahmen zur Früherkennung bestandsgefährdender Entwicklungen" getroffen
werden müssen. Durch diese weite Formulierung kann die jeweilige unternehmensspezifische
Markt- und Risikosituation ausreichend berücksichtigt werden, ohne dadurch eine Umgehung
der systematisierten Risikovorsorge zu betreiben.[557] In der Praxis führen die Vorgaben bezüg-

---

[553]   Gesetz zur Kontrolle und Transparenz im Unternehmensbereich v. 27.4.1998, BGBl. I S. 784 ff. Das Gesetz
        regelt zahlreiche Änderungen und Ergänzungen in verschiedenen Gesetzen, insbesondere im AktG, im
        HGB und im PublG.
[554]   Aktiengesetz v. 6.9.1965, BGBl. I S. 1089, zul. geänd. durch Art. 11 des Gesetzes v. 16.7.2007, BGBl. I
        S. 1330.
[555]   *Wolf*, DStR 2002, S. 1729; *Eggemann/Konradt*, BB 2000, S. 504 m.w.N.; vgl. auf Konzernebene *Hommel-
        hoff/Mattheus*, BFuP 2000, S. 221f.
[556]   The Sarbanes-Oxley Act of 2002 v. 25.7.2002.
[557]   MünchKomm AktG II – *Spindler* 2008, § 91 Rn. 16; vgl. zum Meinungsstand über den Streit einer Pflicht
        zur Einführung eines ganzheitlichen Risikomanagementsystems *Fleischer*, AG 2003, S. 298 m.w.N.

lich einer präventiven Risikovorsorge jedoch in der überwiegenden Zahl der Fälle zu einer Implementierung eines Risikomanagementsystems im betriebswirtschaftlichen Sinne.[558]

3.8.1.1 Risikomanagementsystem

Ein Risikomanagementsystem ist am allgemeinen Unternehmensführungsprozess orientiert und in einzelne Phasen unterteilbar. Der Prozess des Risikomanagements lässt sich grundsätzlich in die vier Phasen der Risikoidentifikation, Risikobewertung, Risikosteuerung und Risikokontrolle unterteilen.[559] Diesem Prozess vorgeschaltet sind die allgemeine Unternehmenspolitik und -strategie sowie sich daraus ableitende risikopolitische Grundsätze. Prozessbegleitend ist eine Risikokommunikation erforderlich, die die rechtzeitige Weiterleitung der relevanten Informationen an die jeweils Verantwortlichen sicherstellt und das Risikobewusstsein im Unternehmen stärken soll.[560] Weil der Regelkreislauf des Risikomanagements wiederum selbst anfällig ist für Risiken unterschiedlicher Art,[561] muss schließlich eine Prozessüberwachung etabliert werden, die die Funktionsfähigkeit des Risikomanagements und die Angemessenheit der eingesetzten Instrumente überwacht und sicherstellt.[562]

Die vier Phasen des Risikomanagementsystems beginnen mit der *Risikoidentifikation*, deren Ziel die möglichst vollständige Erfassung aller Risikoquellen, Schadensursachen und Störpotenziale des Unternehmens ist.[563] Dabei sollen die Aktualität der risikorelevanten Informationen sowie der Grundsatz der Wirtschaftlichkeit nicht aus den Augen verloren und die Beeinflussbarkeit von Risiken sowie psychologisch, räumlich und organisatorisch bedingte Widerstände nicht unterschätzt werden,[564] denn die Qualität der Risikoidentifikation ist ausschlaggebend und richtungsweisend für alle weiteren auf ihr basierenden Phasen. Das bedeutet, dass ein Kompromiss in Form der Informationsreduktion angestrebt werden muss, um eine Überlastung des Risikomanagementsystems zu vermeiden. So bietet die Forderung des Kontroll- und Transparenzgesetzes nach der Konzentration auf bestandsgefährdende Risiken einen Leitfaden bei der ganzheitlichen Ermittlung der Risiken.[565] Des Weiteren sollte die Unternehmensleitung alle Mitarbeiter in erhöhtem Maße für Risiken sensibilisieren, um durch ein weitreichendes Risikobewusstsein die innerbetriebliche Kooperation und Kommunikation zu

---

[558] Vgl. *Eggemann/Konradt* BB, 2000, S. 504; *Vogler/Engelhard/Gundert*, DB 2000, S. 1425.
[559] *Krystek/Fiege* 2004, S. 2558; vgl. auch *Wildemann* 2006, S. 15; *Hauschka*, AG 2004, S. 467; *Voßbein*, IT-Sicherheit 1999, S. 21; ähnlich *Vogler/Engelhard/Gundert*, DB 2000, S. 1425; *Füser/Gleißner/Meier*, DB 1999, S. 753; ausführlich zu den einzelnen Phasen *Diederichs* 2004, S. 93 ff. Nach *Eggemann/Konradt*, BB 2000, S. 504 sowie *Lück*, DB 1998, S. 1926 sollten diese Phasen in Form eines iterativen Regelkreislaufs organisiert sein; vgl. dazu auch Hauschka – *Pampel/Glage* 2007, § 5, Rn. 18 ff. (Rn. 21).
[560] *Krystek/Fiege* 2004, S. 2558f.
[561] Ausführlich dazu *Lück*, DB 2000, S. 1473.
[562] *Kempf* 2001, S. 15.
[563] *Kless*, DStR 1998, S. 95; vgl. auch *Preußner/Becker*, NZG 2002, S. 848, die von „Risikoinventur" sprechen.
[564] Vgl. *Diederichs* 2004, S. 98f.
[565] Diese Fokussierung birgt jedoch wiederum die Gefahr der Unterschätzung kumulativer, das heißt prozess- und segmentübergreifender Risiken in sich, die in ihrer Gesamtheit ebenfalls bestandsgefährdende Ausmaße annehmen können, *Wolf*, DStR 2002, S. 1732.

verbessern und damit eine flächendeckende Risikoidentifikation zu erreichen.[566] Die Risikoidentifikation ist also mit Problemen behaftet, die keinen allgemeingültigen Verfahrensablauf ermöglichen, sondern nur unternehmensindividuell ausgestaltet werden können.[567]

An die Risikoidentifikation schließt sich die *Risikobewertung* als permanente Aufgabe an, mit deren Hilfe das Ausmaß des einzelnen Risikos erfasst wird.[568] Der übliche Weg zur Bewertung eines Risikos erfolgt in der Bestimmung eines Schadenserwartungswertes, der als Produkt aus der Höhe des drohenden Vermögensverlustes und der Wahrscheinlichkeit des drohenden Vermögensverlustes ermittelt wird.[569] Dieser Wert allein ist jedoch noch nicht ausreichend für die Beurteilung, da nach dieser vereinfachten Darstellung ein kleines, aber sehr häufig auftretendes Risiko denselben Schadenswert haben kann wie ein äußerst seltenes, aber möglicherweise existenzgefährdendes Risiko, was der ganz unterschiedlichen Bedeutung der Szenarien für das Unternehmen nicht hinreichend gerecht wird. Daher wurden für die Risikobeurteilung verschiedene Instrumente entwickelt, die von den Unternehmen individuell angewendet werden können.[570] Diese Quantifizierung des Risikos ist notwendig, weil nur auf diese Weise die Komplexität der Struktur einer Risikosituation, die durch eine Vielzahl von Komponenten beeinflusst wird, erfasst und dementsprechend die richtigen Steuerungsmaßnahmen durch die Vergleichbarkeit der Risiken ergriffen werden können. Durch die Risikobewertung wird aktives Risikomanagement im Sinne von Maßnahmen zur Kompensierung – oder im besten Fall Vermeidung – strategischer Risikopositionierung im Wege der Prioritätensetzung ausgelöst, welche jedoch im Einklang zum übrigen Steuerungsumfeld stehen müssen.[571]

Mit der *Risikosteuerung* beginnt der aktive Teil des Risikomanagementsystems, in dem das Unternehmen unter Berücksichtigung seiner individuellen Strategie Einfluss nimmt auf die im Rahmen von Risikoidentifikation und -beurteilung ermittelten und analysierten Risiken mit dem Ziel, diese zu vermeiden oder zumindest zu reduzieren.[572] Risikosteuerungsstrategien sind die Risikovermeidung, die Risikoverminderung, die Risikobegrenzung, die Risikoüberwälzung sowie die Risikoakzeptanz, wobei sich die einzelnen Strategien nicht immer eindeu

---

[566]   Dazu ist auch der Versuch der Objektivierung der relevanten Risikoinformationen notwendig, da die Beurteilung der jeweiligen Gefahrensituation abhängig von ihrem Betrachter ist; ausführlich zu den dafür notwendigen Instrumentarien *Diederichs* 2004, S. 99 ff.

[567]   *Diederichs* 2004, S. 138.

[568]   *Preußner/Becker*, NZG 2002, S. 849; *Lück*, DB 1998, S. 1927.

[569]   Vgl. *Vogler/Engelhard/Gundert*, DB 2000, S. 1428.

[570]   Vgl. *Kless*, DStR 1998, S. 95. Jedoch vermag keines dieser Instrumente für sich genommen eine kontinuierliche Analyse, Bewertung und Klassifizierung unternehmerischer Risikopotenziale ganzheitlich, umfassend und aussagekräftig abbilden zu können. Die Instrumente der Risikobewertung sollten daher mehr als in anderen Risikomanagementprozessschritten lediglich als Hilfsmittel betrachtet werden, da sie nur bedingt verlässliche Prognosen abgeben und die Risikosituation messbar machen können, vgl. ausführlich zu den unterschiedlichen Instrumenten der Risikobewertung *Diederichs* 2004, S. 140 ff.

[571]   *Pollanz*, DB 1999, S. 396.

[572]   *Lück*, DB 1998, S. 1927. Dabei ist zu beachten, dass viele Einzelrisiken einander überlagern, sodass bei der Beeinflussung eines einzelnen Risikos gleichwohl ein anderes Risiko bestehen bleiben oder sogar neu entstehen kann, *Kless*, DStR 1998, S. 95.

tig voneinander abgrenzen lassen.[573] Die Instrumente zur Umsetzung der verschiedenen Strategien zur Risikosteuerung sind entsprechend der Vielfalt und Komplexität der unternehmerischen Risikopotenziale individuell ausgestaltet und lassen eine allgemeingültige Systematisierung kaum zu.[574] Bei der Vielzahl möglicher risikosteuernder Maßnahmen ist bei der Durchführung insbesondere auf eine ausgewogene Kosten-Nutzen-Relation zu achten.

Eng verwoben mit der Risikosteuerung – weil ebenfalls aktiver Teil des Risikomanagementsystems – ist die *Risikokontrolle*[575] als vierte und letzte Phase des Risikomanagementprozesses. Sie soll gewährleisten, dass die tatsächliche Risikosituation mit der geplanten Risikoprofilsituation übereinstimmt, indem durch ein Berichtswesen zur Darstellung der Risikosituation als Kernelement alle drei vorhergehenden Phasen des Risikomanagementsystems bewertet werden.[576] Dieser Vergleich umfasst die Vollständigkeit der Risikoidentifikation, die Richtigkeit der Risikobewertung sowie die Angemessenheit der Risikosteuerung. Weil das Risikomanagementsystem einen sich wiederholenden Regelkreislauf darstellt, genügt es nicht, die Risikokontrolle als eine jährliche Risikoinventur anzulegen. Wesentliche Risiken können sich allein oder im Zusammenwirken mit anderen Risken erst im Zeitablauf zu bestandsgefährdenden Risiken entwickeln.[577] Daher muss die Risikokontrolle wie das gesamte Risikomanagement als standardisierter, routinemäßiger Prozess in Form eines Systems angelegt sein.[578] Der Erfolg eines Risikomanagementsystems hängt letztlich jedoch von der organisatorischen Integration innerhalb eines Unternehmens ab.

3.8.1.2 Risikomanagementorganisation

Die Risikomanagementorganisation liefert den aufbauorganisatorischen Rahmen und bestimmt den strukturellen Hintergrund für den Ablauf der Risikomanagementprozesse.[579] Dafür gibt es unterschiedliche Gestaltungsansätze wie etwa Zentralisation/Dezentralisation, Integration/Separation oder Fragen nach der Funktions- und Kompetenzzuteilung sowie der hierarchischen Eingliederung, die sich letztlich alle anhand der Struktur des jeweiligen Unternehmens orientieren müssen.[580] Darüber hinaus ist auch die hierarchische Organisation innerhalb des Risikomanagementsystems von Bedeutung für den Ablauf der Risikomanagementprozesse und der daraus resultierenden Aufgaben, die mit unterschiedlichen Schwerpunkten auf allen Unternehmensebenen wahrgenommen werden.[581] Insbesondere müssen die Verant-

---

[573] S. dazu Abb. 90 bei *Diederichs* 2004, S. 189; vgl. außerdem *Preußner/Becker*, NZG 2002, S. 849 m.w.N.; *Füser/Gleißner/Meier*, DB 1999, S. 757.
[574] S. dazu aber *Diederichs* 2004, S. 199.
[575] Nicht verwechselt werden darf die Risikokontrolle mit der *Prozessüberwachung* des Risikomanagementsystems in seiner Gesamtheit, bei der es weniger um die einzelnen Prozessschritte als vielmehr um die Funktionsfähigkeit und Wirtschaftlichkeit des Systems geht.
[576] Vgl. *Krystek/Fiege* 2004, S. 2558; *Vogler/Engelhard/Gundert*, DB 2000, S. 1429; *Lück*, DB 1998, S. 1928.
[577] Vgl. *Vogler/Engelhard/Gundert*, DB 2000, S. 1429.
[578] *Kempf* 2001, S. 16.
[579] *Diederichs* 2004, S. 203 m.w.N.
[580] Ausführlich dazu *Diederichs* 2004, S. 205 ff.
[581] Vgl. Abb. 5 bei *Kempf* 2001, S. 19.

wortlichkeiten innerhalb des Systems klar definiert werden, da ansonsten die Funktionsfähig-keit des Risikomanagements nicht dauerhaft gewährleistet werden kann.[582] Dies umfasst auch einen funktionierenden Informationsfluss sowohl Top-Down als auch Bottom-Up.[583]

Die letztendliche Verantwortung für das Risikomanagement liegt aus zwei Gründen zwingend beim *Top-Management*. Erstens richtet sich § 91 Abs. 2 AktG ausdrücklich an den Vorstand, das heißt die Verantwortung zur Implementierung eines Risikomanagementsystems obliegt per Gesetz der Unternehmensleitung. Zweitens ist das Top-Management zuständig für die Entwicklung der allgemeinen Unternehmensziele und -strategien.[584] Darauf basierend hat das Top-Management auch die Ziele des Risikomanagements festzulegen und insbesondere dafür Sorge zu tragen, dass diese an alle untergeordneten Unternehmensebenen weitergegeben wer-den.[585] Darüber hinaus hat das Top-Management auf die Förderung des Risikobewusstseins bei allen Mitarbeitern hinzuwirken, um ein effizientes Risikomanagement zu erreichen. Schließlich obliegt der Unternehmensleitung die Überwachung des Risikomanagementsys-tems als Ganzem, indem sie durch Zielvorgaben und Aufgabendelegation sicherstellt, dass das Risikomanagement unternehmensweit ausgeführt wird.[586]

Im Rahmen des Risikomanagements hat das *Linien-Management* für die Umsetzung der Risi-komanagementziele und die Integration der Aufgaben des Risikomanagements und seiner Überwachung in die Arbeitsprozesse der operativen Ebene sowie der Ebene des Linien-Managements selbst zu sorgen. Dabei steht die Funktionsfähigkeit des Informationsflusses als notwendiges Instrument zur Kommunikation von Änderungen der zu erhebenden Risikoin-formationen und der Bereichsziele für das Risikomanagement an erster Stelle. Weiterhin ist das Linien-Management verantwortlich für die konkrete Ausgestaltung der verschiedenen Phasen des Risikomanagementprozesses.[587] Als letzte Aufgabe ist schließlich noch die Über-wachung der Risikomanagementprozesse durch das Linien-Management sowohl im operati-ven Bereich wie auch im Bereich des Linien-Managements selbst vorgesehen. Die Überwa-chung sollte in Risikoberichten dokumentiert werden, um wiederum dem Top-Management ein probates Mittel zur Gesamtüberwachung zur Verfügung zu stellen.

Die *operative Ebene* ist im Rahmen der hierarchischen Organisation des Risikomanagements das letzte, aber entscheidende Glied. Liegt an dieser Stelle kein ausgeprägtes Risikobewusst-sein vor, werden sämtliche Bemühungen der übergeordneten Instanzen letztlich vergebens

---

[582] *Weidemann/Wieben*, DB 2001, S. 1791; *Diederichs* 2004, S. 203 m.w.N.
[583] *Kempf* 2001, S. 19. Die in der Folge skizzierte Darstellung zur hierarchischen Organisation orientiert sich an der vereinfachten Einteilung von *Kempf* in „Top-Management", „Linien-Management" und der „operati-ven Ebene".
[584] Da diese auf Annahmen über die künftige Entwicklung des Unternehmens und seiner Umwelt basieren und daher mit Unsicherheiten und strategischen Risiken verbunden sind, ist bereits die Entwicklung der Unter-nehmensziele Gegenstand des Risikomanagements.
[585] Vgl. *Lück*, DB 1998, S. 1926.
[586] *Füser/Gleißner/Meier*, DB 1999, S. 758.
[587] Vgl. *Kempf* 2001, S. 22. Der Schwerpunkt kann je nach Phase entweder mehr auf einer Rahmentätigkeit oder bis hin zur vollständigen Ausführung selbst gehen.

sein. Primäre Aufgabe der operativen Ebene ist demgemäß das Aneignen der risikorelevanten Unternehmens- und Bereichsziele. Des Weiteren ist diese Ebene vor allem zuständig für die Erhebung der erforderlichen Risikoinformationen, da sie täglich mit den risikobehafteten Geschäftsprozessen umgehen.[588] Die hierbei festgestellten Abweichungen von der Norm sowie erkannte Veränderungen des Risikopotenzials sind an das Linien-Management schnell, zuverlässig und vollständig weiterzugeben.

3.8.2 Bedeutung des Risikomanagements für den Datenschutzbeauftragten

Betrieblicher Datenschutz als Managementaufgabe ist mit Risikomanagement vor allem durch seinen veränderten Stellenwert und die Tragweite datenschutzrechtlicher Entscheidungen innerhalb des Unternehmens aufgrund des Bedeutungszuwachses von Informationen in Verbindung zu setzen.[589] Die Verwendung moderner IuK-Techniken im alltäglichen Geschäftsverkehr beinhaltet neben vielfältigen Chancen auch erhebliche Risiken. Die Vermeidung von „Datenschutzskandalen" wird für Unternehmen daher umso wichtiger, je größer ihre Abhängigkeit vom Vertrauen der Verbraucher in eine „sichere" Datenverarbeitung ist.[590]

Der Datenschutzbeauftragte ist als Hauptakteur des betrieblichen Datenschutzes in dieses Beziehungsgeflecht eingebunden, da sich seine Entscheidungen nicht mehr allein auf die Kontrolle der Einhaltung von datenschutzrechtlichen Normen beschränken, sondern unter Umständen entscheidenden Einfluss auf die Verwundbarkeit von Datenverarbeitungssystemen haben können.[591] Vorschläge zur IuK-Gestaltung als Aufgabe des Datenschutzbeauftragten können daher direkt das Erscheinungsbild der Datenverarbeitung als Vertrauensmerkmal prägen. Er ist also vom Gesetzgeber als Kontrollinstanz für einen Gefahrenbereich vorgesehen worden, der durch die neue Gewichtung der Informations- und Kommunikationstechniken genau im Fokus für das Risikomanagement des Unternehmens liegt. Der Datenschutzbeauftragte erhält Informationen, denen im Rahmen des Risikomanagements oftmals hohe Bedeutung zukommen kann, weil ein Schwerpunkt seiner Aufgaben in der Gefahrenprävention liegt und er somit regelmäßig eine Einschätzung möglicher Störfallquellen vornehmen muss.[592] Wird im betrieblichen Datenschutz also über Risikomanagement diskutiert, kann dabei stets auch die Rolle des Datenschutzbeauftragten mit einbezogen werden.

---

[588] *Kempf* 2001, S. 23.
[589] Die Ausbreitung der modernen Informations- und Kommunikationstechniken in beinahe allen Bereichen eines Unternehmens hat dazu geführt, dass den Datenschutz betreffende Entscheidungen auf der einen Seite zu einem enormen wirtschaftlichen Faktor erwachsen können. Auf der anderen Seite können Vernachlässigung oder Fehlentscheidungen eine neue Dimension von Risiken erreichen, die vor allem durch den Ausfall von Schlüsselbereichen gekennzeichnet ist und zu früher undenkbaren Schadenssummen führen kann.
[590] Vgl. *Jacob*, RDV 2002, S. 1 ff.; *Roßnagel* 2002, S. 131.
[591] Zwar liegt die letztendliche Entscheidung über datenschutzrechtliche Maßnahmen bei der Unternehmensleitung der verantwortlichen Stelle. Jedoch ist es Aufgabe des Datenschutzbeauftragten, die zu treffenden Maßnahmen auszuarbeiten, durchzuführen und zu überwachen, vgl. Kap. 3.3.
[592] S. dazu Kap. 2.7 ff.

3.8.2.1 Risikomanagement und Datenschutz

Ein erster Ansatz zur Verbindung des Datenschutzes mit dem Risikomanagement besteht in einem speziellen IT-Risikomanagement, welches Maßnahmen zur Identifikation, Analyse, Bewertung, Gestaltung und Überwachung von Risiken der Datenverarbeitung, und damit zusammenhängend des Datenschutzes sowie der Datensicherheit, beinhaltet.[593] In dieser Diskussion geht es um die Organisation eines separaten Management-Systems zur Kontrolle informationstechnischer Risiken. Allgemeine Prinzipien des Risikomanagements, insbesondere die verschiedenen Phasen des Regelkreislaufs, werden zur Hilfe gezogen, um eine spezielle Struktur zur Erkennung und Eindämmung der Gefahren, die aus der Einführung und dem Betrieb von IT-Anlagen entstehen können, zu ermöglichen. In dieses System ist der Datenschutzbeauftragte eingebunden, zuweilen hat er es sogar selbst durchzuführen.[594]

Ein nächster Ansatz des datenschutzrechtlichen Risikomanagements wird in der Verbindung zum Datenschutzaudit begründet. Durch die Einbindung in betriebswirtschaftliche Risikosituationen wird Datenschutz auch Teil eines Qualitätsmanagements zur Vermeidung von Risiken, was der Gesetzgeber durch die Einführung des § 9a BDSG unterstrichen hat, indem ein Qualitätsaudit als Maßnahme der Verbesserung des Datenschutzes etabliert wird.[595] Auf freiwilliger Basis werden im Wege gesteigerter Selbstverantwortung bestehende Datenschutzmanagementsysteme durch die verantwortliche Stelle auch mit dem Ziel der Verringerung von Risiken in diesem Bereich selbst überprüft.[596] Bei Eignung zu einer Verbesserung des Datenschutzes und der Datensicherheit wird die verantwortliche Stelle von einem zugelassenen Datenschutz-Gutachter zertifiziert und kann sich so im Wettbewerb um das Vertrauen der Kunden von Konkurrenten absetzen.[597] Das Datenschutzaudit ist jedoch nicht in das unternehmensinterne Risikomanagementsystem eingebunden und liefert daher keine konkreten Ansätze für das Verhältnis von Risikomanagement und Datenschutzbeauftragtem.

In einem weiteren Kontext ist der Ansatz zu verstehen, „Datenschutz als Managementaufgabe" zu einem Generalthema in Unternehmen zu definieren und damit den allgemeinen Unternehmensrisiken im Sinne des Kontroll- und Transparenzgesetzes zuzurechnen.[598] Aufgrund globalisierter Märkte mit verstärktem Wettbewerb erhöhen sich die Anforderungen an die Datenverarbeitung zur Unterstützung der unterschiedlichen Wertschöpfungsketten, sodass sich durch die Einführung neuer Software im Rahmen von IT-Projekten oder durch Markterfordernisse zum Datenaustausch im Echtbetrieb die Risikosituation von Unternehmen im Hinblick auf die Aufrechterhaltung des Systembetriebs und der Gewährleistung von Datensi-

---

[593]   Vgl. *Münch* 2007, S. 113 ff.
[594]   Vgl. *Münch* 2007, S. 143; ausführlich zum „IT-Krisenmanagement" *Seiffert*, IT-Sicherheit 4/2000, S. 17 ff.; außerdem bereits *Kargl* 1994, S. 96 ff.
[595]   *Wächter* 2003, Rn. 319f.; zum momentanen Entwicklungsstand s. bereits Fn. 105.
[596]   In einigen Unternehmen bestehen bereits derartige Auditierungsverfahren, beispielhaft *Ulmer* 2006, S. 133f. m.w.N; *Neundorf*, DuD 2002, S. 338 ff.
[597]   *Roßnagel/Pfitzmann/Garstka*, DuD 2001, S. 261; *Roßnagel* 2000, S. 119; ebenso *ders.*, APuZ 2006, S. 15.
[598]   *Wächter* 2003, Rn. 24.

cherheit vergrößert und damit der Datenschutz in betriebswirtschaftliche Risikosituationen von Unternehmen eingebunden wird.[599]

Ein solcher Zusammenhang zwischen generellem Risikomanagement und Datenschutz bedeutet auch für den Datenschutzbeauftragten eine über seine ursprüngliche Kontrollaufgabe hinausgehende Aufgabenzuweisung – er wird ein Element des unternehmensweiten Risikomanagements.[600] Die Verwendung des Datenschutzbeauftragten innerhalb des Risikomanagementsystems wäre wirtschaftlich vor allem dann sinnvoll, wenn sich sowohl für das Wirtschaftsunternehmen als auch für das Rechtsinstitut des Datenschutzbeauftragten durch die Einbindung in die Risikomanagementorganisation besondere Anreize böten.[601] Diese sind darin zu sehen, dass der Datenschutzbeauftragte, der aufgrund der Bestellpflicht einen festen Kostenfaktor darstellt, über die gesetzlichen Vorgaben des Bundesdatenschutzgesetzes hinaus mit weiteren Aufgaben betraut wird.[602] Dazu müssen die Voraussetzungen für die Verwendung des Datenschutzbeauftragten in einem unternehmensweiten Risikomanagementsystem bestimmt und von ihm zu erfüllende Aufgaben definiert werden. Es ist darauf zu achten, dass die Kontrollfunktion des Datenschutzbeauftragten nicht beeinträchtigt wird und dennoch sein Fachwissen im Bereich des „Informationswesens" genutzt werden kann. Als Wettbewerbs- und Qualitätsbestandteil kann dies insbesondere durch eine organisatorische Einbindung des Datenschutzbeauftragten bereits in die Projektplanung und -umsetzung geschehen.[603] Gelingt eine solche Integration, können nutzvolle Synergien zwischen einer durch das Gesetz vorgeschriebenen Kontrollinstanz und einem ebenfalls gesetzlich vorgeschriebenen Frühwarnsystem für das Unternehmen entstehen.[604]

---

[599] *Wächter* 2003, Rn. 24; so auch *Münch* 2007, S. 103.

[600] Vgl. für das Betriebsbeauftragtensystem allgemein *Straile*, BB 1999, S. 2, nach dem durch die Einführung und Nutzung des Betriebsbeauftragtensystems einerseits den einschlägigen gesetzlichen Pflichten Rechnung getragen und andererseits eine zur Vermeidung von Schäden geeignete Betriebsorganisation geschaffen wird, welche die Haftung durch Delegation von Aufgaben verringern oder ausschließen kann.

[601] Vgl. *Flüeli*, IT-Sicherheit 2003, S. 41.

[602] Für den Datenschutzbeauftragten bedeutet die über das gesetzliche Maß hinausgehende Aufgabenzuweisung innerhalb des Risikomanagementsystems vor allem eine Aufwertung seiner innerbetrieblichen Position.

[603] S. *Büllesbach* 2002, S. 54f.; vgl. allgemein zur „Technikgestaltung" auch *Roßnagel*, APuZ 2006, S. 13f.; *ders.* 2001, S. 30 ff.; *ders.* 1996, S. 61; *Nedden* 2001, S. 69.

[604] Auf die Gesamtheit der Betriebsbeauftragten übertragen, könnte dies sowohl zu einer effizienteren Ausgestaltung des Betriebsbeauftragtensystems als auch zu neuen Informationsquellen und Organisationsmöglichkeiten im Risikomanagementsystem führen. § 18 Abs. 1 Nr. 2 a) GenTSV i.V.m. § 6 Abs. 1 GenTG (Gesetz zur Regelung der Gentechnik v. 20.6.1990, BGBl. I S. 1080) zeigt bereits, dass auch der Gesetzgeber die Verwendung eines Betriebsbeauftragten im Rahmen des Risikomanagements als sinnvoll erachtet, da er die Beratung des Betreibers, des Betriebs- oder Personalrats sowie der verantwortlichen Personen gentechnischer Anlagen im Rahmen der Risikobewertung ausdrücklich als Aufgabe des Beauftragten für biologische Sicherheit formuliert.

3.8.2.2 Position des Datenschutzbeauftragten im Risikomanagement

Einschätzungen über die Einbindung des Datenschutzbeauftragten in eine unternehmensweite Risikomanagementorganisation gibt es bisher kaum,[605] obwohl grundsätzlich nichts gegen eine Einbindung in das unternehmensweite Risikomanagement spricht,[606] solange keine Interessenkollision[607] droht. Eine solche steht jedoch nicht zu befürchten, da Datenschutzbeauftragter und Risikomanagementsystem im Unternehmen jeweils als Kontrollsystem vorgesehen sind, welches nicht in die herkömmliche Unternehmenshierarchie eingebunden ist und keine direkten Managemententscheidungen herbeiführt.

Viele Aufgaben des Datenschutzbeauftragten nach dem Bundesdatenschutzgesetz decken sich mit Arbeitsweisen aus den verschiedenen Phasen des Risikomanagementprozesses.[608] In unterschiedlichem Maße kann er sowohl zur Risikoidentifikation und -bewertung als auch zur Risikosteuerung und der Risikokontrolle eingesetzt werden. Dies gilt umso mehr als der Datenschutzbeauftragte aufgrund der engen Verzahnung und der Gleichrangigkeit von Datenschutz und Datensicherheit einen Gesamtüberblick der Datenverarbeitungsprozesse besitzen muss und sich nicht lediglich auf datenschutzrechtliche Fragestellungen nach personenbezogenen Daten beschränken kann, was ihn neben den Mitarbeitern der IT-Abteilungen zu einem Experten in diesem Bereich des Unternehmens macht.[609]

Für die *Risikoidentifikation* ist der Datenschutzbeauftragte in besonderem Maße qualifiziert, da er bereits zur Erfüllung seiner Beratungsfunktion – insbesondere zu technisch-organisatorischen Maßnahmen – eine aufgrund der Vielfältigkeit möglicher Risiken umfassende Risikoanalyse der Datenverarbeitung vornehmen muss, an deren Anfang die Benennung möglicher Risiken steht.[610] Insbesondere durch die Überwachung des Maßnahmenkatalogs gemäß § 9 BDSG setzt sich der Datenschutzbeauftragte auch mit Fragen der IT-Sicherheit des Unternehmens auseinander, die über rein datenschutzrechtliche Fragen hinausgehen.[611]

---

[605] Im Mittelpunkt der Diskussion über das von *Voßbein*, IT-Sicherheit 1999, S. 22 als „Informationswesen" bezeichnete Risikofeld steht ganz eindeutig die IT-Sicherheit und damit verbunden der IT-Sicherheitsbeauftragte oder auch Security Officer, da es vor allem um technische Fragen zur Netzsicherheit und den damit verbundenen Risiken geht, vgl. etwa *Eckhardt*, DSB 2003, S. 12; *Kupfer*, DSB 2005, S. 11; *Hansen*, IT-Sicherheit 2003, S. 23; *Rath*, IT-Sicherheit 2003, S. 13; aber *Kargl/Kütz* 2007, S. 69 ff.

[606] Der Datenschutzbeauftragte ist nicht auf seine Tätigkeit allein beschränkt, sondern kann auch mit anderen, über sein Amt hinausgehenden Tätigkeiten betraut werden, s. dazu Kap. 3.2.1.

[607] Eine solche läge vor, wenn der Datenschutzbeauftragte durch die Einbindung in das Risikomanagement Entscheidungen zu treffen hätte, die seiner Kontrollfunktion zuwider liefen oder er eine Position im Unternehmen einnähme, die per se im Widerspruch zu seiner Tätigkeit stünde. Dies wäre der Fall, wenn er sich selbst kontrollieren müsste oder Mitglied der obersten Unternehmensleitung wäre, s. dazu Kap. 3.4.2.2.

[608] Zu den *Risikomanagementprozessen* s. Kap. 3.8.1.1.

[609] Vgl. *Wächter* 2003, Rn. 800 ff. (insb. Rn. 836, 845).

[610] Vgl. *Koch* 2006, S. 98f.; ausführlich zur „Risikoanalyse" auch *Geschonneck*, IT-Sicherheit 2/2003, S. 32 ff.

[611] Dabei ist die Position des Datenschutzbeauftragten als Kontrollorgan für das Risikomanagement von besonders positiver Bedeutung, denn sie ermöglicht ihm eine objektivere Haltung bei der Risikoidentifikation als beispielsweise dem IT-Sicherheitsbeauftragten, der in aller Regel aus dem operativen Bereich selbst kommen wird. Neben seiner Expertenstellung kommt dem Datenschutzbeauftragten demnach vor allem seine aus der normalen Unternehmenshierarchie herausgehobene Stellung zugute.

Im Rahmen der *Risikobewertung* kann der Datenschutzbeauftragte ebenfalls auf seine Beratungstätigkeit zurückgreifen, da er auch dabei eine Bewertung möglicher Risiken vornehmen muss.[612] Dazu ist insbesondere die Bestimmung von Schadenserwartungswerten nötig, wie sie auch im Risikomanagementprozess erstellt werden, denn nur so kann die Unternehmensleitung adäquate Entscheidungen herbeiführen. Allerdings wird der Datenschutzbeauftragte die Quantifizierung datenschutzrechtlicher Risiken in den seltensten Fällen mit speziellen Risikomanagement-Instrumenten[613] durchführen. Sein Beitrag zur Risikobewertung wird sich daher auf eine erste Bestimmung von Schadenerwartungswerten beschränken, die dann durch Risikomanagementspezialisten konkretisiert werden müssen.

Die *Risikosteuerung* kann der Datenschutzbeauftragte ergänzen – etwa durch Gestaltungsvorschläge im Rahmen der Produktentwicklung oder -verbesserung bei IT-Anbietern oder im Rahmen der Prozessoptimierung bei den Daten verarbeitenden Stellen –, nicht aber im Sinne eines betriebswirtschaftlichen Risikomanagements durchführen, da er sich ansonsten durch die aktive Beteiligung dem Verdacht einer Interessenkollision aussetzen kann. Viele Maßnahmen des Datenschutzbeauftragten zielen auf die Verhinderung oder wenigstens Minimierung von (datenschutzrechtlichen) Risiken. Er muss an dieser Stelle in erster Linie datenschutzrechtliche Aspekte bei der Wahl verschiedener Steuerungsinstrumente beachten und darf erst an zweiter Stelle eine Kosten-Nutzen-Abwägung treffen.[614] Hier kann vor allen Dingen der Rat des Datenschutzbeauftragten von großer Bedeutung für das Risikomanagement sein, die letztendliche Entscheidung über Risikosteuerungsinstrumente wird aber nicht durch den Datenschutzbeauftragten gefällt werden können.

Zur *Risikokontrolle* kann der Datenschutzbeauftragten in zweierlei Hinsicht beitragen. Erstens sind ihm durch das Bundesdatenschutzgesetz Kontrollaufgaben zugewiesen, die auch für das Risikomanagement von Belang sein können.[615] Im Rahmen eines produktiven Risikomanagements können diese Tätigkeiten im Wege der Beratung der Unternehmensleitung genutzt werden.[616] Zweitens kann der Datenschutzbeauftragte vor allem im Bereich des Berichtswesens einen risikorelevanten Beitrag leisten. Seine regelmäßigen Berichte an die Unternehmensleitung über seine Tätigkeit und den Status datenschutzrechtlicher Maßnahmen können ohne allzu großen Mehraufwand auch Ausführungen zur Risikokontrolle beinhalten und haben wiederum den Vorteil der Objektivität.

---

[612] Vgl. *Bizer*, DuD 2006, S. 242.

[613] S. Kap. 3.8.1.1.

[614] Für den Datenschutzbeauftragten kann es daher zunächst keine hinnehmbaren Risiken für personenbezogene Daten geben, sondern er muss vielmehr alles daran setzen, diese einzudämmen. Gleichwohl werden seine Einschätzungen für das Risikomanagement von großer Bedeutung sein, denn Daten sind vielfältigen Risiken ausgesetzt. Entsprechend vielfältige Maßnahmen müssen zu ihrer Reduzierung getroffen werden. Da technische und organisatorische Maßnahmen der Prävention dienen, sind bei der Einschätzung von Risiken vielfältige Kenntnisse und praktische Erfahrung im Umgang mit Daten nötig, *Koch* 2004, S. 78.

[615] Gemäß § 4g Abs. 1 Satz 2 Nr. 1 BDSG ist der Datenschutzbeauftragte zur Überwachung der Ordnungsmäßigkeit der Datenverarbeitung und gemäß § 4d Abs. 5 BDSG zur Prüfung und Bewertung der automatisierten Verarbeitung im Rahmen der Vorabkontrolle gehalten.

[616] *Bizer*, DuD 2006, S. 242.

Schließlich kann auch *prozessbegleitende Kommunikation* durch den Datenschutzbeauftragten ergänzt werden. Im Gegensatz zum IT-(Sicherheits-)Beauftragten oder auch anderen für das Risikomanagement in Frage kommenden Personen ist der Datenschutzbeauftragte gemäß § 4g Abs. 1 Satz 3 Nr. 1 BDSG von Gesetzes wegen für die Schulung von Mitarbeitern verantwortlich. Aufgrund seiner Schulungstätigkeit ist er bei Mitarbeitern bekannt und kann auf eine Infrastruktur zurückgreifen, die ihm die Risikokommunikation erleichtert. Dabei bemüht sich der Datenschutzbeauftragte um Risiko- und vor allem Präventionsmaßnahmen bei den Mitarbeitern zur Einhaltung datenschutzrechtlicher Vorschriften mit dem Ziel, Schäden zu vermeiden.[617] Diese Sensibilisierung ist Bestandteil eines Risikomanagementsystems und wird auch mit dem Begriff der „Awareness" beschrieben.[618]

Zusammenfassend lassen sich durchaus Verwendungsmöglichkeiten für den Datenschutzbeauftragten innerhalb des Risikomanagements finden, die mit seiner Kontrolltätigkeit vereinbar sind, wenn er vornehmlich in den ersten beiden, den nicht-aktiven Phasen der Risikoidentifikation und -bewertung agiert. Hier kann er sein Fachwissen einbringen, ohne eine Interessenkollision fürchten zu müssen. Der Vorteil einer stärkeren Einbindung des Datenschutzbeauftragten außerhalb seines eigentlichen Betätigungsfeldes liegt in der Möglichkeit, seine Meinungen einem größeren Auditorium darlegen und auf diese Weise aktiv Einfluss auf das Gesamtsystem nehmen zu können. Dies kann dazu beitragen, Datenschutz gemäß dem Bundesdatenschutzgesetz in einem sicheren Gesamtsystem effektiv umzusetzen.[619] Vorteile für die Unternehmensleitung sind eindeutig in der Einbindung eines Fachmannes auf dem Feld des „Informationswesens" in das Risikomanagement ohne zusätzliche Mehrkosten zu sehen. In diesem Sinne kann der Datenschutzbeauftragte bereits an der immer wichtiger werdenden Gestaltung der Datenverarbeitung mitwirken.[620] Allerdings fehlt immer noch eine geschlossene und ganzheitliche Gesamtarchitektur im Sinne eines unternehmensweiten Risikomanagements,[621] in welcher die Chancen der Betriebsbeauftragten als Elemente des Risikomanagements noch besser genutzt werden könnten. Im Bereich der Corporate Compliance ist eine solche Einbindung bereits weiter vorangeschritten.

3.8.3 Bedeutung von Corporate Compliance für den Datenschutzbeauftragten

Aufgrund von Gesetzesverschärfungen und Haftungsfällen oberster Leitungsorgane beschäftigen sich gegenwärtig viele, zumindest größere, deutsche Unternehmen mit Corporate Compliance. Unabhängig von der Rechtsform der jeweiligen Gesellschaft bestehen für die Geschäftsleitungen gesetzliche Organisations- und Überwachungspflichten.[622] Der Aufbau

---

[617] So wird beispielsweise die Risikoabwehr häufig durch den Datenschutzbeauftragten in Schulungsmaßnahmen erläutert, *Koch* 2006, S. 83.

[618] *Bizer*, DuD 2006, S. 242.

[619] Vgl. *Voßbein* 2006b, S. 18.

[620] Vgl. dazu *Roßnagel*, MMR 2005, S. 73 ff.

[621] *Diederichs* 2004, S. 2; so auch schon *Pollanz* 2001, S. 1318.

[622] Zur rechtlichen Ausgangslage s. Hauschka – *Hauschka* 2007, § 1, Rn. 21; *ders.*, AG 2004a, S. 462; *Rodewald/Unger*, BB 2006, S. 113.

von Compliance-Systemen soll diese institutionalisieren, in die Unternehmenspraxis einführen und Gesetzesverstöße verhindern.[623] Damit soll eine Haftung von Unternehmen und Geschäftsleitung vermieden werden.

3.8.3.1 Datenschutz als Risikofeld des Compliance-Systems

Für Compliance-Systeme gibt es kein einheitliches Modell. Sie werden inhaltlich stark unternehmensspezifisch ausgerichtet und orientieren sich dabei an Branche, Größe, Börsennotierung, Anzahl der Risikofelder, Internationalisierung und weiteren Faktoren.[624] Gleichwohl ist eine Grundstruktur bei Compliance-Systemen erkennbar, die vier Elemente beinhaltet; dazu zählen die Compliance-Organisation, das Compliance-Programm, ein Verhaltenskodex sowie Information und Beratung.[625] Berührungspunkte zum Datenschutz finden sich bei allen vier Elementen.

Durch die *Compliance-Organisation* wird der Bereich Compliance zunächst einem bestimmten Ressort im Unternehmen zugewiesen.[626] Gleichzeitig muss die Verantwortung für den Bereich festgelegt werden. Auch wenn die Geschäftsleitung letztverantwortlich bleibt, werden größere Unternehmen in der Regel einen zentralen Compliance-Beauftragten[627] oder - Manager bestellen, der dann die Umsetzung des Compliance-Systems betreibt. Einer seiner Tätigkeitsschwerpunkte ist dabei die Koordinierung und Zusammenarbeit mit bereits bestehenden Kontrollinstanzen im Unternehmen. Hierzu wird er regelmäßig die gesetzlich vorgeschriebenen Betriebsbeauftragten wie den Datenschutzbeauftragten in das Compliance-System einbeziehen.[628] Möglich ist auch die Einsetzung eines Compliance-Committees, in dem alle relevanten Entscheidungsträger für den Bereich Compliance vertreten sind.

Das *Compliance-Programm* dient der Umsetzung von Compliance-Maßnahmen. Dazu erfolgt zunächst eine unternehmensspezifische Risikobestandsaufnahme und -bewertung.[629] Es müssen alle relevanten rechtlichen Vorgaben und Gefährdungspotenziale in den wesentlichen Bereichen des Unternehmens identifiziert werden.[630] Hierunter fallen regelmäßig auch Belange des Datenschutzrechts.[631] Im Anschluss daran können die inhaltlichen Bestandteile des

---

[623] *Mengel/Hagemeister*, BB 2007, S. 1386 m.w.N.
[624] *Mengel/Hagemeister*, BB 2007, S. 1386; *Rodewald/Unger*, BB 2007, S. 1629; *Bürkle*, BB 2005, S. 565; vgl. auch Hauschka – *Lampert* 2007, § 9, Rn. 7; *Fleischer*, AG 2003, S. 299f.; *Schneider*, ZIP 2003, S. 646f.
[625] *Bürkle*, BB 2005, S. 565 m.w.N.
[626] Hauschka – *Lampert* 2007, § 9, Rn. 14; *Rodewald/Unger*, BB 2007, S. 630.
[627] Ausführlich dazu Hauschka – *Bürkle* 2007, § 8, Rn. 10 ff.; *Buff* 2000, S. 50 ff.; speziell zum Kartellrecht, *Hauschka*, BB 2004, S. 1179 ff.
[628] *Bürkle*, BB 2005, S. 565; zu den Grenzen der Verwendungsmöglichkeit der Beauftragten im unternehmerischen Compliance-System s. Hauschka – *Bürkle* 2007, § 8, Rn. 1; vgl. außerdem *Rodewald/Unger*, BB 2007, S. 1630; *Buff* 2000, S. 510.
[629] *Rodewald/Unger*, BB 2007, S. 1633; zur „Risikobestandsaufnahme" s. auch *Hauschka*, AG 2004, S. 467; *Buff* 2000, S. 511.
[630] *Bürkle*, BB 2005, S. 566.
[631] *Biewald*, DSB 5/2003, S. 13 ff.; *Schneider*, ZIP 2003, S. 646; *Buff* 2000, S. 292; vgl. außerdem *Bürkle*, BB 2005, S. 567.

Compliance-Programms wie bereichsspezifische organisatorische Maßnahmen oder Information und Schulung von Mitarbeitern umgesetzt und ein Überwachungssystem eingerichtet werden.[632]

In einem allgemein zugänglichen *Verhaltenscodex* legt die Geschäftsleitung die Grundsätze des Unternehmens zur Corporate Compliance fest.[633] Der Kodex dient als Richtlinie für Mitarbeiter im operativen Geschäft und als Orientierung für Kunden und Lieferanten. Ob Äußerungen zum Datenschutz in diesem Kodex oder einer eigenständigen Regelung enthalten sind, muss im Einzelfall in Abstimmung mit dem Datenschutzbeauftragten entschieden werden.

Information und *Beratung* schließlich sind essentiell für eine wirksame Umsetzung der Vorgaben zur Corporate Compliance, denn nur bei einer ausreichenden Sensibilisierung aller Beteiligten können Verstöße gegen verbindliche Regelwerke langfristig präventiv eingedämmt werden. Dazu werden insbesondere Schulungen durchgeführt und Beratungsangebote, etwa durch die Rechtsabteilung oder den Compliance-Beauftragten zur Verfügung gestellt.[634] In gesetzlichen Spezialbereichen wie dem Datenschutz können Angebote auch durch den jeweiligen Beauftragten und gegebenenfalls seine Mitarbeiter erfolgen. Im Zusammenhang mit dem allgemeinen Beratungsangebot werden oftmals auch sog. Whistleblower-Hotlines eingerichtet, um Mitarbeitern die Möglichkeit zu geben, Unregelmäßigkeiten im Unternehmen direkt oder gegebenenfalls auch anonym an die Compliance-Verantwortlichen weiterzugeben.[635]

Datenschutz und Compliance sind prinzipiell beide geprägt durch einen präventiven Ansatz. Bei vielen Maßnahmen zum Datenschutz gibt es eine Überschneidung mit Compliance-Aufgaben. Hieraus kann eine zusätzliche Aufgabe für den Datenschutzbeauftragten entstehen.

3.8.3.2 Compliance-Aufgabe des Datenschutzbeauftragten

Der Datenschutzbeauftragte spielt in zweifacher Hinsicht eine Rolle im Bereich Corporate Compliance. Erstens sind §§ 4f, 4g BDSG – und damit „der Datenschutzbeauftragte" – zunächst selbst Gegenstand der sich aus dem Compliance-Programm ergebenden Pflicht zur Vermeidung haftungsrelevanter Sachverhalte.[636] Zweitens sind die gesetzlichen Vorgaben für den Datenschutzbeauftragten gemäß § 4g BDSG in Form der Hinwirkungsaufgabe vielfach identisch mit den weiterhin zu erfüllenden Compliance-Aufgaben.

Bei der Bestellung des Datenschutzbeauftragten gemäß § 4f BDSG und seinen Aufgaben gemäß § 4g BDSG sind zunächst die bereits aufgezählten Voraussetzungen zu beachten; inso-

---

[632] Ausführlich Hauschka – *Lampert* 2007, § 9, Rn. 13 ff.
[633] Ausführlich Hauschka – *Lampert* 2007, § 9, Rn. 17 ff.
[634] *Bürkle*, BB 2005, S. 566.
[635] Ausführlich Hauschka – *Lampert* 2007, § 9, Rn. 34 m.w.N.; *Berndt/Hoppler* 2005, S. 2627 ff.; zu Whistleblowing und Datenschutz vgl. *v. Zimmermann*, RDV 2006, S. 242.
[636] Hauschka – *Pelz/Steffek* 2007, § 19, Rn. 35; *Mengel/Hagemeister*, BB 2006, S. 2469; *Hauschka*, AG 2004, S. 471.

weit kann auf die Kap. 3.1 ff. verwiesen werden. Aus Sicht von Corporate Compliance muss des Weiteren auch auf eine genaue Aufgabenbeschreibung geachtet werden, wenn der Datenschutzbeauftragte über diese gesetzlichen Vorgaben hinaus weitere Aufgaben wahrnehmen soll, denn eine Aufgabendelegation muss entsprechend den Compliance-Anforderungen hinreichend genau bestimmt sein und überwacht werden, damit sichergestellt ist, dass der Delegationsempfänger die delegierten Aufgaben wahrnimmt.[637] Dies ist vor allem relevant, wenn dem Datenschutzbeauftragten selbst Aufgaben aus dem Compliance-Bereich übertragen werden sollen.

Aus Sicht der Compliance-Organisation obliegt die Gewährleistung der Einhaltung der weiteren datenschutzrechtlichen Vorschriften zunächst der Geschäftsleistung beziehungsweise dem von ihr bestellten Exekutivorgan in Form des Compliance-Beauftragten. Es ist jedoch allgemein anerkannt, dass eine Aufgabenübertragung an den Datenschutzbeauftragten stattfinden und somit sein spezielles Fachwissen für Compliance-Zwecke genutzt werden kann.[638] Dem Datenschutzbeauftragten kann etwa die Überwachung der gesamten EDV-Organisation auf Übereinstimmung mit gesetzlichen und unternehmerischen Vorgaben übertragen werden.[639] Im Gegensatz zu nicht-gesetzlichen Beauftragten besteht dabei der Vorteil, dass die für den Compliance-Beauftragten objektiven Tätigkeitsvoraussetzungen[640] wie direkte Anbindung an die Unternehmensleitung oder sachliche Unabhängigkeit bereits durch die datenschutzrechtlichen Vorschriften gewährleistet sind. Gleichwohl ist der Datenschutzbeauftragte im Rahmen der Kontrolle des Compliance-Systems durch ein routinemäßiges Berichtswesen zu überwachen.[641]

Im Vergleich zum Risikomanagementsystem ergeben sich für den Datenschutzbeauftragten aufgrund eines verwandten Aufgabengebietes beim Einsatz in einem Compliance-System weiterreichende Möglichkeiten zur Aufgabendelegation. Letztlich kann er im EDV-Bereich alleinverantwortlich agieren, was dann auch eine Richtlinienkompetenz für die Inhalte eines Verhaltenskodexes mit datenschutzrechtlichem Bezug beinhalten sollte.

3.9 Stellungnahme zum Datenschutzbeauftragten

Obwohl die Letztverantwortung datenschutzrechtlicher Umsetzungsmaßnahmen bei der Geschäftsleitung liegt, ist der Datenschutzbeauftragte die zentrale Figur bei der Überwachung der Einhaltung aller Normen mit datenschutzrechtlichem Bezug innerhalb der verantwortlichen Stelle. Grundsätzlich hat sich dieses abgestufte System von Fremdkontrolle und schwerpunktmäßiger innerbetrieblicher Selbstkontrolle im Datenschutz wie auch in anderen Rechts-

---

[637] Ausführlich *Adams/Johannsen* 1996, S. 1018.
[638] Hauschka – *Bürkle* 2007, § 8, Rn. 35; Hauschka – *Lampert* 2007, § 9, Rn. 15; *Jaspers*, DuD 2007, S. 269; *Buff* 2000, S. 510; zu den Voraussetzungen dieser „vertikalen Delegation" *Lensdorf*, CR 2007, S. 416.
[639] Hauschka – *Hauschka* 2007, § 1, Rn. 30; *ders.*, AG 2004a, S. 471; vgl. dazu auch Hauschka – *Neundorf* 2007, § 27, Rn. 1 ff.; *Mengel/Hagemeister*, BB 2006, S. 2469; *Buff* 2000, S. 509 ff.
[640] Ausführlich Hauschka – *Bürkle* 2007, § 8, Rn. 17 ff.
[641] *Hauschka*, AG 2004, S. 472.

gebieten – etwa dem Umweltrecht[642] – bewährt. Die Selbstverantwortung für die Überwachung der Rechtmäßigkeit der Datenverarbeitung an die verantwortliche Stelle zu übertragen und für den Schutz personenbezogener Daten gleichzeitig einen Verantwortlichen zu bestimmen, ist ein adäquates Mittel, um den enormen Anforderungen moderner Rechnerkapazitäten Rechnung zu tragen.

Sofern die Umsetzung der regulatorischen Vorgaben konsequent erfolgt und durch die Aufsichtsbehörden in ausreichenden Maße überwacht wird, bietet das Regelwerk der §§ 4f, 4g BDSG in weiten Teilen eine angemessene Rechtsgrundlage für den Schutz personenbezogener Daten durch die betriebliche Selbstkontrolle. Leider gibt es aber auch 30 Jahre nach Einführung des Datenschutzbeauftragten immer noch Regelungsdefizite. So ist die Frage nach der Bestellung von juristischen Personen als Datenschutzbeauftragter bisher ebenso wenig geklärt wie das Verhältnis von Datenschutzbeauftragtem und Betriebsrat. Außerdem lässt das Bundesdatenschutzgesetz bisher keine Bestellung eines Konzerndatenschutzbeauftragten zu, obwohl dafür oftmals eine unternehmerische und auch datenschutzrechtliche Notwendigkeit besteht. Wie dieses Problem in der Konzernpraxis bisher gelöst wird, ist Gegenstand des folgenden Kapitels.

---

[642] Dazu *Kloepfer* 2004, Rn. 428.

4 Konzerndatenschutzbeauftragter als Sonderform

Die Einführung eines Konzerndatenschutzbeauftragten resultiert aus einer der Ausgangslage des Bundesdatenschutzgesetzes widersprechenden konzernweiten Betrachtung des Datenschutzes innerhalb eines Unternehmensverbundes. Für diese Sichtweise sind vor allem zwei Gründe anzuführen:

Erstens entstehen durch die neuen Möglichkeiten der Datenverarbeitung immer größere Datenansammlungen in den Unternehmen, die sowohl Kunden- als auch Arbeitnehmerdaten beinhalten. Konzerne haben durch die modernen Informations- und Kommunikationstechniken beinahe unbegrenzte Möglichkeiten, vorhandene Datensammlungen effizient zu nutzen und zwischen Konzerngesellschaften auszutauschen.[643] Kundendaten werden zur besseren Betreuung, aber auch zu Werbezwecken zwischen den einzelnen verantwortlichen Stellen übermittelt. Gründe für Datenflüsse von Arbeitnehmerdaten sind beispielsweise eine zentralisierte Gehaltsabrechnung, Mitarbeiterentsendung ins Ausland, Führungskräfteentwicklung oder schlicht ein zentraler Server.[644] Mit der Zunahme von Datenströmen und den unterschiedlichen Interessen der einzelnen Gesellschaften steigt aber auch die Gefahr, dass Daten zu anderen Zwecken als denen, zu denen sie ursprünglich erhoben worden sind, verwendet werden, was aufgrund der gestiegenen Komplexität der Datenverarbeitung nicht einmal bemerkt werden muss. Gerade innerhalb von Konzernen mit ihren internen Datenflüssen führt dies dazu, dass immer leichter datenschutzrechtliche Normen verletzt, Schadensfälle entstehen und Ordnungswidrigkeiten oder schlimmstenfalls Straftaten begangen werden können. Bei multinationalen Unternehmungen müssen außerdem noch ganz unterschiedliche auf den Datenschutz bezogene Rechtstraditionen beachtet werden.

Zweitens wird der rechtmäßige Umgang mit Informationen im Allgemeinen und mit personenbezogenen Daten im Besonderen gleichzeitig ein immer bedeutenderer Wettbewerbsfaktor für moderne Unternehmen.[645] Das Risiko von Fällen missbräuchlicher Datenverarbeitung gerade innerhalb konzerninterner Netzwerke provoziert damit für verbundene Unternehmen die stetig steigende Gefahr eines Imageverlustes. Große Unternehmen sehen sich damit heute aufgrund ihrer wachsenden Komplexität letztlich mit derselben Problematik konfrontiert wie der Staat selbst: Weil Risikolagen zuweilen nicht mehr überschaubar sind und ihre Verwirklichung ungeahnte Konsequenzen nach sich ziehen kann, müssen bereits im Vorfeld der Risikosituation Gegenmaßnahmen getroffen werden.[646] Soll unter diesen Voraussetzungen ein konzerneinheitliches Datenschutzniveau entstehen, führt an einer zentralen, mit konzernweitem Geltungsanspruch ausgestatten Institution eigentlich kaum ein Weg vorbei. Wenn der Gesetzgeber an dieser Stelle den Konzernsachverhalt ignoriert, entspricht dies nicht mehr den mo-

---

[643] Ausführlich *Hilber*, RDV 2005, S. 143 ff.
[644] *Vieregge*, RDV 2002, S. 277.
[645] S. dazu schon Kap. 1.1.
[646] S. Kap. 2.2.

dernen datenschutzrechtlichen Anforderungen und die unternehmerische Realität wird verkannt.[647] Unternehmen sind dadurch gezwungen, eigene Maßnahmen zur konzernweiten Selbstkontrolle zu ergreifen, was oftmals zur Bestellung eines Konzerndatenschutzbeauftragten führt.

Im diesem Kapitel wird der Konzerndatenschutzbeauftragte in seiner Bedeutung als Rechtsfigur untersucht. Der Schwerpunkt der Untersuchung liegt zunächst weniger auf der Bedeutung für die Unternehmen in der Praxis als vielmehr auf der Beurteilung der momentanen Situation aus rechtlicher Sicht. Dazu wird anfänglich die für eine juristische Betrachtung nicht zufrieden stellende Situation der uneinheitlichen Begrifflichkeiten zum Konzerndatenschutzbeauftragten analysiert und eine eigene Definition erarbeitet (Kap. 4.1). Daran schließt sich die Darstellung bereits gesetzlich existierender Regelungen zu Konzernbeauftragten als mögliche Vergleichsobjekte an (Kap. 4.2). In Anlehnung an die Ausführungen zum Datenschutzbeauftragten im vorhergehenden Abschnitt folgt dann eine systematische Betrachtung der rechtlichen Bedeutung des Konzerndatenschutzbeauftragten (Kap. 4.3).

4.1 Grundbegriffe

Um eine wissenschaftliche Diskussion über den Konzerndatenschutzbeauftragten führen zu können, muss eine Systematisierung des bisherigen Forschungsstandes erfolgen; bisher besteht nicht einmal ein einheitlicher Diskussionsgegenstand. Die in den Forschungsbereich gehörenden Begriffe werden verschiedenartig verwendet. Weder ist klar, auf welchen Konzernbegriff sich Autoren beziehen (Kap. 4.1.1), was für die spätere Bearbeitung von Bedeutung sein wird, noch wird klar, aus welchem Grund immer wieder eine Verknüpfung der Figur des Konzerndatenschutzbeauftragten mit einem allgemeinen Konzernprivileg erstellt wird (Kap. 4.1.2). Außerdem besteht keine einheitliche Verwendung für den Begriff des Konzerndatenschutzbeauftragten, was unter anderem auf die unterschiedlichen Konzerndatenschutzmodelle zurückzuführen ist (Kap. 4.1.3).

4.1.1 Konzern

Eine einheitliche Verwendung für den Begriff des Konzerns existiert bisher weder in der Rechtswissenschaft noch in anderen Fachdisziplinen. Für den Fortgang der Arbeit muss der Konzernbegriff näher ausgeführt und seine Anwendung klar umschrieben werden. Vorgegeben durch den Themenbereich der Arbeit kann sich die Auseinandersetzung mit dem Konzernbegriff[648] auf seine Verwendung im Datenschutzrecht als Teil eines rechtswissenschaftli-

---

[647] Vgl. *Walz* 2000, S. 457. In diesem Zusammenhang erscheint es geradezu paradox, wenn auf der einen Seite Aufsichtsbehörden als Schutzmaßnahme für Arbeitnehmerdaten in multinationalen Konzernen ein konzernweites Datenschutzkonzept verlangen, vgl. *Wolber-Josch*, DSB 2005, S. 11, der Gesetzgeber hingegen jegliche Konzernierung im Bereich des Datenschutzes ablehnt.

[648] Zur Bedeutung multinationaler Unternehmen in diesem Zusammenhang *Ruppmann* 2000, S. 27 ff.

chen[649] Ansatzes beschränken, ohne den Anspruch auf eine für dieses Rechtsgebiet allgemeingültige Definition zu erheben.

Wie in vielen Diskussionen anderer Rechtsgebiete werden auch im Datenschutzrecht häufig die aktienrechtlichen Begriffe „Konzern" beziehungsweise „verbundene Unternehmen" synonym benutzt.[650] Das erscheint unbedenklich, solange erkennbar ist, ob an die engen Voraussetzungen des Konzerns im Sinne des § 18 AktG oder allgemeiner an die Voraussetzungen der verbundenen Unternehmen gemäß §§ 15 ff. AktG angeknüpft werden soll.[651] Eine Unterscheidung mag zuweilen auch gar nicht nötig sein, weil die Konzernierung auch abseits ihrer gesellschaftsrechtlichen Bedeutung Einfluss auf andere Rechtsgebiete nehmen und eigenständige Besonderheiten entwickeln kann.[652]

In der Diskussion des Konzerndatenschutzbeauftragten ist eine Auseinandersetzung mit den gesellschaftsrechtlichen Grundzügen des Konzerns jedoch erforderlich, weil es dabei immer wieder auch um die Frage nach der Einräumung von konzernweiten Befugnissen eines Konzerndatenschutzbeauftragten geht.[653] Die konzernrechtliche Grundproblematik besteht in der Kollision des Konzerninteresses der Obergesellschaft und den Partikularinteressen der Untergesellschaften;[654] dies gilt auch für das Datenschutzrecht, denn hier wie dort werden die Einzelinteressen durch die rechtliche Verbindung zu anderen Unternehmen zuweilen gefährdet. Auch wenn das Datenschutzrecht auf die konzernrechtlichen Normen des Gesellschaftsrechts – genauer die Regelungen der §§ 15 ff. AktG sowie §§ 291 ff. AktG – nicht unmittelbar zurückgreift, können diese doch für die rechtliche Beurteilung der Beziehungen zwischen verbundenen Unternehmen als Bewertungskriterium herangezogen werden.

4.1.1.1 Allgemeine Vorschriften

Unter den allgemeinen Vorschriften des Aktiengesetzes finden sich in den §§ 15 bis 19 Definitionen der wichtigsten konzernrechtlichen Unternehmensverbindungen. Dabei knüpfen die Regelungen allein an das Vorliegen verbundener Unternehmen an und beanspruchen deshalb grundsätzlich auch über den Anwendungsbereich der Aktiengesellschaft hinaus Geltung.[655]

---

[649] Zum betriebswirtschaftlichen Konzernansatz vgl. *Theisen* 2000, S. 15 ff.

[650] Vgl. etwa *Schaffland/Wiltfang* 2007, § 4f, Rn. 59 ff.; ohne weitere Ausführungen differenzierend *Bergmann/Möhrle/Herb* 2008, § 4f, Rn. 72.

[651] Vgl. MünchKomm AktG I – *Bayer* 2008, § 15, Rn. 6.

[652] MünchHdb GesR IV – *Krieger* 2007, § 68, Rn. 4; vgl. auch *Ruppmann* 2000, S. 27.

[653] Vgl. *Büllesbach*, RDV 2000, S. 3f.

[654] Diese Prämisse liegt auch dem Rechtsgedanken der §§ 308 ff. AktG zugrunde, die zum Schutz des Konzerninteresses bei Vorliegen der durch einen Beherrschungsvertrag abgeleiteten und dadurch rechtlich legitimierten Leitungsmacht dem Vorstand des herrschenden Unternehmens weitreichende Weisungs- und Eingriffsrechte gegenüber der abhängigen Gesellschaft zusprechen, vgl. MünchKomm AktG VIII – *Altmeppen* 2004, § 308, Rn. 2f.

[655] Emmerich/Habersack – *Emmerich* 2008, § 15, Rn. 5; Schmidt/Lutter I – *Vetter* 2008, § 15, Rn. 2; *Kuhlmann/Ahnis* 2007, Rn. 18; *Kübler/Assmann* 2006, S. 417; zur GmbH vgl. etwa *Eisenhardt* 2007, Rn. 833; *Emmerich/Habersack* 2005, S. 415.

4.1.1.1.1 Verbundene Unternehmen gem. § 15 AktG

Der Begriff der verbundenen Unternehmen wird in § 15 AktG selbst nicht definiert, sondern lediglich durch eine enumerative Verweisung auf die nachfolgenden Vorschriften festgelegt.[656] Entsprechend ihrer Stellung im Gesetz stellt diese Aufzählung lediglich eine zusammenfassende Bezeichnung für alle diejenigen Unternehmensverbindungen dar, für die eine Reihe von gesetzlichen Vorschriften wie zum Beispiel der Berichtspflicht des Vorstands gemäß § 90 Abs. 1 AktG, des Auskunftsrechts des Aktionärs gemäß § 131 Abs. 1 Satz 2 AktG oder des Jahresabschlusses gemäß §§ 266 Abs. 2, 271 Abs. 2 HGB gemeinsam gelten soll.[657]

Zentraler Begriff des § 15 AktG ist der des Unternehmens, denn nur solche können in Abgrenzung zu Privatpersonen an Unternehmensverbindungen im Sinne des Konzernrechts beteiligt sein.[658] Weil hierfür sowohl im Konzernrecht als auch in anderen Gesetzen keine einheitliche Definition existiert, ist die Frage, wann ein Unternehmen im Sinne des § 15 AktG vorliegt, umstritten.[659] Im Blickpunkt steht dabei vor allem die Möglichkeit der Störung des Interessengleichgewichts zwischen Gesellschaftern, Geschäftleitung und Gläubigern durch die Einflussnahme von Einzelpersonen sowie Holdinggesellschaften auf ein abhängiges Unternehmen. Im Gegensatz dazu sind die gängigen Gesellschaftsformen der Privatwirtschaft wie Aktiengesellschaft, Gesellschaft mit beschränkter Haftung oder auch die Kommanditgesellschaft unschwer als Unternehmen im Sinne des § 15 AktG zu qualifizieren.[660]

Für den Fortgang der Arbeit ist der Streit um den Unternehmensbegriff nicht von Bedeutung, da es sich bei der Beurteilung von Konzernsachverhalten im Zusammenhang mit dem Konzerndatenschutzbeauftragten stets um Gesellschaften als verantwortliche Stelle im Sinne des § 3 Abs. 7 BDSG handeln muss, für die eine Verpflichtung zur Bestellung eines Datenschutzbeauftragten besteht. Da dies nur auf größere Unternehmen zutrifft, erfüllen die hier zugrunde zu legenden Unternehmen regelmäßig die Voraussetzung des § 15 AktG.

4.1.1.1.2 Mehrheitsbeteiligung gemäß § 16 AktG

Eine erste eigenständige Form der Unternehmensverbindung im Sinne des § 15 AktG wird in § 16 Abs. 1 AktG definiert. Danach kann sich die Mehrheitsbeteiligung eines Unternehmens

---

[656] Danach sind „verbundene Unternehmen" rechtlich selbständige Unternehmen, die im Verhältnis zueinander in Mehrheitsbeteiligung stehende Unternehmen und mit Mehrheit beteiligte Unternehmen (§ 16 AktG), abhängige und herrschende Unternehmen (§ 17 AktG), Konzernunternehmen (§ 18 AktG) sowie wechselseitig beteiligte Unternehmen (§ 19 AktG) und Vertragsteile eines Unternehmensvertrages (§§ 291, 292 AktG) sind.

[657] Ausführlich zu den Rechtsfolgen der §§ 15 ff. AktG Schmidt/Lutter I – *Vetter* 2008, § 15, Rn. 4 ff.

[658] *Emmerich/Habersack* 2005, S. 22.

[659] Zum Meinungsstand s. Emmerich/Habersack – *Emmerich* 2008, § 15, Rn. 6 ff.; ausführlich auch MünchKomm AktG I – *Bayer* 2008, § 15, Rn. 7 ff. Als abhängiges Unternehmen kommt grundsätzlich jede rechtlich verselbständigte Organisationsform in Betracht, die die Möglichkeit der Beherrschung durch (bloße) Mehrheitsbestimmung eröffnet, *Kübler/Assmann* 2006, S. 419. Herrschendes Unternehmen ist jeder Gesellschafter unabhängig von der Rechtsform, wenn er nicht nur in der Gesellschaft, sondern auch außerhalb der Gesellschaft unternehmerische Interessen verfolgt, *Eisenhardt* 2007, Rn. 840.

[660] Vgl. Schmidt/Lutter I – *Vetter* 2008, § 15, Rn. 53 ff.

beliebiger Rechtsform an einem anderen rechtlich selbständigen Unternehmen sowohl aus der Anteilsmehrheit als auch aus der Stimmrechtsmehrheit ergeben, wobei diese nur in Ausnahmefällen auseinanderfallen werden.[661]

Die wichtigste Rechtsfolge einer Mehrheitsbeteiligung im Sinne des § 16 Abs. 1 AktG ergibt sich aus § 17 Abs. 2 AktG, wonach von einem in Mehrheitsbesitz stehenden Unternehmen vermutet wird, dass es von dem an ihm mit Mehrheit beteiligten Unternehmen abhängig ist. In diese Richtung gehen auch § 19 Abs. 2 und 3 AktG, die auf § 17 Abs. 1 AktG verweisen, sofern einem wechselseitig beteiligten Unternehmen an dem anderen Unternehmen eine Mehrheitsbeteiligung gehört oder das eine auf das andere Unternehmen unmittelbar oder mittelbar einen beherrschenden Einfluss ausüben kann beziehungsweise jedem der wechselseitig beteiligten Unternehmen an dem anderen Unternehmen eine Mehrheitsbeteiligung gehört oder jedes auf das andere unmittelbar oder mittelbar einen beherrschenden Einfluss ausüben kann. Weitere Rechtsfolgen aus dem Aktiengesetz sind Mitteilungspflichten nach § 20 Abs. 4 und 5 sowie 21 Abs. 2, Verbot des Zeichnungsrechts bei Kapitalerhöhungen gemäß § 56 Abs. 2, Stimmrechts- und Erwerbsverbot nach §§ 71 Abs. 2, 71d Satz 2 und 71b sowie Vorschriften zur Gestaltung des Anhangs zum Jahresabschluss gemäß § 305 Abs. 2 Nr. 2 und aus dem Handelsgesetzbuch Ausweispflichten in der Bilanz nach §§ 266 Abs. 3, 271 und 291 Abs. 1.

4.1.1.1.3 Abhängigkeit gemäß § 17 AktG

Die in § 17 Abs. 1 AktG definierte Abhängigkeit stellt nach einhelliger Meinung den zentralen Begriff des Konzernrechts im weiteren Sinne dar, weil abgesehen von den Vertrags- und Eingliederungskonzernen durchgängig schon daran und nicht erst an die einheitliche Leitung angeknüpft wird.[662] Bei Vorliegen einer Mehrheitsbeteiligung greift die bereits erwähnte Abhängigkeitsvermutung des § 17 Abs. 2 AktG und diese führt wiederum zur Konzernvermutung nach § 18 Abs. 1 Satz 3 AktG.

---

[661] Dazu Emmerich/Habersack – *Emmerich* 2008, § 16, Rn. 2; MünchKomm AktG I – *Bayer* 2008, § 16, Rn. 5; Schmidt/Lutter I – *Vetter* 2008, § 16, Rn. 2. Anteile in diesem Sinne sind entsprechend der verwandten Bezeichnungen für die jeweilige Rechtsform des Unternehmens alle Beteiligungen der Gesellschafter am Kapital wie zum Beispiel Geschäftsanteile, Kapitalanteile oder Anteile am Gesellschaftsvermögen; unter Stimmrecht im Sinne des § 16 Abs. 1 AktG sind die Stimmen des Gesellschafters des Unternehmens bei Beschlussfassungen wie zum Beispiel der Hauptversammlung oder der Gesellschafterversammlung zu verstehen, *Eisenhardt* 2007, Rn. 844. Die Einzelheiten der Berechnung ergeben sich aus § 16 Abs. 2 AktG für die Anteilsmehrheit beziehungsweise § 16 Abs. 3 AktG für die Stimmrechtsmehrheit, vgl. dazu *Emmerich/Habersack* 2005, S. 32f. § 16 Abs. 4 AktG enthält schließlich eine Zurechnungsvorschrift für die von einem abhängigen Unternehmen gehaltenen Anteile zum herrschenden Unternehmen.

[662] Beispielhaft Emmerich/Habersack – *Emmerich* 2008, § 17, Rn. 2; *Hüffer* 2008, § 17, Rn. 1; Schmidt/Lutter I – *Vetter* 2008, § 16, Rn. 2; *Kuhlmann/Ahnis* 2007, Rn. 45; BeckHdb AG – *Liebscher* 2004, § 14, Rn. 18. Abhängigkeit ist dann gegeben, wenn auf ein rechtlich selbständiges Unternehmen ein anderes Unternehmen (herrschendes Unternehmen) unmittelbar oder mittelbar einen beherrschenden Einfluss ausüben kann. Dabei genügt die Möglichkeit der (mittelbaren) beherrschenden Einflussnahme, sodass es im Gegensatz zu § 18 AktG auf die tatsächliche Ausübung nicht ankommt, vgl. *Kübler/Assmann* 2006, S. 422.

Zur Bestimmung der Anforderungen an den beherrschenden Einfluss im Sinne des § 17 Abs. 1 AktG kann auf die Abhängigkeitsvermutung bei Mehrheitsbeteiligungen gemäß § 17 Abs. 2 AktG zurückgegriffen werden.[663] Demnach ist der Einfluss dann als beherrschend anzusehen, wenn er seiner Art nach dem Einflusspotenzial einer Mehrheitsbeteiligung entspricht.[664] Dies ist dann der Fall, wenn dem beherrschenden Unternehmen langfristig Mittel zur Verfügung stehen, um die Geschäftsleitung des abhängigen Unternehmens dazu zu bewegen, dem Willen der Konzernspitze zu folgen, sie also einem fremdunternehmerischen Willen zu unterwerfen.[665]

Bedeutendste Rechtsfolge der Abhängigkeit gemäß § 17 Abs. 1 AktG ist die bereits erwähnte Konzernvermutung des § 18 Abs. 1 Satz 3 AktG. Eine weitere zentrale Folge stellt bei Vorliegen faktischer Beherrschung – und nicht erst bei einheitlicher Leitung – das Eingreifen der Schutzvorschriften der §§ 311 ff. AktG zur Sicherung der Unabhängigkeit der Aktiengesellschaft dar. Schließlich knüpfen auch die §§ 100 Abs. 2 Satz 1 Nr. 2, 115 Abs. 1 Satz 2, 134 Abs. 1 Satz 4, 136 Abs. 2 Satz 1, 145 Abs. 3 sowie 160 Abs. 1 Nr. 1 und 2 AktG an die Abhängigkeit an.

4.1.1.1.4 Konzern gemäß § 18 AktG

§ 18 AktG bestimmt die Begriffe Konzern und Konzernunternehmen unter Voraussetzung eines einheitlichen Konzernbegriffs, der durch die Zusammenfassung mehrerer rechtlich selbständiger Unternehmen im Sinne des § 15 AktG unter einheitlicher Leitung gekennzeichnet ist. Dabei unterscheidet das Gesetz zwischen dem Unterordnungskonzern gemäß § 18 Abs. 1 AktG, der vorliegt, wenn sich die Zusammenfassung unter einheitlicher Leitung auf herrschende und abhängige Unternehmen gemäß § 17 Abs. 1 AktG bezieht, und dem Gleichordnungskonzern gemäß § 18 Abs. 2 AktG, bei welchem die Zusammenfassung unter einheitlicher Leitung gerade ohne die Abhängigkeit vollzogen wird.[666] Ergänzt wird die Regelung

---

[663] *Kuhlmann/Ahnis* 2007, Rn. 68; *Emmerich/Habersack* 2005, S. 36.

[664] *Hüffer* 2008, § 17, Rn. 5; MünchKomm AktG I – *Bayer* 2008, § 17, Rn. 25.

[665] BeckHdb AG – *Liebscher* 2004, § 14, Rn. 18; ausführlich zu den einzelnen Einflussmöglichkeiten Emmerich/Habersack – *Emmerich* 2008, § 17, Rn. 9 ff.; Schmidt/Lutter I – *Vetter* 2008, § 17, Rn. 6 ff.; *Kuhlmann/Ahnis* 2007, Rn. 71 ff.

[666] Der für den Konzern im Sinne des § 18 AktG prägende Begriff der einheitlichen Leitung ist für den Unter- und den Gleichordnungskonzern grundsätzlich in der gleichen Weise auszulegen, Emmerich/Habersack – *Emmerich* 2008, § 18, Rn. 26; *Hüffer* 2008, § 18, Rn. 2, seine Bedeutung ist allerdings nach beiden Alternativen streitig. Man unterscheidet allgemein zwischen dem engen und dem weiten Leitungsbegriff und macht das Vorliegen der einheitlichen Leitung davon abhängig, welche Bereiche des Konzerns von ihr umfasst sind. Nach dem *engen* Leitungsbegriff, der einem wirtschaftswissenschaftlichen Ansatz folgt und den Konzern als wirtschaftliche Einheit sieht, kann von einem Konzern nur dann ausgegangen werden, wenn die einheitliche Leitung die unternehmerischen Kernbereiche der Einzelgesellschaften, insbesondere die Finanzpolitik, umfasst, vgl. *Hüffer* 2008, § 18, Rn. 10f.; Großkomm. AktG I – *Windbichler* 2004, § 18, Rn. 21 ff.; zustimmend etwa *Kuhlmann/Ahnis* 2007, Rn. 84. Die Vertreter des *weiten* Leitungsbegriffs hingegen lassen auch die einheitliche Leitung anderer zentraler Bereiche der Unternehmensführung ausreichen, sofern dadurch eigenständige Planungen und Entscheidungen des abhängigen Unternehmens faktisch nicht mehr durchgeführt werden können, jeweils m.w.N. Emmerich/Habersack – *Emmerich* 2008, § 18, Rn. 13 ff.; MünchKomm AktG I – *Bayer* 2008, § 18, Rn. 33; Schmidt/Lutter I – *Vetter* 2008, § 18 Rn. 11;

durch die unwiderlegliche Vermutung eines Unterordnungskonzerns des § 18 Abs. 1 Satz 2 AktG und die widerlegliche des § 18 Abs. 1 Satz 3 AktG.

Unterordnungskonzerne sind weiterhin nach Vertrags-, Eingliederungs- und faktischen Konzernen zu unterscheiden.[667] Vertragskonzerne setzen zwingend einen Beherrschungsvertrag im Sinne des § 291 Abs. 1 Satz 1 1. Alt. AktG voraus, was in der Folge eine gesetzlich anerkannte Leitungsmacht des herrschenden Unternehmens gemäß § 308 AktG und die Anwendbarkeit der §§ 291 bis 310 AktG nach sich zieht.[668] Alle anderen Unternehmensverbindungen in Form des § 18 Abs. 1 Satz 1 AktG sind faktische Konzerne – selbst wenn die Beteiligten durch andere Unternehmensverträge gemäß den §§ 291 und 292 AktG verbunden sind –, auf die die §§ 311 bis 318 AktG anzuwenden sind; bei ihnen fehlt es ungeachtet der rechtlichen Zulässigkeit an einer gesetzlich legitimierte Konzernleitungsmacht.[669]

Im Aktiengesetz finden sich nur einige wenige Rechtsfolgen, die sich explizit auf den Konzern im Sinne des § 18 AktG beziehen.[670] Wie bei den vorhergehenden Normen der allgemeinen Vorschriften ist auch bei § 18 AktG bezweckt, eine weitere Form der verbundenen Unternehmen zu bilden und den Inhalt der Anknüpfungsbegriffe Konzern und Konzernunternehmen festzulegen.[671]

4.1.1.1.5 Wechselseitige Beteiligung gemäß § 19 AktG

Verbundene Unternehmen in Form einfach wechselseitig beteiligter Unternehmen im Sinne des § 19 Abs. 1 AktG liegen vor, wenn zwei inländische Kapitalgesellschaften untereinander mit jeweils mehr als 25% beteiligt sind. Von einer einseitig qualifizierten wechselseitigen

---

BeckHdb AG – *Liebscher* 2004, § 14, Rn. 18. Begründet wird dies unter anderem damit, dass praktisch vor allem die Einflussnahme auf die Personalpolitik zu einer Einheitlichkeit in der Leitung führt.

[667] Auch bei Gleichordnungskonzernen kann zwischen vertraglichen und faktischen Konzernen unterschieden werden, vgl. dazu *Kuhlmann/Ahnis* 2007, Rn. 95 ff. Weil aufgrund der fehlenden Abhängigkeit gemäß § 17 Abs. 1 AktG viele Regelungen des Konzernrechts aber keine Anwendung finden, bleibt die Bedeutung der Unterscheidung aus aktienrechtlicher Sicht weit hinter derjenigen bei Unterordnungskonzernen zurück und braucht daher an dieser Stelle nicht weiter ausgeführt zu werden; relevant bleiben allerdings einige Normen des Handelsgesetzbuches sowie allgemein das Kartellrecht.

[668] S. dazu Kap. 4.1.1.2.1f. Eine solche gesetzliche Leitungsmacht steht gemäß § 323 Abs. 1 AktG auch der Hauptgesellschaft eines Eingliederungskonzerns im Sinne der §§ 319 und 320 AktG zu; einschlägig sind hier die §§ 319 bis 327 AktG.

[669] *Hüffer* 2008, § 18, Rn. 3.

[670] Diese stehen, wie etwa §§ 91 Abs. 1, 100 Abs. 2 Satz 2, 104 Abs. 1 Satz 3 Nr. 1 und 250 Abs. 1 Satz 2 Nr. 1 AktG, entweder in engem Zusammenhang mit dem Arbeits- und Mitbestimmungsrecht oder beziehen lediglich den Gleichordnungskonzern in den Anwendungsbereich der Norm mit ein, wie in §§ 134 Abs. 1 Satz 4, 145 Abs. 3 und 293d Abs. 1 Satz 2 AktG, Schmidt/Lutter I – *Vetter* 2008, § 18 Rn. 3. Im Handelsgesetzbuch knüpfen die wichtigen Normen der §§ 290 ff. sowie § 320 ff. für den Konzernabschluss und Konzernlagebericht beziehungsweise für die Prüfung an § 18 AktG an, sind im Anwendungsbereich aber auf Unterordnungskonzerne beschränkt, *Hüffer* 2008, § 18, Rn. 22. Normen anderer Gesetze wie etwa § 54 Abs. 1 BetrVG oder § 147a Abs. 5 SGB III beziehen sich ebenfalls auf § 18 AktG, können aber nicht ohne weiteres einheitlich ausgelegt werden, Emmerich/Habersack – *Emmerich* 2008, § 18, Rn. 2.

[671] Die Bedeutung der Konzernierung als eine Form der verbundenen Unternehmen fällt allerdings weit geringer aus als die der Abhängigkeit, weil die gesetzlichen Schutzvorschriften des Konzernrechts durchgängig bereits an letztere anknüpfen, vgl. *Hüffer* 2008, § 18, Rn. 1.

Beteiligung spricht man, wenn gemäß § 19 Abs. 2 AktG eines der beteiligten wechselseitigen Unternehmen entweder eine Mehrheitsbeteiligung an dem anderen innehat oder einen beherrschenden Einfluss auf dieses ausüben kann. Trifft eine diese Voraussetzung auf beide wechselseitig beteiligten Unternehmen zu, so liegt gemäß § 19 Abs. 3 AktG eine beidseitig qualifizierte wechselseitige Beteiligung vor. Gemäß § 19 Abs. 1 AktG gilt für die Berechnung der Beteiligung § 16 Abs. 2 Satz 1 und Abs. 4 AktG.

Wechselseitige Beteiligungen sind vor allem deswegen als verbundene Unternehmen definiert, weil von ihnen in zweierlei Hinsicht spezifische Gefahren ausgehen können: Erstens besteht durch die Verflechtung der Gesellschaften die Möglichkeit der Umgehung von Kapitalaufbringungs- und -erhaltungsregeln aufgrund der jeweiligen mittelbaren Beteiligung an sich selbst und zweitens können die sogenannten Verwaltungsstimmrechte der jeweils anderen wechselseitig beteiligten Gesellschaft missbraucht werden, um die Herrschaft in der eigenen Haupt- oder Gesellschafterversammlung zu übernehmen.[672] Um insbesondere eine Selbstkontrolle der Verwaltungen der einfach wechselseitig beteiligten Unternehmen zu verhindern, enthält § 328 AktG mehrere Schutzvorschriften.[673]

4.1.1.2 Aktienkonzernrecht

Das dritte Buch des Aktiengesetzes regelt in den §§ 291 bis 328 ausführlich das Recht der verbundenen Unternehmen.[674] Der unmittelbare Anwendungsbereich beschränkt sich im Gegensatz zu den §§ 15 ff. AktG auf solche Unternehmensverbindungen, an denen eine Aktiengesellschaft oder eine Kommanditgesellschaft auf Aktien als abhängiges Unternehmen beteiligt ist. Dieser „besondere Teil" des Konzernrechts des Aktiengesetzes kann der Sache nach unterteilt werden in die Vorschriften über Unternehmensverträge (§§ 291 bis 299), Vertragskonzerne (§§ 300 bis 310), Abhängigkeitsverhältnisse und faktische Konzerne (§§ 311 bis 318) sowie in Vorschriften über die Eingliederung (§§ 319 bis 327) und den Ausschluss von Minderheitsaktionären (§§ 327a bis 327f).[675]

---

[672]   Vgl. Emmerich/Habersack – *Emmerich* 2008, § 19, Rn. 5f.; BeckHdb AG – *Liebscher* 2004, § 14, Rn. 29.

[673]   In § 328 Abs. 1 AktG sind Beschränkungen in Form von Rechtsverlusten für diejenigen Anteile vorgesehen, die über eine Beteiligung von 25% hinausgehen. § 328 Abs. 3 AktG enthält bei börsennotierten Unternehmen außerdem ein Stimmverbot bei der Wahl des Aufsichtsrats. Schließlich sieht § 328 AktG mehrere Mitteilungspflichten, die auf §§ 20 und 21 AktG aufbauen, für die Gesellschaft vor, die eine mehr als 25%ige Beteiligung an einer anderen Gesellschaft erworben hat. Für den Fall der qualifiziert wechselseitigen Beteiligungen ordnen § 19 Abs. 2 und 3 AktG als Rechtsfolge die Geltung der allgemeinen Regeln über Mehrheitsbeteiligungen gemäß § 16 Abs. 1 AktG an und § 19 Abs. 4 AktG erklärt in diesen Fällen § 328 AktG für nicht anwendbar, vgl. dazu BeckHdb AG – *Liebscher* 2004, § 14, Rn. 31.

[674]   Zur Entstehungsgeschichte vgl. MünchKomm AktG VIII – *Altmeppen* 2000, Einl. §§ 291 ff., Rn. 10 ff.

[675]   Emmerich/Habersack – *Emmerich* 2008, Vor § 291, Rn. 1. Für die Einordnung einer möglichen Einräumung von konzernweiten Befugnissen für den Konzerndatenschutzbeauftragten genügt die Darstellung der drei unterschiedlichen Abhängigkeitsverhältnisse nach §§ 291 ff., 308 ff. sowie 319 ff. AktG.

4.1.1.2.1 Unternehmensverträge

Die Regelungen der §§ 291 ff. AktG sind gegliedert nach Unternehmensverträgen (§§ 291 und 292), deren Vertragsprüfung (§§ 293 bis 299) sowie Schutzvorschriften für die Gesellschaft, Gläubiger und Aktionäre (§§ 300 bis 307); unter dem Blickwinkel möglicher Weisungsbefugnisse für den Konzerndatenschutzbeauftragten sind allein erstere maßgeblich.

Unternehmensverträge sind einerseits die tief in die Verfassung vor allem der abhängigen Gesellschaft eingreifenden sogenannten Organisationsverträge gemäß § 291 AktG sowie andererseits die die Unternehmensstruktur weniger verändernden und daher oftmals als schuldrechtliche Austauschverträge eingeordneten Unternehmensverträge gemäß § 292 AktG.[676] Während beiden Vertragsarten die strukturverändernden Auswirkungen für die Untergesellschaft gemein sind, weisen sie in der Intensität große wirtschaftliche Unterschiede auf. Unternehmensverträge nach § 291 AktG beeinträchtigen die Untergesellschaft derartig, dass ihre Leitung in fremden Händen liegt, von fremden Interessen bestimmt wird, die Ergebnisse ihres wirtschaftlichen Handelns sie nicht mehr betreffen, und sie demnach aufhört als wirtschaftlich eigenständiges Unternehmen zu bestehen. Verträge gemäß § 292 AktG hingegen setzen eine angemessen Gegenleistung voraus und beschränken somit die Eingriffe in die wirtschaftliche Selbständigkeit der betroffene Aktiengesellschaft.[677] Diesen wirtschaftlichen Unterschieden ist in der Folge eine rechtliche Differenzierung geschuldet.

Unternehmensverträge sind in rechtlicher Hinsicht nicht nur nach §§ 291 und 292 AktG zu unterteilen, sondern auch innerhalb dieser Gliederung jeweils scharf zu trennen, da jeweils eigene Rechtsfolgen für die einzelnen Vertragsarten bestehen.[678] Die strukturellen Veränderungen durch Unternehmensverträge nach § 291 AktG machen insbesondere Ausnahmen von dem Verbot verdeckter Gewinnausschüttung gemäß §§ 57, 58 und 60 AktG, durch einen Beherrschungsvertrag gemäß § 291 Abs. 1 Satz 1 1. Alt. AktG auch von der Leitungspflicht des Vorstands gemäß § 76 AktG, notwendig.

4.1.1.2.2 Leitungsmacht

Die §§ 308 ff. AktG regeln die Leitungsmacht und Verantwortlichkeit bei Bestehen eines Beherrschungsvertrages (§§ 308 bis 310) sowie die Verantwortlichkeit bei Fehlen eines Beherrschungsvertrages (§§ 311 bis 318), die sich für ein herrschendes Unternehmen bereits aus dem Abhängigkeitsverhältnis ergeben.

---

[676] Vgl. Schmidt/Lutter II – *Langenbucher* 2008, § 291 Rn. 18f.; BeckHdb AG – *Liebscher* 2004, § 14, Rn. 100f. Unter § 291 AktG fallen der Beherrschungsvertrag gemäß § 291 Abs. 1 Satz 1 1. Alt., der Gewinnabführungsvertrag gemäß § 291 Abs. 1 Satz 1 2. Alt. und der Geschäftsführungsvertrag gemäß § 291 Abs. 1 Satz 2, unter § 292 AktG der Gewinngemeinschaftsvertrag gemäß § 292 Abs. 1 Nr. 1, der Teilgewinnabführungsvertrag gemäß § 292 Abs. 1 Nr. 2 sowie der Betriebspacht- und Betriebsüberlassungsvertrag gemäß § 292 Abs. 1 Nr. 3.

[677] MünchKomm AktG VIII – *Altmeppen* 2000, Vor §§ 291, Rn. 7.

[678] Anschaulich dazu BeckHdb AG – *Liebscher* 2004, § 14, Rn. 102 ff.

Bei Bestehen eines Beherrschungsvertrages sind die abhängige Gesellschaft, ihre Gläubiger und außenstehende Aktionäre durch verschiedene Schutzvorschriften, die sich an das herrschende Unternehmen richten, wie etwa die Pflicht zur Rücklagenbildung nach § 300 Nr. 3 AktG oder zur Verlustübernahme nach § 302 Abs. 1 AktG, gesichert.[679] Daher wird folgerichtig dem herrschenden Unternehmen gemäß § 308 AktG ein *gesetzliches Weisungsrecht* unter Berücksichtigung besonderer Verantwortlichkeit gemäß §§ 309 und 310 AktG eingeräumt.[680] Fehlt hingegen ein Beherrschungsvertrag, kann dem herrschenden Unternehmen keine rechtlich begründete Leitungsmacht eingeräumt werden. Das Gesetz sieht dann bei Ausübung *faktischer Weisungsmacht* nur eine Ausgleichspflicht für die zugefügten Nachteile gemäß den §§ 311 bis 317 AktG vor, die in der Praxis freilich eine große Bedeutung hat, da sie das einzige wirksame Instrument zum Schutz der außenstehenden Aktionäre und der Gesellschaftsgläubiger darstellt, wenn kein Beherrschungs- oder Gewinnabführungsvertrag besteht.[681]

Die Regelungen über Leitungsmacht und Verantwortlichkeit bei Abhängigkeit von Unternehmen gemäß den §§ 308 ff. AktG begrenzen also die Einflussnahme eines herrschenden Unternehmens auf eine abhängige Gesellschaft und stellen einen Teil der Rechtsfolgen für den Fall der Verletzung dieser Grenzen auf. Während die Normen zum Vertragskonzern gemäß den §§ 308 bis 310 AktG zwar den rechtstechnisch bedeutsameren Abschnitt darstellen, liegt der Schwerpunkt des zweiten Teils des dritten Buchs des Aktiengesetzes aufgrund des Vorkommens in der Unternehmenspraxis gleichwohl bei den Schutzvorschriften zum faktischen Konzern gemäß den §§ 311 bis 318 AktG.[682]

---

[679] Weitere Beispiele finden sich bei *Eisenhardt* 2007, Rn. 874; ausführlich auch MünchHdb GesR IV – *Krieger* 2007, § 70, Rn. 59 ff.

[680] Diese gesetzliche Leitungsmacht bedeutet ein umfassendes Weisungsrecht bezüglich sämtlicher Maßnahmen der Geschäftsführung einschließlich nachteiliger Weisungen, soweit diese gemäß § 308 Abs. 1 Satz 2 AktG den Belangen des herrschenden Unternehmens oder mit ihm der Gesellschaft konzernverbundenen Unternehmen dienen, BeckHdb AG – *Liebscher* 2004, § 14, Rn. 125; ausführlich zum Umfang des Weisungsrechts auch Emmerich/Habersack – *Emmerich* 2008, § 308, Rn. 36 ff. Weisungsberechtigter ist gemäß § 308 Abs. 1 Satz 1 AktG das herrschende Unternehmen, vertreten durch das entsprechend der Rechtsform berechtigte Organ, wobei nach h.M. auch eine Delegation auf das dem Vertretungsorgan nachgeordnete Personal möglich ist, so etwa *Hüffer* 2008, § 308, Rn. 5; vgl. zum Meinungsstand MünchKomm AktG VIII – *Altmeppen* 2000, § 308, Rn. 38 ff. Weisungsempfänger ist der Vorstand der Tochtergesellschaft; ein direktes Weisungsrecht des herrschenden Unternehmens gegenüber den Mitarbeitern der abhängigen Gesellschaft besteht nicht, Emmerich/Habersack – *Emmerich* 2008, § 308, Rn. 19 m.w.N. Der Vorstand der abhängigen Gesellschaft kann jedoch durch entsprechende Anordnungen gegenüber nachgeordneten Mitarbeitern unmittelbare Weisungen der Obergesellschaft an die Mitarbeiter des beherrschten Unternehmens ermöglichen, wenn durch ein Prüfungsrecht des Vorstands sichergestellt wird, dass keine offensichtlich dem Konzerninteresse widersprechenden Weisungen ausgeführt werden, MünchHdb GesR IV – *Krieger* 2007, § 70, Rn. 153. Grenzen des Weisungsrechts können sich aus dem Beherrschungsvertrag, aus der Satzung der abhängigen Gesellschaft oder aus einem Verstoß gegen gesetzliche Vorschriften ergeben, Rechtsfolge zulässiger Weisungen in Verbindung mit dem Beherrschungsvertrag ist eine Folge- und Prüfungspflicht des Vorstands und des abhängigen Unternehmens in den Grenzen des § 308 Abs. 2 AktG, ausführlich dazu Schmidt/Lutter II – *Langenbucher* 2008, § 308 Rn. 24 ff.

[681] KölnKomm VI – *Koppensteiner* 2004, Vor § 308, Rn. 1.

[682] Vgl. Emmerich/Habersack – *Emmerich* 2008, § 291, Rn. 5f.; MünchKomm AktG VIII – *Altmeppen* 2000, Einl. §§ 291 ff., Rn. 19 m.w.N.; KölnKomm VI – *Koppensteiner* 2004, Vor § 308, Rn. 1.

4.1.1.2.3 Eingliederung

Die Eingliederung einer Aktiengesellschaft in eine andere Aktiengesellschaft (Hauptgesellschaft) gemäß den §§ 319 bis 327 AktG stellt die stärkste Form der Unternehmensverbindung dar und kommt wirtschaftlich gesehen einer Verschmelzung sehr nahe, die eingegliederte Gesellschaft bleibt jedoch rechtlich als eigene juristische Person erhalten.[683]

Zu unterscheiden ist zwischen der Eingliederung hundertprozentiger Töchter gemäß § 319 AktG sowie der Eingliederung durch Mehrheitsbeschluss gemäß § 320 AktG. Die Regelungen der §§ 321, 322 und 324 Abs. 3 AktG dienen vor allem dem Schutz der Gläubiger der eingegliederten Gesellschaft; bei der Eingliederung durch Mehrheitsbeschluss wirken darüber hinaus die §§ 320 bis 320b AktG zugunsten der außenstehenden Aktionäre. Infolge dieser umfassenden Schutzvorschriften wird der Hauptgesellschaft in § 323 Abs. 1 AktG ein nahezu unbeschränktes *gesetzliches Weisungsrecht*, das noch über das in § 308 AktG hinausgeht,[684] eingeräumt und gemäß den §§ 323 Abs. 2 und 324 Abs. 1 AktG ein weitgehender Zugriff auf das Vermögen der eingegliederten Gesellschaft ermöglicht, was zu einer Aufhebung der aktienrechtlichen Kapitalbindung führt.[685] § 326 AktG schließlich beinhaltet ein Auskunftsrecht des Aktionärs der Hauptgesellschaft über Angelegenheiten der eingegliederten Gesellschaft und § 327 AktG regelt die Beendigung der Eingliederung sowie deren Folgen.

4.1.1.3 GmbH-Konzernrecht

Als GmbH-Konzernrecht werden die gesellschaftsrechtlichen Fragen behandelt, die sich mit Unternehmensverbindungen beschäftigen, an denen eine Gesellschaft mit beschränkter Haftung beteiligt ist.[686] Abhängigkeitsverhältnisse können wie im Aktienrecht auch vertraglich[687] oder rein faktisch entstehen, allerdings besteht für die Gesellschaft mit beschränkter Haftung bisher kein kodifiziertes Konzernrecht. Wie bereits dargestellt sind die Normen der §§ 15 ff. AktG rechtsformneutral gehalten und daher auch auf die Gesellschaft mit beschränkter Haf-

---

[683] *Emmerich/Habersack* 2005, S. 132; zu den Vorzügen der Eingliederung gegenüber der Verschmelzung s. MünchKomm AktG VIII – *Grunewald* 2000, Vor §§ 319, Rn. 4.

[684] Dies gilt insoweit, als die Hauptgesellschaft selbst solche Maßnahmen veranlassen darf, die weder den Belangen der eingegliederten Gesellschaft noch denjenigen eines sonstigen Unternehmens des Konzerns dienen oder sogar die Existenz der eingegliederten Gesellschaft gefährden, *Emmerich/Habersack* 2005, S. 147 m.w.N.; MünchKomm AktG VIII – *Grunewald* 2000, § 323, Rn. 2f.

[685] *Emmerich/Habersack* 2005, S. 147.

[686] *Eisenhardt* 2007, Rn. 877; *Emmerich/Habersack* 2005, S. 414; BeckHdb GmbH – *Rosenbach* 2002, § 17, Rn. 1. Dabei steht in erster Linie wiederum der Gläubiger- und Minderheitenschutz im Mittelpunkt, wobei das Schutzbedürfnis der Minderheitsgesellschafter aufgrund der Organisationsstruktur der Gesellschaft mit beschränkter Haftung besonders stark ausgeprägt ist.

[687] Unternehmensverträge unter Beteiligung einer GmbH kommen aus steuerlichen Gründen häufig auf Grundlage eines Gewinnabführungs- oder Organschaftsvertrages zustande, können aber auch durch reine Beherrschungsverträge gebildet werden, vgl. *Liebscher* 2006, Rn. 7. Da allein letztere dem herrschenden Unternehmen ein für die Arbeit bedeutsames *gesetzliches Weisungsrecht* einräumen, s. Kap. 4.1.1.2.2, werden nachfolgend nur solche Verträge behandelt, die zumindest auch aus einem Beherrschungsvertrag bestehen. Der Begriff des „Beherrschungsvertrages" ist im GmbH-Recht grundsätzlich genauso zu verstehen wie im Aktienrecht, *Emmerich/Habersack* 2005, S. 437.

tung anwendbar.[688] Der unmittelbare Anwendungsbereich des „Besonderen Teils" des Konzernrechts in den §§ 291 ff. AktG beschränkt sich allerdings auf die abhängige Aktiengesellschaft und die Kommanditgesellschaft auf Aktien mit Sitz im Inland. Obwohl sich nach mittlerweile h.M. aufgrund der strukturellen Unterschiede zwischen Aktiengesellschaft und Gesellschaft mit beschränkter Haftung eine pauschale Gesamtanalogie des GmbH-Konzernrechts zu den entsprechenden aktienrechtlichen Vorschriften verbietet, kann gleichwohl eine entsprechende Anwendung im Einzelfall durchaus angezeigt sein.[689]

Schließt eine Gesellschaft mit beschränkter Haftung als herrschendes Unternehmen einen Beherrschungsvertrag ab, so bedarf dieser für die Wirksamkeit in analoger Anwendung des § 293 Abs. 2 AktG eines schriftlichen Zustimmungsbeschlusses der Gesellschafterversammlung der Obergesellschaft.[690] Das sich aus dem Beherrschungsvertrag ergebende *gesetzliche Weisungsrecht* richtet sich hinsichtlich des Inhalts und der Schranken im Wesentlichen nach den aktienrechtlichen Vorschriften der §§ 308 ff. und wird grundsätzlich durch die gesetzlichen Vertreter gemäß § 37 GmbHG ausgeübt – gegebenenfalls mit Zustimmung der Gesellschafter, sofern es sich um eine zustimmungspflichtige Maßnahme handelt.[691]

Im faktischen Konzern kann die Gesellschaft mit beschränkter Haftung als herrschendes Unternehmen allein aufgrund ihrer anteilsmäßigen Dominanz die Unternehmenspolitik der abhängigen Gesellschaft beeinflussen. Ein *gesetzliches Weisungsrecht* entsteht hier grundsätzlich nicht. Die Zuständigkeitsverteilung zwischen Geschäftsführung und Gesellschafterversammlung für die Konzernleitung richtet sich dabei nach den allgemeinen Vorschriften und ist danach zu beurteilen, ob eine in den Bereich der Gesellschafterversammlung fallende grundsätzliche Frage der Unternehmenspolitik oder eine außergewöhnliche Maßnahme vorliegt.[692]

Der Abschluss eines Beherrschungsvertrages als gesellschaftsrechtlichem Organisationsvertrag durch die Geschäftsführer, in welchem die Gesellschaft mit beschränkter Haftung abhängiges Unternehmen ist, führt zu gravierenden Einschnitten in den rechtlichen Status der Gesellschaft.[693] Daher bedarf er zur Wirksamkeit eines notariell beurkundeten Zustimmungsbeschlusses der Gesellschafterversammlung.[694] Die beherrschte Gesellschaft unterstellt sich damit der Leitung eines anderen Unternehmens, sodass das herrschende Unternehmen den Ge-

---

[688] S. Kap. 4.1.1.1.
[689] Beispielhaft Emmerich/Habersack – *Emmerich* 2008, Vor § 291, Rn. 7f.; MünchKomm AktG VIII – *Altmeppen* 2000, Einl. §§ 291 ff., Rn. 25 m.w.N.
[690] Emmerich/Habersack – *Emmerich* 2008, § 293, Rn. 9; Lutter/Hommelhoff – *Lutter/Hommelhoff* 2004, Anh § 13, Rn. 62; ausführlich dazu auch MünchHdb GesR III – *Decher* 2003, § 70, Rn. 10 ff.
[691] Zu den Einzelheiten zustimmungsbedürftiger Maßnahmen *Liebscher* 2006, Rn. 954 ff.
[692] BeckHdb GmbH – *Rosenbach* 2002, § 17, Rn. 160.
[693] Namentlich zu einer Übertragung der Weisungskompetenz der Gesellschafterversammlung auf die herrschende Gesellschaft, zu einer Ausrichtung des Gesellschaftszwecks am Konzerninteresse sowie zu einem Eingriff in das Gewinnbezugsrecht der Gesellschafter, vgl. BeckHdb GmbH – *Rosenbach* 2002, § 17, Rn. 14; zu den rechtlichen Anforderungen Emmerich/Habersack – *Emmerich* 2008, § 293, Rn. 39 ff.
[694] Lutter/Hommelhoff – *Lutter/Hommelhoff* 2004, Anh § 13, Rn. 38; MünchHdb GesR III – *Decher* 2003, § 70, Rn. 5f.

schäftsführern der Gesellschaft Weisungen entsprechend § 308 Abs. 1 Satz 1 AktG erteilen darf. Eine mögliche Kollision mit dem Weisungsrecht der Gesellschafter gegenüber den Geschäftsführern gemäß § 37 Abs. 1 GmbHG, wird dahingehend aufgelöst, dass dem Beherrschungsvertrag aufgrund der zuvor erfolgten Zustimmung der Gesellschafter der beherrschten Gesellschaft ein Vorrang einzuräumen ist.[695] Die Vorteile der Einbindung einer Gesellschaft mit beschränkter Haftung in einen Beherrschungsvertrag liegen dann vor allem in der Möglichkeit der Erteilung nachteiliger Weisungen sowie in der Optimierung der „Weisungskette".[696]

Ist die Gesellschaft mit beschränkter Haftung als abhängiges Unternehmen in einen faktischen Konzern eingebunden, unterliegen die Geschäftsführer dem *gesetzlichen Weisungsrecht* der Gesellschafter gemäß § 37 Abs.1 AktG, das in Verbindung mit den §§ 45 und 46 GmbHG nahezu total wirkt.[697] Dieses kann im Gegensatz zum GmbH-Vertragskonzern nicht nach den aktienrechtlichen Vorschriften beschränkt werden, da die §§ 311 bis 318 AktG nach ganz h.M. keine entsprechende Anwendung auf die faktisch abhängige Gesellschaft mit beschränkter Haftung finden können, sondern bedarf eines eigenen GmbH-rechtlichen Schutzsystems.[698]

4.1.1.4 Konzernrecht der Personengesellschaften

An Unternehmensverbindungen im Sinne der §§ 15 ff. AktG können sich ohne weiteres neben den zuvor bereits genannten auch Personengesellschaften beteiligen.[699] Dabei kann die Beteiligung einer Personengesellschaft sowohl als herrschendes als auch als abhängiges Unternehmen erfolgen.[700]

Eine Personengesellschaft als herrschendes Unternehmen kann durch ihre Geschäftsführer gemäß § 116 Abs. 1 HGB beziehungsweise § 164 HGB – gegebenenfalls mit Zustimmung aller Gesellschafter gemäß § 116 Abs. 2 HGB beziehungsweise § 164 Satz 1 2. Halbsatz HGB – einen Beherrschungsvertrag abschließen.[701] Dabei gilt, dass auch Personengesellschaften im Rahmen ordnungsmäßiger Konzernleitung ein *gesetzliches Weisungsrecht* gegenüber einer abhängigen Kapitalgesellschaft grundsätzlich nur auf der Grundlage eines Beherrschungsver-

---

[695] Scholz – *Emmerich* 2006, Anh § 13, Rn. 172; BeckHdb GmbH – *Rosenbach* 2002, § 17, Rn. 29.

[696] Vgl. *Kübler/Assmann* 2006, S. 435.

[697] Vgl. dazu Scholz – *Emmerich* 2006, Anh § 13, Rn. 66.

[698] Vgl. MünchKomm AktG VIII – *Kropff* 2000, Vor §§ 311, Rn. 98 ff. m.w.N.; so dann auch *Liebscher* 2006, Rn. 315 ff.

[699] Emmerich/Habersack – *Emmerich* 2008, Vor § 291, Rn. 9; ausführlich *Emmerich/Habersack* 2005, S. 454 ff. Ebenso ist auch eine Beteiligung weiterer Organisationen wie Genossenschaften, Vereinen oder Stiftungen möglich. Auf diese Darstellung muss aufgrund der fehlenden praktischen Relevanz in Bezug auf die Bedeutung für den Konzerndatenschutzbeauftragten jedoch nicht eingegangen werden; verwiesen sei beispielhaft auf *Emmerich/Habersack* 2005, S. 469 ff.

[700] Für die vorliegende Untersuchung sind dabei allein die rechtlichen Möglichkeiten und Auswirkungen des Abschlusses von Unternehmensverträgen maßgeblich.

[701] Dies ergibt sich unmittelbar aus § 291 Abs. 1 AktG, wonach die Leitung lediglich einem „anderen Unternehmen" unterstellt werden muss.

trages gemäß § 308 AktG ausüben dürfen. Liegt ein solcher Vertrag nicht vor, ist eine Ausübung der Leitungsmacht gegenüber einer abhängigen Aktiengesellschaft oder Kommanditgesellschaft auf Aktien nur in den Grenzen der §§ 311 ff. AktG möglich, gegenüber einer Gesellschaft mit beschränkter Haftung nur unter Beachtung der Schranken der Einflussnahme.[702]
Wie die Einbeziehung einer abhängigen Personengesellschaft erfolgt, wird nachfolgend beschrieben.

Wie bei der Gesellschaft mit beschränkter Haftung können auch auf abhängige Personengesellschaften die §§ 291 bis 310 AktG zwar nicht unmittelbar, aber wiederum im Einzelfall
entsprechend angewendet werden. Die Zulässigkeit von Beherrschungsverträgen mit abhängigen Personengesellschaften ist dabei allerdings bis heute umstritten. Geht man mit der wohl
h.M. davon aus, dass die Gefahr der unbeschränkten persönlichen Haftung der Mitgesellschafter der abhängigen Gesellschaft gemäß § 138 BGB und § 128 HGB nicht grundsätzlich
zur Unzulässigkeit eines Beherrschungsvertrages führt, so ist die Zulässigkeit eines Beherrschungsvertrages jedenfalls dann anzunehmen, wenn alle Gesellschafter zugestimmt haben
und das herrschende Unternehmen die Mitgesellschafter im Innenverhältnis von ihrer Haftung
für die Gesellschaftsverbindlichkeiten freistellt, um eine Kollision des Weisungsrechts aus
§ 308 AktG mit der persönlichen Haftung der übrigen Gesellschafter wegen der Wertung des
§ 138 Abs. 1 BGB zu vermeiden.[703] Der Umfang des *Weisungsrechts* richtet sich dann zunächst nach dem Inhalt des Beherrschungsvertrags und ergänzend nach § 308 AktG.

Im Ergebnis können also auch Personengesellschaften sowohl als herrschende als auch als
abhängige Unternehmen an Beherrschungsverträgen beteiligt sein. Sie sind damit entweder
zur Ausübung der gesetzlichen Leitungsmacht im Sinne des § 308 AktG berechtigt oder unterliegen den Weisungen eines herrschenden Unternehmens im selben Umfang.

4.1.1.5 Auswirkung auf Konzernbeauftragte

Die gesellschaftsrechtliche Unterteilung der verbundenen Unternehmen aufgrund der jeweiligen Gefährdungen vor allem für Aktionäre und Gläubiger hat für eine datenschutzrechtliche
Beurteilung des Konzernsachverhalts nach gegenwärtigem Gesetzesstand nur eine untergeordnete Bedeutung und bietet lediglich eine begriffliche Unterstützungsfunktion dergestalt,
dass an die Form der Verbindung rechtlich selbständiger Unternehmen angeknüpft werden
kann. In der Diskussion um den Konzerndatenschutzbeauftragten ist eine darüber hinausgehende spezifischere Einordnung des Konzernbegriffs bisher nicht notwendig, weil jedes Konzernunternehmen anders als im Umweltrecht seinen eigenen Datenschutzbeauftragten bestellen muss und somit immer ein Beauftragter in jedem Unternehmen angesiedelt ist. Eine Kompetenzlücke wird somit vermieden.

---

[702] *Emmerich/Habersack* 2005, S. 468.
[703] Ausführlich zum Meinungsstreit *Emmerich/Habersack* 2005, S. 462 ff.

Im Umweltrecht hingegen kann der Bestellpflicht der Konzernuntergesellschaften durch die Bestellung eines Konzernbeauftragten unter der Voraussetzung Genüge getan werden, dass „es sich um einen Konzern handelt, in dem das herrschende Unternehmen aufgrund eines Beherrschungsvertrages berechtigt oder aufgrund von Mehrheitsbeteiligung faktisch in der Lage ist, dem abhängigen Betreiber [...] Weisungen zu erteilen".[704] Hier wird ein klarer Bezug zu den Begrifflichkeiten des Aktiengesetzes hergestellt und im Ergebnis auf ein *gesetzliches Weisungsrecht*[705] abgestellt, denn dieses ist unabdingbare Voraussetzung bei der Bestellung eines Konzernbeauftragten *uno actu* durch die Obergesellschaft, um das Fehlen des Beauftragten vor Ort wirkungsvoll zu kompensieren. Allerdings nehmen darüber hinaus sowohl die 5. BImSchV in § 4 sowie die AbfBetrbV in § 5 neben der einheitlichen Leitung auch den konzernrechtlichen Begriff des herrschenden Unternehmens in ihre Tatbestände auf und beziehen sich daher eindeutig allein auf den Unterordnungskonzern gemäß § 18 Abs. 1 Satz 1 AktG. Der Gleichordnungskonzern nach § 18 Abs. 2 AktG kann somit nicht Konzern im Sinne dieser Normen sein.[706] Nur auf diese Weise wird die oben beschriebene Kompetenzlücke geschlossen, die in den einzelnen Konzernunternehmen zunächst entsteht, wenn nur ein Beauftragter an der Konzernspitze angesiedelt ist.

Die fehlende gesetzliche Legitimität der Weisungsbefugnis eines faktischen Konzerns bedeutet für die Bestellung von Konzernbeauftragten in Anlehnung an die umweltrechtlichen Regelungen in der Konsequenz, dass faktische Konzerne nicht in der Lage sind, wirksam einen Konzernbeauftragten zu bestellen, da die Durchsetzung von Weisungen nicht auf einer vertraglichen und damit gesetzlichen Grundlage basiert.[707] Eine solche ist aber notwendig, um Selbstkontrolle durch Konzernbeauftragte in Ausübung exekutiver und judikativer Funktionen überhaupt legitimieren und die bereits angesprochene Kompetenzlücke verhindern zu können.

Insgesamt ist die Bestimmung des Konzernbegriffs innerhalb der Diskussion um den Konzerndatenschutzbeauftragten nicht ohne weiteres möglich. Eine unmittelbare Verwendung, wie sie im Aktiengesetz vorgenommen wird, erlaubt die aktuelle Gesetzeslage nicht, da sich aufgrund der fehlenden Regelung im Bundesdatenschutzgesetz aus den einzelnen Bestimmungen der §§ 15 ff. AktG keine Erkenntnisse für die Einordnung des Konzernbeauftragten ableiten lassen. Gleichwohl können die Begriffe des *Konzerns* sowie des *Unternehmensverbundes* herangezogen werden, um die Form der Verbindung der jeweiligen Legaleinheiten im Sinne des Bundesdatenschutzgesetzes zu unterscheiden und den rechtlichen Rahmen mögli-

---

[704] Amtl. Begr. zur 5. BImSchV v. 2.10.1974, BR-Drs. 660/74, S. 7f. Die Verwendung des Begriffs der „faktischen Weisungsmöglichkeit" ist in diesem Zusammenhang irreführend: Gemeint sein kann nur das sich aus § 37 Abs. 1 GmbHG ergebende Weisungsrecht der Mehrheit der Gesellschafter an die Geschäftsführer. Die ansonsten aus rein faktischen Abhängigkeitsverhältnissen abgeleitete Leitungsmacht reicht hingegen gerade nicht aus.

[705] Dieses kann sich nur aus einem Beherrschungsvertrag gemäß § 308 AktG, einer Eingliederung gemäß § 323 AktG oder der Anteilsmehrheit bei einer Gesellschaft mit beschränkter Haftung gemäß § 37 Abs. 1 GmbHG ergeben, vgl. Kap. 4.1.1.2 ff.

[706] Vgl. dazu auch *Herberg*, ZfRSoz 2001, S. 38f.

[707] Vgl. *Feldhaus* 2008, § 53, Rn. 48; a.A. *Kotulla*, GewArch 1994, S. 180, der im Bereich des Immissionsschutzrechts eine *faktische* Leitungsmacht aufgrund von Mehrheitsbeteiligungen ausreichen lassen will.

cher Verbindungen zwischen Unternehmen abzustecken, wie dies auch in anderen unternehmens-, steuer- und arbeitsrechtlichen Gesetzestexten geschieht.[708] Damit kann der besonderen Situation Rechnung getragen werden, dass im Gegensatz zum Umweltrecht ein Konzerndatenschutzbeauftragter faktisch auch dann bestellt werden kann, wenn die Unternehmen nicht unter einheitlicher Leitung stehen.[709]

Demgemäß wäre eine Differenzierung zwischen dem *Konzernbeauftragten* und *Unternehmensverbundbeauftragten* für Datenschutz mancherorts geboten. Weil eine solche Unterscheidung jedoch sprachlich kaum vermittelbar erscheint und es vielfach auf eine Unterscheidung nicht ankommt, wird nachfolgend der Begriff des Konzerns im Zusammenhang mit dem Konzerndatenschutzbeauftragten abweichend von der Fixierung auf § 18 Abs. 1 Satz 1 AktG in einem weiteren Sinn synonym für den Unternehmensverbund gemäß § 15 AktG verwendet.

4.1.2 Konzernprivileg

Die stets stille Diskussion um die Aufnahme eines Konzerndatenschutzbeauftragten in das Bundesdatenschutzgesetz ist beinahe so alt wie das Gesetz selbst.[710] Der Gesetzgeber hat sich nie explizit dagegen ausgesprochen und auch keine Regelung erlassen, die Unternehmen in der Praxis davon abhalten könnte, einen Konzerndatenschutzbeauftragten zu bestellen. Gleichwohl hat er trotz verschiedener Forderungen in zwei Novellen zum Bundesdatenschutzgesetz davon abgesehen, eine Normierung des Konzerndatenschutzbeauftragten vorzunehmen, was eine Ablehnung zumindest nicht ausschließen lässt.

Ein heftigerer Disput hat sich hingegen um die Aufnahme einer Konzernklausel in das Bundesdatenschutzgesetz gebildet, welche die datenschutzrechtliche Behandlung des Konzerns privilegieren würde.[711] Ein solches Begehren hatte gerade die deutsche Wirtschaft im Laufe des Gesetzgebungsverfahrens verfolgt. Im Gegensatz zur erstgenannten Diskussion hat sich die Bundesregierung im Rahmen ihrer Gesetzgebungstätigkeit zum Bundesdatenschutzgesetz hier allerdings klar gegen eine Aufnahme ausgesprochen.[712]

---

[708] Vgl. *Theisen* 2000, S. 27.
[709] So gesehen greift die Definition *Fehlhabers* (Heilmann – *Fehlhaber* 1977, S. 133), der den Konzern „als ein Gebilde bestehend aus einer Anzahl juristisch selbständiger Firmen, die durch eine Verwaltungs- bzw. Muttergesellschaft miteinander verbunden sind" versteht, zu kurz, wenn er als Verbindung eine Verwaltungs- bzw. Muttergesellschaft für notwendig erachtet, weil beispielsweise auch mehrheitsbeteiligte Unternehmen sich auf einen Konzerndatenschutzbeauftragten einigen können.
[710] Vgl. hierzu *Knabben*, DB 1978, S. 148f.; Heilmann – *Fehlhaber* 1977, S. 133f.; *Kriependorf*, DuD 1977, S. 20.
[711] Für eine Aufnahme *Biesalski*, BB 1978, S. 67; *Breker*, DSB 1978, S. 56; wohl auch *Kriependorf*, DuD 1977, S. 16; dagegen *Knabben*, DB 1978a, S. 333; wohl ebenso *Auernahmmer* 1977, S. 206; Heilmann – *Fehlhaber* 1977, S. 122f.; allgemein zum damaligen Meinungsstand *Ordemann/Schomerus* 1977, § 22, 2.; vgl. aktuell Simitis – *Simitis* 2006, § 2, Rn. 142 ff.; Roßnagel – *Wedde* 2003, Kap. 4.3, Rn. 50 ff.; *Ruppmann* 2000, S. 81 ff.; zur gesellschaftsrechtlichen Diskussion vgl. Schmidt/Lutter I – *Vetter* 2008, § 15, Rn. 25 ff. m.w.N.
[712] Bericht des *BT-InnA*, BT-Drs. 7/5277, S. 5.

Diese klare Position des Gesetzgebers in Form der Ablehnung einer allgemeinen Konzern-klausel wird in der Debatte über den Konzerndatenschutzbeauftragten nun vereinzelt mit der Aufnahme des Konzerndatenschutzbeauftragten ins Gesetz in Verbindung gebracht, sodass zwei eigentlich getrennt zu bewertende Sachverhalte miteinander vermischt werden.[713] Dies führt letztlich zu einer Verwässerung der Argumente auf beiden Diskussionsfeldern und wirkt einer konstruktiven Lösung entgegen.

Von der Diskussion um den Konzerndatenschutzbeauftragten muss die Debatte um ein mögli-ches Konzernprivileg klar getrennt werden. Die Privilegierung des Konzernsachverhalts im Datenschutzrecht könnte sich zunächst auf alle Sachverhalte mit Konzernbezug beziehen, die eine Erleichterung der Umsetzung datenschutzrechtlicher Bestimmungen bedeutet.[714] Eine solche Sichtweise könnte die Forderung der Wirtschaft nach datenschutzrechtlich einheitli-cher Betrachtung von Konzernen darstellen.[715] Wird der Konzern als rechtliche Einheit im Sinne einer „verantwortlichen Stelle" gemäß § 3 Abs. 7 BDSG verstanden, ist nach dem Ge-setz folglich auch ein Konzerndatenschutzbeauftragter ohne weitere gesetzliche Regelungen möglich, denn die Bestellpflicht richtet sich gerade an die verantwortliche Stelle. Im Umkehr-schluss könnte man annehmen, dass auch der Gesetzgeber das Konzernprivileg auf diese Weise interpretiert hat, weil er im Gegensatz zu anderen Rechtsgebieten im Datenschutzrecht auf jeglichen Bezug zu Unternehmensverflechtungen verzichtet hat, was eine differenzierte Betrachtung ausschließt. Mitunter bestünde zwischen dem Begriff des Konzernprivilegs und des Konzerndatenschutzbeauftragten eine *vertikale Beziehung* dergestalt, dass der Konzernda-tenschutzbeauftragte lediglich einen punktuell genau umschriebenen Sachverhalt eines allge-meinen Konzernprivilegs darstellen würde. Bei einer solchen Verwendung des Begriffspaares könnte man beispielsweise fordern, das Konzernprivileg zugunsten der gesetzlichen Einfüh-rung des Konzerndatenschutzbeauftragten punktuell zu akzeptieren.[716] Dies bedeutet aber auch, dass die Einführung des Konzerndatenschutzbeauftragten nie losgelöst von einer Debat-te über das Konzernprivileg geführt werden könnte.

Möglich ist es jedoch auch, das Konzernprivileg lediglich als Ausweitung der Zweckbestim-mung im Rahmen der §§ 27 ff. BDSG anzusehen, indem angehörige Unternehmen eines Konzerns unter erleichterten Bedingungen Daten des jeweils anderen Unternehmens verarbei-ten dürfen.[717] Durch ein Konzernprivileg in diesem Bereich könnten etwa Konzernrechenzent-ren unbürokratischer betrieben oder Arbeitnehmerdaten konzernweit vereinfacht übermittelt

---

[713] Vgl. *Ulmer* 2006, S. 141; *Knabben*, DB 1978, S. 148; außerdem noch *Ruppmann* 2000, S. 106.
[714] Eine solche weite Begriffsverwendung findet sich etwa bei *Tinnefeld/Ehmann/Gerling* 2005, S. 307; *Bre-ker*, DSB 1978, S. 56.
[715] Vgl. dazu *Ruppmann* 2000, S. 49.
[716] In diese Richtung tendierend *Knabben* DB 1978, S. 148; wohl auch *Kriependorf*, DuD 1977, S. 16; vgl. außerdem Simitis – *Simitis* 2006, § 2, Rn. 145.
[717] Vgl. *Bergmann/Möhrle/Herb* 2008, § 27, Rn. 8; Däubler/Klebe/Wedde/Weichert – *Wedde* 2007, § 27, Rn. 7; *Gola/Schomerus* 2007, § 27, Rn. 4.; Simitis – *Simitis* 2006, § 27, Rn. 5; Roßnagel – *Büllesbach* 2003, Kap. 6.1, Rn. 65; *Wächter* 2003, Rn. 124; *Biesalski*, BB 1978, S. 67; außerdem zur „Funktionsfähigkeit des Unternehmens" *Däubler*, NZA 2001, S, 877.

werden.[718] Eine solche Verwendung beschränkt die Anwendung des Begriffs auf den reinen Verarbeitungsprozess von Daten und führt zu einer *horizontalen Beziehung* des Konzernprivilegs zum Konzerndatenschutzbeauftragen, weil beide lediglich einen Teilaspekt einer möglichen Beachtung der Konzernierung im Bundesdatenschutzgesetz ohne direkten Bezug zueinander darstellen. Beide Begriffe umschreiben lediglich Möglichkeiten zur Kontrolle datenschutzrechtlicher Vorgaben. Der eine bietet dabei einen Kontrollmaßstab für die Datenverarbeitung innerhalb mehrerer miteinander verbundener verantwortlichen Stelle, der andere eine konkrete Kontrollinstanz zur Überwachung des Bundesdatenschutzgesetzes und anderer den Datenschutz betreffenden Regelungen. Auf diese Weise können die Sachverhalte losgelöst voneinander ohne die Gefahr einer argumentativen Verwässerung diskutiert werden.

Welche der beiden Alternativen des Konzernprivilegs einschlägig ist, hängt letztlich davon ab, an welcher Stelle des Gesetzes man anknüpft. Setzt man bei der Regelung der verantwortlichen Stelle gemäß § 3 Abs. 7 BDSG an,[719] würde die erste Alternative greifen mit der Folge, dass die Konzernprivilegierung für das gesamte Bundesdatenschutzgesetz Geltung hätte und somit auch auf die Regelung zur Bestellpflicht eines Datenschutzbeauftragen anzuwenden wäre. Setzt man hingegen allein bei den Regelungen zur Datenverarbeitung nicht-öffentlicher Stellen gemäß §§ 27 ff. BDSG an und würde lediglich für eine Erleichterung der Zweckbestimmung plädieren, käme die zweite Alternative zum Zuge, mit der Konsequenz, dass andere Teile des Bundesdatenschutzgesetzes vom Konzernprivileg ausgenommen wären.[720]

Der hier verwendete Begriff des Konzernprivilegs bezieht sich auf den Bereich der Datenverarbeitung nicht-öffentlicher Stellen gemäß den §§ 27 ff. BDSG und meint daher lediglich die Erleichterung konzernweiter Datenflüsse zwischen verbundenen Unternehmen aufgrund der Betrachtung des Konzerns als Einheit im Sinne eines weiten Zweckverständnisses. Ein so verstandenes Konzernprivileg steht demnach in einem *horizontalen* Verhältnis zum Konzerndatenschutzbeauftragen, sodass beide Begriffe losgelöst voneinander diskutiert werden können.

4.1.3 Konzerndatenschutzbeauftragter

Weil im Gegensatz zu anderen Regelungsbereichen wie dem Immissionsschutz- oder dem Abfallrecht im Datenschutzrecht kein Legalbegriff des Konzernbeauftragen existiert, ist seine Einordnung innerhalb des Kontrollsystems des Bundesdatenschutzgesetzes durch die Literatur nicht einheitlich verlaufen. So findet beispielsweise nicht immer eine hinreichende Auseinandersetzung mit den unterschiedlichen Aspekten des Konzernbegriffs statt, wie sie für eine genaue Beschreibung des Regelungsadressaten des Bundesdatenschutzgesetzes notwenig wä-

---

[718] Zu „Konzernrechenzentren" vgl. Simitis – *Simitis* 2006, § 28, Rn. 27 m.w.N.; zum „konzerninternen Personaldatenfluss" vgl. *Gola/Schomerus* 2007, § 28, Rn. 10; außerdem *Büllesbach*, RDV 2002, S. 58.

[719] So beispielsweise das *EP* im Rahmen der Vorbereitung der EG-Datenschutzrichtlinie, vgl. *Kilian/Scheja*, K&R 2002, S. 21.

[720] Vgl. *Gola/Schomerus* 2007, § 27, Rn. 4.

re. Außerdem verbinden sich mit dem Begriff des Konzerndatenschutzbeauftragten gleich mehrere Konzepte zum Konzerndatenschutz. Hier ist klarzustellen, ob wirklich alle Konzepte geeignet sind, unter den Begriff des Konzerndatenschutzbeauftragten subsumiert zu werden. Und schließlich existieren unterschiedliche Definitionen, die konkretisiert und in einer gemeinsamen Definition zusammengeführt werden sollten.

4.1.3.1 Bisherige Konzepte

Konzepte allein für den Konzerndatenschutzbeauftragten existieren nicht. Alle bestehenden Konzeptionen haben das Manko, dass sie nicht auf ihn zugeschnitten sind, sondern im Rahmen der Organisation des konzernweiten Datenschutzes allgemein oder bei der hierarchischen Eingliederung des Datenschutzbeauftragten im Unternehmen behandelt werden. Dies führt einerseits dazu, dass die rechtlichen Ansprüche an den Konzerndatenschutzbeauftragten keine hinreichende Berücksichtigung finden und andererseits die Grenze zwischen allgemeiner Konzerdatenschutzorganisation und dem Konzerndatenschutzbeauftragten im Speziellen nicht immer klar erkennbar ist.[721] Der Ansatz zur Untersuchung der bisherigen Konzepte führt daher über die Organisation des Konzerndatenschutzes. Dieser weitere Rahmen muss auf die Bedeutung für den Konzerndatenschutzbeauftragten hin untersucht und die rechtlichen Schwachstellen benannt werden.

Als Organisationsmodelle für den Konzerndatenschutz kommen grundsätzlich ein zentralisierter sowie ein dezentralisierter Ansatz in Frage.[722] Beide bieten lediglich Orientierungshilfen und besitzen keinerlei rechtliche Verbindlichkeit. In der Praxis hat sich deswegen als drittes Modell eine Mischform entwickelt.[723] Aus juristischer Sicht ergibt sich daraus das Problem, dass die Modelle nur wenig bestimmbar und überschaubar sind, weil die Unternehmen bei der Umsetzung verschiedenste Varianten einführen können.[724] Um die Arbeit an dieser Stelle überschaubar zu halten, können nicht alle denkbaren Gestaltungsmöglichkeiten aufgezeigt, sondern lediglich die Grundmodelle erörtert werden.

4.1.3.1.1 Zentralisiertes Modell

Im Rahmen eines zentralisierten oder zentralistischen Modells zur Sicherstellung des Datenschutzes innerhalb des Konzerns wird der Datenschutzbeauftragte der Konzernobergesellschaft von allen weiteren verantwortlichen Stellen des Unternehmens ebenfalls gemäß § 4f BDSG bestellt, was als wesentliches Charakteristikum des zentralisierten Modells die *Personalunion* aller Datenschutzbeauftragten hervorhebt.[725]

---

[721] Vgl. dazu *Gola*, RDV 2001, S. 264f.
[722] *GDD* 2005, S. 6; *Büllesbach*, RDV 2000, S. 2; so auch schon *Kaspers*, DuD 1980, S. 86; Heilmann – *Fehlhaber* 1977, S. 133f.; *Kriependorf*, DuD 1977, S. 20
[723] *Ulmer* 2006, S. 129; Roßnagel – *Büllesbach* 2003, Kap. 7.1, Rn. 71.
[724] Vgl. Roßnagel – *Königshofen* 2003, Kap. 5.5, Rn. 101; *Büllesbach*, RDV 2002, S. 57.
[725] Vgl. auch *Nitsche*, DuD 2001, S. 164, der in diesem Zusammenhang von „Personenidentität" spricht.

Das wichtigste Argument für ein zentralisiertes Modell ist die konzernweit einheitliche Behandlung aller Datenschutzfragen.[726] Dabei kommt es nicht so sehr darauf an, dass der Datenschutzbeauftragte für den Konzernbereich tatsächlich zu allen aufkommenden Fragen persönlich Stellung nehmen müsste, sondern vielmehr dass er eine Datenschutzstrategie in den Unternehmen etabliert, die eine einheitliche Lösung aufkommender Probleme ermöglicht. Dieser Punkt gewinnt zunehmend an Bedeutung, weil datenschutzrechtliche Selbstregulierungsinstrumente immer häufiger Einzug in die Unternehmenslandschaft halten und deren Umsetzung vor allem einheitlich auf Konzernebene erfolgen sollte.[727] Allerdings muss sichergestellt sein, dass die Belange der einzelnen Konzerngesellschaften als jeweils verantwortliche Stelle im Sinne des Bundesdatenschutzgesetzes weiterhin hinreichende Berücksichtigung finden und nicht im Interesse eines übergeordneten Konzerndatenschutzes auf ein Minimum beschränkt werden.

Einen weiteren Vorteil bildet die *Konzentrationswirkung* auf die Person des Datenschutzbeauftragten selbst. Aufgrund des Einsatzes in den unterschiedlichen Unternehmen des Konzerns wird er regelmäßig ein großes betriebliches Fachwissen erlangen, was sich auf seine gesamte Fachkunde positiv auswirken kann.[728] Durch den konzernweiten Tätigkeitsbereich erhält der Datenschutzbeauftragte einen Gesamtüberblick des Datenflusses, wie er Einzelbeauftragten regelmäßig versagt bleiben dürfte. Dies lässt vor allem ein schnelles und effektives Handeln des Datenschutzbeauftragten im Konzernbereich zu. Außerdem tritt der Datenschutzbeauftragte konzernweit als verantwortlicher Ansprechpartner sowohl intern als auch extern auf.

Einen letzten vorteilhaften Aspekt bilden Kostengesichtspunkte. Das zentralisierte Modell erlaubt mehr als andere Modelle eine schlanke Organisationsstruktur der innerbetrieblichen Selbstkontrolle, was an der Aufgabenkonzentration auf eine Person liegt. Allerdings bietet gerade die Abrechnung der Tätigkeit von nur einer Person für alle Unternehmen auch Schwierigkeiten innerhalb des Konzerns.[729]

Der bedeutendste Nachteil, der bei diesem Modell angeführt wird, ist eben bereits angesprochen worden. Weil in der zentralisierten Organisationsstruktur der Datenschutzbeauftragte in mehreren verantwortlichen Stellen gleichermaßen auf die Einhaltung des Datenschutzes hinzuwirken hat, kann die Gefahr einer möglichen Interessenkollision entstehen, wenn sich bei der Wahrnehmung von Aufgaben verschiedener Gesellschaften innerhalb des Konzerns widerstreitende Sachverhalte gegenüberstehen.[730] Davon betroffen sein dürften insbesondere Arbeitnehmer- und Kundendaten. Dabei ist weniger von der Befürchtung auszugehen, dass verschiedene Konzerngesellschaften in einen datenschutzrechtlichen Wettstreit treten könn-

---

[726] *Ulmer* 2006, S. 129; Roßnagel – *Büllesbach* 2003, Kap. 7.1, Rn. 65; Heilmann – *Fehlhaber* 1977, S. 134.
[727] Vgl. *Büllesbach* 2006, S. 312; *ders.*, RDV 2005, S. 15; *ders.*, digma 2001, 90f.; *Roßnagel* 2006, S. 289.
[728] *Bergmann/Möhrle/Herb* 2008, § 4f, Rn. 112.
[729] Vgl. dazu Roßnagel – *Büllesbach* 2003, Kap. 7.1, Rn. 67.
[730] *Ulmer* 2006, S. 129; vgl. dazu auch *Bergmann/Möhrle/Herb* 2008, § 4f, Rn. 112; Simitis – *Simitis* 2006, § 4f, Rn. 36.

ten, sondern vielmehr davon, dass die Obergesellschaft an einem möglichst problemlosen Datenfluss zwischen den einzelnen Unternehmen interessiert sein dürfte. Dies ist jedoch keine grundlegende Frage der Organisationsmodelle, sondern eher eine diskussionswürdige Frage im Bereich der persönlichen Anforderungen, die an den Datenschutzbeauftragten zu stellen sind.[731]

Als weiterer Nachteil kann die zu große Arbeitsbelastung für eine einzelne Person angeführt werden. Dies gilt nicht nur für das tatsächlich anfallende Arbeitpensum sondern insbesondere auch für die Komplexität und Überschaubarkeit der Aufgabe aus Sicht des Gesamtkonzerns. Neben der Betreuung aller juristischen Personen mit häufig unterschiedlichen Unternehmensfeldern und dementsprechend unterschiedlichen datenschutzrechtlichen Schwerpunkten muss der Datenschutzbeauftragte in einer zentralisierten Organisation insbesondere auch den gesamten stetig zunehmenden konzerninternen Datenfluss überwachen sowie immer häufiger auch grenzüberschreitende Datenverarbeitung beurteilen. Gleichwohl sehen sich auch Datenschutzbeauftragte, die nur von einem Unternehmen bestellt wurden, einem wachsenden Aufgabenbereich gegenübergestellt. Hier ist es die Pflicht der verantwortlichen Stelle, den Datenschutzbeauftragten mit genügend Hilfspersonal auszustatten.[732] Wird dieser Pflicht Genüge getan, kann auch die Arbeitsbelastung nicht als Nachteil gewertet werden.

Trotz der beschriebenen Nachteile wird das zentralisierte Modell oftmals in Konzernen verwendet.[733] Eine aus wirtschaftsrechtlicher Sicht unternehmensweit einheitliche Datenschutzstrategie wird für die Erfüllung datenschutzrechtlicher Pflichten immer wichtiger und kann durch die Bestellung eines einzigen Beauftragten für den Konzernbereich sehr gut gewährleistet werden. Der großen Arbeitsbelastung kann in der Praxis durch die Bereitstellung von genügend Hilfspersonal entgegengewirkt werden, was jedoch zu einer Mischform des Organisationsmodells führt.[734] Im zentralisierten Modell in Reinform stößt der Datenschutzbeauftragte daher schnell an seine Grenzen.[735] Aufgrund seiner Tätigkeit innerhalb des gesamten Unternehmensverbundes wird der Datenschutzbeauftragte des zentralisierten Modells auch zu Recht Konzerndatenschutzbeauftragter genannt.[736]

4.1.3.1.2 Dezentralisiertes Modell

Dem zentralisierten Modell steht begrifflich und organisatorisch das dezentralisierte oder auch deregulierte Modell gegenüber. Hierbei bestellt jedes konzernzugehörige Unternehmen einen eigenen Beauftragten für den Datenschutz, sodass dieses Modell mithin durch die *Diffusion* der Datenschutzbeauftragten gekennzeichnet ist.

---

[731] S. dazu Kap. 4.3.4.2.
[732] Vgl. *Schlemann* 1996, S. 163; *Knabben*, DB 1978, S. 149; Heilmann – *Fehlhaber* 1977, S. 134.
[733] *Koch* 2006, S. 33.
[734] S. dazu Kap. 4.1.3.1.3.
[735] Vgl. *Königshofen* 1997, S. 104.
[736] S. dazu Kap. 4.1.3.2.

Die Vor- und Nachteile des dezentralisierten Modells stehen zumeist in direkter Verbindung zu denen des zentralisierten Modells. Im Gegensatz zu einem durch alle Gesellschaften bestellten Datenschutzbeauftragten, dem es unmöglich ist, bei allen Unternehmen gleichermaßen präsent zu sein, sind die Datenschutzbeauftragten in einer dezentralisierten Organisationsstruktur allein an ihre jeweilige verantwortliche Stelle gebunden und erreichen somit vor Ort einen höheren Wirkungsgrad als ein zentral bestellter Datenschutzbeauftragter.[737] Zum einen können sie für die jeweiligen datenschutzrechtlichen Problemkreise leichter sensibilisiert werden und zum anderen nehmen sie eigenverantwortlich lediglich die Aufgaben des spezifischen Unternehmens wahr.

Hieraus ergibt sich gleichsam ein zweiter Vorteil im Gegensatz zum zentralisierten System. Durch die Zuordnung zu nur einer Legaleinheit im Sinne des § 2 Abs. 4 BDSG sind die Gefahren einer Interessenkollision wesentlich geringer einzuschätzen als beim erstgenannten Modell, weil das Konzerninteresse bei den einzelnen Beauftragten weit weniger im Vordergrund steht. Dieses wird, wenn überhaupt, lediglich vom Datenschutzbeauftragten der Obergesellschaft vertreten werden.[738] Aber selbst wenn dies der Fall wäre, ist die Gefahr einer Interessenkollision nicht sonderlich hoch, weil er gegenüber den einzelnen Beauftragten grundsätzlich nicht weisungsberechtigt ist.[739]

Dadurch scheint sich ein weiterer Vorteil des dezentralisierten Systems zu ergeben: Wenn der Datenschutzbeauftragte der Obergesellschaft nicht weisungsbefugt ist, dann ist die Gefahr der Einflussnahme auf die einzelnen Datenschutzbeauftragten und deren Arbeit offensichtlich als nur gering einzuschätzen. Allerdings entsteht hier nur ein scheinbarer Vorteil für den Datenschutz, denn durch die heterogene Umsetzung im Konzern können Synergieeffekte nicht genutzt und konzernweite Regelungen nur schlecht umgesetzt werden. Diese Tendenz wird dadurch unterstützt, dass eine Zersplitterung der Umsetzung datenschutzrechtlicher Regelungen innerhalb des Konzerns zwar vom Gesetz erwünscht ist, dem Grundgedanken der Konzernierung jedoch zuwiderläuft, denn wesentliches Merkmal des Konzerns ist gerade die einheitliche Leitung.

Die wesentlichen Nachteile der Dezentralisierung des Datenschutzes innerhalb des Konzerns haben sich bereits bei der Darstellung der Vorteile angedeutet. Das größte Manko liegt eindeutig bei der nur schwer zu erreichenden oder gar fehlenden Koordinierung der Datenschutzbeauftragten in den einzelnen Konzernunternehmen.[740] Macht man keinerlei Vorgaben etwa in Form einer Datenschutzrichtlinie, hängt das Datenschutzniveau einzig von den jeweiligen Beauftragten ab und es gibt keine einheitliche Problemlösung innerhalb des Konzerns. Dies führt zu Nachteilen sowohl im Unternehmen als auch bei den Betroffenen, denn die

---

[737]   Roßnagel – *Büllesbach* 2003, Kap. 7.1, Rn. 68.
[738]   Vgl. hierzu *Ulmer* 2006, S. 128, der bei dem deregulierten Modell das Problem einer fehlenden konzernübergreifenden Koordinierung sieht.
[739]   S. zur „Weisungsfreiheit" Kap. 3.2.2.2.
[740]   *Königshofen* 1997, S. 100.

Qualität des Datenschutzes hängt allein davon ab, bei welchem Konzernteil die Datenverarbeitung stattfindet. Somit könnte ein Konzern, der beispielsweise unter einheitlicher Firma auftritt, nur schwer mit einem einheitlichen Datenschutzniveau werben. Trifft man hingegen Koordinierungsmaßnahmen, so sind Maßnahmen betreffend den Datenschutz immer abhängig vom Konsens aller Datenschutzbeauftragten, was je nach Größe des Konzerns zu erheblichen Schwierigkeiten führen kann.[741] Eine mangelhafte Koordinierung des Datenschutzes innerhalb des Konzernverbundes entspricht zudem nicht mehr der heutigen Realität in Unternehmen. Seit der sich seit den 1990er Jahren entwickelnden Vernetzung der Datenverarbeitung und der sich daran anschließenden Globalisierung sind für die Datenschutzrechte ganz neue Gefährdungen hinzugekommen.[742] Diesen kann oft nur noch konzernweit wirksam begegnet werden. Der scheinbare Vorteil der Vermeidung von Interessenkollisionen kann sich somit zum Nachteil wandeln, wenn ein berechtigtes Konzerninteresse völlig unberücksichtigt bleibt.

Entsprechend dem Vorteil der schlanken Organisation des zentralisierten Modells sind die Kosten bei vielen Datenschutzbeauftragten, von denen jeder einzeln entlohnt werden muss, in der Regel höher.[743] Allerdings besteht der Vorteil, dass ihre erbrachten Leistungen im Gegensatz zum zentralisierten Modell ohne größeren Aufwand durch das jeweilige Unternehmen abgerechnet werden können, also dort, wo sie auch anfallen.

Die Dezentralisation ist aufgrund der vielen beteiligten Datenschutzbeauftragten kein besonders empfehlenswertes Modell für Unternehmen, die ein einheitliches Datenschutzniveau etablieren wollen, und daher oftmals dort zu finden, wo entweder noch keine Überlegungen über ein einheitliches Datenschutzkonzept angestellt wurden oder wo die Entscheidung auf einen Minimalanspruch an den Datenschutz fiel.[744] Gleichwohl kann das Modell im Einzelfall auch Vorteile für ein Unternehmen bieten. Als sinnvoll kann es sich insbesondere dann erweisen, wenn innerhalb des Konzerns bereichsweise Datenschutzbeauftragte bestellt werden. Dies verringert die Zahl der Beteiligten und bedeutet gleichzeitig eine bessere Aufgabenverteilung als bei nur einem einzigen Konzerndatenschutzbeauftragten. Allerdings stellt diese Form auch wieder eine noch zu behandelnde Mischform dar.[745] Auch im Zusammenhang mit dem dezentralisierten Modell wird zuweilen der Begriff des „Konzerndatenschutzbeauftragten" genannt und bezieht sich dann in der Regel auf den Datenschutzbeauftragten der Obergesellschaft.[746] Hierzu ist zu sagen, dass eine solche Begriffsverwendung unpassend erscheint, denn Anknüpfungspunkt für die Bezeichnung des Konzerndatenschutzbeauftragten ist seine kon-

---

[741] *Ulmer* 2006, S. 128; Heilmann – *Fehlhaber* 1977, S. 133.
[742] *Bizer* 2003, S. 568f.
[743] *Ulmer* 2006, S. 128.
[744] Vgl. *Ulmer* 2006, S. 128.
[745] S. Kap. 4.1.3.1.3.
[746] Vgl. *Schaffland/Wiltfang* 2007, § 4f, Rn. 63; missverständlich *Haaz* 2003, S. 41.

zernweite Aufgabenerfüllung und nicht lediglich die hierarchische Stellung der verantwortlichen Stelle innerhalb des Konzernverbundes.[747]

4.1.3.1.3 Gemischtes Modell

Werden Elemente aus beiden eben dargestellten Modellen zusammengeführt, dann ergibt sich ein drittes – gemischtes – Modell. In der Regel wird dabei eines der beiden Grundmodelle zugrunde gelegt und dann an die unternehmensspezifischen Erfordernisse angepasst. Ausgehend von einem zentralisierten Ansatz werden dem Konzerndatenschutzbeauftragten verschiedene Hilfskräfte zugeordnet, die insbesondere in den Einzelunternehmen, also „vor Ort" eingesetzt werden. Wird hingegen das dezentralisierte Modell zugrunde gelegt, wird eine Modifikation dergestalt vorgenommen, dass vor allem Maßnahmen zur Koordinierung der einzelnen Datenschutzbeauftragten zu einem einheitlichen Konzept eingeleitet werden. Es bietet sich daher an, das Modell der Mischform zur besseren Unterscheidung in ein modifiziertes zentralisiertes und in ein modifiziertes dezentralisiertes Modell zu unterteilen.

Mischformen finden sich sehr häufig in großen Konzernen wieder. Allerdings ist die Mischform letztlich kein einheitliches Modell, sondern besteht aus vielen unterschiedlichen Möglichkeiten und wird lediglich unter dem Oberbegriff zusammengefasst.[748] Die nachfolgenden Ausführungen können sich dabei auf die Hervorhebung der wesentlichen Merkmale der Mischform beschränken, weil die Darstellung aller Varianten eine Fülle an Organisationsmöglichkeiten mit sich brächte, die aber für den Fortgang der Arbeit nicht relevant sind.

Im modifizierten zentralisierten Modell wird der Datenschutzbeauftragte wiederum von allen Konzerngesellschaften zum Datenschutzbeauftragten bestellt, weshalb auch bei diesem Modell zu Recht vom Konzerndatenschutzbeauftragten gesprochen wird. Bei der aktuellen Gesetzeslage ist eine Bestellung durch alle Legaleinheiten notwendig, um ein Weisungsrecht des Konzerndatenschutzbeauftragten sicherzustellen. Allerdings wird ihm im Gegensatz zum reinen zentralisierten Modell je nach Bedarf Hilfspersonal zugeordnet. Hierbei handelt es sich nicht notwendigerweise um Hilfspersonal im Sinne des § 4f Abs. 5 Satz 1 BDSG, denn für dessen Bereitstellung ist die Unternehmensleitung auf jeden Fall verpflichtet, sondern vielmehr um speziell für den Datenschutz verantwortliche Personen, die dem Konzerndatenschutzbeauftragten fachlich unterstellt sind. Dieses Hilfspersonal wird zum einen in seinem direkten Umfeld zur persönlichen Unterstützung bei seiner Aufgabenerfüllung eingesetzt und bildet mit dem Konzerndatenschutzbeauftragten zusammen ein weltweites Kompetenzcenter, das vor allem für die strategische Ausgestaltung des konzernweiten Datenschutzes sowie den Aufbau einer unternehmensweiten Datenschutzorganisation verantwortlich ist.[749] Zum anderen werden dezentral Datenschutzverantwortliche in den einzelnen Konzerngesellschaften eingeführt, die die Einhaltung der datenschutzrechtlichen Bestimmungen überwachen und an

---

[747] S. dazu Kap. 4.1.3.2.

[748] Vgl. *Ulmer* 2006, S. 129f.; Roßnagel – *Büllesbach* 2003, Kap. 7.1, Rn. 71 ff.

[749] Roßnagel – *Büllesbach* 2003, Kap. 7.1, Rn. 72f.

den Konzerndatenschutzbeauftragten berichten. Auch diese lokalen Datenschutzverantwortlichen sind dem Konzerndatenschutzbeauftragten fachlich untergeordnet.[750] Ein solches Modell ist in hohem Maße auf eine zentrale Datenschutzstrategie ausgerichtet und ermöglicht die effektive Durchsetzung von Entscheidungen der Konzernspitze den Datenschutz betreffend.

Das modifizierte dezentralisierte Modell geht vom umgekehrten Ansatz aus und reduziert die Anzahl der Datenschutzbeauftragten auf eine kleinstmögliche Zahl entsprechend den Erfordernissen, die sich aus der Konzernstruktur ergeben. Dementsprechend gibt es zunächst einen Datenschutzbeauftragten in der Konzernobergesellschaft, der wie beim reinen dezentralisierten Modell zuweilen fälschlich als „Konzerndatenschutzbeauftragter" bezeichnet wird,[751] sowie mehrere Datenschutzbeauftragte für ganze Konzernbereiche, nicht mehr jedoch in jeder Legaleinheit einen separaten Datenschutzbeauftragten.[752] Die Bereichsdatenschutzbeauftragten haben den Vorteil, dass sie individuell auf ihren Geschäftsbereich reagieren können und stärker involviert am Tagesgeschehen teilnehmen, als es dem Datenschutzbeauftragten der Konzernspitze möglich wäre. Darüber hinaus können sie aufgrund ihrer Weisungsfreiheit eigenverantwortlich ihre Maßnahmen durchführen. Anknüpfungspunkt des modifizierten dezentralisierten Modells ist vor allem die Vorstellung, dass Konzerne oftmals unterschiedliche Geschäftsfelder aufweisen, die eine individuelle datenschutzrechtliche Ausrichtung verlangen. Ziel ist dementsprechend die bestmögliche Koordinierung der unterschiedlichen – weisungsfreien – Datenschutzbeauftragten unter Berücksichtigung der verschiedenen Geschäftsfelder. Dazu ist es notwendig, ein übergeordnetes Gremium an der Konzernspitze zu installieren, um einerseits nicht dem Problem der Überpersonalisierung zu erliegen und andererseits ein handlungsfähiges Organ zu besitzen, das verantwortlich für den Datenschutz sowohl nach außen als auch nach innen zeichnet. Dieses Gremium sollte lediglich aus dem Konzerndatenschutzbeauftragten sowie den Bereichsdatenschutzbeauftragten bestehen, um eine effiziente Arbeit zu ermöglichen. Etwaiges Hilfspersonal, das in größeren Konzernen ebenfalls notwendig sein wird, sollte hier keine Berücksichtigung finden.

Durch die Zusammenführung der beiden erstgenannten Modelle werden mit der Mischform vor allem Synergieeffekte erreicht, durch welche die Nachteile der einzelnen Modelle abgemildert werden können. Ein großer Vorteil der Mischformen bei der Datenschutzorganisation ist dabei die hohe Flexibilität, die solche Modelle erlauben. Die Ausrichtung kann individuell auf den Konzern zugeschnitten werden. Diese Individualität der Mischformen bringt jedoch auch Nachteile mit sich.

Das modifizierte zentralisierte Modell leidet trotz der Abmilderung letztlich weiter an dem Manko der Personalunion, welches die mögliche Interessenkollision, die vor allem durch die

---

[750]   Roßnagel – *Büllesbach* 2003, Kap. 7.1, Rn. 76.
[751]   S. dazu bereits Kap. 4.1.3.1.2.
[752]   *Ulmer* 2006, S. 130; vgl. auch *Schaffland/Wiltfang* 2007, § 4f, Rn. 63, die jedem selbständigen Unternehmen einen eigenen Datenschutzbeauftragten zuweisen und die Verbindung zum „Konzerndatenschutzbeauftragten" über konzerninterne Regelungen herstellen wollen.

Aufsichtsbehörde beanstandet werden kann, darstellt. Auch durch die Bereitstellung von Hilfspersonal kann diese nicht behoben werden, denn alle Datenschutzverantwortlichen unterstehen der fachlichen Weisung des Konzerndatenschutzbeauftragten. Das modifiziert zentralisierte Modell ist also immer mit der Gefahr eines möglichen Abberufungsverlangens seitens der Aufsichtsbehörde konfrontiert.

Wie das vorherige leidet – nur abgemildert – auch das modifizierte dezentralisierte Modell an demselben Problem wie sein Ausgangsmodell. Auch wenn die Zahl der Datenschutzbeauftragten minimiert werden soll, bleiben Entscheidungen zum Datenschutz weiter abhängig vom Konsens der im übergeordneten Gremium vertretenen Datenschutzbeauftragten. Hier können auch keine unternehmensinternen Richtlinien oder Weisungsbefugnisse Abhilfe schaffen, denn diese wären aufgrund der gesetzlich zugesicherten Weisungsfreiheit jedes einzelnen Datenschutzbeauftragten nichtig.[753] Hinzu kommt bei mehreren Datenschutzbeauftragten die Gefahr, dass Datenschutz in einzelnen Geschäftsbereichen doch anders umgesetzt wird als vorgegeben.

Die negativen Aspekte, die sich aus beiden zuvor beschriebenen Mischformen ergeben, beziehen sich weniger auf die praktische Umsetzung der Datenschutzorganisation, sondern vielmehr auf deren rechtliche Folgen. Die Individualisierung der Konzepte bringt aufgrund der Diversifikation unterschiedlicher Gestaltungsmöglichkeiten ohne rechtlichen Rahmen eine hohe Unübersichtlichkeit im Bereich des Konzerndatenschutzes sowohl für die Aufsichtsbehörden als auch für den von der Datenverarbeitung Betroffenen mit sich. Für die Aufsichtsbehörden gibt es keinen einheitlichen Ansprechpartner im Konzern. Mal kann es ein Konzerndatenschutzbeauftragter sein, der für alle Gesellschaften bestellt ist, mal ein Bereichsdatenschutzbeauftragter, der lediglich für einen Teil des Konzerndatenschutzes verantwortlich ist, und mal ist es ein Datenschutzbeauftragter einer Untergesellschaft, der in ein konzernweites Konzept gar nicht eingebunden ist. Für den Betroffenen stellt sich die Situation ähnlich konfus dar, wobei er im Gegensatz zur Aufsichtsbehörde regelmäßig nur mit einem Konzern in Verbindung stehen wird. Für ihn hängt die Übersichtlichkeit der Verantwortlichkeit für den Datenschutz innerhalb des Konzerns in hohem Maße von dessen Struktur ab. In einem Konzern mit einheitlichem Erscheinungsbild erwartet man den Verantwortlichen eher an der Konzernspitze, in einem Mischkonzern hingegen eher in der jeweiligen rechtlich selbstständigen Einheit. Insbesondere die Mischformen lassen jedoch eine solche Kategorisierung nicht. Folge sind die eben aufgezeigten diversen Organisationsmöglichkeiten.

4.1.3.2 Bisherige Definitionen

Die unterschiedlichen Gestaltungsmodelle für die Konzerndatenschutzorganisation und der damit einhergehende uneinheitliche Gebrauch von Begriffen im Zusammenhang mit dem

---

[753] Vgl. *Wohlgemuth*, BB 1995a, S. 674f., der in diesem Zusammenhang auch „durchgreifende Bedenken" bezüglich der Zuverlässigkeit der Beauftragten äußert.

Konzerndatenschutz führen dazu, dass sich bisher keine allgemeingültige Definition für den Konzerndatenschutzbeauftragten herausgebildet hat. Es existieren lediglich mehrere Beschreibungen und Aussagen zur Figur des Konzerndatenschutzbeauftragten, die jeweils kontextbezogen bestimmte Aspekte einer Definition beleuchten. Dabei werden häufig juristische Erklärungen mit praktischen Erfahrungen vermischt und umgekehrt, was dazu führt, das einige Aussagen missverständlich und teilweise widersprüchlich erscheinen.

Für die Untersuchung der Bedeutung des Konzerndatenschutzbeauftragten ist es allerdings zwingend notwendig, den Untersuchungsgegenstand einer Begriffbestimmung zuzuführen. Dazu werden die bisher bestehenden Umschreibungen des Konzerndatenschutzbeauftragten dargestellt und systematisiert und anschließend mit den Ergebnissen aus der Darstellung der verschiedenen Modelle zur Konzerndatenschutzorganisation zu einer eigenen Definition zusammengeführt, bei dem auf eine klare juristische Diktion zu achten und die Einbringung von praktischen Erfahrungswerten zu vermeiden ist. Wie schwierig sich die Einordnung im Einzelfall erweisen kann, zeigt sich beispielsweise bei *Haaz*, der zweimal Stellung zum Konzerndatenschutzbeauftragten nimmt:

> „Der Konzerndatenschutzbeauftragte ist eine weitere Variante des externen Datenschutzbeauftragten. Hier wird ein Datenschutzbeauftragter von der Holding oder der Muttergesellschaft bestellt, der meistens ein interner Mitarbeiter ist und diese Tätigkeit häufig als Vollzeitbeschäftigung ausübt. Dieser Datenschutzbeauftragte muss dann von den einzelnen, rechtlich selbstständigen Tochterunternehmen als Datenschutzbeauftragter bestellt werden."[754]

Die Darstellung des Konzerndatenschutzbeauftragten erfolgt hier als Variante des externen Datenschutzbeauftragten, was lediglich einen Teilaspekt der Rechtsfigur betrifft und daher als Bezeichnung zu kurz greift.[755] Es ist richtig, dass der Konzerndatenschutzbeauftragte nur in einem der Konzernunternehmen angestellt sein kann und daher bei den restlichen als externer Datenschutzbeauftragter tätig wird. Bei der beschäftigenden Stelle ist er jedoch kein externer, sondern interner Beauftragter, was auch treffend festgestellt wird, sodass der Konzerndatenschutzbeauftragte als eine eigenständige Variante anzusehen ist.[756] Des Weiteren hat die Feststellung der häufig vorliegenden Vollzeitbeschäftigung auf die Rechtsfigur des Konzerndatenschutzbeauftragten keinerlei Auswirkungen und zeigt lediglich die Schwierigkeit der klaren Trennung von Theorie und Praxis. Schließlich folgt auf die Aussage der Pflicht zur Bestellung des Datenschutzbeauftragten durch die Konzernuntergesellschaften keinerlei Begründung.

In seiner zweiten Stellungnahme zum Konzerndatenschutzbeauftragten widerspricht *Haaz* seinen zuvor gemachten Aussagen:

---

[754] *Haaz* 2003, S. 35.
[755] Vgl. dazu *Schlemann* 1996, S. 163.
[756] S. dazu Kap. 4.3.2.1.

> „Ist der Datenschutzbeauftragte in einem Konzern tätig (Konzerndatenschutzbeauf-
> tragte), so hat er eine Aufsichtspflicht gegenüber den Datenschutzbeauftragten der
> Tochterunternehmen."[757]

Sollte der in Klammern stehende Begriff durch die zuvor getroffene Aussage definiert werden, so ist dieser Versuch missverständlich und als Definition nicht ausreichend, denn nur
durch die Tätigkeit in einem Konzern wird der einzelne Datenschutzbeauftragte noch nicht
zum Konzerndatenschutzbeauftragten. Wäre dies der Fall, müssten demnach alle Datenschutzbeauftragten des dezentralisierten Modells so genannt werden. Der eigentliche Widerspruch tritt in der zweiten Satzhälfte zutage, wenn dem Konzerndatenschutzbeauftragten eine
nicht näher umschriebene Aufsichtspflicht gegenüber den Beauftragten der „Tochtergesellschaft" auferlegt wird, denn das bedeutet nichts anderes, als dass entgegen der zuvor getroffenen Aussage nicht nur ein einziger, sondern mehrere Datenschutzbeauftragte bestellt sein
müssen, was nach den vorherigen Ausführungen jedoch gerade nicht der Fall sein sollte. Dieses Beispiel zeigt deutlich, welche Bedeutung eine klare Begriffsverwendung an dieser Stelle
besitzt.

Andere Autoren äußern sich in einem weitaus geringeren Umfang zum Konzerndatenschutzbeauftragten und beschränken sich vor allem auf die Hervorhebung der gemeinsamen Bestellung durch alle Konzernunternehmen, umschreiben also die Personalunion des Datenschutzbeauftragten im Konzernbereich. *Gola/Wronka* beschränken sich auf folgende Feststellung:

> „Der Konzernbeauftragte wird von allen Firmen einzeln bestellt."[758]

Eine ähnlich kurze Beschreibung, die sich wiederum nur auf die Bestellung durch alle Konzernunternehmen beschränkt, liefern auch die folgenden Autoren:

> *Schlemann* beschreibt lediglich „die Bestellung eines einzigen (externen) sog. Kon-
> zerndatenschutzbeauftragten durch jedes der im Konzern verbundenen Unterneh-
> men".[759]

> *Tinnefeld/Ehmann/Gerling* führen zum Begriff des Konzerndatenschutzbeauftragten
> nur aus, „dass mehrere Unternehmen eines Konzerns die gleiche Person zum Daten-
> schutzbeauftragten bestellt haben."[760]

> *Maschmann-Schulz/Kilian* bezeichnen einen Datenschutzbeauftragten als Konzernda-
> tenschutzbeauftragten, „wenn zur Durchführung des Datenschutzes in mehreren kon-
> zernverbundenen Unternehmen nur ein verantwortlich Beauftragter tätig war."[761]

> *Drews* spricht von einem Konzerndatenschutzbeauftragten, „wenn ein – z.B. bei der
> Konzernmutter beschäftigter Mitarbeiter für alle oder zumindest mehrere rechtlich
> selbständige Konzern-Gesellschaften zum Datenschutzbeauftragten bestellt wird."[762]

---

[757] *Haaz* 2003, S. 41.
[758] *Gola/Wronka* 2008, Rn. 1293.
[759] *Schlemann* 1996, S. 210.
[760] *Tinnefeld/Ehmann/Gerling* 2005, S. 444.
[761] *Kilian* 1982, S. 234.
[762] *Drews* 1997, S. 17.

Alle Aussagen sind zutreffend, denn sie umschreiben eine der Voraussetzungen des Konzerndatenschutzbeauftragten. Allerdings fehlen weitere Aspekte des Definitionsobjekts. Eine Differenzierung sowohl zwischen den einzelnen Legaleinheiten des Konzerns als auch in der Verwendung des Konzernbegriffs findet kaum statt. Unter diesem Manko leidet auch die Umschreibung von *Ruppmann*, die gleichwohl ein differenzierteres Bild des Konzerndatenschutzbeauftragten zeichnet:

> „Selbständige Konzernunternehmen bestellen jeweils denselben Datenschutzbeauftragten. Faktisch besteht dann ein Datenschutzbeauftragter für den ganzen Konzern, der allerdings nur bei einer Gesellschaft – in der Regel die Konzernmutter – interner Datenschutzbeauftragter sein kann.“[763]

Bei dieser Beschreibung kommt sehr gut die Differenzierung zwischen internem und externem Datenschutzbeauftragten und der damit verbundenen Sonderstellung des Konzerndatenschutzbeauftragten zum Ausdruck. Außerdem wird auf die behelfsmäßige Konstruktion des Konzerndatenschutzbeauftragten aufmerksam gemacht, wobei dies für eine Definition nicht erforderlich ist. Eine andere Begrifflichkeit im Zusammenhang mit dem Konzern als rechtlicher Einheit verwendet *Königshofen* in seinen Ausführungen:

> „Bei der Position eines Konzerndatenschutzbeauftragten handelt es sich um eine Person, die gleichzeitig für mehrere eigenständige Betriebe oder auch juristisch selbstständige Unternehmen innerhalb eines Unternehmensverbundes die Funktion des Datenschutzbeauftragten innehat.“[764]

Diese Formulierung erfüllt einen Großteil der inhaltlich notwendigen Bestimmung des Begriffs des Konzerndatenschutzbeauftragten, denn sie zielt vor allem auf den Zusammenhang der einzelnen Unternehmen im Konzern ab. Die Einbeziehung der selbständigen Betriebe in die Umschreibung ist aus juristischer Sicht nicht notwendig, da sie keine Legaleinheit gemäß § 2 Abs. 4 BDSG darstellen. Sie ist unter praktischen Gesichtspunkten jedoch sinnvoll, um die konzernweite Bedeutung des Konzerndatenschutzbeauftragten zu unterstreichen. Die Verwendung des Begriffs des Unternehmensverbundes verdeutlicht die aktuelle Gesetzessituation im Bundesdatenschutzgesetz, die es ermöglicht, dass auch verbundene Unternehmen, die nicht Konzern i.S.d § 18 Abs. 1 Satz 1 AktG sind, einen Konzernbeauftragten für Datenschutz einrichten können. Allerdings findet keine hinreichende Differenzierung des Unternehmensverbundes statt, sodass nach dieser Definition auch die Bereichsdatenschutzbeauftragten des modifizierten dezentralisierten Modells als Konzerndatenschutzbeauftragte bezeichnet werden können, was nach hier vertretener Auffassung jedoch gerade nicht mehr von der Definition gedeckt sein soll.[765]

---

[763] *Ruppmann* 2000, S. 111.
[764] Roßnagel – *Königshofen* 2003, Kap. 5.5, Rn. 101.
[765] S. dazu Kap. 4.1.3.1.3.

Aus der Darstellung der verschiedenen Definitionsansätze sowie den zuvor beschriebenen Organisationsmodellen zum Konzerndatenschutz werden in der Folge die juristisch prägnanten Punkte herausgestellt und zu einer eigenen, erweiterten Definition zusammengefügt.

4.1.3.3 Eigene Definition

Die Mehrzahl der Definitionsansätze zum Konzerndatenschutzbeauftragten ist auf die Bestellung derselben Person durch alle Konzernunternehmen eingegangen. Auch bei den verschiedenen Organisationsformen hat sich gezeigt, dass nur der Datenschutzbeauftragte des (modifizierten) zentralisierten Modells, mithin der von allen Verbundunternehmen beziehungsweise der Mehrzahl der Konzernunternehmen Bestellte, tatsächlich als Konzerndatenschutzbeauftragter bezeichnet werden kann.

Gleichzeitig hat sich gezeigt, dass die Differenzierung des Konzerndatenschutzbeauftragten zwischen internem oder externem Datenschutzbeauftragten erfolgen muss, aber schnell zu Missverständnissen führen kann. Daher ist in besonderem Maße auf die Definition der Rechtsbeziehungen der einzelnen Gesellschaften innerhalb des Unternehmensverbundes einzugehen.

Und schließlich ist es, nicht zuletzt für den Fortgang der Arbeit, notwendig, dass die Funktion des Konzerndatenschutzbeauftragten im System der datenschutzrechtlichen Selbstkontrolle in die Definition mit einfließt. Bei der Darstellung der Organisationsmodelle kam die besondere Rolle des Konzerndatenschutzbeauftragten als Initiator und Koordinator einer einheitlichen Datenschutzstrategie zum Tragen und manifestierte sich vor allem in den Weisungsbefugnissen des Konzerndatenschutzbeauftragten gegenüber seinem Hilfspersonal. Klargestellt werden muss also die mögliche abgeleitete Leitungsmacht des Konzerndatenschutzbeauftragten für den Bereich des Datenschutzes. Daraus ergibt sich folgende Definition:

> *Ein Konzerndatenschutzbeauftragter wird in einem Unternehmensverbund (§ 15 AktG) von allen Gesellschaften zum Datenschutzbeauftragten bestellt. Liegt ein Unterordnungskonzern (§ 18 Abs. 1 Satz 1 AktG) vor, genügt die Bestellung durch das herrschende Unternehmen und mehrere Untergesellschaften.*

Wie in den vorausgegangenen Definitionen wird auch hier auf die Personalunion des Konzerndatenschutzbeauftragten eingegangen, indem zunächst die Bestellung durch alle Verbundunternehmen zur Voraussetzung gemacht wird. Allerdings ist bei Vorliegen eines Konzerns eine Abweichung dergestalt möglich, dass nicht mehr alle, sondern lediglich das herrschende sowie einige Untergesellschaften dieselbe Person zum Datenschutzbeauftragten bestellen müssen, denn hier wird davon ausgegangen, dass die einheitliche Datenschutzstrategie auch mittelbar aufgrund der einheitlichen Leitung durch die Konzernobergesellschaft als Unternehmensziel des Konzerns auf verantwortliche Stellen, die gegebenenfalls einen eigenen Datenschutzbeauftragten bestellen, wirken kann. Mit diesen beiden Voraussetzungen wird zum Ausdruck gebracht, dass der Konzerndatenschutzbeauftragte derart im Konzern gestellt werden muss, dass seine Leitfunktion im Bereich des Datenschutzes auch tatsächlich konzernweit durchgesetzt werden kann. Die Bezugnahme auf die Normen des Aktiengesetzes begrenzt die Verwendung des Konzernbegriffs auf einen juristischen Ansatz und schließt damit eine fachübergreifende Verwendung aus. Diese Definition soll in der Folge die Grundlage der Darstellung des Konzerndatenschutzbeauftragten sein.

4.2 Konzernbeauftragte anderer Rechtsgebiete

Um einen Gesamtüberblick der Thematik des Konzernbeauftragten für Datenschutz zu erhalten, soll zuvor konkret die Bedeutung einiger Konzernbeauftragter anderer Rechtsgebiete dargestellt werden, die bereits einen gesetzlichen Niederschlag oder zumindest verwaltungsbehördliche Anerkennung gefunden haben. Dazu zählen aus dem Umweltschutzrecht der Konzernimmissionsschutzbeauftragte, der Konzernstörfallbeauftragte und der Konzernabfallbeauftragte sowie aus dem Wirtschaftsstrafrecht der Konzerngeldwäschebeauftragte.[766]

Der zunächst unter § 5 der 5. BImSchV v. 14.2.1975[767] geregelte Konzernimmissionsschutzbeauftragte war der erste in eine rechtliche Regelung aufgenommene Betriebsbeauftragte für den Konzernbereich. Es genügte für die Bestellung in den Einzelgesellschaften, wenn das herrschende Unternehmen eines unter einheitlicher Leitung stehenden Konzerns einen für den Konzernbereich zuständigen Immissionsschutzbeauftragten bestellte. Gemäß der amtlichen Begründung zur 5. BImSchV v. 14.2.1975 musste dazu allerdings sichergestellt werden, dass zum einen aufgrund eines Beherrschungsvertrages die Berechtigung oder aufgrund einer Mehrheitsbeteiligung faktisch die Möglichkeit für das herrschende Unternehmen bestand, dem abhängigen Betreiber hinsichtlich der Investitionsentscheidungen und der Verfahren und Erzeugnisse Weisungen zu erteilen und zum anderen im Betriebsbereich der Anlage eine oder mehrere Personen mit entsprechender Fachkunde und Zuverlässigkeit die Überwachungs- und Aufklärungsfunktion gemäß § 54 Abs. 1 Nr. 3 und 4 BImSchG wahrnahm.[768] Grund für die Einführung der Regelung war die Überlegung, dass das Instrument der betrieblichen Selbstkontrolle in Form des Immissionsschutzbeauftragten aus Gründen der Zweckmäßigkeit im Interesse der wirksamen Vertretung der Belange des Umweltschutzes dort angesiedelt werden sollte, wo die strategischen Entscheidungen zu seinem Überwachungsbereich getroffen werden, in einem Konzern mithin an dessen Spitze.[769] Ausdrücklich wies die Begründung der Bundesregierung außerdem daraufhin, dass die zu bestellenden Personen in den einzelnen Betriebsbereichen keine Immissionsschutzbeauftragten seien, sondern dieser Status lediglich dem Konzernimmissionsschutzbeauftragten mit allen Rechten und Pflichten zukomme.[770] Seit Änderung der 5. BImSchV v. 30.7.1993[771] wird der Konzernimmissionsschutzbeauftragte in

---

[766] S. zu den drei Erstgenannten bereits Kap. 2.8.
[767] BGBl. I S. 504, 727.
[768] BR-Drs. 660/74, S. 7f.
[769] BR-Drs. 660/74, S. 7.
[770] BR-Drs. 660/74, S. 8.
[771] BGBl. I S. 1433, zul. geänd. am 9.9.2001, BGBl. I S. 2331.

§ 4 geregelt. Die Norm ist weitgehend unverändert geblieben, jedoch um einen zusätzlichen Konzernbeauftragten erweitert worden.

Die Erweiterung der 5. BImSchV um den Konzernstörfallbeauftragten dient dazu, die sich für den Immissionsschutzbeauftragten als effektiv erwiesenen Regelungen im Bereich der Organisationsstrukturen von Großunternehmen ebenfalls für den durch das 3. Gesetz zur Änderung des BImSchG v. 11.5.1990[772] in § 58a BImSchG neu eingeführten Störfallbeauftragten zu nutzen.[773] Da der neue § 4 der 5. BImSchV neben dem Konzernimmissionsschutzbeauftragten auch den Konzernstörfallbeauftragten regelt und fast unverändert fortgilt, kann für die Zulässigkeitsvoraussetzungen sowie den verwendeten Konzernbegriff auf die oben gemachten Ausführungen zum Konzernimmissionsschutzbeauftragten verwiesen werden. Die Bundesregierung hat in ihrem Entwurf hervorgehoben, dass eine besondere Betriebsnähe des Konzernbeauftragten für Störfälle aufgrund der vorhandenen fachkundigen Person im Betrieb vor Ort nicht notwendig sei.[774] Mit der Ausweitung der Möglichkeit zur Bestellung eines Konzernbeauftragten auch auf Störfälle hat der Gesetzgeber zumindest für den Bereich des Immissionsschutzrechts die positive Bedeutung dieser Instanz unterstrichen.

Auch für den Konzernabfallbeauftragten besteht eine gesetzliche Definition, die sich an die Regelung des Konzernimmissionsschutzbeauftragten anlehnt. Sie findet sich in § 4 AbfBetrbV wieder. Diese Verordnung hatte ihre Ermächtigungsgrundlage zunächst in § 11a Abs. 1 Satz 3 des Abfallbeseitigungsgesetzes v. 5.1.1977. Mit Inkrafttreten des Kreislaufwirtschafts- und Abfallgesetzes dient nunmehr § 54 Abs. 1 Satz 2 Krw-/AbfG als Ermächtigungsgrundlage. Damit wirkt die Verordnung über Betriebsbeauftragte für Abfall trotz Aufhebung der alten Ermächtigungsgrundlage fort.[775] Als Adressatenkreis für die Bestellung eines Konzernbeauftragten knüpft auch § 5 AbfBetrbV an einen unter einheitlicher Leitung stehenden Konzern an und fordert die faktische Weisungsmöglichkeit des herrschenden Unternehmens. Maßstab für den Konzernbegriff ist somit das Gesellschaftsrecht.[776] Ebenfalls wird die Bestellung von Fachpersonal mit erforderlicher Sachkunde und Zuverlässigkeit zur Wahrnehmung der Aufgaben des Abfallbeauftragten im Betriebsbereich zur Voraussetzung gemacht. An die Anlagen selbst stellt das Gesetz keine Anforderungen, sodass ein Konzernabfallbeauftragter sowohl für gleiche als auch für unterschiedliche Anlagen bestellt werden kann, was Ausdruck der unternehmerischen Eigenüberwachung ist.[777]

[772] BGBl. I S. 870.
[773] *BReg.* im RegE v. 26.3.1993, BR-Drs. 212/93, S. 28.
[774] *BReg.* im RegE v. 26.3.1993, BR-Drs. 212/93, S. 28.
[775] v. Lersner/Wendenburg – *v. Lersner* 2008, § 54 KrW-/AbfG, Rn. 30; Kunig/Paertow/Versteyl – *Versteyl* 2003, § 54, Rn. 26.
[776] v. Lersner/Wendenburg – *v. Lersner* 2008, § 54 KrW-/AbfG, Rn. 38, der sich in der Folge sowohl auf „§§ 17 ff. AktG" als auch „§ 291 AktG" bezieht.
[777] *Kotulla,* DÖV 1995, S. 456.

Nicht ausdrücklich gesetzlich geregelt ist dagegen der Konzerngeldwäschebeauftragte. In § 14 Abs. 2 Nr. 1 GwG[778] ist lediglich die Bestimmung eines Geldwäschebeauftragten unabhängig von Größe und Konzernzugehörigkeit für ein Unternehmen im Sinne des § 14 Abs. 1 GwG vorgesehen. Allerdings bestand bereits vor Änderung des Gesetzes gemäß § 14 Abs. 3 GwG a.f. die Möglichkeit der behördlichen Erlaubniserteilung für Finanzdienstleistungsinstitute sowie Finanzunternehmen, im Einzelfall von diesem Grundsatz abzuweichen. Daraus wurde gefolgert, dass bei der Möglichkeit eines Verzichts auf einen Geldwäschebeauftragten es dann auch zulässig sein müsse, die Erlaubnis zu einem Konzernbeauftragten für Geldwäsche zu erteilen.[779] Diese Meinung vertrat auch das Bundesaufsichtsamt für das Kreditwesen und erachtete die Bestellung eines Konzerngeldwäschebeauftragten als zulässig, sofern sie mit eben dieser Behörde abgestimmt war.[780] Dadurch wurde ein Konzernbeauftragter auch außerhalb des Umweltrechts, wenn auch nicht vom Gesetzgeber selbst so doch durch die staatliche Aufsichtsbehörde, anerkannt und im Rahmen von verschiedenen Präventivmaßnahmen[781] als geeignetes Kontrollorgan angesehen. Mittlerweile wird die Zulässigkeit eines Konzerngeldwäschebeauftragten auf den durch das Geldwäschebekämpfungsgesetz v. 15.8.2002 eingefügten § 14 Abs. 3 Satz 2 GwG gestützt und ist somit mittelbar auch durch den Gesetzgeber anerkannt. Allerdings gilt dies nur unter der Voraussetzung, dass der Konzerngeldwäschebeauftragte eine Weisungsbefugnis gegenüber den Konzernuntergesellschaften erlangt und unternehmensübergreifend verbindliche Regelungen zur Umsetzung des Geldwäschegesetzes festlegen kann.[782] Somit knüpft auch dieses Gesetz an den engen Konzernbegriff des § 18 Abs. 1 Satz 1 AktG an.

Allen dargestellten Konzernbeauftragten ist gemein, dass sie lediglich von dem herrschenden Unternehmen eines unter einheitlicher Leitung stehenden Konzerns bestellt werden müssen. Durch die Anerkennung des Konzerns als Legaleinheit im Sinne des jeweiligen Schutzgesetzes bezogen auf den Konzernbeauftragten bedarf es in den einzelnen Gesellschaften keines besonderen Akts der Bestellung eines Beauftragten mehr.[783] Weil in den Untergesellschaften der Akt der Bestellung entfällt, sind die Konzernbeauftragten auch kein „Spezialfall des externen Beauftragten" oder ein „Sonderfall der Bestellung",[784] denn Grundvoraussetzung für einen Beauftragten ist gerade die Bestellung. Außerdem ist der Konzernbeauftragte nur dem

[778] Gesetz über das Aufspüren von Gewinnen aus schweren Straftaten v. 25.10.1993, BGBl. I S. 1770, zul. geänd. durch Gesetz v. 15.12.2003, BGBl. I S. 2676, 2733.

[779] *Fülbier/Aepfelbach* 1999, § 14, Rn. 65.

[780] *ZKA* 2001, Rn. 95.

[781] Vgl. dazu *Fülbier/Aepfelbach* 1999, § 14, Rn. 1.

[782] Fülbier/Aepfelbach/Langweg – *Langweg* 2006, § 14, Rn. 165.

[783] Die Bestellung eines Konzerngeldwäschebeauftragten setzt jedoch voraus, dass gesonderte Verträge zwischen Konzernobergesellschaft und den Untergesellschaften geschlossen werden, die dem Beauftragten die rechtliche Befugnis übertragen, unternehmensübergreifende Regelungen zur Umsetzung des Geldwäschegesetzes verbindlich zu treffen und Weisungen zu erteilen, Fülbier/Aepfelbach/Langweg – *Langweg* 2006, § 14, Rn. 165.

[784] Vgl. v. Lersner/Wendenburg – *v. Lersner* 2008, § 54 KrW-/AbfG, Rn. 38 beziehungsweise BeckOK UmwR – *Schwertner* 2007, § 53, Rn. 14.

herrschenden Unternehmen gegenüber berechtigt und verpflichtet,[785] was ebenfalls gegen die
Einordnung als externer Beauftragte spricht. Daher ist der Konzernbeauftragte kein Spezialfall sondern ein eigenständiges Kontrollorgan im Rahmen der betrieblichen Selbstkontrolle.
Daher verwundert es, dass sich die Kommentierungen zu den Konzernbeauftragten bisher auf
ein Minimum beschränken.

Alle dargestellten Regelungen zu den einzelnen Konzernbeauftragten setzen als notwendiges
Merkmal die einheitliche Leitung des Konzerns voraus. Diese ist einzig in § 18 Abs. 1 Satz 1
AktG geregelt, sodass für weitere Normen des AktG zunächst kein Raum bleibt.[786] Lediglich
bei der Frage, wie die einheitliche Leitung hergestellt wird, können weitere Normen des AktG
wie § 291 AktG eine Rolle spielen. Es kann daher festgehalten werden, dass alle gesetzlichen
Regelungen zu Konzernbeauftragten an den engen Konzernbegriff des § 18 Abs. 1 Satz 1
AktG anknüpfen. Im weiteren Verlauf wird darauf zu achten sein, ob sich eine solche enge
Begriffsauslegung auch für den Konzerndatenschutzbeauftragten empfiehlt.

4.3 Rechtliche Bedeutung des Konzerndatenschutzbeauftragten

Wie im vorausgegangenen Kapitel gesehen, stellen die Konzernbeauftragten in keinem Fall
nur den Spezialfall eines einfachen Beauftragten dar sondern stets Sonderformen, bei denen
sich sowohl im Rahmen der Bestellung als auch der Verantwortlichkeit die Normen zu den
Konzernbeauftragten auf eine andere Legaleinheit als diejenigen zu den einfachen Beauftragten beziehen, was die Einordnung als eigenständige Kontrollorgane neben den betrieblichen
Beauftragten erforderlich macht.

Auch die Definition des Konzerndatenschutzbeauftragten hat gezeigt, dass sich dieser nicht
einfach unter eines der Modelle zum Datenschutzbeauftragten subsumieren lässt, da er sich
ebenfalls auf die Legaleinheit des Konzerns bezieht. Allerdings wirkt sich bei der aktuellen
Gesetzeslage dieser Bezug nicht in gleicher Weise wie bei den normierten Beauftragten auf
die Bestellung und die Verantwortlichkeit aus, denn der Konzerndatenschutzbeauftragte wird
weiterhin von allen Unternehmen bestellt und ist auch jeder dieser Legaleinheiten im Rahmen
seiner Tätigkeit verantwortlich.

In der Praxis hat sich der Konzerndatenschutzbeauftragte als ein eigenständiges Kontrollorgan
im Rahmen der betrieblichen Selbstkontrolle entwickelt, denn allein aufgrund der Größe der
zu betreuenden Legaleinheit(en) ergibt sich ein anderes Anforderungsprofil als das des Datenschutzbeauftragten.[787] Daher bedarf es einer Systematisierung der bisherigen, vor allem durch
Praktiker gemachten Ausführungen zum Untersuchungsgegenstand, denn seine Bedeutung
kann nicht allein aus derjenigen des Datenschutzbeauftragten als Ausgangsmodell abgeleitet
und auf die Ebene des Konzerns transferiert werden, da die unterschiedlichen gesellschafts-

---

[785]   v. Lersner/Wendenburg – *v. Lersner* 2008, § 54 KrW-/AbfG, Rn. 38.
[786]   Vgl. v. Lersner/Wendenburg – *v. Lersner* 2008, § 54 KrW-/AbfG, Rn. 38.
[787]   *Königshofen* 1997, S. 99.

rechtlichen Ebenen zum Teil stark voneinander abweichende Anforderungen an das jeweilige Kontrollorgan stellen. Gleichwohl können die Aussagen zum Datenschutzbeauftragten als Leitfaden und Vergleichsobjekt dienen, weswegen die Gliederung der Darstellung des Konzerndatenschutzbeauftragten und seiner Bedeutung in Anlehnung an die des Datenschutzbeauftragten erfolgt.

4.3.1 Bestellung

Die Bestellpflicht aus § 4f Abs. 1 Satz 1 BDSG richtet sich ausschließlich an die je spezifische rechtliche Einheit und berücksichtigt eine eventuelle Konzernierung in keiner Weise, was den wesentlichen Unterschied zu den bereits gesetzlich geregelten Konzernbeauftragten ausmacht. Somit sind im Gegensatz zum Umweltrecht auch in einen Konzern eingebundene Unternehmen nicht von der Pflicht zur Bestellung eines Datenschutzbeauftragten befreit. Ein Konzerndatenschutzbeauftrager muss daher nach den allgemeinen Vorschriften des § 4f BDSG von jeder einzelnen Legaleinheit zum Datenschutzbeauftragten bestellt werden. Für die formalen Anforderungen ergeben sich insofern keine Änderungen im Vergleich zum Datenschutzbeauftragten.[788]

Grundsätzlich kann bei allen verbundenen Unternehmen gemäß § 15 AktG ein Konzerndatenschutzbeauftragter bestellt werden. Allerdings wird sich die Organisationsform des Unternehmensverbundes auf den Akt der Bestellung auswirken. In einem Konzern gemäß § 18 Abs. 1 Satz 1 AktG wird es dem herrschenden Unternehmen möglich sein, kraft seiner Leitungsfunktion den Konzerndatenschutzbeauftragten in all denjenigen Untergesellschaften bestellen zu lassen, in denen es dies für notwendig erachtet.[789] Selbst wenn in einem solchen Konzern in einigen Unternehmen nicht derselbe Konzerndatenschutzbeauftrage bestellt ist, wird es zu einer einheitlichen Datenschutzpolitik kommen, da der entsprechende Wille bei der Konzernobergesellschaft vorhanden ist. In einem Unternehmensverbund, der nicht unter einheitlicher Leitung geführt wird, hängt die Bestellung hingegen vom Konsens aller Verbundunternehmen ab. Scheren hier ein oder gar mehrere Unternehmen aus, so wird es nicht zur Bestellung eines Konzerndatenschutzbeauftragten kommen, da ein Wille zur einheitlichen Datenschutzpolitik kaum angenommen werden kann. In einem Unternehmensverbund nach § 15 AktG werden also alle rechtlich selbständigen Gesellschaften den Konzerndatenschutzbeauftragten als Datenschutzbeauftragten bestellen müssen.[790]

Schwierigkeiten ergeben sich hierbei vor allem für die einheitliche Bestellung eines Konzerndatenschutzbeauftragten. Alle Anstellungsverträge zwischen den verschiedenen Konzerngesellschaften und dem Beauftragten müssen inhaltlich aufeinander abgestimmt werden. Es müssen zum Beispiel gleiche Vertragslaufzeiten und Kündigungsfristen erreicht werden, um zu einem späteren Zeitpunkt einen „sauberen" Übergang zu einem neuen Konzerndaten-

---

[788] S. dazu Kap. 3.1.
[789] Vgl. *Ruppmann* 2000, S. 111.
[790] *Fehlhaber*, DuD 1987, S. 239.

schutzbeauftragten zu erreichen. Die Einheitlichkeit der Bestellungen wird aber für große Konzerne, die auch durch häufige Zu- und Verkäufe von Unternehmen geprägt sind, schwierig sein.

4.3.2 Stellung im Konzern

Die Stellung des betrieblichen Datenschutzbeauftragten innerhalb des Unternehmens bezog sich auf die verschiedenen Anstellungsmöglichkeiten sowie die Ausgestaltung der Position als unternehmensinternes Kontrollorgan in der je spezifischen rechtlichen Einheit. Für den Konzerndatenschutzbeauftragten erfolgt diese Untersuchung in erster Linie auf der Ebene des Konzerns, weil sich hier in besonderem Maße Unterschiede der beiden Kontrollorgane zeigen. Auf die Stellung in einzelnen Konzerngesellschaften wird lediglich eingegangen, sofern Besonderheiten dies erforderlich machen. Entgegen der Stellung des Datenschutzbeauftragten gemäß § 4f BDSG kann bei der Stellung des Konzerndatenschutzbeauftragten innerhalb des Unternehmens nicht auf die Intention des Gesetzgebers zurückgegriffen werden, sondern es können lediglich Rückschlüsse aus der praktischen Eingliederung innerhalb von Konzernen gezogen werden.

Allen verbundenen Unternehmen gemäß § 15 AktG steht die Möglichkeit zur Bestellung eines Konzerndatenschutzbeauftragten offen. Allerdings ergeben sich nur bei der Bestellung durch einen Konzern im Sinne des § 18 Abs. 1 Satz 1 AktG Besonderheiten, welche durch die einheitliche Leitung entstehen. Hier existieren besondere Abhängigkeits- und Weisungsverhältnisse, deren Auswirkungen auf die Rechtsfigur des Konzerndatenschutzbeauftragten einer genaueren Untersuchung bedürfen. In allen anderen Verbundunternehmen ohne einheitliche Leitung ist der Konzerndatenschutzbeauftragte zu behandeln wie ein normaler Datenschutzbeauftragter, weil die Besonderheiten der Einheitlichkeit der durch ihn verfolgten Datenschutzpolitik vor allem in seiner Person selbst liegen. Diese zu umschreiben ist in einer Arbeit, wie sie vorliegt, schlechterdings nicht möglich, da sie rein subjektiv ausgestaltet ist und keine objektivierbaren Kriterien enthält. Daher wird der Konzerndatenschutzbeauftragte verbundener Unternehmen, die nicht Konzern gemäß § 18 Abs. 1 Satz 1 AktG sind, nicht weiter verfolgt.[791]

4.3.2.1 Formen des Konzerndatenschutzbeauftragten

Wie die verantwortliche Stelle die Position ihres Datenschutzbeauftragten nach § 4f BDSG ausgestaltet, bleibt ihr zum großen Teil selbst überlassen. Sie kann eine interne oder auch eine externe Person hauptamtlich oder nebenamtlich bestellen. Grundsätzlich gilt dies auch für den Konzerndatenschutzbeauftragten, denn es gibt keine Regelungen, die diese Variante beschränken würden. Aus rein praktischen Überlegungen heraus drängt sich jedoch die Frage auf, ob die unterschiedlichen Varianten allein aufgrund der Unternehmensgröße, der erhöhten

---

[791] Ebenfalls diesen engen Konzernbegriff zugrunde legend Roßnagel – *Büllesbach* 2003, Kap. 7.1, Rn. 3.

Komplexität der Datenverarbeitung oder der Abhängigkeitsverhältnisse innerhalb des Konzerns nicht doch Einschränkungen unterliegen.

4.3.2.1.1 Interner oder externer Konzerndatenschutzbeauftragter

Für die Beantwortung der Frage, ob ein Konzerndatenschutzbeauftragter eine unternehmensinterne oder -externe Person sein kann oder darf, muss zunächst geklärt werden, von der Sicht welchen Konzernunternehmens man ausgeht: dem herrschenden oder einem beherrschten. Dieser Punkt ist deswegen von Bedeutung, weil der Konzerndatenschutzbeauftragte immer nur bei einem Konzernunternehmen interner Datenschutzbeauftragter sein kann und bei allen weiteren Stellen als externer bestellt ist.[792]

Eine Möglichkeit der Beantwortung der Frage kann von dem Blickwinkel einer oder mehrerer Konzernuntergesellschaften aus erfolgen. Grund für eine solche Sichtweise kann die Notwendigkeit der Betrachtung einer speziellen Konzerngesellschaft sein oder die Anstellung des Konzerndatenschutzbeauftragten bei einer nachgeordneten statt bei der Obergesellschaft. Ist der Konzerndatenschutzbeauftragte bei einer solchen angestellt, so wird er dadurch zum internen Datenschutzbeauftragten dieser Gesellschaft und für alle weiteren Untergesellschaften sowie die Konzernobergesellschaft externer Datenschutzbeauftragter. Diese Betrachtungsweise erscheint vorliegend jedoch eher unbedeutend. Zum einen bezieht sich die Sichtweise einer einzigen Untergesellschaft regelmäßig nur auf Einzelfragen, die dem hier gesetzten Schwerpunkt des Konzerns geradezu zuwiderliefen und daher nicht näher betrachtet werden. Zum anderen ist die Anstellung eines Konzerndatenschutzbeauftragten bei einer nachgeordneten Gesellschaft des Konzerns in der Praxis die Ausnahme.[793]

Geht man von der einheitlichen Leitung des Konzerns durch die Obergesellschaft und dem Ziel einer konzerneinheitlichen Datenschutzpolitik aus, so wird ein Konzerndatenschutzbeauftragter in aller Regel an der Konzernspitze angestellt werden. Von dort aus gesehen kann er für die Konzernobergesellschaft je nach zu Grunde liegendem Anstellungsverhältnis interner oder externer Datenschutzbeauftragter sein. Für die Konzernuntergesellschaften ist er bei dieser Konstellation auf jeden Fall externer Datenschutzbeauftragter, weil die einzelnen juristisch selbständigen Konzernunternehmen im Verhältnis zueinander Dritte im Sinne des Bundesdatenschutzgesetzes sind.[794] Einige Autoren scheinen daraus den Schluss zu ziehen, der Konzerndatenschutzbeauftragte sei lediglich eine Variante des externen Datenschutzbeauftragten.[795] Diese Folgerung umschreibt die Figur des Konzerndatenschutzbeauftragten jedoch nicht hinreichend, weil dadurch das Bestellungsverhältnis allein auf die Beziehung zwischen dem Beauftragten und den Untergesellschaften reduziert wird. Vielmehr muss auch das Verhältnis zur Konzernobergesellschaft beziehungsweise zur anstellenden Gesellschaft beachtet

---

[792] KassHdb ArbR – *Blechmann* 2000, Kap. 2.10, Rn. 399; *Fehlhaber*, DuD 1987, S. 238.
[793] Vgl. auch *Ruppmann* 2000, S. 111; *Fehlhaber*, DuD 1987, S. 239.
[794] *Tinnefeld/Ehmann/Gerling* 2005, S. 444; *Königshofen* 1997, S. 100.
[795] So etwa *Haaz* 2003, S. 35; *Fehlhaber*, DuD 1987, S. 239.

werden. Hier kann der Konzerndatenschutzbeauftragte theoretisch sowohl interner als auch externer Datenschutzbeauftragter sein, denn das Gesetz schweigt an dieser Stelle. Führt man sich jedoch die allgemeine Koordinierungsfunktion sowie die Verantwortlichkeit der Konzernbeauftragten nach innen wie nach außen vor Augen, so erscheint es sinnvoller, nur eine aus dem Unternehmen stammende und damit interne Person zum Konzerndatenschutzbeauftragten zu bestellen. Die Suche nach einer geeigneten Person kann sich dabei auf den ganzen Konzern erstrecken. Die Anstellung sollte dann jedoch bei der Konzernobergesellschaft erfolgen und ein eventueller Wechsel des Kandidaten für das Amt eingeplant werden.

Die Frage, ob der Konzerndatenschutzbeauftragte interner oder externer Datenschutzbeauftragter sein soll, wird also in aller Regel aus Sicht der Konzernobergesellschaft erfolgen und kann nicht einheitlich beantwortet werden, sondern steht zur freien Wahl der Unternehmen je nach den speziellen Anforderungen an die Position. Es erscheint jedoch empfehlenswert, nur eine unternehmensinterne Person zum Konzerndatenschutzbeauftragten zu bestellen. Oftmals sehr komplexe Konzernstrukturen erschweren Externen die Übersicht über den Konzern und seine Datenflüsse,[796] wobei angemerkt werden muss, dass auch andere Außenstehende wie Wirtschaftsprüfer oder Unternehmensberater mit dieser Situation konfrontiert sind. Bedeutsamer noch als der erschwerte Überblick wäre für einen externen Konzerndatenschutzbeauftragten allerdings die Schwierigkeit, Kenntnisse der betriebsinternen Vorgänge, gerade unter der Prämisse, dass er nicht immer und überall vor Ort sein kann, zu erlangen, da diese als von nicht zu unterschätzender Bedeutung für ein risikoadäquates Handeln einzustufen sind.[797]

Geht man also davon aus, dass ein externer Konzerndatenschutzbeauftragter nicht das für das Amt notwendige Insiderwissen erlangen kann und daher nur der interne Konzerndatenschutzbeauftragte empfohlen werden kann, so kommt man zu dem Ergebnis, dass der Konzerndatenschutzbeauftragte im Verhältnis zur Obergesellschaft interner und im Verhältnis zu den Untergesellschaften externer Datenschutzbeauftragter ist. Als eigenständiges Kontrollorgan nimmt er damit keine Zwischenstellung ein,[798] denn das würde weder die eine noch die andere Form bedeuten, sondern vereint vielmehr die beiden Formen des Datenschutzbeauftragten in einer Person, was jeweils eine genaue Differenzierung bei der Betrachtung des Konzerndatenschutzbeauftragten erforderlich macht.

4.3.2.1.2 Haupt- oder nebenamtlicher Konzerndatenschutzbeauftragter

Wie schon im vorhergegangenen Kapitel kann auch an dieser Stelle die Diskussion wiederum aus Sicht der Konzernunter- oder auch der Konzernobergesellschaft geführt werden. Für erstere gilt bei der hier unterstellten Anstellung des Konzerndatenschutzbeauftragten bei der Konzernobergesellschaft,[799] dass er als externer für die einzelnen Untergesellschaften sowohl

---

[796] Roßnagel – *Büllesbach* 2003, Kap. 7.1, Rn. 80; wohl auch *Wächter* 2003, Rn. 276.
[797] Vgl. *Schaffland/Wiltfang* 2007, § 4f, Rn. 59; *Koch* 2006, S. 35.
[798] So aber Roßnagel – *Königshofen* 2003, Kap. 5.5, Rn. 100.
[799] S. Kap. 4.3.2.1.1.

hauptamtlich als auch nebenamtlich tätig werden kann, je nachdem ob ihm weitere Aufgaben etwa im Bereich der Datensicherheit übertragen werden.[800] Hier wird allerdings die Einschränkung gelten, dass eine zusätzliche Aufgabenübertragung nur dann noch möglich ist, wenn sie in einer Beziehung zur Tätigkeit des Datenschutzbeauftragten steht. Aufgaben hingegen, die in keinem Zusammenhang mit dem Datenschutz stehen, werden vom Konzerndatenschutzbeauftragten in aller Regel nicht erfüllt werden können.

In der Entscheidung, ob der Konzerndatenschutzbeauftragte seine Tätigkeit bei der Obergesellschaft als Vollzeitbeschäftigung oder lediglich nebenamtlich wahrnimmt, ist die verantwortliche Stelle grundsätzlich frei, da es keine verbindlichen Regelungen gibt. Ein Rückgriff auf die Bestimmungen zum Datenschutzbeauftragten führt an dieser Stelle ebenso wenig zu einem Ergebnis, da aufgrund der flexiblen Ausgestaltung der Position verbindliche Regelungen bisher ebenfalls fehlen.[801] Die wenigen dazu gemachten Ausführungen in Rechtsprechung und Literatur reichen nicht einmal aus, um allgemeingültige Kriterien über den Umfang der Tätigkeit des Datenschutzbeauftragten festlegen zu können.[802] Daher können sie erst recht keine Anhaltspunkte für eine Einordnung des Konzerndatenschutzbeauftragten liefern. Gesicherte Erkenntnisse aus der Praxis über den Anteil an haupt- oder nebenamtlich bestellten Konzerndatenschutzbeauftragten liegen ebenfalls nicht vor. Insofern fehlen insgesamt Orientierungspunkte aus dem Schrifttum, die eine eindeutige Stellungnahme zur Frage nach der Einordnung des Konzerndatenschutzbeauftragten erlaubten.

Gleichwohl erscheint aus zweierlei Hinsicht eine hauptamtliche Anstellung bei der Konzernobergesellschaft empfehlenswert. Erstens ist es wenig verständlich, dass der Konzerndatenschutzbeauftragte in den Untergesellschaften, wenn auch aus theoretischen Gründen, hauptamtlich, in der Obergesellschaft hingegen nur nebenamtlich agieren sollte, da dies zu einer sonderbaren Prioritätenverschiebung führen würde. Und zweitens stellt das Amt des Konzerndatenschutzbeauftragten an die Person derart hohe persönliche Anforderungen, dass weitere Tätigkeiten aus rein praktischen Erwägungen kaum für möglich erachtet werden.[803]

Die abschließende Empfehlung für die zu wählende Form bedeutet an dieser Stelle daher eindeutig die Bestellung eines hauptamtlich internen Konzerndatenschutzbeauftragten.

4.3.2.2 Konzerndatenschutzbeauftragter als Kontrollorgan

Weil das Gesetz den Konzerndatenschutzbeauftragten nicht anerkennt, richtet sich seine Stellung als Kontrollorgan grundsätzlich nach der des Datenschutzbeauftragten gemäß § 4f BDSG. Das bedeutet neben der prinzipiell selben Aufgabenstellung, auf die im nächsten Ka-

---

[800] *Schaffland/Wiltfang* 2007, § 4f, Rn. 29.

[801] S. Kap. 3.2.1.2.

[802] Vgl. dazu *Bergmann/Möhrle/Herb* 2008, § 4f, Rn. 165; außerdem *Breinlinger* 2006, S. 102f.; *Schlemann* 1996, S. 230f.

[803] Vgl. *Nitsche*, DuD 2001, S. 164; ebenfalls in diese Richtung tendierend *Breinlinger* 2006, S. 103; *Koch* 2006, S. 34; *Königshofen* 1997, S. 106 empfiehlt für Großkonzerne sogar hauptamtliche Datenschutzberater (also Mitarbeiter des Konzerndatenschutzbeauftragten); s. dazu auch Kap. 4.3.3 und 4.3.4.

pitel eingegangen wird, dass das Amt des Konzerndatenschutzbeauftragten durch dieselben rechtlichen Maßnahmen abgesichert wird wie das des Datenschutzbeauftragten. Auf die rechtliche Bedeutung der einzelnen Maßnahmen kann insofern verwiesen werden.[804] Rein faktisch jedoch wirken sich die wechselseitigen Beziehungen des Konzerngeflechts sowohl zwischen dem herrschenden und den beherrschten Unternehmen als auch zwischen den Einzelgesellschaften auf die Stellung des Konzerndatenschutzbeauftragten als Kontrollorgan aus und können die europarechtlich vorgegebene völlige Unabhängigkeit des Datenschutzbeauftragten beeinflussen. Nachfolgend werden daher die einzelnen Maßnahmen des Bundesdatenschutzgesetzes zur Absicherung der Unabhängigkeit des Datenschutzbeauftragten auf die Folgen bei einer Anwendung auf den Konzerndatenschutzbeauftragten hin untersucht, um mögliche Beeinflussungen aufzeigen zu können.

4.3.2.2.1 Unmittelbare Unterstellung des Konzerndatenschutzbeauftragten

Die unmittelbare Unterstellung des Konzerndatenschutzbeauftragten in den Untergesellschaften des Konzerns stellt kein besonderes Problem dar, weil der Konzerndatenschutzbeauftragte hier als externer Datenschutzbeauftragter tätig wird und somit weder in einem in die Unternehmenshierarchie eingeordneten Anstellungsverhältnis steht, wodurch er nicht dem Direktionsrecht der verantwortlichen Stelle als Arbeitgeber unterliegt, noch die datenschutzrelevanten Entscheidungen allein getroffen würden. Wo die Stelle des Konzerndatenschutzbeauftragten in den Untergesellschaften angesiedelt ist, spielt daher nur insofern eine Rolle, als ein direkter Kommunikationsweg zum leitenden Management bestehen sollte, um auf diesem Weg die Durchsetzung einer einheitlichen konzernweiten Datenschutzstrategie möglichst effektiv zu verfolgen.

Von größerer Bedeutung ist die unmittelbare Unterstellung in der Konzernobergesellschaft. Es macht wenig Sinn, einen Konzerndatenschutzbeauftragten zu bestellen, wenn dieser keinen direkten Zugang zur Konzernleitung hat und abseits der wesentlichen Entscheidungen betreffend den Datenschutz angesiedelt wird. Seine Koordinierungs- und effektivitätssteigernde Funktion machen es notwendig, dass der Datenschutzbeauftragte für den Konzernbereich nicht nur an der Konzernspitze angesiedelt wird,[805] sondern dort auch eine exponierte Stellung erhält, die ihm einerseits eine effektive Aufgabenerfüllung ermöglicht und anderseits die Bedeutung des Datenschutzes innerhalb des gesamten Konzernbereichs unterstreicht. Da schon für den Datenschutzbeauftragten die Einrichtung einer eigenen direkt dem Vorstand untergeordneten Stabsstelle als die dem Gesetz am ehesten gerecht werdende Lösung beschrieben wird,[806] ist diese Maßnahme für den Konzerndatenschutzbeauftragten unabhängig von weiteren, über das Gesetz hinausgehenden Befugnissen, etwa für den Bereich der datenschutzrechtlichen Koordinierung, Steuerung oder einer Richtlinienfunktion, empfehlenswert.

---

[804] S. dazu Kap. 3.2.2.
[805] S. dazu Kap. 2.8.
[806] *Schaffland/Wiltfang* 2007, § 4f, Rn. 29; *Gola*, RDV 2001, S. 265 m.w.N.; *Schlemann* 1996, S. 150.

Darüber hinaus kann eine Anstellung als leitender Angestellter ratsam sein,[807] was unter anderem zur Folge hat, dass dem Betriebsrat ein Mitbestimmungsrecht bei der Einstellung des Konzerndatenschutzbeauftragten versagt bliebe. Eine direkte Unterstellung des Konzerndatenschutzbeauftragten unter das Leistungsorgan des Konzerns hat somit keine vorgegebenen gesetzlichen Gründe, sondern ihren Grundgedanken vielmehr in der praktischen Überlegung, dass die für eine einheitliche Datenschutzpolitik innerhalb eines Konzerns verantwortliche Person eine ihrer Aufgabe entsprechende Position erhält, die außerdem mit anderen konzernweit agierenden Stellen wie etwa den verschiedenen Konzernbeauftragten des Umweltrechts oder einem häufig anzutreffenden Konzernbeauftragten für den IT-Bereich vergleichbar ist.

4.3.2.2.2 Weisungsfreiheit des Konzerndatenschutzbeauftragten

Die Beurteilung der Weisungsfreiheit des Konzerndatenschutzbeauftragten richtet sich nach § 4f Abs. 3 Satz 2 BDSG. Es kann daher auf die Ausführungen zum Datenschutzbeauftragten verwiesen werden, soweit es um Weisungen der jeweiligen Geschäftsleitung einer Konzerngesellschaft geht. Davon nicht erfasst wird jedoch der Fall, dass die Konzernobergesellschaft dem Konzerndatenschutzbeauftragten Weisungen in Bezug auf datenschutzrechtliche Maßnahmen, welche die Untergesellschaften betreffen, erteilt. Eine solche Fallgestaltung erscheint etwas konstruiert, ist aber aufgrund der Tatsache, dass die Obergesellschaft Arbeitgeber des Konzerndatenschutzbeauftragten ist und damit in direkter Verbindung zu ihm steht, auch nicht gänzlich abwegig. So erscheint es durchaus möglich, dass sich die Unternehmensleitung der Konzernobergesellschaft beispielsweise gegen persönliche Mitarbeiterschulungen oder gegen häufigere persönliche Kontrollmaßnahmen in den beherrschten Unternehmen durch den Konzerndatenschutzbeauftragten ausspricht. Hier handelt dem Gesetz nach nicht die Leitung der verantwortlichen Stelle, sondern eine Dritte, vom Gesetz nicht erwähnte Instanz. Es stellt sich die Frage, ob diese Situation akzeptiert und Beeinträchtigungen solcher Art in Kauf genommen werden müssen oder ob es die Möglichkeit einer Ausweitung der gesetzlich verankerten Weisungsfreiheit gibt.

§ 4f Abs. 3 Satz 2 BDSG spricht lediglich davon, dass der Datenschutzbeauftragte weisungsfrei sei, eine Beschränkung des Adressatenkreises erfolgt nicht. In der Literatur wird die Regelung jedoch vielfach auf die Geschäftsleitung der verantwortlichen Stelle als Adressat reduziert.[808] Diese Reduzierung führt in der Folge dazu, dass die faktische Dreiecksbeziehung im Konzern zwischen Konzerndatenschutzbeauftragtem, Konzernobergesellschaft als Arbeitgeber und Konzernuntergesellschaft als verantwortlicher Stelle nicht sauber unter die Weisungsfreiheit gemäß § 4f Abs. 3 Satz 2 BDSG subsumiert werden kann. Auch andere Bestellungsverhältnisse, wie etwa das des angestellten Unternehmensberaters, der die Position des Datenschutzbeauftragten in einem fremden Unternehmen übernimmt und grundsätzlich den Wei-

---

[807] Vgl. Roßnagel – *Königshofen* 2003, Kap. 5.5, Rn. 100.
[808] Vgl. *Gola/Schomerus* 2007, § 4f, Rn. 48; *Schaffland/Wiltfang* 2007, § 4f, Rn. 27; anders Simitis – *Simitis* 2006, § 4f, Rn. 121.

sungen seines Arbeitgebers unterliegt, können diese Konfliktsituation aufweisen. In beiden Konstellationen tritt die Besonderheit auf, dass neben der verantwortlichen Stelle, die den anderweitig angestellten Datenschutzbeauftragten bestellt hat, nicht selbst Arbeitgeber ist, aber mit diesem in wirtschaftlicher Verbindung steht. Daher sollte man sich bei der Festlegung eines Adressatenkreises in § 4f Abs. 3 Satz 2 BDSG nicht auf die verantwortliche Stelle beschränken, sondern den Arbeitgeber als Adressat ebenfalls mit einbeziehen.[809]

4.3.2.2.3 Benachteiligungsverbot des Konzerndatenschutzbeauftragten

Als mehrfach bestellter Datenschutzbeauftragter unterliegt der Konzerndatenschutzbeauftragte gleichermaßen dem Schutz des § 4f Abs. 3 Satz 3 BDSG.[810] Das Benachteiligungsverbot gilt jeweils für die gesamte verantwortliche Stelle, sodass in der Summe ein konzernweites Benachteiligungsverbot ohne Lücken besteht. An dieser Stelle hat der Verbund der Unternehmen keine besonderen Auswirkungen auf die Rechte des Konzerndatenschutzbeauftragten.

Da der Konzerndatenschutzbeauftragte aufgrund der Mehrfachbestellung im gesamten Konzernbereich der einzige Beauftragte mit den Rechten und Pflichten im Sinne des § 4f BDSG ist, muss an dieser Stelle ausdrücklich auf die Ausstrahlungswirkung des Benachteiligungsverbots auf seine Mitarbeiter hingewiesen werden.[811] Sowohl sein Mitarbeiterstab in der Konzernobergesellschaft als auch die Datenschutzverantwortlichen mit etwaigem weiterem Hilfspersonal in den Konzernuntergesellschaften sind von der Schutzwirkung des Benachteiligungsverbots erfasst. Der Konzerndatenschutzbeauftragte ist auf seine Mitarbeiter angewiesen und kann seine Aufgaben nur dann konzernweit erfüllen, wenn auch das Hilfspersonal angemessen behandelt wird. Findet hier eine Benachteiligung statt, so ist auch die Arbeit des Konzerndatenschutzbeauftragten gefährdet. Insbesondere die Mitarbeiter des Konzerndatenschutzbeauftragten in den einzelnen Untergesellschaften müssen sich auf dieses Recht verlassen können, da sie einen großen Teil der operativen Aufgaben aus dem Bundesdatenschutzgesetz eigenverantwortlich übernehmen, ohne dass der Konzerndatenschutzbeauftragte als „schützende Hand" vor Ort sein könnte. Trotz der selbständigen Erfüllung des Aufgabenkatalogs nach dem Bundesdatenschutzgesetz durch die lokalen Datenschutzverantwortlichen und des dazugehörigen Hilfspersonals überträgt ihnen das Bundesdatenschutzgesetz keine eigenen Rechte, weil sie eben nicht den Status des Datenschutzbeauftragten besitzen.[812]

Potenzielle Benachteiligungssituationen ergeben sich daher weniger für die Person des Konzerndatenschutzbeauftragten selbst, sondern vielmehr für sein Hilfspersonal, insbesondere in den Peripherien des Konzerns. Die Gefahr geht dabei oftmals von Unstimmigkeiten zwischen herrschendem und beherrschtem Unternehmen aus, die dann möglicherweise zu Lasten ein-

---

[809] So *Bergmann/Möhrle/Herb* 2008, § 4f, Rn. 126; *Schlemann* 1996, S. 151; im Ergebnis so auch *Schaffland/Wiltfang* 2007, § 4f, Rn. 48; *Gola/Wronka* 2004, Rn. 798.

[810] S. Kap. 3.2.2.3.

[811] Vgl. *Schaffland/Wiltfang* 2007, § 4f, Rn. 27f.; Simitis – *Simitis* 2006, § 4f, Rn. 136.

[812] S. Kap. 4.1.3.1.3.

zelner Abteilungen oder gar Personen ausgetragen werden.[813] Als Teil einer zentralen Konzerndatenschutzorganisation können die dezentralen Datenschutzverantwortlichen und das
Hilfspersonal dabei zur Zielscheibe werden. Um eine solche Situation zu vermeiden, sollte
sich die Konzernleitung jedoch nicht nur auf die Schutzfunktion des Benachteiligungsverbots
verlassen, sondern zudem die Position des Konzerndatenschutzbeauftragten derart ausgestall-
ten, dass er in der Lage ist, in solchen Situationen konzernweit selbständig und effektiv eingreifen zu können.

4.3.2.2.4 Kündigungsschutz des Konzerndatenschutzbeauftragten

Das Widerrufsrecht der verantwortlichen Stelle gegenüber dem Konzerndatenschutzbeauftragten richtet sich wie beim Datenschutzbeauftragten nach § 4f Abs. 3 Satz 4 BDSG und
wird aufgrund der Empfehlung eines internen hauptamtlichen Konzerndatenschutzbeauftragten allein in dieser Variante behandelt.[814] Es bezieht sich stets nur auf ein konkretes Bestellungsverhältnis zwischen Konzerndatenschutzbeauftragtem und juristisch selbständiger Konzerngesellschaft als verantwortlicher Stelle, das heißt berechtigte Gründe können immer nur
in einem konkreten Bestellungsverhältnis zu einem Widerruf durch die jeweilige verantwortliche Stelle, nicht aber durch den Konzern als solchen führen.

Folglich sind schwerwiegende Gründe, die nach § 4f Abs. 3 Satz 4 BDSG i.V.m. § 626 BGB
zu einem Widerruf der Bestellung des Konzerndatenschutzbeauftragten führen können, danach zu unterscheiden, in welchem Bereich des Konzerns sie auftreten und welches Ausmaß
sie dabei annehmen. Eine unproblematische rechtliche Beurteilung ergibt sich bei schweren
Verfehlungen innerhalb nur einer Gesellschaft, denn hier gelten dieselben Maßstäbe wie auch
beim Datenschutzbeauftragten, mit der Folge, dass ein möglicher Widerruf der Bestellung
auch nur auf diese Gesellschaft beschränkt bliebe.

Schwieriger gestaltet sich die Einordnung von Fehlverhalten, welches zum Widerruf berechtigen würde, mit Konzernbezug. Damit sind solche Fälle gemeint, in denen der Konzerndatenschutzbeauftragte in mehr als nur einer verantwortlichen Stelle des Konzerns seine Pflichten grob verletzt hat. Lassen sich die Versäumnisse konzernweit in etwa selbem Maße und in
allen Gesellschaften feststellen, so ist ein Widerruf durch alle verantwortlichen Stellen, gegebenenfalls aufgrund der Leitungsmacht der Konzernobergesellschaft, denkbar und eine vollständige Trennung von diesem Konzerndatenschutzbeauftragten möglich. Allerdings erscheinen derartig grobe Verfehlungen, wenn auch nicht unmöglich, so doch nur schwer vorstellbar.

Eher sind Fälle denkbar, in denen der Konzerndatenschutzbeauftragte lediglich in einigen
Gesellschaften oder in einem Bereich des Konzerns seinen gesetzlichen Verpflichtungen nicht
nachkommt. Dabei kann der Fall auftreten, dass der Konzerndatenschutzbeauftragte systematisch die Umsetzung einer Konzerndatenschutzstrategie in Teilen des Konzerns verweigert

---

[813]   Grundlegend zur rechtlichen Problematik vgl. bereits die Fn. 654 sowie 653.
[814]   S. Kap. 4.3.2.1.2.

und diese Haltung auch nicht mehr von seiner grundsätzlichen Weisungsfreiheit gedeckt ist. Sinnbildlich würde hier eine Verfehlung „Top-Down" entstehen. Als zweiter Fall ist eine Situation möglich, in der zwar grundsätzlich Einigkeit zwischen Konzernleitung und Konzerndatenschutzbeauftragtem besteht, es aber in einigen Gesellschaften zu derartig schweren Pflichtverletzungen kommt, dass entweder das lokale Management oder auch die Aufsichtsbehörde für eine Absetzung plädieren. Dieser Ansatz würde wiederum sinnbildlich „Bottom-Up" erfolgen. Beiden Fällen gemeinsam ist der Verlust des Vertrauensverhältnisses zwischen Konzernleitung und Konzerndatenschutzbeauftragten mit der Konsequenz, dass gleichwohl ein konzernweiter Widerruf nur in beiderseitigem Einverständnis möglich ist.

Hier drängt sich die Frage auf, ob es für eine Konzernleitung dennoch Möglichkeiten gibt, eine vollständige Trennung von einem nicht mehr tragbaren Konzerndatenschutzbeauftragten zu erreichen. Möglich wäre beispielsweise die Aufnahme einer „Konzernklausel" in die schriftliche Bestellung. Diese hätte zur Folge, dass ein Widerruf nicht nur dann möglich ist, wenn schwerwiegende Gründe in der verantwortlichen Stelle selbst vorliegen, sondern auch dann, wenn in einer beliebigen anderen verantwortlichen Stelle des Konzerns ein Widerruf möglich wäre. Eine solche Klausel hätte den Vorteil, dass jeweils ein sauberer Schnitt von einem zum nächsten Konzerndatenschutzbeauftragten vollzogen werden könnte. Hiergegen spricht allerdings, dass die Verknüpfung der Bestellung mit einer auflösenden Bedingung dem Bundesdatenschutzgesetz widerspricht und daher nicht praktikabel ist.[815] Weiterhin könnte die Konzernspitze kraft ihrer Leistungsmacht den Widerruf auch in den Untergesellschaften erzwingen und käme auf diese Weise ebenfalls zu einer kompletten Trennung von dem Konzerndatenschutzbeauftragten. Allerdings wäre in all den Gesellschaften, in denen schwerwiegende Gründe nicht vorlägen, die Beendigung der Bestellung gemäß § 4f Abs. 3 Satz 4 BDSG i.V.m. § 626 BGB unwirksam.

Im Zusammenhang mit dem Widerruf der Bestellung kann zusammenfassend gesagt werden, dass es bei einzelnen schwerwiegenden Verfehlungen des Konzerndatenschutzbeauftragten ohne seine Mithilfe beinahe unmöglich ist, eine vollständige Beendigung aller Bestellungen zu erreichen und somit den Weg für einen neuen Konzerndatenschutzbeauftragten frei zu machen. Beim Konzerndatenschutzbeauftragten sollte daher unter Bezugnahme auf diese Problematik unbedingt auf eine Befristung des Bestellungsverhältnisses geachtet werden.

4.3.2.2.5 Unterstützungspflicht aller verantwortlichen Stellen

Auch der Konzerndatenschutzbeauftragte kann nur dann seiner Aufgabenerfüllung in vollem Umfang nachkommen, wenn er sich der Unterstützung im Sinne des § 4f Abs. 5 Satz 1 BDSG durch die Konzernleitung *und* des lokalen Managements der weiteren Konzerngesellschaften gewiss sein kann. Wie bereits geschildert, muss die verantwortliche Stelle ihre Unterstützung insbesondere durch ein ausreichendes Zeitkontingent und die Einsichtnahme in organisatori-

---

[815]   Vgl. Simitis – *Simitis* 2006, § 4f, Rn. 64.

sche Abläufe des Unternehmens erbringen.[816] In einem Konzern ist vor allem die Sicherstellung der Umsetzung dieser Maßnahmen in allen Konzernbereichen von großer Bedeutung, denn es genügt keinesfalls, dass die Konzernleitung grundsätzlich von der Idee eines konzernweit einheitlichen Datenschutzkonzepts, vertreten durch einen Konzerndatenschutzbeauftragten überzeugt ist. Vielmehr muss diese Überzeugung einerseits durch die Unterstützung in der Obergesellschaft selbst zum Ausdruck kommen und andererseits vor allem in den Untergesellschaften hinreichend kommuniziert werden, um auch dort eine möglichst optimale Unterstützung für den Konzerndatenschutzbeauftragten zu erreichen.

Aufgrund seiner Koordinierungsfunktion nimmt der Konzerndatenschutzbeauftragte einen Großteil seiner Aufgaben bei der Obergesellschaft des Konzerns wahr. Hier werden das Konzept der einheitlichen Datenschutzorganisation ausgearbeitet und betreut sowie notwendige Maßnahmen zur Aufrechterhaltung und Weiterentwicklung eingeleitet.[817] Daher ist an dieser Stelle auch eine optimale Unterstützung durch die verantwortliche Stelle, in diesem Fall die Konzernleitung, notwendig. Das bereits angesprochene Zeitkontingent sollte nach hier vertretener Auffassung derart ausgestaltet sein, dass der Konzerndatenschutzbeauftragte keinen anderen Tätigkeiten nachgehen muss und er sich somit in Vollzeit, sprich hauptamtlich, seinen Aufgaben widmen kann, wodurch mehrere Vorteile erreicht werden: Es treten keine Interessenkonflikte mit Nebentätigkeiten auf, es kann zu keiner Beanstandung durch die Aufsichtsbehörde kommen und hinzu kommt noch der rein praktische Effekt, dass dem Konzerndatenschutzbeauftragten ausreichende Arbeitszeit eingeräumt wird.[818] Außerdem hat die Vollzeitanstellung symbolischen Charakter und zeigt sowohl dem Konzerndatenschutzbeauftragten selbst als auch der Belegschaft, dass es sich um eine bedeutende, von der Konzernleitung ernst genommene Position handelt.

Ebenso wichtig wie die zeitliche ist die personelle und materielle Ausstattung des Konzerndatenschutzbeauftragten in der Obergesellschaft. Grundsätzlich liegt die Entscheidung über das Ausmaß der Unterstützung allein in der Hand der verantwortlichen Stelle und ist dem Einzelfall nach zu entscheiden. Da die Bestellung eines Konzerndatenschutzbeauftragten regelmäßig den Zweck der Vereinheitlichung des Konzerndatenschutzes verfolgt, sollte die Konzernleitung stets eine angemessene Ausstattung im Auge behalten. In sehr großen Konzernen dürfte es beispielsweise notwendig sein, dem Konzerndatenschutzbeauftragten einen eigenen Stab von Mitarbeitern zur Umsetzung der anfallenden Aufgaben zuzuweisen.[819] Ob diese Mitarbeiter haupt- oder nebenamtlich tätig werden, hängt von Art und Umfang ihrer Aufgabe ab. Jedenfalls muss auch der Konzerndatenschutzbeauftragte darüber hinaus auf geeignetes Fachpersonal zur Beratung zurückgreifen können, wenn dies notwendig werden sollte.[820] Außer-

---

[816]   Zum Umfang der Unterstützungspflicht s. Kap. 3.2.2.5.
[817]   Vgl. Roßnagel – *Büllesbach* 2003, Kap. 7.1, Rn. 72f.
[818]   Vgl. Simitis – *Simitis* 2006, § 4f, Rn. 148.
[819]   Roßnagel – *Büllesbach* 2003, Kap. 7.1, Rn. 71 ff.; *Gola*, RDV 2001, S. 264; vgl. außerdem noch *Bergmann/Möhrle/Herb* 2008, § 4f, Rn. 165.
[820]   Vgl. *Bergmann/Möhrle/Herb* 2008, § 4f, Rn. 175.

dem sollte ihm die Konzernleitung als verantwortliche Stelle insbesondere Einblick in die Organisationsstruktur der Konzerndatenverarbeitung ermöglichen, damit eine effektive Datenschutzpolitik betrieben werden kann.

Bei der an die Konzernuntergesellschaften gerichteten Unterstützungspflicht gemäß § 4f Abs. 5 Satz 1 BDSG ist zu bedenken, dass diese aufgrund der einheitlichen Leitung innerhalb des Konzerns nicht alle Entscheidungen selbständig treffen können und daher auch im Bereich des Datenschutzbeauftragten eventuellen Weisungen durch die Obergesellschaft unterliegen. Dies nimmt einerseits die Obergesellschaft in eine besondere Pflicht, bedeutet aber andererseits, dass die Leitungen der Untergesellschaften jedenfalls auch Entscheidungen treffen können. Sollte der Konzerndatenschutzbeauftragte in den Untergesellschaften nebenamtlich tätig sein,[821] so ist in besonderem Maße darauf zu achten, dass genügend Zeit für die Aufgabenerfüllung als Datenschutzbeauftragter verbleibt. Außerdem ist darauf zu achten, dass der Konzerndatenschutzbeauftragte als „externer" Datenschutzbeauftragter nicht als Störfaktor angesehen und gegen ihn gearbeitet wird. Hier ist vor allem die lokale Unternehmensleitung unabhängig des Grades ihrer Entscheidungsbefugnisse gefordert, eventuell auch im Zusammenspiel mit der Konzernleitung, ein für den Konzerndatenschutzbeauftragten positives Klima zu schaffen. Dazu gehört auch die Einsichtnahme in die Organisationsstruktur des Unternehmens. Dabei wird dem hier favorisierten internen Konzerndatenschutzbeauftragten, also einer innerhalb des Konzerns angestellten Person, zugute kommen, dass ihm als internem Angestellten in der Regel ein höheres Maß an Vertrauen entgegengebracht wird als das bei einem externen Konzerndatenschutzbeauftragten der Fall wäre.[822]

Besonderer Unterstützung bedarf darüber hinaus das lokale Hilfspersonal, insbesondere der Datenschutzverantwortliche, denn diese Personen erfüllen einen Großteil der operativen Aufgaben im Bereich des Datenschutzes in den einzelnen Unternehmen. Es erscheint auf den ersten Blick paradox, wenn dem Hilfspersonal als „Unterstützungsmaßnahme" selbst Unterstützung zugesprochen werden soll. Bei näherer Betrachtung wird jedoch schnell erkennbar, dass die Mitarbeiter des Konzerndatenschutzbeauftragten in den Peripherien Aufgaben erfüllen, die dem Gesetz nach dem jeweiligen Datenschutzbeauftragten zugeschrieben werden. Daher gilt die Unterstützungspflicht sowohl für die Konzernspitze als auch für die nachgeordneten Gesellschaften auch gegenüber dem Hilfspersonal in dem Maße, in welchem es Aufgaben des Konzerndatenschutzbeauftragten eigenverantwortlich umsetzt, da ansonsten mittelbar auch die Aufgabenerfüllung durch den Beauftragten selbst beeinträchtigt würde.

Insgesamt kann man der Konzernleitung durch die Bestellung eines Konzerndatenschutzbeauftragten aufgrund der Komplexität der damit verbundenen organisatorisch notwendigen Maßnahmen in aller Regel ein überdurchschnittliches Interesse an datenschutzrechtlicher Thematik unterstellen und davon ausgehen, dass der Beauftragte für den Konzernbereich ausreichende Unterstützung erhält. Es ist jedoch darauf zu achten, dass sich diese Unterstützung

---

[821] S. Kap. 4.3.2.1.2.
[822] S. Kap. 4.3.2.1.1.

nicht auf die Person des Konzerndatenschutzbeauftragten und die Konzernobergesellschaft beschränkt, sondern dass auch seine Mitarbeiter in den Konzernuntergesellschaften mit einbezogen werden.

4.3.2.2.6 Verschwiegenheitspflicht des Konzerndatenschutzbeauftragten

Auch der Konzerndatenschutzbeauftragte unterliegt der Verschwiegenheitspflicht nach § 4f Abs. 4 BDSG. Bezüglich der Daten über die Identität des jeweiligen Betroffenen ergeben sich aufgrund der Konzernierung insofern keine Unterschiede zum Datenschutzbeauftragten.[823]

Im Rahmen der allgemeinen, nicht gesetzlich normierten Verschwiegenheitspflicht ergeben sich für den Konzerndatenschutzbeauftragten insoweit Unterschiede, als sich ihm durch den Verbund der unterschiedlichen Konzerngesellschaften, für die er als externer Datenschutzbeauftragter tätig wird, ein weitaus größeres und komplexeres Betätigungsfeld erschließt. Der Konzerndatenschutzbeauftragte erhält konzernweit Zugang zu beinahe allen personenbezogenen Daten sowie Datenverarbeitungswegen. Er hat damit ein Wissen über Betriebsinterna, das neben der Konzernleitung nur wenige weitere Personen im gesamten Unternehmensverbund besitzen.

Dieser überdurchschnittliche Informationsstand hat zwar keine direkten rechtlichen Auswirkungen auf eine etwaige Verschwiegenheitspflicht. Er verlangt aber vom Konzerndatenschutzbeauftragten eine besonders hohe Aufmerksamkeit und Vorsicht bei einer gesellschaftsübergreifenden Verwendung von Informationen. Dies gilt umso mehr, wenn es sich dabei konkret um Daten von Betroffenen handelt, denn nach wie vor ist der Konzerndatenschutzbeauftragte nach der aktuellen Gesetzeslage lediglich mehrfach bestellter Datenschutzbeauftragter, der einzig der jeweiligen verantwortlichen Stelle zugeordnet ist.

4.3.3 Aufgaben

Dem Konzerndatenschutzbeauftragten obliegen grundsätzlich dieselben Aufgaben wie auch dem Datenschutzbeauftragten, da er aus rechtlicher Sicht lediglich als ein durch jeweils selbständige verantwortliche Stellen mehrfach bestellter Beauftragter zu bewerten ist. Er muss somit nach § 4g BDSG auf die Einhaltung datenschutzrechtlicher Bestimmungen hinwirken, die Datenverarbeitung kontrollieren, Mitarbeiterschulungen durchführen und das durch die verantwortliche Stelle bereitgestellte Verfahrensverzeichnis bereithalten sowie die Vorabkontrolle gemäß § 4d Abs. 5 BDSG durchführen.[824] Dazu muss er betriebsinterne Verfahren, Anweisungen und Richtlinien erarbeiten und deren Einhaltung kontrollieren.[825]

Um diese gesetzlichen Vorgaben einhalten zu können, ergeben sich rein faktisch durch den Unternehmensverbund jedoch erhebliche Unterschiede in den zu erfüllenden Aufgaben für

---

[823]   S. dazu Kap. 3.2.2.6.
[824]   S. Kap. 3.3.
[825]   *Gola/Jaspers* 2006, S. 55; vgl. auch *Voßbein* 2006b, S. 22.

den Konzernbeauftragten.[826] Weil insbesondere der konzerninterne Datenfluss stark durch die Interessen der Obergesellschaft geprägt wird, konzentriert sich die in der Hinwirkungsaufgabe enthaltene Beratung der Unternehmensführung vor allem auf die Konzernspitze, da dort vermehrt die datenschutzrechtlich relevanten Entscheidungen getroffen werden.[827] Die operativen Aufgaben, die insbesondere auf die Beschäftigten des Unternehmens abzielen, muss der Konzerndatenschutzbeauftragte systematisieren und gegebenenfalls durch eigene Mitarbeiter ausführen lassen.

Der Konzerndatenschutzbeauftragte entwickelt in Absprache mit der obersten Geschäftsleitung zunächst eine einheitliche Datenschutzphilosophie,[828] die als Kontrollmaßstab für alle Konzerngesellschaften mit ihren jeweiligen Besonderheiten gelten kann. Darüber hinaus muss er regelmäßig einen Stab von Mitarbeitern sowohl bei der Ober- als auch bei den Untergesellschaften als Vorgesetzter leiten. Selbst wenn er dabei kein weiteres Hilfspersonal zur Seite hätte, so muss er immer noch die Datenschutzverantwortlichen in den Untergesellschaften betreuen und anweisen. Das so entstehende Aufgabenprofil entspricht in hohem Maße dem eines Managers. Daraus erwachsen für den Konzerndatenschutzbeauftragten grob gegliedert drei Aufgabenbereiche:

Von zentraler Bedeutung bleibt auch für die Tätigkeit des Konzerndatenschutzbeauftragten die sich aus der in § 4g Abs. 1 Satz 1 BDSG normierten Hinwirkungsaufgabe ergebende *Beratungsaufgabe*, die sich neben der Konzernleitung auch auf die Geschäftsleitungen der Einzelgesellschaften erstreckt und insbesondere durch die Person des Konzerndatenschutzbeauftragten selbst erfüllt wird.

Die Verantwortlichkeit für die Datenschutzphilosophie des Konzerns sowie die Zusammenführung der unterschiedlichen datenschutzrechtlichen Interessen der Einzelgesellschaften unter diese Strategie und die Einbindung aller Mitarbeiter konkretisieren die bereits umschriebene Koordinierungsfunktion[829] des Konzerndatenschutzbeauftragten zu einer *Koordinierungsaufgabe*. Diese führt dazu, dass die sich aus dem Bundesdatenschutzgesetz ergebenden operativen Tätigkeiten eher durch die jeweiligen Mitarbeiter des Konzernbeauftragten erfüllt werden.[830]

Der Konzerndatenschutzbeauftragte nimmt seine Kontrollfunktion nach § 4g Abs. 1 Satz 3 Nr. 1 BDSG größtenteils nur noch mittelbar wahr, indem er seinen Mitarbeiterstab regelmäßigen Kontrollen unterzieht. Daneben muss er die Durchführung und Einhaltung der Datenschutzstrategie überwachen. Diese Tätigkeitsschwerpunkte zusammengenommen führen zur dritten, zur *Kontrollaufgabe* des Konzerndatenschutzbeauftragten.

---

[826] *Königshofen* 1997, S. 119.
[827] Simitis – *Simitis* 2006, § 4f, Rn. 36.
[828] Ausführlich dazu Kap. 4.3.3.2.1.
[829] S. dazu Kap. 2.8.
[830] *Ulmer* 2003, S. 131.

4.3.3.1 Beratung

In der Beratungsaufgabe kommt die Kommunikationsfunktion, die das gesamte Betriebsbeauftragtensystem prägt, besonders stark zum Ausdruck. Aufgrund dieser Prägung ist und bleibt die Beratung für den Konzerndatenschutzbeauftragen – wie für den Datenschutzbeauftragten auch – die wichtigste Aufgabe seiner Tätigkeit. Sie bezieht sich dabei sowohl die *Zielgruppe* als auch den *Umfang* betreffend auf den gesamten Konzern.

4.3.3.1.1 Zielgruppe

Die Einführung eines Konzerndatenschutzbeauftragten bedeutet für einen Verbund mehrerer Unternehmen die Errichtung eines gleichermaßen für alle Gesellschaften zuständigen Kompetenzzentrums – unabhängig davon, ob diesem weitere Mitarbeiter zugeordnet werden – mit ganz unterschiedlichen Folgen.[831] Unter anderem ergibt sich daraus für die Beratung durch den Konzerndatenschutzbeauftragten ein sehr heterogener Adressatenkreis, der sowohl verschiedene Ebenen als auch Interessengruppen umfassen kann.

Zuvorderst berät der Konzerndatenschutzbeauftragte die Konzernleitung und weitere Entscheidungsträger auf Konzernebene in datenschutzrechtlichen Fragen. Daneben müssen aber auch die Geschäftsleitungen der Untergesellschaften auf ihn zurückgreifen können. Schließlich darf auch die Beratung der mit der Verarbeitung personenbezogener Daten betrauten Mitarbeiter nicht vernachlässigt werden. Diese Aufgabe wird aber am ehesten auf Mitarbeiter des Konzerndatenschutzbeauftragten oder Datenschutzkoordinatoren übertragen werden müssen, um eine Überlastung des Konzernbeauftragten zu vermeiden.

Die Beratung kann sowohl unternehmensintern als auch -externen Bezug aufweisen. In erster Linie wird sie sich aber auf Konzernmitarbeiter beschränken, wobei dieser Kreis regelmäßig bereits eine Zahl von mehreren tausend Personen erreichen wird. Als konzernweiter Ansprechpartner steht der Konzerndatenschutzbeauftragte aber auch für außerhalb des Unternehmens stehende Personen zur Verfügung. Kunden, Lieferanten oder auch die Aufsichtsbehörden, werden sich vor allem an den an der Spitze eines besonders ausgewiesenen datenschutzrechtlichen Kompetenzzentrums auf Konzernebene wenden – und dies gilt auch für Datenschutzfragen, die nicht die Konzernebene betreffen. Notwendig ist daher auch für diesen Fall eine Art Geschäftsverteilungsplan, der eine Delegation der Bearbeitung bestimmter Anliegen zulässt, sodass der Konzerndatenschutzbeauftragte vor allem die strategische Beratung durchführen kann.

4.3.3.1.2 Umfang

Grundsätzlich umfasst die Beratungsaufgabe sämtliche Aspekte des konzernweiten Datenschutzes einschließlich einzelgesellschaftlicher Fragestellungen. Der Konzerndatenschutzbe-

---

[831] S. Kap. 2.8.

auftragte nimmt diese Aufgabe dabei sowohl „aktiv" als Berater als auch „passiv" als kon-
zernweiter Ansprechpartner wahr. Im Rahmen des gerade dargestellten Adressatenkreises der
Beratungen durch den Konzerndatenschutzbeauftragten ist bereits der Schwerpunkt dieser
Tätigkeiten angesprochen worden: die planerische und strategische Unterstützung der Konzernleitung in allen datenschutzrechtlichen Fragestellungen.[832] Hier kommt die eigentliche
Funktion der Effektivitätssteigerung voll zum Tragen: Der Konzernspitze wird zur beratenden
Unterstützung ein Datenschutzexperte zur Seite gestellt, der vor allem im Vorfeld großer kon-
zernweiter Datenverarbeitungsprojekte Maßnahmen zum Schutze personenbezogener Daten
anregen und gegebenenfalls auch selbst durchführen kann, um auf diese Weise datenschutzrechtliche Konfliktsituationen von Anfang an zu minimieren. Hierbei wird der Konzerndatenschutzbeauftragte vor allem auf die durch den Verbund entstehende Eigendynamik seines
Konzerns eingehen. Fast immer beeinflusst die einheitliche Leitung eines Konzerns auch die
Datenflüsse zwischen den einzelnen Unternehmen.[833] Darüber hinaus entwickelt der Konzern,
je nach Branche und Führungsstil, Besonderheiten, die unter Umständen datenschutzrechtliche Relevanz erhalten können. Dies gilt gleichzeitig auch für das „Alltagsgeschäft", auf welches der Konzerndatenschutzbeauftragte beratend einwirkt und Lösungen aktueller Problem-
lagen vor allem auf Konzernebene anregt. Ebenso muss er aber auch für die Umsetzung in
den Untergesellschaften Sorge tragen und dementsprechend auch dort beratend und vor allen
Dingen vermittelnd tätig werden, denn oftmals ist in den Peripherieunternehmen das Kon-
zerndenken nicht sonderlich stark ausgeprägt oder es bestehen sogar offene Zweifel oder gar
Ablehnung gegenüber Maßnahmen der Obergesellschaft. An dieser Stelle kommt die Kommunikationsfunktion der Beauftragten in Form der Beratung besonders zum Ausdruck.

4.3.3.2 Koordination

Um Datenschutz konzernweit, in multinationalen Konzernen auch weltweit, einheitlich zu
gestalten, bedarf es vieler Schritte durch den Konzerndatenschutzbeauftragten,[834] welche sich
zu drei Schwerpunkten zusammenfassen, aber nicht klar voneinander trennen lassen und ineinander greifen können. Am Anfang der Vereinheitlichung des Datenschutzes innerhalb des
Konzerns steht die Verantwortlichkeit für eine *Datenschutzphilosophie* mit grundlegenden
Zielvorgaben, die vor allem eine konzernweite Standardisierung beinhalten.[835] Dieser folgt
eine für alle Unternehmen einheitliche *Datenschutzstrategie* zur Erreichung der datenschutzrechtlichen Vorgaben.[836] Konkrete Einzelmaßnahmen zur Umsetzung der Strategie, sowohl
für den Konzern als auch die einzelnen Gesellschaften, legt schließlich eine *Datenschutzorganisation* fest.[837]

---

[832]   S. dazu Fn. 215.
[833]   Vgl. Simitis – *Simitis* 2006, § 4f, Rn. 36; beispielhaft *Greve* 2006, S. 98f.
[834]   Ausführlich *Büllesbach*, RDV 2000, S. 3.
[835]   Vgl. *Wächter* 2003, Rn. 1341.
[836]   Ausführlich dazu *Königshofen* 1997, S. 101 ff.
[837]   *Ulmer* 2006, S. 132.

Obwohl die drei vorgenannten Formulierungen in der Literatur oftmals synonym verwendet werden, ist eine differenzierte Darstellung angebracht. Von abstrakt formulierten Unternehmenszielen hin zu konkreten Maßnahmen zur Gewährleistung des konzernweiten Datenschutzes trägt jeder der drei Begriffe einen eigenen Anteil zu einem unternehmensweit einheitlichen Datenschutz bei.

4.3.3.2.1 Datenschutzphilosophie als Ausgangspunkt

Die Datenschutzphilosophie stellt in der Regel einen integrierten, aber eigenständigen Teil der konzernweiten Unternehmensphilosophie dar und dient dazu, abstrakte Ziele zur Erreichung eines einheitlichen Datenschutzniveaus vorzugeben,[838] um elementare Wettbewerbsfaktoren der Informationsgesellschaft wie Gewährleistung des Datenschutzes, Schutz der Privatsphäre sowie Datensicherheit konzernweit verbinden und organisieren zu können.[839] Dazu formuliert sie allgemeine Ziele, die gleichermaßen die Interessenlagen des Konzerns als wirtschaftliche Einheit sowie der Einzelgesellschaften berücksichtigt. Auf der einen Seite stehen die, auch und gerade von der Obergesellschaft, definierten Konzerninteressen bezüglich der Verwendung von im Konzern zirkulierenden personenbezogenen Daten,[840] auf der anderen insbesondere die gesetzlichen Vorgaben für die Einzelgesellschaften zum Schutz eben dieser Daten. In multinationalen Konzernen werden darüber hinaus regelmäßig Prinzipien zum Datentransfer ins Ausland, insbesondere in Staaten außerhalb der Europäischen Union ohne vergleichbares Datenschutzniveau, festgeschrieben. Konkrete datenschutzrechtliche Maßnahmen finden sich in der Datenschutzphilosophie eines Konzerns selten bis gar nicht, da sie lediglich Zielvorgaben für die Mitarbeiter macht und außenstehenden Dritten zur Information dienen soll.

Aufgrund des Anwendungsbereichs und möglicher Überschneidungen innerhalb des Konzern sollte die Datenschutzphilosophie vor allem durch den Konzerndatenschutzbeauftragten und seine Mitarbeiter in enger Zusammenarbeit mit der IT-Revision oder, falls vorhanden, mit dem IT-Sicherheitsbeauftragten des Konzerns entwickelt werden.[841] Notwendig ist außerdem die Zustimmung der Konzernleitung.[842] Der Konzerndatenschutzbeauftragte kann als Experte des Datenschutzrechts mit konzernweitem Einblick in die Datenverarbeitung am ehesten die Zielvorgaben erstellen. Die Verabschiedung durch die Konzernleitung fördert eine unternehmensweite Umsetzung und hat darüber hinaus Symbolcharakter.

Wie die Datenschutzphilosophie als oberstem Maßstab für den Umgang mit personenbezogenen Daten transparent gemacht und kommuniziert wird, bleibt jedem Unternehmen selbst überlassen. Regelmäßig wird diese Aufgabe der Konzerndatenschutzbeauftragte mit Unterstützung der Unternehmensleitung wahrnehmen. Eine Pflicht zur schriftlichen Fixierung der

---

[838] Roßnagel – *Büllesbach* 2003, Kap. 7.1, Rn. 65; vgl. auch *Wächter* 2003, Rn. 282; zum Aufbau konzerneigener Normen vgl. *Herberg*, ZfRSoz 2001, S. 26.
[839] *Büllesbach* 2000, S. 2.
[840] Simitis – *Simitis* 2006, § 4f, Rn. 36.
[841] Zu den Möglichkeiten einer Zusammenarbeit vgl. *Ziener* 2006, S. 53 ff.
[842] Vgl. dazu *Tampe* 2006, S. 199.

Datenschutzphilosophie besteht nicht, ist aber dringend zu empfehlen. Geschehen kann dies entweder als Teil innerhalb einer umfassenderen Erklärung des Unternehmens wie etwa einer Security Policy oder aber separat beispielsweise in einer eigenen Privacy Policy. Letztere Lösung bietet sich vor allem für die Unternehmen an, die verbindliche Unternehmensregelungen etwa in Form eines Privacy Code of Conduct[843] gemäß § 4c Abs. 2 Satz 1 BDSG errichten und durch die Aufsichtsbehörden genehmigen lassen wollen.[844]

4.3.3.2.2 Datenschutzstrategie als Konkretisierung der Datenschutzphilosophie

Eine Datenschutzphilosophie mit konzernweitem Geltungsbereich allein führt noch nicht zu einem tatsächlich einheitlichen hohen Datenschutzniveau. Sie ist lediglich die Formulierung abstrakter Wertvorstellungen den Datenschutz betreffend, welche in einzelnen Konzernbereichen durch die Mitarbeiter durchaus unterschiedlich ausgelegt werden können, mit der Folge, dass sich innerhalb eines Konzerns unterschiedliche Strategien zur Erreichung der abstrakten Vorgaben entwickeln würden.[845] Wird also das Ziel der Vereinheitlichung des Datenschutzes innerhalb des Konzerns verfolgt, was mit der Bestellung des Konzerndatenschutzbeauftragten regelmäßig einhergeht,[846] bedarf es einer Konkretisierung der Datenschutzphilosophie.

Diese kann dadurch erreicht werden, dass der Konzerndatenschutzbeauftragte eine konzernweit einheitliche Strategie für Datenschutz entwickelt, die vor allem – aber nicht nur – durch Richtlinien kommuniziert wird.[847] Die besondere Herausforderung hierbei besteht darin, die für einen Konzern oftmals typischen regionalen und operationalen Unterschiede der unternehmensinternen IT-Landschaft – und insbesondere in der personenbezogenen Datenverarbeitung – zu erfassen und für die Datenschutzstrategie einer einheitlichen Handhabung zugänglich zu machen. Notwendig ist dafür vor allen Dingen ein konzernweites Verfahrensregister, auch wenn dieses im Bundesdatenschutzgesetz aufgrund der klaren Abgrenzung der verantwortlichen Stelle nicht vorgesehen ist. Die Erstellung des Verfahrensregisters für den Kon-

---

[843]   Die Begriffsfindung in diesem Bereich ist noch nicht abgeschlossen, vgl. *Büllesbach* 2006, S. 309. Die Bezeichnung „Privacy Code of Conduct" wird häufig synonym verwendet für Verhaltenskodex/-regeln, Codes of Practice, Privacy Commitments, Privacy Standards, Privacy Codes etc., vgl. *Heil*, DuD 2001, S. 133 m.w.N.; *Jacob/Heil* 2002, S. 219; *Bizer*, DuD 2001, S. 168, und scheint sich in der Bezeichnung für konzerninterne, verbindliche Unternehmensregelungen durchzusetzen, vgl. etwa *Ulmer* 2006, S. 135; *Tampe* 2006, S. 191 ff.; *Talidou* 2005, S. 139; *Weichert*, RDV 2005, S. 3; *Wisskirchen*, CRi 2004, S. 172; *Lambrich/Cahlik*, RDV 2002, S. 297; *Räther/Seitz*, MMR 2002, S. 520; *Büllesbach* 2001a, S. 270; *ders.*, RDV 2000, S. 3; *Büllesbach/Hess-Löw*, DuD 2001, S. 136; *Kranz*, DuD 2001, S. 162; *BReg.* im GEntw. BDSG v. 13.10.2000, BT-Drs. 14/4329, S. 35; vgl. auch Simitis – *Simitis* 2006, § 4c, Rn. 65, der die Bezeichnung in diesem Zusammenhang „schlicht falsch" nennt. Weil die Begriffsverwendung aber auf jeden Fall den gesetzlichen Terminus der verbindlichen Unternehmensregelungen unnötigerweise einschränkt, wird im Folgenden nur bei Zitaten auf die Bezeichnung „Privacy Code of Conduct" zurückgegriffen.

[844]   Ausführlich dazu Kap. 4.3.3.4.2f.

[845]   Eine solche Vorgehensweise ist vor allem denkbar beim Modell des dezentralisierten Konzerndatenschutzes, vgl. Kap. 4.1.3.1.2.

[846]   S. Kap. 2.8.

[847]   Vgl. *Tampe* 2006, S. 198. In diesem Zusammenhang wird auch der Begriff „Fachkonzept Datenschutz" verwendet, vgl. *Ulmer* 2006, S. 141; ausführlich dazu *Königshofen* 1997, S. 101 ff.; ein Muster für eine solche Richtlinie findet sich bei *Gola/Jaspers* 2006, S. 40 ff.

zern ist letztlich eine Fortführung des in § 4g Abs. 2 Satz 2 BDSG erwähnten Verzeichnisses.[848]

Dies ist insofern bemerkenswert, als dass eine Verpflichtung zur Bereitstellung von Daten zum konzerninternen Datenfluss für die Konzernleitung grundsätzlich nicht besteht. Ohne diese wäre die Arbeit des Konzerndatenschutzbeauftragten jedoch nur sehr eingeschränkt bis überhaupt nicht möglich. Weil sich die Datenschutzstrategie durch das Verfahrensregister allein jedoch kaum konzernweit vermitteln lässt, werden weitere Wege und allgemeine Maßnahmen zur Kommunikation der in der Datenschutzphilosophie festgelegten Ziele formuliert, wie beispielsweise die Einführung eines konzernweiten Datenschutzaudits oder eines Informationssystems, Ausarbeitung von Schulungen oder eines Reportings auf Managementebene.[849] Außerdem werden die unterschiedlichen Konzernbereiche mit möglicherweise differierenden Geschäftsfeldern sowohl im Inland als auch im Ausland in die Datenschutzstrategie einbezogen, was aufgrund unterschiedlicher Datenverarbeitungstechniken der Konzerngesellschaften und Rechtstraditionen der einzelnen Länder erheblichen Arbeitsaufwand mit sich bringen kann. An dieser Stelle werden jedoch noch keine konkreten Vorgaben für die Umsetzung in den einzelnen Gesellschaften gemacht.[850]

Die Einbindung der Mitarbeiter in die Datenschutzstrategie obliegt dem Konzerndatenschutzbeauftragten. Dabei nimmt er letztlich seine in § 4g Abs. 1 Satz 3 Nr. 2 BDSG beschriebene Schulungsaufgabe wahr, woran die Verschiebungen seines Aufgabenbereichs deutlich werden. Sinnvollerweise ist bei den Schulungsmaßnahmen zur Einführung in die Datenschutzstrategie zuerst der Mitarbeiterstab des Beauftragten zu unterweisen und im Anschluss daran sämtliche weiteren an der Datenverarbeitung beteiligten Mitarbeiter des Konzerns. Darüber hinaus besteht für den Konzerndatenschutzbeauftragten als Kontrollorgan von mehreren verantwortlichen Stellen, die miteinander verbunden sind und daher leicht Interessenkonflikte provozieren können, eine besondere Verpflichtung zur Beachtung der Partikularinteressen der jeweiligen verantwortlichen Stellen gegenüber den Konzerninteressen.

4.3.3.2.3 Einheitliche Datenschutzorganisation als konkreter Maßnahmenkatalog

Die Datenschutzorganisation bezieht sich vor allem auf das operative Aufgabenfeld des Konzerndatenschutzbeauftragten und damit auf die konkrete Umsetzung der oben beschriebenen Maßnahmen im Rahmen der Datenschutzstrategie. Diese sind erforderlich zur Gewährleistung der sich aus dem Bundesdatenschutzgesetz ergebenden Vorschriften sowie insbesondere der in der Anlage zu § 9 BDSG genannten Anforderungen.[851] Die dort angeführten Kontrollaufgaben erfordern vor allem bauliche, organisatorische und personelle sowie technische Maß-

---

[848] S. dazu Kap. 3.3.1.4.
[849] Ausführlich dazu *Ulmer* 2006, S. 133 ff. mit weiteren Beispielen.
[850] Die alleinige Konkretisierung durch eine Datenschutzstrategie ist daher vor allem für das Modell des modifizierten dezentralisierten Konzerndatenschutzbeauftragten geeignet, vgl. Kap. 4.1.3.1.3.
[851] Vgl. *Wächter* 2003, Rn. 870.

nahmen,[852] die durch den Konzerndatenschutzbeauftragten zu koordinieren und nach Möglichkeit zu vereinheitlichen sind. Dazu hat der Konzerndatenschutzbeauftragte insbesondere
deren Erforderlichkeit nach § 9 Satz 2 BDSG konzernweit zu präzisieren und somit eine einheitliche Interpretationsgrundlage des ansonsten sehr schwer bestimmbaren Verhältnismäßigkeitsprinzips zu liefern.[853]

Während Datenschutzphilosophie und -strategie selbstregulative Instrumentarien ohne besonderen Gesetzesbezug darstellen und stark am Konzerninteresse orientiert sind, findet die Vereinheitlichung der Datenschutzorganisation ihre Grenzen eher in den Interessen der Einzelgesellschaften, da es hierbei in stärkerem Maße um die Umsetzung konkreter gesetzlicher Vorgaben geht und daher auf die strukturellen Besonderheiten der jeweiligen verantwortlichen
Stelle geachtet werden muss. Die einheitliche Ausgestaltung wird hier vor allem durch den
konzernweiten Aktionsradius des Konzerndatenschutzbeauftragten geprägt.[854]

Die Organisation des Datenschutzes ist eng verknüpft mit der der Datensicherheit, weil Unternehmen regelmäßig kein zweigeteiltes Kontrollsystem für personenbezogene und nicht-
personenbezogene Daten einführen können, um datenschutzrechtlichen Vorschriften zu genügen.[855] Deswegen sollten Maßnahmen zur Datenschutzorganisation immer auch am Maßstab
der Datensicherheit gemessen werden und umgekehrt. Aufgabe des Konzerndatenschutzbeauftragten ist daher an dieser Stelle auch die Abstimmung und enge Zusammenarbeit mit anderen im Bereich der Datenverarbeitung tätigen Personen, wozu an erster Stelle der vielfach
in großen Unternehmen eingesetzte Konzernbeauftragte für die IT-Sicherheit zählt.[856] Eine
gute Kooperation zwischen diesen beiden Beauftragten, speziell im Vorfeld von Investitionen
im IT-Bereich, beinhaltet großes Einsparungspotenzial, was die effizienzsteigernde Funktion
des Konzerndatenschutzbeauftragten unterstreicht.[857]

Insgesamt ist der Konzerndatenschutzbeauftragte eher für die Ausgestaltung der Datenschutzorganisation als für die Durchführung zuständig.[858] Diese liegt zuvorderst in den Händen des
Hilfspersonals und wird durch den Konzerndatenschutzbeauftragten lediglich begleitet.

4.3.3.3 Kontrolle

Wie zuletzt gesehen, ist der Übergang zwischen Koordination und Kontrolle fließend und
kann nicht exakt bestimmt werden. Der Konzerndatenschutzbeauftragte ist aufgrund seiner
Mehrfachbestellung als gesetzliches Kontrollorgan letztverantwortlich für die sich aus dem

---

[852]   *Bergmann/Möhrle/Herb* 2008, Anlage zu § 9 Satz 1, Vorbem. Nr. 2; ausführlich *Münch* 2007, S. 309 ff.
[853]   Vgl. dazu Simitis – *Ernestus* 2006, § 9, Rn. 24; *Haaz* 2003, S. 72.
[854]   Die Vereinheitlichung der Datenschutzorganisation prägt daher auf besondere Weise das Modell des zentra-
        lisierten bzw. modifizierten zentralisierten Modells des Konzerndatenschutzes, vgl. Kap. 4.1.3.1.1 bzw.
        4.1.3.1.3.
[855]   *Wächter* 2003, Rn. 836.
[856]   Vgl. dazu auch *Nitsche*, DuD 2001, S. 165.
[857]   S. Kap. 2.8.
[858]   Ausführlich dazu *Königshofen* 1997, S. 104 ff.; s. auch Kap. 4.3.3.

Bundesdatenschutzgesetz und anderen Rechtsvorschriften zum Datenschutz ergebenden Kontrollaufgaben. Er muss außerdem seine Mitarbeiter in dem Maße kontrollieren, wie Aufgaben an sie delegiert wurden. Und schließlich muss auf die Einhaltung der selbstregulativen Instrumentarien der Datenschutzphilosophie und Datenschutzstrategie geachtet werden, wobei letztere eine aufwendigere Kontrollaktivität verlangt.

4.3.3.3.1 Originäre Kontrollaufgaben

Durch die Koordinierungsaufgaben verschieben sich die Kontrollaufgaben des Konzerndatenschutzbeauftragten im Vergleich zum Datenschutzbeauftragten ganz erheblich. Zwar obliegt ihm weiterhin gemäß § 4g Abs. 1 Satz 3 Nr. 1 BDSG die Überwachung der ordnungsgemäßen Anwendung der Datenverarbeitungsprogramme, mit deren Hilfe personenbezogene Daten verarbeitet werden sollen. Wie beim Datenschutzbeauftragten auch, deckt diese spezifische Kontrollaufgabe aber lediglich einen Teil des Aufgabenspektrums im Bereich der Überwachung ab.[859] Der Konzerndatenschutzbeauftragte muss darüber hinaus aufgrund der durch die Mehrfachbestellung entstehende Arbeitsbelastung und dem Ziel der Vereinheitlichung des Datenschutzes in weitaus höherem Maße als der Datenschutzbeauftragte bei seiner Kontrolltätigkeit auf unterschiedlichste Hilfsmittel technischer sowie personeller Art zurückgreifen.

Um Schwachstellen und unzureichende Umsetzung datenschutzrechtlicher Normen im gesamten Konzern effizient kontrollieren zu können, bedarf es vor allem der Systematisierung der Kontrollen beispielsweise durch ein Datenschutzaudit oder ein konzernweites Informationssystem. Für den Konzerndatenschutzbeauftragten ist es von großer Wichtigkeit, dass er einen möglichst genauen Gesamtüberblick der Datenverarbeitung behält. Die Schwierigkeit besteht darin, trotz einer angestrebten Vereinheitlichung der Datenschutzkontrollen auf die Partikularinteressen der Einzelgesellschaften Rücksicht zu nehmen. Hier können zusätzliche Einzelaudits wiederum ein gangbarer Weg sein.[860] Bei der Ausarbeitung der verschiedenen Hilfsmittel spielen IT-gestützte Programme eine wichtige Rolle, sollten aber nicht die einzigen Hilfsmittel sein. Daneben kann es durchaus hilfreich sein, auf althergebrachte Hilfsmittel wie Fragebögen oder Handbücher zurückzugreifen. Der höchste Wirkungsgrad wird jedoch bei einer ausgewogenen Kombination von unterschiedlichen Maßnahmen erreicht werden.

Sowohl bei der Ausarbeitung als auch bei der Durchführung der verschiedenen Kontrollmaßnahmen ist der Konzerndatenschutzbeauftragte auf die Hilfe seiner Mitarbeiter angewiesen. Während sein Mitarbeiterstab in der Konzernzentrale dabei eher für die Entwicklung und Koordinierung der konzernweit eingesetzten Kontrollprogramme zuständig ist, liegt der Schwerpunkt der Arbeit für die Datenschutzverantwortlichen in den Untergesellschaften in der ord-

---

[859] S. Kap. 3.3.1.2, insb. Fn. 341.
[860] *Ulmer* 2006, S. 137f.

nungsgemäßen Durchführung der vorgegebenen Maßnahmen durch den Konzerndatenschutzbeauftragten.[861]

Aus reinen Praktikabilitätsgründen muss der Konzerndatenschutzbeauftragte also neben operativen Aufgaben in der Regel auch Kontrollaufgaben an seine Mitarbeiter delegieren.[862] Welches Ausmaß eine solche Delegation annehmen darf, ist nicht explizit geregelt. Aufgrund der hierarchischen Einordnung im Konzern und dem zunehmend als Managementfunktion ausgestalteten Tätigkeitsfeld des Konzerndatenschutzbeauftragten ist aber eine Vergleichbarkeit zu Delegationsmaßnahmen durch die Unternehmensleitung gegeben. Danach ist weder möglich, dass dem Konzerndatenschutzbeauftragten eine alleinige Aufgabenwahrnehmung zugemutet wird, noch dass er sich seiner Überwachungspflichten durch die Delegation von Aufgaben völlig entziehen kann. Als Richtschnur kann hier gelten, dass die Unternehmensleitung auf jeden Fall Maßnahmen nach § 9 BDSG nicht selbst, sondern durch Mitarbeiter durchführen lassen kann und nicht alle Zuständigkeiten im Bereich des Datenschutzes festlegen muss.[863] Daraus lässt sich für den Konzerndatenschutzbeauftragten erstens ableiten, dass eine Delegation umso eher möglich ist, je mehr es sich um Durchführungsmaßnahmen der Kontrolltätigkeit handelt. Als Beispiele seien hier vor allem Maßnahmen genannt, die eine persönliche Anwesenheit des Beauftragten verlangen – wie bestimmte Schulungen, Arbeitsplatzkontrollen oder persönliche Gespräche. Zweitens können auch in den Untergesellschaften die Datenschutzverantwortlichen mit eigenständigen Aufgaben betraut werden, was für die dortige Aufrechterhaltung der Selbstkontrolle unbedingt notwendig ist.[864]

Hat der Konzerndatenschutzbeauftragte Aufgaben an Mitarbeiter übertragen, muss er diese regelmäßig kontrollieren und sich von der tatsächlichen und ordnungsgemäßen Aufgabenerfüllung durch sie überzeugen.[865] Insbesondere Dritten gegenüber kann er bei Verletzung seiner Kontrollpflicht gegenüber seinen Mitarbeitern für die in § 4g Abs. 1 Satz 3 Nr. 1 BDSG festgeschriebene Kontrollaufgabe weiterhin verantwortlich sein. Neben die gesetzlich geregelten Aufgaben tritt daher eine nicht zu unterschätzende Pflicht zur Kontrolle der Mitarbeiter des Konzerndatenschutzbeauftragten.

---

[861]   Vgl. dazu und zu weiteren möglichen Aufgaben der Datenschutzverantwortlichen *Königshofen* 1997, S. 106f.

[862]   Dies ist in Großunternehmen überdurchschnittlich oft der Fall, vgl. Umfrage der *GDD* 2006, S. 13; vgl. außerdem Simitis – *Simitis* 2006, § 4g, Rn. 47 sowie *Fox*, DuD 2007, S. 372.

[863]   *Spindler* 2002, S. 180.

[864]   Diese Feststellung erscheint zunächst überflüssig, weil sie vielfach mit externen Datenschutzbeauftragten praktiziert wird. Daraus allein lässt sich die Delegation jedoch nicht ableiten, denn es ist durchaus denkbar, dass externe Beauftragte nur in dem Umfang tätig werden dürfen, in dem sie in der Lage sind, ihre primären gesetzlichen Aufgaben selbst wahrzunehmen und daher Hilfspersonal nur auf unterster Ebene beschäftigen dürfen, vgl. etwa *Drews* 1997, S. 16f.

[865]   *Spindler* 2002, S. 180.

4.3.3.3.2 Überwachung der Mitarbeiter

Dem Konzerndatenschutzbeauftragten obliegt die Führung sowohl seines Mitarbeiterstabes in der Konzernzentrale als auch der Datenschutzverantwortlichen in den weiteren Gesellschaften, die ihm fachlich zu unterstellen sind.[866] Demgemäß muss er sicherstellen, dass die Aufgabenerfüllung durch seine Mitarbeiter ordnungsgemäß erbracht wird, und ist insofern wie jeder andere Vorgesetzte im Unternehmen zu behandeln. Grundsätzlich besteht für den Konzerndatenschutzbeauftragten daher eine Pflicht zur Überwachung seiner Mitarbeiter sowohl in der Ober- als auch in den Untergesellschaften.[867] Darüber hinaus werden zusätzliche Überwachungsmaßnahmen gegenüber seinen Mitarbeitern notwendig, sofern dem Konzerndatenschutzbeauftragten obliegende Kontrollaufgaben delegiert worden sind, denn die Verantwortung bleibt weiterhin im Pflichtenkreis des Beauftragten.[868] Die Kontrollmaßnahmen, welche die Aufgabendelegation nach sich zieht, fallen unterschiedlich aus, je nachdem, ob eine Übertragung an seinen Mitarbeiterstab in der Konzernobergesellschaft oder an die Datenschutzverantwortlichen in den Konzernuntergesellschaften erfolgt ist.

Während der Konzerndatenschutzbeauftragte aufgrund der organisatorischen Nähe und der größeren Überschneidung bei der operativen Aufgabenerfüllung einen relativ guten Überblick über die Tätigkeit seines Mitarbeiterstabes erhält, stellt die Überwachung der Mitarbeiter in den Peripherieunternehmen die größeren Anforderungen an die einzuleitenden Kontrollmaßnahmen. Auch wenn die Mitarbeiterkontrolle nicht Mittelpunkt seiner Tätigkeit werden darf, ist der Konzerndatenschutzbeauftragte gut beraten, wenn er die dezentralen Datenschutzverantwortlichen und eventuelles weiteres Hilfspersonal zum Wohle einer effektiven Datenschutzorganisation nicht aus den Augen verliert. An dieser Stelle tritt die Schwierigkeit der Grenzziehung zwischen Koordination und Kontrolle offen zutage, denn die beste Kontrolle besteht darin, durch eine gut koordinierte Datenschutzorganisation Überwachungsmaßnahmen auf ein Minimum reduzieren zu können. Insofern liegt der Schwerpunkt der Mitarbeiterüberwachung durch den Konzerndatenschutzbeauftragten nicht auf wiederkehrenden Kontrollmaßnahmen, sondern vielmehr auf gut ausgearbeiteten Koordinationsmaßnahmen.

4.3.3.3.3 Einhaltung der Datenschutzstrategie

Nicht nur beim Konzerndatenschutzbeauftragten, sondern auch bei anderen Konzernbeauftragten wird die Koordination als Hauptaufgabe hervorgehoben.[869] Auch nach hier vertretener Auffassung kommt dieser Tätigkeit des Konzerndatenschutzbeauftragten eine Schlüsselfunk-

---

[866] Roßnagel – *Büllesbach* 2003, Kap. 7.1, Rn. 72, 77.
[867] So wohl auch *Haaz* 2003, S. 41, der eine Aufsichtspflicht gegenüber den „Datenschutzbeauftragten in den Tochterunternehmen" annimmt, ohne diesen Begriff jedoch näher zu erläutern. Gemeint sein können aber wohl nur die Datenschutzverantwortlichen, da einer Aufsichtspflicht des Konzerndatenschutzbeauftragten die Weisungsfreiheit der einzelnen Datenschutzbeauftragten entgegenstünde.
[868] S. Fn. 322.
[869] Vgl. etwa *Ulmer* 2006, S. 141; *Bresinsky* 1994, S. 25; *Kotulla*, GewArch 1994, S. 180.

tion zu,[870] allerdings muss dabei zwischen der Ausarbeitung koordinierender Maßnahmen und deren Durchführung differenziert werden: Während erstere vor allem eine einmalige innovative Prägung hat, ist letztere mehr durch sich wiederholende Abläufe gekennzeichnet. Daher wird im Folgenden die Einhaltung der Datenschutzstrategie als eine aus der Koordinierungsfunktion abgeleitete Kontrollaufgabe zur Aufrechterhaltung einer ordnungsgemäßen Durchführung der zentralen datenschutzrechtlichen Maßnahmen innerhalb des Konzerns verstanden.

Die Einhaltung der Datenschutzstrategie erfordert vom Konzerndatenschutzbeauftragten daher vor allem eine Überwachung der sich wiederholenden Abläufe datenschutzrechtlicher Instrumente, wie sie bereits weiter oben erwähnt wurden.[871] Dabei muss erstens in gewissen Zeitabständen auf die Zweckmäßigkeit der Maßnahme an sich geachtet werden. Durch Veränderungen einzelner Geschäftsfelder etwa können einzelne Maßnahmen auf einmal ihre Wirkung verfehlen und wenig nützlich sein. Denkbar ist auch, dass ein Bereich, in dem anfänglich nur wenige personenbezogene Daten verarbeitet wurden, plötzlich einen Zuwachs an eben solchen Daten verzeichnet und deswegen verstärkt Maßnahmen getroffen werden müssen. Unternehmen sind keine starren Gebilde, sondern unterliegen einem stetigen Entwicklungsprozess, der auch die Datenverarbeitung umfasst.[872] Datenschutzrechtliche Maßnahmen müssen daher ebenfalls ständig an diesen Prozess angepasst werden. Zweitens ist es notwenig, eingesetzte Maßnahmen zur Gewährleistung der Datenschutzstrategie auf ihre richtige Anwendung und Effizienz hin zu überprüfen.[873] Die beste Schulung nützt nichts, wenn sie niemanden erreicht; das beste Audit ist nutzlos, sofern es nicht zu einer tatsächlichen Problemlösung führt. Der Konzerndatenschutzbeauftragte hat dafür Sorge zu tragen, dass die Datenschutzorganisation regelmäßig an die Verarbeitungsprozesse angepasst und somit eine Abweichung von der Datenschutzstrategie verhindert wird.

Zumindest in großen Konzernen übernimmt der Konzerndatenschutzbeauftragte diese Überwachungsaufgabe nicht allein. Er nimmt die Kontrollaufgaben zusammen mit seinen Mitarbeitern wahr, wobei seine Hauptaufgabe in der Koordinierung der einzelnen Kontrollmaßnahmen durch die verschiedenen Mitarbeiter liegt, wodurch wiederum der fließende Übergang von Koordination und Kontrolle zu Tage tritt.[874] Dabei muss er erstens in seinem Mitarbeiterstab in der Konzernzentrale ein Kontrollinstrument zur Überprüfung der zentralen Datenschutzmaßnahmen innerhalb des gesamten Konzerns errichten und zweitens eine Überwachung der ordnungsgemäßen Durchführung in allen Konzernuntergesellschaften sicherstellen. Der Konzerndatenschutzbeauftragte muss also ein matrixartiges Überwachungssystem etablieren, welches ihm erlaubt, sowohl in der Konzernzentrale als auch in den Untergesellschaf-

---

[870]   S. Kap. 4.3.3.2.
[871]   S. Kap. 4.3.3.2.2 mit Fn. 849.
[872]   Vgl. *Büllesbach/Höss-Löw*, DuD 2001, S. 135.
[873]   Hierbei kann der Konzerndatenschutzbeauftragte als Unterstützung vor allen Dingen auf die in – zumindest großen – Konzernen regelmäßig bestehende IT-Revision zurückgreifen, vgl. *Ziener* 2006, S. 55.
[874]   S. dazu schon Kap. 4.3.3.3.

ten sowohl die Zweckmäßigkeit der einzelnen datenschutzrechtlichen Maßnahmen an und für sich als auch deren Effizienz in Bezug auf die Durchführung kontrollieren zu können.

Ein derartiges, konzernweit aufgezogenes Überwachungssystem für die verschiedenen datenschutzrechtlichen Instrumente sowohl in der Ober- als auch in den Untergesellschaften hat neben den eigentlichen Kontrolleffekten den großen Vorteil, dass es in weiten Teilen dazu geeignet ist, auch als Risikomanagementsystem speziell für den Bereich der IT, so wie es *Münch* beschreibt,[875] eingesetzt zu werden. Der Konzerndatenschutzbeauftragte kann einen wertvollen Beitrag zu den allgemeinen Anforderungen, die heute an Unternehmen im Bereich des Risikomanagements gestellt werden, leisten, indem er das beschriebene Überwachungssystem zu einem echten Risikomanagementsystem ausbaut und auf diese Weise eine Effizienzsteigerung Datenschutz und Datensicherheit erreicht.[876]

4.3.3.4 Exkurs: Selbstregulierung als Aufgabe des Konzerndatenschutzbeauftragten

Im Datenschutz hat die Selbstregulierung in den vergangen zehn Jahren einen erheblichen Bedeutungszuwachs erfahren.[877] Sie hat vor allem in den Bereichen Verbreitung gefunden, in denen die territoriale Begrenzung der gesetzgeberischen Regelungsmacht aufgrund der globalisierten Wirtschaftsstrukturen praktische Probleme aufwirft.[878] Auch verbindliche Unternehmensregelungen werden in das Konzept der Selbstregulierung einbezogen, weil internationale Unternehmen oft personenbezogene Daten an Teilunternehmen in Drittländern ohne ausreichendes Datenschutzniveau senden müssen.[879] Angestoßen durch die EG-Datenschutzrichtlinie, die die Mitgliedstaaten zur Förderung der Selbstregulierung verpflichtet,[880] haben mit der Novelle des Bundesdatenschutzgesetzes im Jahre 2001 erstmals selbstregulative Instrumente Einzug in das bundesdeutsche Datenschutzrecht gehalten.[881] Für den Konzerndatenschutzbeauftragten hat sich damit ein zusätzliches Aufgabenfeld eröffnet, womit

---

[875]   Vgl. *Münch* 2007, S. 113; s. auch Kap. 3.8.2.1, wobei noch einmal darauf hinzuweisen ist, dass das IT-Risikomanagementsystem nicht verwechselt werden darf mit einem allgemeinen Risikomanagementsystem, wie es insgesamt in Kap. 3.8 beschrieben wird.

[876]   Vgl. dazu auch *Wächter* 2003, Rn. 24f.

[877]   Vgl. *Büllesbach*, RDV 2005, S. 13; *Rudin* 2004, S. 437; *Jacob/Heil* 2002, S. 219f.; *Roßnagel* 2002, S. 142; allgemein zu den Mechanismen der Selbstregulierung *Hoffmann-Riem*, 1996, S. 7. Dem stimmen auch Vertreter der Wirtschaft zu, vgl. *Ahrend/Bijok/Dieckmann/Eitschberger/Eul/Guthmann/Schmidt/Schwarzhaupt*, DuD 2003, S. 437.

[878]   *Büllesbach*, RDV 2005, S. 14; *ders.*, RDV 2000, S. 3; *Bizer* 2003, S. 597; vgl. auch *Tinnefeld*, MMR 2006, S. 25.

[879]   *BReg.* im GEntw. BDSG v. 13.10.2000, BT-Drs. 14/4329, S. 35.

[880]   S. dazu Roßnagel – *Roßnagel* 2003, Kap. 3.6, Rn. 24 ff.

[881]   *Gola/Jaspers* 2006, S. 6. Mit der Einführung der Selbstregulierungsinstrumente einher geht eine lebhafte Diskussion über deren Bedeutung für den Datenschutz, vgl. etwa *Büllesbach* 2006, S. 307 ff.; *ders.*, RDV 2005, S. 13 ff.; *ders.*, digma 2001, S. 88 ff.; *ders.* 2001a, S. 269 ff.; *Roßnagel* 2006, S. 299 ff.; Roßnagel – *Roßnagel* 2003, Kap. 3.6; *Weichert*, RDV 2005, S. 1 ff.; *Schaar*, DuD 2003, S. 421 ff.; *Bizer*, DuD 2001, S. 168f.; *ders.* DuD 2001a, S. 126; *Büllesbach./Hess-Löw*, DuD 2001, S. 135 ff.; *Nitsche*, DuD 2001, S. 164 ff.; s. auch die Diss. von *Talidou* 2005 sowie *Palm* 2002; vgl. außerdem *Dix/Gardain*, DuD 2006, S. 343 ff.; *Bizer* 2003, S. 397f.; *Bizer/Lutterbeck/Rieß* 2002 m. versch. Beiträgen; *Roßnagel*, RDV 2002, S. 67f.; *Heil*, DuD 2001, S. 129 ff.; *Kranz*, DuD 2001, S. 161 ff.

nicht gemeint ist, dass die verschiedenen Selbstregulierungsinstrumente eigens auf den Konzerndatenschutzbeauftragten zugeschnitten wären. Vielmehr regeln die neuen Normen solche Sachverhalte, die – wie zu zeigen sein wird – größtenteils in das Aufgabenfeld eines Konzernbeauftragten fallen. Dazu werden zunächst die einzelnen Instrumente der Selbstregulierung kurz erörtert, um dann eine Verbindung zu Funktion und Aufgaben des Konzerndatenschutzbeauftragten herzustellen.

4.3.3.4.1 Selbstregulierungsinstrumente des Bundesdatenschutzgesetzes im Einzelnen

Seine generelle Tendenz zu einem allmählichen Rückzug aus der Regelungstiefe aufgrund der nicht mehr durch traditionelle Normgebung erfassbaren technischen Entwicklung, führt auch im Datenschutzrecht zu der Konsequenz, dass der Gesetzgeber die Eigenverantwortung der Bürger und speziell der Unternehmen stärken möchte, wozu die Selbstregulierung als ein adäquates Instrument erscheint.[882] Für die Wirtschaft bedeutet Selbstregulierung die Möglichkeit, flexible branchen- oder unternehmensbezogene verbindliche Regelungen selbständig erstellen zu können, die in der Folge durch Kontrollstellen anerkannt werden und dann für alle Beteiligten Verbindlichkeit erlangen.[883] Aus Sicht des Staates haben die direkt an der Datenverarbeitung Beteiligten eine größere Problemnähe als sonstige Instanzen und sind oft eher in der Lage, stimmige Lösungen zu finden.[884] Auf diese Weise kann sich der Staat das Wissen der Akteure in zweifacher Hinsicht zunutze machen. Er kann erstens alle notwendigen Sachverhaltsangaben von direkt vor Ort befindlichen Sachverständigen ermitteln und somit in den Regulierungsprozess einfließen lassen und zweitens die erstellten Regelungen als verbindliche Entscheidungsgrundlage für die späteren Verfahrensabläufe verwenden. Die Nutzung ist jedoch nur möglich, weil, wie bereits gezeigt,[885] im Bereich des Datenschutzes nicht jede Form der Selbstregulierung zur Anwendung kommen kann, sondern nur die Co-Regulierung die Schutzfunktion des Staates für den datenschutzrechtlichen Grundrechtsbezug aufrecht erhalten kann, wodurch staatliche Einflussnahme auf den Regulierungsprozess in ausreichendem Maße gewährleistet wird. Er überlässt dem Reglungsadressaten lediglich die konkrete Ausfüllung von vorher selbst aufgestellten Grundsätzen sowie inhaltlichen Vorgaben und

---

[882] *Büllesbach*, RDV 2001, S. 5; vgl. auch *Schulz* 2006, S. 172; Roßnagel – *Roßnagel* 2003, Kap. 3.6, Rn. 4. *Bizer*, DuD 2001a, S. 126 wendet hiergegen ein, dass sich Selbstregulierung für die Wirtschaft nur lohne, wenn sie auf Kosten der Betroffenen ginge. Eine solche Sichtweise kann sich jedoch nur auf solche Selbstregulierungsansätze beziehen, die den Unternehmen und Verbänden keinen direkten rechtlichen Vorteil verschaffen, wie dies bei § 38a BDSG der Fall ist. Wo hingegen ein wirklicher rechtlicher Vorteil durch selbstregulatives Handeln erlangt werden kann, wie dies etwa bei dem Ausnahmetatbestand für Auslandsübermittlungen in Drittstaaten nach § 4c Abs. 2 Satz 1 BDSG der Fall ist, kann eine solche Aussage nicht mehr generell gelten.

[883] *Roßnagel* 2002, S. 142.
[884] Kilian/Heussen – *Weichert* 2008, § 134, Rn. 46.
[885] S. Kap. 2.3.1 m. Fn. 102.

behält sich außerdem die Kontrolle der Einhaltung selbstgesetzter Normen vor.[886] Im aktuellen Bundesdatenschutzgesetz finden sich drei solcher Regelungen wieder.

In Umsetzung des Art. 26 Abs. 2 EG-DSchRL regelt *§ 4c Abs. 2 Satz 1 BDSG* genehmigungspflichtige Ausnahmetatbestände für die gemäß § 4b Abs. 2 BDSG grundsätzlich nur bei Vorliegen eines angemessenen Datenschutzniveaus erlaubte Übermittlung personenbezogener Daten in Drittländer. Unternehmen wird die Möglichkeit gegeben, als verantwortliche Stelle selbstständig ausreichende Garantien hinsichtlich des Schutzes des Persönlichkeitsrechts und der Ausübung der damit verbundenen Rechte vorzulegen und somit den Transfer personenbezogener Daten auch in Staaten ohne ausreichendes Datenschutzniveau sicherzustellen. § 4c Abs. 2 Satz 1 BDSG geht dabei in seinem Erlaubnistatbestand noch über die gesetzlichen Ausnahmen des § 4c Abs. 1 BDSG hinaus,[887] um auch in Einzelfällen den Wirtschaftsverkehr nicht unnötig zu behindern.[888] Das Gesetz bezieht sich dabei explizit auf Vertragsklauseln und verbindliche Unternehmensregelungen, weil diese als gängige Lösungen im Bereich des Auslandsdatentransfers in Drittstaaten angesehen werden,[889] lässt aber auch Spielraum für weitere Optionen. Insbesondere multinationale Konzerne können also bei Einhaltung der Anforderungen, die das Bundesdatenschutzgesetz vorgibt, durch selbsterzeugte Regelungen die Freiheit eines weltweiten Datentransfers erreichen.[890] Auch wenn der Spielraum für Selbstregulierung in diesem Zusammenhang recht eng ist, kann § 4c Abs. 2 Satz 1 BDSG doch als gutes Beispiel für das Zusammenspiel von Staat und Privaten im Rahmen der Co-Regulierung[891] dienen.

Eine weitere Norm des Bundesdatenschutzgesetzes mit selbstregulativem Inhalt ist in Umsetzung des Art. 27 EG-DSchRL in *§ 38a BDSG* festgelegt. Danach können bestimmte Gruppen verantwortlicher Stellen Entwürfe für Verhaltensregeln zur Förderung der Durchführung von datenschutzrechtlichen Regelungen der zuständigen Aufsichtsbehörde unterbreiten. Die Verhaltensregeln sollen allein als interne Regeln zur ordnungsgemäßen Durchführung datenschutzrechtlicher Regelungen beitragen, sodass ihnen keine Außenwirkung zukommt.[892] Nach

---

[886] Roßnagel – *Roßnagel* 2003, Kap. 3.6, Rn. 47 m.w.N.; vgl. dazu auch *Jacob/Heil* 2002, S. 220; *Bizer*, DuD 2001, S. 168; *Heil*, DuD 2001, S. 133.

[887] Zur Bedeutung der Ausnahmen nach § 4c Abs. 1 BDSG vgl. *Lambrich/Cahlik*, RDV 2002, S. 296f.; *Büllesbach/Hess-Löw*, DuD 2001, S. 136.

[888] Vgl. Roßnagel – *Roßnagel* 2003, Kap. 3.6, Rn. 32. Mit dem Begriff des „Einzelfalls" sind nicht einzelne Übermittlungsvorgänge, sondern vielmehr solche Übermittlungen gemeint, die derart speziell sind, dass sie nicht von den gesetzlichen Ausnahmetatbeständen erfasst werden, aber dennoch häufig vorkommen. Weil sich allgemein nach § 4c BDSG ein Großteil des internationalen unternehmerischen Datentransfers richten wird, sind auch derartige „Einzelfälle" nicht selten gelagert, vgl. *Bergmann/Möhrle/Herb* 2008, § 4c, Rn. 2; *Simitis – Simitis* 2006, § 4c, Rn. 1; a.A. *Schafflandt/Wiltfang* 2007, § 4c, Rn. 3.

[889] *BReg.* im GEntw. BDSG v. 13.10.2000, BT-Drs. 14/4329, S. 35; zur Bedeutung vertraglicher Verpflichtung zu hinreichenden Datenschutzmaßnahmen als Rechtfertigungsgrund für eine Auslandsübermittlung vor der BDSG-Novelle 2001 vgl. *Däubler* 1998, S. 96 ff.; *Ehmann*, RDV 1999, S. 14.

[890] *Lambrich/Cahlik*, RDV 2002, S. 297.

[891] *Tinnefeld*, NJW 2001, S. 3081 spricht in diesem Zusammenhang von einer „Kombination aus Regulierung und Selbstregulierung".

[892] *BReg.* im GEntw. BDSG v. 13.10.2000, BT-Drs. 14/4329, S. 46. Vorteile für Verbände und andere Gruppen sollen sich daraus ergeben, dass sie die Regelungen selbst aufstellen können. Weil sich hieraus zunächst

Vorstellung des Gesetzgebers soll damit eine Vereinheitlichung interner Verhaltensregelungen erreicht werden.[893] An dieser Stelle kann eine Anreizwirkung nur durch die „Gesetze des Marktes" geschaffen werden, was bisher zu einer eher ablehnenden Haltung der Wirtschaft gegenüber § 38a BDSG führt.[894] Allerdings gibt es durchaus Tendenzen in der Bevölkerung, Forderungen nach datenschutzrechtlicher (Selbst-)Regulierung auch an die Wirtschaft direkt zu richten.[895] Der Adressatenkreis in § 38a Abs. 1 BDSG ist nicht abschließend definiert und lässt daher einen gewissen Spielraum: Neben Berufsverbänden werden nur „andere Vereinigungen, die bestimmte Gruppen von verantwortlichen Stellen vertreten" erwähnt. Es ist daher nicht klar, ob § 38a Abs. 1 BDSG auch Konzernen die Möglichkeit gibt, der Aufsichtsbehörde interne Verhaltensregeln zur Überprüfung vorzulegen.[896] Auch wenn die Vorschrift in erster Linie auf Verbände und ähnlich organisierte Gruppen abzielt, sollten zum jetzigen Zeitpunkt auch Konzerne ihre Verhaltensregeln nach § 38a BDSG überprüfen lassen können, denn durch die einheitliche Leitung vertreten auch sie mehrere verantwortliche Stellen mit gleichgerichteten Zielen.[897] Erst wenn spezifischere Normen selbstregulativen Inhalts für die Wirtschaft vorliegen, sollte man den Adressatenkreis der einzelnen Regelungen enger definieren, aber bis dahin die Anreizwirkung des § 38a BDSG einem möglichst breiten Adressatenkreis offen stehen lassen, um datenschutzkonformes Verhalten zu fördern.

Eine letzte selbstregulative Norm findet sich in *§ 41 Abs. 1 BDSG* in Umsetzung des Art. 9 EG-DSchRL unter Einbeziehung des Art. 27 EG-DSchRL für den deutschen Presserat.[898] Die Norm sieht die Möglichkeit vor, dass dieser sich des Redaktionsdatenschutzes im Wege der Selbstregulierung annimmt,[899] was durch Verhaltensregeln, die Vorgaben zur redaktionellen Datenverarbeitung, einer regelmäßigen Berichterstattung zum redaktionellen Datenschutz sowie ein Beschwerdeverfahren vorsehen, auch geschehen ist.[900] Weil diese Regelung jedoch speziell auf den Bereich der Medien zugeschnitten ist, kann sie zu einem möglichen Aufgabenfeld des Konzerndatenschutzbeauftragten keinen nennenswerten Beitrag leisten und ist daher nur der Vollständigkeit halber erwähnt. Im Gegensatz zu den beiden erstgenannten

---

keine direkten Vorteile ergeben, ist an dieser Stelle die Kritik, s. dazu Fn. 882, an der Einführung selbstregulativer Instrumente teilweise nachvollziehbar – zuzustimmen ist ihr allerdings nicht. Ein Steuerungsmodell des Staates, welches von Anreizwirkung und Tauschprinzip geprägt ist, bedarf zunächst des Vertrauens aller Beteiligten, vgl. *Büllesbach*, RDV 2005, S. 13. Weil die Selbstregulierung durch Kooperation und marktwirtschaftliche Einflussnahme geprägt ist, wird Geduld notwendig sein, bis erste messbare Ergebnisse vorliegen. In Ermangelung alternativer Steuerungsmodelle kann eine allgemeine Verweigerungshaltung gegenüber der Selbstregulierung zum jetzigen Zeitpunkt jedenfalls kein gangbarer Weg sein.

[893] *BReg.* im GEntw. BDSG v. 13.10.2000, BT-Drs. 14/4329, S. 30.
[894] Vgl. *Weichert*, RDV 2005, S. 3.
[895] *Büllesbach/Hess-Löw*, DuD 2001, S. 136.
[896] Zustimmend *Gola/Schomerus* 2007, § 38a, Rn. 4; wohl auch Roßnagel – *Roßnagel* 2003, Kap. 3.6, Rn. 34; vgl. auch Roßnagel – *Roßnagel* 2003, Kap. 3.6, Rn. 117; wohl eher ablehnend, Simitis – *Bizer* 2006, § 38a, Rn. 33, der aber nur von „Unternehmen" und nicht explizit von „Konzernen" spricht.
[897] Vgl. insoweit Simitis – *Bizer* 2006, § 38a, Rn. 33 ff.
[898] Vgl. *BReg.* im GEntw. BDSG v. 13.10.2000, BT-Drs. 14/4329, S. 46.
[899] Ausführlich *Thomale* 2006, S. 92 ff.
[900] Roßnagel – *Roßnagel* 2003, Kap. 3.6, Rn. 35.

Normen des Bundesdatenschutzgesetzes bedarf es zu § 41 Abs. 1 BDSG daher keiner weiteren Erörterung im Zusammenhang mit den Aufgaben des Konzerndatenschutzbeauftragten.

Die beiden erstgenannten Normen co-regulativen Inhalts fallen vor allem dadurch auf, dass sie jeweils große Organisationen als Normadressat beinhalten. § 4c Abs. 2 Satz 1 BDSG impliziert durch die Vertragsklauseln und insbesondere die verbindlichen Unternehmensregelungen einen multinationalen Rahmen der jeweiligen verantwortlichen Stelle. § 38a BDSG nennt Berufsverbände und andere Vereinigungen bestimmter Gruppen, zu denen auch Konzerne gehören können,[901] als mögliche verantwortliche Stellen, die der zuständigen Aufsichtsbehörde Verhaltensregeln unterbreiten können. Damit zeigt sich, dass Selbstregulierung einen gewissen Entfaltungsrahmen benötigt und für kleine und mittelständische Betriebe als solche eher von untergeordnetem Belang bleiben wird. Auf Verbandsebene kann Selbstregulierung jedoch sehr wohl vorteilhaft sein, sofern die Interessen der einzelnen Mitgliedsunternehmen hinreichend Berücksichtigung finden. Großunternehmen und Konzernen hingegen kommt eine mögliche weltweite Geltung der eigenständigen Selbstregulierung entgegen, können sie doch auf diese Weise verbindliche und gleichzeitig auf das Unternehmen zugeschnittene Regelungen schaffen. Somit kann festgehalten werden, dass Co-Regulierung auch auf dem Gebiet des Datenschutzes ein gewisses Potenzial besitzt, welches aber nur in bestimmten Bereichen empfehlenswert erscheint und bei einer späteren Regulierungskonfiguration nicht zu komplex werden darf.[902]

4.3.3.4.2 Selbstregulierung am Beispiel des § 4c Abs. 2 Satz 1 BDSG

Für global agierende Unternehmen besteht im Bereich des Datenschutzes zunehmend Bedarf an Selbstregulierung mit weltweiter Geltung, weil sie damit den sehr heterogenen Rahmenbedingungen ohne einheitliches Datenschutzrecht entgegenwirken können.[903] Unabhängig von den bisherigen Regelungen des Bundesdatenschutzgesetzes stehen den Unternehmen verschiedene Möglichkeiten der Selbstregulierung wie Privacy Codes of Conduct, Vertragslösungen, die Safe Harbor Prinzipien sowie Privacy Statements zur Verfügung.[904] Sie machen aber regelmäßig nur dann Gebrauch davon, wenn durch die Selbstregulierung wirtschaftliche Vorteile zu erwarten sind oder daraus die Erfüllung einer bestehenden Verpflichtung resultiert.[905] Ein Beispiel für die Erfüllung einer gesetzlichen Verpflichtung und den daraus entstehenden Vorteilen bildet die Selbstregulierung der Unternehmen durch Vertragslösungen oder verbindliche Unternehmensregelungen als Erlaubnistatbestand für den Drittlanddatentransfer gemäß § 4c Abs. 2 Satz 1 BDSG. Weil in diesem Bereich der Selbstregulierung bereits erste

---

[901] S. Fn. 896.

[902] Vgl. *Schulz* 2006, S. 182; zu möglichen Gegenständen der Selbstregulierung Roßnagel – *Roßnagel* 2003, Kap. 3.6, Rn. 111.

[903] *Büllesbach/Garstka*, CR 2005, S. 724; *Büllesbach* 2000, S. 285.

[904] Ausführlich dazu *Wuermeling*, DSB 2002, S. 11f.; *Büllesbach* 2001, S. 129; *ders.* 2001a, S. 269f.; *Büllesbach/Hess-Löw*, DuD 2001, S. 135 ff.; vgl. außerdem *Büllesbach*, RDV 2005, S. 13 ff.

[905] *Büllesbach* 2006, S. 310; s. auch Fn. 882.

Schritte durch die Wirtschaft unternommen worden sind,[906] soll hieran nachfolgend das Zusammenspiel von Selbstregulierung und Konzerndatenschutzbeauftragtem exemplarisch aufgezeigt werden.

Die Übermittlung personenbezogener Daten ins Ausland ist immer noch gekennzeichnet durch rechtliche Hindernisse.[907] Mit Umsetzung der Art. 25 ff. EG-DSchRL durch die §§ 4b und 4c BDSG ist die Auslandsdatenübermittlung für den nicht-öffentlichen Bereich erstmals gesetzlich geregelt worden.[908] Für das Gebiet der Europäischen Union und dem des insoweit gleichgestellten Europäischen Wirtschaftsraum wurde entsprechend den Grundfreiheiten ein Raum des freien Datenverkehrs geschaffen,[909] der gemäß Art. 25 Abs. 1 EG-DSchRL auch für Staaten außerhalb der Union eröffnet ist, sofern sie ein nach EU-Maßstäben angemessenes Datenschutzniveau aufweisen. Kann ein angemessenes Datenschutzniveau nicht festgestellt werden, so gilt grundsätzlich ein Übermittlungsverbot mit Erlaubnisvorbehalt. Ob ein angemessenes Datenschutzniveau vorliegt, muss die verantwortliche Stelle gemäß § 4b Abs. 5 BDSG unter Maßgabe der in § 4b Abs. 3 BDSG genannten Kriterien selbst bestimmen, was in der Praxis einer einzelnen verantwortlichen Stelle allerdings kaum möglich sein wird.[910] Von besonderer Bedeutung sind daher die verbindlichen Entscheidungen der Europäischen Kommission nach Art. 25 Abs. 6 EG-DSchRL über die Angemessenheit des Schutzes personenbezogener Daten in Drittländern.[911] Weil diese bisher aber nur für wenige Staaten ergangen sind, müssen verantwortliche Stellen auf die übrigen Erlaubnistatbestände für den Auslandsdatentransfer in Drittstaaten zurückgreifen.

Insbesondere für weltweit tätige Unternehmen bietet § 4c Abs. 2 Satz 1 BDSG mit der Verwendung von Vertragslösungen oder verbindlichen Unternehmensregelungen die Möglichkeit, selbständig gesetzliche Erlaubnistatbestände für den Datentransfer in Drittländer auszufüllen, und ist daher in der Praxis von maßgeblicher Bedeutung.[912] Der Vorteil für die Unternehmen liegt darin, dass sie individuelle, für sie passende Regelungen erstellen können. Bei den Vertragslösungen gilt dies jedoch nur mit Einschränkung, denn es muss unterschieden werden zwischen Standardvertragsklauseln der Kommission und individuellen Vertragslösungen der am Datenexport Beteiligten. Erstere sind nicht veränderbare Vertragsentwürfe der Kommission, die von der verantwortlichen Stelle ohne weitere Prüfung übernommen werden

---

[906] Vgl. dazu *Dix/Gardain*, DuD 2006, S. 344f.
[907] Vgl. *Tampe* 2006, S. 192; *Lambrich/Cahlik*, RDV 2002, S. 299; *Büllesbach/Hess-Löw*, DuD 2001, S. 135.
[908] Bis dahin richtete sich die über die Grenzen des Anwendungsbereichs des Bundesdatenschutzgesetzes hinausgehende Übermittlung nach den allgemeinen Zulässigkeitskriterien gemäß den §§ 28 ff. BDSG 90, vgl. dazu *Ruppmann* 2000, S. 53 ff. Dass auch die gesetzliche Regelung des Datentransfers in Drittstaaten zu Beeinträchtigungen des Wirtschaftsverkehrs führen würde, war dem Gesetzgeber durchaus bewusst, da er lediglich „unangemessene" Beeinträchtigungen vermeiden wollte, vgl. *BReg.* im GEntw. BDSG v. 13.10.2000, BT-Drs. 14/4329, S. 29.
[909] Kritisch dazu *Nagel* 2003, S. 357f. m.w.N.
[910] *Duhr/Naujok/Peter/Seifert*, DuD 2002, S. 16; *Tinnefeld*, NJW 2001, S. 3082.
[911] Unter http://ec.europa.eu/justice_home/fsj/privacy/thridcountries/index_de.htm ist der aktuelle Stand über die Beurteilung der Angemessenheit des Datenschutzniveaus einzelner Staaten durch die Europäische Kommission abrufbar.
[912] *Räther/Seitz*, MMR 2002, S. 520; vgl. auch *Büllesbach*, RDV 2002, S. 60.

und als ausreichende Schutzgarantien dienen können.[913] Nachdem die Vorschläge der Kommission von 2001 als zu praxisfern galten, erklärte sich diese Ende 2004 dazu bereit, alternative von der Wirtschaft gemachte Vorschläge zu übernehmen und als Standardvertragsklauseln herauszugeben.[914] Vorteile der Standardvertragslösung sind die direkte Anwendung ohne vorherige Genehmigung sowie die damit verbundene zeitnahe Einsatzmöglichkeit.[915] Der Nachteil solcher Standardlösungen ist, trotz der Nachbesserungen, die fehlende Flexibilität der Regelungen, sodass sie nicht auf das Unternehmen abgestimmt werden können.[916] Sie werden daher nur in bestimmten Bereichen für die Wirtschaft interessant sein, aber nicht als konzernweite Universallösung fungieren können. Individuelle Vertragslösungen können wesentlich flexibler gestaltet werden und sind für Einzelfallprojekte eines Unternehmens gut geeignet, weil sie dezidiert auf spezielle Probleme des Datentransfers eingehen können.[917] Sie müssen allerdings für jeden datenschutzrelevanten Vorgang einzeln umgesetzt und bei jeder Veränderung überprüft und gegebenenfalls überarbeitet werden, was in einem großen Umfang für Konzerne nicht praktikabel erscheint.[918] Außerdem müssen die Vertragsklauseln der Aufsichtsbehörde zur Überprüfung vorgelegt werden. Individuelle Vertragslösungen können daher ebenfalls nur punktuelle Erlaubnistatbestände für global agierende Unternehmen darstellen.[919]

Während Vertragslösungen durch die beschriebene Einzelfallbezogenheit geprägt sind, können die alternativ in § 4c Abs. 2 Satz 1 BDSG genannten verbindlichen Unternehmensregelungen auf einer abstrakteren Ebene zu einem angemessenen Schutzniveau durch Garantien hinsichtlich des Schutzes des Persönlichkeitsrechts und der Ausübung der damit verbundenen Rechte führen. Diese Art der Selbstregulierung – beispielsweise durch einen Code of Conduct – ist auf internationale Konzerne und den für sie notwendigen Datentransfer zugeschnitten und bietet diesen nicht zu unterschätzende Vorteile.[920] Verbindliche Unternehmensregelungen können im Gegensatz zu Standardvertragslösungen zunächst flexibel und individuell an die Gegebenheiten des jeweiligen Konzerns angepasst werden. So kann die Form eines Code of Conduct beispielsweise abhängig gemacht werden von verschiedenen Faktoren, die die Datenübermittlung eines Unternehmens in Drittländer bestimmen, und demgemäß lediglich

---

[913]   Vgl. *Martin*, DuD 2007, S. 128; *Klug* 2004, S. 131; *Wisskirchen*, CRi 2004, S. 171.
[914]   Ausführlich *Dix/Gardain*, DuD 2006, S. 344; *Glaser* 2006, S. 215 ff.; s. außerdem *Tampe* 2006, S. 193.
[915]   *Backes/Eul/Guthmann/Martwich/Schmidt*, RDV 2004, S. 160; *Wisskirchen*, CRi 2004, S. 171.
[916]   Vgl. aber *Draf* 1999, S. 124, der davon ausgeht, dass Standardvertragsklauseln „an die Erfordernisse des Einzelfalls angepasst werden können".
[917]   *Büllesbach/Hess-Löw*, DuD 2001, S. 137.
[918]   *Büllesbach*, RDV 2005, S. 16; *Backes/Eul/Guthmann/Martwich/Schmidt*, RDV 2004, S. 160; vgl. außerdem *Tampe* 2006, S. 192f., der zu selbigem Ergebnis kommt, aber noch zwischen „Einzelvertrag" und „Company-to-Company-Agreement" unterscheidet.
[919]   Vgl. aber zur Bedeutung von Vertragsklauseln in der Zeit vor Inkrafttreten der Novelle des Bundesdatenschutzgesetzes von 2001 *Däubler* 1998, S. 96 ff.; ausführlich zu den einzelnen Kritikpunkten an den individuellen Vertragsklauseln *Draf* 1999, S. 136 ff.
[920]   *Simitis – Simitis* 2006, § 4c, Rn. 59; *Tampe* 2006, S. 194; *Schaar*, DuD 2003, S. 424; *Lambrich/Cahlik*, RDV 2002, S. 297; *Räther/Seitz*, MMR 2002, S. 526; vgl. auch *Martin*, DuD 2007, S. 129; *Büllesbach* 2006, S. 310f.; *Dix/Gardain*, DuD 2006, S. 344; *Ulmer* 2006, S. 135.

Mindeststandards festlegen, eine Aufteilung in einen allgemeinen und besondere Teile vorsehen oder schließlich zu mehreren Privacy Codes of Conduct führen.[921] Anders als bei individuellen Vertragslösungen besteht darüber hinaus für global agierende Konzerne die Möglichkeit, durch den Selbstregulierungsansatz die derzeitige Heterogenität national unterschiedlicher Regelungsmentalitäten überbrücken zu können und somit für ein weltweit einheitliches Datenschutzniveau innerhalb der Organisation zu sorgen.[922] Aufgrund der in der Europäischen Union vorherrschenden und im globalen Vergleich relativ hoch anzusiedelnden datenschutzrechtlichen Anforderungen haben Unternehmen mit Sitz in einem Staat der Union im Hinblick auf eine stetig steigende Regelungsdichte im übrigen Teil der Welt einen strategischen Vorteil, wenn sie Selbstregulierungsmaßnahmen nach gemeinschaftsrechtlichem Standard konzernweit einführen.[923] Unternehmensweite Regelungen wie etwa ein Code of Conduct stellen also eine gute Möglichkeit dar, eine einheitliche Datenschutzstrategie, wie sie bereits oben beschrieben wurde,[924] im Unternehmen einzuführen. Beachtet werden muss allerdings, dass ein Genehmigungsverfahren zwischen ein bis anderthalb Jahren dauern kann.[925] Um jedoch als Garantien im Sinne von § 4c Abs. 2 Satz 1 BDSG zu gelten, müssen verbindliche Unternehmensregelungen eine Reihe inhaltlicher Anforderungen erfüllen.

Bei der inhaltlichen Ausgestaltung verbindlicher Unternehmensregelungen ist zunächst die Richtlinienkonformität zu beachten, das heißt die Garantien für einen ausreichenden Schutz der Auslandsübermittlungen dürfen keine Verletzung von Normen der EG-Datenschutzrichtlinie darstellen.[926] Darüber hinaus müssen die Unternehmensregelungen auch allen anderen Übermittlungsvorschriften des BDSG sowie gegebenenfalls einschlägigen bereichsspezifischen Vorschriften genügen, damit eine Anerkennung erfolgen kann.[927] Am schwierigsten zu beurteilen ist schließlich, aufgrund der verschiedenen Gestaltungsmöglichkeiten der Unternehmensregelungen, die Frage nach deren Verbindlichkeit.[928] Zwar unterscheidet der Gesetzestext in § 4c Abs. 2 Satz 1 BDSG klar zwischen Vertragsklauseln „oder" verbindlichen Unternehmensregelungen und hebt damit einen Unterschied hervor, bestimmt aber in der Folge die Verbindlichkeit nicht näher. Die Bundesregierung ist in ihrer Begründung zu dem Gesetzesentwurf auf diesen Unterschied eingegangen und hat hervorgehoben, dass das Verhältnis von Teilunternehmen nicht zwingend durch Vertragsklauseln geprägt sei und gerade internationale Konzerne vermehrt dazu übergingen, für alle Teilunternehmen verbindliche Regelungen zu erlassen.[929] Auch die Art.-29-Datenschutzgruppe hat in ihrem Arbeitsdokument „Übermittlung personenbezogener Daten in Drittländer: Anwendung von Arti-

---

[921] *Büllesbach/Hess-Löw*, DuD 2001, S. 138; ebenso *Räther/Seitz*, MMR 2002, S. 527.
[922] *Kranz*, DuD 2001, S. 162
[923] *Büllesbach*, RDV 2005, S. 15.
[924] S. Kap. 4.3.3.2.2.
[925] *Wisskirchen*, CRi 2004, S. 172.
[926] *Dix/Gardain*, DuD 2006, S. 346; *Räther/Seitz*, MMR 2002, S. 527.
[927] Simitis – *Simitis* 2006, § 4c, Rn. 63; *Büllesbach/Hess-Löw*, DuD 2001, S. 138.
[928] Vgl. *Dix/Gardain*, DuD 2006, S. 346.
[929] *BReg.* im GEntw. BDSG v. 13.10.2000, BT-Drs. 14/4329, S. 35.

kel 26 Absatz 2 der EU-Datenschutzrichtlinie auf verbindliche unternehmensinterne Vorschriften für den internationalen Datentransfer" (WP 74) ebenfalls die Unterscheidung „zwischen verbindlichen unternehmensinternen *oder* vertraglichen Regelungen" gebraucht und darüber hinaus umfassende Ausführungen dazu gemacht, wie Verbindlichkeit erreicht werden kann.[930] Allerdings hebt die Gruppe auch ganz deutlich hervor, dass es nationale Regelungen gibt, die durch einseitige Verpflichtungen keine rechtsverbindlichen Rechte und Pflichten zustande kommen lassen. Diese Hervorhebungen zeigen einerseits, dass eine Verbindlichkeit der Unternehmensregelungen nach europarechtlichen Maßstäben auch auf anderem Wege als durch Verträge erreicht werden kann. Müssten alle Datenübermittlungsvorgänge vertraglich abgesichert werden, würde dies verbindliche Unternehmensregelungen als Alternative letztlich obsolet machen. Weil das Bundesdatenschutzgesetz als einziges Gesetz innerhalb der Gemeinschaft die verbindlichen Unternehmensregelungen explizit als Erlaubnistatbestand erwähnt, lässt dies den Schluss zu, dass der bundesdeutsche Gesetzgeber von der Möglichkeit ausreichender Garantien auch ohne umfassende Vertragslösungen ausgeht. Eine solche Sichtweise vertritt auch der Berliner Beauftragte für Datenschutz und Informationsfreiheit, der die Situation, dass Unternehmensregelungen regelmäßig nicht als Vertrag der Obergesellschaft mit den Untergesellschaften ausgestaltet sind und daher auch nicht als Vertrag zugunsten Dritter angesehen werden können (aus dem der Betroffene unmittelbar eigene Rechte herleiten könnte), als „kaum von Bedeutung" beurteilt.[931] Für die Verbindlichkeit sei vielmehr maßgeblich, dass die Unternehmensregelung als Handlungsanweisung des Arbeitgebers gegenüber den Arbeitnehmern ausgestaltet wird. Dies kann beispielsweise in Form einer Betriebsvereinbarung geschehen.[932] Als weitere mögliche Garantien werden vor allem Drittbegünstigungsklauseln und Haftungsregelungen erachtet.[933] Bestehen darüber hinaus Bedenken hinsichtlich eines ausreichenden Schutzniveaus, können verbindliche Unternehmensregelungen gegebenenfalls durch Vertragsabsprachen ergänzt werden.[934] Letztlich sind unterschiedliche Wege möglich, die nur im Rahmen einer Einzelfallabwägung unter Berücksichtigung der Unternehmensstruktur durch die Aufsichtsbehörde geklärt werden können. Zu vergessen ist nicht, dass die verbindlichen Unternehmensregelungen lediglich die Grundlage für den eigentlichen Genehmigungsgegenstand des angemessenen Schutzniveaus für einzelne Übermittlungen sowie bestimmte Arten von Übermittlungen sind.[935]

Die bisher als mit ausreichenden Garantien hinsichtlich des Schutzes des Persönlichkeitsrechts und der Ausübung der damit verbundenen Rechte genehmigten verbindlichen Unter-

---

[930] Unter http://ec.europa.eu/justice_home/fsj/privacy/docs/wpdocs/2003/wp74_de.pdf ist das Dokument abrufbar.

[931] Jahresbericht 2002 des Berliner Beauftragten für Datenschutz und Informationsfreiheit, Kap. 3.2, abrufbar im Internet unter http://www.datenschutz-berlin.de/jahresbe/02/teil3.htm#2; vgl. aber Simitis – *Simitis* 2006, § 4c, Rn. 61.

[932] *Räther/Seitz*, MMR 2002, S. 527; vgl. dazu auch den Ansatz über europäische Betriebsvereinbarungen bei *Däubler*, RDV 1999, S. 249.

[933] *Klug* 2004, S. 132.

[934] Vgl. *Kranz*, DuD 2001, S. 162; so auch *Büllesbach/Hess-Löw*, DuD 2001, S. 138.

[935] *Klug* 2004, S. 131; vgl. auch *Gola/Jaspers* 2006, S. 34.

nehmensregelungen zeigen jedoch,[936] dass Unternehmen und Verbände eine Kombination verschiedener Instrumente, wie sie auch durch die Art.-29-Gruppe in ihrem WP 74 beschrieben wird, verwenden.[937] Neben allgemeinen datenschutzrechtlichen Ausführungen und Selbstverpflichtungserklärungen, die für sich genommen als Garantien nicht ausreichen würden, werden insbesondere Verantwortungsbereiche definiert, Haftungs- und Sanktionsmaßnahmen eingeführt und Verfahrensfragen beantwortet. Im Zusammenhang mit letzteren wird sowohl in den Unternehmensregelungen der DaimlerChrysler AG und der Schering AG als auch bei derjenigen der Deutsche Telekom Gruppe sowie in dem Muster einer Unternehmensrichtlinie des GDV explizit der (Konzern-)Datenschutzbeauftragte als Verantwortlicher für die Einhaltung und Überprüfung der Regelung genannt.[938] Dies entspricht der Vorstellung, dass der Datenschutzbeauftragte im Mittelpunkt eines durch Selbstregulierungsinstrumente geprägten Datenschutzmanagements stehen sollte.[939]

4.3.3.4.3 Einhaltung und Überwachung durch den Konzerndatenschutzbeauftragten

Hat ein Unternehmen einen Code of Conduct oder andere Unternehmensregelungen im Bereich des Datenschutzes erlassen, so bietet es sich an, dem Konzerndatenschutzbeauftragten in diesem Zusammenhang, unabhängig davon, ob eine Genehmigung nach § 4c Abs. 2 Satz 1 BDSG verbindlicher Unternehmensregelungen bereits vorhanden oder deren Erteilung beabsichtigt ist, eine zentrale Rolle einzuräumen.[940] War er nicht sowieso von Anfang an federführend in den Entwicklungsprozess der Unternehmensregelung miteinbezogen,[941] so ist der Konzerndatenschutzbeauftragte gleichwohl die Person innerhalb des Konzerns, die mit allen datenschutzrechtlichen Fragestellungen am besten vertraut ist. Aufgrund seiner durch Koordination und Kontrolle geprägten Aufgabenstellung erfüllt der Konzerndatenschutzbeauftragte bereits alle Anforderungen, die an eine formale Überwachungsfunktion der (verbindlichen) Unternehmensregelungen zu stellen wären. Auch im Rahmen eines eventuellen Genehmigungsverfahrens nach § 4c Abs. 2 Satz 1 BDSG wird sich die Bestellung eines Konzerndaten-

---

[936] Eine vollständige Aufzählung findet sich bei *Dix/Gardain*, DuD 2006, S. 344f.

[937] Ausführlich zum Regelungsinhalt eines allgemeinen Code of Conduct als Beispiel verbindlicher Unternehmensregelungen *Büllesbach*, RDV 2005, S. 16; vgl. außerdem den Code of Conduct der DaimlerChrysler AG, abrufbar unter http://www.daimlerchrysler.com/Projects/c2c/channel/documents/184264_coc_itr_g.pdf und die unter http://www.schering.de/scripts/de/00_meta/privacy/index.php abrufbare Datenschutzerklärung der Schering AG sowie das Muster einer Unternehmensrichtlinie für die Datenweitergabe innerhalb international tätiger Versicherungsunternehmen des Gesamtverbands der Deutschen Versicherungswirtschaft (GDV), die unter http://www.datenschutz-berlin.de/jahresbe/02/anl/anlagenband2002.pdf veröffentlicht und abrufbar ist.

[938] Der Code of Conduct der Deutsche Telekom Gruppe kann abgerufen werden unter der Adresse http://www.telekom.com/dtag/cms/contentblob/dt/de/51852/blobBinary/privacy-code-of-conduct.pdf;jsessionid=CF810F6A90C6A7DA25F7C2BFFCC87581.

[939] *Weichert*, RDV 2005, S. 2; ebenso Däubler/Klebe/Wedde/Weichert – *Däubler* 2007, § 4f, Rn. 8.

[940] *Büllesbach*, RDV 2005, S. 16; *ders.*, RDV 2000a, S. 4; *Brühann* 2002, S. 296. Besonders hinzuweisen ist in diesem Zusammenhang auch auf die niederländische Regelung, die dem Datenschutzbeauftragten bei Vorliegen die Überwachung der Einhaltung von Codes of Conduct überträgt, vgl. *Klug*, RDV 2005, S. 166.

[941] S. dazu Kap. 4.3.3.2.1.

schutzbeauftragten daher mit allergrößter Wahrscheinlichkeit positiv auf die Beurteilung der Garantien, die das Unternehmen zu erbringen hat, auswirken.[942]

Wenn unternehmensweit Selbstregulierung durch das für den Gesamtkonzern verantwortliche Selbstkontrollorgan durchgeführt wird, können neben der Erfüllung gesetzlicher Anforderungen weitere Synergieeffekte erzielt werden.[943] Die Verzahnung von verbindlichen Unternehmensregelungen und der Verantwortungszuweisung der Kontrolle durch Konzerndatenschutzbeauftragte kann insgesamt zu einer Effektivitätssteigerung der Datenschutzorganisation führen, weil durch die selbstregulativen Maßnahmen Vorkehrungen im Unternehmen getroffen werden, die den Datenschutz gesamtheitlich betreffen, das heißt es werden neben der Auslandsübermittlung auch alle weiteren datenschutzrechtlich relevanten Themenbereiche geregelt. Die Verantwortungszuweisung an den Konzerndatenschutzbeauftragten bedeutet die Durchführung und Überwachung durch das betriebliche Kontrollorgan mit der größten Sachkompetenz für datenschutzrechtliche Selbstregulierung innerhalb des Konzerns. Diese Vorteile können anhand eines Beispiels verdeutlicht werden: Unternehmensregulierungen müssen von Zeit zu Zeit an die sich ständig verändernde Organisationsstruktur des Konzerns angepasst werden. Dies gilt für den Datenschutz genauso wie für andere Bereiche. Sofern sich die Änderungen an den von der Art.-29-Gruppe in ihrem WP 74 aufgestellten Bedingungen orientieren, können Unternehmen ohne erneute Genehmigung die verbindlichen Unternehmensregelungen anpassen.[944] Hat ein Konzern etwa einen Privacy Code of Conduct erlassen, kann dieser allein durch den Konzerndatenschutzbeauftragten und seine Mitarbeiter auf sehr effiziente Weise aktuell gehalten werden.

Im Gegensatz dazu gestaltet sich die Revision individueller Vertragsklauseln wesentlich komplizierter. Bei Änderungen müssen sie ebenfalls der Behörde zur erneuten Genehmigung vorgelegt werden. Da es sich hier aber um eine Vielzahl von Verträgen und nicht nur um eine Regelung handelt, wird hier eine sehr aufwendige Prozedur auf die Unternehmen zukommen. Auch unternehmensintern wird ein größere Zahl an Mitarbeiter benötigt werden, um die einzelnen Verträge aktuell zu halten.[945] Außerdem ist bei Vertragsrevisionen, durch die Dritte betroffen sind, in aller Regel die Rechtsabteilung des Konzerns hinzuzuziehen, die den Datenschutz ansonsten nicht zu ihren Kerngebieten rechnet. Zusammenfassend lässt sich anhand des Beispiels der Aktualisierung der zwei unterschiedlichen selbstregulativen Maßnahmen sagen, dass zumindest für große internationale Konzerne die Verbindung von Selbstregulierung in Form (verbindlicher) Unternehmensregelungen und Konzerndatenschutzbeauftragtem eine sehr effektive und auch effiziente Art der Datenschutzorganisation darstellen kann.

Sowohl die DaimlerChrysler AG und die Schering AG als auch der Gesamtverband der Deutschen Versicherungswirtschaft sind als Beispiele aus der Praxis diesen Weg gegangen und

---

[942] Vgl. Simitis – *Simitis* 2006, § 4c, Rn. 61.
[943] Vgl. *Wächter* 2003, Rn. 1341; Roßnagel – *Roßnagel* 2003, Kap. 3.6, Rn. 150; *Büllesbach*, RDV 2000, S. 4.
[944] Insoweit nicht mehr zutreffend *Räther/Seitz*, MMR 2002, S. 527.
[945] Vgl. *Büllesbach*, RDV 2005, S. 16.

haben die Verantwortung für die Einhaltung und Überwachung der jeweiligen verbindlichen Unternehmensregelungen dem Konzerndatenschutzbeauftragten übertragen. Auch wenn anhand dieser drei Organisationen noch keine repräsentativen Schlüsse gezogen werden können, so ist ein Trend dahingehend erkennbar, dass der Konzerndatenschutzbeauftragte in der Selbstregulierung großer Unternehmen eine bedeutende Rolle einnehmen wird. Dies gilt umso mehr, wenn man bei Betrachtung der hier aufgezeigten Entwicklung berücksichtigt, dass seit Einführung der ersten Instrumente der Selbstregulierung in Deutschland erst wenige Jahre vergangen sind und damit eine eigenständige Rechtskultur in diesem Bereich noch im Entstehen befindlich ist.[946]

4.3.4 Persönliche Anforderungen

Die an den Konzerndatenschutzbeauftragten zu stellenden persönlichen Anforderungen richten sich, wie bereits andere Formalien auch, nach den Vorschriften für den Datenschutzbeauftragten.[947] In diesem Fall ist § 4f Abs. 2 Satz 1 BDSG einschlägig und setzt dem Wortlaut nach auch beim Konzerndatenschutzbeauftragten lediglich die zur Erfüllung seiner Aufgaben erforderliche Fachkunde und Zuverlässigkeit voraus.[948] Gleichwohl kann dies nicht bedeuten, dass die persönlichen Anforderungen an einen Beauftragten für den Konzern als Gruppe mehrerer verantwortlicher Stellen ebenso zu bewerten sind wie die eines nur für eine verantwortliche Stelle Beauftragten. Zwar dürfte die Befürchtung eines „Alibibeauftragten" bei einem für den Konzern bestellten Datenschutzbeauftragten regelmäßig gering sein, weil eine solch exponierte Stellung in Zusammenhang mit einer konzernweiten Datenschutzphilosophie die Unternehmen geradezu zwingt, eine entsprechend qualifizierte Persönlichkeit zu bestellen. Unabhängig davon muss an die persönlichen Anforderungen eines Konzerndatenschutzbeauftragten ein besonders hoher Maßstab angelegt werden. Die Schwierigkeit besteht darin, ein von dem einfachen Beauftragten differierendes Anforderungsprofil, welches insbesondere durch den sich aus der Praxis des Konzernbeauftragten ergebenden Aufgabenkatalog geprägt ist,[949] hinreichend zu bestimmen.

4.3.4.1 Fachkunde

War bei der Fachkunde des Konzerndatenschutzbeauftragten die Anknüpfung an Art und Größe des Unternehmens bereits bisher eine gewisse Hilfe,[950] so lassen sich durch die Neuregelung des § 4f Abs. 2 Satz 2 BDSG Anhaltspunkte für die Anforderungen an die Fachkunde direkt aus dem Gesetz entnehmen. Insbesondere die Komplexität und der Umfang konzernweiter Datenverarbeitung führen dazu, dass dem Gesetz nach sehr hohe Maßstäbe an die Fachkunde des Konzerndatenschutzbeauftragten zu stellen sind. Darüber hinaus haben die

---

[946] Vgl. Roßnagel – *Roßnagel* 2003, Kap. 3.6, Rn. 150.
[947] S. dazu Kap. 4.3.2.1 ff. und 4.3.2.2 ff.
[948] S. zu den persönlichen Anforderungen an den Datenschutzbeauftragten Kap. 3.4.
[949] S. dazu Kap. 4.3.3 ff.
[950] Vgl. Fn. 376.

Ausführungen zur Form und die Darstellung des umfangreichen Aufgabenkatalogs bereits verdeutlicht, dass es sich bei dem Konzerndatenschutzbeauftragten um eine äußerst verantwortungsvolle Position handelt.[951] In Verbindung mit einem erhöhtem Qualifikationserfordernis bei steigender Unternehmensgröße bedeutet diese Stellung im Ergebnis, dass bei der Einschätzung der Kenntnisse und Fähigkeiten des Konzerndatenschutzbeauftragten Maßstäbe der obersten Führungsebene des Konzerns anzulegen sind. Somit wird nur ein „Datenschutzexperte" zum Konzernbeauftragten für den Datenschutz bestellt werden dürfen.[952] Ein solcher Beurteilungsmaßstab hat den Vorteil, dass kein starres Anforderungsprofil entsteht, sondern weiterhin eine gewisse Flexibilität vorherrscht.

4.3.4.1.1 Kenntnisse

Kenntnisse wurden bereits dargestellt als Qualifikationen, die durch Aus- und Weiterbildung sowie Berufserfahrung erworben werden.[953] Am bedeutsamsten ist dabei die Ausbildung des Beauftragten, denn sie stellt den Grundstein seiner Befähigung dar. Die Weiterbildung ist vor allem relevant für die Aktualität des Kenntnisstandes, baut aber letztlich auf den durch die Ausbildung erworbenen Kenntnissen auf. Die Berufserfahrung schließlich trägt zu einer wirksamen Umsetzung von Aufgaben innerhalb des betrieblichen Ablaufs bei und unterstützt damit die praktische Anwendung theoretischer Kenntnisse. Um kleineren Unternehmen die Suche nach einem Datenschutzbeauftragten nicht unnötig zu erschweren, ist es möglich, dass die zu bestellende Person bei etwaigen Wissensdefiziten die notwendigen Kenntnisse auch noch durch Weiterbildungsmaßnahmen nach seiner Bestellung erwirbt.[954] Auf diese Weise kann daher eine „Ausbildungslücke" durch gezielte Weiterbildung geschlossen werden. Aufgrund der Bedeutung des Konzernbeauftragten für den Datenschutz ist eine solche Lösung hingegen nur schwer vorstellbar. Die Verantwortung für eine Vielzahl von verantwortlichen Stellen – gegebenenfalls im In- und Ausland – sowie die Koordinierung und Kontrolle der Konzerndatenschutzorganisation lassen den nachträglichen Erwerb notwendiger Qualifikationen kaum zu. Darüber hinaus werden die komplexen Anforderungen des Amtes des Konzerndatenschutzbeauftragten schlechterdings nicht durch Schulungsmaßnahmen erlernbar sein. Dies bedeutet jedoch nicht, dass der Konzerndatenschutzbeauftragte nicht auch eine hohe Lernfähigkeit besitzen und an Weiterbildungsmaßnahmen teilnehmen müsste.[955] Vielmehr soll die durch § 4f Abs. 2 Satz 2 BDSG neu eingefügte Anwendung des Verhältnismäßigkeitsprinzips im Sinne des § 9 Abs. 2 BDSG auf die Fachkunde des Datenschutzbeauftragten, insbesondere ein Maßstab für den Schulungsumfang sein,[956] der bei Beauftragten für den Konzern dadurch

---

[951] S. die Kap. 4.3.2.1 sowie 4.3.3.
[952] *Gola/Klug*, NJW 2007, S. 120.
[953] S. Kap. 3.4.1 m. Fn. 379.
[954] *Schaffland/Wiltfang* 2007, § 4f, Rn. 24; KassHdb ArbR – *Blechmann* 2000, Kap. 2.10, Rn. 384; *Wohlgemuth*, BB 1995a, S. 674 m.w.N.; a.A. Simitis – *Simitis* 2006, § 4f, Rn. 93.
[955] Vgl. dazu Simitis – *Simitis* 2006, § 4f, Rn. 87.
[956] Vgl. Begr. zum Entwurf eines Ersten Gesetzes zum Abbau bürokratischer Hemmnisse insbesondere in der mittelständischen Wirtschaft, BT-Drs. 16/1407, S. 10.

erheblich sein dürfte. Gleichwohl ist bei der anfänglichen Beurteilung der Qualifikationen des Konzerndatenschutzbeauftragten das Hauptaugenmerk auf die bereits durch seine Ausbildung erlangten Kenntnissen zu richten. Aufgrund der Komplexität des Aufgabenkatalogs bedeutet dies, dass man für das Amt des Konzerndatenschutzbeauftragten ein erfolgreich abgeschlossenes Hochschulstudium in einem der bereits beschriebenen Bereiche[957] als ausreichende Qualifikation ansehen kann. Je nach Ausrichtung können dabei für den einzelnen Konzern verschiedene Fachrichtungen von Vorteil sein, ohne dass dies eine Empfehlung für den einen oder anderen Berufszweig sein soll.

Durch ein *juristisches* Studium kann ein breites Spektrum des konzerndatenschutzrechtlichen Anforderungsprofils abgedeckt werden. Zunächst gilt für den Konzerndatenschutzbeauftragten genauso wie für die Datenschutzbeauftragten die Maßgabe, dass umfangreiche Kenntnisse der einschlägigen datenschutzrechtlichen Gesetze und sonstigen Vorschriften vorliegen müssen.[958] Bei einem für den Konzern bestellten Beauftragten kommt noch hinzu, dass er auch die gesellschaftsrechtlichen Verflechtungen untereinander erfassen muss. Ist ein Konzern multinational aufgestellt, sind neben den nationalen Vorschriften weiterhin noch ausländische Rechtsordnungen zu beachten, die etwa im Rahmen einer konzerneinheitlichen Datenschutzstrategie Berücksichtigung finden müssen. Des Weiteren ist eine als Konzern organisierte Unternehmung stark durch das Vertragsrecht mit oftmals datenschutzrechtlichen Bezügen geprägt. Die Bewertung und teilweise auch Erarbeitung von Verträgen mit datenschutzrechtlicher Relevanz sowohl innerorganisatorisch als auch im Verhältnis zu Dritten gehören zu den immer wiederkehrenden Aufgaben des Konzerndatenschutzbeauftragten und sind die Grundlage für eine funktionierende Datenschutzorganisation. Schließlich spielen noch arbeitsrechtliche Aspekte eine gewichtige Rolle, sei es durch kollektivrechtliche Fragen aus dem Bereich der Betriebsverfassung oder durch individualrechtliche Fragen mit Bezuf auf den Schutz der informationellen Selbstbestimmung der einzelnen Arbeitnehmer. Insbesondere bei letzterem führt die Konzernierung zu zusätzlichen Anforderungen an den Datenschutz und damit auch den Konzernbeauftragten.[959]

Weil es das eine *technische* Studium nicht gibt, kommen in diesem Bereich verschiedene Fachrichtungen in Frage. Vorteilhaft sind offenkundig Studiengänge, die sich in irgendeiner Weise näher mit Datenverarbeitung und Datenverarbeitungstechniken beschäftigen. Vertiefte Kenntnisse über das Funktionieren der Technik, mit der personenbezogene Daten verarbeitet werden, ermöglichen den Überblick auch noch bei hochkomplexen Systemen. Vor allem an dieser Stelle macht sich die Konzernierung im technischen Bereich bemerkbar, denn multinational operierende Gesellschaften sind oftmals durch komplizierte und nur schwer durch-

---

[957] S. dazu Kap. 3.4.1.1 m. Fn. 380.
[958] *Drews* 1997, S. 12f. weist an dieser Stelle darauf hin, dass dazu insbesondere auch die Fähigkeit gehört, Normen richtig interpretieren zu können.
[959] Ausführlich dazu *Lambrich/Cahlik*, RDV 2002, S. 288, die der Frage nach der Zulässigkeit der Übermittlung von Arbeitnehmerdaten innerhalb eines Konzerns sowohl an Stellen innerhalb als auch außerhalb der Europäischen Union besondere praktische Bedeutung beimessen.

schaubare Netzwerke miteinander verbunden. Das Verständnis für solche Anlagen erleichtert das Aufsuchen von Schwachstellen und Mängeln. Ein gutes Verständnis für Technik im Allgemeinen können auch rein naturwissenschaftliche Studiengänge vermitteln. Naturwissenschaftliche Vorgehensweisen und der weit verbreitete Einzug moderner Techniken können ebenfalls einen hohen technischen Wissensstand vermitteln. Bei den Anforderungen an die technischen Kenntnisse kommt es letztlich auch auf die Ausrichtung des Konzerns an. Nicht zu unterschätzen sind allerdings die bereits zuvor geschilderten juristischen Anforderungen, sodass Techniker und Naturwissenschaftler auf jeden Fall eine breite Unterstützung durch Juristen benötigen.

Wie im technischen Bereich gilt auch für die *organisatorischen* Kenntnisse, dass sie nicht durch ein spezielles Studium erlangt werden können. Weil aber oftmals eine Unterteilung in betriebswirtschaftliche und betriebliche Kenntnis vorgenommen wird,[960] soll der Studiengang der Betriebswirtschaft beispielhaft genannt werden. Das Wissen über die allgemeine als auch über die spezielle Betriebswirtschaftslehre ist für den Konzerndatenschutzbeauftragten von großer Bedeutung, denn die Anwendung allgemeiner wirtschaftswissenschaftlicher Verfahrensweisen, um datenschutzrelevante Belange sinnvoll in betriebliche Organisationsabläufe einbinden zu können, verkompliziert sich auf Konzernebene enorm, sodass die Beratung über technische und organisatorische Maßnahmen auf Konzernebene unbedingt auf der Grundlage von Bedrohungs- und Risikoanalysen erfolgen sollte.[961] Gerade für diesen Bereich der Abwägung zwischen Wirtschaftlichkeit und Schutzbedürftigkeit sind betriebswirtschaftliche Kenntnisse von erheblicher Bedeutung. Außerdem werden durch ein betriebswirtschaftliches Studium Managementqualifikationen vermittelt, die für das Amt des Konzerndatenschutzbeauftragten als Führungsposition ebenfalls unbedingt vonnöten sind. Gleichwohl gilt auch hier die Prämisse, dass juristische Kenntnisse unabdingbar sind und in ausreichendem Maße vorhanden sein müssen, sei es in der Person des Beauftragten selbst, sei es in Form von Rückgriffsmöglichkeiten auf Juristen.

Wie die bisherigen Ausführungen gezeigt haben, ist die Bestellung einer Person mit akademischem Abschluss zum Konzerndatenschutzbeauftragten aufgrund der Anforderungen unbedingt anzuraten. Dabei lässt sich – wie bereits bei den Datenschutzbeauftragten – keine bestimmte Fachrichtung besonders hervorheben. Von den im Studium zu erwerbenden Fähigkeiten her kommen sowohl Juristen oder Ingenieure als auch Naturwissenschaftler oder Wirtschaftswissenschaftler in besonderem Maße in Frage. Im Einzelfall können aber selbstverständlich auch andere Disziplinen vorzugswürdig sein. Letztlich kommt es auf die spezifische Situation im Konzern im Zusammenspiel mit der Person des Konzerndatenschutzbeauftragten an:

Eine konzernweite, hoch komplexe IT-Anlage kann vielleicht eher durch einen Ingenieur, ein Unternehmen mit Schwerpunkt auf bestimmten Forschungen eher von einem Naturwissen-

---

[960] S. Kap. 3.4.1.1 m. Fn. 388.
[961] Vgl. Simitis – *Ernestus* 2006, § 9, Rn. 39; s. auch Kap. 3.4.1.1 m. Fn. 389.

schaftler oder der Finanzkonzern vielleicht am besten durch einen Betriebswirt kontrolliert werden. Hier werden Empfehlungen gegeben, die immer auch im Licht eines Ganzen gesehen werden müssen. Für den Juristen spricht die Tatsache, dass auch im Konzern die Rechtmäßigkeitskontrolle noch so komplexer Datenverarbeitungsvorgänge letztlich reine Subsumtionsarbeit ist, auf die er bei ausreichendem technischen Sachverstand – gegebenenfalls unter Rückgriff auf Fachkräfte und Hilfspersonal – besonders gut vorbereitet ist.

Sozusagen als Annex sollten zu den bisher genannten Kenntnissen des Konzerndatenschutzbeauftragten eines multinationalen Konzerns auf jeden Fall Fremdsprachenkenntnisse hinzukommen. Diese sind notwendig, um einerseits zumindest gängige fremdsprachige Gesetzestexte selber verstehen zu können und andererseits um mit ausländischen Datenschutzkollegen korrespondieren zu können.

4.3.4.1.2 Fähigkeiten

Im Gegensatz zu seinen im Rahmen der Ausbildung erworbenen Kenntnissen sind an die Fähigkeiten des Konzerndatenschutzbeauftragten grundsätzlich dieselben Ansprüche wie an die des Datenschutzbeauftragten zu stellen. Eigenschaften wie etwa logisches Denkvermögen, Konflikt- und Konsensfähigkeit oder psychologisches Einfühlungsvermögen können prinzipiell zwar unterschiedlich stark ausgeprägt sein,[962] sollten aber aus Sicht des Gesetzgebers als Initiator der Selbstkontrolle bei allen Beauftragten in höchstmöglichem Maße vorliegen. Es darf letztlich keinen Unterschied machen, ob gemäß § 4g Abs. 1 Satz 1 BDSG innerhalb eines mittelständischen Betriebes mit 500 Mitarbeitern oder in einem Weltkonzern mit 50.000 Mitarbeitern auf die Einhaltung datenschutzrechtlicher Vorschriften hinzuwirken ist; dies kommt gerade durch die Flexibilität der Norm des § 4f Abs. 2 Satz 1 und 2 BDSG zum Ausdruck.

Gleichwohl darf aber nicht verkannt werden, dass sich die Hinwirkungsaufgabe in einem Konzern mit verschiedenen, teilweise im Ausland angesiedelten Gesellschaften zuweilen schwieriger gestalten kann als in einem kleineren Unternehmen. Die Größe des Konzerns mit unterschiedlichen Hierarchien und Gesellschaften mit eigenen Interessenlagen kann dazu führen, dass der Konzerndatenschutzbeauftragte oftmals isoliert für datenschutzrechtliche Belange eintreten muss. Alleinverantwortlich für den Datenschutz eines Konzerns zu sein, bedeutet daher eine enorme Verantwortung und ein hohes Maß an sozialer Kompetenz. Insbesondere für die Bewertung der Fähigkeiten kann sich bei der Personalauswahl des Konzerndatenschutzbeauftragten ein Assessment-Center anbieten, um Kriterien wie Führungsstil, Selbstkontrolle, oder Durchsetzungsvermögen besser beurteilen zu können.[963]

---

[962] S. Kap. 3.4.1.2 m. Fn. 392.
[963] Vgl. *Haaz* 2003, S. 133.

4.3.4.2 Zuverlässigkeit

Wie schon zuvor die Fähigkeiten des Konzerndatenschutzbeauftragten lässt sich auch seine Zuverlässigkeit nur schwer operationalisieren und nicht beziffern, sodass auch hier grundsätzlich dieselben Maßstäbe anzulegen sind wie bei einem Datenschutzbeauftragten.[964] Für Personen, die ein Amt im Rahmen der Selbstkontrolle ausüben, kann es mehr noch als bei den Fähigkeiten nur ein Entweder-Oder geben: Der Beauftragte ist zuverlässig oder er ist es nicht; die Maßstäbe sind hier für alle gleich. Im Bereich der *persönlichen* und *fachlichen Zuverlässigkeit* kann daher auf die Ausführungen zum Datenschutzbeauftragten verwiesen werden.[965]

Besonderheiten bezogen auf die Zuverlässigkeit des Konzerndatenschutzbeauftragten bestehen allerdings im Zusammenhang mit einer möglichen *Interessenkollision*. Wie bereits erörtert, wird diese grundsätzlich angenommen, wenn die notwendige Unabhängigkeit des Datenschutzbeauftragten beeinträchtigt ist, weil er noch andere Aufgaben wahrnimmt, die eine klare Trennung zwischen verantwortlicher Stelle und dem Beauftragten nicht mehr zulassen.[966] Eine solche Aufgabenwahrnehmung im engeren Sinne setzt allerdings eine nebenamtliche Ausübung seiner Tätigkeit voraus, sodass diese Fälle nach der hier gegebenen Empfehlung für einen hauptamtlichen Konzerndatenschutzbeauftragten nicht einschlägig sind.[967] Jedoch besteht für ihn eine andere Gefahr der Interessenkollision, die sich aus dem Umstand ergibt, dass der Konzernbeauftragte parallel für verschiedene verantwortliche Stellen bestellt ist und somit im weiteren Sinne ebenfalls mehrere Aufgaben wahrnimmt. Zum einen stellt sich die Frage, ob durch die Mehrfachbestellung die unterschiedlichen Unternehmensinteressen den Konzerndatenschutzbeauftragten nicht in Konflikte bringen, die mit seiner Funktion nicht mehr vereinbar sind.[968] Zum anderen wird befürchtet, dass der Konzerndatenschutzbeauftragte mehr das Konzerninteresse als die Belange der einzelnen verantwortlichen Stellen verfolgen könnte und somit nur ein kleinster gemeinsamer Nenner für den Datenschutz gebildet wird.[969] Schließlich bestand anfänglich noch die Sorge, dass der Konzerndatenschutzbeauftragte als zentraler Überwacher bei der Konzernzentrale auf die Einhaltung bestimmter Restriktionen drängen muss, etwa zur Speicherung und zur Weitergabe sensitiver Daten, während er als Angehöriger der Auslandsgesellschaften dazu eine indifferente Haltung haben kann.[970]

Die grundlegenden Zweifel an der Zuverlässigkeit – und damit an der Rechtmäßigkeit der Bestellung – des Konzerndatenschutzbeauftragten können zwar nicht völlig ausgeräumt werden, weil die in der Praxis entwickelte Konstruktion eine einwandfreie juristische Lösung nicht zulässt. Sie dürfen aber auch nicht überbewertet werden, indem Konzernen und ihren

---

[964] S. dazu Kap. 3.4.2 ff.

[965] S. Kap. 3.4.2.1.

[966] S. Kap. 3.4.2.2 m. Fn. 406.

[967] S. Kap. 4.3.2.1.2.

[968] So Simitis – *Simitis* 2006, § 4f, Rn. 36; einschränkend auch *Gola/Schomerus* 2007, § 4f, Rn. 24.

[969] *Schlemann* 1996, S. 211; so auch *Ruppmann* 2000, S. 111.

[970] *Kaspers*, DuD 1980, S. 83.

Gesellschaften generell widerstreitende Interessen nachgesagt werden, die in der Folge un-überwindbare Konfliktlagen mit sich bringen sollen. Zwar kann nicht bestritten werden, dass Konzerne zuweilen sehr heterogene Gebilde sein und ganz unterschiedliche Geschäftszwecke verfolgen können. Das bedeutet aber nicht zwangsläufig auch unterschiedliche Interessen beim Datenschutz.

Gerade die Ausführungen zur Koordinierungsaufgabe des Konzerndatenschutzbeauftragten haben gezeigt, dass eine konzernweite Vereinheitlichung des Datenschutzes unter Berücksichtigung der Partikularinteressen durchaus auch positive Wirkung entfalten kann.[971] Die einzelnen Gesellschaften verfolgen ein, entweder allgemein durch vertragliche Absprachen im Unternehmensverbund nach § 15 AktG oder speziell aufgrund der Leistungsmacht des herrschenden Unternehmens nach § 18 Abs. 1 Satz 1 AktG, verbindliches Ziel,[972] das vor allem durch den Konzerndatenschutzbeauftragten entwickelt und umgesetzt wird. Dazu ist ein ausgewogener Kompromiss zwischen den datenschutzrechtlichen Belangen aller Gesellschaften unter dem Aspekt der Verhältnismäßigkeit zu finden und ein hohes Maß an Verantwortungsbewusstsein gerade beim Konzerndatenschutzbeauftragten notwendig. Liegen diese Voraussetzungen vor, führen konzernweit einheitliche Regelungen nicht zwangsläufig zu einem datenschutzrechtlichen kleinsten gemeinsamen Nenner, sondern können vielmehr eine innovationsfördernde Wirkung entfalten,[973] die konzernweit nicht zu einer gegenseitigen Interessenlage, sondern zu einem „race to the summit" führen kann.[974]

In ein solches, insgesamt auf die Anhebung des Datenschutzniveaus gerichtetes Konzept integriert ist die Zuverlässigkeit des Konzerndatenschutzbeauftragten als gegeben anzusehen, solange er die Interessen der einzelnen verantwortlichen Stellen in ausreichendem Maße berücksichtigt. Auch wenn dabei der gelegentliche Vorwurf der Parteilichkeit nicht immer auszuräumen sein wird,[975] ist diese Situation letztlich nicht anders zu bewerten, als wenn mehrere Datenschutzbeauftragte zusammen konzernweit organisatorische Maßnahmen treffen, die auf die Koordination der Tätigkeit der einzelnen Beauftragten abzielen. Solange die spezifischen Interessen der jeweiligen Gesellschaften nicht tangiert werden, sollen solche Absprachen ex ante unproblematisch sein,[976] obwohl auch Datenschutzbeauftragte einzelner Konzerngesellschaften verschiedene Interessen verfolgen könnten. Letztlich ist die Frage nach der Zuverlässigkeit aufgrund der aktuellen Gesetzeslage nicht zufrieden stellend zu lösen, sollte aber aufgrund der potenziellen positiven Wirkung des Konzerndatenschutzbeauftragten nicht generell verneint werden.

---

[971] S. dazu Kap. 4.3.3.2 ff., insb. Kap. 4.3.3.2.2.
[972] Zum Konzernbegriff s. Kap. 4.1.1.
[973] Vgl. *Hoffmann-Riem* 1997, S. 13.
[974] *Büllesbach*, RDV 2005, S. 15.
[975] So z.B., wenn der Konzerndatenschutzbeauftragte Gesellschaften vertritt, die sich als Auftraggeber und Auftragnehmer oder als Arbeitgebergesellschaft und Betriebskrankenkasse gegenüberstehen können, vgl. *Nitsche*, DuD 2001, S. 164.
[976] Vgl. insoweit Simitis – *Simitis* 2006, § 4f, Rn. 36.

4.3.5 Haftung des Konzerndatenschutzbeauftragten

Obwohl an den Konzerndatenschutzbeauftragten wie gesehen sehr hohe persönliche Anforderungen zu stellen sind, können Fehler in seinem Verantwortungsbereich gleichwohl nicht völlig ausgeschlossen werden. Verursacht der Konzerndatenschutzbeauftragte durch ein Fehlverhalten Schäden, so entstehen diese entweder dem durch die Datenverarbeitung Betroffenen oder der jeweiligen verantwortlichen Stelle. Insoweit ergeben sich weder in Bezug auf mögliche Schadenspositionen noch auf den Kreis potenzieller Geschädigter nennenswerte Unterschiede zur Situation des Datenschutzbeauftragten.[977] Weil es für den Konzerndatenschutzbeauftragten keine eigene Normierung gibt, haftet er grundsätzlich nach denselben allgemeinen Regelungen zum Schadensersatz wie der Datenschutzbeauftragte, sodass zunächst auf die dortigen Ausführungen verwiesen werden kann.[978] Die Konzernierung führt aus gesellschaftsrechtlicher Sicht auch zu keinen sonstigen besonderen Haftungssituationen des Konzerndatenschutzbeauftragten. Insbesondere entsteht weder im Innen- noch im Außenverhältnis eine „konzernweite Haftung", das heißt Verschulden kann ihm nicht über die Grenzen der jeweiligen verantwortlichen Stelle hinaus zugerechnet werden.[979] Die haftungsrechtliche Situation des Konzerndatenschutzbeauftragten bedarf also weniger aus Gründen der gesellschaftsrechtlichen Besonderheiten als vielmehr aufgrund praktischer Gegebenheiten des Konzerns einer genaueren Betrachtung.

4.3.5.1 Haftungsrechtliche Besonderheiten der Doppelstellung

Wie sich zunächst gezeigt hat, nimmt der Konzerndatenschutzbeauftragte nach momentaner Gesetzeslage eine in der Personalunion begründete Doppelstellung als interner und gleichzeitig externer Datenschutzbeauftragter ein.[980] Ferner hat die Untersuchung gezeigt, dass bei der Haftung des Konzerndatenschutzbeauftragten gegenüber dem Unternehmen Unterschiede zwischen interner und externer Bestellung bestehen, welche in dem zugrunde liegenden Anstellungsverhältnis begründet sind.[981] In der Folge werden daher die haftungsrechtlichen Besonderheiten der „Doppelstellung" in der Person des Konzerndatenschutzbeauftragten dargestellt, wobei davon ausgegangen wird, dass der Konzerndatenschutzbeauftragte bei der Konzernobergesellschaft als interner, bei den Konzernuntergesellschaften als externer Datenschutzbeauftragter bestellt ist.

Bei der Konzernobergesellschaft angestellt, haftet der Konzerndatenschutzbeauftragte in seiner Eigenschaft als *interner* Datenschutzbeauftragter lediglich für Schäden dieser spezifischen Gesellschaft und nicht für solche, die durch Untergesellschaften verursacht werden. Der

---

[977] Vgl. *Spindler* 2002, S. 187f.
[978] S. dazu Kap. 3.5.
[979] *Spindler* 2002, S. 187f.
[980] S. Kap. 4.3.2.1.1.
[981] S. Kap. 3.5.2.1f.

Rahmen potenzieller Haftungsfälle ist demnach begrenzt.[982] Bei dem Konzerndatenschutzbeauftragten kommen außerdem in einem möglichen Haftungsfall die Grundsätze der Arbeitnehmerhaftung, die zuvor bereits bei der Darstellung des Datenschutzbeauftragten Erwähnung fanden, in vollem Umfang zur Anwendung.[983] Insgesamt stellt sich die Haftungssituation als interner Datenschutzbeauftragter der Obergesellschaft damit als überschaubar und in Verbindung mit der Haftungsprivilegierung durchaus zufriedenstellend dar.

Die Situation als *externer* Datenschutzbeauftragter der Konzernuntergesellschaften gestaltet sich unterdessen ungleich komplizierter und konfrontiert den Konzerndatenschutzbeauftragten mit erheblich höheren Haftungsrisiken. Zwar haftet er auch hier jeweils nur für jede spezifische rechtliche Einheit im Sinne des § 2 Abs. 4 BDSG, was aber sowohl in der Summe bei bis zu mehreren hundert Gesellschaften aufgrund der Vielzahl möglicher Haftungsfälle als auch in der Intensität der Datenverarbeitung ein enormes Schadenspotenzial bedeuten kann.[984] Je nachdem, wie die Konzernorganisation aufgebaut ist, können oftmals Untergesellschaften eine intensivere Datenverarbeitung betreiben als die Obergesellschaft. Des Weiteren sind auf den Konzerndatenschutzbeauftragten als externem Datenschutzbeauftragten die Grundsätze der Arbeitnehmerhaftung nicht anwendbar, weil zwischen ihm und der jeweiligen Untergesellschaft regelmäßig nur ein Dienstvertrag vorliegt und es an einem Arbeitsverhältnis fehlt.[985] Für den Konzerndatenschutzbeauftragten stellt daher die Haftung als externer Datenschutzbeauftragter in Untergesellschaften mengenmäßig und aufgrund fehlender Haftungsprivilegierung ein weitaus größeres persönliches Risiko dar als in der Obergesellschaft.

Die unterschiedlichen Haftungsmaßstäbe bedeuten für den Konzerndatenschutzbeauftragten, dass er sich nicht auf eine einheitliche Rechtsfolge bei Schadensfällen einstellen kann. Diese ist vielmehr jeweils davon abhängig, welcher verantwortlichen Stelle die fehlerhafte Datenverarbeitung zuzurechnen ist. Im Ergebnis führt das doppelte Haftungsregime zu der wenig befriedigenden Situation, dass gerade dort, wo mengenmäßig die meisten Datenschutzverstöße auftreten können – in den Konzernuntergesellschaften – die Haftungsprivilegierung für den Konzerndatenschutzbeauftragten als Arbeitnehmer nicht greift und er als eigentliche Führungsperson der Datenschutzorganisation haftungsrechtlich einem außenstehenden Dritten gleichgestellt wird. Soll ein solches Szenario umgangen werden, kann dies über den Weg umfassender vertraglicher Regelungen zwischen dem Konzerndatenschutzbeauftragten und seinem Arbeitgeber, der Konzernobergesellschaft, sowie den Untergesellschaften erfolgen. Wenn dem Konzerndatenschutzbeauftragten in dieser Situation noch Hilfspersonal zur Verfügung steht und dieses einen Schaden verursacht, verkompliziert sich die haftungsrechtliche

---

[982] Das Ausmaß richtet sich freilich nach der Ausrichtung der Obergesellschaft: Je nachdem, ob der Gesellschaftszweck eine reine Holdingfunktion, eine Konzernkoordinierungsfunktion, die Produktion oder die Verbindung beliebiger Funktionen darstellt, wird auch die Datenverarbeitung und damit das Potenzial an Datenverarbeitungsverstößen variieren.
[983] S. dazu Kap. 3.5.2.1 m. Fn. 433f.
[984] S. Fn. 252.
[985] S. dazu Fn. 434.

Situation ein weiteres Mal und setzt den Konzerndatenschutzbeauftragen einem ungleich höheren Haftungsrisiko aus.

4.3.5.2 Haftung für Fehler des Hilfspersonals

Nach hier vertretener Auffassung ist für diese Position zunächst eine hauptamtliche Bestellung notwendig.[986] Weil aber allein dadurch nicht alle anfallenden Aufgaben abgedeckt werden können, erscheint es darüber hinaus erforderlich, dass dem Konzerndatenschutzbeauftragen gemäß § 4f Abs. 5 Satz 1 BDSG geeignetes Hilfspersonal für die Bewältigung der unterschiedlichen Aufgaben zur Verfügung gestellt wird.[987] Neben den Datenschutzverantwortlichen in den Peripherieunternehmen zählen dazu vor allen Dingen die Mitarbeiter eines möglichen Kompetenzcenters für Datenschutz.[988] In großen Konzernen kann es außerdem sinnvoll sein, dem Konzerndatenschutzbeauftragen für Kontrollaufgaben Fachpersonal aus dem Bereich der Revision zu unterstellen. Auch wenn nicht jeder Konzerndatenschutzbeauftragte auf alle hier genannten Hilfspersonen zurückgreifen kann, so kann doch davon ausgegangen werden, dass der überwiegenden Zahl der Beauftragten Mitarbeiter zur Verfügung stehen.

Unterlaufen diesen Hilfspersonen Fehler, würde sich nach den allgemeinen Haftungsregeln des Bürgerlichen Gesetzbuchs die Frage stellen, ob und gegebenenfalls wieweit der Konzerndatenschutzbeauftragte für daraus resultierende Schäden aufgrund des Verhaltens seiner Gehilfen verantwortlich ist. Im Datenschutzrecht ist diese Frage hingegen unbedeutend, da es hier eine ganz klare Vorgabe gibt: Der (Konzern-)Datenschutzbeauftragte haftet *allein* für die durch sein Hilfspersonal verursachten Schäden sowohl des Betroffenen als auch des Unternehmens, weil er dem Sinn des Bundesdatenschutzgesetzes entsprechend neben der verantwortlichen Stelle die ausschließliche Verantwortung für unmittelbar auf seinen Kontrollbereich zurückführbare Datenschutzverstöße trägt, unabhängig davon, ob er sie selber oder ein Mitarbeiter verursacht hat.[989] Das Haftungsrisiko vergrößert sich also in dem Maße, in welchem der Mitarbeiterstab wächst. Für den Konzerndatenschutzbeauftragen ist diese Situation daher von besonderer Bedeutung, weil er aufgrund seiner Aufgaben unter Umständen auf eine große Zahl von Hilfspersonal angewiesen ist. Dabei spielt die Frage nach der jeweiligen Form der Bestellung keine Rolle, da die Alleinverantwortung den externen Beauftragten genauso trifft wie den internen.

Nach allgemeinen arbeitsrechtlichen Haftungsmaßstäben erscheint die strikte Haltung des Bundesdatenschutzgesetzes unbefriedigend, denn während das Bundesdatenschutzgesetz von einer alleinigen Verantwortung des Datenschutzbeauftragten beziehungsweise des Konzern-

---

[986] S. Kap. 4.3.2.1.2.
[987] Zu den einzelnen Aufgaben des Konzerndatenschutzbeauftragen s. Kap. 4.3.3 ff.
[988] S. dazu Kap. 4.1.3.1.3.
[989] S. Fn. 322. Dies ist darin begründet, dass die Verantwortlichkeit für die Datenschutzkontrolle unmittelbar an das Amt geknüpft ist, und wäre nur zu ändern, wenn man die Bestellung mehrerer Datenschutzbeauftragter zuließe, wie dies etwa in § 53 Abs. 1 BImSchG für Immissionsschutzbeauftragte oder in § 54 Abs. 1 Satz 1 Krw-/AbfG für Abfallbeauftragte vorgesehen ist.

datenschutzbeauftragten ausgeht, ist im Zivilrecht regelmäßig jede Person nur für ihr eigenes Handeln verantwortlich und eine „Verschuldenshaftung", etwa für Gehilfen, nur unter ganz bestimmten Voraussetzungen zulässig.[990] Bedient sich ein Arbeitnehmer zur Erfüllung seiner Arbeitsleistung eines Gehilfen, liegt ein sogenanntes Gehilfenverhältnis vor, wobei danach unterschieden wird, ob der Arbeitnehmer den Gehilfen im eigenen oder im Namen des Arbeitgebers einstellt. Wird der Gehilfe von dem Arbeitnehmer im Namen des Arbeitgebers eingestellt, so erwachsen arbeitsrechtliche Rechtsbeziehungen zwischen dem Arbeitgeber und dem Gehilfen. Der Arbeitnehmer tritt in diesem Fall lediglich als Vertreter des Arbeitgebers auf.[991]

Nachfolgend wird daher die Frage erörtert, wie die Haftung des Konzerndatenschutzbeauftragten, als für die Datenschutzkontrolle Verantwortlichen, für Schäden, die durch seine Gehilfen verursacht wurden, unter allgemeinen haftungsrechtlichen Gesichtspunkten zu bewerten wäre.[992] Als die wesentlichen möglichen Anspruchsgrundlagen für eine Schadensersatzpflicht für das Verhalten Dritter werden dabei als schuldrechtliche Zurechnungsnorm § 278 Satz 1 BGB sowie als deliktsrechtliche Haftungsnorm § 831 Abs. 1 Satz 1 BGB untersucht.[993] Es wird dabei die bereits verwendete Unterscheidung zwischen Ansprüchen des *Betroffenen* und Ansprüchen des *Unternehmens* beibehalten.[994] Von großer Bedeutung für die Beantwortung dieser Frage sind unter der Prämisse des Vorliegens eines Gehilfenverhältnisses die Möglichkeiten des Konzerndatenschutzbeauftragten, wie er das Hilfspersonal auswählt und wie es ihm zugeordnet werden kann.[995]

4.3.5.2.1 Haftung gegenüber dem Betroffenen aus zivilrechtlicher Sicht

Eine Haftung des Konzerndatenschutzbeauftragten für einen beim Betroffenen durch eine Hilfsperson verursachten Schaden könnte über § 278 Satz 1 BGB möglich sein. Voraussetzung dafür ist aber ein bestehendes Schuldverhältnis zwischen dem Betroffenen und dem Konzerndatenschutzbeauftragten.[996] Dies können grundsätzlich sowohl vertragliche als auch gesetzliche Schuldverhältnisse sein; davon umfasst sind auch Rechtsinstitute wie positive Vertragsverletzung, culpa in contrahendo oder der Vertrag mit Schutzwirkung für Dritte.[997]

---

[990]   Vgl. *Medicus* 2007, Rn. 778.
[991]   Staudinger – *Richardi* 2005, Vor § 611, Rn. 386; ebenso Schaub – *Schaub* 2007, § 183, Rn. 2 ff.
[992]   Die Frage ist auch unter dem Gesichtspunkt interessant, dass sie sich auf den „einfachen" Datenschutzbeauftragten übertragen lässt, sofern dieser Hilfspersonal in Anspruch nimmt, weil sich die Alleinverantwortlichkeit für die Datenschutzkontrolle des Konzerndatenschutzbeauftragten aus der des Datenschutzbeauftragten ergibt. Weil die Relevanz des Hilfspersonals im Rahmen des Konzerndatenschutzbeauftragten aber eine weitaus bedeutsamere Rolle spielt, wird sie an dieser Stelle erörtert.
[993]   Vgl. *Schreiber*, JURA 1987, S. 647. Die in diesem Zusammenhang oftmals zitierte „Organhaftung" gemäß § 31 BGB ist nicht Untersuchungsgegenstand, weil es dabei um die Haftung juristischer Personen für Handlungen ihrer Organe geht, während vorliegend die Haftung des Konzerndatenschutzbeauftragten als natürliche Person ausschlaggebend ist.
[994]   Vgl. Kap. 3.5.1f.
[995]   S. dazu Kap. 3.2.2.5.
[996]   Vgl. *Brox/Walker* 2007, § 20, Rn. 25; *Medicus* 2006, Rn. 324; Staudinger – *Löwisch* 2004, § 278, Rn. 7.
[997]   Staudinger – *Löwisch* 2004, § 278, Rn. 7f.; vgl. auch *Medicus* 2007, Rn. 800.

Wie aber schon beim Datenschutzbeauftragten fehlt es zwischen Betroffenem und Konzerndatenschutzbeauftragtem regelmäßig an einer vertraglichen Beziehung,[998] weswegen § 278 Satz 1 BGB von Anfang an nicht als Zurechnungsnorm des Verschuldens einer Hilfsperson des Konzerndatenschutzbeauftragten in Betracht kommt.

Wenn nicht im Wege vertraglicher Beziehungen könnte den Konzerndatenschutzbeauftragten eine Verantwortlichkeit für die schädigenden Handlungen seines Hilfspersonals nach § 831 Abs. 1 Satz 1 BGB treffen, sofern diese als tatbestandsmäßig, rechtswidrig und schuldhaft eingeordnet werden.[999] Dazu müsste der Konzerndatenschutzbeauftragte zunächst als Geschäftsherr sein Hilfspersonal beziehungsweise den einzelnen Mitarbeiter, der den Schaden verursacht hat, als Verrichtungsgehilfen bestellt haben. Maßgebliches Kriterium zur Bestimmung der Geschäftsherreneigenschaft ist die planvolle Steuerung der Weisungsgewalt. Geht man dabei von der Bestellung als willentliche Indienstsetzung aus, ist Geschäftsherr, wer den Verrichtungsgehilfen tatsächlich einstellt; auf ein zugrunde liegendes Rechtsverhältnis kommt es nicht an.[1000] Der Konzerndatenschutzbeauftragte würde sein Hilfspersonal demnach als Verrichtungsgehilfen bestellen, wenn er sie selbstständig aussuchte, für deren Versetzung oder Einstellung verantwortlich zeichnete und ihnen gegenüber ein über die fachliche Weisungsbefugnis hinausgehendes Direktionsrecht besäße. Weil die Zuordnung des Hilfspersonals zum Konzerndatenschutzbeauftragten in unterschiedlichen Konstellationen möglich ist,[1001] bedürfte es hier einer genaueren Unterscheidung: Eine Haftung nach § 831 Abs. 1 Satz 1 BGB wäre nur in den Fällen denkbar, in denen das Direktionsrecht geteilt ist und der Konzerndatenschutzbeauftragte quasi als Arbeitgeber aufträte. Derart gelagert sind allerdings nur die Fälle, in denen entweder dem Konzerndatenschutzbeauftragten eine eigene Stabsstelle mit umfassenden konzernweiten Befugnissen eingerichtet wird[1002] oder ein externer Konzerndatenschutzbeauftragter sein Hilfspersonal selbständig beschäftigt und dafür von der verantwortlichen Stelle die entsprechenden finanziellen Mittel erhält; kennzeichnend in beiden Fällen ist insbesondere die Personalentscheidungskompetenz.[1003] Unter diesen Voraussetzungen könnte man dem Konzerndatenschutzbeauftragten umfassende Weisungsbefugnisse zusprechen. Läge weiterhin eine rechtswidrige Gehilfenhandlung dergestalt vor, dass die verantwortliche Stelle eine unmittelbar auf den Gehilfen zurückzuführende, nach dem Gesetz unzulässige oder nicht durch die Einwilligung des Betroffenen gedeckte Verarbeitung personenbezogener Daten durchgeführt hat, bestünde der Anspruch gegen den Konzerndatenschutzbeauftragten nach § 831 Abs. 1 Satz 1 BGB auf Ersatz des Schadens, den sein Verrichtungsgehilfe dem Betroffenen zugefügt hat, denn ein Verschulden des Gehilfen wird nicht vorausge-

---

[998] S. Kap. 3.5.1.
[999] Vgl. *Brox/Walker* 2007a, § 42, Rn. 2.
[1000] *Staudinger – Belling* 2008, § 831, Rn. 63.
[1001] S. Kap. 3.2.2.5.
[1002] *Büllesbach*, RDV 2001, S. 5 spricht in diesem Zusammenhang von einem „Law Enforcement System"; vgl. auch *Schlemann* 1996, S. 275f.
[1003] Vgl. dazu auch *Schaub – Schaub* 2007, § 15, Rn. 4.

setzt.[1004] Der Anspruch wäre aber nur durchsetzbar, sofern der Konzerndatenschutzbeauftragte sich nicht nach § 831 Abs. 1 Satz 2 BGB exkulpieren könnte und ihn ein Auswahl- oder
Überwachungsverschulden träfe.

4.3.5.2.2 Haftung gegenüber dem Unternehmen aus zivilrechtlicher Sicht

Auch dem Unternehmen gegenüber kommen als Zurechnungsnormen des Verhaltens der
Hilfspersonen die §§ 278 und 831 Abs. 1 Satz 1 BGB in Frage. Im Gegensatz zum Verhältnis
zwischen Betroffenem und Konzerndatenschutzbeauftragtem liegt zwischen ihm und dem
Unternehmen ein Schuldverhältnis in Form eines Arbeitsvertrages bei einem internen und
regelmäßig in Form eines Dienstvertrages bei einem externen Beauftragten vor. Eine Ver-
schuldenszurechnung über § 278 BGB schiene damit nicht von vornherein ausgeschlossen
und wäre dann möglich, wenn das Hilfspersonal des Konzerndatenschutzbeauftragten die
Voraussetzung des § 278 BGB erfüllte. Danach ist Erfüllungsgehilfe, wer nach den rein tatsächlichen Vorgängen mit dem Willen des Schuldners – hier der Konzerndatenschutzbeauftragte – bei der Erfüllung der diesem obliegenden Verbindlichkeiten als Hilfsperson tätig
wird.[1005] Dabei ist die Art der zwischen dem Schuldner und der Hilfsperson bestehenden
rechtlichen Beziehung ebenso unerheblich wie die Frage, ob die Hilfsperson eine eigene Verbindlichkeit erfüllen will.[1006] Demnach könnten zumindest diejenigen Hilfspersonen als Erfül-
lungsgehilfen eingeordnet werden, die dem Konzerndatenschutzbeauftragten nicht durch das
Unternehmen zugeordnet, sondern eigens von ihm ausgewählt wurden, unabhängig davon, ob
sie bereits in dem Unternehmen tätig waren oder nicht. Für den Konzerndatenschutzbeauftragten als Arbeitnehmer bedeutete dies aber, dass ihm im Verhältnis zu seinem Arbeitgeber –
in aller Regel die Konzernobergesellschaft – das Verschulden von Mitarbeitnehmern zugerechnet würde, die wiederum eigene Arbeitsverträge mit dem Unternehmen haben. Weil hier
ein Wertungswiderspruch entstünde, besteht im Arbeitsrecht allgemein die Einschränkung,
dass ein Arbeitnehmer nicht Erfüllungsgehilfe von Mitarbeitnehmern gegenüber dem Arbeitgeber sein kann.[1007] Dies bedeutet im Ergebnis, dass der interne Konzerndatenschutzbeauftragte als Arbeitnehmer dem Unternehmen gegenüber nicht nach § 278 BGB haften würde;
sowohl der externe Konzerndatenschutzbeauftragte im Verhältnis zu den Konzernuntergesellschaften oder der externe auch im Verhältnis zur Konzernobergesellschaft als Dienstver-
pflichtete würden ebenfalls nicht nach § 278 BGB haften, weil die Einschränkung bei einem
selbständigen Dienstvertrag zwar grundsätzlich keine Anwendung findet, bei einem gleichzei-
tigen Interesse des Arbeitgebers an der Verwendung des Hilfspersonals – hier die Erfüllung
der Unterstützungspflicht nach § 4f Abs. 5 Satz 1 BDSG – aber ebenfalls zu einem Wertungswiderspruch führen würde.

[1004] Soergel – *Krause* 2005, § 831, Rn. 35.
[1005] *Schreiber*, JURA 1987, S. 648 m.w.N.
[1006] Palandt – *Heinrichs* 2008, § 278, Rn. 7.
[1007] Staudinger – *Richardi* 2005, Vor § 611, Rn. 386; Staudinger – *Löwisch* 2004, § 278, Rn. 67.

§ 831 Abs. 1 Satz 1 BGB liegt eine ganz andere Konstruktion zugrunde als § 278 BGB: Während letzterer das Verschulden eines Dritten dem Schuldner zurechnet, stellt ersterer auf ein eigenes Fehlverhalten des Geschäftsherrn ab, wie sich aus der Exkulpationsmöglichkeit nach § 831 Abs. 1 Satz 2 BGB ersehen lässt, die sowohl die Auswahl als auch die Anweisung und Beaufsichtigung des Verrichtungsgehilfen umfasst. Der Geschäftsherr kann die Verschuldensvermutung widerlegen, indem er beweist, dass er den Verrichtungsgehilfen sorgfältig ausgewählt, stets ordnungsgemäß überwacht und beaufsichtigt und bei Verrichtungen und deren Leitung, soweit notwendig, die erforderliche Sorgfalt beachtet hat.[1008] Weil hier, wie gesehen, das eigene Verhalten des Geschäftsherrn maßgeblich ist, findet im Gegensatz zu § 278 BGB die Haftung für den Verrichtungsgehilfen auch Anwendung im Bereich des Gehilfenverhältnisses, sofern das Direktionsrecht geteilt und der Arbeitnehmer dem Verrichtungsgehilfen gegenüber tatsächlich weisungsberechtigt ist.[1009] Damit wäre eine Anwendung des § 831 Abs. 1 Satz 1 BGB im Verhältnis zwischen Unternehmen und Konzerndatenschutzbeauftragtem für deliktische Schädigungen durch seine Hilfspersonen durchaus zweckmäßig und nach arbeitsrechtlichen Haftungsmaßstäben auch zulässig. Bezüglich des durch das Vorliegen der tatsächlichen Weisungsgewalt begründeten Verrichtungsgehilfenverhältnisses kann insoweit auf die zur Haftung gegenüber dem Betroffenen gemachten Aussagen verwiesen werden.[1010] Im Ergebnis haftet der Konzerndatenschutzbeauftragte von der Form seines Anstellungsverhältnisses her nach § 831 Abs. 1 Satz 1 BGB, wenn er entsprechend den bereits erörterten Voraussetzungen dem Hilfspersonal gegenüber zu umfänglichen Weisungen, die über den fachlichen Bereich hinausgehen, berechtigt ist.

Zusammenfassend betrachtet würde eine Haftung des Konzerndatenschutzbeauftragten für das Verhalten seines Hilfspersonals nach arbeitsrechtlichen Gesichtspunkten differenzierter ausfallen als das im Datenschutzrecht der Fall ist: Sowohl im Verhältnis zu einem Betroffenen als auch zu seinem Unternehmen fände § 278 BGB aus jeweils unterschiedlichen Gründen keine Anwendung; nach § 831 Abs. 1 Satz 1 BGB käme eine Haftung des Konzerndatenschutzbeauftragten nur in Betracht, wenn er in ausreichendem Maße selbst verantwortlich zeichnet für sein Hilfspersonal. Dieses aus arbeitsrechtlicher Sicht befriedigende, weil beiderseitige Interessen berücksichtigende Ergebnis steht jedoch im Widerspruch zu den ebenfalls berechtigten Wertungen des Bundesdatenschutzgesetzes, die eine Loslösung der Verantwortung vom Amt des Datenschutzbeauftragten nicht zulassen. Aus rechtsdogmatischer Sicht muss daher die Lösung des Datenschutzrechts als spezialgesetzliche Regelung vorgehen. Die arbeitsrechtliche Lösung hingegen würde einen besseren Interessenausgleich schaffen und wäre überdies auch im Verhältnis zum Betroffenen sachgerecht, weil dem Betroffenen weiterhin ein Anspruch gegen das Unternehmen zustünde.

[1008] *Schreiber*, JURA 1987, S. 652.
[1009] Staudinger – *Richardi* 2005, Vor § 611, Rn. 386; Schaub – *Schaub* 2007, § 184, Rn. 4.
[1010] S. Kap. 4.3.5.2.1.

4.3.6 Konzerndatenschutzbeauftragter und Betriebsrat

Das Verhältnis des Beauftragten für den Datenschutz und dem Betriebsrat ist auf Konzernebene bisher ebenso wenig behandelt wie in den anderen Rechtsgebieten, die die Bestellung
eines Konzernbeauftragten ausdrücklich vorsehen. Aus streng datenschutzrechtlicher Sicht
besteht dazu auch kein Grund, da sich durch die Konzernierung zunächst keine Änderungen
in der Konstellation zwischen Datenschutzbeauftragtem und Betriebsrat ergeben. Faktisch
jedoch hat die Bestellung eines Konzerndatenschutzbeauftragten durchaus Auswirkungen auf
das Verhältnis, wie sich nachfolgend zeigen wird. Um diese Auswirkungen in ihrer rechtlichen Bedeutung besser beurteilen zu können, wird abschließend als Vergleichsmöglichkeit
auch das Verhältnis der gesetzlich geregelten Konzernbeauftragten zum Betriebsrat herangezogen, um die Folgen und möglichen Unterschiede einer Normierung hervorzuheben.

4.3.6.1 Ausgangssituation

Das Verhältnis des Konzerndatenschutzbeauftragten zum Betriebsrat ist aufgrund seiner
Mehrfachbestellung rechtlich nach den jeweiligen Gegebenheiten der einzelnen Konzernge-
sellschaften zu beurteilen, in denen eine Bestellung zum Datenschutzbeauftragten erfolgt ist.
Die gegenseitigen Kontrollbefugnisse entsprechen dem Verhältnis zwischen Betriebsrat und
Datenschutzbeauftragtem mit den daraus resultierenden Problemen. Demgemäß sind für den
Konzerndatenschutzbeauftragten im Verhältnis zum Betriebsrat der Konzernobergesellschaft
regelmäßig die Ausführungen zum internen Datenschutzbeauftragten einschlägig, im Verhältnis zu den – sofern vorhanden – Betriebsräten der Einzelgesellschaften die Ausführungen zum
externen Datenschutzbeauftragten.[1011]

4.3.6.2 Gegenseitige Kontrollbefugnisse auf Konzernebene

Der Begriff der „Kontrolle" soll nachfolgend weit verstanden werden und umfasst nicht nur
reine Überwachungsfunktionen der jeweiligen Institutionen, sondern auch Verzahnungen, die
sich aus ihren allgemeinen Aufgaben ergeben. Die unterschiedlichen Verbindungen bestehen
– geprägt durch die Regelungen zum Datenschutzbeauftragten – im Bereich der Anstellung
des Konzerndatenschutzbeauftragten, der Kontrolle seiner Tätigkeit durch den Betriebsrat und
als Fragestellung in der Überwachung der durch den Konzernbetriebsrat durchgeführten Datenverarbeitung.

4.3.6.2.1 Mitwirkung bei der Anstellung des Konzerndatenschutzbeauftragten

Unter Rückgriff auf die Regelung für den Datenschutzbeauftragten gilt auch für den Konzerndatenschutzbeauftragten, dass seine Bestellungen als solche durch die einzelnen Kon-

---

[1011] Genau umgekehrt wäre die Beurteilung, wenn der Konzerndatenschutzbeauftragte bei der Obergesellschaft
lediglich als externer und dafür bei einer Untergesellschaft als interner Datenschutzbeauftragter bestellt wäre.

zerngesellschaften ebenfalls ohne Beteiligung des Betriebsrats vollzogen werden können, was auch für den Widerruf der Bestellungen gilt.[1012] Dies ist insofern von Bedeutung als die Bestellung eines Konzerndatenschutzbeauftragten regelmäßig von der Konzernleitung vorgegeben wird und es bei mangelnder Kommunikation zu den einzelnen Gesellschaften zu Missstimmungen kommen kann, die durch eine ablehnende Haltung der Betriebsräte gegenüber dem Beauftragten zum Ausdruck kommen könnte. Besondere Beachtung muss daher den von der reinen Bestellung zu trennenden Anstellungsverhältnissen des Konzerndatenschutzbeauftragten zukommen, da diese ebenfalls nach denselben Maßstäben wie bei einem Datenschutzbeauftragten zu beurteilen sind und daher bei einer Einstellung oder Versetzung eines Arbeitnehmers zum Konzerndatenschutzbeauftragten nach § 99 BetrVG mitbestimmungspflichtig sein kann. Unter bestimmten Voraussetzungen kann dies wie gesehen sogar für den externen Datenschutzbeauftragten gelten,[1013] was sich auf die Anstellung des Konzerndatenschutzbeauftragten in besonderem Maße auswirken würde, da er bis auf eine Gesellschaft alle Konzernunternehmen als externer Datenschutzbeauftragter kontrolliert. Verschiedene Betriebsräte könnten somit im äußersten Fall die Bestellung eines bestimmten Konzerndatenschutzbeauftragten verhindern.

Allerdings müssen diese theoretischen Ausführungen durch die betriebliche Praxis relativiert werden. Aus Sicht des Arbeitgebers in Gestalt der Konzernleitung kann ein Mitbestimmungsrecht des Betriebsrats nach § 99 BetrVG bei der Anstellung des Konzerndatenschutzbeauftragten vermieden werden, wenn es sich bei der Position des internen Datenschutzbeauftragten um einen leitenden Angestellten handelt, denn dann besteht lediglich eine Unterrichtungspflicht nach § 105 BetrVG. Für die Position des externen Datenschutzbeauftragten muss für die Umgehung eines Mitbestimmungsrechts eine betriebliche Eingliederung umgangen werden, was bei einer engen Anbindung an die Konzernobergesellschaft beziehungsweise die den Konzerndatenschutzbeauftragten als internen Beauftragten anstellende Gesellschaft fast automatisch der Fall sein wird. Aus Sicht der einzelnen Betriebsräte innerhalb des Konzerns gilt es zu beachten, dass unabhängig davon, ob ein einfacher oder ein Konzerndatenschutzbeauftragter bestellt ist, letztlich beide das gleiche Ziel, nämlich den Arbeitnehmerdatenschutz verfolgen. Die Ablehnung eines Konzerndatenschutzbeauftragten sollte daher nur bei offensichtlich fehlender Qualifikation als letzter Ausweg angesehen werden. In Anbetracht der exponierten Stellung eines Konzernbeauftragten wird die Konzernleitung bei der Auswahl einer geeigneten Person aber bereits größte Vorsicht walten lassen. In der Praxis dürften Probleme bei der Anstellung eines Konzerndatenschutzbeauftragten daher die absolute Ausnahme sein.

Festzustellen ist im Zusammenhang mit der Anstellung des Konzerndatenschutzbeauftragten noch, dass ein nach § 54 Abs. 1 Satz 1 BetrVG möglicherweise eingerichteter Konzernbetriebsrat grundsätzlich nicht an der Anstellung des Konzerndatenschutzbeauftragten mitwirkt, was sich daraus ergibt, dass die Mitbestimmung bei personellen Einzelmaßnahmen eine origi-

---

[1012] Vgl. dazu Fn. 229.
[1013] S. dazu Kap. 3.6.2.1.

näre Zuständigkeit des Betriebsrats darstellt. Allerdings kann ausnahmsweise eine Zuständigkeit des Gesamtbetriebsrats in Betracht kommen, wenn ein Arbeitsverhältnis mehreren Betrieben zuzuordnen ist oder wenn eine besondere Ausbildung bestimmter Arbeitnehmer auf
Unternehmensebene angesiedelt ist, sich die Durchführung von vornherein auf mehrere Betriebe erstreckt und nur so sachgerecht erfolgen kann.[1014] Bei dem Aufgabenfeld des (Kon-
zern-)Datenschutzbeauftragten ist die erste Alternative einschlägig, denn sein Tätigkeitsfeld
umfasst die gesamte verantwortliche Stelle, auch wenn diese mehrere Betriebe umfasst.[1015]
Beauftragt dann der Gesamtbetriebsrat gemäß § 58 Abs. 2 Satz 1 BetrVG mit der Mehrheit
der Stimmen seiner Mitglieder den Konzernbetriebsrat, diese Aufgabe für ihn zu behandeln,
könnte man auf diese Weise zu einer Zuständigkeit des Konzernbetriebsrats für die Anstellung des Konzerndatenschutzbeauftragten gelangen.[1016] Eine solche Lösung erscheint insbesondere dann sachgerecht, wenn der Konzerndatenschutzbeauftragte mit weitreichenden konzernweiten Befugnissen ausgestattet wird und damit beide Institutionen auf Konzernebene
wirken. Sie wird allerdings aufgrund der schwierigen Umsetzung und fehlender echter Vorteile in der Praxis selten zu finden sein.

4.3.6.2.2 Kontrolle der Tätigkeit des Konzerndatenschutzbeauftragten

Ein allgemeines Kontrollrecht aus § 80 Abs. 1 Nr. 1 BetrVG steht dem Betriebsrat auch gegenüber dem Konzerndatenschutzbeauftragten zu. Allerdings muss streng darauf geachtet
werden, dass der Betriebsrat der jeweiligen Konzerngesellschaft auch nur die Angelegenheiten überwacht, die in seinen Anwendungsbereich fallen. Für die Kontrolle der Bestellung des
Konzerndatenschutzbeauftragten überhaupt bedeutet dies zunächst, dass nur die jeweilige
Arbeitnehmervertretung in ihrem Unternehmen einen Verstoß gegen die Bestellpflicht feststellen kann. Dies gilt insbesondere auch für den Betriebsrat der Konzernobergesellschaft, der
ebenfalls auf eine Kontrolle seines Unternehmens beschränkt bleibt. Ist ein Konzernbetriebsrat eingerichtet, so wird dieser aus den bereits erwähnten Gründen regelmäßig nicht für die
Überwachung des Konzerndatenschutzbeauftragten beauftragt sein.[1017]

Für die Überprüfung der Qualifikation des Konzerndatenschutzbeauftragten gilt gleichfalls,
dass diese jeweils nur durch einen bestimmten Betriebsrat durchgeführt werden kann und nur
auf das jeweilige Unternehmen beschränkt werden muss. Dabei können sich für den Betriebsrat in der Praxis dann Schwierigkeiten ergeben, wenn er sich mit einer Beschwerde an den
Arbeitgeber wenden will, denn er kann sich nur an seine Geschäftsleitung wenden, während
faktisch die Konzernobergesellschaft zuständig ist, sodass Kommunikationswege verkompli-

---

[1014] *Fitting/Engels/Schmidt/Trebinger/Linsenmaier* 2008, § 50, Rn. 55.

[1015] Vgl. zur Zuständigkeit des Gesamtbetriebsrats ausführlich *BAG*, Urt. v. 21.3.1996, abgedr. in NJW 1997,
S. 410 ff. = NZA 1996, S. 974 ff. = ZIP 1996, S. 1560 ff.

[1016] Vgl. dazu *Neundorf*, DuD 2002, S. 339; eine Zuständigkeit des Gesamtbetriebsrats bzw. Konzernbetriebsrats nimmt *Königshofen* 1997, S. 108 sogar bei den Mitarbeitern des Konzerndatenschutzbeauftragten an;
allgemein zu dieser „Legitimationskette", *Nagel* 2000, S. 264.

[1017] S. dazu Kap. 4.3.6.2.1.

ziert werden. Für die Konzernleitung können die verschiedenen Zuständigkeiten der einzelnen Betriebsräte insofern unangenehm sein, als sich die Betriebe an unterschiedlichen Orten befinden und damit unterschiedliche Aufsichtsbehörden zuständig sind. Von dieser Sichtweise her kann auch für die Konzernführung eine Zuständigkeit des Konzernbetriebsrats für die Überwachung des Konzerndatenschutzbeauftragten vorteilhaft erscheinen.

Die dem Konzerndatenschutzbeauftragten eigentlich zugute kommende Schutzpflicht des Betriebsrats wird durch die Konzernierung ebenfalls teilweise unterlaufen, denn jeder Betriebsrat kann den Konzerndatenschutzbeauftragten nur in seinem Organisationsbereich unterstützen. Eine konzernweite „Rückendeckung" hat der Konzerndatenschutzbeauftragte in diesem Sinne nicht. Allerdings dürfte, sofern es überhaupt zu Problemen kommt, ein ausreichender Schutz durch den Betriebsrat der Konzernobergesellschaft bestehen, wenn es um Beeinträchtigungen durch die Konzernleitung geht.

4.3.6.2.3 Überwachung des Konzernbetriebsrats

Durch die Bestellung eines Konzerndatenschutzbeauftragten ändert sich an der Überwachungssituation gegenüber den einzelnen Betriebsräten und gegebenenfalls gegenüber Gesamtbetriebsräten der Einzelunternehmen sowie der Obergesellschaft des Konzerns nichts.[1018] Aufgrund der Rechtsprechung des *BAG*[1019] zur Überwachung der „einfachen" Betriebsräte durch den Datenschutzbeauftragten muss es auch für den Konzerndatenschutzbeauftragten dabei bleiben, dass eine Kontrolle der durch die Betriebsräte veranlassten Datenverarbeitung nicht in Frage kommt.

Ein Problem mit der Überwachung des Betriebsrats, welches weniger mit dem Konzerndatenschutzbeauftragten als vielmehr mit der Konzernierung allgemein in Zusammenhang steht und bisher in der Literatur im Rahmen der Diskussion über ein Kontrollrecht des Datenschutzbeauftragten nicht benannt worden ist, stellt die Frage nach einer möglichen Überwachung des Konzernbetriebsrats dar. Selbst wenn der Gesetzgeber der Forderung des Bundesarbeitsgerichts und Teilen der Literatur folgte und in das Bundesdatenschutzgesetz oder ein kommendes Arbeitnehmerdatenschutzgesetz ein Mitbestimmungsrecht des Betriebsrats bei der Bestellung des Datenschutzbeauftragten aufnähme und den Weg für ein Kontrollrecht des Datenschutzbeauftragten frei machte, wäre nach heutigem Verständnis eine Kontrolle des Konzernbetriebsrats nicht denkbar. Obwohl für den Konzernbetriebsrat Szenarien der Verarbeitung personenbezogener Daten durchaus denkbar erscheinen, kommt eine Überwachung durch einen (Konzern-)Datenschutzbeauftragten nicht in Betracht, weil seine Kontrollbefugnis immer nur gegenüber der jeweils verantwortlichen Stelle gilt. Auch ein Konzerndatenschutzbeauftragter kann nach aktueller Gesetzeslage kein geeignetes Kontrollorgan sein, denn seine konzernweite Kontrollbefugnis ergibt sich allein aus der Zuständigkeit in den jeweils

---

[1018] S. dazu Kap. 3.6.2.3 m. Fn. 500.
[1019] S. Fn. 504.

verantwortlichen Stellen und bildet somit lediglich eine Summe an Einzelbefugnissen. Eine solche Kontrollkompetenz vermag kein Überwachungsrecht gegenüber dem Konzernbetriebsrat zu begründen, da dieser nicht eindeutig einer verantwortlichen Stelle zugeordnet werden und somit auch nicht Teil einer spezifischen datenschutzrechtlich relevanten juristischen Einheit sein kann.[1020] Vielmehr agiert der Konzernbetriebsrat gerade losgelöst von den Einzelgesellschaften und besitzt gemäß § 58 Abs. 1 BetrVG einen originären Zuständigkeitsbereich, der beispielsweise bei Betriebsvereinbarungen über den Austausch von Mitarbeiterdaten zwischen Konzernunternehmen eröffnet sein kann.[1021] Werden in diesem Zusammenhang personenbezogene Daten verarbeitet, so verbietet sich die Kontrolle durch den Konzerndatenschutzbeauftragten auch unter der Prämisse eines Mitbestimmungsrechts bei der Bestellung, so lange gesetzlich keine originäre Konzernzuständigkeit des Beauftragten geschaffen wird.

Die Überwachung der Verarbeitung personenbezogener Daten des Konzernbetriebsrats, die bei Annahme eines solchen Rechts auf Unternehmensebene nur konsequent wäre, kann demnach nur dann durch ein Organ der Selbstkontrolle stattfinden, die auf gleicher Ebene im Konzern agieren würde. Das bedeutet, dass nur ein gesetzlich geregelter und durch den Konzernbetriebsrat legitimierter Konzerndatenschutzbeauftragter auch ein Kontrollrecht gegenüber diesem ausüben könnte.

4.3.6.3 Situation anderer Konzernbeauftragter

Die Situation der gesetzlich geregelten Konzernbeauftragten unterscheidet sich vor allem durch die Möglichkeit der Bestellung *uno actu* für den gesamten Konzernbereich, denn dadurch ist die Entscheidung des herrschenden Unternehmens bindend für alle nachgeordneten Unternehmen. Dies bedeutet auch, dass Rechte der Betriebsräte in den Einzelgesellschaften beeinträchtigt sein könnten.

4.3.6.3.1 Verhältnis von Konzerngeldwäschebeauftragtem und Betriebsrat

Der Konzerngeldwäschebeauftragte steht wie der Geldwäschebeauftragte in keinem speziellen Kontrollverhältnis zum Betriebsrat, weil zum einen das Geldwäschegesetz keinen besonderen arbeitnehmerschützenden Bezug aufweist.[1022] Zum anderen besteht kein spezieller Auftrag des Geldwäschebeauftragten zur Kontrolle des Betriebsrats. Etwas anderes könnte nur in den praktisch wohl sehr seltenen Fällen einer Personalunion von Geldwäschebeauftragtem und Datenschutzbeauftragtem gelten;[1023] dann wäre jedoch wieder auf das jeweilige Amt abzustellen. Im Ergebnis kann daher festgehalten werden, dass der Konzerngeldwäschebeauftragte nicht als Vergleichsobjekt im Verhältnis zum Betriebsrat dienen kann. Dieses Ergebnis

---

[1020] Vgl. Simitis – *Simitis* 2006, § 2, Rn. 141 m.w.N.
[1021] Vgl. *Schaub/Kreft* 2006, Abschnitt III, Rn. 263.
[1022] Dies wird dadurch unterstrichen, dass dem Betriebsrat selbst bei der Zuverlässigkeitsüberprüfung der Mitarbeiter durch den Geldwäschebeauftragten ein Mitbestimmungsrecht verwehrt wird, vgl. Fülbier/Aepfelbach/Langweg – *Langweg* 2006, § 14, Rn. 137f.
[1023] Vgl. dazu Fülbier/Aepfelbach/Langweg – *Langweg* 2006, § 14, Rn. 58.

besteht unabhängig davon, dass der Konzerngeldwäschebeauftragte intern eventuell Maßnahmen durchführen kann, die der Zustimmung des Betriebsrats bedürfen.

4.3.6.3.2 Verhältnis von Konzernumweltschutzbeauftragten und Betriebsrat

Obwohl die Konzernumweltbeauftragten durch die Bestellung *uno actu* für den gesamten
Konzernbereich eingesetzt werden können und damit ein wesentlicher Unterschied zum Da-
tenschutzrecht besteht, gibt es wie beim Konzerndatenschutzbeauftragten keine speziellen
Regelungen, die das Verhältnis zum Betriebsrat definieren. Für Vergleiche zwischen dem
Konzerndatenschutzbeauftragten und den Konzernumweltbeauftragten müssen daher die
Normen der jeweiligen Umweltbeauftragten, soweit möglich, auf die Konzernebene übertra-
gen werden.

Ein Streit über ein eventuelles Mitbestimmungsrecht bei der Bestellung als solcher ist durch
die Regelung des § 55 Abs. 1a BImSchG für den Immissionsschutzbeauftragten beziehungsweise durch § 58c Abs. 1 1. Halbsatz i.V.m. § 55 Abs. 1a BImSchG für den Störfallbeauftragten und durch § 55 Abs. 3 Krw-/AbfG i.V.m. § 55 Abs. 1a BImSchG von vornherein ausgeschlossen, da nach allen diesen Normen der Betriebsrat vor der Bestellung lediglich zu unterrichten ist. Demnach können durch die Bestellung eines Konzernbeauftragten im Bereich des
Umweltrechts die Betriebsräte der einzelnen Konzerngesellschaften nicht in ihren Mitbe-
stimmungsrechten verletzt sein, sofern die Konzernleitung ihrer Unterrichtungspflicht rechtzeitig nachgekommen ist. Zu beachten ist dabei allerdings, dass alle Betriebsräte des Konzerns informiert werden.

Darüber hinaus kann mit der Bestellung eines externen Umweltbeauftragten eine nach § 99
BetrVG mitbestimmungspflichtige Einstellung verbunden sein, nämlich dann wenn ein externer Umweltbeauftragter in den zu kontrollierenden Betrieb unter analoger Anwendung der
oben bereits dargestellten Voraussetzungen für den Datenschutzbeauftragten eingegliedert
wird.[1024] Weil Konzernbeauftragte für die Untergesellschaften als externe Beauftragte tätig
werden, kommt die analoge Anwendung prinzipiell auch bei ihnen zum Tragen mit der Folge,
dass durch die Bestellung *uno actu* durch die Obergesellschaft Mitbestimmungsrechte der
einzelnen Betriebsräte der Untergesellschaften nicht eingreifen, obwohl die Einstellung eines
Konzernbeauftragten unmittelbare Auswirkungen auf ihren jeweiligen Betrieb haben kann. Es
stellt sich daher die Frage, wie die Bestellung umweltrechtlicher Konzernbeauftragter betriebsverfassungsrechtlich konform verlaufen kann.

Zunächst spricht aus rein rechtlicher Sicht vor allem die gesetzlich vorgesehene Koordinierungsfunktion im Zusammenspiel mit dem vor Ort eingesetzten Fachpersonal gegen die Indi-
zierung einer Eingliederung in einzelne Betriebe. Aus praktischer Sicht ist die Bestellung eines Umweltkonzernbeauftragten dann unzweifelhaft mit dem Betriebsverfassungsgesetz vereinbar, wenn eine Eingliederung des Beauftragten vermieden wird. Dies wird stets dann der

---

[1024] S. dazu Fn. 486.

Fall sein, wenn die Stelle entweder mit einem leitenden Angestellten besetzt wird, sodass § 99 BetrVG von vornherein nicht einschlägig ist oder die engen Voraussetzungen der Eingliederung durch organisatorische Maßnahmen vermieden werden. Sollte man dennoch eine sachgerechte Beteiligung des Betriebsrats anstreben, so könnte dies dadurch erreicht werden, dass dem Konzernbetriebsrat das Mitbestimmungsrecht bei der Einstellung eines Konzernbeauftragten übertragen wird. Auf diese Weise wären die Interessen aller Betriebsräte vertreten und gleichsam eine konzernweite betriebsverfassungsrechtliche Legitimität geschaffen. Jedenfalls steht das Betriebsverfassungsgesetz der Bestellung von Konzernbeauftragten, wie sie im Umweltrecht vollzogen wird, nicht entgegen.

Ein Recht zur Überwachung des Konzernumweltbeauftragten ergibt sich aus § 80 Abs. 1 Satz 1 Nr. 1 BetrVG, wonach sich die Überwachungspflicht des Betriebsrats auf alle zugunsten der im Betrieb tätigen Arbeitnehmer wirkenden Rechtsvorschriften erstreckt, wozu unter anderem arbeitnehmerschützende Umweltschutzvorschriften zählen.[1025] Vom Umfang des Überwachungsrechts her kann man sich an den Ausführungen zu den datenschutzrechtlichen Vorschriften orientieren. Allerdings erfolgt damit nur die grundsätzliche Zuweisung eines Überwachungsrechts der Arbeitnehmervertretung bezogen auf die Tätigkeit der Konzernumweltbeauftragten, nicht aber eine konkrete organisatorische Zuständigkeit. Ob der Betriebsrat, Gesamtbetriebsrat oder gar Konzernbetriebsrat für eine Überwachung nach § 80 Abs. 1 Satz 1 Nr. 1 BetrVG zuständig ist, muss daher anhand der §§ 50 und 58 BetrVG ermittelt werden.

Eine Zuständigkeit des Konzernbetriebsrats für die Überwachung des Konzernumweltbeauftragten ist gemäß § 58 Abs. 1 BetrVG dann gegeben, wenn es sich um eine Angelegenheit handelt, die den Konzern oder mehrere seiner Konzernunternehmen betrifft und nicht durch die einzelnen Gesamtbetriebsräte innerhalb des Unternehmens geregelt werden kann. Der Konzernbezug ist bei einem für den Konzern bestellten Beauftragten unzweifelhaft anzunehmen, fraglich ist jedoch, ob die Gesamtbetriebsräte die Überwachung nicht regeln können, sie ihnen mithin objektiv oder subjektiv unmöglich ist.[1026] Ersteres wäre nur der Fall, wenn der Regelungsgegenstand ausschließlich konzernbezogen und nicht teilbar wäre. Dies ist bei der Tätigkeit des Konzernbeauftragten nicht anzunehmen, da eine Einzelbeurteilung seiner Tätigkeit durchaus in den Unternehmen durch die dortigen Gesamtbetriebsräte oder sogar die einzelnen Betriebsräte vorgenommen werden kann. Subjektiv unmöglich wäre die Überwachung den Gesamtbetriebsräten dann, wenn die Konzernleitung nur zur Regelung auf Konzernebene bereit wäre. Auch dieser Fall ist auf die Konzernbeauftragten nicht anzuwenden, denn die Bestellung durch die Konzernleitung erfolgt zwar konzernweit in einem Akt, gleichwohl wird dadurch aber eine gesetzliche Verpflichtung der Konzernuntergesellschaften erfüllt, wodurch die reine Konzernebene verlassen wird. Eine originäre Zuständigkeit des Konzernbetriebsrats nach § 58 Abs. 1 BetrVG besteht für die Ausübung des Überwachungsrechts daher nicht,

---

[1025] Däubler/Kittner/Klebe – *Buschmann* 2008, § 80, Rn. 6.
[1026] S. dazu Däubler/Kittner/Klebe – *Trittin* 2008, § 58, Rn. 23; GK-BetrVG – *Kreutz* 2005, § 58, Rn. 22.

sondern kann unter den bereits beschriebenen Voraussetzungen lediglich gemäß § 58 Abs. 2 BetrVG an ihn delegiert werden.[1027]

Unter denselben Gesichtspunkten muss das Mitbestimmungsrecht des Betriebsrats nach § 87 Abs. 1 Nr. 7 BetrVG im Vorfeld der Bestellung des Beauftragten bei Vorliegen von Regelungsspielräumen, wie etwa bezüglich der Anzahl der zu Bestellenden, ihrer Auswahl nach bestimmten Kriterien und ihrer Zuteilung zu bestimmten Betriebsbereichen gesehen werden.[1028] Mehr noch als bei der allgemeinen Überwachung steht hier der einzelbetriebliche Bezug im Vordergrund, sodass ebenfalls eine originäre Zuständigkeit des Konzernbetriebsrats für die Beratungen über die Ausgestaltung des Amtes des Konzernbeauftragten im Vorfeld der Bestellung nicht besteht, sondern wiederum lediglich durch eine Aufgabendelegation erreicht werden kann.

Zusammenfassend lässt sich festhalten, dass im Bereich des Umweltrechts dem Betriebsrat grundsätzlich ähnliche Mitwirkungsrechte zustehen wie im Datenschutzrecht. Die gesetzliche Regelung eines Konzernbeauftragten wirkt sich zunächst nicht auf die Zuständigkeit des Betriebsrats beziehungsweise des Gesamtbetriebsrats aus, sodass die Bestellung eines Konzernbeauftragten nicht automatisch zu einer Zuständigkeit des Konzernbetriebsrats führt. Gleichwohl kann es in der Praxis für die Arbeitnehmervertretung ratsam sein, die Mitwirkungsrechte bezogen auf die Konzernbeauftragten dem Konzernbetriebsrat zu übertragen.

4.3.7 Konzerndatenschutzbeauftragter im multinationalen Konzern

Heute nimmt beinahe jeder deutsche Konzern über die nationalen Grenzen hinaus am globalen Wirtschaftsleben teil, unterstützt durch IuK-Techniken, die die Überwindung territorialer Wirtschaftsbarrieren in hohem Maße beeinflusst haben. Weil konzernangehörige Unternehmen dabei den jeweiligen ausländischen Rechtsordnungen unterworfen sind, kommen bei der Datenverarbeitung die nationalen Datenschutzvorschriften desjenigen Landes zur Anwendung, in dem die Verarbeitung räumlich angesiedelt ist, und müssen datenschutzrechtliche Bestimmungen der Herkunftsländer beachtet werden.[1029] Diese Prämisse wurde bereits in allen zuvor erörterten Punkten der Arbeit vorausgesetzt. Gleichwohl bezog sich die Diskussion der rechtlichen Bedeutung des Konzerndatenschutzbeauftragten bisher fast ausschließlich auf bundesdeutsche Problemkreise, was vor allem durch den Geltungsbereich des Bundesdatenschutzgesetzes vorgegeben ist. Dementsprechend hat die entwickelte Definition des Konzerndatenschutzbeauftragten auch unabhängig von seiner möglichen Verantwortung im Ausland Bestand.[1030]

Nachfolgend soll die Bedeutung eines Konzerndatenschutzbeauftragten für ein Unternehmen in einem internationalen Kontext noch einmal besonders hervorgehoben werden, wobei unter

---

[1027] S. Kap. 4.3.6.2.1.
[1028] Vgl. GK-BetrVG – *Wiese* 2005, § 87, Rn. 619.
[1029] *Büllesbach* 2003, Kap. 7.1, Rn. 57.
[1030] S. dazu Kap. 4.1.3.2.

anderem der Frage nach der Bestellung eines „europäischen Konzerndatenschutzbeauftragten" nachgegangen wird. Dieser Punkt kann aber insoweit eine Einschränkung erfahren, als
dass für die Untersuchung nicht bereits jede geschäftliche Aktivität eines Konzerns mit inter-
nationalem Bezug datenschutzrechtliche Relevanz aufweist, sondern lediglich konkrete eigene
wirtschaftliche Betätigungen durch ausländische Niederlassungen oder Untergesellschaften
beziehungsweise Beteiligungen an solchen für die Betrachtung von Bedeutung sind, da unternehmensinterne datenschutzrechtliche Aspekte im Vordergrund stehen. Daneben wird die
Bedeutung der Koordinierungsfunktion eines Konzerndatenschutzbeauftragten innerhalb eines multinationalen Konzerns beleuchtet. Schließlich erfolgt noch die Behandlung des grenz-
überschreitenden Datenverkehrs, wobei an dieser Stelle in weiten Teilen auf bereits im Rahmen der Selbstregulierung gemachte Ausführungen verwiesen werden kann.[1031] Aufgrund des
sehr unterschiedlich ausgeprägten Datenschutzniveaus in der Welt wird nachfolgend unterschieden zwischen dem Anwendungsbereich der EG-Datenschutzrichtlinie und dem übrigen
Ausland.[1032]

4.3.7.1 Gemeinschaftsrechtlicher Bezugsrahmen

Die datenschutzrechtlichen Vorschriften für einen im Wirtschaftsraum der Europäischen Gemeinschaft tätigen Konzern sind geprägt durch das generell-abstrakte Wesen der Richtlinie
gemäß Art. 249 Abs. 3 EG als typischem Rechtsakt der Gemeinschaft: Lediglich die Vorgabe
eines einheitlichen Datenschutzniveaus als Ziel und dessen Rahmenbedingungen werden
durch die EG-Datenschutzrichtlinie festgelegt, während die Umsetzung mit Wahlfreiheit in
Hinblick auf Form und Mittel allein durch die Mitgliedstaaten erfolgt.[1033] Für „europäische"
Konzerne bedeutet die Richtlinie zum einen eine Erleichterung, weil der innergemeinschaftli-
che Datentransfer nicht mehr behindert wird.[1034] Zum anderen müssen sie jedoch ein einheitliches Datenschutzniveau unter Beachtung der verschiedenen einzelstaatlichen Rechtsvorschriften erreichen. Je nach Ausmaß der Zentralisierung kann es für die konzernweite Datenschutzorganisation zweckmäßig sein, dem Konzerndatenschutzbeauftragten auch auf europäischer Ebene eine zentrale Rolle zuzuweisen.

Trotz der Wahlfreiheit bezüglich Form und Mittel der Umsetzung wird sich in der Europäischen Gemeinschaft aufgrund der Zielvorgabe der EG-Datenschutzrichtlinie dauerhaft ein
einheitlich hohes Datenschutzniveau ausbilden, was insbesondere für die durch die Erweite-
rungen der Europäischen Union neu aufgenommenen Staaten gilt. Auch wenn dies bisher of-

---

[1031] S. dazu Kap. 4.3.3.4.2.
[1032] Damit soll jedoch mitnichten ein einheitliches Niveau aller sog. Drittstaaten unterstellt werden. Vielmehr
soll dadurch die besondere Bedeutung der Gemeinschaftsregeln im Bereich des Datenschutzes für die Mitgliedstaaten hervorgehoben werden, vgl. etwa *Genz* 2004, S. 3 ff.; *Büllesbach* 2003, Kap. 7.1, Rn. 58 ff.;
ders., RDV 2002, S. 57 ff.
[1033] Vgl. *Fischer/Köck/Karollus* 2002, Rn. 1261 ff.
[1034] Vgl. *Wisskirchen*, CRi 2004, S. 170; *Nagel* 2003 S. 357; *Dammann*, RDV 2002, S. 71.

fenbar noch nicht alle Unternehmen praktizieren,[1035] werden Konzerne im Anwendungsbereich der EG-Datenschutzrichtlinie langfristig einheitliche datenschutzrechtliche Maßnahmen für ihre Einzelgesellschaften ergreifen müssen.[1036] Die Frage wird dabei sein, ob man „Einheitlichkeit" allein durch die Wirksamkeit der Maßnahmen definiert und jeweils nationale Lösungen anstrebt oder ob man einen umfassenderen Ansatz wählt, bei dem für den gesamten Anwendungsbereich der EG-Datenschutzrichtlinie einheitliche Maßnahmen ergriffen werden, die abgestimmt sind auf die nationalen Vorschriften und konzernweite Geltung entfalten. Zumindest für größere Unternehmen, die dem Trend zur unternehmensweiten Vereinheitlichung von IT-Anlagen folgen, ist der zweite Ansatz von besonderer wirtschaftlicher Bedeutung, da unterschiedliche nationale Datenschutzkonzepte hier eine unnötige Verkomplizierung darstellen können. Unter Berücksichtigung der bereits dargestellten Koordinierungsmöglichkeiten bekommt demnach die Bestellung eines Konzerndatenschutzbeauftragten auch auf europäischer Ebene für Unternehmen eine besondere Bedeutung. Ob der Konzerndatenschutzbeauftragte allerdings persönlich auf die länderspezifische Datenschutzgesetzgebung der jeweiligen Mitgliedstaaten eingehen kann oder auf nationales Hilfspersonal zurückgreifen muss, ist im Einzelfall abzuwägen und zu entscheiden. Jedenfalls kann es aus Gründen der Effektivität sinnvoll sein, dem Konzerndatenschutzbeauftragten die datenschutzrechtliche Verantwortung auch über den Anwendungsbereich des Bundesdatenschutzgesetzes hinaus zu übertragen.

In diesem Zusammenhang ist eine aus rechtlicher Sicht bedeutsame Frage bisher – soweit bekannt – noch nicht behandelt worden: Ist es möglich, einen europäischen Konzerndatenschutzbeauftragten zu bestellen, das heißt kann die Bestellung eines Konzerndatenschutzbeauftragten in einem anderem Mitgliedstaat anerkannt werden?[1037] Als Ausgangslage ist dabei sowohl das bisher in Deutschland praktizierte Modell des externen Datenschutzbeauftragten als auch das niederländische Modell, das eine Bestellung *uno actu* des Konzerndatenschutzbeauftragten erlaubt, denkbar. Beiden Denkmodellen zugrunde gelegt sind dabei zunächst nur die Staaten, in denen die Bestellung eines Datenschutzbeauftragten überhaupt vorgesehen ist.[1038] Dies schließt jedoch nicht die Möglichkeit aus, auch in Ländern, die keinen Datenschutzbeauftragten vorsehen, eine Bestellung vorzunehmen. Einzig die Meldepflicht kann dann nicht entfallen.

Ein europäisches Modell des Konzerndatenschutzbeauftragten nach dem bisher in Deutschland praktizierten Muster der Mehrfachbestellung erscheint grundsätzlich möglich. Entspre-

---

[1035] Vgl. dazu *Kulesza*, RDV 2005, S. 19, die es als bedauerlich bezeichnet, dass westliche Unternehmen, die die Datenschutzgesetzgebung in ihrem Staat auf perfekte Weise beachteten, die Konsumentenrechte im östlichen Teil Europas relativ häufig verletzten.

[1036] Vgl. *Schilde-Stenzel* 2006, S. 189.

[1037] Dass datenschutzrechtliche Problemfelder durchaus auf europäischer Ebene diskutiert werden, zeigen beispielsweise die Überlegungen bei *Däubler*, RDV 1999, S. 249, in Konzernen mit europäischem Betriebsrat im Bereich der Datentransfers eine Abmachung mit diesem zu treffen, die ggf. auch normative Wirkung erlangen könnte, allerdings ähnlich wie eine Betriebsvereinbarung deutschen Rechts dahingehend zu überprüfen wäre, ob sie inhaltlich wirklich einem überwiegenden Arbeitgeberinteresse entspricht.

[1038] S. dazu Kap. 3.7 ff.

chend dem deutschen Bundesdatenschutzgesetz treffen auch die anderen Datenschutzgesetze keine Einschränkung bezüglich der Nationalität des Datenschutzbeauftragten, das heißt es gibt keine Verpflichtung zur Bestellung einer inländischen Person. Schwierigkeiten, insbesondere aus Sicht der nationalen Aufsichtsbehörden, könnten sich jedoch ergeben bei der notwendigen Fachkunde und der Zuverlässigkeit eines europäischen Konzerndatenschutzbeauftragten. Dass ein Datenschutzbeauftragter ausreichende Rechtskenntnisse in mehreren nationalen Datenschutzgesetzen und weiteren dazugehörigen Vorschriften besitzt, kann zwar nicht ausgeschlossen werden, erscheint aber nicht besonders nahe liegend. Hinzu käme ein selbst bei großzügiger Unterstützung durch Hilfspersonal praktisch nicht zu bewältigender Verantwortungsbereich, der insbesondere durch die Unterteilung des Konzerns in einzelne verantwortliche Stellen geprägt wäre. Festgehalten werden kann daher im Ergebnis, dass eine Mehrfachbestellung grundsätzlich auch über die nationalen Grenzen hinaus möglich ist, aber die europaweite Konzentration datenschutzrechtlicher Verantwortung aufgrund der praktisch zu bewältigenden Schwierigkeiten auf diese Weise nicht empfehlenswert erscheint und daher auf andere Weise herbeigeführt werden sollte. Bei einem europäischen Konzerndatenschutzbeauftragten nach dem niederländischen Muster hingegen wären keine Bedenken bezüglich des überbordenden Verantwortungsbereichs anzumelden, denn dieses Modell ist von vornherein durch ein System geteilter Verantwortung gekennzeichnet. Dadurch kann der Konzerndatenschutzbeauftragte auf ein Auswahlverschulden verweisen und ist wie jeder andere Manager in gehobener oder höchster Leitungsebene zu behandeln. Dementsprechend könnte in Ländern, die einen betrieblichen Datenschutzbeauftragten vorsehen, ein Datenschutzverantwortlicher durch den europäischen Konzerndatenschutzbeauftragten benannt werden und auf diese Weise die Verantwortung übertragen werden; und da die niederländische Konzernregelung des Datenschutzbeauftragten nicht gegen die EG-Datenschutzrichtlinie verstößt, müsste nicht einmal eine Richtlinienänderung durchgeführt werden, sondern lediglich die nationalen Gesetzgeber müssten einen Konzernbeauftragten einführen.

4.3.7.2 Globaler Bezugsrahmen

Im Gegensatz zu den im letzten Kapitel angesprochenen supranationalen datenschutzrechtlichen Rahmenbedingungen der Europäischen Union sind für Konzerne, die weltweit tätig sind, allein die jeweiligen nationalen Rechtsordnungen ohne übergeordneten Rahmen maßgeblich. Obwohl diese naturgemäß unterschiedliche rechtshistorische Entwicklungen aufweisen, werden sie an dieser Stelle zweckmäßigerweise zusammengefasst behandelt, da es im Folgenden nicht um die Ausprägungen, sondern lediglich die Existenz einer heterogenen Datenschutzlandschaft geht.

Der einzige gesetzliche Bezug in der globalen Betrachtung ergibt sich für Unternehmen aus eben dieser Heterogenität, die den Europäischen Gesetzgeber dazu bewogen hat, Maßnahmen zur Vermeidung von Umgehungen des durch die EG-Datenschutzrichtlinie gewährten Schutzes durch Datenexport in sogenannte Datenschutzoasen zu ergreifen.[1039] Danach ist die Übermittlung personenbezogener Daten in ein Drittland zulässig, wenn dort ein angemessener Schutz gewährleistet werden kann, was in der Praxis nur selten der Fall ist. Die Wirtschaft muss daher auf Ausnahmetatbestände zurückgreifen, mit der Folge, dass der Auslandsdatentransfer mit den Übermittlungstatbeständen der §§ 4b und 4c BDSG – und dabei in besonderem Maße der internationale konzerninterne Datentransfer – ein sehr aktuelles Diskussionsfeld im Bereich des Datenschutzes bildet.[1040]

Die Bestellung eines Konzerndatenschutzbeauftragten spielt für den Datentransfer in Nicht-EU-Staaten insbesondere vor dem eben beschriebenen europäischen Hintergrund insofern eine Rolle, als ein einheitliches Übermittlungsverhalten aller europäischen Konzerngesellschaften angestrebt werden kann.[1041] Die dabei durch den Konzerndatenschutzbeauftragten bestehende Konzentration datenschutzrechtlicher Entscheidungsgewalt führt zu einer Vereinheitlichung von Übermittlungsvorgängen, was insgesamt zu einer effizienteren Übermittlungspraxis führen kann.[1042] Weil der Übermittlungstatbestand jedoch den einzigen echten extraterritorialen Bezugspunkt der EG-Datenschutzrichtlinie darstellt, zeigt sich gleichzeitig die geringe rechtsdogmatische Bedeutung des Konzerndatenschutzbeauftragten auf globaler Ebene.

Größere Bedeutung kommt der Bestellung eines Konzerndatenschutzbeauftragten vielmehr im Rahmen der praxisorientierten organisatorischen Ausgestaltung des Datenschutzes in einem weltweit tätigen Unternehmen zu.[1043] Die grundsätzliche und auch von der Literatur aufgegriffene sowie hier bereits behandelte Frage lautet, ob ein global operierendes Unternehmen seinen Datenschutz zentral oder dezentral organisieren soll.[1044] Neben dieser, nach Lage des Einzelfalls zu entscheidenden Frage, ist ein weiterer, nicht minder wichtiger Aspekt der globalen Datenschutzorganisation eines Konzerns zu untersuchen: Aufgrund des uneinheitlichen datenschutzrechtlichen Niveaus in der Welt sollte ein global agierender Konzern auf jeden Fall klären, ob ein weltweit einheitliches Datenschutzniveau im Konzern angestrebt wird oder ob man lediglich den nationalen Anforderungen Genüge tun will. Für beide Alternativen gibt es gute Gründe, die nicht durch rechtliche, sondern vor allem durch betriebswirtschaftliche Erwägungen geprägt sind.

Die Frage nach einem einheitlichen Datenschutzniveau kann neben unternehmensspezifischen Einzelfällen insbesondere geprägt sein durch die Aufteilung und Verknüpfung einzelner Geschäftsfelder sowie durch technische Vorgaben, wobei beides auch miteinander kombinierbar ist. Überlegungen bezogen auf die Geschäftsfelder des Konzerns meinen vor allem die Abhängigkeit der Auslandsgeschäfte von der die datenschutzrechtlichen Entscheidungen treffen-

---

[1039] Grabitz/Hilf/Wolf – *Brühann* 2008, Vorbem. Art. 25 EG-DSchRL; *Wisskirchen*, CRi 2004, S. 170.
[1040] S. dazu Kap. 4.3.3.4.2.
[1041] S. Kap. 4.3.7.1.
[1042] Vgl. *Wächter* 2003, Rn. 1341.
[1043] Grundlegend dazu *Büllesbach*, RDV 2000, S. 1 ff.
[1044] S. Kap. 4.1.3.1 ff. m. Fn. 722.

den Konzernzentrale sowie die Intensität daraus resultierender personenbezogener Datenverarbeitung. Werden Auslandsgeschäfte etwa selbständig von den Gesellschaften vor Ort ausgeführt und besteht dabei nicht die Notwendigkeit der Übermittlung oder fallen personenbezogene Daten nur in geringer Menge an, so kann es sinnvoll und Kosten sparend sein, lediglich das Datenschutzniveau des jeweiligen Staates zu erfüllen und auf eine Anwendung europarechtlicher Maßstäbe zu verzichten. Technische Überlegungen betreffen vor allem den Grad der weltweiten Vereinheitlichung der IT-Systeme. Hat ein Konzern hier eine hohe Vereinheitlichung erreicht, die sich auch auf die Anwendungen erstreckt, macht eine einheitliche Behandlung datenschutzrechtlicher Probleme, unabhängig vom Ort ihres Auftretens, Sinn und kann zu Synergieeffekten führen, sofern einmal entwickelte Lösungen weltweit genutzt werden können.

Je nach Entscheidung für eines der Modelle kann die Koordinierungsfunktion des Konzerndatenschutzbeauftragten ganz unterschiedlich ausfallen. Bei einem uneinheitlichen Datenschutzniveau wird sich die Hauptaufgabe auf das Anwendungsgebiet der EG-Datenschutzrichtlinie konzentrieren, wobei dann die Auslandsübermittlungen schwerer zu beurteilen sein dürften. Bei einem einheitlichen Datenschutzniveau hingegen kommt dem Konzerndatenschutzbeauftragten neben der europaweiten Überwachung auch noch eine weltweite Aufsichtsfunktion zu, was zwar einen erheblichen zusätzlichen Arbeitsaufwand bedeutet, gleichzeitig aber auch einen hervorragenden Überblick anderer Rechtsordnungen im Bereich des Datenschutzes ermöglicht. In diesem Fall erfüllt ein Konzern zwar unmittelbar keine gesetzlichen Vorgaben, kann aber durch die Bestellung eines Konzerndatenschutzbeauftragten eine weltweite Durchsetzung des europäischen Datenschutzniveaus verfolgen und so in seinen Untergesellschaften auch außerhalb der Europäischen Union mittelbar zu einem effektiven Datenschutz beitragen.

4.3.8 Risikomanagement und Compliance im Konzern

Der unter dem Kapitel der rechtlichen Bedeutung des Datenschutzbeauftragten (Kap. 3) dargestellte Exkurs zu Risikomanagement und Corporate Compliance (Kap. 3.8) wird an dieser Stelle auf Konzernebene fortgesetzt. Dazu folgen zunächst einige allgemeine Ausführungen zum Konzernrisikomanagement, dann die Einordnung des Konzerndatenschutzbeauftragten in dieses System und schließlich eine kurze Stellungnahme zu Corporate Compliance im Konzern aus datenschutzrechtlicher Sicht.

4.3.8.1 Besonderheiten eines Konzernrisikomanagementsystems

Auf Konzernebene ergeben sich für das Risikomanagement Besonderheiten aufgrund der rechtlichen Selbständigkeit der Einzelunternehmen. Die Kumulation von Risiken in einander nachgeschalteten Untergesellschaften kann unter Umständen die Existenz des Gesamtkonzerns gefährden, sofern keine rechtzeitige Früherkennung für solche Tendenzen besteht.[1045] Da § 91 Abs. 2 AktG direkt nur auf Einzelgesellschaften anwendbar ist, stellt sich zum einen die Frage nach der Pflicht zur Einführung eines Konzernrisikomanagementsystems und zum anderen nach der konkreten Ausgestaltung eines solchen Systems.

Grundsätzlich ist es originäre Führungsaufgabe der Konzernleitung, ein konzernübergreifendes Risikomanagement mit der Aufgabe, alle wesentlichen Risiken zu identifizieren, zu bewältigen und zu überwachen, unbeherrschbare Risiken zu vermeiden, eine adäquate Risikopolitik für den Konzern zu entwickeln und das Risikobewusstsein auf allen Konzernebenen zu fördern.[1046] Allerdings wird hiergegen vereinzelt vorgebracht, dass bereits eine umfassende Konzernleitungspflicht der Obergesellschaft nicht besteht und es insofern auch keine Pflicht zur Einführung eines konzernbezogenen Risikomanagementsystems geben kann.[1047] Insoweit ist nicht abschließend geklärt, ob eine Pflicht zu einem konzernweiten Risikomanagementsystem besteht. Für den Fortgang der Arbeit hat der Streit freilich keine Auswirkungen, da bei der Bedeutung des Risikomanagements für den Datenschutzbeauftragten im Konzernrisikomanagement sowieso vom Bestehen eines solchen ausgegangen werden muss.

Die Obergesellschaft eines Konzerns muss bei der Ausgestaltung eines Risikomanagementsystems auf Verbundebene zuvorderst auf die spezifischen Anforderungen, die sich aus eben jenem Verbund der einzelnen Unternehmen ergeben, eingehen, ohne dabei die rechtlichen Kompetenzen der Untergesellschaften bei der Risikosteuerung zu beschneiden[1048] Der Schwerpunkt liegt dabei auf der Identifikation gerade der konzernspezifischen Risiken. Neben der konzerndimensionalen Risikoerfassung und -auswertung hat der Konzernvorstand außerdem für die Gewährleistung und Sicherung des konzernweiten Informationsflusses, die im Zusammenhang mit der Konzernrechnungslegung in § 294 Abs. 3 Satz 1 HGB sogar gesetzlich geregelt wurden, Sorge zu tragen.[1049] Die prozessbegleitende Kommunikation ist in diesem Fall ebenfalls von besonderer Bedeutung, denn es ist unbedingt notwendig, dass die Risikostrategie auch tatsächlich konzernweit kommuniziert wird.

Als ein besonderes und hilfreiches Instrument kann vor allem in großen Unternehmen sowie in Konzernen ein Risikomanagementausschuss eingesetzt werden. Er kann auf der Ebene des Linien-Managements unternehmensübergreifend die Koordination aller bedeutsamen Entscheidungen und Maßnahmen des Risikomanagements betreiben.[1050] Zu beachten ist dabei allerdings die Schwierigkeit der Eigendynamik eines Ausschusses sowie eine klare Aufgaben- und Kompetenzzuweisung in Abgrenzung zu anderen mit dem Risikomanagement befassten Organen. Außerdem bedarf der Ausschuss aufgrund der vielfältig gearteten Risikoproblema-

---

[1045] Vgl. *Hommelhoff/Mattheus*, BFuP 2000, S. 217.
[1046] *Scheffler* 2005, S. 84; *Preußner/Becker*, NZG 2002, S. 847; *Hommelhoff/Mattheus*, BFuP 2000, S. 218; im Ergebnis auch *Fleischer*, DB 2005, S. 766.
[1047] MünchKomm AktG II – *Spindler* 2008, § 91, Rn. 40f. m.w.N.
[1048] *Hommelhoff/Mattheus*, BFuP 2000, S. 224.
[1049] *Fleischer*, DB 2005, S. 764.
[1050] Ausführlich dazu *Diederichs* 2004, S. 212 m.w.N.

tik einer interdisziplinären Zusammensetzung mit flächendeckendem Spezialwissen. Neben dauerhaften Mitgliedern sollte der Ausschuss auch zu jeweiligen Fachgebieten weitere Mitglieder zu einzelnen Sitzungen laden. Als koordinierende sowie verwaltende Instanz bietet sich ein Risikomanagement-Beauftragter an, der als dauerhaftes Mitglied an den Sitzungen teilnimmt.[1051]

4.3.8.2 Position des Konzerndatenschutzbeauftragten im Risikomanagement

Die Besonderheiten des Konzernrisikomanagements wirken sich in einem Risikomanagementsystem auch auf die Position des Konzerndatenschutzbeauftragten aus. Zwar bleibt die Grundstruktur der vier Phasen des Risikomanagementsystems auch im Konzern gleich, sodass insoweit auf die Ausführungen zu der Position des Datenschutzbeauftragten verwiesen werden kann.[1052] Gleichsam ergeben sich aus dem Verbund mehrerer Unternehmen aber auch Partizipationsschwierigkeiten für den Konzerndatenschutzbeauftragten an einem konzernweiten Risikomanagementsystem.

Damit die Vorgaben der Konzernleitung im Rahmen einer konzernweiten Risikostrategie umgesetzt werden können, erhöht sich im Vergleich zu einer einzelnen Gesellschaft zwangsläufig die Komplexität eines Risikomanagementsystems, denn es müssen verschiedene Geschäftsfelder ebenso in die Risikoplanung miteinbezogen werden wie unterschiedliche juristische Personen mit eigenen Unternehmensleitungen. Hier bedarf es eines weitreichenden Verständnisses und umfangreicher Kenntnisse der Gesamtkonzernstruktur, um in das Risikomanagementsystem eingebunden werden zu können. Unter Umständen kann ein Konzerndatenschutzbeauftragter hier sowohl fachlich als auch zeitlich an die Grenzen der Belastbarkeit geraten.

Gleichzeitig kann das Fachwissen des Konzerndatenschutzbeauftragten aber auch von besonderer Bedeutung sein. Gerade in Konzernen können datenschutzrechtliche Risiken durch den Datentransfer zwischen den einzelnen Gesellschaften sowie vermehrte Angriffsstellen für Datenmissbrauch aufgrund der hohen Komplexität der IT-Struktur häufiger auftreten. Außerdem ist der Konzerndatenschutzbeauftragte durch sein sonstiges Aufgabenfeld sehr gut in der Lage, den Informationsfluss des Konzernrisikomanagementsystems zu begleiten.

Abschließend kann festgehalten werden, dass der Konzerndatenschutzbeauftragte in ein Konzernrisikomanagementsystem nicht direkt eingebunden werden sollte, jedoch der Konzernspitze beratend beistehen kann. Die Komplexität des Risikomanagementsystems würde den Konzerndatenschutzbeauftragten zu sehr von seinen sonstigen Aufgaben abhalten. Aufgrund gewisser Aufgabenüberschneidungen sind aber Beratungstätigkeiten für eine konzernweite Risikokommunikation durchaus lohnenswert. Je umfangreicher und komplexer das Risiko-

---

[1051] Ausführlich dazu *Diederichs* 2004, S. 218 m.w.N.
[1052] Dies bedeutet, dass auch der Konzerndatenschutzbeauftragte vor allen Dingen in die ersten beiden, nicht-aktiven Phasen des Risikomanagementsystems eingebunden werden kann, s. Kap. 3.8.2.2.

managementsystem eines Konzerns also wird, desto mehr sollte sich der Konzerndatenschutzbeauftragte auf eine Beratungstätigkeit beschränken. Ob er selbst oder einer seiner Mitarbeiter in einen Risikomanagement-Ausschuss gewählt werden, muss in jedem Einzelfall entschieden werden.

4.3.8.3 Konzerndatenschutz und Compliance

Die freiwillige Einführung einer Compliance-Organisation auf Konzernebene unter Einbeziehung der Untergesellschaften ist letztlich zurückzuführen auf die Pflicht des herrschenden Unternehmens und dessen geschäftsführender Organe, den Konzern ordnungsgemäß zu organisieren.[1053] Nur auf diese Weise kann konzernweit ein rechtskonformes Verhalten gewährleistet werden. Bei globaler Betätigung muss ein konzernweites Compliance-Programm auch die jeweiligen nationalen Rechtsvorschriften der Tätigkeitsländer erfassen und einen möglichst einheitlichen Compliance-Standard sicherstellen.[1054]

Für das Exekutivorgan der Konzernleitung bedeutet die Implementierung einer Compliance-Organisation auf Konzernebene in aller Regel, dass ein zentraler Beauftragter mit konzernweiten Befugnissen zur Erfüllung der Steuerungs- und Überwachungspflichten sowie zur Koordinierung bestellt wird.[1055] Ist ein Konzerndatenschutzbeauftragter im Unternehmen bestellt, kann entsprechend den Ausführungen zu den Compliance-Aufgaben des Datenschutzbeauftragten[1056] wiederum eine Delegation stattfinden. Der Konzerndatenschutzbeauftragte leitet dann im Rahmen der Compliance-Organisation alle Datenschutzverantwortlichen und wird vor allem koordinierend tätig, indem ihm die Leitungsverantwortung im Hinblick auf die Einhaltung des Datenschutzrechts weltweit und die Überwachung der konzernweiten EDV-Organisation übertragen wird.[1057]

Die sich aus der weltweiten Leitungsverantwortung ergebenden Compliance-Aufgaben im Bereich des Datenschutzes liegen schwerpunktmäßig in der Übermittlung personenbezogener Daten. Bei ihrer Weitergabe durch eine global tätige Unternehmensgruppe sind nämlich die jeweils lokalen Datenschutzvorschriften besonders zu beachten.[1058] Aber auch die Vereinheitlichung des Datenschutzes im Konzern sowie gegebenenfalls die Einrichtung eines konzernweit gleichen Datenschutzniveaus können Aufgaben für den Konzerndatenschutzbeauftragten sein, die in direktem Zusammenhang zu Corporate Compliance im Konzern stehen.

Anders als beim Konzernrisikomanagement kann der Konzerndatenschutzbeauftragte in die konzernweite Compliance-Organisation also durchaus zweckbringend eingebunden werden. Aufgrund seiner herausragenden Stellung im Bereich des Konzerndatenschutzes durch die

[1053] Vgl. *Schneider/Schneider*, AG 2005, S. 58; *Schneider*, ZGR 1996, S. 244f.
[1054] Hauschka – *Bürkle* 2007, § 8, Rn. 39; vgl. auch *Schneider*, ZIP 2003, S. 647.
[1055] Hauschka – *Bürkle* 2007, § 8, Rn. 39 m.w.N. Eine Pflicht zur Bestellung von Konzernbeauftragten besteht aber generell nicht, *Haouache* 2003, S. 182.
[1056] S. Kap. 3.8.3.2.
[1057] *Hauschka*, AG 2004, S. 471.
[1058] *Buff* 2000, S. 512; speziell zu Arbeitnehmerdaten *Mengel/Hagemeister*, BB 2006, S. 2469.

Anbindung an die Konzernleitung und seine Befugnisse ist eine Einbindung sogar durchaus zu empfehlen.

4.3.9 Stellungnahme zum Konzerndatenschutzbeauftragten

Vielfach wird der EDV-Bereich großer Konzerne zentral von einer Unternehmenseinheit aus gesteuert. In Konsequenz soll dann oftmals auch der Datenschutz zentral und einheitlich durch einen Konzerndatenschutzbeauftragten gesteuert werden. Dieser ist ein organisatorisches Konstrukt, mit dem große Wirtschaftsunternehmen versuchen, der – auch datenschutzrechtlichen – Realität gerecht zu werden.

Aus rechtlicher Sicht ist der Konzerndatenschutzbeauftragte nur schwer zu umgrenzen, weil es keine einheitliche organisationsrechtliche Struktur gibt. Die verantwortlichen Stellen haben daher vielfache Möglichkeiten zur Bestellung eines Konzerndatenschutzbeauftragten, was die Transparenz dieses Kontrollorgans einschränkt. So besteht durchaus die Möglichkeit, den Konzerndatenschutzbeauftragten organisatorisch nicht bei der Konzernobergesellschaft, sondern bei einer Untergesellschaft anzusiedeln. Darüber hinaus treten an verschiedenen Stellen weitere rechtliche Schwierigkeiten durch die Mehrfachbestellung als interner und externer Datenschutzbeauftragter auf. Sowohl beim Kündigungsschutz als auch bei der Haftung sind unterschiedliche Maßstäbe anzulegen, je nach dem Bestellungsverhältnis der verantwortlichen Stelle. Außerdem kann nach der aktuellen Gesetzeslage die Gefahr von Interessenkonflikten für den Konzerndatenschutzbeauftragten bestehen, wenn er mehrere Konzerngesellschaften vertritt. Das Verhältnis zum Betriebsrat ist ebenso wenig wie beim Datenschutzbeauftragten geregelt und verkompliziert sich durch die Mehrfachbestellung noch.

Für die datenschutzrechtliche Praxis großer Konzerne erscheint die Bestellung eines Konzerndatenschutzbeauftragten als lediglich organisatorische Maßnahme keine zufrieden stellende Lösung für die durch ihn zu verantwortenden Aufgaben. Neben der Beratungsaufgabe ist es vor allen Dingen die Koordinierungsfunktion auf Konzernebene, die das spezifische Kontrollorgan auszeichnet. Dieser muss hinreichend Rechnung getragen werden, um den Konzerndatenschutzbeauftragten effektiver einsetzen zu können. Wie dies in großen Konzernen bisher geschieht, ist Gegenstand des nächsten Kapitels.

5 Konzerndatenschutzbeauftragte in der Praxis

Ziel dieser Arbeit ist es, die Forderung nach einer gesetzlichen Regelung des Konzerndatenschutzbeauftragten sowohl aus rechtlicher als auch aus praktischer Sicht möglichst umfassend zu beleuchten. In den vorangegangenen Kapiteln sind vor allen Dingen rechtstheoretische und rechtsdogmatische Problemkreise in diesem Zusammenhang behandelt worden. Nachfolgend werden Erkenntnisse aus der unternehmerischen Praxis in die Untersuchung eingebracht, um einen Gesamteindruck der Bedeutung des Konzerndatenschutzbeauftragten erzielen zu können. Dazu werden zuerst die methodische Vorgehensweise der empirischen Erhebung und daran anschließend deren Ergebnisse dargestellt. Die daraus abgeleiteten Schlussfolgerungen werden an späterer Stelle dargestellt.

Der Konzerndatenschutzbeauftragte ist ein aus der betrieblichen Praxis heraus entwickeltes Selbstkontrollorgan. Erkenntnisse über seine Bedeutung wurden bisher weniger aus der rechtswissenschaftlichen oder betriebswirtschaftlichen Forschung, sondern eher aus vereinzelten praktischen Erfahrungen gewonnen. Beiträge zu einer wissenschaftlichen Diskussion lieferten dabei Konzerndatenschutzbeauftragte, die einerseits die Sichtweise des eigenen Unternehmens widerspiegelten und andererseits auf den Datenschutz im Konzern allgemein ausgerichtet waren. Die hier angestellte Untersuchung zielt hingegen mit einem qualitativen Forschungsansatz auf eine über den Einzelfall hinausgehende Fragestellung zu spezifischen Aspekten der Funktion des Konzerndatenschutzbeauftragten in der Praxis. Neben einer personenbezogenen Betrachtungsweise des Amtes interessierten vor allem die Konzerndatenschutzorganisation des jeweiligen Unternehmens, die diesbezügliche Einbindung des Konzerndatenschutzbeauftragten sowie Fragen zu seinem konkreten Aufgabenfeld. Dadurch bestand die Möglichkeit, die zuvor im rechtlichen Teil erarbeiteten Ergebnisse zu validieren und somit die Ausgangsthese nach einer gesetzlichen Regelung des Konzerndatenschutzbeauftragten zu untersuchen. Dazu wurden Experten mehrerer deutscher Großkonzerne befragt, die mit der Thematik vertraut und gleichzeitig im Konzerndatenschutz tätig sind, um eine realistische Darstellung zu erzielen und damit dem Repräsentationsanspruch des qualitativen Forschungsansatzes gerecht zu werden, das heißt eine „inhaltliche Repräsentation"[1059] zu erreichen.

5.1 Methodisches Vorgehen

Die der Untersuchung zugrunde liegenden empirischen Daten wurden in einem Zeitraum von Herbst 2006 bis Frühjahr 2007 erhoben. Einbezogen wurden insgesamt elf international tätige und in Deutschland ansässige oder vertretene Konzerne verschiedener Branchen. Eine Liste aller Teilnehmer findet sich im Anhang. Die Befragung richtete sich dabei ausnahmslos an Konzerndatenschutzbeauftragte beziehungsweise Datenschutzbeauftragte der Konzernobergesellschaft als Vertreter der Unternehmen sowie einen ehemaligen Konzerndatenschutzbeauf-

---

[1059] *Mayer* 2004, S. 38.

tragten als Experten für Konzerndatenschutz allgemein und die Rechtsfigur des Konzerndatenschutzbeauftragten im Speziellen. Aufbauend auf den Ergebnissen des Kapitels über den
Konzerndatenschutzbeauftragten als Sonderform (Kap. 4) wurde neben dem Selbstverständnis
der Befragten für ihr Amt auch die Strategie des jeweiligen Konzerns im Bereich des Datenschutzes erfasst, um ein besseres aktuelles Bild der Situation des Konzerndatenschutzbeauftragten in der Praxis zu erhalten. Allerdings sind Datenschutzkonzepte einerseits in starkem
Maße an der jeweiligen Struktur eines Konzerns ausgerichtet und andererseits einem rasanten
technischen Fortschritt ausgesetzt, sodass die Darstellung der Ergebnisse in erster Linie als
Momentaufnahme zu verstehen ist und keine abschließenden Aussagen über den Konzerndatenschutz und seinen Beauftragten treffen kann.[1060]

Dem qualitativen Forschungsansatz folgend stand die Erlangung zusätzlicher Erkenntnisse
über den Konzerndatenschutzbeauftragten im Vordergrund der Untersuchung. Ohne gesetzliche Regelung als Teil eines weit verzweigten Betriebsbeauftragtensystems liegt seine konkrete Ausgestaltung letztlich im Ermessen der einzelnen Unternehmen. Dadurch ist in der datenschutzrechtlichen Unternehmenspraxis eine rechtliche Kontrollinstanz entstanden, die bisher
kaum systematisiert betrachtet wurde. Um in die weitgehend unbekannte Praxis des Konzerndatenschutzes vorzudringen, bot sich im Rahmen einer empirischen Erhebung die Befragung
von Experten zu diesem Thema an.

5.1.1 Auswahl der Interviewpartner

Bei der Samplebildung ging es darum, praxisorientiertes Expertenwissen zu generieren. Zunächst waren Unternehmen auszuwählen, die sich mit Konzerndatenschutz überhaupt ausei-
nanderzusetzen haben. Hierfür war vor allen Dingen die Größe des Unternehmens ausschlaggebend, denn erst mehrere selbständige Konzernbereiche mit eigenen IT-Strukturen sowohl in
der Kunden- als auch in der Personalbetreuung führen zu einer Komplexität der personenbezogenen Datenverarbeitung insgesamt, die nicht mehr alleine von den Einzelgesellschaften
bewältigt werden kann, und somit konzernweiten Lösungsansätzen unterworfen wird. Für die
Ausgangsforderung nach einer gesetzlichen Regelung des Konzerndatenschutzbeauftragten
war weiterhin die Fragestellung von Bedeutung, ob es in verschiedenen Industriezweigen bisher auch zu einer unterschiedlichen, branchenspezifischen Ausgestaltung dieses Rechtsinstituts kommt. Daher wurde bei der Samplebildung auf die Konzerngröße[1061] sowie eine unterschiedliche Branchenzugehörigkeit geachtet, wobei letztere das nachgeordnete Auswahlkrite-
rium darstellte. Da die infrastrukturellen Möglichkeiten für eine empirische Untersuchung
lediglich bescheiden waren, musste die Befragung von Konzerndatenschutzbeauftragten bei
möglichst breiter Abdeckung verschiedener Branchen auf ein Minimum beschränkt werden.

[1060]   Vgl. Flick/v. Kardoff/Steinke – *Flick* 2007, S. 255; *Mayer* 2004, S. 23.
[1061]   Als Kennzahl für die Konzerngröße wurde eine Mitarbeiterzahl von mindestens 25.000 veranschlagt.

Die einzelnen Unternehmen wurden nach zwei Kriterien ausgewählt. Sie sollten vertreten durch ihre Konzernbeauftragten nach Möglichkeit bereits durch wissenschaftliche Veröffentlichungen im Themenbereich dieser Arbeit in Erscheinung getreten sein.[1062] Alternativ kam eine Auswahl auch nach dem Bekanntheitsgrad des Unternehmens in der jeweiligen Branche in Betracht.[1063] Die so ausgewählten Konzerne bilden ein breites Spektrum wirtschaftlicher Betätigungsfelder und lassen trotz des qualitativen Ansatzes eine gewisse „Repräsentativität des Einzelfalles"[1064] zu.

Innerhalb der einzelnen Unternehmen wurde als Gesprächspartner jeweils der Konzerndatenschutzbeauftragte beziehungsweise der Datenschutzbeauftragte, der für den Konzerndatenschutz tätig ist, ausgewählt. Obwohl Datenschutz in vielen Unternehmen gerade auch durch die gesteigerten Anforderungen der Corporate Compliance[1065] allmählich eine größere Bedeutung zukommt, bleibt er doch eine zu erfüllende Nebenpflicht des eigentlichen Geschäfts, sofern man von Telekommunikationsanbietern und Software-Dienstleistern einmal absieht. Daher sind auch nur wenige Personen innerhalb eines Konzerns auf Datenschutz spezialisiert. Konzerndatenschutzbeauftragte werden sowohl intern als auch extern beratend auf diesem Gebiet tätig. Durch die klare Aufgabenzuweisung des Bundesdatenschutzgesetzes tragen sie die Verantwortung sowohl für die Implementierung sowie Koordinierung als auch die Kontrolle der Konzerndatenschutzorganisation. Sie sind daher als Experten auf dem Gebiet des Datenschutzes anzusehen und verfügen gleichsam über ein privilegiertes Wissen über die jeweiligen Strukturen in diesem Bereich ihres Unternehmens.[1066] Die Konzerndatenschutzbeauftragten waren somit als Repräsentanten des Konzerns am besten dazu geeignet, Fragen des Konzerndatenschutzes zu beantworten.

5.1.2 Datenerhebung und -auswertung

Als Erhebungsmethode wurde eine qualitative Befragung in Form eines Leitfadeninterviews als teilstandardisiertes Experteninterview gewählt.[1067] Die Befragung wurde ausschließlich mittels Face-to-Face-Interviews durchgeführt. Diese Vorgehensweise bot bei der hier durchgeführten Untersuchung das geeignetste Erhebungsinstrument, um zusätzliche Erkenntnisse zum Thema des Konzerndatenschutzbeauftragten zu erhalten.

Im Gegensatz zu einer schriftlichen Befragung konnte durch Interviews die komplexe Funktion des Konzerndatenschutzbeauftragten innerhalb der jeweiligen Konzernorganisation umfangreich erfasst werden. Erstens hätte jene aufgrund einer schwierigen Kontaktaufnahme

---

[1062] Dies gilt für die ABB AG, die Allianz AG, die DaimlerChrysler AG, die Deutsche Lufthansa AG, die Deutsche Post AG, die Deutsche Telekom AG sowie die Siemens AG.

[1063] Hierunter sind die B. Braun Melsungen AG, die Deutsche Bank AG, die E.ON AG sowie die SAP AG zu subsumieren.

[1064] Vgl. *Mayer* 2004, S. 40.

[1065] S. dazu die Kap. 3.8.3 und 4.3.8.3.

[1066] Vgl. *Mayer* 2004, S. 40.

[1067] Vgl. *Flick* 2007, S. 203 ff.; außerdem *Lamnek* 2005, S. 352; *Mayer* 2004, S. 36 ff.

einen nur geringen Rücklauf erwarten lassen. Zweitens bestand bei Interviews die Möglichkeit, bei Bedarf Motivlage und Forschungsgegenstand noch während der Befragung genauer
zu sondieren, um Fehlinterpretationen so weit als möglich zu vermeiden. Drittens schließlich
konnten durch Interviews individuelle Gesprächsentwicklungen berücksichtigt werden, durch
die im Vergleich zu einer schriftlichen Befragung weitere Erkenntnisse gewonnen werden
konnten.

Die Teilstandardisierung der Interviewführung ermöglichte es, durch Variation der Fragen
beziehungsweise zusätzliche vertiefende Fragen auf die Schwerpunktsetzung der Befragten
einzugehen. Dabei wurden die Interviewten als Experten[1068] für den Konzerndatenschutz ihres
Unternehmens sowie für die Rechtsfigur des Konzerndatenschutzbeauftragten angesehen.

Das Interview gliederte sich in fünf Themenkomplexe, die sich an einem Leitfaden orientier-
ten. Die überwiegend nach rechtlichen Gesichtspunkten präzisierte Forderung nach einer gesetzlichen Regelung des Konzerndatenschutzbeauftragten machte es notwendig, weitere konkrete Unternehmensdaten zu erheben, um seiner Gesamtdarstellung aus rechtlicher und praktischer Sicht gerecht werden zu können. Dabei ließ der Leitfaden aufgrund der Offenheit der
Fragen genügend Freiraum, um auf die Besonderheiten der einzelnen Unternehmen eingehen
zu können, und bot gleichzeitig eine Vergleichbarkeit und Struktur der Daten.[1069] Nach einem
ersten Interview wurde der Leitfaden in Einzelheiten noch einmal überarbeitet; alle weiteren
Interviews wurden dann nach dem im Anhang abgedruckten Leitfaden durchgeführt.[1070]

Die Kontaktaufnahme zu den einzelnen Interviewpartnern erfolgte zunächst jeweils durch E-
Mails und in der Folge zur Konkretisierung des Interviewtermins telefonisch. Dabei erwiesen
sich vor allem die langen Rücklaufzeiten der ersten Einverständniserklärungen zu einem Interview als schwierig. Sofern auf die elektronischen Anfragen geantwortet wurde, erklärten
sich alle Teilnehmer zur Teilnahme an der Befragung bereit. Zweimal wurde dabei ein „Dop-
peltermin", also die gleichzeitige Befragung zweier Experten angesetzt. Hierdurch entstanden
einerseits Synergieeffekte bei einzelnen, annähernd gleich lautenden Antworten sowie andererseits zusätzliche Gesprächsimpulse aufgrund eines durch die Teilstandardisierung ermöglichten Diskurses. Der Interviewleitfaden wurde vorab mit einer kurzen Darstellung der beab-
sichtigten Befragung sowie Erläuterungen der Begriffe „Selbstregulierung und Selbstkontrolle", „Konzern" und „Konzerndatenschutzbeauftragter" bereitgestellt. Dies war notwendig als
vertrauenstiftende Maßnahme, um die Interviewten von einer angemessenen Behandlung des
sensiblen Themas Datenschutz zu überzeugen. Die Gefahr, dass die einzelnen Befragten dadurch ihre Aussagen dem anpassen würden, was sie als sozial erwünscht ansehen,[1071] wurde
dabei aufgrund der offenen und neutralen Fragestellung als zu vernachlässigend eingestuft.[1072]

[1068] Vgl. *Lamnek* 2005, S. 388.
[1069] Vgl. *Lamnek* 2005, S. 367; *Mayer* 2004, S. 36.
[1070] Vgl. *Mayring* 2002, S. 69.
[1071] Vgl. ausführlich *Diekmann* 2007, S. 384f.
[1072] Vgl. *Mayring* 2002, S. 68f.

Als Ort der Interviews wurden stets die Arbeitsräume der Interviewten ausgewählt, um ihnen eine Befragung in gewohnter Atmosphäre zu ermöglichen, wobei bei den Doppelterminen jeweils ein Experte zureiste.[1073] Als Dauer der Interviews wurde für Einzeltermine eine Dauer von 60 Minuten, für Doppeltermine eine Dauer von 90 Minuten veranschlagt und in der Regel eingehalten. Die Gespräche wurden regelmäßig auf Tonband aufgezeichnet, in zwei Fällen jedoch erklärten sich die Befragten hierzu nicht bereit.

Die Datenauswertung erfolgte im Wege der inhaltsanalytischen Zusammenfassung.[1074] Soweit Tonbandaufnahmen vorlagen, wurden die Interviews zusammenfassend protokolliert.[1075] Gespräche, für die keine Aufzeichnungsmöglichkeit bestand, wurden mittels Gedächtnisprotokollen erfasst und sodann den Interviewten zur Verifizierung vorgelegt. Im Wege der qualitativen Inhaltsanalyse wurde das so gewonnene Material der einzelnen Interviews zunächst jeweils paraphrasiert und in Anlehnung an den Leitfaden entsprechend kategorisiert.[1076] Die so erfassten Ausschnitte realer Tätigkeit der einzelnen Konzerndatenschutzbeauftragten wurden anschließend verglichen, Gemeinsamkeiten und Unterschiede herausgearbeitet und durch induktiven Erweiterungsschluss zu Hypothesen generalisiert.[1077] Diese stellten als „möglichst authentische Erfassung der Lebenswelt"[1078] die Grundlage der Beurteilung der praktischen Bedeutung des Konzerndatenschutzbeauftragten dar. Im Folgenden wird auf die wesentlichen Ergebnisse der empirischen Erhebung eingegangen. Eine abschließende Würdigung der Ergebnisse erfolgt dann im Rahmen der Gesamtbewertung der Situation des Konzerndatenschutzbeauftragten unter Kapitel 6.2.

5.2 Ergebnisse

Mit den Interviews wird ein Einblick in die soziale Wirklichkeit der Konzerndatenschutzbeauftragten ermöglicht. Durch diesen Praxisbezug kann die Untersuchung nach einer gesetzlichen Regelung im Zusammenspiel mit der vorausgegangenen rein rechtlichen Betrachtung zu einer umfassenden Darstellung der Gesamtsituation des Konzerndatenschutzbeauftragten fundiert werden. Bei der Auswertung wurden im Rahmen einer typisierenden Generalisierung[1079] vier Kategorien gebildet, um den Konzerndatenschutzbeauftragten in der Praxis darzustellen. Dabei geht es zunächst um die Person und das Amt des Befragten. Daran anschließend wird die Konzernorganisation des jeweiligen Interviewpartners aufgezeigt. Die aus der Konzernorganisation abgeleitete Datenschutzorganisation wird in der dritten Kategorie beschrieben. Zum Schluss wird auf den Tätigkeitsbereich des Konzerndatenschutzbeauftragten eingegan-

---

[1073] Vgl. *Lamnek* 2005, S. 388.
[1074] Vgl. dazu *Mayring* 2007, S. 58; *ders.* 2002, S. 115; *Lamnek* 2005, S. 520.
[1075] Vgl. *Mayring* 2002, S. 94.
[1076] *Mayring* 2007, S. 58 ff.; so auch *Lamnek* 2005, S. 530; vgl. außerdem Flick/v. Kardoff/Steinke – *Schmidt* 2007, S. 451.
[1077] Vgl. *Lamnek* 2005, S. 404; *Mayer* 2004, S. 23.
[1078] *Mayer* 2004, S. 24.
[1079] Vgl. *Lamnek* 2005, S. 404.

gen. Diese im Folgenden darzustellenden vier Kategorien orientieren sich dabei eng an dem zuvor verwendeten Leitfaden.

Aufgrund der organisatorischen Dynamik von Konzernen ist nochmals darauf hinzuweisen, dass die Ergebnisse der Befragungen lediglich eine Momentaufnahme des Konzerndatenschutzes der untersuchten Unternehmen zum Zeitpunkt des jeweiligen Interviews darstellen.[1080] Darüber hinaus bedeutet die beispielhafte Nennung eines Unternehmens zu einem bestimmten Thema nicht, dass dies auf andere Unternehmen nicht auch zutreffen könnte, sondern nur, dass diese sich nicht explizit dazu geäußert haben und somit eine Nachvollziehbarkeit anhand der Transkriptionstexte nicht zu gewährleisten wäre.

5.2.1 Personelle und institutionelle Einordnung der Befragten

Die Wahl der Person und die Ausgestaltung des Amtes können Auskunft über das Verständnis des Unternehmens von der Bestellung eines Konzerndatenschutzbeauftragten geben. Bei der Umsetzung dieses Konzepts in der unternehmerischen Praxis kommt es entscheidend darauf an, welche Personen bestellt werden, wie das Anstellungsverhältnis ausgestaltet und welche allgemeinen Arbeitsschwerpunkte für den Konzernbeauftragten maßgeblich sind.

5.2.1.1 Berufliche Laufbahn

Sämtliche Lebensläufe kennzeichnet eine starke Kontinuität in der beruflichen Tätigkeit, die meisten Befragten sind seit mehr als zehn Jahren in dem jeweiligen Konzern beschäftigt. Die Dauer der Bestellung als Beauftragter für den Konzerndatenschutz liegt zwischen zwei Monaten und acht Jahren, sodass eine große Bandbreite von Erfahrungen und Eindrücken gesammelt werden konnte. Alle Befragten haben sich im Rahmen ihrer Ausbildung beziehungsweise am Anfang des Berufslebens technisch orientiert und sind frühzeitig mit der elektronischen Datenverarbeitung in Berührung gekommen. Die große Mehrzahl der Interviewten hat darüber hinaus ihre Ausbildung mit einem Hochschulabschluss beendet, oftmals noch durch Zusatzqualifikationen wie Promotion oder Magisterabschluss aufgewertet. Dabei sind zunächst ganz unterschiedliche Studiengänge von Rechtswissenschaft über Betriebs- und Volkswirtschaftslehre sowie Pädagogik bis hin zu technisch geprägten Ausbildungen zu verzeichnen.

5.2.1.2 Anstellungsverhältnis

Bis auf den Datenschutzbeauftragten der B. Braun Melsungen AG[1081] sind alle Befragten hauptamtlich und bis auf den Konzerndatenschutzbeauftragten der E.ON AG[1082] auch intern bei der jeweiligen Konzernobergesellschaft bestellt. Letzterer ist in einer die IT-Revision umfassenden Untergesellschaft des E.ON-Konzerns intern angestellt. Darüber hinaus sind die

---

[1080]   Vgl. dazu die Liste der Interviewpartner im Anhang.
[1081]   Vgl. Interview *B. Braun Melsungen AG*, S. 2.
[1082]   Vgl. Interview *E.ON AG*, S. 1.

Beauftragten außer bei der Siemens AG und der Deutsche Bank AG in weiteren Gesellschaften ihres Konzerns als Datenschutzbeauftragte bestellt. Den Beauftragten der vorgenannten Unternehmen kommt jedoch jeweils ein Koordinationsauftrag für den Datenschutz zu; bei der Siemens AG in Form eines internen Rundschreibens, bei der Deutsche Bank AG in Form eines separaten Bestellungsvertrages zum „Chief Data Protection Officer".[1083]

Bei den Mehrfachbestellungen treten insoweit Unterschiede zwischen den einzelnen Unternehmen auf, als dass teilweise weitere Datenschutzbeauftragte bestellt sind, wie etwa bei der Deutsche Telekom AG oder E.ON AG,[1084] teilweise aber auch eine Konzentration auf den Konzerndatenschutzbeauftragten stattfindet wie etwa bei der ABB AG, der Allianz AG, der DaimlerChrysler AG, der Deutsche Lufthansa AG oder der SAP AG.[1085] Die Bestellungsschreiben sind durchweg sehr kurz gehalten und verweisen im Wesentlichen auf die entsprechenden Normen im Bundesdatenschutzgesetz. In der Mehrzahl der Fälle wird dabei Bezug auf die Position des Konzerndatenschutzbeauftragten genommen. Bei der SAP AG und der Deutsche Post AG jedoch findet eine solche Erwähnung nicht statt, sodass sich die Stellung als Konzerndatenschutzbeauftragter aus anderen, faktischen Gründen wie der Mehrfachbestellung oder internen Richtlinien und Geschäftsverteilungsplänen ergibt.[1086]

5.2.1.3 Allgemeine Arbeitsschwerpunkte

Die allgemeinen Tätigkeitsschwerpunkte der Befragten stimmen nur teilweise überein. Datenschutzrechtliche Beratung in unterschiedlichen Ausprägungen als abgeleitete Hinwirkungsaufgabe wird durchweg als Schwerpunktaufgabe genannt. Darüber hinaus setzen die Interviewten jedoch unterschiedliche Akzente bei der Beurteilung ihres Tätigkeitsfeldes. Bei der Deutsche Telekom AG und der Deutsche Post AG werden vor allem Strategie und Datenschutzpolitik sowie der Umgang mit Datenschutzanforderungen sowohl auf nationaler als auch auf internationaler Ebene und die Innovationsbegleitung, vor allem bei Früherkennungssystemen für gesellschaftliche Entwicklung und schließlich der Konzerndatenschutzbeauftragte als Eskalationsinstanz, genannt.[1087] In eine ähnliche Richtung weisen die Aufgabenbeschreibungen der ABB AG und der Deutsche Bank AG in Form der Gewährleistung eines einheitlichen Datenschutzes.[1088] Bei der DaimlerChrysler AG liegen weitere Schwerpunkte bei der Durchführung von Audits, „Awareness-Maßnahmen" sowie der Behandlung der Be-

---

[1083] Vgl. Interviews *Allianz AG* und *Siemens AG*, S. 2f. sowie *Deutsche Bank AG*, S. 1.

[1084] Vgl. Interviews *Deutsche Telekom AG* und *Deutsche Post AG*, S. 2 sowie *E.ON AG*, S. 1.

[1085] Vgl. Interviews *ABB AG*, S. 1; *Allianz AG* und *Siemens AG*, S. 3; *DaimlerChrysler AG*, S. 1; *Deutsche Lufthansa AG*, S. 1; *SAP AG*, S. 1.

[1086] Vgl. Interviews *SAP AG*, S. 1 sowie *Deutsche Telekom AG* und *Deutsche Post AG*, S. 1.

[1087] Interview *Deutsche Telekom AG* und *Deutsche Post AG*, S. 3.

[1088] Interviews *ABB AG*, S. 1; *Deutsche Bank AG*, S. 2; vgl. dazu auch Interview *Deutsche Lufthansa AG*, S. 6.

schwerden von Kunden und Mitarbeitern.[1089] Die datenschutzrechtliche Koordinierung innerhalb des Konzerns nannten sechs Befragte ausdrücklich als Schwerpunkt ihrer Tätigkeit.[1090]

5.2.2 Konzernorganisation

Neben der personellen und institutionellen Einordnung ist vor allem auch die Organisation
des bestellenden Unternehmens selbst von Bedeutung für die praktische Beurteilung von
Konzerndatenschutzbeauftragten um zu wissen, welche Art von Konzernen dieses spezielle
Kontrollorgan nutzen. Anhaltspunkte für eine solche Einschätzung liefern die Datenverarbeitungswege des jeweiligen Konzerns sowie die Datenschutzaufbauorganisation; weitere Beur-
teilungsmöglichkeiten ergeben sich aus der Schwerpunktsetzung beim Schutz personenbezogener Daten.

5.2.2.1 Organisation des Unternehmens aus Sicht der Datenverarbeitung

Fast alle ausgewählten Konzerne haben jeweils eine eigene Gesellschaft gegründet, die für die
IT-Dienstleistungen des Konzerns im Rahmen der Auftragsdatenverarbeitung zuständig ist.
Sie bleiben aber gem. § 11 Abs. 1 Satz 1 BDSG weiterhin für die Einhaltung der Vorschriften
des Bundesdatenschutzgesetzes und anderer Vorschriften über den Datenschutz verantwortlich. Demgemäß ergeben sich bei der Konzernorganisation unter Berücksichtigung der Datenverarbeitungswege nach der Befragung drei verschiedene Grundstrukturen. In der ersten
Gruppe ist der Konzern durch eine Holdingstruktur mit dem Corporate Center, in dem die
wesentlichen Steuerungsfunktionen sowohl für Prozesse als auch für den IT-Bereich liegen,
und weiteren strategischen Geschäftsfeldern, in denen ebenfalls eigene Personal- und Kun-
denbearbeitungssysteme vorhanden sind, geprägt, was für die Deutsche Post AG, die Deutsche Telekom AG sowie die Allianz AG zutrifft.[1091] Die zweite Gruppe der Konzerne zeichnet, wie bei der SAP AG, eine stärkere Zentralisierung auf die Konzernobergesellschaft und
weniger auf die einzelnen Geschäftsfelder aus.[1092] Auch die DaimlerChrysler AG, die Deutsche Lufthansa AG, die B. Braun Melsungen AG und mit Einschränkungen die Siemens AG
aufgrund der Größe ihrer einzelnen Geschäftsfelder sowie die ABB AG aufgrund ihrer Konzernzugehörigkeit zum schweizer ABB-Konzern lassen sich unter diese Gruppe subsumieren.
Die E.ON AG schließlich zeichnet sich durch das komplette Outsourcing ihrer Konzerndatenverarbeitung in eine eigene Service-Gesellschaft aus, bei der alle im Konzern erhobenen Daten zentral gespeichert und verarbeitet werden.[1093]

[1089]   Interview *DaimlerChrysler AG*, S. 2.
[1090]   Vgl. Interviews *E.ON AG*, S. 1; *Deutsche Telekom AG* und *Deutsche Post AG*, S. 3; *Deutsche Lufthansa AG*, S. 1; *Allianz AG* und *Siemens AG*, S. 4.
[1091]   Vgl. Interviews *Deutsche Telekom AG* und *Deutsche Post AG*, S. 3f.; *Allianz AG* und *Siemens AG*, S. 7.
[1092]   Vgl. Interview *SAP AG*, S. 2.
[1093]   Interview *E.ON AG*, S. 2.

5.2.2.2 Aufbau des Datenschutzes im Unternehmen

Während die Konzernorganisationen stärker differieren, zeichnen die Datenschutzorganisationen wiederum ein einheitlicheres Bild. Lediglich die innere Ausgestaltung wie Personalhöhe und technische Unterstützung richtet sich weiter nach den Notwendigkeiten der einzelnen Konzerne. So ist bei allen Unternehmen – außer bei der E.ON AG aufgrund der aufgeführten Besonderheiten – die für den Konzerndatenschutz verantwortliche Abteilung in den Group Headquarters angesiedelt. Daneben gibt es in einzelnen Betrieben und Gesellschaften sowohl im Inland als auch im Ausland interne Datenschutzkoordinatoren oder Bereichs-Datenschutzbeauftragte, die operative Aufgaben vor Ort erfüllen und als Sprachrohr für die Zentraleinheit des Konzerndatenschutzes dienen. Die Datenschutzkoordinatoren unterstehen der fachlichen Weisung der Zentraleinheit Konzerndatenschutz. Wie bereits erwähnt variiert die Zahl der Personen, die im Bereich Datenschutz tätig sind, ganz erheblich. Bei der B. Braun Melsungen AG als kleinstem der ausgewählten Unternehmen kann der Datenschutzbeauftragte lediglich vereinzelt auf Hilfspersonal zurückgreifen.[1094] Der Datenschutzbeauftragte der Siemens AG hat zwei Mitarbeiter in der Konzernobergesellschaft, arbeitet aber eng mit weiteren Bereichs-Datenschutzbeauftragten sowie Ansprechpartnern im Ausland zusammen.[1095] Die ABB AG hat aufgrund eines den Datenschutz vollständig in die regulären Geschäftsprozesse mit einbeziehenden integrativen Managementkonzepts durch die daraus im operativen Bereich resultierende Entlastung als alleinigen Verantwortlichen den Konzerndatenschutzbeauftragten bestellt, dem regionale Durchführungsverantwortliche zur Seite stehen.[1096] Die SAP AG hat mit zwei hauptamtlichen Kräften und nur wenigen Bereichs-Datenschutzbeauftragten eine ähnlich schlanke Datenschutzorganisation gewählt wie die E.ON AG mit nur einigen bestellten Datenschutzbeauftragten.[1097] Dagegen sind im Bereich Datenschutz bei der DaimlerChrysler AG bereits fünf Vollzeitbeschäftigte in Deutschland sowie circa 150 in Teilzeit angestellte Datenschutzkoordinatoren weltweit, bei der Deutsche Bank AG in Frankfurt sechs sowie im Ausland unternehmenshistorisch bedingt drei weitere in Vollzeit beschäftigte Mitarbeiter sowie mehrere „Data Protection Officers", bei der Deutsche Lufthansa AG sieben Vollzeitbeschäftigte und mindestens ein „Anchorman" als Ansprechpartner in jeder Untergesellschaft und bei der Allianz AG ebenfalls sieben Vollzeitbeschäftigte in Deutschland und zwei im Ausland mit weiteren Ansprechpersonen im In- und Ausland tätig.[1098] Die größten Datenschutzorganisationen sind bei den Konzernen Deutsche Post AG

[1094] Interview *B. Braun Melsungen AG*, S. 6.

[1095] Interview *Allianz AG* und *Siemens AG*, S. 4.

[1096] Interview *ABB AG*, S. 4. Das auf ISO 9000 basierende integrierte Managementkonzept bezieht neben dem Datenschutz Aspekte wie Brandschutz, Arbeitssicherheit, Umweltschutz, Gesundheitsvorsorge, Informationsschutz und vor allem Qualitätssicherung in die regulären Geschäftsprozesse mit ein, sodass ein Anwender automatisch bei Prozessaufruf mit allen Rahmenbedingungen vertraut gemacht wird. Damit müssen Geschäftsprozesse vom Datenschutzbeauftragten nicht mehr einzeln überwacht werden und er wird von Routineaufgaben entlastet. Das Konzept wurde mit dem GDD-Datenschutz-Award 2003 ausgezeichnet.

[1097] Interviews *SAP AG*, S. 2; *E.ON AG*, S. 1.

[1098] Interviews *DaimlerChrysler AG*, S. 3f.; *Deutsche Bank AG*, S. 3; *Deutsche Lufthansa AG*, S. 2 sowie *Allianz AG* und *Siemens AG*, S. 13.

mit 25 Vollzeitbeschäftigten, von denen einige die Tätigkeit als Datenschutzbeauftragte jedoch in Teilzeit wahrnehmen, und mehrere Datenschutzkoordinatoren in Deutschland sowie
Deutsche Telekom AG mit sieben Vollzeitbeschäftigten in der Konzernzentrale und 43 in den
Geschäftsfeldern, wovon vier Datenschutzbeauftragte sind, sowie etwa 160 Datenschutzkoordinatoren weltweit vorhanden.[1099]

5.2.2.3 Besondere Schwerpunkte des Schutzes personenbezogener Daten

Der Schutz personenbezogener Daten ist abhängig von den Geschäftsfeldern der untersuchten
Konzerne und wird daher von ganz unterschiedlichen Seiten angegangen. Bei der SAP AG
etwa begründet das Produktangebot des Konzerns die größte Herausforderung für den Datenschutz mit der Schnittstelle zwischen für Kunden tätigen konzerneigenen Fachabteilungen
und zu beauftragenden Dritten.[1100] An dieser Stelle besteht die unabdingbare Notwendigkeit,
das Beauftragungsverhältnis nach bestmöglichem Schutz für die (personenbezogenen) Daten
des Kunden auszugestalten. Auf ähnliche Weise setzt die Deutsche Lufthansa AG produktbe-
zogene Schwerpunkte, die vor allem geprägt sind durch ein Kundenbindungsprogramm sowie
die Betreuung der Niederlassungen im Ausland, worunter auch das Thema der Übermittlung
von Reservierungsdaten an amerikanische Behörden gehört.[1101] Für die DaimlerChrysler AG
liegen die strategischen Herausforderungen des Datenschutzes einmal in der zunehmenden
Tiefe der Datenverarbeitung durch die verbesserten technischen Möglichkeiten der Nutzung
von Datenbanken auf der einen und Optimierung von Geschäftsprozessen auf der anderen
Seite sowie außerdem in der technischen Aufrüstung von Kraftfahrzeugen verbunden mit der
Zunahme der Datenverarbeitung in Automobilen und schließlich noch in den neuen Transpa-
renzforderungen der staatlichen Stellen, wofür als Stichworte Ermittlungsanforderungen bei
Insidergeschäften, Aktienrecht, Anti-Korruptionsprüfung und in diesem Zusammenhang Sarbanes-Oxley oder elektronische Steuerprüfung zu nennen sind.[1102] Die E.ON AG hat sich in
erster Linie mit der beschriebenen Auslagerung der Datenverarbeitung, die unterschiedliche
Daten wie Personal- oder Kundendaten gleichermaßen erfasst, und der damit verbundenen
Auftragsdatenverarbeitung nach § 11 BDSG zu befassen und verfolgt die Gewährleistung
einer stetigen Rechtmäßigkeit der einzelnen, zuweilen völlig unterschiedlichen Übermittlungen.[1103] Für die Befragten der Deutsche Telekom AG und der Deutsche Post AG sind aufgrund der spärlichen Regelungen und der fehlenden Beachtung des Konzernverbundes vor
allen Dingen unternehmensübergreifende und grenzüberschreitende oder internationale Datenflüsse bedeutsam, wobei die Deutsche Telekom AG noch der Umgang mit Stakeholdern
sowie die Kundenbindung durch Vertrauen beschäftigt und die Deutsche Post AG den Datenschutz als Mehrwert und nicht nur gesetzliche Pflicht für das Unternehmen etablieren möch-

---

[1099] Interview *Deutsche Telekom AG* und *Deutsche Post AG*, S. 5 ff.
[1100] Interview *SAP AG*, S. 3.
[1101] Interview *Deutsche Lufthansa AG*, S. 3.
[1102] Interview *DaimlerChrysler AG*, S. 4.
[1103] Interview *E.ON AG*, S. 2.

te.[1104] Die Deutsche Bank AG sieht einen weiteren Schwerpunkt beim Schutz personenbezogener Daten in der unterschiedlichen Interpretation des regulatorischen Schutzes innerhalb Deutschlands und innerhalb Europas, das zwar einen harmonisierten Rechtsraum aufweist, der aber durch die einzelnen Gesetze der Mitgliedstaaten unterschiedlich ausgestaltet wird.[1105]

5.2.3 Konzerndatenschutzorganisation

Der Konzerndatenschutzbeauftragte erscheint als die zentrale Figur des Datenschutzes innerhalb eines Konzerns. Indem man den Rahmen seines Tätigkeitsfeldes bestimmt, können Erkenntnisse über die Funktionsweise innerhalb des Unternehmens gewonnen und so ein Ausgangspunkt für die konkreten Aufgaben des Konzerndatenschutzbeauftragten festlegt werden. Organisatorische Aspekte sind hier die verfolgte Datenschutzstrategie des Unternehmens und die sich daraus ergebende Stellung des Konzerndatenschutzbeauftragten. In operativer Hinsicht dient das Verhältnis zu den Institutionen, mit denen der Beauftragte zur Zusammenarbeit faktisch verpflichtet ist, als Abgrenzungsmöglichkeit für seine eigene Tätigkeit im Rahmen des Konzerndatenschutzes.

5.2.3.1 Datenschutzstrategie

Der Begriff der „Datenschutzstrategie" wird von den Vertretern der einzelnen Unternehmen unterschiedlich interpretiert und ist oftmals nicht deckungsgleich mit der zuvor im rechtsdogmatischen Teil dieser Arbeit entwickelten und gebrauchten Verwendung.[1106] Zunächst ist allen Interpretationen das Ausformulieren von angestrebten Zielen für den konzernweiten Datenschutz sowie das Festlegen bestimmter Vorgehensweisen zur Erreichung derselben gleich. Unterschiede treten zum einen bei der Zielvorgabe selbst auf und zum anderen bei dem Grad der Konkretisierung sowohl der Zielvorgaben als auch der einzelnen Vorgehensweisen. Dementsprechend ist bei der SAP AG als IT-Dienstleister – geprägt durch den Gedanken der Selbstverantwortung jedes einzelnen Mitarbeiters sowie der Geschäftsleitungen aller Konzerngesellschaften – die Datenschutzstrategie Teil der in einer Security Policy festgelegten konzernweiten Sicherheitsstandards, weil eine eigens für den Datenschutz festgeschriebene Strategie wenig Sinn macht aufgrund der Vielzahl unterschiedlicher Daten, die in einer Regelung schlichtweg nicht zu erfassen wären.[1107] Die Inhalte der Datenschutzstrategien variieren zwischen generellen konzernorientierten Vorgaben und spezifischen datenschutzrechtlichen Maßnahmen. Die Ergebnisse zu den einzelnen Datenschutzstrategien sind dabei

---

[1104] Interview *Deutsche Telekom AG* und *Deutsche Post AG*, S. 6f.
[1105] Interview *Deutsche Bank AG*, S. 4; vgl. dazu auch das Interview *Allianz AG* und *Siemens AG*, S. 17, in dem der Datenschutzbeauftragte der Siemens AG dieselbe Meinung vertritt.
[1106] S. Kap. 4.3.3.2.2.
[1107] Interview *SAP AG*, S. 3.

lediglich ein Indiz für das Maß, inwieweit Konzerndatenschutz entsprechend den Erfordernissen des jeweiligen Unternehmens betrieben wird.[1108]

Für die B. Braun Melsungen AG als einem noch eher mittelständisch geprägten Konzern sind bisher keine Leit- oder Organisationsrichtlinien im Bereich Datenschutz erarbeitet und vom Vorstand verabschiedet worden, sodass strategische Maßnahmen eng an den Vorgaben des Bundesdatenschutzgesetzes ausgerichtet sind und sich daneben an einer IT-Sicherheitsrichtlinie orientieren.[1109] Die Konzerne DaimlerChrysler AG und Deutsche Telekom AG, die alle konzernweite Datenschutzregelungen auch in Form von Binding Corporate Rules implementiert haben, richten ihre Datenschutzstrategien vor allen Dingen nach dem Paradigma des Datenschutzes als Wettbewerbsvorteil aus, womit Datenschutzprozesse standardisiert und ein Beitrag zur unternehmensweiten Compliance geleistet werden soll; dies gilt grundsätzlich auch für die Deutsche Post AG, wobei hier der Entwurf einer Privacy Policy, welcher in das Genehmigungsverfahren mit den Aufsichtsbehörden eingebracht worden ist, vorliegt.[1110] Ohne behördliche Verbindlichkeit, in Form von Privacy Policies, internen Datenschutz-Handbüchern oder Unternehmensrichtlinien, Datenschutzerklärungen im Internet oder als Teil eines allgemeinen globalen Code of Conduct haben die Unternehmen ABB AG, Allianz AG, Deutsche Bank AG, Deutsche Lufthansa AG, E.ON.AG und Siemens AG ihre Datenschutzstrategien festgelegt.[1111] Die überwiegende Zahl der Regelungen benennt dabei sowohl abstrakte Ziele für den Datenschutz als auch konkrete Maßnahmen zum Schutz personenbezogener Daten.

5.2.3.2 Stellung des Konzerndatenschutzbeauftragten in der Datenschutzstrategie

Obwohl die Datenschutzstrategien, wie gesehen, unterschiedlich ausfallen, ist die daraus resultierende Stellung der Beauftragten ganz ähnlich ausgestaltet. Allen Befragten kommt die Umsetzung und zentrale Steuerung des Datenschutzes im Konzern zu, unabhängig davon, ob sie als einfache Datenschutzbeauftragte nur für die Obergesellschaft des Konzerns zuständig, alleinverantwortlich als Konzerndatenschutzbeauftrager für alle Konzerngesellschaften bestellt oder weitere Datenschutzbeauftragte im Konzern vorhanden sind. Demgemäß hat der Konzerndatenschutzbeauftragte insbesondere die Strategie vor dem Vorstand zu vertreten, Projekte zu betreuen und zu beraten sowie im externen Kontext von Strategie und Entwicklung darauf zu achten, dass mittelfristig verbesserte Perspektiven für die Unternehmenstätigkeit geschaffen werden.[1112] Auf Mitarbeiterebene ist es wichtig, zu verdeutlichen, dass der

---

[1108] Daraus lässt sich jedoch keineswegs eine Wertung nach hohem oder niedrigem Datenschutzniveau entnehmen.
[1109] Interview *B. Braun Melsungen AG*, S. 5f.
[1110] Interviews *DaimlerChrysler AG*, S. 5 und *Deutsche Telekom AG* und *Deutsche Post AG*, S. 7.
[1111] Vgl. Interviews *ABB AG*, S. 5; *Allianz AG* und *Siemens AG*, S. 8f.; *Deutsche Bank AG*, S. 5; *Deutsche Lufthansa AG*, S. 4; *E.ON.AG*, S. 2.
[1112] Vgl. Interviews *Allianz AG* und *Siemens AG*, S. 9; *DaimlerChrysler AG*, S. 6; *Deutsche Bank AG*, S. 5; *E.ON AG*, S. 1; *SAP AG*, S. 3 sowie *Deutsche Telekom AG* und *Deutsche Post AG*, S. 7.

Einzelne nach Dienstschluss selbst Betroffener ist und seine Daten als Privatperson zur Verfügung stellt; auf diese Weise kann eine Sensibilisierung erreicht werden.[1113]

Die Beauftragten für den Konzerndatenschutz sind damit die zentrale Figur innerhalb der Datenschutzstrategie, da sie für deren Entwicklung und auch Umsetzung verantwortlich sind.

5.2.3.3 Zusammenarbeit mit anderen Institutionen

Alle befragten Personen arbeiten intensiv mit verschiedensten Institutionen innerhalb und außerhalb des jeweiligen Konzerns zusammen, um in Datenschutznetzwerken Informationen zu erhalten und sich ständig in der Position eines positiven Benchmarks zu fühlen.[1114] Genannt werden an erster Stelle intern die IT-Sicherheit, gefolgt von der allgemeinen Unternehmenssicherheit, der Rechtsabteilung sowie der Revision und Human Resources. Des Weiteren nehmen alle Beauftragten regelmäßig an verschiedenen konzernweiten Arbeitskreisen und Ausschüssen zum Thema Sicherheit teil. Bei der SAP AG, der Deutsche Bank AG und der DaimlerChrysler AG ist der Konzerndatenschutzbeauftragte jeweils Mitglied des wichtigsten Entscheidungsgremiums unterhalb der Vorstandsebene zur Aufstellung verbindlicher Regelungen zur Unternehmenssicherheit.[1115] Extern ist für einige Befragte die Zusammenarbeit mit der jeweiligen Aufsichtsbehörde von zentraler Bedeutung. Thematisch steht dabei die informelle Arbeit im Vordergrund, weil Datenschutz nicht allein aus dem Gesetz, Kommentaren oder Gerichtsentscheidungen heraus begreiflich ist, sodass es unabdingbar ist, ein Verständnis für die Arbeit der Aufsichtsbehörden zu bekommen und eine dementsprechende Kommunikation zum Wohle der Betroffenen aufzubauen und zu erhalten.[1116] Dabei werden die unternehmenseigenen Positionen klar vorgestellt und die Behörde in die Situation gebracht, betriebliche und wirtschaftliche Erwägungen nachvollziehen zu können, um auf diese Weise Kompromisse zu erzielen, die sowohl für die Aufsichtsbehörden als auch für die Unternehmen realisierbar sind. Außer mit anderen Konzerndatenschutzbeauftragten findet eine sonstige Zusammenarbeit mit außenstehenden Dritten, etwa im Wege der Beratung in Datenschutzfragen, unter anderem deswegen eher selten bei den befragten Unternehmen statt, weil externe Berater oftmals über die eben beschriebenen Kommunikationswege zu den Aufsichtsbehörden gerade nicht verfügen.[1117]

5.2.3.4 Verhältnis zum Betriebsrat

Die Zusammenarbeit mit den Betriebsräten wird von allen Befragten durchweg als gut und konstruktiv beschrieben. Bei der SAP AG kann das Verhältnis allerdings nur sehr einge-

---

[1113] Interview *Allianz AG* und *Siemens AG*, S. 9; vgl. dazu auch Interview *B. Braun Melsungen AG*, S. 2.
[1114] Vgl. Interview *Deutsche Telekom AG* und *Deutsche Post AG*, S. 8.
[1115] Vgl. Interviews *SAP AG*, S. 4; *Deutsche Bank AG*, S. 6 sowie *DaimlerChrysler AG*, S. 7.
[1116] Interview *Deutsche Telekom AG* und *Deutsche Post AG*, S. 8; vgl. auch Interviews *DaimlerChrysler AG*, S. 7; *Deutsche Lufthansa AG*, S. 4; *Prof. Büllesbach*, S. 4.
[1117] Interview *Deutsche Telekom AG* und *Deutsche Post AG*, S. 8.

schränkt beschrieben werden, da ein Betriebsrat erst seit Sommer 2006 besteht.[1118] Verglichen mit der Studie der *GDD*, wonach gut zwei Drittel aller befragten Datenschutzbeauftragten das Verhältnis als „kooperativ" ansehen,[1119] kann die positive Grundstimmung zwischen Datenschutzkontrolle und Arbeitnehmervertretung in den untersuchten Konzernen bestätigt werden. Bei der E.ON AG ist die Zusammenarbeit sowohl mit den einzelnen Betriebsräten als auch dem Gesamtbetriebsrat sowie dem Konzernbetriebsrat aufgrund „gemeinsamer Ziele" als durchweg gut zu beschreiben, der Konzerndatenschutzbeauftragte nimmt auf Einladung an Tagungen des beim Gesamtbetriebsrat eingerichteten Ausschusses für IT und Datenschutz teil und sieht den Betriebsrat vor allem als Sprachrohr für mögliche datenschutzrechtliche Probleme in der Belegschaft.[1120] Bei der Deutsche Lufthansa AG sind die Vertreter des Konzerndatenschutzes neben den Ausschusssitzungen der verschiedenen Betriebsräte noch in einer weiteren Institution vertreten, die es nur bei der Lufthansa gibt, nämlich die Personaldateninspektion. Diese wurde als Sachverständige für Betriebsräte und Geschäftsleitung entwickelt und sollte der aufkommenden Technologisierung gerecht werden sowie eine konzernweite Rahmenvereinbarung für die EDV schaffen. Heute betreut sie an vielen Stellen auch die Mitarbeiterdatenverarbeitung, vor allem in technischen Fragen, während die Konzerndatenschutzabteilung sich auf die Kundendaten konzentriert.[1121] Auch bei der Deutsche Telekom AG sowie der Deutsche Post AG wird das Verhältnis zum Betriebsrat als sehr gut eingestuft, großer Wert auf eine Positionierung als neutrale Beratungs- und Kontrollstelle innerhalb des Konzerns gelegt und die Abgrenzung des Betriebsrats in jeder Hinsicht respektiert aufgrund seiner Tätigkeit, wobei datenschutzrechtliche Fragen gemeinsam geklärt werden sollten, da sonst die betriebsexterne Kontrolle der Aufsichtsbehörde eingreifen würde.[1122] Dabei wird in den Unternehmen auch die Problematik gegenseitiger Kontrollrechte gesehen. Dieses dogmatische Konfliktfeld sollte jedoch nicht zu einem Mitbestimmungsrecht des Betriebsrats bei der Bestellung des Datenschutzbeauftragten sowie einer Überwachung der Datenverarbeitung des Betriebsrats durch den Konzerndatenschutzbeauftragten führen.[1123] Auf freiwilliger Basis ist ein Mitspracherecht des Betriebsrats jedoch durchaus möglich; so geschehen bei der ABB

[1118] Interview *SAP AG*, S. 4. Die bisherigen kurzen Erfahrungen erscheinen im positiven Sinne „unkonventionell", was vor allem auf die Teilzeitfreistellung sämtlicher Betriebsräte zurückgeführt wird, um so den Kontakt zur Belegschaft wahren zu können. Mitbestimmungsrechte werden nicht extensiv beansprucht, sondern vermittelnd und lösungsorientiert wahrgenommen. Um Unsicherheiten auf beiden Seiten auszuräumen, hat der Konzerndatenschutzbeauftragte des SAP-Konzerns vor allem auf seine unabhängige Stellung hingewiesen, damit seine Beratungsaufgabe sowohl der Arbeitgeber- als auch der Arbeitnehmerseite zugute kommen kann. Aufgrund seiner anerkannten Autorität sieht er sich in der glücklichen Lage, bei der Umsetzung datenschutzrechtlicher Maßnahmen weder auf die eine noch die andere Seite als „Rückendeckung" zurückgreifen zu müssen.

[1119] *GDD* 2006, S. 47.

[1120] Interview *E.ON AG*, S. 3.

[1121] Interview *Deutsche Lufthansa AG*, S. 5.

[1122] Interview *Deutsche Telekom AG* und *Deutsche Post AG*, S. 9.

[1123] Vgl. Interviews *DaimlerChrysler AG*, S. 7; *B. Braun Melsungen AG*, S. 9; *Deutsche Telekom AG* und *Deutsche Post AG*, S. 13.

AG, die dem Konzernbetriebsrat ein Mitspracherecht bei der Bestellung des Konzerndaten-schutzbeauftragten in Form einer Konzernbetriebsvereinbarung eingeräumt hat.[1124]

5.2.4 Spezielle Wirkungsbereiche des Konzerndatenschutzbeauftragten

Einen Schwerpunkt zur Beurteilung der praktischen Bedeutung liefern die Aufgaben des Konzerndatenschutzbeauftragten zur Umsetzung des Datenschutzes. Hierdurch kann die Mo-tivationslage zur Einrichtung des speziellen Kontrollorgans gefunden werden.

5.2.4.1 Beratung, Koordination und Kontrolle als Aufgabenfelder

In der Praxis kann eine Unterteilung der Tätigkeit der Beauftragten für den Konzerndaten-schutz in die drei benannten Aufgabenfelder erfolgen. Neben Koordination und Kontrolle heben viele Befragte vor allem die Beratungstätigkeit als Hauptaufgabenfeld hervor.[1125] Diese gestaltet sich sehr umfangreich und kann in mehrere Bereiche unterteilt werden, nämlich Be-ratung der Vorstände, projektbezogene Beratung und schließlich individuelle Betreuung von Mitarbeitern und gegebenenfalls auch außerhalb des Konzerns stehenden Dritten in daten-schutzrechtlichen Angelegenheiten; die Gewichtung der einzelnen Beratungstätigkeiten ist dabei von Konzern zu Konzern unterschiedlich und hängt auch von der Personalausstattung der einzelnen Datenschutzabteilungen ab.[1126]

Koordination als weiteres Aufgabenfeld wird von den Befragten ganz unterschiedlich bewer-tet. Während für die B. Braun Melsungen AG aufgrund der geringen konzernweiten Abspra-chen im Bereich des Datenschutzes die Koordination kaum notwendig erscheint und bei der SAP AG durch ihre schlanke Datenschutzstruktur sowie die Einbindung des Datenschutzes in ihr Produktportfolio stark reduziert werden kann, gehört Koordinierung in Form der Organisa-tion bei der ABB AG, der Allianz AG, der DaimlerChrysler AG, der Deutsche Post AG, der Deutsche Telekom AG sowie der E.ON AG zu den zentralen Aufgaben des Konzerndaten-schutzbeauftragten.[1127]

Die Kontrollaufgabe des Konzerndatenschutzbeauftragten versteht man bei der E.ON AG vor allem als koordinierte Organisation von Einzelkontrollen in den verschiedenen Unterneh-men.[1128] Die Tätigkeit des Konzerndatenschutzbeauftragten ist weiterhin zu unterteilen in die Überwachung des Mitarbeiterstabes, die eine Frage der Personalführung wie in jedem anderen Geschäftsbereich auch ist, und Kontrolle der Prozesse, bei der sich der Konzerndatenschutz-

---

[1124] Interview *ABB AG*, S. 7.
[1125] Vgl. Interviews *Prof. Büllesbach*, S. 4; *ABB AG*, S. 8; *Allianz AG* und *Siemens AG*, S. 12; *DaimlerChrysler AG*, S. 8; *Deutsche Bank AG*, S. 7; *Deutsche Telekom AG* und *Deutsche Post AG*, S. 10; *SAP AG*, S. 5.
[1126] Vgl. zur „Vorstandsberatung" Interview *Deutsche Telekom AG* und *Deutsche Post AG*, S. 10; zur „Projekt-betreuung" Interview *E.ON AG*, S. 1; zur „direkten Beratung" Interview *SAP AG*, S. 5 sowie allgemein zu „Aufgabenfeldern" des Konzerndatenschutzbeauftragten Interview *Prof. Büllesbach*, S. 4.
[1127] Vgl. Interviews *ABB AG*, S. 8; *Allianz AG* und *Siemens AG*, S. 11f.; *DaimlerChrysler AG*, S. 8; *Deutsche Telekom AG* und *Deutsche Post AG*, S. 3, 10 sowie E.ON AG S. 4.
[1128] Interview *E.ON AG*, S. 4.

beauftragte nicht darauf beschränken kann, erst bei Problemauftritten zu kontrollieren; vielmehr muss Kontrolle auch strategisch angelegt sein, etwa in einem Auditkonzept.[1129] Solche
Auditierungsmaßnahmen können entweder durch die Datenschutzabteilung selbst oder in Zusammenarbeit mit anderen Abteilungen wie dem Qualitäts-Management oder der Konzernre-
vision durchgeführt werden, wobei letztere Alternative den Vorteil bietet, dass auf die Infrastruktur und Erfahrung der Revision zurückgegriffen werden kann. Eine solche Lösung wird
von den Befragten favorisiert und teilweise bereits angewendet.[1130] Gleichwohl können alle
Kontrollmaßnahmen immer nur eine gut organisierte Stichprobenkontrolle zur Datenschutzkonformität sein, bei der es vor allem um Effektivität geht. Alle Prozesse ständig zu überwachen, ist praktisch unmöglich und nicht wirtschaftlich.

5.2.4.2 Konzernweit einheitliches Datenschutzniveau

Die Antworten auf die Frage nach der Einheitlichkeit des Datenschutzniveaus innerhalb der
untersuchten Konzerne geben ein völlig heterogenes Bild wieder sowohl bei der jeweiligen
Zielsetzung, die von einer beinahe vollständigen Realisierung bis hin zu einer klaren Ablehnung der Vereinheitlichung reicht, als auch bei der anschließenden Umsetzung; allerdings
sind dabei gewisse Tendenzen nach Branchenzugehörigkeit sowie Entwicklungsstand der
Vereinheitlichung von Geschäftsprozessen erkennbar. Während für die SAP AG ein einheitliches Datenschutzniveau Voraussetzung für die notwendige gemeinsame Nutzung verschiedener Daten ist und daher bereits in weiten Teilen des Konzerns ein annähernd einheitliches
Datenschutzniveau in Form eines Ringvertrags vorgegeben ist, bietet sich für die E.ON AG
ein einheitliches Datenschutzniveau aus Gründen der Effizienz dergestalt an, dass erstens die
Daten verarbeitende Dienstleistungsgesellschaft des E.ON-Konzerns ihren Sitz in der Bundesrepublik Deutschland hat, wodurch sie dem Bundesdatenschutzgesetz unterworfen ist, und
darüber hinaus das Hauptgeschäft des Konzerns innerhalb der EU und dem EWR liegt, sodass
sich auch hier für Übermittlungen und Verarbeitungen ein einheitliches Niveau nach deutschen Maßstäben anbietet, und zweitens dass die logische Konsequenz einer Vereinheitlichung der IT-Systeme des E.ON-Konzerns in Form einer weitestgehenden Systemangleich-
ung ein ebenfalls einheitliches Datenschutzniveau ist.[1131] Während die Siemens AG die
Gleichbehandlung aller Datenflüsse vor allem aus praktisch-technischen Gründen anstrebt,
bedeutet ein einheitliches Datenschutzniveau nach deutschem Standard für die Deutsche
Lufthansa AG vor allem einen Wettbewerbsfaktor in Form einer weltweit datenschutzrechtlichen Gleichbehandlung ihrer Fluggäste.[1132] Die DaimlerChrysler AG, die Deutsche Post AG
und die Deutsche Telekom AG streben ein einheitliches Mindestniveau auf Basis der EG-

---

[1129] Interview *DaimlerChrysler AG*, S. 8.
[1130] Vgl. Interviews *Allianz AG* und *Siemens AG*, S. 18; *Deutsche Bank AG*, S. 7; *Deutsche Telekom AG* und
        Deutsche Post AG, S. 10, 12f.; *SAP AG*, S. 5; *DaimlerChrysler AG*, S. 8 sowie zum „Datenschutzaudit
        durch das Qualitäts-Management" Interview *ABB AG*, S. 8.
[1131] Interview *SAP AG*, S. 5 sowie Interview *E.ON AG*, S. 4.
[1132] Interviews *Allianz AG* und *Siemens AG*, S. 14 sowie *Deutsche Lufthansa AG*, S. 6f.

Datenschutzrichtlinie an, um einerseits eine Standardisierung in dem konzernweiten Datenschutz zu erreichen, andererseits jedoch ausreichend Spielraum für die länder-, produkt- und
kundenspezifischen Besonderheiten zu haben.[1133] Im Bereich der Finanzdienstleistungen sind
die Geschäftsfelder sowie die Datenverarbeitung trotz weltweiter Datenflüsse stark regional
beeinflusst und stehen daher einem einheitlichen Datenschutzniveau momentan eher noch
entgegen, wobei immer mehr globale Plattformen und weiter voranschreitende Zentralisierung auch im Allfinanzsektor immer mehr in Richtung eines einheitlichen Datenschutzniveaus, zumindest für Teilbereiche des Unternehmens, führen werden.[1134]

5.2.4.3 Ausgestaltung der Position des Konzerndatenschutzbeauftragten

Über die Ausgestaltung besteht große Einigkeit, wobei einige Aspekte nicht von allen Befragten genannt wurden. Bei der Position des Konzerndatenschutzbeauftragten handelt es sich um
eine Managementfunktion, denn nur so kann Konzerndatenschutz realisiert werden.[1135] Um
diese Bedeutung hervorzuheben, sind die Bestellung durch sowie die unmittelbare Unterstellung unter den Konzernvorstand und eine ausreichende Personalausstattung von zentraler Bedeutung.[1136] Hierdurch wird bereits aus der Position eine gewisse Autorität des Beauftragten
innerhalb des Konzerns geschaffen, die in Verbindung mit der notwendigen Fachkompetenz
zu einer faktischen Durchsetzungsbefugnis führt und die notwendigen Handlungsspielräume
eröffnet. Daran direkt anknüpfend herrscht bei allen Interviewten die Meinung vor, einer gesetzlichen Weisungsbefugnis bedürfe der Konzerndatenschutzbeauftragte nicht; vielmehr sei-
en die im Bundesdatenschutzgesetz verankerten Kompetenzen für den Datenschutzbeauftragten ausreichend, sofern konzernintern eine Richtlinienbefugnis bestehe.[1137] Diese ist insbesondere vor dem Hintergrund aktueller Themen wie Compliance Management oder dem Erlass von Policies zu sehen, die durch den Sarbanes-Oxley-Act und andere Vorschriften beinahe jedes größere Unternehmen beschäftigen, denn hier kann der Konzerndatenschutzbeauftragte auch für eine Normsetzungs- und Aktualisierungsbefugnis eingesetzt werden, die bei
internen Unternehmensregelungen aufgrund des ständigen Normanpassungsdrucks mittlerweile notwendig ist.[1138]

5.2.4.4 Datenübermittlung mit Schwerpunkt Auslandsdatentransfer

Grundsätzlich können unter den Begriff „Datenübermittlung" zwei Problemkreise subsumiert
werden: Erstens die Übermittlung von Daten innerhalb desselben Konzerns zwischen zwei
verantwortlichen Stellen, die beide ihren Sitz im territorialen Anwendungsbereich der EG-

---

[1133] Interviews *DaimlerChrysler AG*, S. 9; *Deutsche Telekom AG* und *Deutsche Post AG*, S. 10.
[1134] Vgl. Interviews *Deutsche Bank AG*, S. 7f. sowie *Allianz AG* und *Siemens AG*, S. 14.
[1135] Interview *Deutsche Telekom AG* und *Deutsche Post AG*, S. 10.
[1136] Interviews *SAP AG*, S. 6; *DaimlerChrysler AG*, S. 9f.; *Allianz AG* und *Siemens AG*, S. 16; *ABB AG*, S. 10
      sowie *Prof. Büllesbach*, S. 5.
[1137] Interviews *DaimlerChrysler AG*, S. 10; *Deutsche Telekom AG* und *Deutsche Post AG*, S. 11 sowie *SAP AG*,
      S. 6; ähnlich *E.ON AG*, S. 4.
[1138] Interview *DaimlerChrysler AG*, S. 10.

Datenschutzrichtlinie haben und zweitens der Auslandsdatentransfer zwischen Konzerngesellschaften mit Sitz innerhalb der EU und verantwortlichen Stellen in Drittländern unabhängig von deren Konzernzugehörigkeit.[1139] Während die erste Variante des Datentransfers in
erster Linie bürokratischen Aufwand für die Konzerne bedeutet, im Übrigen aber durch bestehende Übermittlungstatbestände, wie beispielsweise die Auftragsdatenverarbeitung gemäß
§ 11 BDSG, rechtlich abgesichert ist, besteht bei der zweiten Variante ein hohes Maß an
Rechtsunsicherheit, das aber durch eine vertrauensvolle Zusammenarbeit mit den Aufsichtsbehörden verringert werden kann. Diese beiden Übermittlungsszenarien werden ausgefüllt
durch ganz unterschiedliche Datenströme der einzelnen Konzerne.

Für die Deutsche Lufthansa AG ist die Übermittlung von Reservierungsdaten sowohl an eigene Niederlassungen als auch an andere Fluggesellschaften im Ausland von Erlaubnistatbeständen gedeckt, gleichzeitig stellt die Pflicht, Übermittlungen an Behörden aus verschiedenen Zielländern, vornehmlich den USA, aber auch Kanada, durchzuführen, ein großes und
bisher ungelöstes Rechtsproblem dar, welches dringend gelöst werden sollte.[1140] Bei der SAP
AG sowie bei der Deutsche Telekom AG sind internationale Datenflüsse vor allen Dingen hin
zur Konzernzentrale zu verzeichnen, sodass keine allzu großen Übermittlungsprobleme auftreten, mittlerweile aber gleichwohl standardisierte Genehmigungstatbestände benötigt werden.[1141] Bei der Mehrzahl der befragten Unternehmen sind außerdem sogenannte Skill-
Datenbanken für die Mitarbeiterauswahl und -förderung eingerichtet, die einen globalen Datenfluss von Arbeitnehmerdaten zur Folge haben; diese können aber auf die Erlaubnistatbestände gemäß § 28 Abs. 1 Nr. 1 BDSG oder im Einzelfall auch gemäß § 4a BDSG gestützt
werden und lassen aufgrund der positiven Wirkung für die Mitarbeiter auch keine ernsthaften
Konflikte befürchten.[1142] Bei der DaimlerChrysler AG sind die bei einem globalen Unternehmen unvermeidbaren Datenverarbeitungsströme vor allem rechtlichen Bedingungen anzupassen, die ein einheitliches Niveau garantieren sollen, spielen aber insgesamt aufgrund der festgelegten Abläufe in den Binding Corporate Rules keine so bedeutende Rolle mehr.[1143]

5.2.4.5 Selbstregulative Instrumente

Den Einsatz selbstbindender Maßnahmen bewerten die befragten Unternehmen sehr unterschiedlich. Die SAP AG und die E.ON AG setzen aus unterschiedlichen Gründen auf andere
als selbstregulative Instrumente. Während Selbstregulierung als Vorgabe der Leitungsebene
dem Selbstverständnis der „SAP-Kultur", die auf eine hohes Maß an Selbstverantwortung
jedes einzelnen Mitarbeiters zielt und daher bei ihm persönlich ansetzt, in bestimmter Weise

---

[1139] Nicht zu verkennen ist dabei für den Konzerndatenschutzbeauftragten die Tatsache, dass der Auslandsdatentransfer nicht allein ein europäisches, sondern vielmehr ein globales Problemfeld darstellt, das auch in
Staaten wie Australien, Schweiz oder Argentinien von Bedeutung ist, Interview *DaimlerChrysler AG*, S. 10.
[1140] Interview *Deutsche Lufthansa AG*, S. 8.
[1141] Interviews *SAP AG*, S. 6 sowie *Deutsche Telekom AG* und *Deutsche Post AG*, S. 11.
[1142] Interviews *ABB AG*, S. 10f.; *B. Braun Melsungen AG*, S. 5; *DaimlerChrysler AG*, S. 4; *Deutsche Telekom
AG* und *Deutsche Post AG*, S. 11; *E.ON AG*, S. 5; so auch Interview *Prof. Büllesbach*, S. 5.
[1143] Interviews *DaimlerChrysler AG*, S. 11 sowie *Prof. Büllesbach*, S. 5.

zuwider läuft, ist sie bei der E.ON AG auf ein Privacy Statement beschränkt, da der Konzern verbindliche Unternehmensregelungen als Übermittlungserlaubnis nicht benötigt und die Datenschutzstrategie auch auf anderen Wegen als der instrumentalisierten Selbstregulierung konkretisiert und kommuniziert werden kann.[1144] Bei der B. Braun Melsungen AG liegen bisher lediglich Ideen für eine Organisationsrichtlinie vor, die aber der Beginn einer datenschutzrechtlichen Selbstregulierung sein könnten.[1145]

Der Großteil der befragten Unternehmen verwendet die bereits erwähnten internen Regelungen[1146] als selbstbindende Maßnahmen im Bereich des Datenschutzes. Darüber hinaus können konzerninterne Auditierungsverfahren, Self-Assessments und Selbstidentifizierung sowie deren Kontrolle als Selbstregulierung genannt werden.[1147] Bei der Deutsche Post AG besteht wie bereits gesehen der sich im Genehmigungsverfahren befindliche Entwurf einer Privacy Policy und es sollen bestimmte Produktbereiche von der Selbstregulierung erfasst werden, um so auch bei fehlendem personenbezogenen Kontext Vertrauensschutz betreiben zu können. Mittelfristig soll dies zur Einführung von Binding Corporate Rules und Privacy Code of Conduct führen sowie die Regelungsbereiche vom Bundesdatenschutzgesetz absetzen und sie als selbstregulative Mechanismen ausgestalten, um mit dem Transformationsprozess vom Gesetz in die unternehmensinterne Regelung verbundenen Kommunikationswegen einfache klare Verhaltensweisen aufzuzeigen und dadurch einen Mehrwert in Form eines positiven Lernprozesses zu erhalten.[1148]

Die Deutsche Telekom AG hat diesen Prozess bereits vollzogen und somit weite Teile des Konzerndatenschutzes, insbesondere auch das Auditverfahren, durch Selbstverpflichtungen organisiert. Wichtig ist dabei, dass die selbstregulativen Instrumente Nachhaltigkeit beinhalten, das heißt die Regelungen müssen durch ein internes Kontrollsystem geschützt sein und durch Commitments des Managements getragen werden.[1149] Die DaimlerChrysler AG und ihr damaliger Konzerndatenschutzbeauftragter können als Vorreiter im Bereich verbindlicher Unternehmensregelungen bezeichnet werden, da das Unternehmen als Erstes seine Codes of Conduct gemäß § 4c Abs. 2 Satz 1 BDSG hat genehmigen lassen.[1150] Für die DaimlerChrysler AG sind selbstregulative Instrumente die optimale Lösung für globale Umsetzung von Datenschutz. Ein Unternehmen gibt sich selbst Normen, die an seinen Geschäftsprozessen orientiert sind und im Vergleich zu den vertraglichen Lösungen in bestimmten Teilen in die Unternehmenskultur implementiert werden können, setzt diese mit einer eigenen Enforcement-

---

[1144] Interviews *SAP AG*, S. 7; *E.ON. AG*, S. 5.
[1145] Interview *B. Braun Melsungen AG*, S. 8f.
[1146] S. Kap. 5.2.3.1.
[1147] Interviews *ABB AG*, S. 11 sowie *Deutsche Bank AG*, S. 9.
[1148] Interview *Deutsche Telekom AG* und *Deutsche Post AG*, S. 12.
[1149] Interview *Deutsche Telekom AG* und *Deutsche Post AG*, S. 12.
[1150] Zu diesem Vorgang ausführlich Interview *Prof. Büllesbach*, S. 1f.

Organisation um und kann den Datenschutz so besser vermitteln, wobei die Durchsetzung ein Konfliktfeld bleibt.[1151]

5.2.4.6 Risikomanagement

Bei der Frage nach den Zusammenhängen von Risikomanagement und Konzerndatenschutz muss unterschieden werden zwischen den Risikomanagementsystemen der Konzerne zur Erfassung unternehmensbedrohender Geschäftsentwicklungen und speziellen Risikomanagementverfahren im Anwendungsbereich der IuK-Techniken zur möglichst weitgehenden Vermeidung wirtschaftlicher, technischer oder auch rechtlicher Risiken.[1152]

Die Einbindung des Konzerndatenschutzes und damit mittelbar auch des Beauftragten für den Konzerndatenschutz in ein Konzernrisikomanagementsystem stellt in den befragten Unternehmen die Ausnahme dar. Lediglich die Branchenvertreter mit Bezug zu IuK-Geschäftsfeldern beziehen Datenschutz in das allgemeine Risikomanagement mit ein. Bei der SAP AG geschieht dies seit dem Jahr 2005. Der Bereich Corporate Security analysiert vierteljährlich mögliche Risiken und bezieht auch datenschutzrechtliche Fragestellungen mit ein; außerdem wird jährlich ein umfassender Datenschutzbericht durch den Konzerndatenschutzbeauftragten erstellt.[1153] Die Deutsche Telekom AG hat den Datenschutz seit längerem in das Risikomanagementsystem, welches neben finanziellen auch regulatorische und Imagerisiken betrachten soll, integriert. Angestoßen durch den Sarbanes-Oxley-Act gelten mittlerweile speziellere Rahmenbedingungen für den Datenschutz, nicht zuletzt wegen der 160 Millionen Kundendaten. Gleichsam werden damit im Wesentlichen auch die Forderungen der Aufsichtsbehörden für die Freigabe der Binding Corporate Rules erfüllt, die erstens eine ausreichende organisatorische Sicherstellung, zweitens entsprechende Rahmenvorgaben und drittens ein Monitoring für die Einhaltung des Datenschutzes umfassten.[1154] Letzteres wurde bereits vor einigen Jahren eingeführt in Form eines flächendeckenden jährlichen Audits, das das allgemeine Datenschutzniveau abdecken kann und gleichfalls ein spezifisches Risikomanagement für den Bereich Datenschutz darstellt.

Solche spezifischen Risikomanagementsysteme für den Bereich der IuK-Techniken finden sich auch in anderen Unternehmen wieder, wobei regelmäßig die Infrastruktur der IT- Sicherheit mitgenutzt wird. Aufgrund oftmals ähnlicher Sachverhalte und teilweiser Überschneidungen in den Bereichen Datenschutz und Datensicherheit, insbesondere im Rahmen der Anlage zu § 9 BDSG, bietet sich die Zusammenfassung zu einem gemeinsamen Risikomanagementsystem an.[1155] Dies geschieht vor allem unter Rückgriff auf Auditierungsverfahren der IT-Sicherheit, in die entweder datenschutzrechtliche Fragestellungen eingebunden oder die

---

[1151]   Interview *DaimlerChrysler AG*, S. 10.
[1152]   Vgl. Interview *Prof. Büllesbach*, S. 7.
[1153]   Interview *SAP AG*, S. 7.
[1154]   Interview *Deutsche Telekom AG* und *Deutsche Post AG*, S. 12f.
[1155]   Interview *E.ON AG*, S. 6.

eigens für die Datenschutzkontrolle umgestellt werden.[1156] Die Schwierigkeit besteht bei solchen Verfahren vor allem darin, eine Messbarkeit der Relevanz datenschutzrechtlicher Gefahren und Verstöße zu bestimmen, wobei die geldwerten Schäden ausgehend von den USA immer mehr an Bedeutung gewinnen. Wichtig ist deshalb, dass Datenschutz als Faktor innerhalb des Risikomanagements im Konzern anerkannt wird, was vor allem durch ein integratives Konzept erreicht werden kann.[1157]

5.2.4.7 Erwägungen der Interviewten

Von der Möglichkeit zusätzlicher eigener Anmerkungen zum Schluss des Interviews haben vier Befragte Gebrauch gemacht, wobei alle Aussagen den Themenbereich der Institutionalisierung des Konzerndatenschutzbeauftragten betreffen. Herr Dr. Rieß als Repräsentant der DaimlerChrysler AG erachtet diese Maßnahme auch in Form einer Normierung als sinnvoll, mahnt aber gleichzeitig die Ausgestaltung und die Folgen einer Regelung an. Diese müsse vor allem im Kontext möglicher Privilegien für den Konzern, etwa bei der Datenübermittlung innerhalb des Konzerns, gesehen werden und Anforderungen an die Organisation des Unternehmens stellen, die eine hinreichende Unterstützung des Konzerndatenschutzbeauftragten gewährleistet; das Spannungsfeld liege dabei zwischen möglichst geringer Einschränkung der Flexibilität bei gleichbleibender Unterstützung durch den Konzern.[1158] Herr Dr. Ulmer von der Deutsche Telekom AG und Frau Krader von der Deutsche Post AG sehen eine Institutionalisierung des Konzerndatenschutzbeauftragten in Hinblick einer Anerkennung und auch Erleichterung der Datenflüsse oder -übermittlungen im Konzern (Konzernprivileg) als richtig und wichtig an, auch in einem europaweiten Kontext; der Konzerndatenschutzbeauftragte sollte in die bestehende EG-Datenschutzrichtlinie eingearbeitet werden und über den deutschen Rahmen hinaus Anwendung finden.[1159] Herr Prof. Büllesbach als Experte zum Konzerndatenschutz sieht dabei allerdings Schwierigkeiten vor allem bei der Frage nach einer geeigneten Meldestelle für einen europäischen Konzerndatenschutzbeauftragten etwa in Form einer europäischen Zentraleinheit oder einer einheitlich zuständigen Aufsichtsbehörde – ähnlich der Einigung in den WP 107 oder 108 der Art.-29-Datenschutzgruppe für die Genehmigung der Binding Corporate Rules; eine vergleichbare Situation wurde bei der DaimlerChrysler AG einmal durchgedacht bei der Befreiung von der Meldepflicht in anderen europäischen Ländern mit der Argumentation, dass in Deutschland die Meldepflicht gegenüber der Aufsichtsbehörde entfalle, weil an den Datenschutzbeauftragten gemeldet werde, sodass doch auch andere Konzernunternehmen an den Konzerndatenschutzbeauftragten berichten und so-

---

[1156] Interviews *ABB AG*, S. 12; *DaimlerChrysler AG*, S. 11; *Deutsche Telekom AG* und *Deutsche Post AG*, S. 13 sowie *E.ON AG*, S. 6.

[1157] Interviews *DaimlerChrysler AG*, S. 11 sowie *Prof. Büllesbach*, S. 7; vgl. zum „integrativen Managementkonzept" nochmals Interview *ABB AG*, S. 4.

[1158] Interview *DaimlerChrysler AG*, S. 11f.; vgl. an anderer Stelle des Interviews *Deutsche Bank AG*, S. 8.

[1159] Interview *Deutsche Telekom AG* und *Deutsche Post AG*, S. 13, überdies wird die Verabschiedung einer speziellen Arbeitnehmerdatenschutz-Richtlinie für nicht erforderlich und auch nicht angemessen gehalten; vgl. an anderer Stelle zum „Konzernprivileg" Interview *Deutsche Bank AG*, S. 8.

mit die Meldepflicht gegenüber der jeweiligen Aufsichtsbehörde entfallen könnte, was die europäischen Aufsichtsbehörden jedoch ablehnten. Es gäbe viele Facetten zu bedenken, eine organisatorische Einbettung allein genügt also nicht.[1160]

[1160] Interview *Prof. Büllesbach*, S. 8.

6 Gesamtsituation des Konzerndatenschutzbeauftragten

Die Darstellung des Konzerndatenschutzbeauftragten in der Gesamtheit, das heißt angefangen von seiner rechtstheoretischen Herleitung weiter über die Berücksichtigung des Datenschutzbeauftragten als seinem Fundament hin zur rechtlichen und praktischen Bedeutung, lässt erstmals eine umfassende Stellungnahme zu seiner aktuellen Situation zu. Diese erfolgt in drei Schritten, nämlich erstens in einer rechtlichen Bewertung, zweitens mit Schlussfolgerungen aus dem empirischen Teil und drittens mit den daraus abgeleiteten Konsequenzen.

6.1 Rechtliche Beurteilung

Die Beurteilung des Konzerndatenschutzbeauftragten aus rechtlicher Sicht stellt eine Zusammenfassung des bisher Erörterten dar. Auf den Datenschutzbeauftragten wird in diesem Zusammenhang lediglich als Ausgangspunkt für die Rechtsfigur des Konzerndatenschutzbeauftragten eingegangen. Entsprechend dem Aufbau dieser Kapitel werden zunächst die *rechtstheoretischen* Gesichtspunkte besprochen. Hierbei soll es vor allem um die rechtliche Effektivität des Konzerndatenschutzbeauftragten gehen. In einem zweiten Schritt folgt die Auseinandersetzung mit den *rechtsdogmatischen* Gesichtspunkten, bei denen es um die möglichst effiziente Umsetzung der Normen zum Datenschutzbeauftragten und damit zum Konzerndatenschutzbeauftragten geht.

6.1.1 Rechtstheoretische Gesichtspunkte

Das Technikrecht als Repräsentant neuer Regulierungsstrategien ist durch den Rückgriff auf gesellschaftliche Selbststeuerung in Form der Selbstregulierung im legislativen und der Selbstkontrolle im exekutiven oder judikativen Bereich grundsätzlich in der Lage, auf die veränderte Gefahrensituation in Folge der fortschreitenden Technologisierung, insbesondere im Bereich der Wirtschaft, zu reagieren. Die Stärkung der Eigenverantwortung der handelnden Unternehmen bedeutet sowohl für den Staat als originärer Kontrollinstanz als auch für die Privatwirtschaft als ursprünglichem Kontrolladressat gleichermaßen Vorteile: Optimierung der Kontrolltätigkeit durch eine produktive Selbst- und Fremdkontrolle und verbesserter Zugriff auf den Wissensfundus über die Risikopotenziale der gefahrenträchtigen Anlagen.[1161]

Durch die unterschiedlichen Betriebsbeauftragten, die der Gesetzgeber in zahlreichen Gesetzen des Technikrechts nach und nach festgeschrieben hat, ist ein System entstanden, das im Bereich der Exekutive konkrete staatliche Kontrollfunktionen den Handelnden selbst zuweist, während die staatliche Überwachung lediglich als Auffangfunktion ausgebildet ist. Trotz der unterschiedlichen Regelungsmaterien kann man die Beauftragten dabei in ihrer Funktion vergleichen: Sie fungieren als Verantwortliche für die Beurteilung gesetzlicher Tatbestände der unterschiedlichen Schutzgesetze sowohl innerhalb des Unternehmens als auch nach außen,

---

[1161] S. Kap. 2.3 m. Fn. 80.

während die letztendliche Verantwortung für Umsetzung und Einhaltung jeweils dem Unternehmen und seinen gesetzlichen Vertretern obliegt. Darüber hinaus sind sie als Kommunikationszentrum für den jeweiligen Gefahrenbereich des Unternehmens zuständig, indem jeder Beauftragte Wissen sowohl für sein Unternehmen als auch für die Aufsichtsbehörden generiert sowie archiviert und damit als Fachmann zum Ansprechpartner wird. Die seit über 30 Jahren stetig steigende Zahl betrieblicher Beauftragter zeigt dabei deutlich, dass der Gesetzgeber mit dem Betriebsbeauftragtensystem gesellschaftliche Selbststeuerung erfolgreich umsetzen und nutzen kann. Bezogen auf die Figur des Datenschutzbeauftragten kann neben der 30-jährigen nationalen Erfahrung nunmehr ebenfalls auf die gemeinschaftsrechtliche Ebene verwiesen werden, wo der Datenschutzbeauftragte vor allen Dingen durch deutsche Bemühungen in die EG-Datenschutzrichtlinie aufgenommen wurde.[1162] Darüber hinaus kommen Datenschutzbeauftragte zunehmend auch international zum Einsatz.[1163]

Die Kommunikationsfunktion und die gleichermaßen nach innen und außen gerichtete personifizierte Verantwortlichkeit kennzeichnen auch die Figur des Datenschutzbeauftragten. Seine Kontrollaufgaben werden vor allem flankiert durch seine beratende Tätigkeit. Für den Schutz personenbezogener Daten sowohl der Arbeitnehmer als auch von Kunden- oder Lieferantendaten hat sich das Modell durchaus bewährt. Kritikpunkte werden vor allem an zwei Stellen laut: Erstens bestehe zuweilen ein Kontrolldefizit seitens der Aufsichtsbehörden und zweitens sei die Unabhängigkeit des Datenschutzbeauftragten nicht immer gewährleistet.[1164] Letztlich zielen beide Aspekte auf die organisationsrechtliche Ausgestaltung des Betriebsbeauftragten im Bereich des Datenschutzes. Sicherlich kann weder eine lückenlose Überwachung aller Datenschutzbeauftragten durchgeführt werden, noch können sie zu jeder Zeit völlig unabhängig agieren. Beides ist jedoch in Umsetzung gesellschaftlicher Selbststeuerung auch gar nicht Zielvorgabe. Gewollt ist gerade die Stärkung der Eigenverantwortung. Dieser liefe eine lückenlose Überwachung genauso zuwider wie eine völlige Unabhängigkeit der Datenschutzbeauftragten, denn dann läge die Verantwortung für Kontrollen wiederum nicht bei den Akteuren selbst. Unabhängigkeits- und Kontrolldefizite sind daher nur Kritikpunkte, wenn man als Maßstab das tradierte Gefahrenabwehrrecht anlegt. Nach neuen Regulierungsstrategien hingegen findet lediglich eine Veränderung der Kontrollsituation statt, die vor allem durch die Möglichkeit der Wissensgenerierung innerhalb des Unternehmens geprägt ist.

Die Funktion der Konzernbeauftragten als Sonderform zu den einfachen Beauftragten liegt zuvorderst in der Effektivitätssteigerung des Kontrollorgans auf Konzernebene. Durch den Zusammenschluss mehrerer rechtlich selbstständiger Unternehmen entsteht eine neue Verantwortungs- und Kommunikationsstruktur, die auch bei der Selbstkontrolle Berücksichtigung finden muss. Untergesellschaften eines Konzerns befinden sich regelmäßig in einem bestimmten Abhängigkeitsverhältnis zur Obergesellschaft. Wichtige Entscheidungen werden

---

[1162] Vgl. *Klug* 2004, S. 110f. m.w.N; Roßnagel – *Königshofen* 2003, Kap. 5.5, Rn. 14.
[1163] *Klug*, RDV 2005, S. 163.
[1164] Beispielhaft *Schaar*, DuD 2007, S. 260; *Pahlen-Brandt*, DuD 2007, S. 25f.; *Iraschko-Luscher*, IT-SD 2007b, S. 458.

nur noch selten von den Einzelgesellschaften getroffen, sondern fallen oftmals an der Konzernspitze mit Wirkung für alle verbundenen Gesellschaften. Dementsprechend sind dort die letztendliche Verantwortung sowie die Motivlage für Entscheidungen zu suchen und zu finden, sodass dort auch die Kommunikations-, genauer die Beratungsfunktion, des Beauftragten einsetzen muss.[1165] Im Umkehrschluss bedeutet dies, dass eine Bestellpflicht für jedes Einzelunternehmen kontraproduktiv und ineffizient sein kann, weil der einzelne Beauftragte der Untergesellschaft somit seine Funktion nur teilweise und unzureichend ausüben kann. Für das Umweltrecht hatte der Gesetzgeber diese Situation von Anfang an erkannt und dementsprechend eine gesetzliche Regelung des Konzernbeauftragten vorgesehen.

Im Datenschutzrecht ging der Gesetzgeber bei der Einführung des Betriebsbeauftragten von einer solchen Konstellation gerade nicht aus, obwohl bereits damals einige Stimmen eine stärkere Beachtung des Konzernsachverhalts für den Datenschutzbeauftragten anmahnten.[1166] Die Datenverarbeitung stand unter dem Vorzeichen vereinzelter Großrechenanlagen, die nur in wenigen bestimmten Bereichen eines Wirtschaftsunternehmens zum Einsatz kam. Entscheidungen von konzernweiter Bedeutung wurden daher als weniger bedeutsam eingestuft als die konzerninterne Datenübermittlung, die als Argument gegen den Konzernsachverhalt verwendet wurde. Eine solche Einschätzung trifft auf die heutige Datenverarbeitungslandschaft jedoch nicht mehr zu: Moderne Großunternehmen sind ohne IT-Abteilungen schlichtweg nicht mehr lebensfähig. Somit werden Entscheidungen in diesem Bereich zu zentralen Managementfragen auf höchster Konzernebene. Beratungen zur Datensicherheit, aber eben auch zum Datenschutz, müssen daher ebenfalls auf dieser Ebene stattfinden. Hinzu tritt die konzernweite Verflechtung der Datenverarbeitung, die einer übergeordneten Beurteilung und Überwachung bedarf, da nur auf diese Weise konzernweiter Datenschutz in Form der bereits erörterten Wissensgenerierung durch den Beauftragten möglich ist. Dies muss auch im besonderen Interesse der Aufsichtsbehördenbehörden liegen, da sie vor allem einen Ansprechpartner auf Konzernebene benötigen. Im Datenschutzrecht ist die Bestellung eines Konzernbeauftragten, wie gesehen, aber nur über die bereits beschriebenen Umwege möglich, mit der Folge, dass es zu einer Vielzahl juristischer Probleme kommt.

6.1.2 Rechtsdogmatische Schwierigkeiten

Die rechtstheoretische Bewertung hat bereits gezeigt, dass es in der technologisierten Unternehmenswelt gute Gründe gibt, einen Konzerndatenschutzbeauftragten zu bestellen. Im Folgenden werden die Besonderheiten dieser Rechtsfigur aufgrund der fehlenden rechtlichen Grundlage in Anlehnung an die bereits aufgestellte Gliederung zur rechtlichen Bedeutung des Konzerndatenschutzbeauftragten bewertet.

[1165] Dazu bereits Kap. 2.8 m. Fn. 199.
[1166] S. Fn. 27.

6.1.2.1 Mehrfachbestellung

Mit „Mehrfachbestellung" ist nachfolgend allein die Anhäufung an Bestellungsakten innerhalb eines Konzerns gemeint und nicht die Gesamtzuständigkeit für mehrere Unternehmen,
aus der sich eine Reihe weiterer, in der Folge zu erörternder Probleme ergibt. Das Grundprob-
lem des Konzerndatenschutzbeauftragten tritt hierbei bereits offen zutage: Seine Konstruktion
erscheint umständlich, ineffektiv und zuweilen sogar uneffizient. Um den gesetzlichen Anforderungen zu genügen, kann ein Konzernbeauftragter für den Datenschutz nur dann bestellt
werden, wenn er von jedem am Verbund beteiligten Unternehmen einzeln bestellt wird.[1167]

Bestünde eine gesetzliche Regelung der Bestellung eines Konzerndatenschutzbeauftragten,
würde diese Problematik nicht aufkommen. In Anlehnung an die Konzernbeauftragten des
Umweltrechts geht die Literatur von einem Modell aus, in welchem ein Konzernbeauftragter
für Datenschutz durch die Konzernleitung für alle konzernangehörigen Firmen bestellt würde.[1168] Wie bei den anderen Konzernbeauftragten entfiele der gesonderte Akt der Bestellung
in den einzelnen weisungsabhängigen Unternehmen. Dies bedeutet zum einen, dass nur Konzerne im Sinne des § 18 Abs. 1 Satz 1 AktG in der Lage wären, wirksam einen Konzerndatenschutzbeauftragten zu bestellen, da nur sie über die notwendige rechtlich abgesicherte Leitungsmacht gegenüber den beherrschten Unternehmen verfügen würden. Unternehmensver-
bünde mit einer weniger engen oder rein faktischen gesellschaftsrechtlichen Verknüpfung
könnten hingegen keinen dem Gesetz entsprechenden Konzerndatenschutzbeauftragten mehr
bestellen, da es hier an einer rechtlichen Durchsetzungsmacht fehlen würde. Es bliebe ihnen
jedoch unbenommen, einen nach heutiger Gesetzeslage wie oben beschriebenen Datenschutzbeauftragten für alle Unternehmen zu bestellen und auf diese Weise ebenfalls einen konzerneinheitlichen Datenschutzbeauftragten einzurichten.

6.1.2.2 Zuordnung im Konzern

Die freie Wahl der Unternehmen, einen Datenschutzbeauftragten haupt- oder nebenamtlich,
intern oder extern zu bestellen, wirkt sich auch auf die durch die Praxis entwickelte Rechtsfigur des Konzerndatenschutzbeauftragten positiv aus. Die vom Bundesdatenschutzgesetz zu-
gelassene Flexibilität, die kleineren Unternehmen gleichermaßen entgegenkommt wie Groß-
konzernen, ermöglicht letzteren eine individuelle Anpassung des Konzerndatenschutzbeauftragten an die jeweils vorgegebenen Strukturen und somit eine effektive Ausgestaltung des
Amtes. Die verschiedenen möglichen Formen der Bestellung sind daher zu begrüßen und führen zu keinen erwähnenswerten Problemen. Eher ergeben sich für den Konzerndatenschutzbeauftragten aus seiner Stellung als Kontrollorgan für mehrere verantwortliche Stellen einige
rechtliche Schwierigkeiten: Neben Komplikationen beim Kündigungsschutz sind es vor allem

---

[1167] S. insoweit Kap. 4.3.1.
[1168] *Gola/Wronka* 2008, Rn. 1293; *Gola/Schomerus* 2007, § 4f, Rn. 8; Simitis – *Simitis* 2006, § 4f, Rn. 36;
Ruppmann 2000, S. 111.

die Weisungsfreiheit und mögliche Weisungsbefugnisse, die durch eine Mehrfachstellung tangiert werden.

Die in der EG-Datenschutzrichtlinie geforderte „völlige Unabhängigkeit" wird in der Regelung zum Datenschutzbeauftragten gemäß § 4f BDSG als nicht unproblematisch – da nicht vollständig umgesetzt – beurteilt, was vor allem auf die unklare Reichweite des Kündigungsschutzes zurückzuführen ist.[1169] Bei dem für den Konzerndatenschutzbeauftragten bestehenden besonderen Kündigungsschutz aufgrund der hier vorausgesetzten hauptamtlichen Bestellung sind weniger die Reichweite als vielmehr seine Auswirkungen als problematisch anzusehen.[1170] Die Schwierigkeit, einem Konzerndatenschutzbeauftragten erstens nicht ordentlich und zweitens nicht gleichzeitig in allen Gesellschaften kündigen zu können, hat in der Praxis seltener bei Verfehlungen des Beauftragten, sondern häufiger bei Unternehmensverkäufen und -zukäufen, die bei großen Konzernen häufig vorkommen, eine gewisse Bedeutung. Sowohl bei dem Eintritt einer Gesellschaft in den Konzernverbund als auch bei einem Austritt endet nicht automatisch die Bestellung des Konzerndatenschutzbeauftragten. Ist in einer neu eingegliederten verantwortlichen Stelle bereits ein Datenschutzbeauftragter bestellt, so besteht seine Bestellung zunächst fort und kann nicht ohne weiteres durch den Konzerndatenschutzbeauftragten des eingliedernden Verbundes ersetzt werden. Dadurch kann beispielsweise die Einbindung der neuen Gesellschaft in die Datenschutzorganisation des Verbundes verzögert und erschwert werden. Bei Unternehmensverkäufen stellt sich das Problem ähnlich dar, kann aber schneller abgewendet werden. Grundsätzlich gilt auch hier, dass die Bestellung des Konzerndatenschutzbeauftragten nicht mit dem Verkauf einer Gesellschaft endet, sondern fortbesteht. Allerdings kann der Konzerndatenschutzbeauftragte sein Amt einvernehmlich mit der verantwortlichen Stelle niederlegen.[1171] Dies wird beim Verkauf einer Gesellschaft regelmäßig auch der Fall sein.

Die *Weisungsfreiheit* des Konzerndatenschutzbeauftragten kann durch die gesellschaftsrechtlichen Abhängigkeitsverhältnisse zwischen den beteiligten Unternehmen des Konzerns beeinträchtigt werden und zuweilen ins Leere laufen. Im Verhältnis zwischen Konzernobergesellschaft und Konzerndatenschutzbeauftragtem kommt die Weisungsfreiheit gemäß § 4f Abs. 3 Satz 2 BDSG unmittelbar zur Anwendung, denn die Obergesellschaft steht in keinem Abhängigkeitsverhältnis. Insofern macht auch die Weisungsfreiheit des Konzerndatenschutzbeauftragten dergestalt Sinn, dass er in seiner Hinwirkungsfunktion frei entscheiden kann. Die Untergesellschaften hingegen stehen sehr wohl in Abhängigkeit, weil in Konzernen das herrschende Unternehmen dem beherrschten unter Umständen Weisungen erteilen kann, aufgrund derer der Datenschutzbeauftragte gegenüber der eigenen Unternehmensleitung weder seine Aufgaben erfolgreich erfüllen noch seine Rechte in ausreichendem Maße wahrnehmen

---

[1169] Vgl. *Gola/Schomerus* 2007, § 4f, Rn. 4.
[1170] Zum besonderen Kündigungsschutz bei hauptamtlicher Bestellung s. Kap. 3.2.2.4 m. Fn. 298; ausführlich zu den Auswirkungen des Kündigungsschutzes auf Konzernebene s. Kap. 4.3.2.2.4.
[1171] Simitis – *Simitis* 2006, § 4f, Rn. 176 m.w.N.

kann.[1172] Damit läuft die Hinwirkungsaufgabe ins Leere, weil sich der Datenschutzbeauftragte an eine weisungsgebundene Unternmnehmensleitung wenden muss. Auch wenn die Situation für den Konzerndatenschutzbeauftragten aufgrund der Personalunion keine besondere Bedeutung hat, zeigt sich an dieser Stelle doch die Widersprüchlichkeit der gesetzlichen Regelung, die den Konzernsachverhalt bisher strikt missachtet.

Grundsätzlich besteht für den Konzerndatenschutzbeauftragten keine Aufsichtspflicht, solange er keine Weisungen erteilen kann. Werden dem Konzerndatenschutzbeauftragten *Weisungsbefugnisse* eingeräumt, so ist in besonderem Maße darauf zu achten, dass die Rechte möglicher weiterer Datenschutzbeauftragter innerhalb des Konzerns nicht beeinträchtigt werden, da diese wiederum Weisungsfreiheit genießen. Ist der Konzerndatenschutzbeauftragte hingegen allein für den Datenschutz verantwortlich, ergeben sich an dieser Stelle keine Probleme. Mit der Einräumung datenschutzrechtlicher oder sonstiger Befugnisse, die über die gesetzlich vorgesehenen Rechte hinausgehen, entsteht eine Aufsichtspflicht für den Konzerndatenschutzbeauftragten, die sich auf seine zusätzlichen Befugnisse erstreckt. Sie besteht aber nicht schon allein deswegen, weil der Datenschutzbeauftragte in einem Konzern tätig ist, insbesondere nicht gegenüber den Datenschutzbeauftragten in den Untergesellschaften.[1173] Für eine solche Regelung müsste eine Gesetzesänderung vollzogen werden, die an den Normen der anderen Konzernbeauftragten zu orientieren wäre.

6.1.2.3 Veränderter Aufgabenbereich

Die datenschutzrechtliche Verantwortlichkeit des Konzerndatenschutzbeauftragten für eine Vielzahl von Konzerngesellschaften führt nicht lediglich zu einer Addition von Verantwortungsbereichen mit gleich bleibenden Aufgaben, sondern verändert diese, wie gesehen, nachhaltig. Der in § 4g BDSG gesetzlich umschriebene Aufgabenkatalog für den Datenschutzbeauftragten lässt jedoch aufgrund seiner abstrakten Regelungsebene für diese Veränderungen genügend Gestaltungsraum, ohne dabei seinen Geltungsanspruch zu verlieren. Allein der Konzerndatenschutzbeauftragte kann die gesetzlich definierten Aufgaben regelmäßig nicht mehr ohne Hilfsmittel und -personal wahrnehmen, wodurch seine Tätigkeit neue Schwerpunkte erfährt. Von operativen Aufgaben weg verlagert sich die Tätigkeit des Konzerndatenschutzbeauftragten im Vergleich zum Datenschutzbeauftragten neben den weiterhin bestehenden beratenden hin zu koordinierenden und kontrollierenden Maßnahmen. Grundsätzlich ist die Verschiebung des Aufgabenschwerpunktes nicht zu beanstanden, sie bringt aber für die Person des Konzerndatenschutzbeauftragten Schwierigkeiten mit sich, die insbesondere aus der durch das Bundesdatenschutzgesetz vorgeschriebenen Alleinverantwortlichkeit des Konzernbeauftragten für den Datenschutz resultieren.

[1172] Vgl. dazu für den AbfB v. Lersner/Wendenburg – *v. Lersner* 2008, § 54 KrW-/AbfG, Rn. 38.
[1173] So aber *Haaz* 2003, S. 41.

Die *Beratungsaufgabe* erfährt im Vergleich zum Datenschutzbeauftragten eine Ausweitung sowohl des Adressatenkreises als auch des Umfangs der beraterischen Pflichten. Neben der Unternehmensführung in Form der Konzernleitung bedürfen auch die Einzelgeschäftsführungen der Beratung durch den Konzerndatenschutzbeauftragten. Gegenstand der Beratungen sind dabei vor allen Dingen strategische und planerische Inhalte, die aufgrund der ihnen innewohnenden Komplexität und der großen unternehmerischen Tragweite erhöhte Anforderungen an die Fachkunde des Konzerndatenschutzbeauftragten stellen und damit zum Gradmesser des Anforderungsprofils werden.

Die *Koordinierungsaufgabe* ist vor allem geprägt durch die Ausarbeitung und später permanente Durchsetzung der aus der allgemeinen Datenschutzphilosophie zu entwickelnden Datenschutzstrategie. Die operative Tätigkeit des Konzerndatenschutzbeauftragten tritt dabei zugunsten einer Art lenkenden Managementfunktion in den Hintergrund. Die in § 4g BDSG gesetzlich umschriebenen Aufgaben sind gleichwohl an einigen Stellen des Tätigkeitsbereichs des Konzerndatenschutzbeauftragten durchaus noch zu erkennen, so zum Beispiel die bereits erwähnte Führung des „Verfahrensverzeichnisses" oder die „Schulungsfunktion" des Konzerndatenschutzbeauftragten.[1174] Insgesamt kann die Koordinierungsaufgabe des Konzerndatenschutzbeauftragten daher als eine auf die Konzernebene übertragene und angepasste Zusammenfassung der in § 4g BDSG genannten operativen Aufgabenfelder gesehen werden.

Die eng mit der Koordinierung verbundene *Kontrollaufgabe* ist für den Konzerndatenschutzbeauftragten aus heutiger Sicht die am schwierigsten umzusetzende, denn neben die gesetzlichen Vorgaben treten die bereits umschriebenen konzernweiten Überwachungsaufgaben, die ihren Schwerpunkt in der Kontrolle der eingesetzten Hilfsmittel haben. Die Kontrolle der Mitarbeiter ist für den Konzerndatenschutzbeauftragten von überragender Bedeutung, da er dem Gesetz entsprechend immer Letztverantwortlicher für den Datenschutz bleibt.[1175] Die Schwierigkeit besteht darin, die Tätigkeit der Mitarbeiter effektiv zu verfolgen, ohne dabei ein „Überwachungsregime" aufbauen zu müssen. Hierzu wird vor allen Dingen eine gut funktionierende Kommunikationsstruktur geeignet sein, die in einem engen Kreis dem Mitarbeiterstab des Konzerndatenschutzbeauftragten zur Verfügung steht und in einem erweiterten Kreis auch für alle anderen mit der Datenverarbeitungskontrolle beschäftigten Personen offen ist. Die Verwendung technischer Hilfsmittel wie etwa Datenschutzaudits muss der Konzerndatenschutzbeauftragte ebenfalls kontrollierend begleiten, was vor allem durch eine ausreichende Protokollierung geschehen muss. Erschwert wird diese Aufgabe dadurch, dass es bisher keine vereinheitlichten Prüfstandards für die Durchführung solcher Maßnahmen gibt, die eine Erleichterung der Überwachung zur Folge hätten.[1176] Die Kontrollaufgabe des Konzerndatenschutzbeauftragten ist insgesamt also durch den Umfang und die fehlende Entlastungsmöglichkeit in seinem Verantwortungsbereich geprägt.

[1174] S. dazu Kap. 4.3.3.2.2.
[1175] S. Kap. 4.3.5.2 m. Fn. 989.
[1176] Ausführlich dazu *Voßbein*, DuD 2006, S. 713 ff.

Die in einem Exkurs dargestellte *Selbstregulierung* ist keine originäre Aufgabe des Konzerndatenschutzbeauftragten. Es hat sich aber gezeigt, dass der Konzerndatenschutzbeauftragte
aufgrund seiner Stellung innerhalb des Unternehmens für die Durchführung der Maßnahmen
zur datenschutzrechtlichen Selbstregulierung bestens geeignet ist.[1177] Dies gilt sowohl aus
rechtsdogmatischer Sicht für die Effektivität der Umsetzung gesetzgeberischer Zielvorgaben
als auch aus betriebswirtschaftlicher Sicht für die Effizienz aufgrund der Nutzung von Synergieeffekten. Gleichwohl stellt die Selbstregulierung für den Konzerndatenschutzbeauftragen
noch ein relativ kleines mögliches Arbeitsfeld innerhalb seines Aufgabenbereichs dar. Erstens
sieht das Bundesdatenschutzgesetz bisher nur wenige Anwendungsmöglichkeiten für die
Selbstregulierung vor und zweitens müssen sich auch die Unternehmen erst noch mit dieser
neuen Regulierungsmethode im Bereich des Datenschutzrechts vertraut machen. Die Ansicht,
dass Selbstregulierung auch innovationsfördernd wirken kann,[1178] ist in einem Bereich wie
dem betrieblichen Datenschutz, den einer Umfrage zufolge knapp 50 % der befragten Geschäftsleitungen mit einer negativen Aussage versehen,[1179] nur schwer vermittelbar. In großen
Unternehmen und Konzernen kann voraussichtlich noch am ehesten ein Verständnis für
Selbstverpflichtung entstehen, wenn damit nämlich auch eine interne Standardisierung einhergeht, die über die rein datenschutzrechtlichen Anforderungen hinaus die Corporate Governance ergänzen kann. Dafür bedarf es aber vor allen Dingen auch eines verantwortungsbe-
wussten Managements, das bereit ist, bei technischer Innovation für neue (Langzeit-)Risiken
einzustehen.[1180] Insgesamt zeigen die Einsatzmöglichkeiten des Konzerndatenschutzbeauftragten im Bereich der Selbstregulierung als modernes Instrument des Technikrechts deutlich,
dass dieser ein dem modernen Datenschutz entsprechendes Kontrollorgan darstellt.

Zusammenfassend lässt sich zum veränderten Aufgabenbereich festhalten, dass der Konzerndatenschutzbeauftragte eher eine Managementfunktion wahrnimmt und sich weniger auf das
operative Geschäft konzentrieren kann, sodass er Aufgaben häufig delegieren muss, wodurch
ihm wiederum neue Kontrollaufgaben erwachsen. Damit geht aufgrund der Pflicht zur Mehrfachbestellung, die durch die abschließende Definition der verantwortlichen Stelle in § 3 Abs.
7 BDSG gekennzeichnet ist, aber parallel keine Anpassung der Verantwortlichkeit einher.[1181]
Der Konzerndatenschutzbeauftragte hat im Ergebnis einen aufgrund seiner exponierten Expertenstellung über den Aufgabenkatalog des § 4g BDSG weit hinausgehenden Tätigkeitsbereich, der gleichsam mit erhöhten Risiken verbunden ist und Ausstrahlungswirkung auf das
Anforderungsprofil hat.

[1177] S. Kap. 4.3.3.4.3.
[1178] Vgl. etwa *Leisner* 1998, S. 157f.; *Hoffmann-Riem* 1997, S. 13.
[1179] *GDD* 2006, S. 44.
[1180] *Heine* 1997, S. 68.
[1181] Ausführlicher dazu Kap. 6.1.2.5.

6.1.2.4 Anforderungsprofil eines Konzerndatenschutzbeauftragten

Entsprechend dem erweiterten Aufgabenbereich muss auch an das Anforderungsprofil des Konzerndatenschutzbeauftragten ein insgesamt strengerer Maßstab angelegt werden. Weil im Bereich der Zuverlässigkeit Abstufungen nur schwer denkbar sind, bezieht sich diese Forderung vor allem auf die *Fachkunde* des Konzernbeauftragten. Durch die Gesetzesänderung bezüglich der Fachkunde des Datenschutzbeauftragten lässt sich diese Vorgabe nunmehr – zumindest teilweise – direkt dem Gesetz entnehmen.[1182] Die bestehende Regelung zum Datenschutzbeauftragten zeigt dabei eine ausreichende Flexibilität, die eine genauere Bestimmung – notfalls durch die Rechtsprechung – sowohl der Fachkunde des Datenschutzbeauftragten eines Kleinunternehmens als auch eines Großkonzerns zulässt. Eine besondere Konkretisierung des Begriffs eigens für den Konzerndatenschutzbeauftragten aufgrund seiner exponierten und verantwortungsvollen Stellung bedarf es daher nicht mehr.

Der im Bundesdatenschutzgesetz verwendete Begriff der *Zuverlässigkeit* hingegen ist immer noch sehr schwammig. Er lässt nur wenige konkrete Anhaltspunkte für die Beurteilung zu und ist im Vergleich zu der umweltrechtlichen Regelung des § 55 Abs. 2 BImSchG i.V.m. § 10 der 5. BImSchV nicht näher definiert.[1183] Im Gegensatz zu der Beauftragtenregelung des § 14 Abs. 2 Nr. 1 i.V.m. Abs. 3 Satz 2 und 3 GwG ist die „Zuverlässigkeit" jedoch eine hinreichend bestimmte Anforderung. Letztlich ist sie für das Datenschutzrecht ein zutreffendes Qualifikationsmerkmal. Besondere Bedeutung im Zusammenhang mit der Zuverlässigkeit des Konzerndatenschutzbeauftragten hat die Interessenkollision.[1184] An ihr wird wiederum sehr deutlich, dass die Figur des Konzerndatenschutzbeauftragten lediglich ein aus der Not heraus geborenes Konstrukt der Praxis ist, welches sich zuweilen nur schwer mit der aktuellen Gesetzeslage in Einklang bringen lässt – mit möglicherweise weitreichenden Folgen: Das Zuverlässigkeitserfordernis von Konzerndatenschutzbeauftragten wird in der Literatur im Zusammenhang mit der Mehrfachbestellung und den damit verbundenen Schwierigkeiten, teilweise widerstreitende Konzerninteressen vertreten zu müssen, zunehmend kritisch kommentiert.[1185] Sollte sich diese Ansicht weiter durchsetzen und sollten Aufsichtsbehörden beginnen, die Bestellung von Konzerndatenschutzbeauftragten aufgrund fehlender Zuverlässigkeit infolge einer Interessenkollision abzulehnen, stünden Konzerne vor ernsthaften Problemen im Bereich des betrieblichen Datenschutzes. Rein rechtlich wären sämtliche Bestellungen bis auf eine, vermutlich die der Konzernobergesellschaft, unwirksam mit der Folge, dass gemäß § 43 Abs. 1 Nr. 2 BDSG für jeden Verstoß ein Bußgeld in Höhe von bis zu 25.000 € verhängt werden kann. Noch weitreichender wären die Folgen aus praktischer Sicht, da ein auf eine zentrale Lenkungsfigur ausgerichtetes Koordinierungs- und Kontrollsystem letztlich völlig umgestaltet

---

[1182] S. Kap. 4.3.4.1.
[1183] Die 5. BImSchV präzisiert die Anforderungen an Fachkunde und Zuverlässigkeit der Beauftragten des BImSchG und gilt über die Verweisung des § 55 Abs. 3 KrW-/AbfG auch für den Abfallbeauftragten.
[1184] S. Kap. 3.4.2.2 und 4.3.4.2.
[1185] Simitis – *Simitis* 2006, § 4f, Rn. 36 (vgl. aber noch Simitis – *Simitis* 2003, § 4f, Rn. 36); *Gola/Schomerus* 2005, § 4f, Rn. 24 m.w.N.

werden müsste auf ein dezentrales System. Bestehende Codes of Conduct, die einem Konzerndatenschutzbeauftragten als Kontrollorgan eine zentrale Rolle zuschreiben, müssten abgeändert und mögliche, bereits genehmigte verbindliche Unternehmensregelungen überprüft werden. Insgesamt beinhaltet ein solches Szenario sehr negative Folgen für die Rechtssicherheit des Konzerndatenschutzes.

6.1.2.5 Haftungsrisiko

Wie bereits das Zuverlässigkeitskriterium der „Interessenkollision", ergibt auch die Haftungssituation des Konzerndatenschutzbeauftragten insgesamt ein nicht zufrieden stellendes Bild der aktuellen Gesetzeslage. Zunächst greifen zwei unterschiedliche Haftungsregime, je nachdem, ob der Schadensfall in einer Gesellschaft auftritt, in der der Konzerndatenschutzbeauftragte als interner oder als externer Datenschutzbeauftragter angestellt ist. Darüber hinaus steht die durch das Bundesdatenschutzgesetz vorgegebene alleinige datenschutzrechtliche Verantwortung des Konzerndatenschutzbeauftragten in krassem Missverhältnis zu den zu bewältigenden Aufgaben. Um die gesetzlichen Kontrollen konzernweit durchführen zu können, muss der Konzerndatenschutzbeauftragte auf Hilfsmittel sowohl technischer als auch personeller Art zurückgreifen, ohne dadurch eine Entlastung im Bereich der Verantwortlichkeit zu erfahren. Es fehlen zertifizierte und standardisierte Prüfprogramme, die eine Entlastung im Bereich der Kontrolltätigkeit bringen könnten. Die strikten Vorgaben des Gesetzes führen also dazu, dass das Haftungsrisiko des Konzerndatenschutzbeauftragten umso größer wird je mehr Hilfspersonal ihm zur Verfügung steht, denn der Grundsatz des Organisationsverschuldens kommt hier gerade nicht zum Tragen.

Weiterhin hat sich gezeigt, dass bei datenschutzrechtlichen Schadensfällen, die dem Verantwortungsbereich des Konzerndatenschutzbeauftragten zuzurechnen sind, die Anwendung arbeitsrechtlicher Haftungsprinzipien zu sachgerechteren Ergebnissen führen würde als die strikte Anwendung des Grundsatzes der Alleinverantwortlichkeit,[1186] ohne dabei die Betroffenen oder das Unternehmen schlechter zu stellen.

Auch an der Haftungsproblematik ist erkennbar, dass die momentane gesetzliche Situation nicht auf den Konzerndatenschutzbeauftragten zugeschnitten ist und einer Änderung bedarf, wenn langfristig an diesem Konzept festgehalten werden soll. Die Gefahr wäre ansonsten, dass der Konzerndatenschutzbeauftragte aufgrund der ungewissen haftungsrechtlichen Situation in seinen Entscheidungen negativ beeinflusst werden könnte.

6.1.2.6 Verhältnis zum Betriebsrat

Das Verhältnis zwischen Datenschutzbeauftragtem und Betriebsrat ist in der Literatur ein „Dauerbrenner" und hat auch Auswirkungen auf den Konzerndatenschutzbeauftragten. Die

---

[1186] Dieser Grundsatz gilt für alle Datenschutzbeauftragten, s. Fn. 322. Er tritt aber beim Konzerndatenschutzbeauftragten aufgrund des erhöhten Bedarfs an Hilfspersonal offener zu Tage.

aktuelle Situation ist letztlich für alle Seiten unbefriedigend: Die Frage nach einer Datenverarbeitungskontrolle des Betriebsrats bleibt ebenso ungelöst wie die nach der Beteiligung des Betriebsrats an der Bestellung des Datenschutzbeauftragten. Beispielhaft ist daher die bereits zitierte Entscheidung des *BAG*[1187], wonach es ein Überwachungsrecht des Datenschutzbeauftragten zwar abgelehnt, gleichzeitig in einem obiter dictum aber grundsätzlich die Notwendigkeit einer Kontrolle des Betriebsrats ausgesprochen hat.

Soll das Verhältnis beider Institutionen zueinander einer Klärung zugeführt werden, ist nach hier vertretener Auffassung eine weitestgehende Trennung der Mitwirkungs- und Kontrollbereiche anzustreben, um einerseits die betriebsverfassungsrechtlich garantierte Autonomie des Betriebsrats nicht zu verletzen und andererseits die neutrale Stellung des Datenschutzbeauftragten hervorzuheben. Die Notwendigkeit der Kontrolle der durch den Betriebsrat betriebenen Datenverarbeitung ist nicht zu bestreiten, sie muss aber nicht zwingend durch den Datenschutzbeauftragten erfolgen; ebenso kommt eine andersartig ausgestaltete Selbstkontrollpflicht in Frage.[1188] Gleichsam ist eine über den momentanen Stand hinausgehende Beteiligung des Betriebsrats an der Bestellung des Datenschutzbeauftragten nicht empfehlenswert: Erstens stellt der Arbeitnehmerdatenschutz und die Kontrolle personenbezogener Arbeitnehmerdaten nur einen, wenn auch gewichtigen, Teil des Aufgabengebiets des Datenschutzbeauftragten dar und zweitens kann die Gefahr der „Einvernahme" durch die Arbeitnehmervertretung dergestalt entstehen, dass der Datenschutzbeauftragte durch die Nähe zum Betriebsrat ein Stück weit das Vertrauen der Unternehmensleitung verliert. Um dies im Interesse der bestmöglichen Umsetzung des Datenschutzes innerhalb des Unternehmens zu verhindern, sollte also rechtlich eine weitestgehende Trennung von gegenseitigen Befugnissen angestrebt werden, was eine konstruktive Zusammenarbeit in der Praxis nicht ausschließen soll.

Das soeben beschriebene „Trennungsgebot" gilt in Konsequenz mit denselben Argumenten auch für das Verhältnis zwischen Konzerndatenschutzbeauftragtem und der Arbeitnehmervertretung.[1189] Soweit dennoch Beziehungen zwischen den beiden Institutionen bestehen, könnte der Konzernbetriebsrat als Äquivalent zum Konzerndatenschutzbeauftragten sowohl für die Arbeitnehmervertretung als auch die Unternehmensleitung vorteilhaft sein. Die Kontrolle des Konzerndatenschutzbeauftragten würde aufgrund der Zuständigkeit des Konzernbetriebsrats für die Arbeitnehmervertretung erleichtert. Die Mitwirkung bei der Anstellung des Konzerndatenschutzbeauftragten ist theoretisch auch durch den Konzernbetriebsrat möglich und kann gleichfalls für die Konzernleitung sachgerecht sein, weil Kommunikationswege erleichtert werden. Praktisch kommt dieser Konstellation aber keine nennenswerte Bedeutung zu. Schließlich wäre unter der Prämisse einer gesetzlichen Regelung der Konzerndatenschutzbe-

---

[1187] S. Fn. 504.
[1188] S. Kap. 3.6.2.3 m. Fn. 508.
[1189] Die weiteren Konzernbeauftragten sind ebenfalls nicht durch besondere Verbindungen zum Betriebsrat gekennzeichnet, vgl. die Kap. 4.3.6.3 ff.

auftragte eine geeignete Kontrollinstanz für die Überwachung des Konzernbetriebsrats, wenn man entgegen der hier vertretenen Meinung ein Kontrollrecht prinzipiell zulassen wollte.[1190]

6.1.2.7 Internationaler Bezug

In multinationalen Unternehmen steht die Koordinationsaufgabe des Konzerndatenschutzbeauftragten ganz klar im Vordergrund, was vor allem an der territorialen Begrenzung des Gesetzes liegt. Bestellpflicht, Aufgabenzuweisung und ähnliche Formalien beschränken sich auf den Anwendungsbereich des Bundesdatenschutzgesetzes. Darüber hinaus kann der Konzerndatenschutzbeauftragte vor allem für eine Vereinheitlichung des konzernweiten Datenschutzes hilfreich sein, wobei zwischen einer gänzlich einheitlichen Datenschutzstrategie und lediglich einheitlicher Datenschutzphilosophie mit unterschiedlicher Umsetzung zu unterscheiden ist. In beiden Fällen ist der Konzerndatenschutzbeauftragte zentrale Koordinations- und Kommunikationsstelle des Konzerns. In Zeiten zusammenwachsender Märkte, expandierender Unternehmen und damit verbundenen steigenden Datenflüssen wird diese Funktion immer bedeutsamer.

Neben der nicht auf gesetzlichen Vorgaben beruhenden Koordinierung des internationalen Konzerndatenschutzes haben sich zwei Ausnahmen in der Arbeit auf Ebene der EG-Datenschutzrichtlinie herausgebildet: die Frage nach einem Europäischen Konzerndatenschutzbeauftragten[1191] sowie die besondere Bedeutung des Konzerndatenschutzbeauftragten innerhalb der verbindlichen Unternehmensrichtlinien wie etwa Codes of Conduct gemäß den §§ 4b, 4c BDSG.[1192]

Der *Europäische Konzerndatenschutzbeauftragte* ist die logische Fortsetzung der Forderung nach einem nationalen Konzerndatenschutzbeauftragten, denn er trüge auf europäischer Ebene zu einer Effektivitäts- und Effizienzsteigerung bei. Konzerne könnten europaweit ihre Datenschutzorganisation in die Hände lediglich eines Verantwortlichen legen. Die datenschutzrechtliche Harmonisierung innerhalb des Konzerns entspräche ganz dem Ziel der EG-Datenschutzrichtlinie, ein einheitliches Datenschutzniveau innerhalb der Europäischen Union zu erreichen. Aufgrund der Vereinbarkeit der niederländischen Regelung zum Konzerndatenschutzbeauftragten zeigt sich, dass das Europäische Recht einer Normierung nicht im Wege stünde. Bisher liegen die Voraussetzungen in den einzelnen Mitgliedstaaten noch nicht vor. Erst wenn in den nationalen Gesetzen eine Normierung erfolgt ist, kann ein Europäischer Konzerndatenschutzbeauftrager bestellt werden. Aus Gründen der Rechtssicherheit sollte dann aber auch die EG-Datenschutzrichtlinie einen Konzernbeauftragten erwähnen.

In den *verbindlichen Unternehmensrichtlinien* spielt der Konzerndatenschutzbeauftragte als Verantwortlicher für den Datenschutz ebenfalls eine bedeutende Rolle, denn er kann im Zu-

---

[1190] S. dazu Kap. 3.6.2.3.
[1191] S. Kap. 4.3.7.1.
[1192] S. dazu Kap. 4.3.3.4.3 m. Fn. 942.

sammenspiel mit anderen Instrumenten der Selbstregulierung und -kontrolle für ausreichende Garantien beim Datenempfänger im Drittland Sorge tragen. Ihm wird damit seitens der Aufsichtsbehörden eine zentrale Rolle bei der weltweiten Sicherstellung eines ausreichenden Datenschutzniveaus innerhalb des Konzerns zugeschrieben. Zusammenfassend zeigt sich also, dass der Konzerndatenschutzbeauftragte vor allen Dingen auch in einem internationalen Zusammenhang zu sehen ist, wenn man über die Forderung nach einer gesetzlichen Regelung diskutiert.

6.2 Beurteilung der empirischen Erhebung

Die Beurteilung der Ergebnisse der empirischen Erhebung erfolgt entsprechend der zuvor gebildeten Kategorien in vier Abschnitten. Dabei werden die Probleme der Verwendung qualitativer Forschungsergebnisse berücksichtigt und die nachfolgenden Ausführungen vor allen Dingen als Beratung im Sinne eines gemeinsamen Lernprozesses an der konkreten Schnittstelle zwischen Wissenschaft und Praxis, die durch die unterschiedliche Branchenzugehörigkeit der ausgewählten Unternehmen gekennzeichnet ist, verstanden.[1193]

6.2.1 Unternehmensspezifische Ausgestaltung des (Konzern-)Datenschutzbeauftragten

Die interviewten Beauftragten für den Konzerndatenschutz kennzeichnet in den meisten Fällen eine lange Betriebszugehörigkeit und sie sind durchweg hoch qualifiziert, ohne dabei eine bestimmte Fachrichtung als vorzugswürdig ansehen zu können. In Verbindung mit den sehr knapp gehaltenen Bestellungsverträgen, die auf die einschlägigen Regelungen des Bundesdatenschutzgesetzes verweisen, ergibt sich aus den Positionen der Beauftragten das Bild eines flexiblen Rahmens für die spezifische Kontrollinstanz auf Konzernebene, ohne dass dadurch den gesetzlichen Anforderungen an die Bestellung nicht hinreichend Rechnung getragen würde.

Ebenso flexibel vollzieht sich die Ausgestaltung des Bestellungsverhältnisses in den befragten Unternehmen. Die fast überall erfolgte hauptamtliche Anstellung der Beauftragten ist intern bis auf eine Ausnahme jeweils bei der Konzernobergesellschaft, die organisatorische Eingliederung zumeist direkt unterhalb des Vorstandes der Konzernleitung erfolgt. Das unterstreicht die besondere Gewichtung der Beauftragten im konzernweiten Datenschutz, was zusätzlich mit der Unterstützung durch Hilfspersonal dokumentiert wird. Die externen Bestellungen in den maßgeblichen Untergesellschaften erfolgen nach unternehmensbezogenen Opportunitätserwägungen und können nicht pauschal beschrieben werden, die Befragten sind nicht durchweg allein für alle Konzerngesellschaften bestellt. Es gibt aber, zumindest in Deutschland, einen leichten Trend hin zur Konzentration der Bestellungen auf die Person des Konzerndatenschutzbeauftragten.

[1193] Vgl. ausführlich Flick/v. Kardoff/Steinke – *v. Kardoff* 2007, S. 618 ff. (S. 622).

Die Arbeitsschwerpunkte der Befragten weisen ganz unterschiedliche Ansätze auf, die am Ende aber alle auf ähnliche Ziele hinauslaufen, nämlich Entwicklung und Durchführung von Strategie und Datenschutzpolitik, Gewährleistung eines einheitlichen Datenschutzes sowie die datenschutzrechtliche Koordinierung innerhalb des Konzerns.

Insgesamt zeigt die Auswertung, dass in den befragten Unternehmen mannigfaltige Gestaltungsmöglichkeiten für die Figur des Konzerndatenschutzbeauftragten bestehen mit dem Bedarf eines hohen Maßes an Flexibilität für die Anpassung an den jeweiligen Konzern. Es sind jedoch einheitliche Grundzüge bei den Beauftragten zu erkennen.

6.2.2 Datenschutzrechtliche Organisationsmöglichkeiten eines Konzerns

Die aus Sicht der Datenverarbeitungswege durchgeführte Beurteilung der Organisationsstrukturen hat zu einer Einordnung der untersuchten Konzerne in drei Gruppen geführt. Die Gründe der unterschiedlichen Datenverarbeitungsstrukturen liegen sowohl in der Geschäftsfeldverteilung innerhalb der Konzerne als auch in der Ausgestaltung der IT-Infrastruktur.

Die daraus jeweils abgeleiteten Datenschutzorganisationen sind jedoch trotz dieser Unterschiede vom Prinzip her gleich aufgebaut. An der Spitze steht der Konzerndatenschutzbeauftragte mit einem mehr oder weniger großen Kompetenzteam, welches durch eine unterschiedliche Anzahl an Datenschutzkoordinatoren für die Ausführung operativer Aufgaben im In- und Ausland unterstützt wird. Hinzu können in spezifischen Geschäftsbereichen und Gesellschaften sowie in einzelnen Ländern verbindlich bestellte Datenschutzbeauftragte kommen, die jedoch regelmäßig in die konzernweite Datenschutzorganisation eingebunden sind. Diese übereinstimmende Grundstruktur verdeutlicht die gleich gelagerten Erfordernisse der Datenschutzorganisationen in den Konzernen.

Unterschieden werden muss beim Schutz der personenbezogenen Daten jedoch nach den Geschäftsfeldern sowie der Organisation der Datenverarbeitung der Konzerne. Je nachdem, ob das Produktangebot eher auf Privatkunden als natürliche Personen oder eher auf Abnehmer in der Industrie als juristische Personen abzielt, liegt auch der Schwerpunkt entweder beim Kundendatenschutz oder beim Arbeitnehmerdatenschutz. Ein weiterer Aspekt kann dann auftreten, wenn die angebotenen Produkte des Unternehmens die Datenverarbeitung selbst beinhaltet oder zumindest mit beinhaltet.

Zusammenfassend bedeuten unterschiedliche Konzernorganisationen im Ergebnis nicht zwingend unterschiedliche Datenschutzorganisationen. Diese sind scheinbar eher ablauforientiert an den möglichen Entscheidungswegen des Konzerndatenschutzes organisiert, was regelmäßig einen Top-Down-Ansatz bedeutet, der entweder streng hierarchisch aufgebaut oder durch einen Konzernkoordinierungskreis umgesetzt wird.

6.2.3 Strategien zur Umsetzung des Datenschutzes innerhalb von Konzernen

Während die datenschutzrechtlichen Ziele der Konzerne meist ähnlich ausgestaltet sind, weisen die Strategien zu deren Erreichung teilweise erhebliche Unterschiede auf. Dies ist vor allen Dingen darin begründet, dass die Strategien zur Umsetzung des Datenschutzes an den allgemeinen Unternehmenszielen ausgerichtet werden, die wiederum abhängig sind von dem jeweiligen Markt, in dem das Unternehmen tätig ist.

Die Datenschutzstrategie in Konzernen dient als einheitliche schriftliche Fixierung unternehmensintern verbindlicher Ziele im Datenschutz. Dabei fallen sowohl die Wahl der Mittel als auch des Inhalts der Festlegung der datenschutzrechtlichen Vorgaben höchst unterschiedlich aus. Datenschutzrechtliche Regelungen werden im Intranet und durch konzernweite schriftliche Weisungen ebenso bekannt gemacht wie durch Datenschutzhandbuch, Unternehmensrichtlinie oder Code of Conduct; darüber hinaus veröffentlichen Konzerne Datenschutzerklärungen oder Privacy Policies. Vereinzelt werden die datenschutzrechtlichen Regelungen des Konzerns außerdem durch Binding Corporate Rules implementiert. Inhaltlich orientieren sich die Vorgaben für den Datenschutz vor allem an den Organisationsstrukturen des Konzerns. Der Grad der Konkretisierung hingegen ist weniger marktabhängig als vielmehr bestimmt durch das Maß der Ausgestaltung des konzernweiten Datenschutzes, das heißt je abstrakter Datenschutzziele im Konzern formuliert werden, desto allgemeiner sind regelmäßig auch die Vorgaben der Datenschutzstrategie.

Dem Konzerndatenschutzbeauftragten kommt im Rahmen der Umsetzung des Datenschutzes in Konzernen die zentrale Rolle zu. Wenn er die Datenschutzstrategie nicht selbst entwickelt hat, so ist er zumindest für deren Umsetzung und Weiterentwicklung verantwortlich. Seine Bestellung ist daher bereits eine wesentliche strategische Entscheidung, denn mit ihr geht die konzernweit einheitliche Gestaltung des Datenschutzes einher.[1194] Dazu gehört dann auch, dass der Konzerndatenschutzbeauftragte die Datenschutzstrategie einheitlich gegenüber den anderen betrieblichen und außerbetrieblichen Institutionen, die im weitesten Sinne mit Datenschutz zu tun haben, vertritt und mit diesen zusammenarbeitet. Die Sensibilisierung der Beschäftigten spielt dabei eine entscheidende Rolle.[1195]

Im Ergebnis ist die Datenschutzstrategie eines Konzerns also vornehmlich die Aufstellung unternehmensweit verbindlicher Vorgaben in Form der Anpassung bestehender Datenschutznormen an die Organisationsstrukturen des eigenen Unternehmens. Dem Konzerndaten-

---

[1194] Insoweit kann die Ansicht von *Ehmann*, RDV 1999, S. 23, wonach betriebliche Datenschutzbeauftragte vor allem danach ausgesucht würden, dass erwartet werden könne, dass sie die Informationsverwendung in den Betrieben nicht übermäßig behinderten, zumindest auf Konzernebene und für Konzerndatenschutzbeauftragte nicht bestätigt werden.

[1195] *Gola/Jaspers* 2006, S. 10 weisen deswegen zu Recht darauf hin, dass jeder Mitarbeiter im Unternehmen auch „Betroffener" im Sinne des BDSG ist und er daher das gleiche kritische Bewusstsein, das bei der Verarbeitung seiner Daten durch Behörden und private Stellen angezeigt ist, anwenden sollte, wenn es um die Verarbeitung fremder Daten durch ihn geht.

schutzbeauftragten kommen aufgrund seiner koordinierenden Funktion dabei neben der Ausarbeitung auch die Umsetzungsaufgaben zu.

6.2.4 Konzernweite datenschutzrechtliche Aufgaben

Die Ausgestaltung des Amtes des Konzerndatenschutzbeauftragten muss zur Erfüllung der unterschiedlichen Aufgaben nach Ansicht der Interviewten als Managementfunktion erfolgen, wobei eine Unterstellung direkt unter das Leitungsorgan des Konzerns unbedingt zu empfehlen ist. Eine Weisungsbefugnis wird nicht für erforderlich, teilweise sogar als hinderlich erachtet, weil den Konzerndatenschutzbeauftragten nicht die Einhaltung der gesetzlichen Vorschriften, sondern nur deren Kontrolle obliegt. Notwendig ist jedoch eine Richtlinienkompetenz zur Durchsetzung der datenschutzrechtlichen Vorgaben; dies nicht zuletzt deswegen, weil der Konzerndatenschutzbeauftragte so durch eine Normsetzungs- und Aktualisierungsbefugnis die Einhaltung verschiedener Vorschriften wie etwa dem Sarbanes-Oxley-Act in den internen Unternehmensregelungen mit Bezug zum Datenschutz gewährleisten kann.

Als Ausgangspunkt der Befragung wurden Koordination und Kontrolle als Hauptaufgabenfelder des Konzerndatenschutzbeauftragten gewählt. Es hat sich jedoch herausgestellt, dass die Beratungstätigkeit, wie sie bereits bei der Hinwirkungsaufgabe des Datenschutzbeauftragten dargestellt wurde,[1196] unbedingt noch zusätzlich anzuführen ist. Diese beinhaltet unter anderem die Betreuung der Geschäftsleitung, die Begleitung von Projekten sowie die individuelle Beratung unternehmensinterner und -externer Personen. Der Umfang der Beratungstätigkeit richtet sich dabei nach der den Konzerndatenschutzbeauftragten unterstützenden Mitarbeiterzahl und den weiteren ihm obliegenden Aufgaben. Die Koordinierung wird in der Unternehmenspraxis im Sinne der Organisation des konzernweiten Datenschutzes verstanden und obliegt dem für den Konzerndatenschutz Verantwortlichen. Die Kontrolltätigkeit ist auch eine Schwerpunktaufgabe, aber nicht in dem Maße wie zunächst vermutet, denn erstens setzen die Konzerndatenschutzbeauftragten vor allem auf Präventivmaßnahmen und zweitens können datenschutzrechtliche Kontrollen aus Kapazitätsgründen nicht flächendeckend durchgeführt werden. Hier wird vermehrt auf hocheffektive Auditierungsmaßnahmen gesetzt, die meistens in Zusammenarbeit mit der Revision oder dem Qualitätsmanagement durchgeführt werden.

Als Teil der in den Verantwortungsbereich des Konzerndatenschutzbeauftragten fallenden Datenschutzstrategie ist auch die Frage nach einem einheitlichen Datenschutzniveau zu sehen. Die Bestrebungen der ausgewählten Unternehmen sind dabei unterschiedlich und reichen von der Einhaltung des jeweiligen Standards einzelner Länder über ein gleiches Datenschutzmindestniveau nach Maßgabe der EG-Datenschutzrichtlinie bis hin zu einem weltweit gleichen Datenschutzniveau nach deutschem Standard. Ausschlaggebend für die Unterschiede ist letztlich die Frage, wo die Datenverarbeitung des Konzerns hauptsächlich stattfindet, und beinhal-

---

[1196] S. Kap. 3.3.1.1 m. Fn. 335.

tet Aspekte des bei der Verarbeitung angewendeten technischen Standards, der Datenflüsse des Konzerns und der Bedeutung der verschiedenen Weltregionen im Rahmen der Systemgestaltung der Konzerne. Danach findet sich tendenziell ein einheitliches Datenschutzniveau nach deutschem Standard oder dem Mindeststandard nach der EG-Datenschutzrichtlinie bei den Konzernen, die Systemstandards für IT-Einrichtungen in Deutschland setzen und/oder Datenflüsse von Deutschland ins Ausland und insbesondere in Drittländer außerhalb der Europäischen Union stattfinden. Konzerne ohne einheitliches Datenschutzniveau hingegen agieren oftmals mit weltweit verteilten Rechenzentren und weisen globale Datentransfers in alle Richtungen auf. Da jedoch auch bei diesen Konzernen eine Zentralisierungstendenz erkennbar ist, wird auch dort ein einheitliches Datenschutzniveau immer wahrscheinlicher.

Mit dem Datenschutzniveau eng in Zusammenhang steht die Datenübermittlung der Konzerne, die geprägt ist durch das fehlende Konzernprivileg. Übermittlungen von Konzerngesellschaften innerhalb des territorialen Geltungsbereichs der EG-Datenschutzrichtlinie bedeuten lediglich einen bürokratischen, aber keinen rechtlichen Mehraufwand für die Unternehmen, da sie durch bestehende Übermittlungstatbestände abgedeckt sind. Übermittlungen in Drittstaaten jedoch kennzeichnet, unabhängig davon, ob sie an konzernangehörige Gesellschaften oder Dritte erfolgen, eine hohe Rechtsunsicherheit, die zwar einerseits durch eine kooperative Zusammenarbeit mit den Aufsichtbehörden abgemildert, auf der anderen Seite aber gleichzeitig noch dadurch verschärft werden kann, dass diese teilweise verschiedene Rechtsauffassungen vertreten.[1197] Hier besteht nach Meinung der Befragten dringender Handlungsbedarf, um die notwendigen globalen Datenflüsse rechtlich besser abzusichern.

Um die genannten Schwierigkeiten im Bereich der Auslandsübermittlung zu umgehen, greifen Konzerne vielfach auf selbstregulative Instrumente des Datenschutzes zurück. Zu nennen sind hier etwa behördlich abgesicherte, verbindliche Unternehmensregelungen, die EU-Standardvertragsklauseln, die teilweise noch ergänzt werden – beispielsweise als sogenannter Ringvertrag[1198] – oder auch einzelvertragliche Regelungen zwischen Datenübermittler und - empfänger. Darüber hinaus verwenden viele Konzerne auch jenseits der Übermittlungstatbestände selbstregulative Instrumente wie Auditierungsverfahren, Self-Assessments und Selbstidentifizierung sowie deren Kontrolle und übernehmen so ein erhebliches Maß an Eigeninitiative im Bereich des Datenschutzes.

In den Aufgabenbereich des Konzerndatenschutzbeauftragten fällt auch das Risikomanagement für den Bereich des Datenschutzes. Dieses wird jedoch fachbezogen betrieben und nur vereinzelt nehmen Unternehmen den Datenschutz in ihr konzernweites allgemeines Risikomanagementsystem auf; regelmäßig aber werden datenschutzrechtliche Risiken nicht als bestandsgefährdend eingestuft. Im Bereich Datenschutz selbst gibt es durchaus Maßnahmen, die Risikomanagement-Ansätze aufweisen und oftmals mit Auditierungsmaßnahmen verbunden sind. Darüber hinaus bestehen in den ausgewählten Konzernen oftmals spezielle Risikomana-

---

[1197] Vgl. *Gola/Klug*, NJW 2004, S. 2429.
[1198] Vgl. dazu auch *Backes/Eul/Guthmann/Martwich/Schmidt*, RDV 2004, S. 160.

gementsysteme für den Bereich der IuK-Techniken, die wiederum eng verknüpft sind mit dem Konzerndatenschutz. Schließlich wird der Datenschutz auch über die aktuellen Entwicklungen im Bereich der Compliance-Organisation in Verbindung zum Risikomanagement gebracht, denn hier wie dort bedarf es Mittel zur Kontrolle der Einhaltung gesetzlicher Vorschriften und zur Vermeidung von Haftungs- und Schadensfällen.

Sofern die Teilnehmer der Befragung von der Möglichkeit zu eigenen Erwägungen Gebrauch gemacht haben, wurde allein die gesetzliche Normierung des Konzerndatenschutzbeauftragten begrüßt und gefordert, gleichzeitig die Diskussion aber um weitere Aspekte erweitert. Erstens wird vorgeschlagen, den Konzerndatenschutzbeauftragten in Zusammenhang mit weiteren Konzernprivilegien zu diskutieren, um eine bestmögliche Kompetenzgestaltung des Konzerndatenschutzes zu erreichen. Der zweite Vorschlag sieht neben diesen Maßnahmen vor, den Konzerndatenschutzbeauftragten in einen europäischen Kontext zu bringen und in die EG-Datenschutzrichtlinie einzuarbeiten. Mahnend wurde jedoch darauf hingewiesen, dass hierzu weitreichende Regelungen im Bereich der Meldepflicht zu treffen wären, die in Anbetracht der mitgliedstaatlichen Souveränität nur schwerlich zu erreichen sein würden.

Zusammenfassend bleibt der Konzerndatenschutzbeauftragte trotz Koordination und Kontrolle aufgrund der Beratung Hauptansprechpartner für Angelegenheiten des Datenschutzes, teilweise natürlich mit Unterstützung durch seine Mitarbeiter. Für die vielfachen, strategisch wichtigen Entscheidungen, die in den meisten Fällen eng an den Begebenheiten des jeweiligen Konzerns auszurichten sind, ist er sinnvollerweise direkt der Konzernleitung zu unterstellen und mit ausreichenden Kompetenzen zu versehen. Dies gilt umso mehr vor dem Hintergrund, dass durch aktuelle Zentralisierungstendenzen zumindest in den Bereichen der IuK-Techniken der international agierenden Konzerne die Bedeutung des Konzerndatenschutzbeauftragten noch wachsen wird.

6.3 Schlussfolgerungen

So notwendig die Figur des Konzerndatenschutzbeauftragten für den modernen Datenschutz in großen Unternehmen ist, so unbefriedigend ist die aktuelle gesetzliche Situation. Das Fehlen einer normativen Regelung des Rechtsinstituts, das aus Unternehmenssicht sowohl nach innen als auch nach außen schon allein aufgrund der Symbolwirkung dem Konzerndatenschutz zu wesentlich höherer Durchsetzungskraft verhelfen würde, läuft dem Trend einer Zentralisierung der elektronischen Datenverarbeitung in Konzernen zuwider.

Die rechtliche Beurteilung und die empirischen Ergebnisse vermitteln einen umfassenden Eindruck und zeigen vielfältige Schwachstellen der aktuellen Ausgestaltung des Konzerndatenschutzbeauftragten auf, bieten gleichzeitig aber auch die Möglichkeit, eine Lösung für die Verbesserung der Situation zu finden. Als Ausgangspunkt dafür dient nun die Forderung aus der Wirtschaft und von Experten gleichermaßen, den Konzerndatenschutzbeauftragten rechtsverbindlich zu regeln, weil er aus dem Konzerndatenschutz nicht mehr wegzudenken und deshalb vor allem Rechtssicherheit für die betroffenen Unternehmen anzustreben ist. Im Folgenden wird ein möglicher Weg für eine Regelung aufgezeigt.

6.3.1 Gesetzliche Legitimation für den Konzerndatenschutzbeauftragten

Es ist nicht völlig geklärt, ob sich der Gesetzgeber bisher bewusst gegen den Konzerndatenschutzbeauftragten entschieden hat.[1199] Er hat sich ausdrücklich nur gegen eine Konzernklausel für den Datenfluss zwischen verbundenen Unternehmen ausgesprochen.[1200] Bevor man eine gesetzliche Regelung ausarbeitet, sollten daher Überlegungen angestellt werden, ob es Argumente gegen einen gesetzlich legitimierten Konzerndatenschutzbeauftragten gibt, weil der Gesetzgeber den bestehenden Forderungen seit 30 Jahren nicht nachkommt.

In den Anfängen des Datenschutzes und der Diskussion über die Gefährdung der Datenverarbeitung für das Persönlichkeitsrecht sowie die informationelle Selbstbestimmung wurde zunächst die Verknüpfung personenbezogener Daten aus unterschiedlichen Verwendungszusammenhängen, nämlich alle irgendwo in Systemen gespeicherten Informationen abzurufen und Systeme verschiedener Organisationen zu Großsystemen zu verknüpfen, als die größte Gefahr angesehen.[1201] Mit dieser Argumentation wurde eine Konzernklausel verhindert und der Konzerndatenschutzbeauftragte nicht weiter berücksichtigt. Die Grenzen zwischen den einzelnen verantwortlichen Stellen würden verwischt und die Betroffenen könnten ihre persönlichen Daten nicht mehr nachvollziehbar verfolgen. An dieser Argumentation hat sich bis heute wenig verändert.

Sowohl für den Konzerndatenschutzbeauftragten als Rechtsinstitut als auch für den Betroffenenschutz allgemein bedeutet diese Argumentation eine sachlich nicht gerechtfertigte Vermischung zweier ganz unterschiedlicher Themengebiete.[1202] Über die Privilegierung von Datentransfers innerhalb von Konzernen kann zweifelsohne diskutiert werden. Diese Frage darf aber nicht auf den Konzerndatenschutzbeauftragten übertragen werden, denn seine gesetzliche Regelung würde zu keinerlei Privilegien im Bereich der Datenverarbeitung führen, sondern lediglich eine Erleichterung der Bestellpflicht und eine Anerkennung der strategischen Entscheidung für einen konzernweit einheitlichen Datenschutz bedeuten. Rechtliche Erwägungen sprechen also nicht gegen den gesetzlich legitimierten Konzerndatenschutzbeauftragten.

Praktische Erwägungen gegen eine Normierung des Konzerndatenschutzbeauftragten könnten darin gesehen werden, dass ein gesetzlicher Rahmen die Figur zu sehr einschränken und die notwendige Flexibilität vereiteln würde. Hiergegen sprechen jedoch die Ergebnisse der Experteninterviews, die gezeigt haben, dass in den Konzernen die Beauftragten durchaus ähnlich ausgestaltet sind und sich unter eine gemeinsame Norm subsumieren ließen. In der Konsequenz bedeutet dies, dass eine gesetzliche Regelung die Effektivität des Konzerndatenschutz-

---

[1199] Vgl. *Gola/Schomerus* 2005, § 4f, Rn. 8.
[1200] Vgl. Bericht des *BT-InnA*, BT-Drs. 7/5277, S. 5.
[1201] *Bizer* 2003, S. 566.
[1202] Vgl. schon Kap. 4.1.2.

beauftragten als Selbstkontrollorgan stärken kann, jedoch die entsprechende Norm auch eine notwendige Flexibilität für Unternehmen zulassen muss, um die Effizienz des Konzernbeauftragten nicht einzubüßen.

6.3.2 Art der Regelung

Bevor die inhaltliche Ausgestaltung erfolgt, muss zunächst festgelegt werden, wo der Gesetzgeber eine Norm für den Konzerndatenschutzbeauftragten verorten sollte. In Frage kommen hier eine Regelung direkt im Bundesdatenschutzgesetz oder aber der Erlass einer Verordnung zu diesem Gesetz.

Die bereits bestehenden Konzernbeauftragten des Umweltrechts sind in Verordnungen normiert, die Fachkunde und Zuverlässigkeit der Beauftragten der jeweils einschlägigen Gesetze näher regeln.[1203] Solche berufsrechtlichen Regelungen passen systematisch weder in das Bundesimmissionsschutzgesetz noch in das Kreislaufwirtschafts- und Abfallgesetz und müssten auch für den Konzerndatenschutzbeauftragten außerhalb des Bundesdatenschutzgesetzes geregelt werden.[1204] Berufsrechtliche Regelungen wie für die Beauftragten des Umweltrechts sind jedoch für den Datenschutzbeauftragten gerade nicht vorgesehen. Der Gesetzgeber hat im Gegensatz zum Immissionsschutz- und zum Abfallrecht darauf verzichtet, überhaupt eine Verordnungsermächtigung in diesem Bereich in das Bundesdatenschutzgesetz aufzunehmen. Für eine Normierung des Konzerndatenschutzbeauftragten in einer Verordnung müsste daher zunächst das Bundesdatenschutzgesetz geändert und um eine Verordnungsermächtigung zur näheren Regelung des Datenschutzbeauftragten erweitert werden. Ein solches Vorgehen erscheint jedoch weder sachgerecht noch notwendig.

Die Normierung des Konzerndatenschutzbeauftragten kann innerhalb der bestehenden Regelung zum Datenschutzbeauftragten in § 4f BDSG erfolgen. Diese Regelungsart hat den Vorteil einer nur kleinen Änderung des Bundesdatenschutzgesetzes und trägt damit zur Normeffektivität bei. Darüber hinaus hebt die Normierung im Bundesdatenschutzgesetz die Bedeutung des Konzerndatenschutzbeauftragten hervor.[1205]

Systematisch sollte die Normierung in § 4f Abs. 2 BDSG erfolgen, da an dieser Stelle bereits die Bestellung des Datenschutzbeauftragten behandelt wird. Der Konzerndatenschutzbeauftragte wäre dann im Anschluss an die Bestimmung über den externen Datenschutzbeauftragten einzufügen. Damit würde der jetzige § 4f Abs. 2 Satz 3 BDSG, der sich einschränkend nur an öffentliche Stellen wendet und daher der allgemeinen Regelung zum Konzerndatenschutzbeauftragten nachzufolgen hätte, in einer geänderten Gesetzesfassung zu § 4f Abs. Satz 4 BDSG. Der Konzerndatenschutzbeauftragte wäre nach einer Gesetzesänderung in § 4f Abs. 2 Satz 3 BDSG verortet.

[1203] Vgl. Kap. 4.2.
[1204] Vgl. *Bizer*, DuD 2004, S. 13.
[1205] Vgl. dazu *Bull*, RDV 1999, S. 153.

6.3.3 Kompatibilität mit anderen Normen

Bei der Normierung des Konzerndatenschutzbeauftragten muss darauf geachtet werden, dass sie mit anderen Rechtsnormen, insbesondere mit der EG-Datenschutzrichtlinie, in Einklang steht.

Auf europäischer Ebene ist die nähere Ausgestaltung des Datenschutzbeauftragten gem. Art. 18 Abs. 2 Spiegelstrich 2 EG-DSchRL als Ausnahme von der Meldepflicht nach Art. 18 Abs. 1 EG-DSchRL den Mitgliedstaaten überlassen.[1206] Die Richtlinie gibt nicht vor, auf welche Weise die verantwortliche Stelle der Bestellung eines Datenschutzbeauftragten nachkommt. Es ist daher durch die europäische Regelung nicht ausgeschlossen, dass die Obergesellschaft eines Konzerns für ihre Untergesellschaften den Datenschutzbeauftragten „mitbestellt", sofern die Rechte und Freiheiten der betroffenen Personen nicht beeinträchtigt werden. Kann also die Konzernzentrale sicherstellen, dass der Konzerndatenschutzbeauftragte derart mit Befugnissen und Mitteln ausgestattet wird, dass eine Beeinträchtigung nicht zu befürchten steht, ist die Regelung eines Konzerndatenschutzbeauftragten mit der EG-Datenschutzrichtlinie vereinbar, wie überdies auch die Normierung im niederländischen Datenschutzgesetz zeigt.

Auf nationaler Ebene können durch die Einführung eines Konzerndatenschutzbeauftragten grundsätzlich die Mitwirkungsrechte des Betriebsrats, die sich nach den Regelungen zum Datenschutzbeauftragten richten, tangiert sein.[1207] Eine Inkompatibilität der Normierung mit dem Betriebsverfassungsgesetz ist aber nur in dem Fall denkbar, in dem die Mitwirkungsrechte der Betriebsräte der Einzelgesellschaften durch eine „Mitbestellung" der Konzernobergesellschaft missachtet wären. Das ist nach der aktuellen Rechtslage zum Datenschutzbeauftragten nur dann möglich, wenn ein externer Beauftragter in den Betrieb eingegliedert würde.[1208] Eine solche Sichtweise ist aber auf die Regelung des Konzerndatenschutzbeauftragten, der mit seiner Koordinierungsaufgabe bei der Konzernobergesellschaft angestellt wird, nicht anwendbar, sodass Mitbestimmungsrechte der Betriebsräte der Einzelgesellschaften durch die Normierung des Konzerndatenschutzbeauftragten nicht verletzt sind. Ein Mitbestimmungsrecht bei der Einstellung des Konzerndatenschutzbeauftragten hat der Betriebsrat der Obergesellschaft nur, wenn es sich dabei nicht um einen leitenden Angestellten handelt, was aufgrund seiner Managementfunktion selten der Fall sein dürfte.

Im Ergebnis sind weder europarechtliche noch nationale Normen durch die gesetzliche Regelung des Konzerndatenschutzbeauftragten verletzt.

[1206] *Dammann/Simitis* 1997, Art. 18, Nr. 11.

[1207] Das betrifft zum einen die Anstellung oder Versetzung des Arbeitnehmers und zum anderen die Kontrolle der Tätigkeit des Konzerndatenschutzbeauftragten, vgl. dazu Kap. 4.3.6.2.1f.

[1208] S. dazu Fn. 486.

6.3.4 Inhaltliche Ausgestaltung der Gesetzesregelung

Die inhaltlichen Anforderungen, die an die gesetzliche Regelung des Konzerndatenschutzbeauftragten zu stellen sind, ergeben sich aus den allgemeinen Erwägungen der Kap. 6.1 und 6.2 sowie den im vorangegangenen Kapitel dargestellten Erfordernissen, die aus der EG-Datenschutzrichtlinie abgeleitet werden.

Zunächst ist festzuhalten, dass die Regelung des Konzerndatenschutzbeauftragten losgelöst von der auch in der Arbeit angesprochenen Konzernklausel erfolgen kann.[1209] Mit dieser ist vor allem die Erleichterung des Datentransfers zwischen konzernangehörigen Gesellschaften vorgesehen, was zwar zweckmäßigerweise in Zusammenhang mit dem Konzerndatenschutzbeauftragten diskutiert werden kann, aber nicht Voraussetzung für eine Normierung desselben sein muss.

Beachtet werden müssen bei der Regelung des Konzerndatenschutzbeauftragten jedoch die Einheitlichkeit des Beauftragtensystems einerseits und die Besonderheiten des Datenschutzrechts andererseits. Daher sollte sich der Norminhalt an den Regelungen der bereits bestehenden Konzernbeauftragten orientieren, soweit es die unterschiedlichen Rechtsgebiete zulassen. Nur dort, wo das Datenschutzrecht es erfordert, ist der Normtext abzuändern. Als Vorlage kann insbesondere der Konzernimmissionsschutzbeauftragte herangezogen werden, da sich der Gesetzgeber daran bereits bei der Regelung der anderen Konzernbeauftragten orientiert hat. Änderungen sind für den Normtext des Konzerndatenschutzbeauftragten dabei notwendig bei der Bezugnahme auf die Aufgabenwahrnehmung durch den Konzernbeauftragten und bei der umweltrechtlichen Koordinierungspflicht des bestellenden Konzerns, wie sie sich in § 55 Abs. 3 BImSchG wiederfindet. Erstere ergibt sich denklogischerweise aus den unterschiedlichen Rechtsgebieten, letztere ist im Datenschutzrecht nicht bekannt und regelt außerdem im Umweltrecht auch Sachverhalte über den Konzernbeauftragten hinaus.

Weiterhin ist die Norm zum Konzerndatenschutzbeauftragten mit ausreichender Flexibilität auszugestalten, das heißt es sollte nicht mehr geregelt werden als unbedingt notwendig, um den Normadressaten den größtmöglichen Gestaltungsspielraum für den Konzerndatenschutz zu belassen. Diese Normflexibilität hat sich bereits beim Datenschutzbeauftragten bewährt und trägt den ständigen Veränderungen im Bereich des Technikrechts in besonderem Maße Rechnung.[1210]

Schließlich muss gemäß europarechtlicher Vorgaben, wie bereits erörtert, mit entsprechenden Befugnissen und Mitteln sichergestellt sein, dass Rechte und Freiheiten der betroffenen Personen nicht beeinträchtigt werden, wenn eine nationale Regelung in Umsetzung des Art. 18 Abs. 2 Spiegelstrich 2 EG-DSchRL die Bestellung eines Konzerndatenschutzbeauftragten *uno actu* für alle Konzerngesellschaften vorsieht. Die Bestellung muss daher gewährleisten, dass der Konzerndatenschutzbeauftragte im gesamten Konzern wirksam seine Aufgaben erfüllen

---

[1209] S. Kap. 4.1.2 sowie 5.2.4.7.
[1210] Vgl. Kap. 2.3.

kann. Dazu sind nach hier vertretener Auffassung zwei Voraussetzungen zu erfüllen. Erstens muss der Konzernbereich, für den ein Konzerndatenschutzbeauftragter bestellt werden soll, unter einheitlicher Leitung der Obergesellschaft stehen und diese von Gesetzes wegen zu Weisungen berechtigt sein;[1211] eine rein faktische Weisungsmöglichkeit genügt der Ausstattung der internen Selbstkontrollinstanz nicht. Zweitens muss die Umsetzung der Vorgaben des Konzerndatenschutzbeauftragten innerhalb des Konzernbereichs sichergestellt werden, indem weitere Personen zur sachgemäßen Erfüllung der datenschutzrechtlichen Aufgaben in jeder verantwortlichen Stelle bestellt werden.

6.3.5 Normierungsvorschlag

Ausgehend von der bisherigen Darstellung wird dem Gesetzgeber nachfolgender Normtext zur verbindlichen Normierung des Konzerndatenschutzbeauftragten als § 4f Abs. 2 Satz 3 BDSG in der neuen Fassung empfohlen:

> *³Die zuständige Aufsichtsbehörde kann einer oder mehreren verantwortlichen Stellen im Sinne des § 2 Abs. 4 BDSG, die unter der einheitlichen Leitung eines herrschenden Unternehmens zusammengefasst sind (Konzern), auf Antrag die Bestellung eines Datenschutzbeauftragten für den Konzernbereich gestatten, wenn*
>
> *1.   das herrschende Unternehmen den verantwortlichen Stellen gegenüber zu Weisungen hinsichtlich der in § 4f Abs. 5 Satz 1, § 4g Abs. 1 Satz 1, § 4g Abs. 1 Satz 3 Nr. 1 2. Halbsatz, und § 4g Abs. 2 Satz 1 des Bundesdatenschutzgesetzes genannten Maßnahmen berechtigt ist und*
>
> *2.   die verantwortliche Stelle eine oder mehrere Personen bestellt, deren Fachkunde und Zuverlässigkeit eine sachgemäße Erfüllung der Aufgaben eines Datenschutzbeauftragten gewährleistet.*

6.3.6 Konsequenzen der Normierung

Der hier unterbreitete Normierungsvorschlag vereint die zuvor erarbeiteten Aspekte des rechtstheoretischen und des rechtsdogmatischen Teils sowie der empirischen Erhebung der Arbeit. Dabei wurde versucht, den bestmöglichen Ausgleich zwischen den drei Arbeitsfeldern zu finden.

Durch die weitestgehende Anpassung an die Regelungen der anderen Konzernbeauftragten fügt sich der vorgeschlagene § 4f Abs. 2 Satz 3 BDSG in das bereits bestehende Betriebsbeauftragtensystem ein und übernimmt dessen Rechtsförmlichkeit[1212] soweit als möglich. Leitbild der Normierung ist die den anderen Konzernbeauftragten ebenfalls innewohnende effektivitätssteigernde Koordinierungsfunktion innerhalb eines Konzerns.[1213] Dabei ist die Bestellung im Interesse hoher Normflexibilität lediglich auf freiwilliger Basis geregelt, um die

---

[1211]   Vgl. *Haouache* 2003, S. 193.
[1212]   Ausführlich dazu *Bundesministerium der Justiz* 1999.
[1213]   Vgl. Kap. 2.8.

Normadressaten nicht unnötig in der Ausgestaltung ihrer Datenschutzorganisation zu beschränken.

Der Adressatenkreis wird wie bei allen anderen Konzernbeauftragten auf Konzerne im Sinne des § 18 Abs. 1 Satz 1 AktG begrenzt und zusätzlich ein gesetzliches Weisungsrecht des herrschenden Unternehmens gegenüber den abhängigen Unternehmen verlangt.[1214] Nur dadurch in Verbindung mit der einheitlichen Leitung ist gewährleistet, dass der Konzerndatenschutzbeauftragte konzernweit seinen Aufgaben nachkommen und den Kontrollauftrag als internes Selbstkontrollorgan wahrnehmen kann. Die sachgerechte Aufgabenerfüllung wird ergänzt durch eine Unterstützungspflicht der verantwortlichen Stellen mit fachkundigem Hilfspersonal. Die aufsichtsbehördliche Genehmigung schließlich stellt die Einhaltung der Voraussetzungen für die Bestellung sicher.

Die Bestellung selbst erfolgt *uno actu* durch die Konzernobergesellschaft. In der Folge bedarf jede verantwortliche Stelle des Konzerns der Genehmigung der für sie zuständigen Aufsichtsbehörde. Eine solche „Mehrfachgenehmigung" ist notwendig, um die Bestellung des Konzerndatenschutzbeauftragten für alle beteiligten Aufsichtsbehörden hinreichend transparent zu gestalten. Auf diese Weise wird die eindeutige Zuordnungsmöglichkeit des Konzerndatenschutzbeauftragten erreicht und eine Umgehung der Schwellenwerte für die Bestellpflicht in den wirtschaftlich abhängigen Gesellschaften uninteressant.[1215] Anknüpfungspunkt für die Genehmigung ist dabei nicht die Person des Konzerndatenschutzbeauftragten, sondern die jeweilige verantwortliche Stelle, das heißt bei einem Personalwechsel ist keine neue Genehmigung notwendig. Außerdem werden weitere bisherige juristische Probleme gelöst.

Durch die gesetzliche Anerkennung wird eine mögliche Interessenkollision eindeutig abgelehnt und schwebt nicht mehr wie ein „Damoklesschwert" über dem Konzerndatenschutzbeauftragten.[1216] Des Weiteren bewirkt die Bestellung über die Konzernobergesellschaft eine einheitliche Behandlung sowohl beim Kündigungsschutz des Konzerndatenschutzbeauftragten als auch bei der arbeitsrechtlichen Haftung gegenüber dem Arbeitgeber.[1217] Eine endgültige Klärung des Verhältnisses zum Betriebsrat gibt es durch den Normierungsvorschlag solange nicht, bis auch dasjenige zwischen Datenschutzbeauftragtem und Betriebsrat nicht geklärt ist. Eine Eindämmung des Problems auf Konzernebene findet aber dergestalt statt, dass die eindeutige Zuweisung zur Konzernobergesellschaft die Frage möglicher Mitbestimmungsrechte der Betriebsräte der Einzelgesellschaften eindeutig klärt und die Zuständigkeit des Konzernbetriebsrats beschlossen werden kann.[1218]

Dem Konzerndatenschutzbeauftragten wird durch seine gesetzliche Normierung außerdem die Aufgabenwahrnehmung erleichtert. Aus der sich aus der Regelung ergebenden organisatori-

---

[1214] Vgl. Kap. 4.1.1.5 m. Fn. 705.
[1215] Vgl. *Karper/Stutz*, DuD 2006, S. 791.
[1216] Vgl. Kap. 3.4.2.2 sowie 4.3.4.2.
[1217] Vgl. Kap. 4.3.2.2.4 und 4.3.5.
[1218] Vgl. Kap. 4.3.6.

schen Anbindung an die Konzernobergesellschaft und die Ausstattung mit ausreichendem Fachpersonal kann er sich auf die Koordination des Konzerndatenschutzes und die Beratung auf Konzernebene konzentrieren.

Schließlich entspricht der vorgeschlagene § 4f Abs. 2 Satz 3 BDSG auch zwei wesentlichen Aussagen der empirischen Erhebung. Die Norm bedeutet eine Stärkung der Position des Konzerndatenschutzbeauftragten allein durch die gesetzliche Anerkennung. Sie ist zudem flexibel ausgestaltet und lässt den Unternehmen die freie Wahl zwischen zentralem und/oder dezentralem Datenschutz, denn selbst innerhalb des Konzerns können einzelnen Bereiche ausgespart werden. Die Anregungen einiger Interviewten zu weitergehenden Schritten wie Konzernklausel und europäischem Konzerndatenschutzbeauftragten werden nicht erfasst, denn sie gehen über das Thema der Arbeit hinaus. Die Regelung des Konzerndatenschutzbeauftragten kann aber Grundstein für die Diskussion um die weiterreichende Anerkennung des Konzerns im Datenschutzrecht sein. Hierfür wird das Ergebnis der Arbeit nun zusammengefasst.

7 Ergebnis und Ausblick

Die sowohl von der Literatur als auch von der Praxis aufgestellte Forderung nach einer gesetzlichen Regelung des Konzerndatenschutzbeauftragten wird durch die Untersuchung der rechtlichen und praktischen Bedeutung nachhaltig unterstützt. Der interdisziplinäre Forschungsansatz durch Verwendung von Instrumenten der qualitativen Sozialforschung hat dazu beigetragen, ein umfassenderes Bild vom Rechtsinstitut des Konzerndatenschutzbeauftragten zu erhalten.

Die verschiedenen Auswirkungen der Konzernierung müssen im Bundesdatenschutzgesetz zumindest derart Berücksichtigung finden, dass ein Gesamtverantwortlicher im Bereich der datenschutzrechtlichen Selbstkontrolle auf Konzernebene bestellt werden kann, sofern die Unternehmen dies im Einzelfall für sinnvoll erachten. Eine am Umweltrecht orientierte Normierung bringt in mehrfacher Hinsicht Vorteile mit sich. Gründe, die gegen eine gesetzliche Verankerung sprechen, sind nicht ersichtlich geworden.

Die bisherige „Hilfskonstruktion" des Konzerndatenschutzbeauftragten wirft verschiedene rechtliche Probleme auf. Aufgrund des fehlenden Ordnungsrahmens gibt es eine Vielzahl an Organisationsmodellen, die eine Zuordnung des Beauftragten im Konzern erheblich erschweren. Die Bestellung in den einzelnen verantwortlichen Stellen erfolgt uneinheitlich, unterschiedliche Haftungsregime liegen vor und einem veränderten Aufgabenbereich des Konzerndatenschutzbeauftragten trägt die Regelung zum Datenschutzbeauftragten nur unzureichend Rechnung.

Die praktischen Erfahrungen haben gezeigt, dass eine fehlende Regelung vor allem zu Akzeptanz- und Umsetzungsproblemen führen kann. Bürokratische Hemmnisse und zuweilen schwerfällige Datenschutznormen führen dazu, dass die zentrale Figur des Datenschutzes auf Konzernebene vor allem gegenüber der Geschäftsleitung stets um ausreichende Unterstützung bemüht sein muss. Diese Legitimationsschwierigkeiten wirken sich in der Folge auf die gesamte Konzerndatenschutzorganisation aus. Zwar werden dort vielfach hervorragende Leistungen erbracht, aber es gibt zu viele „Reibungsverluste" bei der Einführung und Durchsetzung des Konzerndatenschutzbeauftragten, die eine effektivere Aufgabenwahrnehmung gerade auch im Hinblick auf die großen Herausforderungen der modernen IuK-Techniken noch verhindern.

Der Konzerndatenschutzbeauftragte als Sonderform des betrieblichen Datenschutzbeauftragten könnte zukünftig als gesetzlich festgeschriebenes Rechtsinstitut nach der hier vorgeschlagenen Regelung für eine effektivere Umsetzung des Datenschutzes im Konzernbereich Sorge tragen. Durch die Behebung der rechtlichen sowie bürokratischen Hemmnisse wäre seine Position unternehmensweit gestärkt und er könnte dadurch gestaltend auf langfristige Unternehmensentscheidungen des Konzernleitungsorgans Einfluss nehmen. In der so skizzierten Position könnte der Konzerndatenschutzbeauftragte seiner Koordinierungsfunktion in erhöhtem Maß nachkommen und operative Aufgaben größtenteils delegieren. In der Konsequenz bliebe mehr Raum für die Beratungsaufgabe auf Konzernebene. Dem Konzerndatenschutzbe-auftragten wäre es dann vor allem möglich, die langfristigen Entscheidungen von Anfang an zu begleiten, sodass Datenschutz in allen Angelegenheiten, die IuK-Techniken betreffen, in-tegraler Bestandteil werden könnte. Damit könnte dem Präventionsgedanken des Daten-schutzrechts auf Konzernebene zu mehr Durchsetzungskraft verholfen werden.

Damit einher ginge auch der Aufbau einer wirklich auf den Konzerndatenschutzbeauftragten ausgerichteten Konzerndatenschutzorganisation mit Datenschutzverantwortlichen in jeder relevanten Gesellschaft des Konzerns. Dies würde zu einer klaren Verantwortungszuweisung führen. Für Mitarbeiter, Kunden und Aufsichtsbehörden gleichermaßen gäbe es einmal einen zentral Verantwortlichen für den Konzerndatenschutz und zum anderen Ansprechpartner in den lokalen Einheiten. Diese Transparenz würde die Umsetzungsmaßnahmen erleichtern. Ei-ne solche Struktur ließe sich dann auch auf ausländische Unternehmenseinheiten übertragen.

Insgesamt ist eine gesetzliche Regelung des Konzerndatenschutzbeauftragten überfällig und durch die rasant voranschreitende Technologisierung der Unternehmen mehr den je gefordert. Eine Normierung stellt in keiner Weise eine Gefahr für die Gewährleistung des Rechts auf informationelle Selbstbestimmung durch Konzerne dar, sondern bringt lediglich Vorteile für den Schutz personenbezogener Daten.

Die bisher getroffenen Aussagen erhalten vor dem Hintergrund eines Trends stetig wachsen-der Zentralisierung im Bereich des Konzerndatenschutzes, mit der auch die Einrichtung eines Konzerndatenschutzbeauftragten einhergeht,[1219] eine noch größere Bedeutung. So hat etwa die Bayer AG zu Beginn des Jahres 2007 die Einführung eines Konzerndatenschutzbeauftrag-ten eingeleitet. Die Deutsche Telekom AG als einer der größten Anbieter in der Telekommu-nikationsbranche hat kurze Zeit nach Durchführung des hier verwendeten Interviews ihre Konzerndatenschutzorganisation zu einem zentralen Betrieb unter Leitung des Konzerndaten-schutzbeauftragten zusammengeführt. Entsprechend der Neuorganisation ist dieser jetzt bei nahezu allen deutschen Gesellschaften einheitlich als Datenschutzbeauftragter bestellt. Die interne Organisation des Betriebs Konzerndatenschutz ist nach funktionalen Verantwortlich-keiten und nicht mehr nach Key Accounts für die Geschäftsfelder gegliedert. Organisatorisch sind der Konzerndatenschutzbeauftragte und seine Abteilung nicht mehr in den Zentralbereich Recht eingegliedert, sondern direkt dem Konzernvorstand für Finanzen unterstellt. Dement-sprechend sind nunmehr neben Strategie und Datenschutzpolitik auch die Durchführung des konzernweiten Datenschutzaudits auf Mitarbeiterebene und andere operative Aufgaben zu Schwerpunkten geworden.

Ein weiteres, hier bereits angesprochenes Aufgabenfeld des Konzerndatenschutzbeauftragten mit Zukunftsbezug wird die Selbstregulierung mit einem nicht zu unterschätzenden Rege-lungspotenzial im privaten Bereich sein. Die bisherige zaghafte Implementierung im Bundes-datenschutzgesetz wird umso schneller voranschreiten, je mehr Unternehmen etwa ihre inter-

---

[1219] Dazu schon Roßnagel – *Königshofen* 2003, Kap. 5.5, Rn 131.

nen Regelungen durch die Aufsichtsbehörden als ausreichende Garantien für den Auslandsdatentransfer genehmigen lassen, was im Hinblick auf die weltweit steigenden Datenflüsse nur eine Frage der Zeit sein wird. Dann sind weitere Anwendungsgebiete der Selbstregulierung nach diesem Muster denkbar.

Greift man den Vorschlag *Roßnagels* auf, die Selbstregulierung unter anderem im Bereich der Konkretisierung von Erlaubnistatbeständen, insbesondere beim Verweis auf „berechtigte Interessen", auszuweiten,[1220] erscheint folgender Gedankengang durchaus praktikabel: Wenn Selbstregulierung heute bereits den Datentransfer ins Ausland erlaubt und nach § 38a Abs. 1 BDSG Berufsverbände und andere Vereinigungen, worunter auch Konzerne subsumierbar sind,[1221] Verhaltensregeln prüfen lassen können, erscheint es ebenfalls möglich, dass in einem nächsten Schritt eine allgemeine Konzernklausel zu Erleichterung des internen Datenflusses in Form der Selbstregulierung erlassen wird.[1222] Konzerne könnten in selbstbindenden Regelungen Datenverarbeitungsgarantien aufstellen, die einen ausreichenden Schutz des informationellen Selbstbestimmungsrechts bei Übermittlungen zwischen den einzelnen Konzerngesellschaften garantieren. Diese könnten dann von Aufsichtsbehörden genehmigt und ein erleichterter Konzerndatenfluss erreicht werden. Damit wäre die jahrelange Diskussion über Erleichterungen für die Konzerne beendet, die Selbstregulierung gestärkt und den Aufsichtsbehörden die notwendigen Kontrollmöglichkeiten belassen. Darüber hinaus läge bei letzteren bereits heute grundsätzlich die zur Kontrolle notwendige Infrastruktur vor.[1223] Durch die Aufwertung der Selbstregulierung würde in der Folge auch die Bedeutung des Konzerndatenschutzbeauftragten in einem modernisierten Datenschutzrecht steigen.

Im Zuge einer fälligen Modernisierung des Datenschutzrechts der Bundesrepublik Deutschland wird der Konzerndatenschutzbeauftragte nicht an Bedeutung verlieren. Zwar werden vor allem durch die Ausbreitung des Ubiquitous Computing teilweise radikale Änderungen im Datenschutzrecht notwendig werden. Diese beziehen sich aber in erster Linie auf sogenannte verantwortungsfreie Räume, das heißt Verarbeitungsszenarien, in denen der für die Datenverarbeitung Verantwortliche nicht ohne weiteres ermittelt werden kann. In überschaubaren Strukturen mit klaren und einfachen Verantwortungsbereichen, wie beispielsweise dem Arbeitsverhältnis, sind die Regelungen des aktuellen Bundesdatenschutzgesetzes aber auch weiterhin anwendbar.[1224] Dies bedeutet, dass dem Konzerndatenschutzbeauftragten als Kontrollorgan für die Verarbeitung personenbezogener Daten, die schwerpunktmäßig Mitarbeiter- und Kundendaten betrifft, grundsätzlich auch in einem modernisierten Datenschutzrecht eine zentrale Bedeutung bei der Hinwirkung auf die Einhaltung datenschutzrechtlicher Vorschriften in Konzernen zukommen kann.

[1220] Roßnagel – *Roßnagel* 2003, Kap. 3.6, Rn. 111.
[1221] Vgl. *Gola/Schomerus* 2005, § 38a, Rn. 4; wohl auch Roßnagel – *Roßnagel* 2003, Kap. 3.6, Rn. 34.
[1222] So wohl auch *Dix/Gardain*, DuD 2006, S. 346.
[1223] Vgl. Roßnagel – *Roßnagel* 2003, Kap. 3.6, Rn. 128.
[1224] Vgl. *Roßnagel* 2007, S. 120 ff.; *ders.*, it 2007, S. 85.

Schließlich aber kann eine gesetzliche Regelung des Konzerndatenschutzbeauftragten auf nationaler Ebene aufgrund der immer größer werdenden Bedeutung der Selbstkontrolle in der Europäischen Union nur ein erster Schritt sein. Langfristig sollte ein Konzerndatenschutzbeauftragter mit EU-weiter Anerkennung das Ziel sein. Hierbei sind im Vorfeld jedoch noch vielfältige Harmonisierungsmaßnahmen notwendig. So müsste insbesondere die Infrastruktur für ein einheitliches, europäisches Meldeverfahren, ähnlich dem Genehmigungsverfahren im Rahmen der verbindlichen Unternehmensregelungen, geschaffen werden. Für dieses Ziel kann die Regelung des Konzerndatenschutzbeauftragten im Bundesdatenschutzgesetz ein erster wichtiger Schritt mit Vorbildfunktion sein.

Literaturverzeichnis

Ahrend, V./*Bijok*, B.-C./*Dieckmann*, U./*Eitschberger*, B./*Eul*, H./*Guthmann*, M./*Schmid*, M./*Schwarzhaupt*, P.-D., Modernisierung des Datenschutzrechts?, DuD 2003, S. 433 ff.

Arbeitskreis „Die zukünftige Entwicklung des BDSG in Deutschland" im Berufsverband der Datenschutzbeauftragten Deutschlands e.V. (BvD e.V.), Das Zusammenwirken von Arbeitnehmervertretungen und Beauftragten für den Datenschutz – Ein Vorschlag, DuD 2007, S. 29f. (zit.: *AK BvD e.V.*).

Auernhammer, H., Das Bundesdatenschutzgesetz, BB 1977, S. 205 ff.

Auernhammer, H., Bundesdatenschutzgesetz – Kommentar, 3. Aufl., Köln 1993.

Backes, V./*Eul*, H./*Guthmann*, M./*Martwich*, R./*Schmidt*, M., Entscheidungshilfe für die Übermittlung personenbezogener Daten in Drittländer, RDV 2004, S. 156 ff.

Beck, U., Risikogesellschaft. Auf dem Weg in eine andere Moderne, Frankfurt (Main) 1986.

Beck'scher Bilanzkommentar, hrsg. v. Ellrott, H./Förschle, G./Hoyos, M./Winkeljohann, N., 6. Aufl., München 2006 (BeckBilKomm – *Bearbeiter*).

Beck'scher Onlinekommentar Umweltrecht, hrsg. v. Giesberts, L./Reinhardt, M., München 2007 (zit.: BeckOK UmwR – *Bearbeiter*).

Beck'sches Handbuch der AG, hrsg. v. Müller, W./Rödder, T., München 2004 (zit.: BeckHdb AG – *Bearbeiter*).

Beck'sches Handbuch der GmbH, hrsg. v. Müller, W./Hense, B., 3. Aufl., München 2002 (zit.: BeckHdb GmbH – *Bearbeiter*).

Beder, B., Datenschutzbeauftragter im Unternehmen, CR 1990, S. 618 ff.

Bergmann, L./*Möhrle*, R./*Herb*, A., Datenschutzrecht – Kommentar zum Bundesdatenschutzgesetz, Loseblatt, Stuttgart 1977, Stand Januar 2008.

Berndt, T./*Hoppler*, I., Whistleblowing – ein integraler Bestandteil effektiver Corporate Governance, BB 2005, S. 2623 ff.

Biesalski, D., Bundesdatenschutzgesetz – Datenverarbeitung im Konzern, BB 1978, S. 67 ff.

Biewald, M., Risiken bei Datenschutzverletzungen, Datenschutzbeauftragten 5/2003, S. 13f.

Bizer, J., Selbstregulierung des Datenschutzes, DuD 2001, S. 168.

Bizer, J., Wozu Selbstregulierung in Deutschland?, DuD 2001a, S. 126.

Bizer, J., Datenschutzrecht, in: Schulte, Martin (Hrsg.), Handbuch des Technikrechts, Berlin 2003, 561 ff.

Bizer, J., Strukturplan modernes Datenschutzrecht, DuD 2004, S. 6 ff.

Bizer, J., Datenschutzrechtliche Informationspflichten, DuD 2005, S. 451 ff.

Bizer, J., Fachkunde des Datenschutzbeauftragten, DuD 2006, S. 242.

Bizer, J., Modernisierung des Datenschutzes: Vier Säulen des Datenschutzes – Stellungnahme des ULD zur Anhörung des Innenausschusses des Deutschen Bundestages „Modernisierung des Datenschutzes" vom 5. März 2007, DuD 2007, S. 264 ff.

Bizer, J./*Lutterbeck*, B./*Rieß*, J. (Hrsg.), Umbruch von Regelungssystemen in der Informationsgesellschaft – Freundesgabe für Alfred Büllesbach, Stuttgart 2002.

Bock, M., Vorüberlegungen zur rechtspolitischen Bewältigung der Risikogesellschaft, ZfRSoz 1989, S. 255 ff.

Bora, A., Einleitung: Mehr Optionen und gesteigertes Risiko – Zur Stellung des Rechts in der Risikogesellschaft, in: Bora, A. (Hrsg.), Rechtliches Risikomanagement, Berlin 1999, S. 9 ff.

Bora, A., Rechtliches Risikomanagement, Berlin 1999a.

Borchers, D., Datenschutzmanagement als Wettbewerbsfaktor, IT-SD 2006, S. 721 ff.

Born, C., Schadensersatz bei Datenschutzverstößen, Hamburg 2001.

Breinlinger, A., Der betriebliche Datenschutzbeauftragte und sein Auftrag, in: Voßbein, R. (Hrsg.), Die Organisation der Arbeit des betrieblichen Datenschutzbeauftragten, 3. Aufl., Frechen 2006, S. 95 ff.

Breker, K., Auswirkungen des BDSG auf den Konzern, DSB 4/1978, S. 56 ff.

Bresinsky, E., Der Konzernbeauftragte für Umweltschutz, in: Kalmbach, S./Schmölling, J. (Hrsg.), Der Immissionsschutzbeauftragte – Rechtsgrundlagen und Aufgaben, Berlin 1994, S. 21 ff.

Brox, H./*Walker*, W.-D., Allgemeines Schuldrecht, 32. Aufl., München 2007.

Brox, H./*Walker*, W.-D., Besonderes Schuldrecht, 32. Aufl., München 2007a.

Brühann, U., Selbstregulierungsinstrumente zur Liberalisierung des Datenexports, in: Bizer, J./Lutterbeck, B./Rieß, J. (Hrsg.), Umbruch von Regelungssystemen in der Informationsgesellschaft – Freundesgabe für Alfred Büllesbach, Stuttgart 2002, S. 289 ff.

Buff, H., Compliance, Zürich 2000.

Bull, H. P., Aus aktuellem Anlaß: Bemerkungen über Stil und Technik der Datenschutzgesetzgebung, RDV 1999, S. 148 ff.

Büllesbach, A., Das neue Bundesdatenschutzgesetz, NJW 1991, S. 2593 ff.

Büllesbach, A., Das Unternehmen in der Informationsgesellschaft, in: Wilhelm, R. (Hrsg.), Information – Technik – Recht: Rechtsgüterschutz in der Informationsgesellschaft, Darmstadt 1993, S. 69 ff.

Büllesbach, A., Datenschutz bei Informations- und Kommunikationsdiensten – Gutachten, Bonn 1998.

Büllesbach, A., Datenverkehr ohne Datenschutz?, Stuttgart 1999.

Büllesbach, A., Datenschutz in einem globalen Unternehmen, in: Global @ home - Informations- und Dienstleistungsstrukturen der Zukunft, Jahrbuch Telekommunikation und Gesellschaft 2000, hrsg. v. Kubicek, H./Braczyk, H.-J./Klumpp, D./Roßnagel, A., Heidelberg 2000, S. 282 ff.

Büllesbach, A., Datenschutz in einem globalen Unternehmen, RDV 2000, S. 1 ff.

Büllesbach, A., Datenschutz und Selbstregulierung, digma 2001, S. 88 ff.

Büllesbach, A., Konzeption und Funktion des Datenschutzbeauftragten vor dem Hintergrund der EG-Richtlinie und der Novelle des BDSG, RDV 2001, S. 1 ff.

Büllesbach, A., Selbstregulierungsinstrumente in der globalen Wirtschaft, in: Griesche, D./Meyer, H./Dörrenberg, F. (Hrsg.), Innovative Managementaufgaben in der nationalen und internationalen Praxis, Wiesbaden 2001, S. 128 ff.

Büllesbach, A., Selbstregulierungsinstrumente in der globalen Wirtschaft, in: Internet @ Future – Technik, Anwendungen und Dienste der Zukunft, Jahrbuch Telekommunikation und Gesellschaft 2001, hrsg. v. Kubicek, H./Klumpp, D./Fuchs, G./Roßnagel, A., Heidelberg 2001a, S. 269 ff.

Büllesbach, A., Premium Privacy, in: Bäumler, H./Mutius, A. v. (Hrsg.), Datenschutz als Wettbewerbsvorteil – Privacy sells: Mit modernen Datenschutzkomponenten Erfolg beim Kunden, Braunschweig 2002, S. 45 ff.

Büllesbach, A., Überblick über Europäische Datenschutzregelungen bezüglich des Datenaustauschs mit Ländern außerhalb der Europäischen Union, RDV 2002, S. 55 ff.

Büllesbach, A., Selbstregulierung im Datenschutz, RDV 2005, Sonderbeil. zu Heft 1, S. 13 ff.

Büllesbach, A., Können Konzernrichtlinien interkontinentale Bruchlinien im IT-Recht überwinden: Ist das Beispiel Datenschutz übertragbar?, in: Klumpp, D./Kubicek, H./Roßnagel, A./Schulz, W. (Hrsg.), Medien, Ordnung und Innovation, Berlin 2006, S. 307 ff.

Büllesbach, A./*Garstka*, H., Meilensteine auf dem Weg zu einer datenschutzgerechten Gesellschaft, CR 2005, S. 720 ff.

Büllesbach, A./*Höss-Löw*, P., Vertragslösung, Safe Harbor oder Privacy Code of Conduct, DuD 2001, S. 135 ff.

Bullinger, H.-J., Vernetzte Intelligenz im Fokus der Innovation, in: Klumpp, D./Kubicek, H./Roßnagel, A./Schulz, W. (Hrsg.), Medien, Ordnung und Innovation, Berlin 2006, S. 69 ff.

Bundesministerium der Justiz, Bekanntmachung des Handbuchs der Rechtsförmlichkeit vom 15. April 1999, 2. Aufl., Köln 1999.

Burgsdorff, C. v., Die Umsetzung der EG-Datenschutzrichtlinie im nicht-öffentlichen Bereich, Frankfurt (Main) 2003.

Bürkle, J., Corporate Compliance – Pflicht oder Kür für den Vorstand der AG?, BB 2005, S. 565 ff.

Creifelds – Rechtswörterbuch, hrsg. v. Weber, K., 19. Aufl., München 2007.

Dammann, U., Internationaler Datenschutz, RDV 2002, S. 70 ff.

Dammann, U./*Simitis*, S., EG-Datenschutzrichtlinie, Baden-Baden 1997.

Däubler, W., Ein Gesetz über den Arbeitnehmerdatenschutz, RDV 1999, S. 243 ff.

Däubler, W., Das neue Bundesdatenschutzgesetz und seine Auswirkungen im Arbeitsrecht, NZA 2001, S. 874 ff.

Däubler, W., Gläserne Belegschaften?, 4. Aufl., Frankfurt (Main) 2002.

Däubler, W., Arbeitsrecht und Informationstechnologien, CR 2005, S. 767 ff.

Däubler, W./*Kittner*, M./*Klebe*, T. (Hrsg), Betriebsverfassungsgesetz mit Wahlordnung, §§ 121-128InsO und EBR-Gesetz – Kommentar für die Praxis, 11. Aufl., Frankfurt (Main) 2008 (zit.: Däubler/Kittner/Klebe – *Bearbeiter*).

Däubler, W./*Klebe*, T./*Wedde*, P./*Weichert*, T., Bundesdatenschutzgesetz – Basiskommentar, 2. Aufl., Frankfurt (Main) 2007 (zit.: Däubler/Klebe/Wedde/Weichert – *Bearbeiter*).

Dauner-Lieb, B. (Hrsg.), Das neue Schuldrecht, Heidelberg 2002.

Dauner-Lieb, B./*Heidel*, T./*Lepa*, M./*Ring*, G., Das neue Schuldrecht – Ein Lehrbuch, Heidelberg 2002 (zit.: Dauner-Lieb/Heidel/Lepa/Ring – *Bearbeiter*).

Deutsches Rechts-Lexikon, hrsg. v. Tilch, H./Arloth, F., Band 3, 3. Aufl., München 2001 (zit.: DR-L III – *Bearbeiter*).

Di Fabio, U., Entscheidungsprobleme der Risikoverwaltung, NuR 1991, S. 353 ff.

Di Fabio, U., Risikoentscheidungen im Rechtsstaat – Zum Wandel der Dogmatik im öffentlichen Recht, insbesondere am Beispiel der Arzneimittelüberwachung, Tübingen 1994.

Di Fabio, U., Gefahr, Vorsorge, Risiko: Die Gefahrenabwehr unter dem Einfluss des Vorsorgeprinzips, JURA 1996, S. 566 ff.

Di Fabio, U., Risikosteuerung im öffentlichen Recht, in: Hoffmann-Riem, W./Schmidt-Aßmann, E. (Hrsg.), Öffentliches Recht und Privatrecht als wechselseitige Auffangordnungen, Baden-Baden 1996, S. 143 ff.

Di Fabio, U., Rechtliche Rahmenbedingungen neue Informations- und Kommunikationstechnologien, in: Schulte, M. (Hrsg.), Technische Innovation und Recht, Heidelberg 1997, S. 117 ff.

Di Fabio, U., Technikrecht – Entwicklung und kritische Analyse, in: Vieweg, K. (Hrsg.), Techniksteuerung und Recht, Köln 2000, S. 9 ff.

Di Fabio, U., Risikovorsorge – uferlos?, ZLR 2003, S. 163 ff.

Diederichs, M., Risikomanagement und Risikocontrolling, München 2004.

Diek, C., Gütesiegel nach den schleswig-holsteinischen Landesdatenschutzgesetz, in: Bäumler, H./Mutius, A. v. (Hrsg.), Datenschutz als Wettbewerbsvorteil – Privacy sells: Mit modernen Datenschutzkomponenten Erfolg beim Kunden, Braunschweig 2002, S. 157 ff.

Diekmann, A., Empirische Sozialforschung – Grundlagen, Methoden, Anwendungen, 17. Aufl., Hamburg 2007.

Dix, A./*Gardain*, A.-M., Datenexport in Drittstaaten – Neue Wege zur Gewährleistung ausreichender Datenschutzgarantien, DuD 2006, S. 343 ff.

Dörr, E./*Schmidt*, D., Neues Bundesdatenschutzgesetz, 3. Aufl., Köln 1997.

Draf, O., Die Regelung der Übermittlung personenbezogener Daten in Drittländer nach Art. 25, 26 der EG-Datenschutzrichtlinie, Frankfurt (Main) 1999.

Dreher, M., Überformung des Aktienrechts durch die Rechtsprechung von Straf- und Verwaltungsgerichten, AG 2006, S. 213 ff.

Drews, H.-L., Der Datenschutzbeauftragte in einem Industrieunternehmen, Berlin 1997.

Duhr, E./*Naujok*, H./*Peter*, M./*Seifert*, E., Neues Datenschutzrecht für die Wirtschaft – Erläuterungen und praktische Hinweise zu § 1 bis § 11 BDSG, DuD 2002, S. 5 ff.

Dütz, W., Arbeitsrecht, 12. Aufl., München 2007.

Eckhardt, J., IT Risk Management – Bericht über die Fachkonferenz IT Risk Management 2003 in Karlsruhe am 19. und 20. Mai 2003, DSB 7-8/2003, S. 12f.

Eggemann, G./*Konradt*, T., Risikomanagement nach KonTraG aus dem Blickwinkel des Wirtschaftsprüfers, BB 2000, S. 503 ff.

Ehmann, E. (Hrsg.), Der Datenschutzbeauftragte im Unternehmen, Köln 1993.

Ehmann, E./*Helfrich*, M., EG-Datenschutzrichtlinie, Köln 1999.

Ehmann, H., Prinzipien des deutschen Datenschutzrechts – unter Berücksichtigung der Datenschutz-Richtlinie der EG vom 24.10.1995 – (1. Teil), RDV 1998, S. 235 ff.

Ehmann, H., Prinzipien des deutschen Datenschutzrechts – unter Berücksichtigung der Datenschutz-Richtlinie der EG vom 24.10.1995 – (2. Teil), RDV 1999, S. 12 ff.

Ehrich, C., Die Bedeutung des § 36 III 4 BDSG für die Kündigung des betrieblichen Datenschutzbeauftragten durch den Arbeitgeber, NZA 1993, S. 248 ff.

Eisenhardt, U., Gesellschaftsrecht, 13. Aufl., München 2007.

Ekardt, H.-P./*Manger*, D./*Neuser*, U./*Pottschmidt*, A./*Roßnagel*, A./*Rust*, I., Rechtliche Risikosteuerung, Baden-Baden 2000.

Emmerich, V./*Habersack*, M., Aktien- und GmbH-Konzernrecht – Kommentar, 5. Aufl., München 2008 (zit.: Emmerich/Habersack – *Bearbeiter*).

Emmerich, V./*Habersack*, M., Konzernrecht, 8. Aufl., München 2005.

Erfurter Kommentar zum Arbeitsrecht, hrsg. v. Dieterich, T./Müller-Glöge, R./Preis, U./Schaub, G., 8. Aufl., München 2008 (zit.: ErfKomm – *Bearbeiter*).

Evangelisches Staatslexikon, hrsg. v. Heun, W./Honecker, M./Morlok, M./Wieland, J., 4. Aufl., Stuttgart 2006 (zit.: EvStL – *Bearbeiter*).

Faber, A., Gesellschaftliche Selbstregulierungssysteme im Umweltrecht – unter besonderer Berücksichtigung der Selbstverpflichtungen, Köln 2001.

Faber, M., Verrechtlichung – ja, aber immer noch kein „Grundrecht"! – Zwanzig Jahre informationelles Selbstbestimmungsrecht, RDV 2003, S. 278 ff.

Fehlhaber, R., Datenschutzbeauftragte – extern oder intern?, DuD 1987, S. 238 ff.

Feldhaus, G. (Hrsg.), Bundesimmissionsschutzrecht – Kommentar, Loseblatt, Heidelberg 1972, Stand April 2008.

Fink, B., Risiko-Management und Umwelthaftung, in: Ahrens, Martin/Simon, Jürgen (Hrsg.), Umwelthaftung, Risikosteuerung und Versicherung, Berlin 1996, S. 147 ff.

Fischer, P./*Köck*, H. F./*Karollus*, M. M., Europarecht – Recht der EU/EG, des Europarates und der wichtigsten anderen europäischen Organisationen, 4. Aufl., Wien 2002.

Fischer, W., Grundlegende Entwicklungen der Technik im 19. Jahrhundert, in: Kloepfer, M. (Hrsg.), Technikentwicklung und Technikrechtsentwicklung, Berlin 2000, S. 13 ff.

Fitting, K./*Engels*, G./*Schmidt*, I./*Trebinger*, Y./*Linsenmaier*, W., Betriebsverfassungsgesetz – Handkommentar, 24. Aufl., München 2008.

Fleischer, H., Vorstandsverantwortlichkeit und Fehlverhalten von Unternehmensangehörigen – Von der Einzelüberwachung zur Errichtung einer Compliance-Organisation, AG 2003, S. 291 ff.

Fleischer, H., Konzernleitung und Leitungssorgfalt der Vorstandsmitglieder im Unternehmensverbund, DB 2005, S. 759 ff.

Flick, U., Qualitative Sozialforschung – Eine Einführung, Hamburg 2007.

Flick, U./*Kardoff*, E. v./*Steinke*, I. (Hrsg.), Qualitative Forschung – Ein Handbuch, 5. Aufl., Hamburg 2007 (zit.: Flick/v. Kardoff/Steinke – *Bearbeiter*).

Flüeli, A., Integraler Datenschutz – Risikosplitting und Sicherheit durch physische Datentrennung, IT-Sicherheit 4-5/2003, S. 41.

Fox, D. Fachkunde, DuD 2007, S. 372.

Franke, E./*Molkentin*, T. (Hrsg.), Sozialgesetzbuch VII – Gesetzliche Unfallversicherung – Lehr- und Praxiskommentar, 2. Aufl., Baden-Baden 2007 (zit.: Franke/Molkentin SGB VII – *Bearbeiter*).

Franzen, M., Die Novellierung des Bundesdatenschutzgesetzes und ihre Bedeutung für die Privatwirtschaft, DB 2001, S. 1867 ff.

Frenz, W., Kreislaufwirtschafts- und Abfallgesetz – Kommentar, 3. Aufl., Köln 2002.

Führ, M., Eigen-Verantwortung im Rechtsstaat, Berlin 2003.

Fülbier, A./*Aepfelbach*, R., GwG – Kommentar zum Geldwäschegesetz, 4. Aufl., Köln 1999.

Fülbier, A./*Aepfelbach*, R./*Langweg*, P., GwG – Kommentar zum Geldwäschegesetz, 5. Aufl., Köln 2006 (zit.: Fülbier/Aepfelbach/Langweg – *Bearbeiter*).

Füser, K./*Gleißner*, W./*Meier*, G., Risikomanagement (KonTraG) – Erfahrungen aus der Praxis, DB 1999, S. 753 ff.

Garstka, H., Datenschutz bei RFID und Ubiquitous Computing, in: Klumpp, D./Kubicek, H./Roßnagel, A./Schulz, W. (Hrsg.), Medien, Ordnung und Innovation, Berlin 2006, S. 323 ff.

Gemeinschaftskommentar-Betriebsverfassungsgesetz, hrsg. v. Kraft, A./Wiese, G./Kreutz, P./Oetker, H./Raab, T./Weber, C./Franzen, M., Band II: §§ 74-132, 8. Aufl., München 2005 (zit.: GK-BetrVG – *Bearbeiter*).

Genz, A., Datenschutz in Europa und den USA – Eine rechtsvergleichende Untersuchung unter besonderer Berücksichtigung der Safe-Harbor-Lösung, Wiesbaden 2004.

Geschonneck, A., Risikoanalyse, IT-Sicherheit 2/2003, S. 32 ff.

Gesellschaft für Datenschutz und Datensicherung e.V., GDD-Arbeitskreis „BDSG 2001" – Praxishilfe, Bonn 2002.

Gesellschaft für Datenschutz und Datensicherung e.V., GDD-Arbeitskreis „BDSG 2001" – Praxishilfe IV, Bonn 2005.

Gesellschaft für Datenschutz und Datensicherung e.V., Umfrage zur Datenschutzpraxis und zur Stellung des Datenschutzbeauftragten – Ergebnisse –, Bonn 2006.

Gieseke, P., Das Gesetz zur Reinhaltung der Bundeswasserstraßen, BB 1960, S. 1152 ff.

Glaser, H., EU-Standardvertragsklauseln zur Gewährleistung des Datenschutzniveaus bei internationalen Datentransfer in nichtsichere Drittländer, in: Voßbein, R. (Hrsg.), Die Organisation der Arbeit des betrieblichen Datenschutzbeauftragten, 3. Aufl., Frechen 2006, S. 207 ff.

Gola, P., Die Beauftragten sind unter uns, MDR 1976, S. 376 ff.

Gola, P., Der auditierte Datenschutzbeauftragte – oder von der Kontrolle der Kontrolleure, RDV 2000, S. 93 ff.

Gola, P., Die Umsetzung der gesetzlichen Vorgaben zur Eingliederung des betrieblichen Datenschutzbeauftragten in die Unternehmenshierarchie, RDV 2001, S. 263 ff.

Gola, P., Mitarbeitervertretung und DSB – Kontrolle und/oder Kooperation beim Personaldatenschutz?, in: Voßbein, R. (Hrsg.), Die Organisation der Arbeit des betrieblichen Datenschutzbeauftragten, 3. Aufl., Frechen 2006, S. 59 ff.

Gola, P./*Jaspers*, A., Das BDSG im Überblick – Erläuterungen, Schaubilder und Organisationshilfen zum BDSG für die Datenschutzpraxis, 4. Aufl., Frechen 2006.

Gola, P./*Klug*, C., Grundzüge des Datenschutzrechts, München 2003.

Gola, P./*Klug*, C., Die Entwicklung des Datenschutzrechts in den Jahren 2003/2004, NJW 2004, S. 2428 ff.

Gola, P./*Klug*, C., Neuregelungen zur Bestellung betrieblicher Datenschutzbeauftragter, NJW 2007, S. 118 ff.

Gola, P./*Schomerus*, R., BDSG-Kommentar, 9. Aufl., München 2007.

Gola, P./*Wronka*, G., Handbuch zum Arbeitnehmerdatenschutz, 3. Aufl., Frechen 2004.

Gola, P./*Wronka*, G., Handbuch zum Arbeitnehmerdatenschutz, 4. Aufl., Frechen 2008.

Gotthardt, M., Arbeitsrecht nach der Schuldrechtsreform, München 2002.

Grabitz, E./*Hilf*, M./*Wolf*, M., Das Recht der Europäischen Union, Band IV, Loseblatt, München 1993, Stand Mai 2008 (zit.: Grabitz/Hilf/Wolf – *Bearbeiter*).

Greve, S., Datenschutz in der Unternehmenskommunikation – Eine technologiebasierte rechtliche Zuordnung, Marburg 2006.

Großkommentar zum Aktiengesetz, hrsg. v. Hopt, K. J./Wiedemann, H., Erster Band, 4. Aufl., Berlin 2004 (zit.: Großkomm AktG I – *Bearbeiter*).

Haaz, H., Tätigkeitsfeld Datenschutzbeauftragter, 2. Aufl., Frechen 2003.

Hagen, U., Aufgaben, Probleme und praktische Arbeit des externen DSB, in: Voßbein, R. (Hrsg.), Die Organisation der Arbeit des betrieblichen Datenschutzbeauftragten, 3. Aufl., Frechen 2006, S. 107 ff.

Hahn, D., Stand und Entwicklungstendenzen der strategischen Planung, in: Hahn, D./Taylor, B. (Hrsg.), Strategische Unternehmensplanung – Strategische Unternehmensführung, 9. Aufl., Berlin 2006, S. 1 ff.

Hahn, D./*Krystek*, U., Risk-Management, in: Gabler Wirtschafts-Lexikon, Bd. 2, 12. Aufl., Wiesbaden 1988, S. 1280 ff.

Halfmann, J., Technikrecht aus Sicht der Soziologie, in: Schulte, M. (Hrsg.), Handbuch des Technikrechts, Berlin 2003, S. 61 ff.

Hammann, H. R., Der Beauftragte für die Biologische Sicherheit, Tübingen 1999.

Hammer, V., Risiko, DuD 2000, S. 167f.

Hansen, W.-R., IT-Sicherheit zukünftig auch Kriterium für Basel II Rating?, IT-Sicherheit 6/2003, S. 23.

Haouache, G. Unternehmensbeauftragte und Gesellschaftsrecht der AG und GmbH, Berlin 2003.

Hassemer, W., Prognosen zum Datenschutz, in: Simon, D./Weiss, M. (Hrsg.), Zur Autonomie des Individuums, Baden-Baden 2000, S. 121 ff.

Hassemer, W., Partner Staat, FAZ v. 5.7.2007, S. 6.

Hauschka, C., Compliance am Beispiel der Korruptionsbekämpfung, ZIP 2004, S. 877 ff.

Hauschka, C., Corporate Compliance – Unternehmensorganisatorische Ansätze zur Erfüllung der Pflichten von Vorständen und Geschäftsführern, AG 2004, S. 461 ff.

Hauschka, C., Der Compliance-Beauftragte im Kartellrecht, BB 2004, S. 1178 ff.

Hauschka, C., (Hrsg.) Corporate Compliance – Handbuch der Haftungsvermeidung im Unternehmen, München 2007 (zit.: Hauschka – *Bearbeiter*).

Hefendehl, R., Corporate Governance und Business Ethics: Scheinberuhigung oder Alternativen bei der Bekämpfung der Wirtschaftskriminalität?, JZ 2006, S. 119 ff.

Heil, H., Datenschutz durch Selbstregulierung – Der europäische Ansatz, DuD 2001, S. 129 ff.

Heilmann, H. (Hrsg.), Handbuch des Datenschutzes, Stuttgart 1977 (zit.: Heilmann – *Bearbeiter*).

Heine, G., Technischer Fortschritt im Spannungsverhältnis von Unternehmen, Gesellschaft und Staat – Neue Herausforderungen für das Recht, in: Schulte, M. (Hrsg.), Technische Innovation und Recht, Heidelberg 1997, S. 57 ff.

Helfrich, M., Haftung des betrieblichen Datenschutzbeauftragten, CR 1992, S. 456 ff.

Henssler, M., Arbeitsrecht und Schuldrechtsreform, RdA 2002, S. 129 ff.

Herb, A., Der vollzeitbeschäftigte Datenschutzbeauftragte, DuD 1994, S. 310.

Herberg, M., Codes of Conduct und kommunikative Vernunft – Rechtssoziologische Überlegungen zu den umweltbezogenen Selbstverpflichtungen transnationaler Chemiekonzerne, ZfRSoz 2001, S. 25 ff.

Herdegen, M., Europarecht, 10. Aufl., München 2008.

Hilber, M. D., Die datenschutzrechtliche Zulässigkeit intranet-basierter Datenbanken internationaler Konzerne, RDV 2005, S. 143 ff.

Hiller, P., Der Zeitkonflikt in der Risikogesellschaft, Berlin 1993.

Hiller, P., Probleme prozeduraler Risikoregulierung, in: Bora, A. (Hrsg.), Rechtliches Risikomanagement, Berlin 1999, S. 29 ff.

Hirsch, C., Schadensersatz statt der Leistung, JURA 2002, S. 289 ff.

Hoffmann-Riem, W., Öffentliches Recht und Privatrecht als wechselseitige Auffangordnungen – Systematisierung und Entwicklungsperspektiven, in: Hoffmann-Riem, W./Schmidt-Aßmann, E. (Hrsg.), Öffentliches Recht und Privatrecht als wechselseitige Auffangordnungen, Baden-Baden 1996, S. 261 ff.

Hoffmann-Riem, W., Ein Platz in Nafplion – oder: Selbstregulierung nach Maximen – Rechtssoziologische Urlaubsbeobachtungen, ZfRSoz 1997, S. 124 ff.

Hoffmann-Riem, W., Innovationen durch Recht und im Recht, in: Schulte, M. (Hrsg.), Technische Innovation und Recht, Heidelberg 1997, S. 3 ff.

Hoffmann-Riem, W., Weiter so im Datenschutzrecht?, DuD 1998, S. 684 ff.

Höld, F., Die Überwachung von Arbeitnehmern – Nicht-technische Überwachungsmethoden, technische Überwachungsmethoden und ärztliche Untersuchungen, Hamburg 2006.

Hommelhoff, P./*Mattheus*, D., Risikomanagement im Konzern – ein Problemaufriß, BFuP 2000, S. 217 ff.

Hoyningen-Huene, G. v., Datenüberwachung durch Betriebsrat und Datenschutzbeauftragten, NZA 1985, Beil. Nr. 1, S. 19 ff.

Hüffer, U., Aktiengesetz, 8. Aufl., München 2008.

Ilgenfritz, G., Aufgaben und Stellung des Sicherheitsbeauftragten, BB 1964, S. 263 ff.

Iraschko-Luscher, S., Aufgaben des betrieblichen Datenschutzbeauftragten: Der Internet-check, IT-SD 2006, S. 643 ff.

Iraschko-Luscher, S., Aufgaben des betrieblichen Datenschutzbeauftragten: Umsetzung des Allgemeinen Gleichbehandlungsgesetzes (AGG), IT-SD 2006a, S. 725 ff.

Iraschko-Luscher, S., Aufgaben des betrieblichen Datenschutzbeauftragten: Direktmarketing und Datenschutz, IT-SD 2007, S. 46 ff.

Iraschko-Luscher, S., Aufgaben des betrieblichen Datenschutzbeauftragten: Videoüberwachung, IT-SD 2007a, S. 292 ff.

Iraschko-Luscher, S., Modernisierung des Datenschutzes, IT-SD 2007b, S. 456 ff.

Jacob, J., 25 Jahre Datenschutz in der Wirtschaft – eine Standortbestimmung, RDV 2002, S. 1 ff.

Jacob, J./*Heil*, H., Datenschutz im Spannungsfeld von staatlicher Kontrolle und Selbstregulierung, in: Bizer, J./Lutterbeck, B./Rieß, J. (Hrsg.), Umbruch von Regelungssystemen in der Informationsgesellschaft – Freundesgabe für Alfred Büllesbach, Stuttgart 2002, S. 213 ff.

Jarass, H. D./*Beljin*, S., Die Bedeutung von Vorrang und Durchführung des EG-Rechts für die nationale Rechtsetzung und Rechtsanwendung, NVwZ 2004, S. 1 ff.

Jaspers, A., Modernisierung des Datenschutzes aus Sicht der GDD e.V. – Stellungnahme zur Anhörung des Innenausschusses des Deutschen Bundestages „Modernisierung des Datenschutzes" vom 5. März 2007, DuD 2007, S. 267 ff.

Jay, R./*Hamilton*, A., Data Protection – Law and Practice, London 1999.

Junker, A., Grundkurs Arbeitsrecht, 7. Aufl., München 2008.

Kargl, H., Controlling im DV-Bereich, 2. Aufl., München 1994.

Kargl, H./*Kütz*, M., IV-Controlling, 5. Aufl., München 2007.

Karper, I./*Stutz*, O., Die aktuellen Neuerungen des Bundesdatenschutzgesetzes – Betrachtungen aus der Praxis, DuD 2006, S. 789 ff.

Karstedt-Meierrieks, A., Der betriebliche Datenschutzbeauftragte, 2. Aufl., Bonn 2004.

Kaspers, E., Die Einordnung des Datenschutzbeauftragten im multinationalen Konzern, DuD 1980, S. 82 ff.

Kasseler Handbuch zum Arbeitsrecht, hrsg. v. Leinemann, W., Neuwied 2000 (zit.: KassHdb ArbR – *Bearbeiter*).

Kempf, A. (Mitarb.), Risikomanagement bei Kapitalanlagegesellschaften, Frankfurt (Main) 2001.

Kilian, W., Datenschutz in Wirtschaftsunternehmen, in: Kilian, W./Lenk, K./Steinmüller, W. (Hrsg.), Datenschutz, Frankfurt (Main) 1973, S. 289 ff.

Kilian, W., Personalinformationssysteme in deutschen Großunternehmen, 2. Aufl., Berlin 1982.

Kilian, W./*Heussen*, B., Computerrechtshandbuch, Loseblatt, München 1990, Stand Januar 2008 (zit.: Kilian/Heussen – *Bearbeiter*).

Kilian, W./*Scheja*, G., Freier Datenfluss im Allfinanzkonzern?, K&R 2002, Beil. 1 zu Heft 4, S. 19 ff.

Kittner, M./*Zwanziger*, B. (Hrsg.), Arbeitsrecht – Handbuch für die Praxis, 4. Aufl., Frankfurt (Main) 2007 (zit.: Kittner/Zwanziger – *Bearbeiter*).

Kleinsteuber, H. J., Was kommt nach der Verrechtlichung? Von der Regulierung zur Governance, in: Klumpp, D./Kubicek, H./Roßnagel, A./Schulz, W. (Hrsg.), Medien, Ordnung und Innovation, Berlin 2006, S. 185 ff.

Kless, T., Beherrschung der Unternehmensrisiken: Aufgaben und Prozesse eines Risikomanagements, DStR 1998, S. 93 ff.

Kloepfer, M., Informationsrecht, München 2002.

Kloepfer, M., Technik und Recht im wechselseitigen Werden, Berlin 2002a.

Kloepfer, M., Vorwort, in: Kloepfer, M. (Hrsg.), Kommunikation – Technik – Recht: Kommunikationsrecht in der Technikgeschichte, Berlin 2002b, S. 5f.

Kloepfer, M., Instrumente des Technikrechts, in: Schulte, M. (Hrsg.), Handbuch des Technikrechts, Berlin 2003, S. 111 ff.

Kloepfer, M., Umweltrecht, 3. Aufl., München 2004.

Kloepfer, M./*Elsner*, T., Selbstregulierung im Umwelt- und Technikrecht, DVBl. 1996, S. 964 ff.

Klug, C., Beispiele richtlinienkonformer Auslegung des BDSG, RDV 2001, S. 266 ff.

Klug, C., BDSG-Interpretation, 2. Aufl., Frechen 2004.

Klug, C., Internationalisierung der Selbstkontrolle im Datenschutz, RDV 2005, S. 163 ff.

Knabben, W., Der Datenschutzbeauftragte in verbundenen Unternehmen, DB 1978, S. 148 ff.

Knabben, W., Datenschutz in verbundenen Unternehmen, DB 1978a, S. 333 ff.

Kniep, K., Übersicht über die Betriebsbeauftragten, GewArch 1992, S. 134f.

Koch, H.-D. (Hrsg.), Der betriebliche Datenschutzbeauftragte, 5. Aufl., Frechen 2004.

Koch, H.-D. (Hrsg.), Der betriebliche Datenschutzbeauftragte, 6. Aufl., Frechen 2006.

Koch, H.-J./*Scheuing*, D. H./*Pache*, E., Gemeinschaftskommentar zum Bundesimmissions-schutzgesetz, Loseblatt, München 1994, Stand Januar 2008 (zit.: Koch/Scheu-ing/Pache – *Bearbeiter*).

Koller, H./*Schindler*, B., Umgang des Gesetzgebers mit Risiken im Spannungsfeld zwischen Freiheit und Sicherheit, in: Risiko und Recht – Festgabe zum Schweizerischen Juris-tentag 2004, hrsg. v. Sutter-Somm, T./Hafner, F./Schmid, G./Seelmann, K., Basel 2004, S. 277 ff.

Kölner Kommentar zum Aktiengesetz, hrsg. v. Zöllner, W., Band 6, 2. Aufl., Köln 2004 (zit.: KölnKomm AktG VI – *Bearbeiter*).

Königshofen, T., Die Arbeit des Konzern-DSB, in: Voßbein, R. (Hrsg.), Die Organisation der Arbeit des betrieblichen Datenschutzbeauftragten, 1. Aufl., Frechen 1997, S. 99 ff.

Kotulla, M., Die neue 5. BImSchV und ihre Auswirkungen hinsichtlich der Bestellung für Immissionsschutz- und Störfallbeauftragte, GewArch 1994, S. 177 ff.

Kotulla, M., Der Abfallbeauftragte nach dem neuen Kreislaufwirtschafts- und Abfallgesetz, DÖV 1995, S. 452 ff.

Kranz, H. J., Kundendatenschutz und Selbstregulierung im Luftverkehr, DuD 2001, S. 161 ff.

Krieger, E. A., Zum Standort des Datenschutzbeauftragten im Unternehmen, DuD 1980, S. 205 ff.

Kriependorf, Peter, Datenschutz im Konzern, DuD 1977, S. 16 ff.

Kruth, W., Vorabkontrolle, IT-Sicherheit 2/2003, S. 28 ff.

Krystek, U./*Fiege*, S., Risikomanagement, in: Gabler Wirtschafts-Lexikon, Bd. 2, 16. Aufl., Wiesbaden 2004, S. 2558 ff.

Kübler, F./*Assmann*, H.-D., Gesellschaftsrecht – Die privatrechtlichen Ordnungsstrukturen und Regelungsprobleme von Verbänden und Unternehmen, 6. Aufl., Heidelberg 2006.

Kuhlmann, J./*Ahnis*, E., Konzern- und Umwandlungsrecht, 2. Aufl., Heidelberg 2007.

Kulesza, E., Die Entwicklung des Datenschutzes in den neuen EU-Ländern, RDV 2005, Son-derbeil. zu Heft 1, S. 17 ff.

Kunig, P./*Paertow*, S./*Versteyl*, L.-A., Kreislaufwirtschafts- und Abfallgesetz – Kommentar, 2. Aufl., München 2003.

Kupfer, K., Wie sicher sind Unternehmensdaten wirklich?, DSB 9/2005, S, 10 ff.

Ladeur, K.-H., Rechtliche Regulierung von Informationstechnologien und Standardsetzung – Das Beispiel der Set-Top-Box im digitalen Fernsehen, CR 1999, S. 395 ff.

Ladeur, K.-H., Risikobewältigung durch Flexibilisierung und Prozeduralisierung des Rechts, in: Bora, A. (Hrsg.), Rechtliches Risikomanagement, Berlin 1999, S. 41 ff.

Ladeur, K.-H., Datenschutz – vom Abwehrrecht zur planerischen Optimierung von Wissensnetzwerken. Zur „objektiv-rechtlichen Dimension" des Datenschutzes, DuD 2000, S. 12 ff.

Lambrich, T./*Cahlik*, N., Austausch von Arbeitnehmerdaten in multinationalen Konzernen – Datenschutz- und betriebsverfassungsrechtliche Rahmenbedingungen, RDV 2002, S. 287 ff.

Lamnek, S., Qualitative Sozialforschung – Lehrbuch, 4. Aufl., Weinheim 2005.

Lauterbach Unfallversicherung Sozialgesetzbuch VII – Kommentar zum siebten Buche des Sozialgesetzbuchs und zu weiteren die Unfallversicherung betreffenden Gesetzen, hrsg. v. Breuer, J., Band 2, Loseblatt, 4. Aufl., Stuttgart 1997, Stand September 2007 (zit.: Lauterbach SGB VII – *Bearbeiter*).

Leisner, W., Verfassungsgrenzen privater Selbstregulierung, in: Kloepfer, M. (Hrsg.), Selbst-Beherrschung im technischen und ökologischen Bereich – Selbststeuerung und Selbstregulierung in der Technikentwicklung und im Umweltschutz, Berlin 1998, S. 151 ff.

Lensdorf, L., IT-Compliance – Maßnahmen zur Reduzierung von Haftungsrisiken von IT-Verantwortlichen, CR 2007, S. 413 ff.

Lersner, H. v./*Wendenburg*, H. (Hrsg.), Recht der Abfallbeseitigung, Loseblatt, Berlin 1972, Stand Juni 2008 (zit.: v. Lersner/Wendenburg – *Bearbeiter*).

Leuze, D., Datenschutz im Betriebsverfassungs- und Personalvertretungsrecht, ZTR 2002, S. 558 ff.

Lewinski, K. v., Persönlichkeitsprofile und Datenschutz bei CRM, RDV 2003, S. 122 ff.

Lieb, M./*Jacobs*, M., Arbeitsrecht, 9. Aufl., Heidelberg 2006.

Liebscher, T., GmbH-Konzernrecht – Die GmbH als Konzernbaustein, München 2006.

Lindemann, P., Der betriebliche Datenschutzbeauftragte (bDSB) im Spannungsfeld der Interessen, DuD 1977, S. 3 ff.

Lindemann, V., Neuerungen im Arbeitsrecht durch die Schuldrechtsreform, AuR 2002, S. 81 ff.

Lübbe-Wolf, G., Modernisierung des umweltbezogenen Ordnungsrechts, in: Roßnagel, A./Neuser, U. (Hrsg.), Reformperspektiven im Umweltrecht – Dokumentation der „Haydauer Hochschulgespräche" 1995, Baden-Baden 1996, S. 97 ff.

Lück, W., Der Umgang mit unternehmerischen Risiken durch ein Risikomanagementsystem und durch ein Überwachungssystem, DB 1998, S. 1925 ff.

Lück, W., Managementrisiken im Risikomanagementsystem, DB 2000, S. 1473 ff.

Lutter, M./*Hommelhoff*, P., GmbH-Gesetz – Kommentar, 16. Aufl., Köln 2004 (zit.: Lutter/Hommelhoff – *Bearbeiter*).

Mai, M., Technikblindheit des Rechts – Technikignoranz der Juristen?, Anmerkungen zum Verhältnis „Technik und Recht" aus der Sicht der Soziologie, ZfRSoz 1992, S. 257 ff.

Martin, S., Kunden- und Mitarbeiterdaten im weltweiten Fluss, DuD 2007, S. 126 ff.

Mayer, H., Interview und schriftliche Befragung, 2. Aufl., München 2004.

Mayring, P., Einführung in die qualitative Sozialforschung, 5. Aufl., Weinheim 2002.

Mayring, P., Qualitative Inhaltsanalyse – Grundlagen und Techniken, 9. Aufl., Weinheim 2007.

Medicus, D., Die Leistungsstörungen im neuen Schuldrecht, JuS 2003, S. 521 ff.

Medicus, D., Bürgerliches Recht, 21. Aufl., München 2007.

Medicus, D., Schuldrecht I – Allgemeiner Teil, 17. Aufl., München 2006.

Mengel, A./Hagemeister, V. 2006, Compliance und Arbeitsrecht, BB, S. 2466 ff.

Mengel, A./Hagemeister, V. 2007, Compliance und arbeitsrechtliche Implementierung im Unternehmen, BB, S. 1386 ff.

Müller, G. F., Der Datenschutzbeauftragte, München 1981.

Müller, G., Entwicklungslinien der Informations- und Kommunikationstechnik, in: Kloepfer, M. (Hrsg.), Kommunikation – Technik – Recht, Berlin 2002, S. 61 ff.

Münch, P., Technisch-organisatorischer Datenschutz, 3. Aufl., Frechen 2007.

Münchener Handbuch des Gesellschaftsrechts, hrsg. v. Priester, H.-J./Mayer, D., Band 3, 2. Aufl., München 2003 (zit.: MünchHdb GesR III – *Bearbeiter*).

Münchener Handbuch des Gesellschaftsrechts, hrsg. v. Hoffmann-Becking, M., Band 4, 3. Aufl., München 2007 (zit.: MünchHdb GesR IV – *Bearbeiter*).

Münchener Handbuch zum Arbeitsrecht, hrsg. v. Richardi, R./Wlotzke, O., Band 1, 2. Aufl., München 2000 (zit.: MünchHdb ArbR – *Bearbeiter*).

Münchener Kommentar zum Aktiengesetz, hrsg. v. Goette, W./Habersack, M., Band 1, 3. Aufl., München 2008 (zit.: MünchKomm AktG I – *Bearbeiter*).

Münchener Kommentar zum Aktiengesetz, hrsg. v. Goette, W./Habersack, M., Band 2, 3. Aufl., München 2008 (zit.: MünchKomm AktG II – *Bearbeiter*).

Münchener Kommentar zum Aktiengesetz, hrsg. v. Kropff, B./Semler, J., Band 8, 2. Aufl., München 2000 (zit.: MünchKomm AktG VIII – *Bearbeiter*).

Münchener Kommentar zum Bürgerlichen Gesetzbuch, hrsg. v. Rebmann, K./Säcker, F. J./Rixecker, R., Band 2, 5. Aufl., München 2007 (zit.: MünchKomm BGB II – *Bearbeiter*).

Münchener Kommentar zum Bürgerlichen Gesetzbuch, hrsg. v. Rebmann, K./Säcker, F. J./Rixecker, R., Band 4, 4. Aufl., München 2005 (zit.: MünchKomm BGB IV – *Bearbeiter*).

Münchener Kommentar zum Bürgerlichen Gesetzbuch, hrsg. v. Rebmann, K./Säcker, F. J./Rixecker, R., Band 5, 4. Aufl., München 2004 (zit.: MünchKomm BGB V – *Bearbeiter*).

Müthlein, T., Datenschutzorganisation – Verpflichtung der Mitarbeiter, IT-Sicherheit 1/2003, S. 41 ff.

Nagel, B., Deutsches und europäisches Gesellschaftsrecht – Eine Einführung, München 2000.

Nagel, B., Wirtschaftsrecht in der Europäischen Union – Eine Einführung, 4. Aufl., Baden-Baden 2003.

Nedden, B., Risiken und Chancen für das Datenschutzrecht, in: Roßnagel, A., Allianz von Medienrecht und Informationstechnik? – Ordnung in digitalen Medien durch Gestaltung der Technik am Beispiel von Urheberschutz, Datenschutz, Jugendschutz und Vielfaltschutz, Baden-Baden 2001, S. 67 ff.

Neundorf, L., Praxisbericht: Konzerninternes Datenschutzaudit, DuD 2002, S. 338 ff.

Nitsche, G., Datenschutz bei einem Finanzdienstleister, DuD 2001, S. 164 ff.

Ordemann, H.-J./*Schomerus*, R., Bundesdatenschutzgesetz, 1. Aufl., München 1977.

Ordemann, H.-J./*Schomerus*, R., Bundesdatenschutzgesetz, 4. Aufl., München 1988.

Ordemann, H.-J./*Schomerus*, R., Bundesdatenschutzgesetz, 5. Aufl., München 1992.

Otto, H./*Schwarze*, R., Die Haftung des Arbeitnehmers, 3. Aufl., Karlsruhe 1998.

Pahlen-Brandt, I., Sind Datenschutzbeauftragten zahnlose Papiertiger?, DuD 2007, S. 24 ff.

Palandt – Kommentar zum Bürgerlichen Gesetzbuch, 67. Aufl., München 2008 (zit.: Palandt – *Bearbeiter*).

Palm, D., Möglichkeiten und Grenzen von Selbstregulierungsansätzen im Datenschutzrecht unter besonderer Berücksichtigung der Verhaltensregeln des Art. 27 EG-Datenschutzrichtlinie, Osnabrück 2002.

Peters, H.-J., Umweltrecht, 3. Aufl., Stuttgart 2005.

Petersen, J./*Schoch*, F., Einführung in das Informations- und Medienrecht, JURA 2005, S. 681 ff.

Petri, T. B., Inhaltliche Anforderungen an die Verfahrensübersicht nach §§ 4g Abs. 2, 4e BDSG als Grundlage für ein effektives Datenschutzmanagement, RDV 2003, S. 267 ff.

Pieterman, R., Culture in the Risk Society – An Essay on the Rise of Precautionary Culture, ZfRSoz 2001, S. 145 ff.

Pitschas, R., Technikentwicklung und -implementierung als rechtliches Steuerungsproblem: Von der administrativen Risikopotentialanalyse zu Innovationsfunktion des Technikrechts, in: Kloepfer, M. (Hrsg.), Technikentwicklung und Technikrechtsentwicklung, Berlin 2000, S. 73 ff.

Pollanz, M., Konzeptionelle Überlegungen zur Einrichtung und Prüfung eines Risikomanagementsystems – Droht eine Mega-Erwartungslücke?, DB 1999, S. 393 ff.

Pollanz, M., Offene Fragen der Prüfung von Risikomanagementsystemen nach KonTraG, DB 2001, S. 1317 ff.

Preis, U., Arbeitsrecht, 2. Aufl., Köln 2003.

Preußner, J./*Becker*, F., Ausgestaltung von Risikomanagementsystemen durch die Geschäftsleitung – Zur Konkretisierung einer haftungsrelevanten Organisationspflicht, NZG 2002, S. 846 ff.

Pulte, P., Betriebsbeauftragte in der Wirtschaft, 3. Aufl., Frechen 2000.

Rath, V., Sicherheitsmanagement, IT-Sicherheit 3/2003, S. 11 ff.

Räther, P. C./*Seitz*, N., Ausnahmen bei Datentransfer in Drittstaaten – Die beiden Ausnahmen nach § 4c Abs. 2 BDSG: Vertragslösung und Code of Conduct, MMR 2002, S. 520 ff.

Rehbinder, E., Andere Organe der Unternehmensverfassung, ZGR 1989, S. 305 ff.

Rehbinder, E./*Burgbacher*, H.-G./*Knieper*, R., Ein Betriebsbeauftragter für Umweltschutz?, Berlin 1972.

Rehborn, H./*Rehborn*, M., Der Gewässerschutzbeauftragte, ZfW 1999, S. 363 ff.

Reichold, H., Arbeitsrecht – Lehrbuch mit Anspruchsgrundlagen, 2. Aufl., München 2006.

Richardi, R., Die neue Betriebsverfassung – Ein Grundriss, 2. Aufl., München 2002.

Richardi, R., Leistungsstörungen und Haftung im Arbeitsverhältnis nach dem Schuldrechtsmodernisierungsgesetz, NZA 2002, S. 1004 ff.

Rodewald, J./*Unger*, U., Corporate Compliance – Organisatorische Vorkehrungen zur Vermeidung von Haftungsfällen der Geschäftsleitung, BB 2006, S. 117 ff.

Rodewald, J./*Unger*, U., Kommunikation und Krisenmanagement im Gefüge der Corporate Compliance-Organisation, BB 2007, S. 1629 ff.

Roßnagel, A., Die rechtliche Fassung technischer Risiken, UPR 1986, S. 46 ff.

Roßnagel, A., Rechtswissenschaftliche Technikfolgenforschung, Baden-Baden 1993.

Roßnagel, A., Der vertrauenswürdige Dritte – Voraussetzungen der Rechtssicherheit in öffentlichen Netzen, in: Hassemer, W./Möller, K.-P. (Hrsg.), 25 Jahre Datenschutz, Baden-Baden 1996, S. 57 ff.

Roßnagel, A., Globale Datennetze: Ohnmacht des Staates – Selbstschutz der Bürger, ZRP 1997, S. 26 ff.

Roßnagel, A., Rechtswissenschaftliche Technikfolgenforschung – am Beispiel der Informations- und Kommunikationstechniken, in: Schulte, M. (Hrsg.), Technische Innovation und Recht, Heidelberg 1997, S. 139 ff.

Roßnagel, A., Rechtliche Steuerung von Infrastrukturtechnik, in: Roßnagel, A./Rust, I./Manger, D. (Hrsg.), Technik verantworten, Berlin 1999, S. 209 ff.

Roßnagel, A., Audits stärken Datenschutzbeauftragte, DuD 2000, S. 231f.

Roßnagel, A., Datenschutzaudit – Konzeption, Durchführung, gesetzliche Regelung, Braunschweig 2000.

Roßnagel, A., Allianz von Medienrecht und Informationstechnik: Hoffnungen und Herausforderungen, in: Roßnagel, A., Allianz von Medienrecht und Informationstechnik? – Ordnung in digitalen Medien durch Gestaltung der Technik am Beispiel von Urheberschutz, Datenschutz, Jugendschutz und Vielfaltschutz, Baden-Baden 2001, S. 17 ff.

Roßnagel, A., Marktwirtschaftlicher Datenschutz – eine Regulierungsperspektive, in: Bizer, J./Lutterbeck, B./Rieß, J. (Hrsg.), Umbruch von Regelungssystemen in der Informationsgesellschaft – Freundesgabe für Alfred Büllesbach, Stuttgart 2002, S. 131 ff.

Roßnagel, A., Marktwirtschaftlicher Datenschutz im Datenschutzrecht der Zukunft, in: Bäumler, H./Mutius, A. v. (Hrsg.), Datenschutz als Wettbewerbsvorteil – Privacy sells: Mit modernen Datenschutzkomponenten Erfolg beim Kunden, Braunschweig 2002a, S. 115 ff.

Roßnagel, A., Modernisierung des Datenschutzrechts – Empfehlungen eines Gutachtens für den Bundesinnenminister, RDV 2002, S. 61 ff.

Roßnagel, A. (Hrsg.) Handbuch Datenschutzrecht, München 2003 (zit.: Roßnagel – *Bearbeiter*).

Roßnagel, A., Modernisierung des Datenschutzrechts für eine Welt allgegenwärtiger Datenverarbeitung, MMR 2005, S. 71 ff.

Roßnagel, A., Datenschutz im 21. Jahrhundert, APuZ 2006, S. 9 ff.

Roßnagel, A., Selbstregulierung im Datenschutz, in: Klumpp, D./Kubicek, H./Roßnagel, A./Schulz, W. (Hrsg.), Medien, Ordnung und Innovation, Berlin 2006, S. 299 ff.

Roßnagel, A., Datenschutz in der Welt allgegenwärtigen Rechnens – Privacy in a World of Ubiquitous Computing, it 2007, S. 83 ff.

Roßnagel, A., Datenschutz in einem informatisierten Alltag – Gutachten im Auftrag der Friedrich-Ebert-Stiftung, Berlin 2007.

Roßnagel, A./*Müller*, J., Ubiquitous Computing – neue Herausforderungen für den Datenschutz, CR 2004, S. 625 ff.

Roßnagel, A./*Pfitzmann*, A./*Garstka*, H., Modernisierung des Datenschutzrechts – Gutachten im Auftrag des Bundesministeriums des Innern, Berlin 2001.

Roßnagel, A./*Pfitzmann*, A./*Garstka*, H., Modernisierung des Datenschutzrechts, DuD 2001, S. 253 ff.

Roßnagel, A./*Wedde*, P./*Hammer*, V./*Pordesch*, U., Digitalisierung der Grundrechte? – Zur Verfassungsverträglichkeit der Informations- und Kommunikationstechnik, Opladen 1990.

Rudin, B., Die Erosion der informationellen Freiheit – oder: Rechtsetzung als Risiko?, in: Risiko und Recht – Festgabe zum Schweizerischen Juristentag 2004, hrsg. v. Sutter-Somm, T./Hafner, F./Schmid, G./Seelmann, K., Basel 2004, S. 415 ff.

Rudolf, I., Aufgaben und Stellung des betrieblichen Datenschutzbeauftragten, NZA 1996, S. 296 ff.

Ruffert, M., Regulierung im System des Verwaltungsrechts – Grundstrukturen des Privatisierungsfolgerechts der Post und Telekommunikation, AöR 1999, S. 237 ff.

Ruppmann, E., Der konzerninterne Austausch personenbezogener Daten, Baden-Baden 2000.

Salje, P., Ökonomische Analyse des Technikrechts, in: Vieweg, K. (Hrsg.), Techniksteuerung und Recht, Köln 2000, 151 ff.

Schaar, P., Selbstregulierung und Selbstkontrolle – Auswege aus dem Kontrolldilemma?, DuD 2003, S. 421 ff.

Schaar, P., Überwachung des Bürgers durch Staat und Wirtschaft – Welche Perspektiven hat der Datenschutz?, RDV 2005, Sonderbeil. zu Heft 1, S. 1 ff.

Schaar, P., Weiterentwicklung des Datenschutzes bei Tele- und Mediendiensten, in: Klumpp, D./Kubicek, H./Roßnagel, A./Schulz, W. (Hrsg.), Medien, Ordnung und Innovation, Berlin 2006, S. 315 ff.

Schaar, P., Modernisierung des Datenschutzes: Ethik der Informationsgesellschaft – Stellungnahme des BfDI zur Anhörung des Innenausschusses des Deutschen Bundestages „Modernisierung des Datenschutzrechts" am 5. März 2007, DuD 2007, S. 259 ff.

Schäfer, R., Datenschutzbeauftragte im Gesundheitswesen, DuD 2004, S. 417 ff.

Schaffland, H.-J./*Wiltfang*, N., Bundesdatenschutzgesetz, Loseblatt, Berlin 1977, Stand August 2007.

Schaub, G. (Hrsg.), Handbuch-Arbeitsrecht, 12. Aufl., München 2007 (zit.: Schaub – *Bearbeiter*).

Schaub, G./*Kreft*, B., Der Betriebsrat – Wahlen – Organisation – Rechte – Pflichten, 8. Aufl., München 2006.

Scheffler, E., Konzernmanagement, 2. Aufl., München 2005.

Scheurle, K.-D./*Mayen*, T. (Hrsg.), Telekommunikationsgesetz, 2. Aufl., München 2008 (zit.: Scheurle/Mayen – *Bearbeiter*).

Schierbaum, B., Der betriebliche Datenschutzbeauftragte, AiB 1992, S. 424 ff.

Schierbaum, B., Betrieblicher Datenschutzbeauftragter und Betriebsrat – Die zwei Akteure des Arbeitnehmer-Datenschutzes, AiB 2001, S. 512 ff.

Schierbaum, B./*Kiesche*, E., Der betriebliche Datenschutzbeauftragte, CR 1992, S. 726 ff.

Schild, H.-H., Meldepflicht und Vorabkontrolle, DuD 2001, S. 282 ff.

Schilde-Stenzel, A., Die Datenschutzrichtlinie und ihre Umsetzung – Konsequenzen für multinational operierende Unternehmen, in: Voßbein, R. (Hrsg.), Die Organisation der Arbeit des betrieblichen Datenschutzbeauftragten, 3. Aufl., Frechen 2006, S. 171 ff.

Schlechtriem, P./*Schmidt-Kessel*, M., Schuldrecht Allgemeiner Teil, 6. Aufl., Tübingen 2005.

Schlemann, B., Recht des betrieblichen Datenschutzbeauftragten, Köln 1996.

Schlodder, A., Der Arbeitsvertrag im neuen Schuldrecht, Heidelberg 2004.

Schmidt, K./*Lutter*, M. (Hrsg.), Aktiengesetz – Kommentar, Band I, §§ 1-149, Köln 2008 (zit.: Schmidt/Lutter I – *Bearbeiter*).

Schmidt, K./*Lutter*, M. (Hrsg.), Aktiengesetz – Kommentar, Band II, §§ 150-410, Köln 2008 (zit.: Schmidt/Lutter II – *Bearbeiter*).

Schmidt-Preuß, M., Verwaltung und Verwaltungsrecht zwischen gesellschaftlicher Selbstregulierung und staatlicher Steuerung – Erster Bericht zum zweiten Beratungsgegenstand der 56. Deutschen Staatsrechtslehrertagung in Dresden, VVDStRL 1997, S. 162 ff.

Schmidt-Preuß, M., Private technische Regelwerke – Rechtliche und politische Fragen, in: Kloepfer, M. (Hrsg.), Selbst-Beherrschung im technischen und ökologischen Bereich – Selbststeuerung und Selbstregulierung in der Technikentwicklung und im Umweltschutz, Berlin 1998, S. 89 ff.

Schmidt-Preuß, M., Technikermöglichung durch Recht, in: Kloepfer, M. (Hrsg.); Kommunikation – Technik – Recht, Berlin 2002, S. 175 ff.

Schneider, S. H./*Schneider*, U. H., Vorstandshaftung im Konzern, AG 2005, S. 57 ff.

Schneider, U. H., Die Überlagerung des Konzernrechts durch öffentlich-rechtliche Strukturnormen und Organisationspflichten – Vorüberlegungen zu „Compliance im Konzern", ZGR 1996, S. 225 ff.

Schneider, U. H., Compliance als Aufgabe der Unternehmensleitung, ZIP 2003, S. 645 ff.

Scholz – Kommentar zum GmbH-Gesetz – mit Anhang zum Konzernrecht, Band I, §§ 1-34, 10. Aufl., Köln 2006 (zit.: Scholz – *Bearbeiter*).

Schreiber, K., Die Haftung für Hilfspersonen, JURA 1987, S. 647 ff.

Schulte, M., Regulierung bekannter und unbekannter Techniken, in: Kloepfer, M. (Hrsg.), Technikentwicklung und Technikrechtsentwicklung, Berlin 2000, S. 59 ff.

Schulte, M., Techniksteuerung durch Technikrecht – rechtsrealistisch betrachtet, in: Vieweg, K. (Hrsg.), Techniksteuerung und Recht, Köln 2000a, S. 23 ff.

Schulz, W., Was leisten Selbst- und Co-Regulierung im Vergleich zu den bisherigen Regulierungsformen?, in: Klumpp, D./Kubicek, H./Roßnagel, A./Schulz, W. (Hrsg.), Medien, Ordnung und Innovation, Berlin 2006, S. 169 ff.

Seifert, H., IT-Krisenmanagement – Den IT-Katastrophenfall vorbereiten, IT-Sicherheit 4/2000, S. 17 ff.

Simitis, S., Bundesdatenschutzgesetz – Ende der Diskussion oder Neubeginn?, NJW 1977, S. 729 ff.

Simitis, S., Virtuelle Präsenz und Spurenlosigkeit – Ein neues Datenschutzkonzept, in: Hassemer, W./Möller, K.-P. (Hrsg.), 25 Jahre Datenschutz, Baden-Baden 1996, S. 28 ff.

Simitis, S., Die betrieblichen Datenschutzbeauftragten – Zur notwendigen Korrektur einer Kontrollinstanz, NJW 1998, S. 2395 ff.

Simitis, S. (Hrsg.), Kommentar zum Bundesdatenschutzgesetz, 5. Aufl., Baden-Baden 2003 (zit.: Simitis – *Bearbeiter*).

Simitis, S. (Hrsg.), Kommentar zum Bundesdatenschutzgesetz, 6. Aufl., Baden-Baden 2006 (zit.: Simitis – *Bearbeiter*).

Soergel Kommentar zum Bürgerlichen Gesetzbuch, Band 12, §§ 823-853, 13 Aufl., Stuttgart 2005 (zit.: Soergel – *Bearbeiter*).

Söllner, A./*Waltermann*, R., Arbeitsrecht, 14. Aufl., München 2007.

Spindler, G., Die Verantwortlichkeit für den Datenschutz im Unternehmen und im Konzern, in: Bizer, J./Lutterbeck, B./Rieß, J. (Hrsg.), Umbruch von Regelungssystemen in der Informationsgesellschaft – Freundesgabe für Alfred Büllesbach, Stuttgart 2002, S. 177 ff.

Staudingers Kommentar zum Bürgerlichen Gesetzbuch, 2. Buch, §§ 255-304, 13. Aufl., Berlin 2004 (zit.: Staudinger – *Bearbeiter*).

Staudingers Kommentar zum Bürgerlichen Gesetzbuch, 2. Buch, §§ 611-615, 13. Aufl., Berlin 2005 (zit.: Staudinger – *Bearbeiter*).

Staudingers Kommentar zum Bürgerlichen Gesetzbuch, 2. Buch, §§ 823-825, 13. Aufl., Berlin 1999 (zit.: Staudinger – *Bearbeiter*).

Staudingers Kommentar zum Bürgerlichen Gesetzbuch, 2. Buch, §§ 830-838, 13. Aufl., Berlin 2008 (zit.: Staudinger – *Bearbeiter*).

Stechow, C. v., Datenschutz durch Technik, Wiesbaden 2005.

Straile, F., Betriebsbeauftragte in der gewerblichen Wirtschaft, BB 1999, Beil. 13 zu Heft 41, S. 1 ff.

Talidou, Z., Regulierte Selbstregulierung im Bereich des Datenschutzes, Frankfurt (Main) 2005.

Tampe, H., Privacy Code of Conduct als vertrauensbildende Maßnahme in global operierenden Konzernen, in: Voßbein, R. (Hrsg.), Die Organisation der Arbeit des betrieblichen Datenschutzbeauftragten, 3. Aufl., Frechen 2006, S. 191 ff.

Tettinger, P., Verfassungsrecht und Techniksteuerung, in: Vieweg, K. (Hrsg.), Techniksteuerung und Recht, Köln 2000, S. 287 ff.

Teubner, G., Reflexives Recht – Entwicklungsmodelle des Rechts in vergleichender Perspektive, ARSP 1982, S. 13 ff.

Theisen, M. R., Der Konzern, 2. Aufl., Stuttgart 2000.

Thomale, P.-C., Die Privilegierung der Medien im deutschen Datenschutzrecht – Zur Umsetzung der EG-Datenschutzrichtlinie hinsichtlich der journalistisch-redaktionellen Verarbeitung personenbezogener Daten, Wiesbaden 2006.

Tinnefeld, M.-T., Datenschutzbeauftragter im Unternehmen, CR 1991, S. 29 ff.

Tinnefeld, M.-T., Ende der gefahrgeneigten Arbeit? – Anmerkung zur Arbeitnehmerhaftung nach der neuen Rechtsprechung, DuD 1994, S. 210 ff.

Tinnefeld, M.-T., Die Novellierung des BDSG im Zeichen des Gemeinschaftsrechts, NJW 2001, S. 3078 ff.

Tinnefeld, M.-T., Aktuelle Fragen des Arbeitnehmerdatenschutzes, DuD 2002, S. 231 ff.

Tinnefeld, M.-T., Das Erbe Montesquieus, Europäisierung und Informationsgesellschaft, MMR 2006, S. 23 ff.

Tinnefeld, M.-T./*Ehmann*, E./*Gerling*, R., Einführung in das Datenschutzrecht, 4. Aufl., München 2005.

Treutner, E., Verhandlungsstaat oder kooperativer Staat? Eine Analyse der Bedeutung von Subjekten für das handeln staatlicher Administration unter Berücksichtigung organisationssoziologischer Erkenntnisse, IfS-Nachrichten: Diskussionspapiere des Instituts für Staatswissenschaften der Universität der Bundeswehr München, Neubiberg 1999.

Ule, C. H./*Laubinger*, H.-W. (Hrsg.), Bundesimmissionsschutzgesetz, Loseblatt, München 1974, Stand Juni 2008.

Ulmer, C., Datenschutz im Konzern, in: Voßbein, R. (Hrsg.), Die Organisation der Arbeit des betrieblichen Datenschutzbeauftragten, 3. Aufl., Frechen 2006, S. 127 ff.

Vetter, M., Informationssysteme in der Unternehmung, 2. Aufl., Stuttgart 1994.

Vieregge, H., Wirtschaftsfaktor Datenschutz, RDV 2002, S. 275 ff.

Vieweg, K., Reaktionen des Rechts auf Entwicklungen der Technik, in: Schulte, M. (Hrsg.), Technische Innovation und Recht, Heidelberg 1997, S. 35 ff.

Vogler, M./*Engelhard*, S./*Gundert*, M., Risikomanagementsysteme – Stand der Umsetzung, DB 2000, S. 1425 ff.

Voßbein, R., (Hrsg.), Die Organisation der Arbeit des betrieblichen Datenschutzbeauftragten, 1. Aufl., Frechen 1997.

Voßbein, R., Das KonTraG – neue Impulse für Datensicherheit und Datenschutz?, IT-Sicherheit 1/1999, S. 21 ff.

Voßbein, R., (Hrsg.), Die Organisation der Arbeit des betrieblichen Datenschutzbeauftragten, 3. Aufl., Frechen 2006.

Voßbein, R., Datenschutz in Klein- und Mittelunternehmen – Stand und Lösungsvorschläge für ein Gesetzeskonformes Verhalten, in: Voßbein, R. (Hrsg.), Die Organisation der Arbeit des betrieblichen Datenschutzbeauftragten, 3. Aufl., Frechen 2006a, S. 143 ff.

Voßbein, R., Der Datenschutzbeauftragte und sein Auftrag, in: Voßbein, R. (Hrsg.), Die Organisation der Arbeit des betrieblichen Datenschutzbeauftragten, 3. Aufl., Frechen 2006b, S. 13 ff.

Voßbein, R., Prüfstandards für den Datenschutz – Hilfe für den Datenschutzbeauftragten, DuD 2006, S. 713 ff.

Wächter, M., Datenschutz im Unternehmen, 3. Aufl., München 2003.

Walz, S., Selbstkontrolle versus Fremdkontrolle – Konzeptwechsel im deutschen Datenschutzrecht?, in: Simon, D./Weiss, M. (Hrsg.), Zur Autonomie des Individuums, Baden-Baden 2000, S. 455 ff.

Weber, R., Der Betriebsbeauftragte, Berlin 1988.

Wedde, P., Der betriebliche Datenschutzbeauftragte, DuD 2004, S. 670 ff.

Weichert, T., Regulierte Selbstregulierung – Plädoyer für eine etwas andere Datenschutzaufsicht, RDV 2005, S. 1 ff.

Weidemann, M./*Wieben*, H.-J., „Zur Zertifizierbarkeit von Risikomanagement-Systemen", DB 2001, S. 1789 ff.

Wildemann, H., Risikomanagement, 5. Aufl., München 2006.

Wilke, H., Politische Steuerung der Wissensgesellschaft?, ZfRSoz 1995, S. 94 ff.

Wilmowsky, P. v., Pflichtverletzungen im Schuldverhältnis, JuS 2002, Beil. zu Heft 1, S. 1 ff.

Wind, I., Haftung bei der Verarbeitung personenbezogener Daten, RDV 1991, S. 16 ff.

Wisskirchen, G., Privacy and Global Employee Data Transfer, CRi 2004, S. 168 ff.

Wohlgemuth, H. H., Datenschutz für Arbeitnehmer – Eine systematische Darstellung, 2. Aufl., Neuwied 1988.

Wohlgemuth, H. H., Mitbestimmung bei Versetzung eines Datenschutzbeauftragten, Anmerkung zu BAG, Beschluss vom 22.2.1994 – 1 ABR 51/93, BB 1995, S. 1352f.

Wohlgemuth, H. H., Mitwirkung des Datenschutzbeauftragten beim Arbeitnehmerdatenschutz, BB 1995a, S. 673 ff.

Wohlgemuth, H. H./*Gerloff*, J., Datenschutzrecht – Eine Einführung mit praktischen Fällen, 3. Aufl., München 2005.

Wolber-Josch, T., Erster Arbeitsbericht der ad-hoc-Arbeitsgruppe „Konzerninterner Datentransfer", DSB 5/2005, S. 10f.

Wolf, K., Potenziale derzeitiger Risikomanagementsysteme, DStR 2002, S. 1729 ff.

Wolf, R., Die Risiken des Risikorechts, in: Bora, A. (Hrsg.), Rechtliches Risikomanagement, Berlin 1999, S. 65 ff.

Wollenschläger, M., Arbeitsrecht, 2. Aufl., Köln 2004.

Wuermeling, U., Keine Einheitslösung für den Datenaustausch internationaler Konzerne, DSB 10/2002, S. 11 ff.

Zentraler Kreditausschuss der Spitzenverbände der Kreditwirtschaft, Leitfaden zur Bekämpfung der Geldwäsche, 3. Aufl., Wiesbaden 2001.

Ziener, K., Betrieblicher Datenschutzbeauftragter und IT-Revisor – Kooperation oder Gegensätze?, in: Voßbein, R. (Hrsg.), Die Organisation der Arbeit des betrieblichen Datenschutzbeauftragten, 3. Aufl., Frechen 2006, S. 51 ff.

Zimmermann, G. v., Whistleblowing und Datenschutz, RDV 2006, S. 242 ff.

Anhang

I. Fragebogen Leitfadeninterview

1. Person und Bestellung des (Konzern-)Datenschutzbeauftragten[1]

a) Nennen Sie die wichtigsten Kennzahlen Ihres Unternehmens und beschreiben Sie kurz Ihren beruflichen Werdegang.

b) Wie wird das Amt des Datenschutzbeauftragten in dem Bestellungsvertrag umschrieben?

c) Welche Form des Datenschutzbeauftragten ergibt sich daraus (intern/extern, haupt-/nebenamtlich etc.)?

d) Welche Arbeitsschwerpunkte sind kennzeichnend für Ihr Amt?

2. Organisation des Konzerns aus datenschutzrechtlicher Perspektive

a) Beschreiben Sie die Organisation Ihres Unternehmens[2] unter besonderer Berücksichtigung der DV-Wege.

b) Wie ist die Datenschutzorganisation Ihres Unternehmens aufgebaut?

c) Wo ergeben sich besondere Herausforderungen für den Schutz personenbezogener Daten?

3. Umsetzung des Datenschutzes

a) Wie gestaltet sich die Datenschutzstrategie Ihres Unternehmens?

b) Welche Stellung kommt dabei dem (Konzern-)Datenschutzbeauftragten zu?

c) Wie gestaltet sich die Zusammenarbeit mit anderen Institutionen (Beauftragte, HR und IT, Aufsichtsbehörde)?

d) Beschreiben Sie das Verhältnis zum Betriebsrat aus rechtlicher und praktischer Sicht.

4. Konzerweite datenschutzrechtliche Aufgaben

a) Beschreiben Sie Ihr Aufgabenfeld unter dem Aspekt von Koordination und Kontrolle.

b) Strebt Ihr Unternehmen ein konzernweit einheitliches Datenschutzniveau an?

c) Wie sollte die Position eines für den Konzerndatenschutz Beauftragten ausgestaltet sein?

5. Spezifische Problemfelder im Aufgabenbereich

a) Wie bewerten Sie die Situation der Datenübermittlung, insbesondere in Drittländer, für Ihr Unternehmen?

b) In welchem Umfang setzt Ihr Unternehmen auf selbstregulative Instrumente?

c) Inwieweit spielt Datenschutz im konzernweiten (allgemeinen) Risikomanagement eine Rolle und ist der konzernweite Datenschutz durch ein (konkretes) Risikomanagementsystem beeinflusst?

6. Ergänzungen durch den Befragten und Schlusswort

---

[1] Der Begriff „(Konzern-)Datenschutzbeauftragter" wird offen gehalten, um eine Befragung mittels desselben Fragebogens sowohl Datenschutzbeauftragter als auch Konzerndatenschutzbeauftragter zu ermöglichen.

[2] Mit dem Begriff „Unternehmen" wird an den Arbeitgeber des Beauftragten angeknüpft, der in aller Regel die Konzernobergesellschaft sein dürfte, unabhängig davon, ob ein Konzernbeauftragter bestellt ist.

II. Liste der Interviewpartner

Interviewpartner – Gesellschaft – (Branche)	Datum	Ort*
Büllesbach, Alfred, Prof. Dr., Konzerndatenschutzbeauftragter ehemals DaimlerChrysler AG (Automobile)	13.12.2006	Stuttgart
Dippel, Werner, Datenschutzbeauftragter B. Braun Melsungen AG (Medizinprodukte)	11.09.2006	Melsungen
Draf, Oliver, Dr., Konzerndatenschutzbeauftragter Allianz AG (Versicherungen)	21.09.2006	München
Krader, Gabriela, LL.M., Konzerndatenschutzbeauftragte Deutsche Post AG (Logistik)	07.11.2006	Bonn
Menke-Südbeck, Christa, Konzerndatenschutzbeauftragte Deutsche Bank AG (Bank)	20.06.2007	Frankfurt
Neundorf, Lutz, Konzerndatenschutzbeauftragter ABB AG (Energie- und Automationstechnik)	23.07.2007	Mannheim
Reitmeier, Alois, Konzerndatenschutzbeauftragter E-On AG (Energieversorgung)	21.09.2006	München
Rieß, Joachim, Dr., Konzerndatenschutzbeauftragter DaimlerChrysler AG (Automobile)	13.12.2006	Stuttgart
Schwab, Hermann-Josef, Konzerndatenschutzbeauftragter SAP AG (IT)	18.01.2007	Walldorf
Thoma, Florian, Datenschutzbeauftragter Siemens AG (Technik)	21.09.2006	München
Ulmer, Claus, Dr., Konzerndatenschutzbeauftragter Deutsche Telekom AG (Telekommunikation)	07.11.2006	Bonn
Weber, Jürgen, stellv. Konzerndatenschutzbeauftragter Deutsche Lufthansa AG (Fluggesellschaft)	20.06.2007	Frankfurt

---

*   Als „Ort" wird die Stadt bezeichnet, in der sich das Büro des jeweiligen Befragten, mit dem das Interview durchgeführt wurde, befand.

Gabler Edition Wissenschaft

„DuD-Fachbeiträge"
Herausgeber: Prof. Dr. Andreas Pfitzmann, Prof. Dr. Helmut Reimer,
Dr.-Ing. Karl Rihaczek und Prof. Dr. Alexander Roßnagel
zuletzt erschienen:

Rotraud Gitter, Volkmar Lotz, Ulrich Pinsdorf, Alexander Roßnagel (Hrsg.)
Sicherheit und Rechtsverbindlichkeit mobiler Agenten
2007. VII, 281 S., 14 Abb., 8 Tab., Br. € 49,90
ISBN 978-3-8244-2173-2

Sebastian Braun-Lüdicke
Der Konzerndatenschutzbeauftragte
Eine Analyse der rechtlichen und praktischen Bedeutung
2008. XVIII, 288 S., Br. € 49,90
ISBN 978-3-8349-1430-9

Änderungen vorbehalten. Stand: Oktober 2008.
Erhältlich im Buchhandel oder beim Verlag.
Gabler Verlag . Abraham-Lincoln-Str. 46 . 65189 Wiesbaden . www.gabler.de

 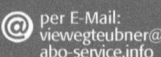